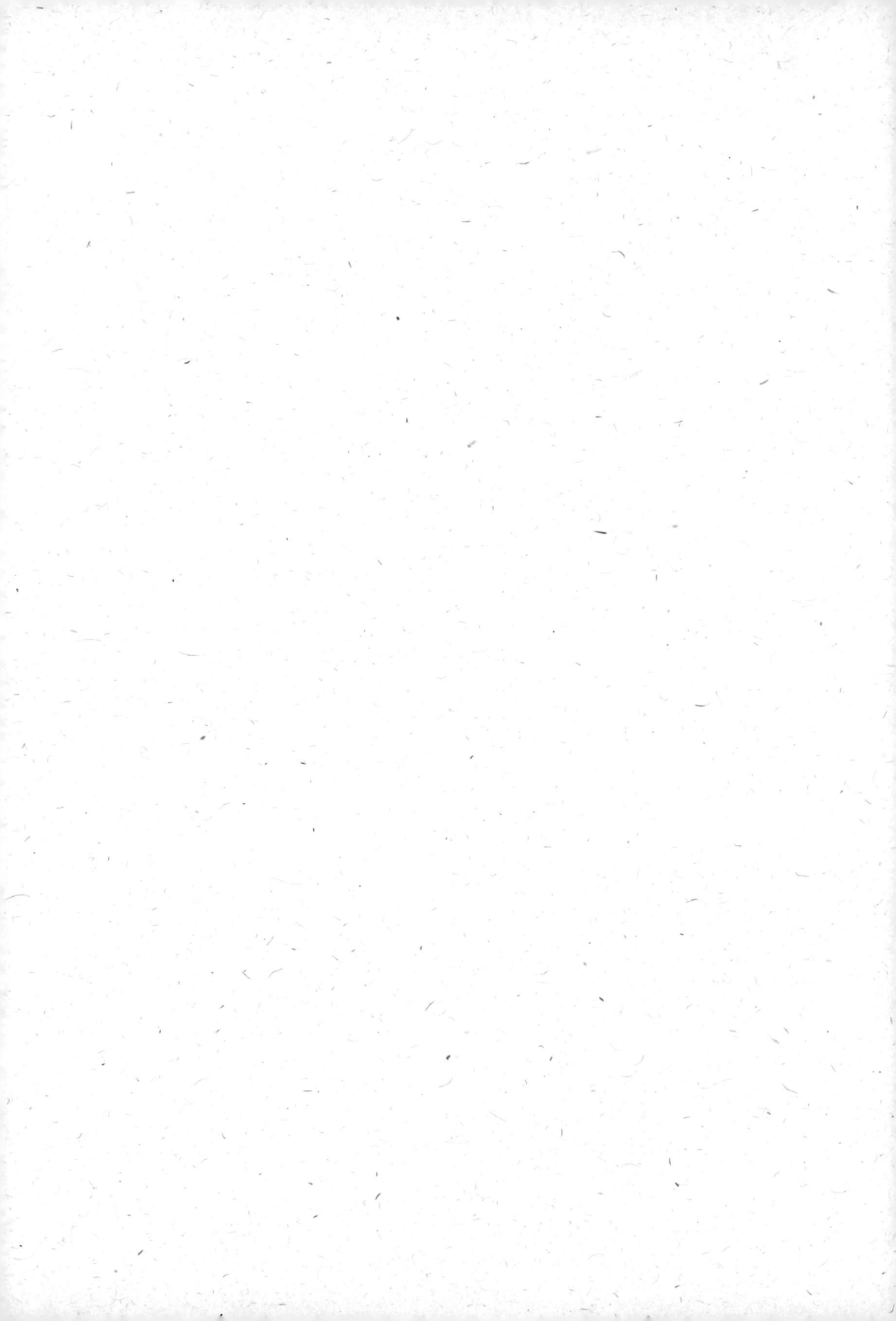

南开大学中外文明交叉科学中心资助

张友伦文集 | 张友伦◎著　南开大学历史学院◎编

美国工人运动史
1607—1918

天津出版传媒集团

天津人民出版社

图书在版编目（CIP）数据

美国工人运动史：1607—1918 / 张友伦著；南开
大学历史学院编. -- 天津：天津人民出版社，2022.2
（张友伦文集）
ISBN 978-7-201-17800-4

Ⅰ.①美… Ⅱ.①张… ②南… Ⅲ.①工人运动—历
史—研究—美国—1607-1918 Ⅳ.①D417.12

中国版本图书馆 CIP 数据核字 (2021) 第 226756 号

美国工人运动史：1607—1918

MEIGUO GONGREN YUNDONG SHI：1607—1918

出　　版	天津人民出版社
出 版 人	刘　庆
地　　址	天津市和平区西康路35号康岳大厦
邮政编码	300051
邮购电话	（022）23332469
电子信箱	reader@tjrmcbs.com

总 策 划	王　康　沈海涛
项目统筹	金晓芸　康悦怡
责任编辑	金晓芸
特约编辑	燕文青
装帧设计	明轩文化·李晶晶

印　　刷	河北鹏润印刷有限公司
经　　销	新华书店
开　　本	710毫米×1000毫米　1/16
印　　张	36.25
字　　数	514千字
版次印次	2022年2月第1版　　2022年2月第1次印刷
定　　价	280.00元

前　言

  张友伦先生是国内外知名的美国史、世界近现代史和国际共产主义运动史学家，1959年毕业于苏联列宁格勒大学历史系，回国后于南开大学历史系、历史研究所从事教学、研究工作。张先生曾任南开大学历史研究所所长、美国史研究室主任、校学术委员会委员，长期担任教育部人文社科重点研究基地南开大学世界近现代史研究中心学术顾问、教育部国别与区域研究（备案）基地南开大学美国研究中心学术顾问，主要学术兼职有中国美国史研究会理事长（1986—1996）及顾问（1996—　　）、中华美国学会常务理事、《美国研究》编委等。张先生撰写和主编的学术著作、教材和工具书有二十余种，在《历史研究》、《中国社会科学》（英文版）、《世界历史》、《美国历史杂志》等国内外重要的学术刊物上发表了数十篇论文。值得特别指出的是，张先生还曾参与历史知识的普及工作，由其编写的《共产主义者同盟》《第一国际》《第二国际》等通俗历史读物，行销百万册，甚至出版发行了少数民族文字版。张先生指导过近三十名硕士和博士研究生，其中数位已经成为中国世界史学界的栋梁之材和骨干力量。张先生在世界史尤其是美国史领域的学术探索、学科建设、人才培养等方面做出了卓越贡献，推动了中国世界史研究的纵深发展，堪称"老一代和新一代史学家之间的桥梁"。

  由天津人民出版社编辑出版的多卷本《张友伦文集》，在张先生及其家人、众多张门弟子、南开师友与出版社众位领导、编辑的共同努力下终于问世。这套文集由南开大学历史学院主持编选，现就一些事项做说明如下：

  《张友伦文集》收录张先生所著的多部学术著作及四十余篇学术论

文,这些论著写作时间跨度很长,难免带有时代烙印,并且著述体例规范各异,给文集的整理和编辑工作带来了较大困难。此次出版除对个别字句的误植进行订正和对人名、地名、译名的核改外,尽量保持最初发表及出版时的样貌,其间涉及俄文注释的篇章,保留了张先生对部分俄文的翻译,充分体现学术发展的脉络和时代性,以便后人更好地理解中国世界史研究的发展态势。

为保证文集的学术水平和编纂质量,南开大学历史学院与天津人民出版社密切合作,联手打造学术精品。经张友伦先生授权,由南开大学历史学院主持文集编选工作,成立以杨令侠教授、丁见民教授、张聚国副教授为主导的编选委员会,带领研究生收集旧版书稿、整理编选、核对史实、翻译注释,并拟定各卷顺序及目录。其中,美国研究中心的博士及硕士研究生杜卓阳、栗小佳、马润佳、赵航、郝晋京、陈阿莉、吴昱泽等同学出力尤多,在旧版书稿与扫描文稿间多次折校。东北师范大学梁茂信教授,北京大学王立新教授,复旦大学李剑鸣教授,南开大学杨令侠教授、赵学功教授和付成双教授,分别对各卷文稿进行专家审读,以避免年世浸远而引起的篇牍讹误。

感谢南开大学中外文明交叉科学中心江沛教授、南开大学历史学院余新忠教授为文集出版所做的努力和所提供的支持。中外文明交叉科学中心负责人江沛教授在担任历史学院院长时,启动了《张友伦文集》的出版工作,并指派专人负责文集资料的收集与整理工作。余新忠教授担任历史学院院长后,也十分关心文集出版的后续进展,提出了不少建设性意见。

天津人民出版社刘庆社长、王康总编辑和沈海涛副社长带领团队全力以赴,成立专门的编辑小组。小组全体编辑倾情投入,付出了艰巨的劳动,她们是金晓芸、孙瑛、张璐、王小凤、康悦怡、燕文青、康嘉瑄。在此向天津出版传媒集团和天津人民出版社表示衷心的感谢。

2021年,恰值张友伦先生九十华诞,这套历时三年精心打造的文集是献给张先生的寿辰贺礼!张先生长达半个世纪的学术生涯是在南开大学度过的,他对南开大学历史学院及世界史学科常怀眷眷之心,退休后依然关心历史学院的发展,希望南开史学后继有人。先生的殷殷嘱托,时常响于耳畔,勉励我辈奋发图强。

衷心祝愿先生健康长寿!

《张友伦文集》编选委员会

2021年11月18日

作者附言

天津人民出版社为我出的这套文集，差不多把我一生所写的文章和书都收进去了。过去，只有知名的老教授才能获得这样的机会，但获得的人数极少。我虽然也是退休老教授，却没有什么知名度。所以，从来没有出这种文集的奢望。

作为一名教师，出版文集也是心所向往却又不容易的事情。我有幸出过两本文集，但部头都不大。每本只有二十几篇文章，三十多万字。那时已有幸遇知己的感觉，满怀高兴和感谢之情。对于那些从未谋面或交往不多的知我者一直念念不忘。

这次的感受更不同了。当我听到要出多卷本文集的时候，立刻被震动了，喜出望外，深感出版社的知遇之情，同时也明白自己同"知名"还有距离。我被拔高了，心中有所不安。常言道实至名归，我却是实尚未至，名却归了。

出版社的工作抓得很紧。2019年初，金晓芸编辑就带着她的编辑出版计划到我家来商讨，时任南开大学历史学院院长的江沛教授和曾任中国加拿大研究会会长的杨令侠教授一直关心文集的出版，也参加了这次商讨会。大家都觉得，出版社的计划很具体，也很周密，按专题分卷，并列出了每卷收入的著作和文章，可操作性很强。大家都同意这个计划，但觉得部头大，编辑工作很繁重，我应当配合出版社做的事情也很多，恐怕我这个耄耋老人承担不了。大家的担心不是多余的。只是查找和收集分散在外的文章这一项工作就得跑遍资料室和图书馆，是我无法办到的。我的听力不行，用电话和编辑沟通也比较困难，肯定会影响工作的进展。我确实有些为难了。江沛教授察觉到我的心情，当场就指定张聚国老师全力帮助我。

聚国是我的同事，办事认真、仔细。有他帮助，我就如释重负了。那段时间，在他的帮助下，我比较快地完成了应做的事情。现在工作已经到了校对阶段，离完成的日子不远了。可以说，聚国是此事的一大功臣。现任南开大学历史学院院长余新忠教授和副院长丁见民教授也为这部文集的出版费了不少心力，我谨在此对他们和所有关心、帮助过文集出版的先生、学友致以诚挚的谢意。对出版社的诸位领导和编辑除了深深的感谢以外，还要对他们为了事业，不计得失，果断出版多卷本、大部头史学文集的气魄表示由衷的敬佩。

在我的附言中不能不提到我那已经去世的老伴李景云。她也是南开大学历史系的教师。在我们共同生活的五十五年中，她总是主动承担着几乎全部的家务，否则我是写不出这些著作和文章的。这套文集背后有她的辛勤劳动和无限关心，没有她的支持也就不会有这套文集。我心里总觉得文集是我们两人共同努力的结晶，所以要在这里写上一笔。

张友伦

2021年11月10日

目　录

第三编　19世纪六七十年代的工人运动

引　言*

　　美国工人运动史在我国史学界是一块未开垦的处女地。新中国成立以来只翻译出版了美国老左派史学家菲利普·谢尔丹·方纳的两卷《美国工人运动史》(全书预计为十二卷,现已出到第七卷)。迄至目前,还没有见到中国学者撰写的有关这个研究领域的著作。

　　对美国这样一个工业大国,这样一个在当今世界举足轻重的国家进行全面研究的必要性和重要性是不言自明的。工人运动史这个重要领域当然也应当予以认真研究。不过,开展这项工作确实存在许多困难。缺乏图书资料且不说,美国工人运动本身发展中所提出的种种理论问题和实际问题尤其难以解释清楚。

　　如何看待美国工人运动的特殊性是本书所碰到的贯穿始终的一个重大问题。美国不但是一个高度发达的工业大国,也是一个独特的国家。它具有许多特殊的客观历史条件,在政治和经济发展中形成了自己的特点。无论是同欧洲发达的资本主义国家相比较,还是同亚洲的国家相比较,都有显著的区别。美国的工人运动也是如此。

　　历史上的美国资产阶级学者中有人抓住这个现象,在特殊性上大做文章,提出了美国例外论,力图证明由于美国的情况特殊,阶级斗争和社会主义不适合美国的国情,完全是欧洲的舶来品。这种理论当然是片面的、错误的,其政治目的也是显而易见的,理应受到批判。但是,在批判美国例外论的过程中又出现了无视美国社会特殊性的倾向,把美国社会

---

　　*《美国工人运动史》一书初版于1993年,原为张友伦、陆镜生合著,本次出版删去陆镜生所撰写原第六、七两编。

主义运动的失败简单地归结为某些领导人的机会主义路线,而忽略了对美国社会的深入考察。这就走向了另外一种片面性,显然也是不能解决问题的。

历史唯物主义者从来不否认某一事物的个性,当然也不会否认美国社会的特殊性及其对阶级斗争、工人运动的种种影响,恰恰相反,是主张加以充分研究,并从此得出正确的结论的。但另一方面,历史唯物主义者是重视事物的共性和共同规律的。作为一个历史现象,各个国家的资本主义社会和工人运动都是有共同性的。例如,资产者和无产者构成资本主义社会的两个对立面,资产者对无产者的剥削和无产者的反抗,这样的基本条件是普遍存在的。尽管随着时间的推移,形势的变化,资产者和无产者的对立、斗争形式和激烈程度、解决的途径都会有所不同,但是只要产生这些矛盾的基本条件不改变,对立和斗争是不会自行消失的。从这个意义上说,美国的资本主义社会和工人运动都不是什么例外。简而言之,我们承认美国工人运动的特殊性,但不承认它是一种例外。

不可否认,当前美国的社会主义运动和共产主义运动已经极度衰落,面临着严重的危机。社会主义运动几乎完全同工人运动分离,逐渐成为少数具有激进思想的知识分子的活动。近年来,在东海岸、中西部和西海岸都有一批自称马克思主义的学者在研究马克思、恩格斯的学说和科学社会主义。1982年底,在美国历史协会年会上,有一批"马克思主义者"和激进派历史学家组织了一个美国共产主义研究会,会员约百人。

工会运动也一蹶不振,遇到了严重的麻烦。就工会组织的罢工运动来看,近三十年来每况愈下。据美国劳工统计局材料,1985年7月12日以前,该年度全国只发生了18起罢工,参加罢工的工人不过8.35万人。工会的影响也大为削弱,工会会员在全体职工中所占的比例,从1970年的24.7%降到1980年的20.9%。①美国伊利诺伊大学法律教授、劳工及雇佣法专家曾著文分析美国工会所处的地位。他在文章中写道:"虽然1976年份对主要知名人士进行调查的报告表明,工会仍被认为是个强有力的美国社会组织,但是我认为,近年来公众对工会组织的支持已在减弱。1978年的一次民意测验透露,有56%的人认为工会的经济影响过大。此外,盖洛普组织的民意调查表明,1957年应答的人中76%赞成职工组织,可是到1981年,赞成的比例就下降到了55%。"②

就客观条件而论,科学技术的迅速发展给美国的工人运动和工会运动带来了许多新课题。首先,它引起了工人结构的迅速变化。过去,工人运动和工会运动主要是以东部地区和大工业城市的蓝领工人为基础。从20世纪初到80年代,这种情况发生了根本性的变化。1900年到1980年之间,白领雇员从占劳动队伍总数的26%上升到63%③,而且这种趋势还在继续发展。

然而,我们这里对蓝领和白领的划分,主要是根据工作性质来确定的。在今天的条件下,这种划分并不准确。实际上,在高度现代化的企业和实验室中,蓝领和白领的区别已经或者还在消失。一般说来,白领雇员绝大部分是没有组织起来的,同传统的工人运动和工会运动几乎不发生任何直接的联系。

应当指出的是,绝大部分白领雇员和蓝领工人之间的差别不是阶级的差别,而只是劳动力价值的差别,或者说较复杂的脑力劳动和体力劳动的差别。这里所说的脑力劳动已经越来越多地同物质生产相结合,而成为现代企业生产过程中不可缺少的部分。过去那种脑力劳动与体力

---

① Charles Craver, "The Future of the American Labor Movement", *The Futurist*, January, 1983.

②③ Charles Craver, "The Future of the American Labor Movement", *The Futurist*, January, 1983.

劳动相对立的状况已经发生了巨大的变化。从下面的统计表①中,我们可以看到蓝领工人和白领工人消长的具体情况和发展趋势。

年代 类别(%)	1900	1920	1940	1950	1970	1981
白领	17.6	25.0	31.1	42.2	48.3	52.7
专业和技术人员	4.3	5.4	7.5	11.3	14.2	16.4
经营管理人员	5.9	6.6	7.3	8.5	10.5	11.5
办事人员	3.0	8.0	9.6	14.9	17.4	18.5
销售人员	4.5	4.9	6.7	7.5	6.2	6.4
蓝领	35.8	40.2	39.8	39.7	35.3	31.1
技工	10.6	13.0	12.0	14.3	12.9	12.6
机械工人	12.8	15.6	18.4	19.9	17.7	14.0
非农业杂工	12.5	11.6	9.4	5.5	4.7	4.6
服务人员	9.1	7.9	11.8	11.7	12.4	13.4
农业人员	37.5	27.0	17.4	6.3	4.0	2.7

科学技术的发展还导致了资本主义经济体制的国际化。跨国公司的数目和经济实力迅速增长。据统计,20世纪70年代中期,美国140家跨国公司的年销售额共达3800亿美元,超过了当时除美国、苏联以外所有其他国家的国民生产总值。②为了攫取高额利润,跨国公司往往把生产过程转移到低工资国家进行。从而造成美国工人的大批失业,给工会运动带来了新的困难。与此同时,国际上的激烈竞争使美国的一些传统工业受到沉重打击。50年代曾经取得辉煌战果的钢铁工人工会、机械工人工会和联合汽车工人工会等强大的工会组织都由于本身所属行业的衰落而陷入困境。

---

① John Dunlop and Walter Galenson(eds.), *Labor in the Twentieth Century*, New York: Academic Press, 1978, p. 25; *Statistical Abstract of the United States*, 1982–1983, p. 386; 段牧云:《美国白领工作者》,《世界经济》1984年第6期。

② Charles Craver, "The Future of the American Labor Movement", *The Futurist*, January, 1983.

美国政府放宽对企业的管制政策,进一步加剧了大企业之间的竞争。一些工会为了挽救所在企业的破产来保障会员的职业,甚至甘愿单方面蒙受某种牺牲。例如,1983年9月,美国东方航空公司向工会方面公开正在恶化的财政状况,要求工会单方面削减工资20%,结果得到工会的同意。东方航空公司也因此渡过了难关。

尽管美国工人运动遇到了严重的困难,但并没有因此而消失。只要美国的社会制度不改变,美国的工人运动定将在新的历史条件下找到新的适合的形式,并且继续发展下去。

在历史上,不少资产阶级学者和政治家一再声称,美国没有封建制度,也绝不会发生疾风暴雨式的工人运动和社会主义运动。但历史事实并非如此。美国的工人运动有自己的革命传统。美国是工人运动发生较早的国家之一,还在18世纪90年代就出现了初期的工会组织。1828年,在费城、纽约等城市相继建立了工人党。虽然那时的工人党还不是真正的无产阶级政党,但它反映了工人群众建立自己组织的迫切要求。

美国是八小时工作制运动开展最广泛的国家之一。早在19世纪50年代就开始了争取八小时工作制的斗争。80年代中期,运动达到了高潮。1886年5月1日大罢工把这个运动推向顶点。这次罢工不仅在美国国内而且在国际上产生了深远的影响。后来,第二国际为了纪念这次运动,于1889年巴黎代表大会上通过决议,把5月1日定为国际劳动节。

从70年代末到90年代,美国工人运动经历了迅猛发展时期。1877年铁路工人大罢工标志着这个时期的开始。从此,罢工运动不断高涨,规模越来越大。工人阶级的独立的政治运动也随着兴起,使资产者为之震惊。与此同时,从70年代开始,出现了工人运动与农民运动合流的趋势,结果建立了绿背-劳工党。到90年代又形成了强有力的第三党运动——人民党运动。

在社会主义理论方面,美国也有自己的光荣历史。诚然,三位伟大的空想社会主义者的故乡都不在美国,但他们的试验绝大部分都是在这里进行的。这些试验不仅在美国产生了一定影响,而且为科学社会主义的创立和发展提供了丰富的思想材料。恩格斯特别强调思想材料对于科学社会主义理论的重要意义。他指出:"和任何新的学说一样,它必须首先从已有的思想材料出发,虽然它的根源深藏在物质的经济的事实中。"①当然,这里所指的思想材料是很广泛的,空想社会主义试验所提供的只是一个方面的材料,然而却是不可缺少的材料。

欧文、傅立叶和卡贝在美国的试验的失败,不可辩驳地说明,在资本主义条件下,撇开无产阶级的解放斗争,任何形式的社会主义"理想天国"都是不可能实现的。即使在美国这样一个具备种种理想客观条件的地方,空想社会主义的改革计划也只能是昙花一现,不可避免地归于失败。

这些经过实际检验的宝贵经验,受到了科学社会主义奠基人马克思和恩格斯的高度重视。欧文和傅立叶的试验发生在科学社会主义诞生之前和诞生过程中,可提供的经验已经被马克思和恩格斯概括进《共产党宣言》中。他们关于批判的空想社会主义的论述所依据的材料就包括空想社会主义的理论和试验两个方面。卡贝的试验虽然发生在科学社会主义诞生之后,但它所提供的材料进一步证实了马克思有关论断的正确性。早在1847年,马克思就在《道德化的批判和批判化的道德》一文中指出:"社会主义和共产主义不起源于德国而起源于英国、法国和北美。"②北美没有自己的空想社会主义大师,也没有自成体系的空想社会主义理论。可见,马克思关于社会主义和共产主义也起源于北美的说法是就空想社会主义者在那里所进行的试验而言的。从这个意义上说,美国是空想社会主义者的第二故乡,同科学社会主义的产生有着密切的关系。

美国是世界上第二个成立共产主义俱乐部的国家。科学社会主义

---

① 《马克思恩格斯选集》第三卷,人民出版社,1972年,第404页。

② 《马克思恩格斯选集》第一卷,第176页。

曾经通过侨居美国的"四八年战士"和马克思、恩格斯的学生传到美国。美国无产阶级革命的先驱约瑟夫·魏德迈(1818—1866)和弗里德里希·阿道夫·佐尔格(1828—1906)曾在这方面做出了很大的贡献。在佐尔格的努力下,第一国际美国分支得以建立并开展积极的活动,为第一国际总委员会迁移纽约创造必要的条件。

19世纪80年代,随着工人运动的高涨,美国社会上的各种思潮都纷纷登台表演。同19世纪40年代欧洲的情况极其相似。恩格斯曾经指出:"美国的运动正处在我们的运动在1848年以前所处的那种阶段上。"①不过,所不同的是,科学社会主义已经开始在美国传播,而且建立了独立的工人政党。工人运动内部形成了三个不同的派别。

第一个派别是亨利·乔治运动。亨利·乔治本人不是一个工人,也不是一个社会主义者。他是一个著名的作家,主张实行"单一税"来铲除社会上贫富不均的根源。由于他享有很高的声誉,被纽约工人群众,特别是英裔工人群众,推举为市长候选人。他的主张和工人的要求是大相径庭的。恩格斯认为他的纲领"太狭隘了","它不能作为越出地方性运动范围以外的任何运动的基础,即使作为总运动中的一个短期阶段的基础也不行"。②亨利·乔治的主张之所以能够发展成为一种运动是因为美国工人的理论水平不高,存在着严重的思想混乱。正如恩格斯所说:"乔治先生是一个相当混乱的家伙,作为一个美国佬,他有自己的一套江湖秘方,不过并不十分高明,但是他的混乱恰恰反映了现阶段英裔美国工人阶级的思想发展状况。"③

然而,恩格斯并没有因为运动的思想水平不高而低估了它的意义。恰恰相反,他把这一运动作为美国工人运动的第一大派别,给予了一定的历史评价。运动之所以重要在于它是美国工人的独立政治运动,越出

---

①《马克思恩格斯全集》第36卷,人民出版社,1975年,第567页。

②《马克思恩格斯选集》第四卷,第258页。

③《马克思恩格斯全集》第36卷,第558页。

了"单一税"的狭隘圈子,而成为一个建立劳工党的广泛行动。

第二派别是劳动骑士团。它是美国历史上最早的人数众多的工人组织之一。极盛时期,会员人数曾达到六七十万。佐尔格认为,当时"也许是世界上最强大的独立的工人组织",其"声誉已经越出了这个国家的疆界"。[①]然而,劳动骑士团并不是一个成熟的组织。它仅仅是一个起点,内部存在着严重的思想混乱。恩格斯曾写信告诉佐尔格说:"这一团体的混乱的原则和可笑的组织看来是同他们自己的混乱情况适应的。"[②]不过,恩格斯仍对这个派别寄予厚望。他认为,"劳动骑士团是真正的美国人组织"[③],也许可以从这种混乱中"锻造出美国工人运动的未来"[④]。不幸的是,劳动骑士团并未巩固下去,只是一个昙花一现的组织,辜负了恩格斯的期望。劳动骑士团遭到失败的原因是多方面的,其中最根本的原因是它的主张倒退的纲领。劳动骑士团的第二任总会长鲍德利曾经声明说"劳动骑士团的目的在于使每个人成为他自己的雇主"[⑤],即是说回到手工业社会。美国学者格罗布认为,劳动骑士团的主张不是向前看而是向后看,"他们着重反对工业秩序的发展,企图恢复过去时代想象中的更简单、更富于人情味的社会",即是"废除雇佣制度并恢复过去简单的工匠和帮工的关系"。[⑥]

第三个派别是社会主义工人党,主要是由德裔工人和社会主义者组成的。它的大部分党员相信科学社会主义,但也有不少人受到拉萨尔主义和无政府主义的影响。恩格斯认为,在各个派别中,"它毕竟是美国唯

---

① Philip S. Foner and Brewster Chamberlin(eds.), *Friedrich A. Sorge's Labor Movement in the United States*, Westport, Conn.: Greenwood Press, 1977, p. 261.

②《马克思恩格斯全集》第36卷,第566页。

③《马克思恩格斯全集》第36卷,第564页。

④《马克思恩格斯选集》第四卷,第261页。

⑤ Gerald N. Grob, *Workers and Utopia: A Study of Ideological Conflict in the American Labor Movement, 1865-1900*, New York: Quadrangle Books, 1976, p. 38.

⑥ Gerald N. Grob, *Workers and Utopia*, p. 38.

一的一个总的说来站在我们立场上的工人组织"①。不过,这个党在组织上存在着严重的宗派主义,只局限在美籍德国人当中开展工作,发展组织,始终没有在本土美国工人中扎下根子,因而不能成为一个群众性的工人政党。恩格斯曾经批评说:"这个党只有一个虚名,因为到目前为止,实际上它在美国的任何地方都没有作为一个政党出现。而且,它对美国来说在一定的程度上是外来的,因为直到最近,它的成员几乎全是德国移民,他们用的是本国语言,并且大多数人都不大懂得美国通用的语言。"②

美国工人运动中的另一支力量是19世纪80年代中期成立的美国劳工联合会(简称劳联)。劳联刚成立的时候基本上是革命的、进步的,在它的行列中有许多社会主义者。但随着形势的变化,它接受了纯粹工会主义,逐渐蜕变为实行劳资合作、为垄断资本服务的工具。

19世纪90年代,美国社会矛盾进一步激化,先后爆发了规模巨大的霍姆斯特德和普尔曼罢工。社会主义者也纷纷参加了罢工运动。在激烈的斗争面前,劳联的领导人不顾会员的反对,采取退缩回避的政策,不支持罢工运动,甚至助纣为虐,公开为资产者效劳。在这种形势下,世界产业工人联合会(简称"世界产联"或"产联")应运而生。世界产联的诞生是对劳联的反动。这在改良主义思潮泛滥一时的情况下无疑是一支突起的异军,使美国工人运动的面貌焕然一新。但是,世界产联成立后不久,无政府工团主义分子就篡夺了该组织的领导权,社会主义者被排挤出联合会的领导层。第一次世界大战以后,世界产联趋于衰落,逐渐为人们所遗忘。

总之,19世纪美国的工人运动确实经历过狂风暴雨的时期,也曾留下过光荣的革命传统。

如果以1786年费城印刷工人罢工为起点,美国的工人运动已有将

---

① 《马克思恩格斯全集》第36卷,第611页。

② 《马克思恩格斯选集》第四卷,第261页。

近两百年的历史了。但是美国史学界的注意力始终放在大政治家、大商人等社会上层人物身上。在整整一个世纪里，没有出现任何关于美国工人运动的专门学术著作，即使在一般著作中，工人运动史所占的地位也是微不足道的。在美国，工人运动史同其他学科相比较是一个年轻的学科。

美国史学界长期无视工人运动史的状况是在19世纪70到80年代被工人运动的空前高涨所触动的。一些思想敏锐的学者开始重视工人问题，并着手撰写工人运动史。正如著名的美国学者约翰·罗杰斯·康芒斯所指出的："直到近十年或者近十五年来，美国历史学家全然没有意识到工人问题的长期存在。只是在诸如1877年铁路罢工、芝加哥无政府主义者的炸弹，以及1894年普尔曼罢工之类的灾难性事件发生之后，工人运动才暂时引起了他们的注意。"

就观察力的敏锐程度而论，当时美国的历史学家远不如经济学家。由于这个原因，美国的第一代工人运动史学家几乎都是经济学学者。正是他们首先察觉了工人阶级在当代社会中的重要地位。第一个着手撰写美国工人运动史的是19世纪末20世纪初著名的经济学家、约翰·霍普金斯大学教授，里查德·西奥多·伊利（1854—1943）。1886年，他的著作《美国工人运动》在纽约出版。有人把伊利作为美国工人运动史学的创始人，并以这本书作为美国工人运动史学形成的标志。从伊利的活动来看，他对创始人的称号是当之无愧的。但把这本书作为美国工人运动史学的起点则是值得商榷的。[①]因为《美国工人运动》是在缺乏第一手材料的情况下写成的，还不是一部成熟的作品。伊利本人就曾在该书"序言"中指出："我并不企求写一部美国工人运动史。我写这本书纯粹是为了提供一个梗概。我相信继该书之后将会出现一部名副其

[①] John R. Commons et al., *History of Labor in the United States*, New York, 1918, Vol. 2, p. 546.

实的《新世界工人史》。"①除此以外,伊利还写过几部有关工人运动和社会主义运动的著作。其中有:《近代法国和德国的社会主义》(纽约,1883)、《当代美国社会主义》(巴尔的摩,1884)、《社会主义》(纽约、波士顿,1894)、《社会主义的力量和弱点》(纽约、克里夫兰,1899)。毫无疑问,这些著作对美国工人运动史学的形成都是有一定影响的。但是,绝不能因此把这个时期作为美国工人运动史学的开端。因为无论哪一种史学的创立都必须具备两个最基本的条件:第一,一个或一个以上的具有相当水平的学术集体;第二,一部或一部以上有重大影响的学术著作。在伊利开始研究工人运动史的时候,上述两个条件均未具备。

1892年,伊利从保守的约翰·霍普金斯大学转到开明的威斯康星大学。在那里他的活动获得了成功,顺利地建立了一个拥有3万美元的基金会。1904年,在他的发起和支持下正式成立美国工业研究所。该所的任务是广泛搜集材料,撰写一部多卷本的美国工业社会史。为了顺利完成这项任务,伊利决定邀请他的得意门生约翰·罗杰斯·康芒斯(1862—1945)作为具体研究计划的负责人。此外,他还邀请了一批当时的知名学者,其中有菲利普斯、安德鲁斯、萨姆勒等人。这样,在威斯康星州墨迪逊的美国工业研究所内形成了美国的第一个工人运动史研究集体。如果把这里作为美国工人运动史的发祥地,那是不算过分的。

在康芒斯及其同事们的努力下,美国工业研究所的工作是卓有成效的。这个集体的成员不辞辛劳,在全国范围内通过购买、复制、接受捐赠等各种途径,从各个主要图书馆、工人组织和农业组织总部等机构搜集了大量资料,经过整理和研究,于1910至1919年间编写出版了十卷本的《美国工业会社史文件汇编》。以后,他们又陆续出版了四卷本的《美国劳工史》。这两部书虽然存在许多问题和错误,但影响了美国学术界和教育界的整整一代人,是20世纪上半期具有权威性的学术著作。

---

① Richard Theodore Ely, *The Labor Movement in America*, New York, T. Y. Crowell & Company, 1886, p. 5.

11

康芒斯及其领导下的学术集体的形成,两部学术著作的问世,标志着美国工人运动史学的开端和康芒斯-威斯康星学派的创立。

康芒斯-威斯康星学派从创立到今天①差不多八十年了,经历了四代人。第一代的代表人物是学派的创始人之一康芒斯本人。第二代的代表人物是这个学派极盛时期的理论家,康芒斯的得意门生塞利格·普尔曼。第三代的代表人物是菲利普·塔夫特,他是这个学派遇到严重挑战后,竭力稳住阵脚的守业者。1976年塔夫特去世后,该学派后继无人,没有出现第四代拥有重大影响的学者。

康芒斯一生的著作很多,但绝大部分是经济学方面的著作。他的弟子也很多,称得上桃李满天下。他的弟子中的不少人成了美国学术界的知名人物。由于这个原因康芒斯在美国史学界享有特殊的声誉,受到学者们的崇敬。康芒斯经常同他的学生们交换学术观点,每星期五晚上都有不少学生在他的家里聚会。在他晚年退休后聚会还照常进行。他的学生们在学术上取得成就后,无论在工作上和经济上都尽量帮助和支持他们敬爱的老师。康芒斯在自传中亲切地把他们叫作"星期五晚上人",并对他们表示衷心的感谢。

普尔曼是康芒斯的得意门生和继承者。但他并不是简单地照搬康芒斯的观点,而是加以系统化、理论化,并予以新的解释。由于这个原因,美国史学界把普尔曼叫作康芒斯-威斯康星学派的理论家。

普尔曼的个人经历和康芒斯大不相同。1888年,他出生于波兰雷里斯托克城,在沙皇俄国的专制统治下度过了童年和少年,曾经是俄国革命运动的参加者,接触过马克思、恩格斯和列宁的著作,对马克思主义的基本观点有所了解。1908年,他在流亡意大利期间,经美国记者英格利希的介绍,启程去美国读书。当时,他还自称是马克思主义者。他曾在自己的代表作《工人运动理论》的序言中回顾说:"二十年前,本书作者同他在俄国的同代人一样,公开声明工人运动的理论是从马克思的经典

---

① 今天,指本书写作的20世纪90年代。

著作中引用来的。"①

普尔曼抵达美国以后在威斯康星大学念书,受到康芒斯的直接影响。他很快就抛弃了马克思主义,对过去曾经信奉过的基本原理随意曲解,把自己关于美国工人运动的基本论点完全建立在康芒斯学说的基础上。

普尔曼运用自己关于马克思主义和欧洲工人运动的知识,对欧洲工人运动和美国工人运动进行比较研究,并从中得出美国工人运动例外的结论,认为美国工人没有阶级意识,只有职业意识,因而在美国只有争取职业的斗争,而不存在阶级斗争。至于阶级斗争学说则是欧洲的舶来品。这个结论得到资产阶级的高度赞赏,他的讲演和著作因而也在美国史学界享有盛誉。他的讲座《论资本主义和社会主义》对一些美国和外国学者都曾产生过巨大影响,他任教的学校威斯康星大学也成了当时美国工人运动史的研究中心。在20世纪40和50年代,普尔曼的声誉甚至超过了他的老师康芒斯。

普尔曼一生的论著不多,除去参加编写康芒斯主编的书以外,只出版了两部专著并发表过一些文章,这两部书是《美国工会主义史》《工人运动理论》。后来,他的讲座《论资本主义和社会主义》经过他的学生欧文的整理,于1976年在威斯康星墨迪逊城出版。然而,普尔曼的作用和影响是不能以著作的数量来衡量的。他的思想和他的"革命"经历都使他对资本主义学术界具有特殊的吸引力,在资产阶级史学家中独树一帜。正是在他的主持下,康芒斯-威斯康星学派经历了自己的极盛时期。

普尔曼的继承人是他的学生菲利普·塔夫特。塔夫特生于1902年,1928年进入威斯康星大学成为普尔曼的学生。他在学生时期就表现了优异的才能,受到普尔曼的青睐。他有幸被吸收参加《美国劳工史》第4卷的编写工作,而成为引人瞩目的年轻历史学家。1935年,他在威斯康

---

① Selig Perlman, *A Theory of the Labor Movement*, New York, Macmillan Company, 1928, p. 7.

星大学获博士学位,两年后到布朗大学任教。

塔夫特是一个颇有抱负的人,他希望光大康芒斯-威斯康星学派的门楣,对付来自各方面的挑战,准备在布朗大学建立这个学派的第二中心。然而,当时的布朗大学是一个极端保守的教会学校,对于开展工人运动史的研究毫无兴趣,根本不提供任何支持和资助。直到1949年担任该校历史系主任以后,塔夫特才找到机会招揽人才,扩大影响。他打破了布朗大学的惯例,取消了宗教信仰、肤色和年龄的限制,聘请了一批有真才实学的学者到布朗大学任教。在他周围形成了一个生气勃勃的学术集体。康芒斯学派的传统不仅在这里得以保持下来,而且在20世纪50和60年代有所发展。正如道森所描绘的:"20世纪50和60年代,威斯康星学派的工人史学家、工人经济家和工会官员仍然控制着工人史会议文章、专著和教科书的出版。"①

50年代中期,塔夫特为了扩大自己学派的影响,联合一批史学家为扩大工人运动史的研究而大声疾呼。1955年,波耐特出面在《历史学家》杂志上发表文章,号召人们使用过去被忽略了的未发表的手稿和档案资料进一步研究美国工人运动史。②同年,一批工人运动史学家在纽约集会,决定在劳联和产联的资助下,编辑和出版《工人史学家通讯》。这就是《工人史》杂志的前身。1960年,《工人史》正式发行,塔夫特被选为该杂志编委。

塔夫特一生的著作比较多。关于美国工人运动史的著作有四本:《龚帕斯时期的劳联》《从龚帕斯逝世到合并时期的劳联》《美国历史上有组织的工人》《美国式的工人政策——加利福尼亚劳联》。然而,塔夫特的著作对美国史学界没有产生像康芒斯、普尔曼著作那样大的影响。这

---

① Andy Dawson, "History and Ideology: Fifty Years of 'Job Consciousness'", *Literature and History*, Vol. 4, No. 8(Aut., 1987), p. 235.

② Vaughn Davis Bornet, "The New Labor History: A Challenge for American Historians", *The Historian*, Vol. 18, No. 1(Sept., 1955), pp. 1-24.

是该学派趋于没落的一个象征。塔夫特逝世后,全靠加仓森、马克·普尔曼、齐格尔、阿赞尼等人支撑残局。

从历史观点看,康芒斯-威斯康星学派对美国工人运动史学的形成和发展是做过重大贡献的,主要有如下三个方面:

第一,康芒斯-威斯康星学派奠定了美国工人运动史学的基础。它的出现引起了美国史学界对工人运动史的注意,从而把工人运动史的研究提上了议事日程,并发展为一门独立的学科,在高等学校的教学和研究中都占有一席地位。

第二,康芒斯-威斯康星学派完成了美国历史上第一次大规模的资料收集和整理工作,为美国工人运动史研究创造了必要的条件。威斯康星大学和威斯康星历史协会都因此成为美国最早的工人运动史研究中心和资料中心。许多著名的美国工人运动史学家都曾在这里获得学位或者使用过这里的资料和藏书。

第三,康芒斯-威斯康星学派以威斯康星大学和威斯康星历史协会为基地,培养了大批美国工人运动史学家。在现今几百名工人运动史专家中,绝大部分人都同这个学派有直接的或间接的关系。尽管在新工人史学兴起以后,许多人不同意这个学派的观点,但对它过去所做的贡献却都是十分尊重的。例如,美国新工人史学的创始人赫伯特·加特曼在谈到他同康芒斯-威斯康星学派的分歧时指出,他的著作"同那些有才能的但更富于传统性的历史学家的著作不同","那些著作并非不重要,但侧重不同,把主要注意力集中在作为工会成员的工人身上,而我的著作却超过了那种传统立场所规定的界限"。①

然而,康芒斯-威斯康星学派毕竟是一个资产阶级史学流派,它的基本观点职业意识论是适应资产阶级需要而形成起来的,同当时颇为流行的美国例外论如出一辙。职业意识论的全部内容就是企图把美国的

---

① Herbert Gutman, *Work, Culture and Society in Industrializing America*, New York, Vintage Books, 1977, p. 6.

工人运动解释为争取职业、消除工人之间竞争的活动,而把工人阶级的长远斗争目标排斥在外。普尔曼根本不承认无产阶级负有任何历史使命,说这是马克思主义者强加给美国工人的。他说:"你会发现他们首先关心的不是创造历史,而是取得某种改善,从而在物质上精神上丰富他们的生活。经济方面,他们希望消除经济上的无保障;精神方面,他们希望消除从属于他人,例如从属于工头和雇主的处境。"①康芒斯则企图说明美国工人只关心直接的利益而不接受任何革命理论。他强调:"在美国具有宗教的、种族的、语言的种种差别的情况下,只有一个方向能够使工人联合起来——增加工资、延长休息时间、扩大自由。超过这个限度——理论家们和好心肠的人们所做的错误引导,只会使他们成为工人的愚蠢朋友。"②

康芒斯-威斯康星学派的代表人物也不承认革命理论的指导作用。他们把马克思主义说成是抽象理论,并且在自己的著作中公开宣布,他们同马克思主义分道扬镳的根本原因是不赞成马克思的"抽象理论"。普尔曼说:"我对历史的解释是,具体的人原本就是居于舞台中心的。我不喜欢像无产阶级和资产阶级这样的抽象概念,不喜欢那种把历史看成是抽象的群众和抽象的力量,并使之居于政治舞台上的观点,相反,人们应当去研究工人、农民、雇员及其他人的具体活动。"③康芒斯甚至公开把马克思主义关于财产公有的主张说成是一种臆想,认为只有"通过组织上和立法上的保证消灭竞争威胁"④才具有实际意义。

普尔曼认为,美国工人阶级从来不具有阶级意识,或者说阶级意识不是美国工人运动本身的产物。美国工人运动只能产生"职业意识(有

---

①③ A. L. R. Owen(ed.), *Selig Perlman's Lectures on Capitalism and Socialism*, Madison: University of Wisconsin Press, p. 47.

② Lafayette G. Harter, John R. Commons, *His Assault on Laissez-faire*, Oregon: Oregon University Press, 1962, p. 41.

④ John R. Commons, "American Shoemakers, 1648-1895: A Sketch of Industrial Evolution", *The Quarterly Journal of Economics*, Vol. 24, No. 1(Nov., 1909), p. 76.

的地方叫作工资意识）"。普尔曼说："外来的社会阶级意识在美国的土地上尚未深深扎根以前，本地滋生的工资意识已经初次表现在盛行于（19世纪）60年代的斯捷沃德的八小时工作制哲学当中了。"[1]"对于美国整个工人队伍来说，唯一可以接受的就是'职业意识'，它只具有'有限的''保障工资和控制职业'的目的。"[2]康芒斯没有使用职业意识这个名词，但却把阶级斗争的全部内容归结为劳资谈判，其实质同普尔曼的论点是完全一致的。他认为，美国工人运动是一种纯经济活动，不带有政治性质。他说："由于美国工人运动适应了纯经济的环境，其结果是只有在它的经济行动自由受到威胁的时候才会采取政治行动。"因此，在美国阶级冲突的主要形式就是谈判，而"'阶级斗争'必须以加强和削弱各阶级谈判力量的因素为依据来进行解释"[3]。

康芒斯-威斯康星学派的职业意识论同劳联所奉行的纯粹工会主义是异曲同工的。基特曼曾经对纯粹工会主义下过一个定义。他说："纯粹的和简单的工会主义可以认为是一种变异的工会主义，其活动局限于通过集体谈判和政治行动来谋求其成员的眼前需要。"[4]所以，康芒斯主编的《美国劳工史》刚一出版，立即得到劳联领导人龚帕斯的赏识。他不仅自己通读了这本书，而且要求劳联其他领导人认真阅读。1918年7月，龚帕斯在给劳联书记莫里森的信中说："我刚刚读完威斯康星大学约翰·罗杰斯·康芒斯及其助手们编写的《美国劳工史》，我极力主张你去研究它，并要求执行委员会的其他成员也去读这几卷书。我不能想象还有什么东西能够比康芒斯小组所提供的关于美国工人运动中社会主义外来性的历史证明，更有效地摧毁社会主义者及其受蒙骗的追随者在

---

① Selig Perlman, *A Theory of the Labor Movement*, p. 193.

② Selig Perlman, *A Theory of the Labor Movement*, p. 169.

③ John R. Commons et al., *History of Labor in the United States*, Vol. 1, p. 30.

④ H. M. Gitlelman, "Adolph Strasser and the Origins of Pure and Simple Unionism", *Labor History*, Vol. 6, No. 1(1965), p. 72.

劳联内部的阴谋了。"①

由于康芒斯-威斯康星学派是第一个美国工人运动史学派,而且又得到劳联的广泛支持,它的影响是相当大的,曾经独霸美国工人运动史坛数十年之久。不过,在它占统治地位的时期,已经出现了来自各方面的挑战。其中,以老左派史学家的挑战最为激烈。威廉·福斯特从20年代开始撰写了许多关于美国工人运动的小册子和著作,着重阐述美国工人阶级的斗争史,同康芒斯学派的观点针锋相对。其中有1920年在纽约出版的《钢铁大罢工及其经验教训》、1922年在芝加哥出版的《美国工人运动的破灭》、1932年在纽约出版的《走向苏维埃美国》等书。毫无疑问,这些著作的问世是对康芒斯学派的重大冲击。然而,可惜的是,福斯特的著作大部分是政论性小册子,还不足以在学术上把康芒斯学派驳倒,在美国工人运动史领域内的影响不大。例如,罗伯特·齐格尔在《工人和学者:当前美国工人史学中的趋向》一文中列入早期激进派著作的有"安东尼·宾巴的《美国工人阶级史》……菲利普·方纳的《美国工人运动史》",却没有福斯特的小册子。当然,从我们的观点来看,福斯特对国际共产主义运动史,以及对美国史其他领域所做的贡献是不容忽视的,就是在美国工人运动史的领域内,福斯特的《美国共产党史》至今仍有重大的参考价值。安东尼·宾巴的《美国工人阶级史》也是老左派史学的一部重要著作,曾经产生过相当大的影响。作者系统地论述了美国工人阶级的斗争历程,提出了一些有益的见解。但是这部著作在观点上有错误,材料根据不充分,在学术上还无法同康芒斯的著作相抗衡。②

真正能够在美国工人运动史学中得到承认的老左派史学家首推菲利普·谢尔丹·方纳。他是一位十分勤奋、博学而又多产的史学家,研究领域很广泛。到目前为止,已经出版的著作约一百种。他在美国工人运

---

① 龚帕斯未发表的书信,转引自方纳教授在南开大学的讲稿。

② Robert H. Zieger, "Workers and Scholars: Recent Trends in American Labor Historiography", *Labor History*, Vol. 13, No. 2(1972), p. 248.

动史方面的代表作是多卷本的《美国工人运动史》。这部书的第1卷于1947年出版后,引起了美国史学界的瞩目。美国著名史学家约翰·海厄姆认为:"在康芒斯传统之外,菲利普·方纳的《美国工人运动史》……是现在重新评价这个领域的最有创见的和最详尽的著作。"①康芒斯-威斯康星学派的学者齐格尔也认为:"菲利普·方纳的《美国工人运动史》(四卷本)是对传统的左派观点的综合。"②"也许近年的激进工人史学中给人印象最深的作品要算是浸透了老左派观点的方纳的《美国工人运动史》了。"③方纳的《美国工人运动史》有两个显著的特点:第一,同康芒斯学派的观点针锋相对,着重阐述和称颂了美国工人的阶级觉悟和所进行的英勇顽强的斗争;第二,材料丰富,在学术上可以自成一派,同康芒斯-威斯康星学派分庭抗礼。书中引用了许多从全国各地重要图书馆、档案馆的藏书和文件中收集来的珍贵的第一手材料。除此以外,方纳还撰写了许多美国工人运动史方面的专著,其中有《工人和美国革命》《焦·希尔事件》等书。

但是,在方纳的著作出版以后,美国的政治形势发生了巨大的变化。在资本主义世界出现了反共浪潮,美国进入了冷战时期和麦卡锡主义时期,迫害共产党人和进步学者的暴行变本加厉。早在20世纪40年代上半期就有许多学者由于坚持进步观点而受到政府方面的盘查和质询,方纳教授首当其冲,他的名字被列入黑名单,并且由于拒绝回答联邦调查局提出的问题而被解聘。由于这个原因,方纳的著作长期不为正统史学家所承认,被排斥在大学讲堂之外。60年代民权运动兴起之后,对方纳的迫害和歧视才逐步消除。1967年,他被聘请为林肯大学教授,得以重返讲坛,他的著作也作为通用的参考书而进入大学的课堂。

---

① John Higham, *The Reconstruction of American History*, New York: harper & Row, 1962, p. 132.

② Robert H. Zieger, "Workers and Scholars: Recent Trends in American Labor Historiography", *Labor History*, Vol. 13, No. 2(1972), p. 248.

③ Robert H. Zieger, "Workers and Scholars: Recent Trends in American Labor Historiography", *Labor History*, Vol. 13, No. 2(1972), p. 259.

目前,方纳学派虽然是一个人数不多的学派,但支持者的人数不断增加。1982年底,在华盛顿召开的美国历史协会年会上,由激进派学者组成的美国共产主义研究分会已经扩大到一百多人,方纳本人就是这个研究会的成员。此外,在中西部地区还出现了马克思主义研究会。这个研究会已经召开了五届年会,出版了《美国面临危机:马克思主义的分析》等论文集,该研究会是无保留地支持方纳学派的学术观点的。

方纳学派是美国力图用马克思主义解释工人运动史的学派,该学派的许多基本观点是同我国史学工作者的观点大体一致的。它的出现确实曾使美国工人运动史学面目一新,其功绩不可磨灭。但是,这个学派对于美国工人运动的特殊问题及新形势下的许多新问题还没有提出全面的解释,不能不说是一个缺陷。

20世纪60年代,新工人史学的脱颖而出是康芒斯-威斯康星学派所遇到的最严重的挑战。这个学派产生的背景是60年代的民权运动。如果说传统的工人史学把目光放在工人组织和工人领袖身上,那么新工人史学则把注意力转向普通工人,着重研究他们的经济状况、文化生活、思想和要求。新工人史学的创始人是著名的英国左派史学家E.P.汤普逊。1963年,他出版了一本书,叫作《英国工人阶级的形成》。这本书提出了两个非常重要的新问题:第一,工人运动史绝不仅仅是有组织工会会员的历史,更不仅仅是工会领袖和工人组织的历史,而是包括非工会会员在内的普通工人的历史;第二,工人运动史绝不仅是工人在工厂、车间内的斗争、活动的历史,而是包括文化、生活在内的历史。这两个问题恰好是康芒斯学派及老一辈的工人史学家忽略了的。问题的提出极大地开阔了工人运动史的领域,其意义是十分重要的,理所当然地引起了工人运动史学家的注意。

不过,汤普逊的书在英国没有受到足够的重视,而在美国却引起了强烈的反响。这同当时美国的政治形势有直接联系。许多年轻学者和大学生从民权运动的观点出发,对于康芒斯学派为劳联及其领袖树碑立传的做法极为不满,认为"龚帕斯劳联的工联主义传统是狭隘的和保守的"①。美国的著名工人运动史学家赫伯特·加特曼首先出来宣传汤普逊的思想并加以发挥，在美国创立了新工人史学。人们称之为汤普逊-加特曼学派，或者叫作工人文化史学派。加特曼的代表作是《工业化美国的劳动、文化和社会》。这本书是美国新工人史学的第一部代表作，影响了整整一代人。目前新工人史学在美国史学界流行一时，在美国的大学讲坛上和研究机构中处于优势地位。方纳教授曾经这样描写道："众多的美国学者一直认为，一部美国工人史著作如不特别强调工人史学中的新倾向，赞同英国的E.P.汤普逊、美国的赫伯特·加特曼和戴维·蒙哥马利的立场，那就纯粹是康芒斯-威斯康星学派的余波。按照他们的意见，一部称得上《工人史》的书必须专门研究社会、家庭、社会关系和文化传统。"②

总的来说，新工人史学的阵容强大，人员众多，在上述三个学派中占压倒优势。而过去曾长期独霸工人运动史坛的康芒斯-威斯康星学派已一蹶不振，日益衰落，在论战中处于守势。他们在劳联及其领导人遭到批评的时候，只能进行辩解，要求批评者慎重从事，而不再像从前那样采取咄咄逼人的态度。该派学者齐格尔曾经著文为康芒斯学派所称颂的劳联及其领袖辩解说："对劳联和保守工会主义的攻击也应当慎重。"他不赞成人们指责"龚帕斯及其助手醉心于组织熟练工人并且总是同大公司及其政治同盟者进行妥协和合作"，因为"敌对的环境会使他极难维持工联主义的生存"，"龚帕斯为有组织的工人奋斗了半个世纪，如果他不犯错误、不让步，那才真是令人惊异的"。③

但是，新工人史学并不是一个统一的学派，内部不存在任何紧密的

① Robert H. Zieger, "Workers and Scholars: Recent Trends in American Labor Historiography", *Labor History*, Vol. 13, No. 2(1972), p. 248.

② Philip S. Foner, *History of Labor Movement in the United States*, New York: International Publishers, 1947, Vol. 6, p. 3.

③ Robert H. Zieger, "Workers and Scholars: Recent Trends in American Labor Historiography", *Labor History*, Vol. 13, No. 2(1972), p. 264.

联系。如果姑且称之为学派，那也是四分五裂、各树一帜的分散联合。就观点而论，至少可以分为三大分支。

　　第一个分支是公认的新工人史学的主流学派——汤普逊-加特曼学派。这个学派在美国的主要代表人物是赫伯特·加特曼。加特曼理论的特点是强调"文化"的作用，把所谓的"工人文化"作为工人运动史的唯一研究领域，而完全忽略了经济因素和政治斗争。他认为"文化"是"源泉"，社会是"舞台"，这两个因素是解释人们活动的依据。人们的行为，无论是个人的行为或是集体的行为，一律取决于这两个因素。[1]至于什么是"文化"，加特曼曾经引用汤普逊的话做了如下说明："这种文化包括权力制度、财产关系、宗教体制"，其范围是很广泛的。[2]而加特曼在自己的著作中则特别强调生活习惯、社会环境、宗教信仰的重要作用。他认为，宗教影响过去在工人运动史的研究中被完全忽略了，应当予以纠正。为此，他撰写了一篇文章《新教和美国的工人运动——镀金时代的基督精神》，专门论述这一时期宗教对工人运动的影响。

　　加特曼赋予文化以特殊的作用。他认为，文化同经济制度不同，其影响更为深远、持久，不是短时间就可以消失的。甚至在经济发生重大变化以后，原来的文化还会存在相当长时期。他举例论证说："在林肯当选总统的时候，美国的工业品产值落在英国、法国和德国的后面。1894年，美国跃居领先地位，其工业品产值接近于英国、法国和德国的总和。然而如此深刻的经济变化却没有全部改变原先的美国社会结构和近代前期美国本地和移民工匠的固有文化。"[3]与此同时，一个新文化的形成并不是以消灭原来的文化为条件的，而是吸收了原来各种文化的成分。就这个意义来说，文化是不会消灭的。他说："工人人口构成的变化，具有独特文化的非工业人口进入美国同美国社会结构的变化结合在一起

---

[1] Herbert Gutman, *Work, Culture and Society in Industrializing America*, p. 16.

[2] Herbert Gutman, *Work, Culture and Society in Industrializing America*, p. 74.

[3] Herbert Gutman, *Work, Culture and Society in Industrializing America*, p. 33.

产生了共同的思想方式和行动规范。"①

　　加特曼是美国新工人史学家中最有影响的人物。戴维·蒙哥马利曾经评价说:"只有新社会史学(有时又叫作新城市史学)对美国新一代历史学家拥有比加特曼著作更为深远的影响。"②

　　新工人史学的第二个分支的代表人物是耶鲁大学教授戴维·蒙哥马利,他的代表作是1979年出版的《美国的工人控制——劳动、技术和工人斗争史的研究》。他的主要研究领域是工人控制的作用,他认为在工人运动史上,雇主的特权和工人控制之间的矛盾贯穿始终。雇主依靠加强"科学管理"来扩大和巩固自己的特权,工人则要求加强自己对企业的控制来抵消雇主的特权。他在对19世纪机械工人工会进行研究以后得出结论说:"机械工人对'科学管理'的回答是要求对整个社会实行以集体为基础的'真正的科学'改组。"③换句话说就是要求极大地扩大工人的控制权。

　　蒙哥马利认为,工人控制的形式是随着斗争的进程而不断变化的。不同时期有不同的形式。仅仅在19世纪后半期就出现过三种不同的形式。

　　第一种是手工工匠的职业自治。手工工匠在这种自治中享有相当大程度的自主权。工场主所处的地位相对来说是无足轻重的。在蒙哥马利看来,在这种控制形式下,"老板所做的全部事情就是购买设备和原料,出售制成品"④。手工工匠之所以能够拥有这样大的权利,其原因在于"工匠的职业自治是以他们能使一自己在工作中自立的超群技能和他们对一个或更多的帮工进行管理两者为基础的""他们经常雇用和辞退

---

① Herbert Gutman, *Work, Culture and Society in Industrializing America*, pp. 74-75.

② David Montgomery, "Gutman's Nineteenth Century America", *Labor History*, Vol. 19, No. 3 (1978), p. 416.

③ David Montgomery, *Worker's Control in America: Studies in the History of Work, Technology and Labor Struggles*, New York: Cambridge University Press, 1979, p. 4.

④ David Montgomery, *Worker's Control in America*, p. 12.

他们的帮工,从自己的收入中拿出比较固定的份额支付给帮工"。①因此,帮工是直接依附于工匠而不是工场主。

第二种形式是工会劳动规章。蒙哥马利把这种形式作为自发斗争转变为有意识斗争的重要标志。他说:"工会劳动规章是由工会成员作为'法令'制定出来的。这个词意味着从自发走向有意识集体行动的转变,从小团体的理论风尚走向正规制度和约束的转变,从反对雇主的贪婪走向控制雇主的转变。"②

第三种形式是工会的互相支持。这种形式是在不同的工会需要互相支持来实现自己的劳动规章的情况下形成的。蒙哥马利曾经做过如下的统计:1881年到1886年间大约有一半罢工运动是自发的,没有取得工会支持和帮助。而1887年以后的七年间得到工会支持的罢工运动增加到2/3。与此同时,要求承认工会规章、承认工会和保护工会成员的罢工所占的份额从1885年以前的10%或少于10%增加到1891年至1893年间的19%至20%。③上列数字说明,人们日益意识到工会在罢工运动中的重要作用。因而争取工会支持的罢工和维护工会劳动规章的罢工越来越多。工会互相支持这种形式也就从罢工运动中形成和发展起来了。

蒙哥马利还认为,同工人控制形式相对应的还有工人的精神风尚。这种精神风尚在工匠职业自治阶段起过相当重要的作用。当时,一切秩序都是依靠伦理观念来维持的。手工工场中存在着三条根深蒂固的习惯准则:第一,由工人自己规定生产限额,任何人不得超过,甚至在机器生产相当发达的时候,这种习惯仍然保存着;第二,对待老板要讲"骨气",不能低声下气,"在老板的监视下工人们是绝对不能干活的";第三,对待同行要讲"义气",不为自己的利益和饭碗而挖别人的墙脚。

应当指出的是,蒙哥马利的工人控制说是对资本主义制度进行合理

---

① David Montgomery, *Worker's Control in America*, p. 11.

② David Montgomery, *Worker's Control in America*, p. 15.

③ David Montgomery, *Worker's Control in America*, p. 18.

改造的一种设想,试图通过普通工人对工厂的全面控制来削弱资产者,而不是彻底推翻资本主义制度。

第三支力量是由一批专门研究地方史和家庭史的学者构成的。虽然他们几乎都是加特曼的学生或支持者,基本观点和研究领域都是相同的,但他们采用了新社会史学和社会学的研究方法,把研究重点放在一个小地区、一个行业或某些家庭上。他们往往钻得很深、很细,甚至能够发掘出一些颇有价值的材料,但却很少做出概括性的结论,也没有把一些具体事件同整个历史发展联系起来。这一分支的学者大多数比较年轻,很难找出像加特曼、蒙哥马利那样具有权威性的代表人物。这里我们只能列举几位较有成就的学者和他们的主要著作。例如,哈佛大学的斯蒂芬·塞恩斯特朗(他是其中年龄较大的学者之一)专门研究纽伯里波特两个地方的工人状况,曾著有《贫困和进步》一书,马萨诸塞州克拉克大学的哈瑞文教授,把社会学的方法引用到历史研究中,著有《19世纪美国家庭和人口》。

目前,美国工人运动史学领域的主要倾向是新工人史学家起来批评老工人史学家,批判工会主义和有关著作的作者。总的来说,这种批评是积极的、有益的。其意义至少表现在如下几个方面。

第一,打垮了康芒斯学派的一统天下,彻底摒弃了该学派依附和吹捧工会官僚的立场,使美国工人运动史学从劳联的"御用史学"中解放出来,走出了狭隘的死胡同,进入了广阔的研究领域。近年来出现了一系列少数民族工人运动史、移民工人史、世界产业工人联合会等非"正统"工会的斗争史、非组织工人的斗争和生活史、工人文化史等方面的著作和文章。

第二,把研究普通工人提到了应有的高度,纠正了只研究领袖人物的偏向。有的学者认为,批判康芒斯学派的主要成果是大规模地发掘被人们遗忘了的普通工人的历史。明尼苏达大学教授海曼·伯曼早在20世纪60年代就指出"工人史不仅是叙述各个组织的兴衰成败,也包括对这个国家历史发展中工人作用的阐述"①。为普通工人大声疾呼的还有埃尔文·伯恩施坦、林德等史学家。伯恩施坦在60年代初出版的《贫困的年代》中就曾提出,不仅要写工会成员的历史,还应当写非组织工人的历史。米尔文·杜波夫斯基重新提出世界产业工人联合会的问题。他认为:"那些寻找令人信服的激进传统的人……将会发现应当多研究世界产业工人联合会的立场""所有倾向于建立以自治团体为基础的社会而不愿意要建立在专制基础上的社会的人们都不能忽视世界产业工人联合会的悲剧性事件"。

第三,新工人史学采用和吸收了现代的研究方法和研究手段,向跨学科方向发展。一些新工人史学家把计量方法和社会学理论引进到自己的研究项目中。例如,1974年罗切斯特大学的一篇未出版的博士论文就采用了计量方法来分析劳动骑士团的组织结构。

然而,从根本上说,新工人史学仍然是属于资产阶级史学范畴的,存在着一些不可避免的缺陷。

第一,同康芒斯学派一样,新工人史学也回避了阶级斗争这个根本问题。过去康芒斯学派用职业意识论来解释美国工人运动,新工人史学家则用"工人文化""工人控制"来代替"职业意识"。说法虽然不同,但其结果都是排除了对阶级斗争和革命思想的研究。

第二,新工人史学片面地强调研究普通工人、非工会成员的文化、生活和活动,而忽视了对工人组织、工会运动、工人领袖和重大事件的研究。即使偶尔出现一些关于这方面的作品,也多半是就事论事,很少从中得出共同性的、规律性的结论,更不用说把具体事件同整个工人运动的方向联系起来了。例如,一些新工人史学家撰写的关于世界产业工人联合会的著作,都着重于具体事实的描写,很少涉及该组织的思想状况、理论水平、斗争目的和发展趋向。

---

① Hyman Berman, "Review of Philip A.Taft, 'Organized Labor in American History' ", *The Journal of American History*, Vol. 51, No. 4(Mar., 1965), pp. 740-741.

新工人史学家由于不满意康芒斯学派狭隘的研究领域而要求冲破这种束缚是完全可以理解的。但是,因此把工会组织、有组织的工人及工人政治团体、政党排除在研究领域以外,或者摆在无足轻重的地位则是不正确的。因为在任何时候、任何地方,分散的、个别的工人,或是某个行业一般工人的活动是不能正确反映当时整个运动的水平和方向的。从这些研究中只能得到一鳞半爪的印象和不完整的结论。

从美国各个学派史学家对美国工人运动史的研究状况来看,这门新兴学科尽管已经取得了显著的成绩,但仍然遗留下许多重大问题,需要我们运用马克思主义的观点方法进行分析研究,并得出自己的结论。可以说,在这条道路上,任务繁重,困难重重。千里之行,始于脚下。这本书就算迈出的第一步吧!

由于作者的水平有限,错误之处在所难免,请读者不吝指正。

第一编

资本主义的产生和
雇佣劳动队伍的扩大

工人运动是资本主义制度的一种社会现象,因此具有普遍的意义。它在所有资本主义国家都毫无例外地存在着和发展着。它是随着现代无产阶级的出现和形成而产生和发展起来的。个别的无产者在资本主义以前的社会经济形态中已经出现,但作为一个社会集团、一个阶级却只有在资本主义社会中才能找到。一般地说,无产阶级是从中世纪的农民、手工业者、帮工及破产的中等阶级转变而来的,需要经过相当长的过程才能形成。正如恩格斯所说的:"在欧洲各国,工人阶级经历了许多年才完全相信,他们构成了现代社会的一个特殊的、在现存社会关系下是固定的阶级;又经历了好多年,这种阶级意识才引导他们把自己组织成为一个特殊的、独立于统治阶级各派别所组织的一切旧政党并且同这些政党对立的政党。"①

美国的无产阶级也经过一个漫长的形成过程,但所走的道路和欧洲不同,因此美国的工人运动也具有许多独特之处。

首先,美国拥有广阔的西部自由土地。北美十三个殖民地及独立后的美国所比邻的西部地区是一片幅员广袤、未经开垦的处女地,资源十分丰富。这种优越的自然条件对于美国资本主义的发展及工人运动都有重大的影响。广阔的自由土地的存在和西部的不断开发,一方面为来自世界各地的移民提供了土地和就业机会,另一方面则造成了美国工人的流动性,影响了工人阶级的形成和固定化。同欧洲相比较,美国工人阶级形成和固定下来的时间晚几十年。工人运动也相应地落后于欧洲。

其次,"美国是一个独特的国家,它是沿着纯粹的资产阶级道路发展起来的,没有任何封建的旧东西,但在发展过程中却从英国不加选择地接受了大量封建时代遗留下来的意识形态残余"②。美国在殖民地时期,由于不存在封建土地所有制,没有发生过像英国那样的圈地运动。这里的资本原始积累主要是通过黑奴贸易和剥夺印第安人来进行的,劳

①《马克思恩格斯选集》第四卷,第256—257页。
②《马克思恩格斯全集》第36卷,第522页。

动力的主要来源是外来移民和早期移民的后裔,资本主义关系也是从欧洲移植而来的。经过一百多年的发展,到18世纪,北美殖民地的工商业已经得到相当的发展,进入了工场手工业时期,形成了一支有一定数量的无产者的队伍。

列宁认为工场手工业同大工厂工业相似之处有三点:第一是大市场的形成;第二是出现了拥有雇佣工人的大作坊;第三是无产者工人群众完全依附于它的大资本。①随着工场手工业的不断发展,这种相似之处越来越明显。不管手工工场工人愿意不愿意,他们日益陷入了大资本的魔掌。在工场手工业阶段已经出现了无产者反抗资本的斗争,不过,这种斗争是分散的、无组织的。特别是在十三个殖民地没有统一以前,这种分散性尤为突出。

独立战争结束了英国的殖民统治,形成了统一的民族国家,为资本主义发展扫清了道路,创造了工业革命的必要前提。这对于美国工人阶级的形成和工人运动的开展都具有头等重要的意义。在这场战争中,美国的无产者受到了极好的锻炼。他们表现了英勇顽强的战斗精神,对战争的进程起到了重要的作用,在美国工人运动史上留下了光辉的一页。

本编所涉及的时期基本上属于工场手工业时期。无论从阶级关系上,还是从经济发展上看,它都是一个过渡阶段,起着承上启下的作用。尽管这时真正的工人运动还没有开始,但已出现了无产者和资本的对立与斗争。无产阶级形成过程的最初阶段已经开始。美国工人运动的产生和发展都同这个时期有着不可分割的联系,可以说它是美国工人运动的准备时期。

---

① 《列宁全集》第3卷,人民出版社,1959年,第344页。

第一章　殖民时期原始积累和
资本主义关系的产生和发展

第一节　英国向北美殖民

北美十三个殖民地的建立　早"在14世纪和15世纪,在地中海沿岸的某些城市已经稀疏地出现了资本主义生产的最初萌芽"①。接着在意大利的其他城市、西班牙、法国和英国等欧洲国家形成了资本主义关系。15世纪末和16世纪初,新航路的发现扩大了资本主义活动的场所,刺激了欧洲国家资本主义工商业的发展,迎来了资本主义关系迅速形成和发展时期。从16世纪起,开始了资本主义时代。由于地理发现而产生的殖民体系使欧洲的资产者获得了大量资金。他们为了进行资本的原始积累,无端杀害殖民地人民。马克思愤怒地谴责说:"美洲金银产地的发现,土著居民的被剿灭、被奴役和被埋葬于矿井,对东印度开始进行的征服和掠夺,非洲变成商业性地猎获黑人的场所:这一切标志着资本主义生产时代的曙光。"②作为一个殖民帝国,英国是一个争夺殖民地的急先锋。北美十三个殖民地就是在原始积累时期争夺殖民地的高潮中建立起来的。

为了向北美拓殖,掠夺那里的财富,英国伦敦公司筹集资金,招募人员准备在那里建立永久性的殖民地。1606年圣诞节期间,伦敦公司招募的120人,分乘"苏珊·康斯坦特号""幸运号"和"发现号"三艘船,由船

---

①《马克思恩格斯选集》第二卷,第222页。

②《马克思恩格斯选集》第二卷,第255页。

长克里斯托弗·纽波特带领,离开伦敦,驶出泰晤士河口,向北美进发。这支移民队伍经过几个月的航行,历尽艰辛,途中丧失了16名成员,终于于1607年4月在弗吉尼亚的詹姆士河口登陆。他们拖着疲惫不堪的身体在阿尔冈钦人波哈坦部落的土地上停了下来,并在那里建立了第一个殖民点——詹姆斯敦。

第一批移民当中有不少人是没落的绅士,释放出狱的罪犯和失业流浪的手工艺人。他们是为了寻找金银财宝而到北美大陆来的,根本没有从事劳动、自食其力的思想准备。要不是当地的印第安人用玉米接济他们,恐怕在新大陆度过的第一个冬天就已经成为他们的末日了。伦敦公司不但不能从第一批移民身上搜取源源不断的财富,反而要运去大批物资维持他们的生存。第一个殖民点的痛苦经验告诉殖民者,新大陆虽然富庶,但不能坐享其成,只有通过大规模的开发才可能得到某些东西。伦敦公司的一份报告里有这样一段话:"新大陆上一旦有了能开发它的资源的更多的人手,美洲必将带来巨大的利润。"①

这句话没有说错。新大陆有广袤的幅员和优越的自然条件。属于现今美国的地区,气候适宜,土地肥沃,可耕地面积超过土地总面积的1/5。森林覆盖面积广阔,至今仍居于世界前列。西部地区有连绵不断的草原,其中约有8.9亿英亩土地可以开辟为永久性牧场,是发展畜牧业的重要基地。重要的矿藏分布面很广,其蕴藏量均极大。境内河流密布,有取之不尽、用之不竭的水力资源。大西洋和太平洋两岸有许多天然的优良港口,对于发展海上交通十分有利。

殖民初期,从大西洋沿岸到阿巴拉契亚山脉,遍布原始森林。北部沿岸地区和康涅狄格河流域盛产名贵的白松。新英格兰一带出产雪松和云杉。马里兰、宾夕法尼亚和康涅狄格一带,到处都生长着红橡树和白橡树。中部和南部地区则是黄松、红枫、野樱桃和核桃树的故乡。

---

① [美]方纳:《美国工人运动史》第1卷,黄雨石、陈大春译,生活·读书·新知三联书店,1956年,第29页。

不过,这些自然宝藏,没有足够的劳动力是无法开发出来的。于是英国的殖民公司和英国王室开始采取种种措施,引诱和招募大批劳动力向北美移民。在移民的人流中,也有为了摆脱封建束缚,逃避政治和宗教迫害,寻求自由而来到北美的。例如,新英格兰移民队伍就是由这样的人组成的,他们当中有清教徒、工匠、贫苦农民和契约奴。1620年11月11日,这个由102人组成的队伍乘坐"五月花号"从荷兰莱登出发抵达北美,由于航行途中屡遭风暴袭击,偏离了航向,在马萨诸塞的普利茅斯登陆,并在那里建立了新的殖民点。

经过一百多年的拓殖,陆续建立了十三个英属北美殖民地。[①]英殖民者在这些殖民地,或者直接建立了管理机构,或者安置了自己的代理人。其目的无非在于使殖民地成为向英国输送财富的永久的依附土地。正如美国学者穆尔所说:"殖民地应该为着宗主国的利益而存在,在这个意义上,殖民地应该生产宗主国所需要的东西,应该向宗主国提供可以出售其产品的市场。"[②]第一批殖民点刚建立不久,英殖民者就于1608年从詹姆斯敦,1621年从新普利茅斯运走了第一批贵重的木材和木制的船舶用具。

英殖民者主观上当然希望加强对殖民地的控制,甚至试图在那里建立封建秩序,但当时英国的国内外形势不允许做到这一点。第一,17世纪的大部分时间,英国本身经历着暴风雨式的革命动荡,对北美殖民地的控制时松时紧;第二,英国和法国的连年冲突牵制了英国的力量,使它无力兼顾北美殖民地;第三,从欧洲去到北美殖民地的移民大部分是酷爱自由的小私有者和躲避宗教迫害的新教徒,他们最富有冒险精神,对于任何形式的束缚都是不能容忍的;第四,大多数的殖民地的商人和资

---

① 十三个殖民地是:弗吉尼亚(1607)、马萨诸塞(1620)、新罕布什尔(1623)、马里兰(1632)、罗得岛(1636)、康涅狄格(1639)、北卡罗来纳(1662)、南卡罗来纳(1662)、纽约(1664)、新泽西(1664)、宾夕法尼亚(1681)、特拉华(1704)、佐治亚(1732)。

② J. R. H. Moore, *An Industrial History of the American People*, New York: MacMillan Company, 1921, p. 48.

产者不甘愿充当英国原始积累的工具,强烈要求发展自己的独立的经济。所以十三个殖民地都利用当时的时机在不同程度上确定了对英国保持某种独立的地位。

殖民地的议会及其作用　殖民地议会的相继建立是殖民地各阶层人士抵制英国殖民统治的一种表现。从法律上说,英国国王是北美殖民地的最高统治者。英国殖民地的代表——总督、参事、税吏是殖民地的直接统治者。在殖民初期和中期,受英王封赠的业主和取得特许状的公司决策人也是实际上的统治者。但是,后来英国政府把一些公司殖民地和业主殖民地收归己有,改为皇家殖民地,由英国政府直接管理。殖民地人民对这种统治体制是不满意的。他们要求建立一个代议制机构来反映自己的意见和争得某些权利。

最早起来建立代议机构的是弗吉尼亚。1619年7月30日,弗吉尼亚殖民地移民区十七岁以上的男子投票选出22名"公民代表"参加殖民地的管理。选出的"公民代表"同总督主持的参事会在一起举行了为期六天的会议。虽然"公民代表"的权力极其有限,所参与通过的为数极少的法律必须经英国的公司总部批准,但毕竟是第一个代议制机构的代表,给其他殖民地开创了先例。继弗吉尼亚之后,1620年11月11日在"五月花号"船上签订的公约确定了按照多数人的意愿处理问题的原则,为新英格兰地区议会的成立奠定了基础。在这以后,其他北美殖民地相继建立了自己的议会。

殖民地议会包括一个按财产资格限制原则选举产生的下议院和一个很小的上议院——直属总督的参事会。议会有通过和颁布殖民地法律的权力。但所颁布的法律不得同英国的法律相抵触,否则英王将有权予以撤销。尽管殖民地议会的权力极其有限,但英国王室仍然把它看成是实现殖民统治的障碍。在詹姆士二世复辟王朝统治时期,英国政府于1685年下令解散新英格兰地区各殖民地的议会,把这些殖民地同纽约、东新泽西、西新泽西合并,建立新英格兰领地,辟为总督区,由英王任命的总督和参事会负责治理。直到1688年光荣革命以后,新英格兰领地才被宣布解体,所属各殖民地的议会又得以恢复。

　　殖民地议会是一种资产阶级性质的民主机构。它的确立和发展表明年轻的资产阶级已经开始在政治上表现自己,同时也表明殖民地各阶层居民的某种独立自主要求。他们宁愿接受一个哪怕并不完备的代议制机构,也不愿接受英国王室的直接统治。在大约两个世纪的活动中,各殖民地的议会都曾起过不同程度的积极作用。第一,它反映了殖民地各阶层人士的某些独立自主要求。例如,马萨诸塞殖民地议会就曾经拒绝遵守英国的《航海条例》,不允许殖民地居民向英国法院上诉,也不肯给予英国教徒以信教自由和选举权。该殖民地议会曾因此于1684年一度被取消特许状而宣告解散。第二,殖民地议会曾经采取措施鼓励和发展殖民地工商业。1640年,马萨诸塞地方当局在殖民地议会的支持下,向使用本地羊毛纺织毛布的人发放补助金。弗吉尼亚也采取同样办法,对用当地羊毛纺织的每码毛布奖励五磅烟草。1655年,马萨诸塞议会通过一项法令,指示各城镇管理委员会调查居民中能够纺纱的人员,规定纺纱定额,以促进纺织业的发展。第三,扶持大工场,向工场老板发放贷款,帮助他们解决资金问题。例如,罗得岛曾于1725年贷款500英镑给威廉·博登,帮助他建立帆布厂,三年后又贷给他5000英镑扩建该厂。[1]

　　然而,应当指出,由于财产资格限制额很高,只有殖民地的上层人物能够参加选举。有些殖民地只有2%的居民享有选举权,最多的也只有8%到10%。由此可见,北美殖民地议会并不是能够广泛代表民意的权力机构。约西亚·昆西在谈到南卡罗来纳的众议院时说道:"不错,他们有一个众议院,但他们到底代表谁呢?代表劳动者吗、机匠吗、技术工人吗、佃农吗、农人吗,或者自耕农吗?不,那些代表如果不完全是,也可以

---

[1] Victor Clark(ed.), *History of Manufactures in the United States*, New York: McGraw-Hitt, 1929, Vol. 1, p. 43.

说差不多都是富有的大种植园主。"①事实上,殖民地议会通过的一部分法律是同民主精神相违背的,甚至是直接针对下层人民的。例如,弗吉尼亚议会的法律条文中,有的条文规定星期六不上教堂、非议国王、工作懈怠的人都应受鞭笞,而构成死刑的罪行竟达二十种之多。

第二节　北美殖民地的原始积累

对印第安人的驱赶和掠夺　在欧洲移民到达北美的时候,这里不仅是一片广阔的未开垦的处女地,沃野千里,渺无人烟,而且在政治上也处于原始状态,不曾出现过阶级社会。从理论上说,每一个移民都有获得一块土地成为小生产者和小私有者的机会,资本主义可以在这里不受阻碍地得到发展。北美殖民地的原始积累当然不需要采取英国圈地运动的形式,也不可能依靠国债等手段来积累资金。这里所采取的主要的原始积累形式是:驱赶和掠夺印第安人、黑奴贸易、吸引大批移民并阻止他们转变为小私有者。例如,马里兰的契约奴移民中,服役期满后得到土地的人只占4%。②

在这些形式中,最为残酷的是掠夺印第安人和奴隶贸易。北美大陆的真正主人是世世代代生活在这里的印第安人,他们是爱好和平、珍惜自由的民族。北美印第安人曾经友好地接待和帮助来自欧洲的第一批移民,向他们提供食品,传授狩猎、耕种的本领,帮助他们渡过了饥寒交迫的难关。可是,印第安人得到的报答却是无情的剥夺、驱赶和屠杀。

最初,欧洲商贩用不等价交换的形式,以欧洲的廉价商品骗取印第安人的土地和贵重毛皮,从中赚得暴利。一个名叫彼得·米努依特的人于1626年用价值不过24美元的商品从印第安人手里换取了整个曼哈顿

①［美］方纳:《美国工人运动史》第1卷,第52页。

② A. E. Smith, "Indentured Servant and Land Speculation in Seventeenth Century Maryland", *American Historical Review*, Vol. 40, No. 3(April, 1935), p. 470.

岛(现今纽约市的闹市区)。1670年,宾夕法尼亚地区的土地也是用这种办法从印第安人手中夺走的。詹姆斯敦的创立人之一约翰·史密斯,用一个铜锅就换到了价值250美元的50张毛皮。新英格兰的一个移民向遇到歉收的印第安人卖出364蒲式耳玉米,得到了364张海狸皮,获利327英镑。进行毛皮贸易的不但有商人,而且有殖民地的地方官吏。伯克利和弗吉尼亚地区的一些行政官都在毛皮贸易中大发横财。

但是,"和平"的贸易并不是唯一的形式,往往和暴力手段交叉使用。一些明火执仗的殖民者,到处向和平的印第安人发起攻击,强占他们的土地、掠夺他们的财物,杀害他们的生命,掳掠他们的妻女。早在1609年,约翰·史密斯就曾从詹姆斯敦派出一支120人的讨伐队,突然占领了一个附近的印第安人村落。他强迫这里的印第安人交出这个村子及其所属的100多平方英里的狩猎场。

17世纪30年代,首先在新英格兰地区开始了对印第安人的大规模屠杀。1637年,普利茅斯殖民当局派遣刽子手梅逊和安得黑尔率领军队袭击北高山地区的印第安部落。据记载,6月5日拂晓,这个讨伐队曾将一个印第安人村落夷为平地。当时,全村四五百个村民正在熟睡,突然遭到讨伐队的屠杀。梅逊和安得黑尔亲自纵火,把俘获的印第安人投入火中活活烧死。尽管被惊醒的印第安人拼死反抗,但终因寡不敌众,不是血染村头,就是葬身火海。全村印第安人不分男女老少尽遭残杀。安得黑尔曾经回忆说:"这班北高山人勇猛非常……有许多勇敢的土人,不情愿离开自己的村落,在木栅栏里面拼命抵抗,结果他们被火烧焦……全村落的人就这样被消灭……许多男女儿童都在防守区内被烧死,其他一部分被迫出走的,二三十个一群为我们的士兵俘获,也死于刀枪之下。"[①]经过六个月的剿杀,北高山的印第安村落荡然无存。这些村落的印第安人大部分被杀害,少数妇女儿童被卖为奴隶。

---

① [美]麦克劳德:《印第安人兴衰史》,吴泽霖、苏希轼译,商务印书馆,1947年,第117页。

1675到1676年的"菲利普王之战"具有更大的规模。这次屠杀降临在万帕诺亚格部落联盟的头上。一位勇敢善战的部落酋长奋起抗击,痛惩殖民者。战争持续了两年,这位酋长曾经威震新英格兰,殖民者把他叫作"菲利普王"。1676年8月,菲利普王由于被叛徒出卖,落入殖民者手中,身遭惨死。到17世纪末,居住在新英格兰的贝各特(即北高山),纳拉干塞特、万帕诺亚格等多数部落已被消灭殆尽。少数幸存的部落则被迫向西迁移。他们的土地和无法带走的财富全部落入殖民者手中。在这场屠杀中,将近1.2万印第安人死于战争,约有0.6万人死于饥饿,被俘者不计其数。仅从普利茅斯运出被卖为奴隶的印第安人就达到500名。[1]

　　18世纪中期,居住在东部和中西部地区的阿尔冈钡族成为被驱赶、被屠杀的主要对象。当时英法双方在北美角逐,连年交兵。这个地区的许多印第安部落受到英国和法国的唆使互相残杀,伤亡惨重。七年战争结束后,英殖民者又在俄亥俄一带实行堡垒战,企图分割当地的印第安部落,进而各个加以消灭。结果造成了历史上著名的彭提阿克之战。大批英殖民军投入战斗,终于摧毁了印第安人的顽强抵抗。1765年8月,殖民者和印第安人签订和约。阿尔冈钡部落不得不离别自己的家园,向西方迁移。带领印第安人反抗殖民者的酋长彭提阿克遇刺身亡。在独立战争爆发前,东部和中西部地区的广大印第安人的土地和财富已经被殖民者所夺取,成为他们进行原始积累的重要来源。

　　殖民者屠杀印第安人所采取的手段是极其残酷的。殖民者曾责骂印第安人在交战中割取白人的头盖皮是野蛮和残酷的。但是,他们却避而不谈,这种行为是印第安人对侵略者实行报复才干出来的。而殖民者自己不但也割取印第安人的头盖皮,而且干得更凶,甚至高悬赏格,使之成为刽子手们的特殊职业。1641年,新尼德兰殖民地总督最先定下割取印第安人头盖皮的赏格。接着,新英格兰的清教徒们也参与了这桩可耻的血腥勾当。马克思曾对此愤怒地谴责说:"那些谨严的新教大师,新

---

[1] [美]麦克劳德:《印第安人兴衰史》,第195页。

英格兰的清教徒,1703年在他们的立法会议上决定,每剥一张印第安人的头盖皮或每俘获一个红种人都给赏金40镑。1720年,每张头盖皮的赏金提高到100镑。1744年马萨诸塞湾的一个部落被宣布为叛匪以后,规定了这样的赏格:每剥一个十二岁以上男子的头盖皮得新币100镑,每俘获一个男子得105镑,每俘获一个妇女或儿童得50镑!"①殖民者就是这样从印第安人的死亡和痛苦中大发横财。如果我们说,北美殖民地的资本主义是用印第安人的血和泪浇灌出来,绝不是言过其实。

奴隶贸易 在历史上,西班牙、葡萄牙、荷兰等殖民国家者都曾通过奴隶贸易赚取了巨额财富。英国和北美的奴隶贩子急起直追,也深深卷入了这桩罪恶的勾当。

奴隶贸易始于16世纪初。1517年,西班牙国王查理五世颁发贩奴特许状,允许该状的持有者每年向西属拉丁美洲贩运4000名黑人奴隶。此后不久,奴隶贸易很快成为发财致富的捷径。查理五世的特许状就成为历史上著名的"西班牙合同",并且成为欧洲殖民强国争夺的目标。这个合同曾经辗转为葡萄牙、荷兰、法国所夺取,1713年以后落入英国人手中。

向北美殖民地正式出售黑人奴隶是从1619年开始的。这一年,一只荷兰缉私船向詹姆斯敦附近的殖民者出售20名黑人奴隶。1672年,英国为了垄断非洲和英属北美殖民地的奴隶贸易成立了皇家非洲公司。但是,这一时期运到北美殖民地的黑人奴隶为数不多。即使在黑人奴隶较多的弗吉尼亚,到1671年也只有2000人。北部殖民地使用的黑人奴隶更少。1680年,在新英格兰地区只有200名黑人奴隶,而且其中大部分是家庭奴隶。②为了扩大北美殖民地黑人奴隶的进口,英国政府取消了皇家非洲公司的垄断,向一切奴隶贩子开放北美殖民地的奴隶贸易,允许他们使用公司在非洲的贸易据点,条件是向公司缴纳10%的捐税。

---

① 《马克思恩格斯选集》第二卷,第257—258页。

② Curtis P. Nettels, *The Roots of American Civilization*, New York: Appleton-Century-Crofts, 1938, p. 326.

在英国政府的怂恿下，奴隶贸易日益兴旺。1700年北美殖民地的黑人奴隶达到2万到2.5万人，约相当于总人口的1/10，差不多所有殖民地都使用了黑人奴隶。

在北美殖民地的奴隶贸易中，开始起支配作用的是英国的利物浦商人。随后，新英格兰地区逐渐成为北美殖民地奴隶贸易的基地。

新英格兰的第一艘贩奴船是来往于西印度群岛和波士顿的"愿望号"。1638年，这艘船从西印度群岛将转手购置的黑人奴隶，同棉花、烟草、食盐一起运回波士顿。1645年，波士顿贩奴船"虹霓号"第一次开到非洲，抢掠黑人奴隶。18世纪大规模贩运黑人奴隶开始以后，波士顿、塞勒姆、马萨诸塞、朴次茅斯、新罕布什尔、新伦敦、纽波特、普罗维登斯、布里斯托尔、罗得岛等城市和地区都成了重要贩奴港口。

新英格兰的奴隶贸易同欧洲的奴隶贸易一样，也形成一种"三角贸易"体制。从北美殖民地到非洲的航程叫作出程，在出程中，贩奴船把大量甜酒运往西非海岸换取奴隶。把奴隶从西非海岸运往西印度群岛这一段行程叫作中程，贩奴船把运来的奴隶在西印度群岛出卖，换取硬币、糖浆、香料。从西印度群岛返回北美殖民地的航程叫作归程，贩奴船把换来的货物和一部出售的奴隶带回北美。每一次三角航程都可以给奴隶贩子带来大量的钱财。所获的利润至少是本金的一至二倍，有时竟高达十倍甚至更多。例如，巴尔的摩一艘贩奴船"爱神号"大约耗费了3万美元的建造费，但它的第一个三角航程就赚得利润20万美元。

在奴隶贸易的强烈刺激下，造船业和酿酒业得到飞速发展。据统计1772年，北美殖民地共造船182艘，其中新英格兰地区建造的船就有123艘，约占68%。酿酒厂的数量也相当惊人，仅马萨诸塞一地在1850年就拥有63家酒厂，每年可以酿造1.25万桶甜酒，约相当于78.75万加仑。①尽管这样，船舶和甜酒仍然供不应求，许多奴隶贩子只能使用单桅帆船

---

① Daniel P. Mannix, *Black Cargoes: A History of the Atlantic Slave Trade, 1518–1865*, New York: Viking Press, 1962, p. 160.

或纵帆船等20吨的中小型船只。不少贩奴船破旧不堪,根本不适宜航海。由于甜酒的需要量很大,而且逐日增长,许多贩奴船不能及时得到供应,不得不在港口停泊很长时间。例如,伊萨克·弗里曼船长的代理人曾告诉船长说,在马萨诸塞等待装运甜酒去几内亚的船只太多,他所需要的甜酒数量在三个月内都很难弄到。

奴隶贸易和甜酒酿造业的惊人利润造就了一批新英格兰富商。波士顿的大富翁彼得·凡纽尔的万贯家财就是奴隶的血泪和甜酒变来的。北美殖民地的第一批资产者几乎都同奴隶贸易有着直接和间接的联系。后来,美国东部一些大财团的核心人物和"显赫望族"也是奴隶贩子的后裔。新英格兰这个奴隶贸易的主要基地同时也是北美殖民地工商业最发达的地区,可见奴隶贸易同北美殖民地工商业的发展有着十分密切的关系。

然而,对于黑人奴隶来说,奴隶贸易是掠夺、屠杀的同义词。三角航程无异于一条通向地狱和死亡的道路。他们在自己的家乡经常遭到奴隶贩子的猎捕,经受烧杀、劫掠和种种非人折磨。不少被猎捕的奴隶还未踏上贩奴船就丧失了生命。而幸存下来的奴隶在中途航程中,往往由于船舱过于拥挤、空气污浊、饮食恶劣、传染病流行而死于船上,或者由于船只超载、发生险情而被奴隶贩子抛入海中、葬身鱼腹。据估计,每六七个人当中只有一个人能够活着看到美洲海岸。

对于这种残酷的暴行,黑人奴隶是一贯坚决反抗的,一有机会,就起来暴动以争取失去的自由。在各地报纸上,关于奴隶暴动的消息,时有出现。1764年8月26日马萨诸塞报道,停泊在非洲戈雷附近的一艘贩奴船上有43名黑人奴隶暴动,杀死船长和2名水手。1765年11月18日《新港信使报》又报道说,一艘属于普罗维登斯的贩奴船上,部分黑人奴隶趁上甲板工作的机会向船长和水手发起攻击,以争取失去的自由。[①]不过,在一般情况下,这种暴动是很难成功的。所有参加暴动的奴隶都

---

① Daniel P. Mannix, *Black Cargoesa*, p. 158.

要为此付出昂贵的代价,很少有人能够幸免于死。

总而言之,通过奴隶贸易赚取的每一分钱都浸透了黑人奴隶的鲜血,马克思的名言:"资本来到世间,从头到脚,每个毛孔都滴着血和肮脏的东西"①,讲得多么深刻啊!

第三节　北美殖民地的工商业和无产者的状况

商业的作用和资本主义生产的发展　最初到达北美的移民首先面临的是谋生问题。他们几乎完全生活在与世隔绝的自给自足的自然经济条件下。当时的手工业和商业都是为了满足殖民点的需要,还没有分离出来形成专门的经济部门。根据史密斯的记载,1608年下半年,纽波特船长第二次航行美洲的时候,给北美殖民地带去8名波兰人和德国人,为移民制造树脂、焦油、玻璃、碾磨和皂粉。②不久以后,在距离詹姆斯敦1英里的地方建成一座玻璃作坊。1620年又有约150名工匠和帮工被运送到弗吉尼亚,制造殖民点居民所需的日用品。他们在当地开办了三家铁匠作坊。此外,我们还可以从移民名单中看到,被陆续运送到北美殖民地的还有木匠、泥水匠、砖瓦匠、造船工人和纺织工人等。③

除农业以外,首先作为一个重要经济部门发展起来的是商业。北美殖民地的商业最初是同进出口贸易紧密地联系在一起的。商人们从英国和欧洲运来移民所需要的各种日用品和生产资料,同时把殖民地的毛皮、木材、农产品、矿产品运往西印度群岛、英国和欧洲。各殖民地之间的贸易则由于交通不便而没有迅速发展起来,直到18世纪才初具规模。新英格兰地区向其他殖民地输出鱼类、甜酒、木制品、小船、鞋、衣服等日

---

①《马克思恩格斯选集》第二卷,第265页。

② J. L. Bishop, *A History of American Manufactures from 1608 to 1860*, Philadelphia: Edward Young Co., 1837, Vol. 1, p. 25.

③ J. L. Bishop, *A History of American Manufactures from 1608 to 1860*, p. 28.

用品,中部殖民地则向其他地区销售谷物和面粉。

随着商业的不断发展,北美殖民地的资本主义关系也日益成熟。在资本主义社会产生以前中世纪只留下两种不同形式的资本:高利贷资本和商人资本。工业资本基本上是由这两种资本所形成的货币资本转化而来的。北美殖民地虽然没有封建社会,但资本的转化过程是大体相同的。

起初,在商品需要量不大的时候,商业资本同工业生产没有什么直接的联系。商人们可以在市场上买到自己所需要的一切货物。但是,随着国内外市场的扩大和商品需求量的增长,一些拥有巨额资金的富商产生了直接干预工业生产以保障货源的要求。于是出现了所谓的"包买制"。包买主通过提供原料、发放贷款等办法直接订购产品,把分散的小生产者纳入商业的轨道。起初,"包买制"只是控制分散的小手工业者的一种形式,同工场手工业没有什么联系。但是,当这种形式不能满足商品需求的时候,包买主为了增加产品数量、缩短生产周期,往往从小生产者手中分出若干种零件,或者某几道工序,由雇佣工人在集中的作坊里完成,甚至为生产某一种急需的产品建立实行分工的大作坊。这样就产生了资本主义的工场手工业。

工场手工业经过一个从低级到高级的发展时期。最初出现的是分散的手工工场。这种手工工场分布比较广,存在的时间比较长,在北美殖民地的棉纺工业和毛纺工业中比较多。集中的手工工场是手工工场的高级形式,即"手工制造业的完成形式"。一般地说,集中的手工工场是在分散的手工工场的基础上发展起来的,但并不是截然划分的两个阶段。在一些行业中由于产品的性质和实际的需要往往很早就出现了集中的手工工场或者分散和集中相结合的手工工场。

殖民初期和中期,由于北美殖民地的经济对英国存在着相当大的依附性,殖民地的工业发展在很大程度上取决于英国的政策。英国需要的工业部门,可以得到扶持和鼓励,发展迅速,很早就出现了集中的手工工场。英国由于木材奇缺、造船原料极为昂贵,在相当长时间内对北美殖民地的采木业和造船业采取宽容和鼓励的政策。从1705年开始,英国政府向生产树脂、焦油和大麻的工场、作坊和农户发放津贴。①之后又取消了木材运售英国的进口税。1608年从詹姆斯敦,1621年从普利茅斯运往英国的第一批货物主要就是木材和木制的船舶用具。此后,木材成为大宗运往英国的商品。殖民地的伐木业随着兴旺起来,在缅因和新罕布什尔的林区出现了一批具有相当规模的木材加工工场。

一部分英国商人直接从殖民地购买所需的船只,从而促进了殖民地造船业的飞速发展。殖民地最早造成的一批船是1614年荷兰人建造的"不息号"和约翰·史密斯在缅因海岸建造的7条渔船。②17世纪30年代,北美殖民地造船业开始进入兴旺时期。造船技术日趋完善,开始生产大吨位船舶。1631年7月4日,马萨诸塞总督温思罗普筹资建造的能够载运80人的中型船只在新贝德福下水,两年后又在梅德福建成一艘排水量60吨的船。1642年,在波士顿造成了5艘150吨的船,四年后,又造成了排水量300吨的大船。③1675年到1715年的四十年间,仅在波士顿一个地方就造出了300艘船,其中的1/5销售国外。到1720年,波士顿已经拥有大规模的造船厂14家。此外,在费城、纽约、塞勒姆、纽伯里波特、新贝德福、索尔兹伯里等地也有相当发达的造船工业。据统计,1770年前后,北美殖民地每年卖给英国的船只将近400艘。④英国的商船有1/3是在殖民地建造的。⑤

捕鱼业在殖民时期也是一个重要的集中的工业部门。早期的捕鱼业主要是解决食物供应问题,捕鱼区在河流的出海口和沿海地带。随着造船业和殖民地经济的发展,渔场逐步向海洋延伸,鱼产量日益增长。

---

① Victor Clark(ed.), *History of Manufactures in the United States*, Vol. 1, p. 43.

② J. L. Bishop, *A History of American Manufactures from 1608 to 1860*, Vol. 1, p. 37.

③ C. D. Wright, *The Industrial Evolution of the United States*, New York: Scribner's, 1987, pp. 30-31.

④ J. R. H. Moore, *An Industrial History of the American People*, p. 48.

⑤ Arthur Cecil Bining, *The Rise of American Economic Life*, New York: Charles Scribner's Sons, 1955, p. 76.

塞勒姆、格洛斯特、马布尔里得成为当时的重要渔业中心。殖民地的水产品逐渐成为重要的出口物资。1700年,仅从新英格兰一个地区出口的干鱼就达到1000万磅。到1765年从事渔业的工人已有几千人。所捕捞的鱼需要用350多艘船运往西印度群岛和欧洲销售,年产值达到2000万美元。[①]

铁矿的开采和冶炼通常需要大批的雇佣劳动力。北美殖民地的第一个大规模的冶铁基地是在1619年兴建起来的,但在1622年被殖民者和印第安人的战争所摧毁。不久以后,在马萨诸塞、宾夕法尼亚东南部出现了一批冶铁厂。接着康涅狄格、纽约、特拉华、南北卡罗纳、佐治亚、马里兰也都陆续建立了自己的冶铁基地。北美殖民地所生产的生铁除自给外还可以大量出口。1728年到1729年度,单宾夕法尼亚就出口了274吨生铁。到1770年,北美殖民地向世界市场提供的生铁约占市场总供应量的1/7。五年以后,北美殖民地的生铁产量达到世界总产量的1/7。[②]

除此以外,殖民地的玻璃工业、面粉工业也具有一定的规模。如果1609年詹姆斯敦那家寿命不长的玻璃作坊不算,17世纪30年代在塞勒姆建造的玻璃作坊就是具有稳定生产能力的第一家玻璃手工工场了。接着,1654年和1655年在新阿姆斯特丹出现了一批玻璃工场,集中在该城的"玻璃工人街"两侧。[③]而面粉磨坊则主要分布在纽约、詹姆士河两岸和费城等地。

集中的手工工场的形成和发展标志着殖民地资本主义关系的日趋成熟,为未来的工业革命准备了物质和技术条件。美国学者克拉克和西蒙认为:"在殖民地起义反对英国以前,已经存在着为订货而生产的小作坊,它是这个国家工厂制度的前身。"[④]

---

① Arthur Cecil Bining, *The Rise of American Economic Life*, p. 80.

② Arthur Cecil Bining, *The Rise of American Economic Life*, p. 84.

③ Arthur Cecil Bining, *The Rise of American Economic Life*, p. 98.

④ Marjorie R. Clark and S. Fanny Simon, *The Labor Movement in America*, New York: W.W. Norton & Co., 1938, p. 14.

劳动力的来源和无产者队伍的形成　　殖民时期城市史和手工业史专家卡尔·布里登博认为:"手工业——以及从事手工业的手工工人——在美国早期生活中起到了极为重要的作用,甚至超过了历史学家们所做的一般估计。"[①]的确,殖民时期任何一个经济部门的发展都需要大批的手工工人。从第一个移民点詹姆斯敦建成起,就需要一批工匠来制造日用品和各种武器弹药。而在出口农产品和其他物品时往往需要大量木箱木桶。例如,1754年,仅从查尔斯顿运出的大米、树脂、牛肉和猪肉就需要460个大桶和116231个普通木桶。[②]所以,在许多城镇里都设有专门为种植园和普通农户制作木桶和木箱的工场。

北美殖民地一贯缺少劳动力,尤其是缺少具有一定技能的手工工人。仅仅依靠移民当中的自由人是远远不够的,在许多场合都不得不使用契约奴和黑人奴隶。这就形成了殖民时期手工工人的多种来源。

契约奴是殖民初期的主要劳动力,在移民人口中所占的比例相当大。据估计,50%以上的白人是作为契约奴来到殖民地的。[③]契约奴的构成比较复杂,包括农民、手工工人和罪犯三部分人。犯罪的人数究竟有多少? 其说不一。18世纪的英国学者称美国为"罪犯的国家",颇有鄙夷之意。例如,1769年,约翰逊博士对他的朋友说:"他们是罪犯的民族,只要不绞死他们,他们对我们所允许做的一切事都应该感到满足。"[④]当然这种估计是言过其实的,殖民地的移民并不都是罪犯。另一种估计是:英国曾连续多年向北美殖民地遣送罪犯,每年2000人。第三种估计是:英国遣送北美殖民地的罪犯总数约为5万人。[⑤]美国史学家不同意英国学者的说法,认为罪犯人数没有那么多,而且主要是政治犯。班克罗夫特指出,移民"当中一些人甚至是罪犯,但必须记住,他们所犯

---

① Carl Bridenbaugh, *The Colonial Craftsman*, Chicago: University of Chicago Press, p. 14.

②③ Carl Bridenbaugh, *The Colonial Craftsman*, p. 13.

④⑤ James Davie Butler, "British Convicts Shipped to American Colonies", *The American Historical Review*, Vol. 2, No. 1 (Oct., 1896), p. 12.

的主要是政治罪,遣送到弗吉尼亚的社会罪犯数字从来就是微不足道的"。①雷伯克认为,17世纪前半期被遣送到北美殖民地的罪犯极少,1655年以后才逐步增加,总共约有3.5万人,大部分定居在马里兰和弗吉尼亚。②

由于北美殖民地极端缺少手工工人,契约奴期满后,除原来的手工业者以外,农民和罪犯当中也有相当一部分加入了雇佣劳动者的队伍。

雇佣劳动队伍的另一部分人是自由工匠。自由工匠的来源有两个:一是欧洲移民中的自由工匠,二是来自北部农户的手艺人。在移民队伍中有一定数量的自由工匠。他们是北美殖民地各个工业部门中的重要技术力量。根据弗吉尼亚殖民初期文件的记载,移民当中有园林工、啤酒酿造工、面包师、锯木工、木工、造船工、制犁工、磨坊工、泥瓦工、抹灰工、铁匠、木桶工、鞋匠等。③可以说,各行各业的工人应有尽有。来自北部农户的手艺人是殖民地本地发展起来的技术力量,多半是早期移民的后裔。由于当时大部分移民生活在自给自足的自然经济条件下,每一家农户不仅需要生产粮食,而且需要纺纱、织布,甚至制作必需的日用品。几乎每一个农民都掌握了一定的技艺。随着经济的发展,许多日用品都可以在商店和市场上买到。一部分农民离开了家园到手工工场做工,加入了雇佣劳动者的队伍。

北美殖民地还有一个特殊现象,除去自由的雇佣劳动队伍以外,还拥有一批黑人奴隶手工工人。起初,黑人奴隶都在种植园劳动,或者充当家庭奴仆,根本不会技艺。后来,由于经济发展的需要,一部分种植园主不得不训练黑人奴隶,使他们掌握某种技艺,成为手工工人。关于使用黑人奴隶工匠的最早文字记载见于1649年刊发的《弗吉尼亚总论》。

---

① George Rancroft, *History of the United States*, New York: D. Appleton and Company, 1888, Vol.1, p. 443.

② Joseph G. Rayback, *A History of American Labor*, New York: Macmillan Company, 1966, p. 8.

③ J. L. Bishop, *A History of American Manufactures from 1608 to 1860*, Vol. 1, p. 28.

这个杂志上面提到有一个名叫马修斯的种植园主在他的种植园中使用了40名黑奴从事各种工艺劳动。[1]另外,还有材料证明,到18世纪20年代,一批相当数量的黑人奴隶已经成为"锯木工、木工、铁匠和制桶工"[2]。根据1732年到1776年《南卡罗来纳报》的报道,当时至少有28个行业使用了黑人奴隶。[3]

一般说,黑人奴隶加入手工工人行列大致经过了三个阶段。第一个阶段是在为满足种植园本身需要而生产的种植园作坊中做工,人身依附关系没有受到什么触动。第二个阶段是在为满足殖民地消费和出口需要而生产的较大的种植园工场中做工,人身依附关系有所削弱。第三个阶段是在种植园以外的专业手工工场做工,人身依附关系进一步削弱。但是,从总的来说,黑人奴隶手工工人是没有人身自由的,只能作为雇佣劳动队伍的补充。

工场手工业时期的雇佣劳动者已经具备了现代无产阶级的某些基本特点。他们集中在一起工作,如果不向老板们出售劳动力,那就无法进行生产或获得生存的条件。北美殖民地手工工人的工资略高于英国工人,但工作时间很长。夏天的工作日从早晨5点到晚上8点,共15小时,冬天从天亮到天黑,中间有2.5小时的用餐时间。北美殖民地政府还对手工工人的工资实行限制,规定了最高限额。1630年,马萨诸塞海湾殖民地政府通过法令,限定建筑行业熟练工人日工资最高额为2先令。[4]随后,普利茅斯、纽黑文、康涅狄格也陆续通过了限制工资的法令。

工资最高限额法迫使手工工人在物价上涨以后,仍然领取原来的工

① ② Marcus W. Jernegan, "Slavery and the Beginning of Industrialism in the American Colonies", *American Historical Review*, Vol. 25, No. 2(Jan., 1920), p. 228.

③ Marcus W. Jernegan, "Slavery and the Beginning of Industrialism in the American Colonies", *American Historical Review*, Vol. 25, No. 2(Jan., 1920), p. 230.

④ Joseph G. Rayback, *A History of American Labor*, p. 13.

资。任何要求得到限额以上工资的企图都要受到法律制裁。新英格兰法院记录中就有许多由于领取超限额工资受罚的案例。例如,有一则案例写道:"威廉·狄克西因接受每日3先令的工资罚金3先令;詹姆斯·史密斯因领取超额工资罚金2先令,约翰·司东日诺·西布雷各以同样理由罚金3先令。"[1]但是,在物价下跌的时候,地方法院却往往强迫工人"同意根据商品价格的下落降低工资"。

除此以外,制造商和工场主常常雇用黑人奴隶和半工半农的村镇人口,并且有意制造手工工人之间的竞争,以压低工资。18世纪初开始出现人为的失业现象。1737年,纽约州副州长公开承认,已有很多工人"由于找不到工作而陷于贫困中"。1765年,新泽西议会不得不做出决定,拨款200英镑去救济失业者当中最贫困的。

为了反抗殖民地政府和老板们的盘剥和限制,北美殖民地的工人痛切感到组织起来的必要性,曾经试图建立自己的行会。1648年,马萨诸塞地方政府正式批准在波士顿成立鞋匠行会和铜匠行会,为期三年。接着纽约和费城的地方政府先后批准成立织工行会和裁缝行会。但是,北美殖民地工人很快就发现,行会这样的封建组织形式是他们所不能接受的。因此,一度组织起来的行会都只是昙花一现,很快就消失了。正如有的美国学者所说的,"在英国被认为合法的手工业行会这一组织形式,在殖民地不曾扎下根子"[2]。

最初的比较成功的工人组织是为了某一个共同行动,或者开展互助互利的慈善事业而建立起来的联合。1741年,波士顿油灰工人为了拒绝使用商号流通票而建立起来的联合就是一个很好的例子。他们在反对使用商号流通票的共同目标下,团结一致,显示了自己的力量。《波士顿每周通讯》认为:"这是一个光辉的,值得推崇的范例,不久以后一定会

---

① [美]方纳:《美国工人运动史》第1卷,第47页。

② Joseph G. Rayback, *A History of American Labor*, p. 16.

有无数的技术工人和劳动者起来响应的。"①在几个大城市建立起的工人福利社是一种接近于工会的组织,其宗旨是:"帮助那些由于发生了意外事件需要接济的会员,或该会员遗下的寡妻及幼小的孩儿。"

就阶级对立的情况看,工场手工业时期虽然已经达到了一定的程度,但仍然是不成熟的。手工工人联合起来反对雇主的罢工尚未提上日程。1684年纽约市马车夫罢工和1741年纽约面包工人罢工都不是工人反对雇主的罢工,而是工匠反对市政当局的罢工。雇佣劳动者反对雇主的罢工发生在独立战争以后。

---

① [美]方纳:《美国工人运动史》第1卷,第49页。

第二章　独立战争和美国工人的作用

第一节　独立战争的酝酿和自由之子社的活动

殖民地同宗主国矛盾的尖锐化　1749年,一位曾经游历美洲的瑞典旅行家这样写道:"英国各殖民地的财富和人口事实上增加得那么快,它们不久即将和英国竞争。为了维护宗主国的贸易和富强,英国便禁止各殖民地开办那些会跟英国竞争的手工工场。除了少数规定的地方外,各殖民地不得在不列颠领土外贸易,外国人也不得和美洲各殖民地贸易。诸如此类的限制多得很。"①如果说,过去这些限制由于英法在国际上的激烈角逐而没有严格执行,那么,七年战争结束后,英国政府就加紧了对北美殖民地的控制和掠夺,因此,北美殖民地同宗主国的关系日益紧张。

1763年,英王颁布敕令,禁止北美殖民地向西移民以维护英国商人对西部皮毛贸易的垄断,并消除自由佃农随意离开大地主的土地迁居西部的可能性。这个法令触犯了南部种植园主的利益,杜绝了他们向西部扩展奴隶制的道路,也打击了土地投机者和皮毛商人。殖民地的劳动人民和新来的欧洲移民则由于丧失了去西部谋生的机会而被激怒。

1764年,英国政府又颁布了《糖税法》,对输入美洲各殖民地的外国食糖及英国或欧洲的奢侈品如酒、丝、麻等征收附加税,并规定皮革和皮

---

① [苏联]阿·符·叶菲莫夫:《美国史纲(1492年—19世纪70年代)》,生活·读书·新知三联书店,1962年,第98页。

制品只能输往英国,同时还取消了殖民地曾经享有的某些商品的免税待遇。例如,过去免税输入的马德拉酒,现在每2豪格海①须缴付税款7英镑。这个法令损害了殖民地各阶层的利益,激发了一场激烈而广泛的抵制运动。许多地区的群众、士绅都拒绝饮用外国酒。

美国政府对北美殖民地所采取的货币政策也给殖民地的经济造成了很大困难。英国政府既不准许北美殖民地用所获得的外国金银自铸硬币,又不准许把英国的硬币输送到那里去。结果使得一些地方只能采用纸币,因而造成了通货膨胀。例如,罗得岛由于滥发纸币竟使物价上涨了约三十倍。1754年,英国又颁布了通货条例,禁止北美殖民地发行纸币和用贬值的纸币偿还宗主国债权人的债务。这就使殖民地的经济陷入更大的困难,造成了一些工商业者的破产和大批工人失业。

《印花税法》是英国政府首次向殖民地内部征课的直接税,其目的在于转嫁英国皇家驻北美殖民地的庞大军费开支和政务管理费用,这项税法于1765年在英国议会通过。按照法令规定,凡是报纸、大幅印刷品、小册子、证书、商业票据、期票、债券、广告、历书、租约、法律文件等都必须附贴用硬币购买的印花税票,其金额为0.5便士至27先令。《印花税法》触犯了殖民地社会的各个阶层,商人、土地经营者、银行家、律师和新闻记者出面创立了许多联合会,拒绝输入商品,商业一度陷于停顿。1765年夏季,北美殖民地与英国的贸易减少了30万英镑。各地群众自动组织起来惩办税吏,焚烧印花税票,并打击那些代理人。

在一些地方出现了游行示威。示威群众情绪激昂,高呼:"要自由,不要印花税!"在这种形势的推动下,1765年10月,在纽约召开了反对印花税大会。这次会议是各殖民地之间的第一次联合会议,出席会议的有来自九个殖民地的代表。来自马萨诸塞的詹姆斯·奥蒂斯、纽约的菲利普·利文斯顿、马里兰的丹尼尔·杜拉尼、宾夕法尼亚的约翰·迪金森和南卡罗来纳的克里斯托弗·加兹登在会议期间进行了积极活动。加兹登强

---

① 豪格海(Hogshead),英美制液体容量单位,1豪格海等于52.5加仑,约为238.7升。

调了团结一致的原则,他说:"这个大陆上不应当有人称为新英格兰人、纽约人等,我们所有的人都是美利坚人。"会议认为,《印花税法》具有"破坏殖民地居民的权利和自由的明显倾向",并且声明"除由各地议会自行决定者外,从来不曾有,亦不可能有任何符合宪法的课税"。这样,就否定了英国议会在北美殖民地征收任何赋税的权利。

在反抗《印花税法》的运动中,一些地方的愤怒群众采取了暴力行动。在纽约,1765年11月1日,在法令开始生效的那一天,伊萨克·西尔斯带领一群人袭击伯特利要塞,焚毁印花税票,砸毁了总督的马车。一个曾经威胁要"把《印花税法》从人们的喉咙里塞下去"的军官的宅邸遭到抄袭。波士顿的愤怒人群,在街头对印花税票代销人的模拟草人处以绞刑。英国皇家海关税吏和首席法官的住宅受到袭击。殖民地人民不仅反对《印花税法》所带来的经济负担,而且也反对英国在殖民地征收赋税的特权。

由于北美殖民地人民的激烈反抗,1766年3月17日,英国议会在经过激烈辩论以后终于决定撤销这个法令。但是,这并不等于说,它已经放弃了在北美殖民地征收赋税的企图。就在撤销《印花税法》的第二天,英国议会通过了一个"公告令",声明它是殖民地的最高立法机构,有权在殖民地征税。两年以后,它又通过了在北美殖民地征税的新法令。

自由之子社的成立及其初期活动 1763年以后,由于英国加紧对北美殖民地的控制和剥夺,除去英国王室的官员和少数追随者以外,殖民地社会各阶层的利益都受到了不同程度的损害,而受害最深的是下层人民、工匠、帮工和海员。共同的命运使各个殖民地的人民冲破了地区的限制,在全殖民地的范围内联合起来,共同对付英殖民者。年轻的殖民地的无产者也接受了这次锻炼,开始活跃在全殖民地的政治舞台上。他们同其他劳动者一起,在抗英运动中成为相当活跃的成分而站在斗争的最前列。马萨诸塞总督托马斯·哈钦森认为当时殖民地的形势十分紧张，"下层人民已经怒不可遏"①。1747年，一位小册子的作者也指出，"最下层人民是首当其冲的受害者"，他们的愤怒"达到了疯狂的程度"。②1765年下半年，以技工、短工、劳动者、海员、小手工农者为主体的革命团体在波士顿、费城等大城市中相继建立。这种团体有各种名称，在宾夕法尼亚叫作联合派，在康涅狄格叫作"团结党人"，有的地方叫作取缔派。不过，它的通称是"自由之子"。

"自由之子"的基本队伍是由劳动人民组成的，也是无产者自己的革命团体。但是，由于它的目标是抗击英殖民者，自然而然地要同其他阶层的抗英人士结成共同的联合。因此，"自由之子"的队伍也包括一部分商人、律师、地方官吏和职业政治家。独立战争中的著名人物塞缪尔·亚当姆斯、克利斯多弗·加兹登、约翰·拉姆和斯蒂芬·霍布金斯都是"自由之子"的领导人。

"自由之子"的广大群众在历次行动中都起到了决定性的作用。他们的勇敢行为使得殖民地的统治者大为惊恐。官方的文件和报纸对他们进行恶毒的咒骂，把他们叫作"暴民""罪犯们的子孙"和"捣蛋分子"。而美国革命的领袖人物则把他们看作挽救"国家命运"的力量而对他们的功绩大加赞扬。亚当姆斯曾经说过："最后来挽救我们这个国家的命运的"乃是城市劳工和乡村农民的"坚强的爱国主义精神"。③1774年6月，约瑟夫·华伦强调指出，在执行不进口协议当中，只有工人才是真正可靠的力量。他写道："我怕纽约方面是不会以很热烈的心肠来帮助我们的，但是要完全抛弃我们，他们也许会觉得太可耻了；至少，如果纽约的商人们打算要把我们出卖掉，纽约的工人都一定会起来破坏那笔交易的。"④华伦所指的这些纽约工人基本上都是后来纽约自由之子社的成员。

在抵制《印花税法》的运动中，妇女们也组织起来成立"自由女儿

<hr />

①② Philip S. Foner, *Labor and the American Revolution*, Westport, Conn.: Greenwood Press, 1976, p. 34.

③④ ［美］方纳：《美国工人运动史》第1卷，第63页。

社"。"自由女儿"是"自由之子"的姐妹组织,在开展抵制英货运动中,曾经发挥过非常重要的作用。结果使大批英国商品无法进入北美殖民地的市场,从而打击了英国的气焰和经济力量。"自由之子"的领导人对于这一成就感到鼓舞,高兴地指出:"由于妇女在我们方面,我们能够使每一个保王党人发抖。"[1]

《印花税法》被取消以后,"自由之子"仍然在继续活动,在反对《汤森条例》和以后的抗英运动中起着越来越重要的作用。《汤森条例》是英国财政大臣汤森自1767年起所提出,经英国议会批准的一系列法律的总称。《汤森条例》的目的不仅仅在于从北美殖民地榨取更多的钱财,而且在于维护《通告令》所申诉的只有英国议会有权制定殖民地法律的原则。按照这个条例的规定,从英国输入殖民地的纸张、玻璃、颜料、茶叶等货物均须缴纳进口税,英国税吏拥有闯入民房、商店、堆栈稽查走私和违禁货物的特殊权力,未能向英国驻军提供全部给养的纽约议会,以及于1768年发出通告信,呼吁各殖民地议会团结抗英的马萨诸塞议会均被明令解散。

《汤森条例》的推行激起了反英运动的又一次高潮。工人们从过去的经验中知道,向英王请愿是不会有什么效果的,直接采取了抵制英货的行动。一位机械工人在《南卡罗来纳报》上发表声明,呼吁工人们团结一致,抵制英货,不受英国奴役。[2]在反对《汤森条例》的运动中,"鼓励美国制造业!"很快成为流行的口号。相继在各地建立起一些抵制英货的会社,通常叫作"美国制造业的爱护者和鼓励者协会"。北美殖民地的家庭手工业产品流行一时,而且在报纸杂志上经常登载殖民地自产商品的广告。人们还往往在这些产品前面加上自由二字,如"自由伞"等。在相当多的地区,"自由之子"都是抵制英货运动的发起者和组织者。在波士顿,"自由之子"的领导人威廉·莫林诺克斯曾经组织妇女纺纱织布,抵

---

[1] Philip S. Foner, *Labor and the American Revolution*, p. 39.

[2] Philip S. Foner, *Labor and the American Revolution*, pp. 76–77.

制英国的布匹,康涅狄格、罗得岛和纽约的"自由女儿"纷纷起来响应。《纽约杂志》曾经著文,鼓励妇女在生产中同男子一样做出贡献。

有些地方的商人对抵制《汤森条例》采取消极态度,那里的"自由之子"就在当地工人群众的支持下,采取措施迫使他们参加运动。例如,1768年9月,当查尔斯顿的商人对马萨诸塞议会的通告信保持沉默的时候,那里的技工们立即佩带"自由之树"这个标记上街游行,向波士顿人表明其及对英国君主的立场。他们还选派了十三名代表加入实行抵制委员会,人数同种植园主和商人代表的人数相等。在他们的推动下,查尔斯顿的各阶层终于投入了抵制英货的运动。

纽约的情况略有不同。那里的"自由之子"发生了分裂。一个组织叫作"真正的自由之子",有时又叫作"自由和贸易之友",领导人是西尔斯·拉姆和约翰·莫林·斯科特。另外一个组织叫作"真正自由之子",有时又叫作"自由之友",领导人是亚历山大·麦克杜格尔。《汤森条例》公布后,两个组织忙于互相攻击,没有及时做出反应。由于失去"自由之子"的推动,纽约商人犹豫不决,直到1768年8月才通过抵制进口英货协议,而且把生效期推迟到第二年的11月。在这样的情况下,两个分裂组织才捐弃前嫌,于1769年7月7日重新联合起来,成立"联合自由之子"。在"联合自由之子"的推动下,纽约抵制《汤森条例》的斗争终于掀起了高潮。

抵制进口货物的结果使波士顿和费城的进口货物减少了一半,纽约减少了83%,这使英国对北美殖民地的贸易蒙受了重大损失。1770年,英国议会不得不取消《汤森条例》的各项规定,只保留了每磅茶叶征收3便士的茶税。

波士顿惨案 波士顿惨案是以"自由之子"为主体的抗英力量同英殖民者之间的重大交锋。在抵制《汤森条例》期间及其后,英驻军同各地工人之间的仇恨有增无减。激烈的冲突先从纽约开始。在那个城市,"自由之子"树立的三根自由竿先后被英驻军砍倒。1770年1月,纽约英驻军又企图破坏第四根自由竿。1月19日,一群十六团的士兵带着宽幅标语向"自由之子"挑衅,污蔑他们是"社会的真正敌人""杀人犯"和"强盗"。①工人群众忍无可忍,奋起还击,在金山发生了一场激烈的战斗。许多人被英军打伤,一名重伤的海员当场毙命。1859年,亨利·B.道森把这次战斗叫作"美国革命战争的第一次冲突"②。

从纽约开始的冲突很快扩展到波士顿,在那里发生了历史上著名的波士顿惨案,这次惨案是英殖民者蓄意造成的。还在1768年,英军两个团就奉盖治将军之命开到波士顿,其任务是控制城市,镇压激进派的"骚动"。马萨诸塞总督伯纳德毫不掩饰地说:军队的目的是"要从老练的暴民手中把政府解救出来,并恢复民政的活动"③。英军进驻波士顿以后,不断上街闹事,骚扰群众,殖民政府官员也肆意逞威。1770年2月,一名英国税吏竟然枪杀无辜儿童。波士顿工人和人民群众义愤填膺,准备给予有力的回击。3月2日,二十团的一些士兵同制绳工人发生一场搏斗。3月5日,由于士兵无故侮辱学徒,愤怒的群众向士兵投掷雪球作为回敬。于是英军奉命开枪,打死五名工人,造成了波士顿惨案。这五名遇难者是逃亡出来的黑人水手克里斯普·阿塔克斯、装卸工人塞缪尔·克莱、实习水手詹姆士·科德威尔、手工工人帕特里克·卡尔和学徒塞缪尔·马弗里克。

关于波士顿惨案的消息很快传到了其他地方。3月12日,《波士顿邮报》以显明的版面刊载了这个消息。波士顿自由之子社立即向总督提出抗议,要求把英军从波士顿撤走并惩办凶手,同时向邻近地区的自由之子社呼请支持。普利茅斯和塞勒姆的自由之子社均表示将派出成千上万的工人到波士顿支持那里的组织,实现驱赶军队的要求。波士顿自由之子社还组织了死难者的葬礼。五名死难者合葬在一起,有1万到1.2万人参加了葬礼的游行。殖民地人民和英军的矛盾达到了极其尖锐的

---

① Philip S. Foner, *Labor and the American Revolution*, p. 92.

② Henry B. Dawson, *The Sons of Liberty in New York*, New York: Poughkeepsie, Platt & Schram, 1859, p. 115.

③ Philip S. Foner, *Labor and the American Revolution*, p. 96.

程度。有的学者认为："如果英国不从波士顿撤走它的军队,革命很可能从1770年就开始了。"[1]波士顿惨案引起的严重后果,最后以英军撤出暂告解决,但是冲突并未停止。1773年12月16日,在波士顿接着发生了倾茶事件。英国政府为了报复这次反英事件,镇压"暴民"的"越轨"行为,乃于1774年颁布五项不可容忍的法令,终于导致了独立战争的爆发。

第二节　战争中的美国工人

列克星敦和康科德的战斗　波士顿惨案发生以后,爱国志士对英军的仇恨有增无已。1774年底到1775年春天,波士顿的技工们开始武装自己并建立了秘密通讯网,侦察波士顿附近驻军的活动。自由之子社的工人活动家银匠保尔·瑞韦尔曾回忆说:"我是以技工为主体的三十多人组成的委员会的一名成员,这个委员会的目的是监视英国士兵的行动和搜集有关托利党人活动的情报。"[2]秘密委员会的成员定期在绿龙酒店聚会,交换情报和商量工作。他们经常能够获得十分重要的消息,并及时传送出去。

1774年12月,他们得知盖治将军准备把存储在普利茅斯的部分军火运走,立即将这个消息通知当地的自由之子社,使这批军火在英军到达之前就落入了革命者手中。第二年春天,他们又获得英军准备逮捕塞缪尔·亚当姆斯和约翰·汉柯克的消息,并立即派人去列克星敦报信,致使两人得以及时逃脱盖治将军的追捕。

除去秘密通讯委员会的有效活动以外,波士顿的工人、农民和其他阶层的爱国者还组成民兵加入马萨诸塞民兵联队,并且于1775年3月接到大陆会议的命令,准备必要时抗击英国军队的进攻。1775年4月18日晚上,盖治将军派遣手下军官法兰西斯·史密斯等人率领800名士兵

---

① Philip S. Foner, *Labor and the American Revolution*, p. 100.

② Philip S. Foner, *Labor and the American Revolution*, pp. 151–152.

搜查自由之子社在康科德建立的秘密军火库和革命者。这个行动被秘密委员会发觉。于是保尔·瑞维尔和工人威廉·德维斯骑马飞奔到列克星敦和康科德报警。当地和附近的民兵闻风而动，纷纷埋伏在重要通道附近，严阵以待。

由约翰·帕克带领的一支70人的民兵队伍于4月19日拂晓在列克星敦同英军遭遇，双方交火，打响了独立战争的枪声。英军进入康科德后，所获不大，只找到几门废旧的大炮和一大堆木汤匙。在归途中，英军遭到埋伏受到隐蔽在篱笆后面、树林中和屋顶上的民兵狙击，损失惨重。如果没有盖治将军随后派来的900名英军在中途接应，这支讨伐队就可能全军覆没。战斗结果，英军伤174人，死73人，26人被俘。民兵伤亡人数还不到英军的1/3。

在列克星敦和康科德的战斗中，波士顿地区民兵不仅战胜了比自己强大的敌人，而且充分发挥了人民战争所特有的机动战术的无比威力。恩格斯说："他们并不像英国人所希望的那样，以线式队形在平地上和他们对抗，而是以行动敏捷的散兵群在隐蔽的森林中袭击英国人。在这里，线式队形是无能为力的，而且被既看不见又不能接近的敌人所击败。"①在以后的历次战斗中，殖民地的民兵曾经多次使用这种战术打败英军。

纽约和各地的武装斗争 列克星敦和康科德的战斗很快就传到了纽约。纽约自由之子社的领导人伊萨克·西尔斯和约翰·拉姆带领着一队追随者"敲着鼓，打着彩旗"游行穿过市区，并且呼吁人们武装起来保护"受到侵犯的权利和自由"。当天下午，人群夺取了两艘向盖治将军运输军需品的船，把军火搬运上岸。晚间，西尔斯和拉姆带领人袭击市政厅，夺取了500支步枪和许多弹药，并分发给爱国者。4月28日，武装民兵进驻所有的税务所和公众仓库。港内停泊的船只全部被扣留，禁止向波士顿的英国军队运送军需品。

---

① 《马克思恩格斯选集》第三卷，第207—208页。

1775年5月1日，成立了百人委员会以代替过去的六十人委员会作为抗英运动的指挥机构。虽然在这个新委员会中商人占多数，但工人的人数也有增加。拉姆、西尔斯、麦克杜格尔、赫尔克里士·马利根都成为百人委员会中的重要成员。在革命地方代表大会召开之前，百人委员会负责维持当地的社会秩序，并鼓舞人们接受军事训练，随时准备抵抗英军的攻击，在动员和组织纽约的爱国力量方面起到了极其重要的作用。

列克星敦与康科德战斗在查尔斯顿也激起了强烈的反响。自由之子社的工人们同其他阶层的爱国者一起组织了通讯委员会，其主要活动是向民兵提供军需品。在通讯委员会的统一指挥下，许多技工参加了军火、军需品的生产。在英军从查尔斯顿的各个要塞撤走以后，当地的工人和技工又对要塞进行了整修、加固，使之成为抗击英军的阵地。一位通讯委员会的领导人报道说："技工们（差不多每一个人）对待事业都是实心实意的，无论什么时候得到召唤，他们总是愉快地接受工作。"①

佐治亚州萨凡纳的自由之子社攻破火药库夺取了600磅火药，并从一艘英国船上缴获到一批枪支弹药，他们用这些武器成立了一个民兵团。接着他们就发起突袭，攻破了监狱，把自己的战友耶宾勒泽尔·麦克卡西解救出来，并在街头列队游行示威。

宾夕法尼亚也采取措施建立一支稳定的军事力量。地方议会开始筹集款项以满足战时需要。大批穷苦工匠、工人、学徒和契约奴应召加入民兵队伍。

在宾夕法尼亚的首府费城，技工和开明商人建立了"军事联盟"，帮工、学徒都成为民兵中的活动分子。1775年9月，平民委员会和通讯委员会相继成立。平民委员会是一个军事组织，它的主席是民兵的负责人鞋匠斯蒂芬·辛普森。通讯委员会中也有相当数量的工人。裁缝弗雷德里克·哈根纳、裱糊匠詹姆士·赖夫斯和雕匠罗伯特·贝尔都是通讯委员会的重要成员。

---

① Philip S. Foner, *Labor and the American Revolution*, p. 155.

新泽西纽亚克的自由之子社闻风而动。他们举行了一次会议,并通过决议"将在这个空前的危机中,毫不犹豫地付出自己的生命和财产以支持争取'美国自由的事业'"①。

其他许多地区的技工们也纷纷武装起来,迎接已经开始的战斗。

新英格兰民兵在1775年6月17日的班克山战斗中表现突出。他们英勇顽强,多次打退两千多英军的轮番进攻。最后他们在重创英军之后才放弃了山头阵地。英军以死伤1054人的巨大代价占领了这座不大的山头。这在战略上是一次失败,正如一些美国史学家所认为的,"这一仗作为新英格兰军队和英国红衫军之间第一场真正硬碰硬的战斗,在美利坚方面是一次战略上的胜利"②。

大陆军队和工人士兵　在独立战争中建立起来的大陆军队是一支革命的军队,它主要是由农民、工人组织起来的。其中也有一些商人和社会上层人物,但他们大都居于领导地位。这支军队在相当长时间中,既无薪饷,又缺乏起码的装备。士兵们常常忍受着饥饿和寒冷来抗击装备精良的英国军队。1776年,华盛顿在将军队从纽约撤退到铁炉谷后曾这样描写道:"士兵们没有足够遮体的衣服,睡眠时没有军毯,走路时没有鞋袜,从他们两脚上流下的血迹可看出他们行进的方向,粮食经常匮乏,但他们仍然在冰天雪地中前进着。圣诞节到了,他们在离敌人一天行程的地方驻扎下来,那里,在他们自己动手修建以前,是没有半间房屋或一个茅棚可以蔽体的,但他们毫无怨言地忍受着这一切,这种坚韧和服从的表现,在我看来,在整个世界上也是绝无仅有的。"③

在这支军队中究竟有多少人?很难判断出一个准确的数字或百分

---

① [美]方纳:《美国工人运动史》第1卷。

② [美]塞缪尔·埃利奥特·莫里森,[美]亨利·斯蒂尔·康马杰,[美]威廉·爱德华·洛伊希滕堡:《美利坚共和国的成长》上卷,南开大学历史系美国史研究室译,天津人民出版社,1979年,第219页。

③ Philip S. Foner, *George Washington : Selections from His Writings*, New York : International Publishers, 1944, pp. 16-17.

比。但可以找到许多材料证明,有相当数量的工匠、帮工和学徒参加了军队。在战争初期,大陆会议曾经根据殖民地的实际情况和战争的需要,建议火药厂和军需工厂的工人免服兵役,但是他们必须准备"在形势需要的时候",拿起武器参加战斗。而其他行业的工人,从战争伊始就成为华盛顿的重要兵源。在华盛顿的军队中,有些连队是完全由技工组成的,例如帕多克上尉带领的波士顿炮兵连就完全是由技工组成的。宾夕法尼亚第十一团的两个连中有57人进行过职业登记,在他们当中只有7人是农民,其余都是技工和普通劳动者。曾经担任大陆军副总司令的纳散那尔·格林就是铁匠出身,后来由于带领罗得岛的民兵勇敢战斗而得到华盛顿的赏识和提拔。

起初,在殖民地方面只允许自由人参加大陆军队。但是随着战争的进展,大陆军队痛感兵源的不足。由于大陆会议于1776年9月16日颁布的关于组建88个战斗营的命令迟迟不能执行,乃不得不取消这种限制,允许契约奴和黑人奴隶加入军队作战。

契约奴参加军队的人数相当多。他们当中有的人是代替老板参军打仗的,大部分人是在由于政府支付补偿金而获得老板同意后参军的。有些地方政府由于参军的契约奴人数太多,无力承担这笔巨额的补偿费。例如,宾夕法尼亚的兰卡斯特财务部门"因为这项经费所需比全郡的税收数目还大",拒绝向老板们支付补偿金。[1]后来,大陆会议又通过决议,凡参军的契约奴均应立即无条件恢复自由人身份。参军的契约奴基本上都是城市作坊和工场中的手工工人。

自由的和奴隶身份的黑人工人参加军队比契约奴还要晚一些。他们得以参加大陆军队有两个原因:1.英国人答应黑人奴隶在服满军役后可以获得自由,因而有相当数量的黑人奴隶跑到英国方面作战,引起大陆军队的不安;2.大陆军队兵源不足,可以从黑人奴隶中得到补充。1777年初,由于战争形势的需要,华盛顿才改变了排斥黑人的做法,在1

---

① Philip S. Foner, *Labor and the American Revolution*, p. 182.

月2日给募兵军官的指命中,提到可以招募"自由"黑人入伍。①北方几个州政府相继做出决定,凡是参加大陆军队作战的黑人奴隶均可获得自由,于是在华盛顿的军队中黑人士兵人数迅速增加。1777年10月23日,一名英国雇佣军官在日记中写道:"黑人可以代替他的主人走上战场,因此从来没有碰到一个团队其中没有大批黑人,那些黑人中有些是能干、强壮而勇敢的小伙子。"

罗得岛给大陆会议送去了一团黑人士兵,其中包括一个由克里斯托弗·格林指挥的拥有226名官兵的黑人营。马萨诸塞的72个市镇和宾夕法尼亚都选送了一批黑人参加混合营作战。然而,南部各州的态度却完全不同。除马里兰外,都不支持这种做法。弗吉尼亚不允许黑人奴隶参军,南卡罗来纳和佐治亚拒绝了大陆会议关于火速招募3000名"干练黑人"从军的要求。南部奴隶主始终担心武装起来的奴隶将成为他们生命财产和奴隶制度的最大威胁。克里斯托弗·加兹登的看法集中反映了这种情绪,他写道:"我们非常讨厌大陆会议关于让我们武装我们的奴隶的建议,它作为一个极其危险和不得当的措施招致了极大的不满。"②

大陆会议为了扩大兵源,减少南部诸州的阻力,曾经决定,每一个二十五岁到三十五岁的"健康"黑人奴隶被招募入伍以后,大陆会议将给予其主人1000美元的补偿金,而"每一个认真地作为一个士兵服役到这场战争结束并交出其武器的黑人"可以得到"解放,并得到50美元的款子"。③但是,由于南部奴隶主的消极抵抗和反对,在大陆军队中作战的黑人士兵始终不超过8000人④,而且其中大多数是来自北方的手工工人。大量的南方黑人奴隶则被派遣到军需品生产部门和交通运输部门服役,不直接参加战斗。

①② Philip S. Foner, *History of Black Americans : From America to the Emergence of the Cotton Kingdom*, Westport, Conn.: Greenwood Press, 1975, pp. 324–325.

③ Philip S. Foner, *History of Black Americans*, pp. 325–327, 329–332.

④ Philip S. Foner, *Labor and the American Revolution*, p. 184.

纽约技工委员会和独立宣言　纽约技工委员会是在反对革命运动内部的保守潮流的斗争中建立起来的。1773年,纽约的保守商人组成五十一人委员会来控制抗英运动,于是纽约技术工人立即成立技工委员会与之相对抗。技工委员会为了开展斗争,提出了召开大陆会议的要求,并得到各方面的同意。他们还针对五十一人委员会垄断大陆会议代表席位的企图,提出了自己的代表人选,并迫使该委员会同工人建立联合,成立新的包括工人在内的百人委员会。一直到独立战争爆发,纽约技工委员会始终坚持激进的立场,发挥着重要的作用。

独立战争打响以后,大陆会议的许多领导人对待独立问题仍然犹豫不决。只有著名的资产阶级启蒙运动思想家托马斯·潘恩第一个提出了脱离英国,宣布独立的坚决主张,并于1776年1月发表了《常识》这一重要的历史文献。潘恩在《常识》中用激昂的文字号召人们说:"啊!你们这些热爱人类的人!你们这些不但敢反对暴政而且敢反对暴君的人,请站到前面来!"[①]"只有公开地和断然地宣布独立,才能很快地解决我们的问题。"[②]

潘恩的《常识》首先得到了工人和劳动人民的热烈支持。在民兵队伍中服役的技工、帮工和学徒都骄傲地自称为《常识》的"信徒"。纽约技工委员的成员也成为《常识》的宣传者和拥护者。他们对那些胆敢攻击《常识》的顽固分子,采取了坚决的措施。1776年3月18日,一个名叫萨姆·劳登的印刷厂老板在纽约刊登了一则推销批判《常识》的小册子的广告。他因此立即被扭送到技工委员会主席克里斯托弗·杜依金克面前。第二天,双方在安全委员会申诉了各自的要求,劳登被迫同意停止印刷。当天晚上10点钟,技工委员会主席带领一群人进入印刷厂,把已经印好的小册子全部焚毁。

殖民地工人对于《常识》有自己的理解。从《常识》发表以后到7月

---

① [美]托马斯·潘恩:《潘恩选集》,商务印书馆,1981年,第37页。

② [美]托马斯·潘恩:《潘恩选集》,第48页。

《独立宣言》公布以前,在城市报刊上登载了许多攻击和支持《常识》的文章,其中有许多支持《常识》的文章是技工撰写的。他们往往把独立同建立平民政府联系在一起。他们希望在新政权下面,实行成年人的普选权而不受任何资格的限制:秘密投票,一切地方官职均由群众选举等民主平等权利。纽约的技工们亲切地把这个想象中的新政府叫作"自由的平民政府"。为了实现这个目标,他们到处积极地推进独立运动。

早在1776年5月29日,纽约技工委员会就曾正式向州议会提出要求,希望它命令出席大陆会议的代表"敦促联合殖民地从英国独立出来"[①]。技工委员会的主席刘易斯·瑟波亲自将书面要求送往州议会,并在会上宣读了这个文件。但是,州议会十分冷淡地拒绝了这个要求,不仅不向代表们转达技工委员会的意见,而且于6月11日通知代表们,不允许他们代表纽约州谈话。

最后,宣布独立的倡议是由弗吉尼亚的里查德·亨利·李提出来的。他宣布说:"这些联合起来的殖民区,现在已经是,也应该是自由和独立的州郡"[②]。在他的倡议下,大陆会议成立了起草《独立宣言》的五人委员会,由托马斯·杰斐逊执笔,在砖瓦匠格瑞福的家里,写出了这份伟大的革命文献。

1776年,《独立宣言》正式公布。整个殖民地的工人和爱国者都欢喜若狂,各个州先后对《独立宣言》表态支持。纽约技工委员会虽然没有能够迫使保守的州议会成为宣布独立的倡议者,但在《独立宣言》通过五天以后,就促使纽约的第四届州议会表示认可,对独立运动做出了自己的贡献。

费城工人和费城城市委员会 同所有其他殖民地城市一样,费城的上层人物在对待独立问题上分裂为辉格党人和托利党人。在一段时间内,反对独立的势力控制了市议会。而18世纪70年代抗英运动的激进派人物汤姆森、约瑟夫·里德、约翰·迪克森等人中,有的加入了大陆军

---

① Philip S. Foner, *Labor and the American Revolution*, p. 169.

② [美]方纳:《美国工人运动史》第1卷,第73页。

队,有的在大陆会议中担任代表,对费城的运动无法施加影响。工人和人民群众对市议会行为十分不满,以普通技工、帮工和学徒为主体的民间委员会和民兵纷纷行动起来为争取彻底独立而斗争,一支新的激进力量逐步形成。托马斯·潘恩、蒂莫西·莫特洛克、克里斯托弗·马歇尔,詹姆士·坎农,戴威·里顿豪斯、欧文·比德尔和查尔斯·威尔森·皮尔成为新激进派的领袖。这些人当中有许多人是技工。例如里顿豪斯、比德尔和皮尔都是熟练技工,而且在工人当中享有较高的声誉。里顿豪斯就曾经于1774年被技工选入十一人委员会作为他们政治利益的代表。皮尔曾经当过银匠、钟表匠和美洲的著名油漆工。他是那种在皇帝面前也不脱帽的硬汉子。就连托马斯·潘恩也是工匠出身的革命家。

1776年,激进的工匠在费城城市委员会中取得优势。1776年新成立的监察委员会几乎都是由技工组成的。3月,这个新委员会建议新市议会通过倾向于独立的建议,但遭到了拒绝。于是,三个技工组织联合起来,决定撇开市议会,直接促成宾夕法尼亚的独立,并建立一个民主的政府。这三个组织是监察委员会、爱国协会和平民委员会,在三个组织的推动下,费城的激进派联合起来在制定会议选举中通过一个规定,要求每一个选民在进行投票的时候都要宣誓不再对英王乔治三世效忠。这个规定使那些反对独立的上层人物不得不采取抵制态度而退出了选举。选举结果,激进派取得了完全胜利。制宪会议所通过的州宪法,在许多方面满足了工人对民主政府的要求。例如:宪法取消了州长和参议院;设置监察委员会,每隔七年对政府工作进行一次检查;凡缴纳州税的居民都拥有选举权和担任政府公职的权利,而不受任何资格的限制。

然而,这部激进的州宪法却引起了许多资产阶级领袖人物的不满。连约翰·亚当姆斯也抱怨说这是莫特洛克、坎农、杨、潘恩一手炮制的作品。①方纳曾经幽默地指出:"他应当补充说这也是费城工人联合——

---

① Philip S. Foner, *Labor and the American Revolution*, p. 175.

监察委员会、爱国协会和平民委员会——的作品。"①

第三节　战争的胜利和美国工人的贡献

战争的胜利　1781年10月17日,英军将领康沃利斯在约克顿向大陆军队投降,历时六年多的战争宣告结束,只是在西部地区还有零星的战斗。接着就展开了和平谈判。1783年9月3日,英美双方签订和批准了《巴黎和约》。英国承认美国独立,并拥有密西西比河以东的全部土地。至此,英国对北美十三个州的一百多年的殖民统治被彻底推翻,一个独立自主的民族国家——美利坚合众国诞生了。

北美独立战争是一次具有双重意义的革命。一方面它是一次民族解放战争,另一方面它又是一次资产阶级革命。争取民族独立和发展资本主义紧密结合在一起。从殖民地人民方面来说,这场战争是正义的和进步的。它的胜利为美国的政治、经济发展开辟了广阔的前景。它是美国历史上的一个里程碑。列宁曾经指出:"现代的文明的美国历史,是由一次伟大的、真正解放的、真正革命的战争开始的。"②

独立战争的胜利消灭了东北部地区土地关系方面的封建残余。效忠派的地产被全部没收,并以500英亩为单位面积向私人出售。代役租、长子继承制和嗣续法先后于1786年和1791年宣告废除。如果按照独立战争前夕代役租的总额计算,那么革命胜利后的农民每年可以免交10万美元的地租。③毫无疑问,这对于美国农业资本主义的发展是具有积极意义的。然而,独立战争并没有解决土地问题。直到1862年《宅地法》的颁布,才基本上按照资产阶级的民主方式解决了这个问题。

---

① Philip S. Foner, *Labor and the American Revolution*, p. 175.

②《列宁选集》第三卷,第586页。

③ Ernest L. Bogart, *Economic History of the American People*, New York: Longmans, Green & Co., 1959, p. 205.

独立战争的胜利给美国人民带来了一定程度的民主,并摧毁了契约奴制度。成千的契约奴由于参加大陆军队而获得了自由,以契约奴身份来到美国的新移民几乎完全绝迹。北方一些州已经开始正式取消奴隶制度。1780年,马萨诸塞州宣布禁止奴隶制。同时,宾夕法尼亚也通过了一个逐步解放奴隶的法案。但是,从全国范围看,黑人奴隶制度仍然合法地存在着,而且在南部诸州继续扩展。屠杀和驱赶印第安人的暴行变本加厉,并且在美国政府的直接策划和指挥下进行着。

工人和农民希望通过独立战争得到更多的民主、自由和生活保障。然而独立战争后,美国却是债台高筑、经济困难、纸币贬值、物价飞涨。美国的工商业也处于暂时不景气状态,面临着一个寻找新市场的问题,造船业和航运业也经受了暂时的萧条,作为这两个行业中心的新英格兰地区损失最大。其他部门也出现同样的情况。由于殖民时期缺乏综合的统计数字,很难对美国独立后的经济困难状况做出全面的估计。但是,我们从宾夕法尼亚和南卡罗来纳两个州的出口状况可以看到当时经济下降的趋势。1784年,宾夕法尼亚的出口总值为370万美元,南卡罗来纳为211万美元,1785年分别下降为250万美元和190万美元。①

工商业的萧条给工人带来了最沉重的打击。资产者不仅把由此而引起的损失,而且还把战争的负担全部转嫁到他们身上。失业和工资削减几乎成了普遍的现象,工人和劳动大众的处境急剧恶化。纸币的大幅度贬值又使已经恶化的处境变得更加难于忍受,大陆会议所发行的纸币价值到1780年底只相当于票面的2%。②监狱里挤满了由于负债而被关押的工人和农民。从1786年开始,在许多地方爆发了工人和农民的起义,起义的矛头直接指向资产阶级政府和富商巨贾。起义者咒骂他们是

---

① Gary M. Walton and James F. Shepherd, *The Economic Rise of Early America*, New York: Cambridge University Press, 1979.

② [苏联]阿·符·叶菲莫夫:《美国史纲(1492年—19世纪70年代)》,生活·读书·新知三联书店,1962年,第143页。

真正的吸血鬼。在这些起义中,丹尼尔·谢斯领导的起义是规模最大的一次,起义者达到1100人。

总体来看,独立战争的胜利确实给美国人民带来了独立和许多重要成果。但独立后的国家并不是工人、农民所向往的人民共和国。它的成立仅仅意味着美国社会的各种矛盾从原来的分散的殖民地扩大到整个国家,使各种社会运动具有更大的规模和更激烈的形式。

美国工人在独立战争中的贡献　新泽西州纽瓦克的自由之子社曾通过决议,表示"将在这个空前的危机中,毫不犹豫地付出自己的生命和财产以支持争取'美国自由的事业'"。这个誓言反映了北美殖民地大多数工人、普通劳动者和海员的决心。他们以自己的坚决行动支持独立事业,终于将战争推向胜利。从战争的酝酿到胜利的各个阶段,他们都做出过卓越的贡献。

殖民地的工人在许多场合都作为激进派站在斗争的最前列,在反《印花税法》、抵制英货的运动中,不止一次地走上街头同英殖民者展开激烈的搏斗,并且推动那些犹豫不决的商人尽快投入运动。在一系列的流血事件中,殖民地工人们奋勇当先,不怕抛头颅、洒热血,用他们的宝贵生命来唤醒人民大众。金山战斗和波士顿惨案的牺牲者都是工人和海员。他们的名字虽然没有列入资产阶级的史册,但都被永远铭记在劳动人民心中而万世不朽。

波士顿工人保尔·瑞韦尔和威廉·德维斯在侦察敌情的工作中,屡建奇功,使英军的讨伐计划连遭挫败。举世闻名的列克星敦-康科德战斗就是由于他们的情报能够及时送到而以殖民地民兵的重大胜利宣告结束的。

独立战争的枪声响起后的一段时间内,由于大陆军队还没有做好准备,各地的抗英战争几乎都是依靠民兵来进行的。在重大的战役中,民兵所起的作用不容忽视。由农民和工人、海员组成的新英格兰民兵曾经在弗里曼农庄的战斗(1777年9月19日)中,重创从加拿大来的英国侵略军,为萨拉托加战役的胜利做好了准备。除此以外,殖民地工人在军火和军需品生产中,在维持社会秩序、限制物价飞涨、镇压托利党人的破坏活动中也都发挥了重要的作用。

特别应当指出的是,黑人士兵在战斗中所表现的勇敢精神。例如,黑人士兵萨勒姆·普尔由于勇敢善战,受到军官和士兵的敬重。14名军官联名向马萨诸塞议会陈述他的战功,表彰他在班克山战斗中"表现自己完全像一个经验丰富的军官,同时又是一个勇敢善战的士兵"。

妇女,尤其是参军工人的家属,在独立战争中也做出了重要的贡献。例如,有一个农业工人的妻子,名叫玛格丽特(莫利)·科尔宾。她同她的丈夫共同在大陆军队中作战,由于她的英勇行为,在1779年7月6日得到大陆会议奖授的养老金。另一个农业工人的妻子玛格丽特(莫利)·海斯在1778年6月28日新泽西蒙默思战斗中,拿过他负伤的丈夫手中的枪,坚持战斗到底,后来得到了华盛顿颁发的"未受委任军官"的奖状。在马萨诸塞第四团中服役十七个月的女扮男装的黑人妇女德波娜·茹勒特曾得到马萨诸塞政府的表扬和34英镑奖金。

独立战争也使美国工人在政治上得到了锻炼。虽然他们不是这场革命战争的领导者,但都在这场战争中显示了自己的重要作用。同时,在反对英殖民者的过程中,美国工人也开始了直接反对资产者的斗争。他们一方面同资产者联合起来,抗击英军,另一方面反对资产阶级利用战争造成的机会大发横财,肆意盘剥工人的行为。战争刚结束,1788年,费城印刷工人就举行了美国历史上的第一次反对雇主的罢工。抗议老板们将周工资降低到6美元以下的要求,并且声援那些因反对降低工资而被解雇的工人。

毫无疑问,这次罢工是美国工场手工业时期的第一次重大罢工。它的爆发表明,独立战争以后,随着国家的统一,民族矛盾的缓和,无产阶级和资产阶级的对立已经达到了相当明显的程度。但是,当时的阶级关系仍然是不成熟的。只有在大机器生产阶段,资本主义社会才可能划分为两大相互对立的阶级而把中世纪遗留下来的阶级排挤出历史舞台之外。独立战争的胜利恰好为美国创造了开展工业革命的条件,从而也为美国现代工人运动创造了必要前提。

18世纪中叶,从美国开始的工业革命是资本主义从工场手工业阶段向大机器生产转变中的一次伟大变革。它以技术革命为开端,引起了生产力和生产关系的革命性变化,使资本主义社会经历了生产发展的狂飙时期。资本主义制度正是在拥有工业革命所造成的强大生产力的条件下进入自己的全盛时期。同时,在大机器生产不断战胜手工劳动,日益成为资本主义社会主要生产形式的过程中,工业资产阶级和工业无产阶级也随着形成和壮大。资本主义社会被划分为相互对立的两大阶级,中世纪遗留下来的各个社会阶层都被排挤到政治舞台后面,无可挽回地趋于衰落。

居于资本主义社会上层的是资产阶级,正是工业革命使它的政治统治得以确立。如马克思、恩格斯所说的:"从大工业和世界市场建立的时候起,它在现代的代议制国家里夺得了独占的政治统治。现代的国家政权不过是管理整个资产阶级的共同事务的委员会罢了。"①

从全世界的范围来看,最先发生和完成工业革命的国家英国的资产阶级首先建立了自己的阶级统治,接着在美国、法国和德国也发生了革命性的变化。18世纪末法国的资产阶级革命为资本主义在欧洲广泛发展和凯歌前进开创了崭新的局面。

继法国革命之后,欧美国家的资产阶级争取独占统治,反对封建阶级和清除封建残余势力的斗争,在不同程度上,以不同的形式进行着。19世纪20年代,西班牙和意大利爆发了革命,俄国十二月党人也发动了起义。30年代,法国发生了反对波旁王朝复辟统治的七月革命。1848年终于爆发了席卷整个欧洲的资产阶级民主革命。其任务仍然是摧毁封建生产关系。但是,这次革命发生在工业革命在英国已基本完成、法国正在进行、德国也已开始的时期,那里的资产阶级已经被正在成长的无产阶级吓倒,开始同欧洲大陆的封建势力实行长期妥协,一直到19世纪60年代才确立了资本主义制度的完全统治。

---

① 《马克思恩格斯选集》第一卷,第253页。

无产阶级居于资本主义社会的下层。在大机器生产的条件下，无产阶级的劳动完全丧失了独立性，工人因而变成了机器的单纯的附属品。他们所能得到的报酬几乎只限于维持生活和延续后代所必需的生活资料。这种情况连资产阶级学者也觉察到了，并且对此表示严重的忧虑。英国著名历史学家汤因比曾经指出：“我们现在进入了一个更加黑暗的时期—— 一个灾难严重和可怕的时期。虽然这个民族过去也曾经历过这样的时期，但是这种灾难之所以严重可怕的原因是：一极是财富的大量增长，另一极是贫困也同时大量增加。自由竞争的结果，大规模的生产，导致了阶级的疏远和生产者的大量堕落。”①英国工业革命史专家哈蒙德夫妇也认为：工业革命也产生了一种“残酷的制度，这种制度既伤害人的灵魂，也伤害人的肉体，还否定了人权”，“所造成的奴隶制的规模可以同古埃及、罗马帝国或美国的种植园相比”。②

　　随着大机器生产的发展，“以前的中等级的下层，即小工业家、小商人和小食利者，手工业者和农民——所有这些阶级都降落到无产阶级的队伍里来了。……他们挤在工业资本家的大工厂里像士兵一样被组织起来，受到各层工头的监视”③。“这和‘旧式’的公开的奴隶之间的全部差别仅仅在于现在的工人们似乎是自由的，因为他不是一次就永远卖掉，而是一部分一部分地按日、按星期、按年卖掉的……因为他不是某一个人的奴隶，而是整个有产阶级的奴隶。”④因此，无产阶级只有推翻现存的社会制度、彻底消灭私有制和一切阶级差别，才能获得解放。

　　无产阶级反对资产阶级的斗争是资本主义社会不可避免的普遍现象。早在工场手工业时期，手工工人就曾为改变自己的恶劣处境而进行

① Arnold Toynbee, *Lectures on the Industrial Revolution in England*, London: Rivingtons, 1884, p. 84.

② John L. Hammond and Barbara Hammond, *The Town Labourer, 1760–1832*, London: Longmans, Greens & Co., 1917, p. 31,39,171.

③《马克思恩格斯选集》第一卷，第259—279页。

④《马克思恩格斯全集》第2卷，第364页。

过反工场主的斗争。工业革命开始以后，工人阶级反对资产阶级者的斗争随之发生。不过这种斗争经历过一个从低级阶段向高级阶段、从自发向自觉的发展过程。最初，工人把使用机器和厂主的盘剥当作所受灾难的根源，因此采用了捣毁机器、殴打厂主、焚烧厂房等原始的斗争形式，在欧洲形成了所谓的"卢德运动"。恩格斯指出："工人阶级第一次反抗资产阶级是在产业革命初期，即工人用暴力来反对使用机器的时候。"[1]后来，工人阶级从不断的实践中取得了经验，摒弃了原始的斗争形式，进而组织工会和开展罢工斗争，使运动向前发展了一步。最后，在19世纪30和40年代，英、法、德的工人阶级先后发起了独立的政治运动，把反对资产阶级的斗争推向自觉阶段。

在无产阶级反对资产阶级的斗争发展过程中产生了空想社会主义和科学社会主义。空想社会主义是一种不成熟的理论。这种理论没有经过科学方法的证明，"是和不成熟的资本主义生产状况、不成熟的阶级状况相适应的"[2]。不过，空想社会主义者对资本主义社会的抨击、关于未来社会的设想和种种卓越见解，在启发工人阶级的觉悟方面起过一定的作用，为科学社会主义的诞生提供了宝贵的思想材料。

科学社会主义的诞生及其与西欧工人运动的初步结合是具有划时代意义的头等大事，也是本篇中的主要研究课题。不过，这里需要特别指出的是，科学社会主义同工人运动相结合是以一定的物质条件为基础的。这个物质条件就是资本主义国家工业革命的完成和工业化的实现。只有在工业无产阶级最后形成，并成为最强大的政治力量的时候，科学社会主义才有可能同工人运动密切结合。

美国的情况有其特殊之处，但是，从总的来说，上述过程也都在美国发生过，只是表现的形式、发展的程度不尽相同而已。美国是继英国之后开展工业革命的第二个国家，在此以前，美国的手工工人也曾经进行

---

① 《马克思恩格斯全集》第2卷，第502页。

② 《马克思恩格斯选集》第三卷，第409页。

过反工场主的斗争。在美国的早期工人运动中,工会运动和罢工斗争的规模甚至超过了英国。所不同的是,美国的工业革命由于种种原因进展缓慢,延续时间很长。迟至1850年,除纺织业以外,家庭工业、农场和手工工场仍然在商品生产中占主导地位。[1]据估计,1850年制造业中手工工场的产品占总生产量的70%。[2]同这种不成熟的经济关系相适应的是美国的不成熟的阶级关系。正如马克思所说的,在美国,"虽然已有阶级存在,但它们还没有完全固定下来,它们在不断的运动中不断更新自己的组成部分"[3]。由于美国的封建残余的束缚已经在独立战争时期扫除殆尽,包括农民、手工业者、小业主、小商贩在内的小生产者不仅人数众多,而且拥有一定的经济实力,他们当中每个人都在从事投机活动,一切都成为投机的对象。[4]因此,他们本身具有很大的流动性。据估计,出生于1800年到1830的企业家中有1/3到1/2的人是农民、手工工匠和手工工人的子女。[5]他们当中也不断有人因破产而降落到无产阶级队伍中。

同小生产者相比较,美国工人的队伍是十分弱小的,当时只有131万人,约相当于农村人口的1/19。[6]由于严重缺乏劳动力,美国工人的工资水平普遍高于欧洲。当地出生的美国工人几乎把持了所有收入优厚的工作,而把那些工资低的工作留给新来的移民。同时,他们在经过几代人以后往往同西部土地和农业发生了密切的联系,其中的一小部分人

---

① Daniel T. Rogers, *The Work Ethic in Industrial America, 1850-1920*, Chicago: University of Chicago Press, 1978, pp. 19-20.

② Joseph G. Rayback, *A History of American Labor*, p. 13.

③《马克思恩格斯全集》第8卷,第130页。

④ C. W. Mills, White Coller, *the American Middle Class*, New York: Oxford University Press, 1951, p. 7.

⑤ Hartmut Kaelble, *Historical Research on Social Mobility*, New York: Columbia University Press, 1981, pp. 81-85.

⑥ U. S. Bureau of the Census, *Historical Statistics of the United States: Colonial Times to 1970*, Washington: Government Printing Office, 1975, Vol. 2, p. 666.

可能转变为从事非体力劳动的管理人员和有产者。恩格斯曾经指出："大多数的美国本地居民在年青力壮的时候就'退出'雇佣劳动,变成农场主、商人或雇主。"①这种情况对美国工人运动是十分不利的。可见19世纪上半期,美国没有产生如像宪章运动、里昂起义、西里西亚工人起义那样的工人阶级的独立政治运动绝非偶然。尽管20年代末,在美国的许多城市曾经出现过建立工人党的浪潮,但是,它并不是真正意义上的无产阶级政党。它只不过是一个为了参加选举运动而建立起来的临时的工人组织,而且它的主要成分是手工工人。

从总的情况来看,美国的早期工人运动是落后于欧洲的。

---

① 《马克思恩格斯全集》第21卷,第296页。

第三章　工业革命和美国工人运动的开端

第一节　工业革命的前提和开始

工业革命的基本条件　工业革命是美国社会、经济、文化科学技术综合发展的产物。它的产生取决于许多方面的因素。其中最基本的大致有如下几种：

第一，必须具有一定规模的手工工场。美国的工场手工业，在殖民时期，特别是在独立战争以后已经取得了一定的发展。但是由于缺乏可靠的统计资料，对于当时的工场手工业做一个全面的估计是根本不可能的。著名的美国经济学家福克讷认为，"甚至妄想对各个时期殖民地工业的发展程度作一概略论述，也只可能是一种纯粹的猜测"[1]，他在对当时留存下来的各种资料进行比较以后，觉得一位英国作家在1774年所说的一段话大体上可以给人们一个接近真实的印象，并且引用了这段话。我们不妨也把它作为我们的参考资料，引用如下：

> 殖民地的居民的确创造了很多东西……输出了几种工业品，把英国制造的同类工业品排斥了。新英格兰的人们从外国和英国岛上输入大量的棉花，加工纺织，掺入麻线，织成一种布料，很像曼彻斯特出产的那样，用这些布替自己和他们的邻居缝制衣服。卡罗来纳、宾夕法尼亚和其他一些殖民地则制造帽子。北部殖民地区制造

---

[1]　[美]福克讷：《美国经济史》上卷，商务印书馆，1964年，第117页。

肥皂、洋烛和各种木器，并且出口到南部殖民地区；北部殖民地区制
造骡车、四轮轻便马车、二轮轻便马车和轿子，并且把它们送到南部
去；北部殖民地区也制造马鞍和许多其他的皮革成品运到南部。最
近曾有大批的皮鞋从那里出口到西印度群岛。很多地方都非常成
功地制成了绳索和麻制品。而且，翻砂的用具、斧头和其他铁做的
工具也变成了商品，这些东西，由北部殖民地区供给南部。①

这段话告诉我们，独立战争前夕，北美殖民地的制造业已初具规模，
不仅可以生产足够的日用必需品满足内部需要，而且还生产了几种对外
输出的工业品，在国际市场上同英国竞争。当然，我们还不可能从这里
了解到工场手工业在整个制造业中所占的比重。但是，可以设想，如果
没有相当的手工工场，这样大量的产品很难制造出来。尤其应当指出的
是，有些工业部门，特别是制铁、造船等工业部门的产品，主要是依靠集
中的手工工场提供的。

手工工场，特别是集中的手工工场同小手工业生产相比，是一个飞
跃。它使生产能力大幅度提高。由于手工工场实现了不同工序的分工，
工人和劳动工具都专门化了。这就为使用机器做好了准备。马克思指
出："工场手工业最完善的产物之一，是生产劳动工具本身，特别是生产
当时已经采用的复杂的机器装置的工场……工场手工业分工的这一产
物，又生产出机器。"②尤其重要的是，手工工场培养和训练了众多的熟
练工人和机械师，使他们具备了发明机器的潜在能力。马克思认为："沃
康松、阿克莱、瓦特等人的发明之所以能够实现，只是因为这些发明家找
到了相当数量的、在工场手工业时期就已经准备好了的熟练的机械
工人。"③

<hr />

① [美]福克讷：《美国经济史》上卷，第118页。
②《马克思恩格斯全集》第23卷，第407页。
③《马克思恩格斯全集》第23卷，第419页。

第二,一定数量的资本。当时,美国的资本积累有三条渠道:(一)商业资本转化为工业资本;(二)工业部门本身的积累;(三)外资。工业革命前夕和初期,手工工场本身积累的资金有限,所起的作用不大。外资虽然曾经起过重要作用,但毕竟是一种不稳定因素。开展工业革命所需的资金主要来自商业资本。

商业资本转化为工业资本的动因是直接控制商品生产的需要。商业资本同工业发生联系的初级形式是"包买制"。这是一种用商业手段来组织生产的形式。商业资本只起中转作用而没有直接投入工业。列宁说:"包买主的主要经济业务是为转卖商品而收购商品(产品或原料)。换句话说,包买主是商业资本的代表。"①

在商品经济进一步发展的情况下,一部分畅销商品的包买商为了保证稳定的货源,投资开办工场,部分地将商业资本转变为工业资本。不过,这种转变在独立战争以后才具有一定的规模。1790年,普罗维登斯的商人布朗和阿尔梅利用塞缪尔·施莱特的技术合伙在波特基特建立新型纺纱厂。在此之后到1809年,他们又集资新建了27家纺织厂。②1791年,在财政部部长汉密尔顿的倡导下,纽约的实业界合资建立了实用工业建设会社,资金为62.5万美元。③不过,这家会社开办工厂的计划,由于技术方面、管理方面的种种原因未能顺利实现。它的主要成果是为20年代和30年代的大规模建设提供了重要的经验教训。

第三,充足的劳动力。美国同欧洲国家不同,它的工业劳动力主要不是国内破产的农民和手工业者,而是移民和移民的后裔。当地的土著人印第安人几乎完全被剥夺了在工业部门寻找职业的机会。南部的黑人奴隶中只有少数的人能够成为自由的工人。

① 《列宁全集》第3卷,第321页。

② Herman E. Krooss and Charles Gilbert, *American Business History*, Englewood Cliffs, N. J.: Prentice Hall, Inc., 1972, p. 95.

③ Glenn Porter(ed.), *Encylspedia of American Economic History*, 3 Vols, New York: Charles Scribner's Sons, 1980, Vol. 1, p. 401.

移民的后裔是指在殖民时期迁居北美的移民的子孙。他们当中相当一部分人是雇佣劳动者,是工业革命初期的重要劳动力。移民指独立战争爆发后不断涌进北美的人群,他们为工业革命提供了相当数量的劳动力。据估计,从1775年到1815年间大约有25万人移居美国。①移民不仅提供了大量的劳动力,而且从欧洲一些先进国家带来了先进技术和管理经验。恩格斯充分估计了欧洲移民的作用。他说:"正是欧洲移民,使北美能够进行大规模的农业生产……这种移民还使美国能够以巨大的力量和规模开发其丰富的工业资源,以至于很快就会摧毁西欧,特别是英国迄今为止的工业垄断地位。"②中国移民迁居美国的时间比较晚,但他们在发展西部的工业和铁路建设中发挥了重要的作用,美国第一条横贯大陆铁路的西段主要是华工筑成的。中央太平洋铁路公司总裁利兰·斯坦福承认:"没有华工,这条重要的国家交通干线的西段,就不能在国会所要求的时限内完工。"③

第四,教育、科学和技术。教育、科学和技术也是工业革命的重要条件,在某种意义上说,甚至是决定性的条件。英国在工业革命前一百年就建立了皇家学会,奠定了自己的雄厚的科学技术基础,并且通过教育体系转化为人的智力和劳动技能,出现了牛顿这样伟大的科学家。

美国在殖民时期没有这样雄厚的基础,也没有产生过这样的科学巨人。但是,它在发展科学方面做出了自己的贡献。1713年至1733年间,有13名卓越的北美殖民地科学家被选为英国皇家学会的成员。北美殖民地也产生了自己的著名科学家本杰明·富兰克林(1706—1790)。1743年,根据富兰克林的建议,美国哲学学会宣告成立。1765年,富兰克林在费城建立的美国科学研究会并入哲学学会,学会的规模进一步扩大。

---

① Henry S. Commager(ed.), *Immigration and American History*, Minneapolis: University of Minnesota Press, 1961, p. 102.

②《共产党宣言》,人民出版社,1971年,第5页。

③ [美]亚历山大·塞克斯顿:《十九世纪华工在美国铁路筑路的功绩和牺牲》,彭家礼译,《世界历史译丛》,1979年第4期。

北美殖民地的教育经过一百多年的发展也具备了一定的基础,首先发展起来的是普通教育。新英格兰的清教徒英国移民带来了重视教育的优良传统,几乎每一个移民点都拥有自己的初等学校。1647年,马萨诸塞政府规定,拥有居民50家的市镇应设立一所学校,违者罚款5英镑。接着新罕布什尔、普利茅斯也陆续发布了内容大体相同的命令。继新英格兰之后,大西洋沿岸中部各殖民地也在重要的城镇建立了公共学校。

高等教育也是先从新英格兰地区发展起来的。1636年,哈佛大学的前身剑桥大学在马萨诸塞殖民地建立。经过半个多世纪,又建立了威廉·玛丽学院和耶鲁大学。18世纪中叶,纽约学院(后来的普林斯顿大学)、英王学院(后来的哥伦比亚大学)、费城大学(后来的宾夕法尼亚大学)、罗得岛学院(后来的布朗大学)、女王学院(后来的拉特格斯大学)、达特默思大学相继建立。至此,初步形成了殖民时期的高等教育网。尽管殖民地时期的教育事业还处在初步发展的阶段,但已经为科学技术的传播、发展,未来的工业革命创造了有利的条件。应当指出的是,美国在发展科学技术方面还有一个有利条件。它可以利用自己同英国及其他欧洲国家的种种联系,从外部引进先进的成果,从而使自己的起点大为提高。

第五,独立民族国家的建立。独立战争的胜利使美国在政治上摆脱了殖民地依附地位而成为一个独立的民族国家,从而为经济上的完全独立创造了必要的前提。美国的新政府建立后,在对外政策上采取一系列措施来恢复和发展年轻共和国的经济。联邦政府确立了正规的税收制度,建立了税收机构,设立了偿还国债基金,维护了美国的财政信用,同时还建立了国家银行,实行保护关税,稳定了经济,促进了工商业的发展。1790年4月10日,国会通过的《专利法》开始生效。专利委员会宣告成立,在促进科学技术发展方面起到重要作用。

所有这些基本条件到18世纪90年代大体上已经具备。工业革命的产生也已经是瓜熟蒂落,只不过是时间的早晚而已。

工业革命的开端 美国工业革命从什么时候开始?众说纷纭。在美国学者当中大致有六种看法：1.1790年以后（C.P.内特尔斯、Philip S.方纳）；2.1800年左右（福斯特）；3.19世纪20年代（R.W.福格尔）；4.19世纪30年代（D.C.诺恩）；5.19世纪40年代（W.W.罗斯托、R.E.高尔曼·阿普特克等）；6.内战以后（L.M.哈克）。各种说法都有自己的论据。不过，18世纪90年代为开端的说法是比较可取的。诚然，当时投入使用的工具机的数量较少，工厂体制还没有完全形成。然而，新生事物的产生，开始总是幼小的，不为人们所注意，决不能因此忽略它在本质上同旧事物的根本区别。马克思之所以把工具机的发明作为工业革命的开端正是从这个考虑出发的。他说："工具机，是18世纪工业革命的起点。"[1]恩格斯也认为："使英国工人的状况发生根本变化的第一个发明是珍妮纺纱机。"[2]他还把18世纪60年代定为工业革命开始的年代。[3]

珍妮纺纱机是在英国发明的。它的出现意味着用机器生产代替手工劳动的开始，是一次质的飞跃。美国没有人发明自己的新式纺纱机。美国的工业革命是从引进珍妮纺纱机开始的。不过，英国政府并不希望其他国家掌握先进的技术和设备。它于1774年颁布法令禁止输出阿克莱和哈格里夫斯发明的新机器。并对违法走私的每台机器罚款200英镑，以后又扩大了禁止出口的限制范围，并把罚金提高到500英镑，对于违法者判处一年徒刑。[4]这就给美国的技术引进造成了困难。

为了打破英国的技术封锁，引进新式纺纱机及其制造工艺，美国工业界和地方政府采取了两方面的措施。第一，他们通过各种非正式渠道购置新式纺纱机。1775年，费城展出了美国历史上第一部珍妮纺纱机。1787年，费城建立了最早使用珍妮纺纱机的工厂，但在建立后的第三年被火焚毁。第二，他们奖励技工试制新式纺纱机。有的州政府甚至采用

---

① 《马克思恩格斯全集》第23卷，第410页。

② 《马克思恩格斯全集》第2卷，第284页。

③ 《马克思恩格斯全集》第2卷，第291页。

④ C. D. Wright, *The Industrial Evolution of the United States*, pp. 121–122.

颁发奖金的办法来推动研制工作。例如,1775年3月,北卡罗来纳州曾经募集捐款80英镑,鼓励开办纺织工厂。1786年,马萨诸塞州议会曾拨款200英镑,资助罗伯特和亚历山大·博尔研制新式纺纱机械。但是,这些努力都没有取得完满的结果。

1790年12月20日,英国移民塞缪尔·施莱特把制造珍妮纺纱机的全部技术和工厂管理方法带到美国,在罗得岛的波特基特建立了一家棉纺工厂,从此开始了美国的工业革命。后来,塞缪尔·施莱特因此被称为"制造业之父"。《美国的工业发展》一书的作者赖特把施莱特的棉纺织厂建立的日子作为美国工厂制的起点。①克拉克和西蒙也认为:"第一批真正的工厂建立于1786年以后。"②

第二节　工业革命的深入发展和北部地区工业革命的完成

工业革命深入发展的重要标志——动力革命　随着新式工具机的发明和不断完善,改革动力问题直接提上了日程。水力和畜力由于有地区性或功率小的局限性而日益不能适应。于是,瓦特的万能蒸汽机应运而生,它很快就成为带动各种工作机的巨大动力机,宣告了蒸汽时代的开始。蒸汽被用来作为动力以取代水力和畜力是一场伟大的动力革命。它使生产能力迅速提高,生产规模空前扩大,造成了大机器生产排挤手工劳动的狂潮。蒸汽机的价值就在于它为各种工具机提供了巨大的动力。马克思曾经指出:"瓦特的伟大天才表现在1784年4月他所取得的专利的说明书中,他没有把自己的蒸汽机说成是一种用于特殊目的的发明,而把它说成是大工业普遍应用的发动机。"③恩格斯认为,这是"第一

---

① C. D. Wright, *The Industrial Evolution of the United States*, p. 128.

② Marjorie R. Clark and S. Fanny Simon, *The Labor Movement in America*, p. 15.

③《马克思恩格斯全集》第23卷,第145页。

个真正国际性的发明"①,它"推动了产业革命"②。

美国最早使用蒸汽机是在19世纪初。1864年,奥利弗·伊文斯发明了适合于美国条件的蒸汽机。它的结构比较简单,但耗费燃料较多。美国燃料来源丰富而技术力量不足。因此,厂家都愿意使用伊文斯的蒸汽机。到1812年,伊文斯制造的10台蒸汽机已经在各地正式投入使用。

伊文斯蒸汽机的发明和投入使用标志着美国动力革命的开始和工业革命的深入和发展。不久以后在匹兹堡、路易斯维尔、辛辛那提等重要工业城市都开始生产这种蒸汽机,装备越来越多的工厂。据统计,1820年,全国大约有12家使用蒸汽机的工厂。到1833年单在匹兹堡一地就有90台蒸汽机在运转,可以提供2600马力。1850年以前,在匹兹堡和圣路易之间的地带有1万到2万纱锭是由蒸汽机带动的。

但是,由于美国的许多地区水力资源丰富,价格低廉。在这些地区,蒸汽机的推广使用比较缓慢。在19世纪第一个三十年里,使用水力的工厂仍然占绝对多数。例如,1831年,在马萨诸塞州的69家工厂里,只有39家使用蒸汽机。在罗得岛,使用水力的纺织厂有128家,而使用蒸汽机的则只有4家。直到1860年,水力和蒸汽机之比仍为56∶44。③19世纪七八十年代以后,蒸汽机才得到普遍推广使用,成为工厂动力的主要来源。

交通运输革命 蒸汽机的发明为交通运输工具提供了新的巨大动力,推动了交通运输革命。1807年,富尔顿发明汽船,揭开了这场革命的序幕。汽船具有载重量大、速度快、航行安全的优点,很快就成为水路交通运输的重要工具。

---

① [德]弗里德里希·恩格斯:《自然辩证法》,中共中央马克思恩格斯列宁斯大林著作编译局译,人民出版社,1971年,第92页。

②《马克思恩格斯全集》第2卷,第281页。

③ Louis C. Hunter, *A History of Industrial Power in the United States 1780-1930*, 3 Vols, Charlottesville: University of Virginia, 1979, Vol. 1, p. 120.

从 1815 年到 1860 年是内河汽船的黄金时代。在东部水系、大湖区水系、密西西比水系和远西部水系形成了几个汽船航行网。东部的中心在纽约。从这里可以到达东部沿岸各个州,交通十分方便。大湖区的汽船航运事业发展较晚。最初,只为几艘小汽船载运乘客。在韦兰运河和伊利运河通航以后,汽船急剧增加。到 1860 年,在大湖水系航行的汽船达到 369 艘,总吨位为 137771 吨。①汽船在密西西比水系发挥了尤其重要的作用。1811 年,一艘在匹兹堡建造的 371 吨的汽船下航到新奥尔良成功。1815 年,又一艘在蒙农加希拉河畔的布朗斯维尔建造的汽船下航到新奥尔良,并返航成功。五年以后,在密西西比河水系航行的汽船增加到 69 艘,总吨位为 13890 吨。②到 1855 年,汽船总数为 727 艘,总吨位超过 17 万吨。

　　在远西部水系,汽船航运是在 19 世纪 40 年代末 50 年代初发展起来的,没有起到重要作用。据统计,到 1850 年,在加利福尼亚州诸河流上航行的汽船只有 16 艘。③

　　不过,19 世纪前半期,美国的汽船主要用于内河航行。海上航行的汽船不多,而且带有试航性质。第一次试航大西洋是由装有蒸汽发动机的帆船"萨凡纳"号于 1819 年完成的,但由于装载的燃料不足,只在一段航程中使用了蒸汽机。

　　火车的发明和铁路的兴建给交通运输带来了更大的变革。蒸汽机车是英国人史蒂芬逊发明的。美国最早使用的机车都从英国购买。1829 年,特拉华赫德森运河公司从英国购进了 2 台蒸汽机车,用于该公司所属煤矿的专用线。同年,美国人开始试用机车。1830 年,在纽约试制成功小型机车"陶森号"和"查尔斯顿良友号"。此后,在一些重要工业中心都建立了生产蒸汽机车的工厂。1835 年,阿列根尼山以西的第

---

　　① George Rogers Taylor, *The Transportation Revolution*, *1815-1860*, New York: Routledge, 1977, p. 62.

　　②③ George Rogers Taylor, *The Transportation Revolution*, *1815-1860*, p. 64.

一家蒸汽机车厂在匹兹堡落成。这时,美国生产的蒸汽机车已经出口了。俄国的圣·彼得堡至莫斯科的铁路就是美国的工程师建造的。美国的一家商行先后向这条铁路提供了162台蒸汽机车,2200辆货车和客车。[①]

美国的正规铁路是从1830年开始建造的。这一年建成的铁路共有40英里,但是可以通车的只有23英里。经过1830年到1840年十年时间,在东部几个州建成了短程铁路网。波士顿、费城、巴尔的摩等工业城市都成为重要的铁路枢纽。铁路总长度达到2818英里[②],仅次于英国而居于世界第二位。40年代是美国铁路建筑飞速发展时期,在十年当中建成铁路6000多英里。到1850年,美国铁路总长度为9021英里[③],超过了英国而跃居世界第一位。

铁路的修筑和蒸汽机车的大量投入使用,不仅带来了东部地区的工业繁荣和加速了开发西部的进程,而且推动了制造铁轨、蒸汽机车和各种配件的工业部门的建立和发展。例如,铁路制造业就是这样的一个新兴的工业部门。从19世纪40年代开始,美国U形的铁轨工厂的数目日益增加,产量迅速上升。1844年,U形铁轨和每码重50磅的T型铁轨是从马里兰阿勒格尼县的一家轧铁厂生产出来的。第二年,在宾夕法尼亚丹维尔的一家最大的专门生产铁轨的工厂就投入了生产。1846年到1849年的三年间,全国建成了16家铁轨厂,年产铁轨在10万吨以上。

机器制造业的建立和北部工业革命的完成　我们在考察美国工业革命的时候,需要注意这个国家的特殊情况。按照列宁在研究有关资本主义新材料时所表述的意见,如美国这样庞大的国家,由于各个地区经济发展的不平衡,至少要分为南北西三个地区进行研究。事实确是这样,在这三个地区,工业革命的进程大不相同。北部地区,经济实力雄

---

① Victor Clark(ed.), *History of Manufactures in the United States*, Vol.1, p. 363.

②③ U. S. Bureau of the Census, *Historical Statistics of the United States: Colonial Times to 1957*, Washington: Government Printing Office, 1960, p. 427.

厚,资本主义发展迅速,工业革命大致在19世纪50年代首先完成。南部受到种植园经济的束缚,工业革命进展缓慢。西部是一片广阔的处女地,一切都需要从第一步做起,就全国范围来说,美国工业革命是在80年代,南部重建时期结束以后,西进运动接近尾声的时候完成的。

工业革命的完成有两个重要标志:第一,在各个工业部门中居于领导地位的工业是否基本上实现机械化;第二,是否已经建立起自己的机器制造业。如果用这两个标志加以衡量,那么在19世纪50年代,北部地区的工业革命确已基本完成。

美国北部的主要工业部门是棉纺织业,在全国棉纺织业中占有很大比重。美国使用机器的棉纺织业从18世纪90年代创立以后,经历了几次波折,终于取得了迅速发展。棉纺织厂的数目和规模都有增加和扩大,1831年,总数为801个。1840年增加到1240个。1850年,工厂数虽略有减少,但规模却扩大了。纺锭数从1831年的1246701枚增加到1860年的5235727枚,跃居世界第二位。[1]织布机数从33433台增加到126313台,投资总额从40612984美元增加到98585269美元。[2]棉纺织工业基本上实现了机械化。

马克思曾经指出:"大工业必须掌握它特有的生产资料,即机器本身,必须用机器来生产机器。这样,大工业才建立起与自己相适应的技术基础,才得以自立。"[3]从这个意义上说,机器制造业的建立是判断工业革命是否完成的更为重要的标志。美国的机器制造业发展较晚。19世纪上半期,美国使用的各种车床大部分是从英国进口的,但在一些工商业发达的地区,也陆续成功研制自己的车床。19世纪初,惠特尼为了完成承包国会的军工生产,自行设计和制造了一台质量优良的铣床。据说这台铣床使用了一个多世纪而没有经过改装。1820年,托马斯·布兰查德在惠特尼的工厂里试制成功一种旋床。到50年代中期,斯通制造出

---

① ② C. D. Wright, *The Industrial Evolution of the United States*, p. 134.

③《马克思恩格斯全集》第23卷,第421—422页。

第一台六角车床,至此,美国已经拥有各种类型的工作母机。在北部地区,机器制造业初具规模。

美国的机器制造业发展虽然晚于英国,但首先采用了先进的标准化生产方法,因而显示了大批量生产的优越性。这种标准化生产方法被人们叫作"美国体制"。使用标准化方法生产的机器部件和零件,规格一致,可以互相替换,适宜于大批量生产,不仅生产效率大幅度提高,而且成本显著下降。不久后,这种方法传到了欧洲,为一些工业国家所采用。

在北部工业革命完成以后,特别是在南北内战结束后的二十年间,西部和南部地区的工业得到了迅速的发展。1884年,美国的工业比重上升到53.4%。美国的工业革命在全国范围内基本完成。

工业革命的社会后果 工业革命的最重要的社会后果就是工业资产阶级和工业无产阶级的形成。大机器生产把过去的手工工场和家长式的师傅的小作坊变成了工业资本家的大工厂。随着工厂制的兴起,大量商业资本流入工业部门变为工业资本,财富迅速集中在工业资产阶级手中,使他们不仅拥有强大的经济实力,而且在政治上也取得了独占的地位。另一方面,大机器生产又把以前的中间等级的下层,小工业家、小商人、手工业者和农民抛进了无产阶级的队伍,割断了他们同土地和小生产的联系,使他们成为同大机器生产联系在一起的真正革命的阶级。

美国的工厂制度于1790年随施莱特纺织厂的落成而宣告开始。但是,这时的工厂制度还不完备,只是实现了纺纱过程的机械化。1815年,洛维尔在马萨诸塞窝尔坦建立了一个从纺纱到织布整个过程全部使用机器的近代化工厂,工厂制趋于完善。不久以后在马萨诸塞的其他地方、新罕布什尔及缅因等州先后建立起这样的工厂。根据美国国会报告,到1815年底,罗得岛有99家纺纱厂,马萨诸塞有57家,康涅狄格有

14家,全国共有170家。①

进入20年代以后,棉纺织业迎来了一个蓬勃发展时期。形成了一些具有强大生产能力的纺织业中心。到1834年,单是洛维尔一个地方就有6家公司。这6家公司在洛维尔共拥有19个纺织厂、11万枚纱锭和4000台织布机。②在其他纺织业中心也出现了实力雄厚的大纺织公司。例如,多弗的科奇科公司拥有70万美元资本,萨默斯沃思的大瀑布城公司拥有70万美元资本。

随着工业革命的深入发展,其他行业的工厂制度也随着建立起来。大约在50年代中期,制鞋业也实行了工厂制度。据1860年的调查,全国共有制鞋工厂12487个,雇佣工人总数达到123029人。③

工厂制度的出现和发展标志着工业资产阶级力量的增强。他们对政治生活和经济生活产生着越来越大的影响。例如,号称"波士顿帮"的15个大家族控制了全国纺锭数的20%、马萨诸塞州铁路线的30%和整个保险业资金的39%、波士顿地区银行资金的40%。④

与此同时,工人阶级的队伍也不断壮大。到1880年,美国工人人数达到了1311246人。⑤这支浩浩荡荡的无产阶级大军正在组织起来,同自己的对手——工业资产阶级进行着不可调和的斗争。从这个意义上说,工业革命也产生了工人运动。

第三节　工人运动的开端

独立战争爆发后的罢工运动和工会组织　工业革命产生了"资本和劳动之间的现代斗争"。在工业革命的发源地——英国,工人阶级第一

---

① [美]康乃尔、[美]弗罗格:《美国实业发展史》上卷,商务印书馆,1947年,第88页。

② Victor Clark(ed.), *History of Manufactures in the United States*, Vol. 1, p. 546.

③ [美]方纳:《美国工人运动史》第1卷,第93页。

④ [美]方纳:《美国工人运动史》第1卷,第95页。

⑤ [美]方纳:《美国工人运动史》第1卷,第98页。

次反对资产者的斗争发生在英国工业革命初期,而且采取了卢德运动的形式。然而,美国的情况同英国的不同,在工业革命发生以前,许多来自欧洲的工人移民已经具有一定的斗争经验,独立战争爆发后就出现了罢工运动。1776年,由于英军包围纽约造成了生活困难而引起印刷工人罢工。不过,美国历史学家们都把这次罢工作为例外,没有写进自己的著作。美国史学界一致公认的最早的一次罢工是1786年费城印刷工人罢工。罢工者要求限定最低周工资额为6美元。

工业革命开始以后,美国工人的状况有所恶化。工资几乎没有什么增长,而物价不断上升。我们可以从下面的统计表看出这种趋势。

1795年到1821年费城工匠和工人日工资变动表①

单位:美元

年份	工人	工匠
1795	1.00	1.66
1800	1.00	1.67
1805	1.00	1.57
1810	1.00	1.72
1815	1.00	1.91
1821	0.75	1.37

与此同时,美国工人的劳动时间很长,通常在12小时以上,有的地方长达15个小时。这使得已经趋于恶化的状况显得更加难于忍受。罢工日益频繁,而且在罢工过程中产生了临时性的工会。罢工的目标是反对削减工资与争取缩短工时。1791年在费城爆发了争取缩短工时的罢工。罢工者要求把工作时间限定为早上6点到晚上6点,中间包括2小时用饭时间。同年,费城木匠工会、巴尔的摩印刷工会宣告成立。随后相继成立的还有1792年的费城鞋匠工会、1794年费城制革工会、1795

---

① Ronald R. Adams, *Nage Rates in the Early National Period*, *Philadlphia 1785–1830.*

年巴尔的摩成衣匠工会和1803年的纽约造船业工会。不过,这一时期的工会组织都是行业性的和地方性的,力量比较单薄,而且存在的时间都不长。费城是当时罢工斗争的中心,在18世纪90年代,曾经发生过多次罢工。除此以外,在其他大城市也曾发生过罢工事件。例如,1795年和1805年,巴尔的摩成衣匠两次举行罢工,要求在巴尔的摩实行同纽约相同的工资标准。

然而,这一时期的罢工斗争还都是分散的、按行业进行的。参加罢工的主要人员是手工工人。这种斗争没有汇合成一个整体,形成真正的工人运动。真正的美国工人运动开始于19世纪20年代末。

费城技工工会联合会的成立和美国工人运动的开端 工业革命开始以后,美国工人队伍日益成长。各个行业工人反对老板的斗争越来越频繁,规模不断扩大,逐步冲破了行业圈子,走上联合行动的道路。分散的,此起彼伏的小规模斗争,终于汇成了声势浩大的工人运动。1827年费城技工工会联合会的成立标志着美国工人运动的开始。尽管美国工人运动史学中有不同派别,但对于以1827年为美国工人运动开端的看法都基本上是一致的。康芒斯学派的史学家认为:"我们把美国工人运动的开端定在1827年,地点在费城。那一年在那个地方,美国工资收入者第一次不分职业,作为一个阶级起来共同反对雇主。"[1]老左派史学家方纳明确提出应当以费城技工工会联合会为工人运动开端。他写道:"虽然从某种意义上说,1820年前民主会社及民主共和党里的政治活动确实已经是美国工人运动的开始,可是从我们今天对美国工人运动的了解来看,我们也可以拿1827年费列得尔菲亚技工工会联合会成立的时间作为美国工人运动的起点的。"[2]爱德华·佩森也认为:"所谓的真正的美国工人运动于1827年诞生于费城,那时候过去参加单独行业协会的

---

① John R. Commons et al., *History of Labor in the United States*, Vol.1, p. 25.

② [美]方纳:《美国工人运动史》第1卷,第164页。

技术工人把他们的组织联合到'技工工会联合会'中去了。"①此外，玛丽·R.比尔德、乔治·R.泰勒等著名史学家也都持这种看法。②

费城技工工会联合会是在争取十小时工作制运动中产生的。1827年6月，费城600名木工举行罢工，争取实行十小时工作制。老板们纠结起来企图制止这次罢工。他们宣布，不准许工人成立任何形式的协会，不增加工资，不缩短工时，并且不再雇用"任何一名不按照惯例出卖其时间和劳动力的工人"③。于是，罢工者立即采取对策，成立了一个十二人委员会来领导罢工，并赋予这个委员会三项职能：1.代表罢工工人同老板进行谈判；2.筹募资金救济最困难的罢工者；3.按照工人同意的条件直接接受市民的订货。十二人委员会成立后发表了一个告市民书，宣传十二小时工作制的合理性。这次木工罢工虽然没有达到自己的目的，但却引起了其他工种的连锁反应。房屋油漆工、玻璃安装工都纷纷举行会议，提出十小时工作制要求。

1827年秋天，费城各行业的工人开始提出建立一个协调行动，维护共同利益的联合组织的要求。由木工、玻璃工、砖瓦工、印刷工等工种的十五个工会组成的费城技工工会联合会宣告成立。费城所有行业的协会都得到了参加联合会的邀请。联合会还劝说那些"没有协会行业的工人赶快组织起来，并派出他们的代表"④。费城技工工会在该会会章的"序言"中宣布自己的宗旨是阻止"那些由于轻视人类劳动的真实价值而必然产生的陷入凄惨境地的祸害，并把技工和从事生产的各阶级提高到真正独立和平等的地位，这种地位是他们的实际技能和创造性，他们对

---

① Edward Pessen, *Most Uncommon Jacksonians: The Radical Leaders of the Early Labor Movement*, Albany: State University of New York Press, 1967, p. 3.

② Marry R. Beard, *A Short History of the American Labor Movement*, New York: Harcourt Brace and Co., 1921, p. 3; George Rogers Taylor, *The Transportation Revolution*, *1815–1860*, p. 252.

③ John R. Commons et al., *History of Labor in the United States*, Vol.1, p. 187.

④ *Mechanics' Free Press*, April 19, 1928.

国家民族的无限功用和他们日益增长的智慧现在所迫切要求的"①。

在技工工会的会章中,有三个论断是值得注意的:第一,指出在资本主义社会中,"少数人"——资本家阶级在经济上独占劳动产品,而且随着技术的发展,造成了工资奴隶制度;第二,提出"少数人"阶级控制的国家的观点;第三,相信工人一定会起来废除工资奴隶制度。②从这里可以看到,美国工人阶级当时已经具有了一定的阶级意识,并且提出了自己的政治要求。这无疑是对美国例外论的一个有力驳斥。正如奥尔登·惠特曼所指出的:"重要的是,工人已经表明,他们作为一个阶级有自己特殊的和独自的利益,而不同于那些宣布阶级斗争为非美国产品的'殊特'历史学家和后来的合作制鼓吹者的说法。"③就连康芒斯-威斯康星学派的创始人康芒斯本人也不得不承认说这是"美国人认识自己阶级利益的第一次觉醒"④。

然而,可惜的是,费城技工工会联合会会章的要求并未付诸实行。联合会成立后不久就把自己的主要注意力完全放在竞选活动上去了。1828年5月,它决定提出自己的候选人参加第四次市议会和州议会的选举,"以代表工人阶级的利益"⑤。从此,联合会日益削弱,1829年11月以后基本上停止了活动,1831年宣告解散。

费城技工工会联合会的最大贡献就是树立了一个把各行业工人团结起来的榜样,对其他地区的工人产生了深远的影响。他们从这个事例中开始认识到,加强工人的团结是当时运动的最迫切的需要。1831年新英格兰农民、技工及其他工人联合会宣告成立。这是一个比费城技工工会联合会更为广泛的组织。由于新英格兰地区基本上没有工时的规定,该联合会把争取十小时工作制作为自己的首要目标。1832年2月,

---

① [美]方纳:《美国工人运动史》第1卷,第102页。

② Alden Whitman, *Labor Parties, 1827–1834*, New York: International Publishers, 1943, p. 21.

③ Alden Whitman, *Labor Parties, 1827–1834*, p. 22.

④ John R. Commons et al., *History of Labor in the United States*, Vol. 1, p. 169.

⑤ Alden Whitman, *Labor Parties, 1827–1834*, p. 21.

新英格兰联合会在波士顿大会所制定的会章规定,除去自耕农会员以外,其他所有会员都必须保证每日只工作10小时,而且不容许有任何工资上的折扣。为了实现这项要求,新英格兰联合会采取了如下措施:第一,募集一笔基金,支持那些由于坚持十小时工作制而被开除的工人会员;第二,成立警戒委员会抵抗企图迫害工人会员和破坏罢工的老板们;第三,搜集有关劳工的材料,向各州议院投递请愿书,要求制定法令把每日工作时长规定为10小时。

　　除此以外,新英格兰联合会还注意在工人中进行宣传。它出版了塞斯·路德的《对新英格兰工人的致辞》,并建议工人群众认真阅读。这本小册子观点明确,通俗易懂,在工人中引起了强烈的反响,在很短时期内,接连印刷三版,传布颇广。有人把路德比作美国工人运动中的托马斯·潘恩。路德在他的小册子中谴责美国资本家践踏了《独立宣言》的原则,剥夺了农民、技工和一般劳动者的自由平等权利。他号召人们行动起来,用一种"教育与资本普遍传播,每个人都能获得对生产和自由的享受"的制度来代替现存的那种"美国制度"。他在结尾部分强调指出:"我们对于这些灾难已经忍受得太久了;所有的政党都欺骗了我们;我们必须要把自己的事业掌握在我们自己的手里。警醒起来吧。我们的事业是维护真理的事业。它必须得到胜利。让我们下定决心,决不再受那些人的欺骗了,那些人他们自己不生产任何东西却享受着一切。"①

　　在新英格兰联合会成立以前,1828年在新泽西的帕特逊城发生了美国第一次有记录的工厂工人罢工。同年,在新罕布什尔的多维尔城出现了纺织女工罢工,参加者约400人。在其他地区不断发生罢工事件,在1833年到1837年间罢工运动达到高潮,全国发生过168次。罢工是围绕着三个目标展开的:1.提高工资;2.实行十小时工作制;3.要求建立关门制度,即只允许工厂主雇用工会成员做工。与此同时,工会会员人数有了急剧的增长,从2.625万人增加到30万人。不少没有参加工会的

_____

① [美]方纳:《美国工人运动史》第1卷,第171页。

工人也都陆续建立自己的工会,并且开始罢工活动。罢工的地区分布也发生了显著的变化。过去,罢工斗争只限于东部沿海地区的几个大城市,这时已扩展到布法罗、圣路易斯、匹兹堡、克里夫兰、辛辛那提、路易斯维尔等地区。

在工人运动高涨中,由于斗争的需要,一些大城市的工人成立了各行各业的地区性联合——城市总工会。纽约的总工会成立于1833年8月14日。同年,在华盛顿、费城、巴尔的摩也成立了类似的工会。波士顿的城市总工会叫作中央劳工协会,它成立于1834年,此后,在阿尔巴尼、辛辛那提等城市陆续出现了联合工会组织。到1836年,美国工人至少建立了十三个城市总工会。

城市总工会的出现为组织全国性的总工会创造了条件。1834年,纽约总工会发出一个通告信,要求各个地方的工人组织派遣代表参加一个全国性代表大会,商讨建立全国性工人组织和加强统一行动的问题。1834年8月,来自波士顿、费城、布鲁克林、纽瓦克和纽约等地的工人代表们在纽约市政厅聚会,全国总工会宣告成立。然而,全国总工会只起到一个宣传机构的作用,在它存在的短短的三年里,没有充分发挥组织方面的职能。全国总工会曾经成立一个专门委员会来分别研究十小时工作制问题和拟订一个女工工会的策略。它还在1835年大会上向各地工会组织呼吁,希望各城市的总工会通过全市总罢工迫使联合起来对付工人的雇主们接受工人的要求。

在当时的情况下,全国总工会对城市工会组织的号召并没有约束力。但十分凑巧,这一年,在波士顿和费城都发生了争取十小时工作制的罢工,似乎在一个统一组织下指导进行的。费城总罢工的声势最为浩大,而且取得了辉煌的胜利。这次罢工以煤船码头工人要求增加工资和缩短工作时间的罢工为序幕,很快就席卷了费城各个行业的工会。罢工工人抛弃工作,上街游行,使工作停顿、市场陷于瘫痪。他们的口号是:"从6点到6点,10小时工作,2小时吃饭"。6月22日,总罢工胜利结束,费城工人争得了十小时工作制,并迫使资本家同意调整计件工资。

第四节　早期的工人党

费城工人党的建立　早期的工人党是在美国工人进行政治斗争,开展竞选活动中产生的。同其他国家的工人不同,美国工人在独立战争后,逐步获得了选举权。早期工人党的活动就是利用这种权利捍卫工人利益的一种尝试。

尽管联邦的一些州已经允许包括工人在内的没有财产的人享有选举权,但是由于美国工人阶级在政治上和经济上仍然处于受压迫的地位,绝大部分工人及其子女完全丧失了接受教育的机会,因而不能有效地使用自己的选举权。在过去的历次选举中,资产者都控制了所有的选票。一些工人运动活动家敏锐地观察到这个问题,开始呼吁美国工人,努力学习知识,正式运用选举权以维护自己的利益。

1827年春天,一本未署名的小册子在费城技工中流传。这本小册子的中心思想就是实行普及教育,用知识武装工人的头脑,正确使用普选权。小册子的作者写道:"的确,在这个可爱的国家里我们享受着珍贵的'普选权'的优越性……我们有权选择我们自己的议员,但是,这个优越性……在我们掌握足够知识可以恰当地使用它以前是不会对我们产生进一步的好处的……当前这个优越性由于我们的无知而被少数人用来算计我们的财富和福利。这些人的利益是同我国的利益相对立的。"[1]作者还建议创办劳工报纸、图书馆、阅览室和举行工人座谈会来推动工人的政治运动。就在这一年,费城技工图书馆公司宣告成立,该公司还出版了一种工人周刊——《技工自由报》。

关于工人参加选举运动的宣传,在费城技工和工人中产生了越来越大的影响。1828年7月,费城工人举行了一次"有各行各业联合会代表参加的"会议,其目的在于共同磋商关于参加下届选举问题。会议经过

---

① Alden Whitman, *Labor Parties*, *1827–1834*, p. 19.

讨论后,制定了参加选举应当共同遵守的原则,并强调了工人在选举中的独立性,要求一些地区从工人中推选候选人。决议原文如下:

> 兹决议,本会议建议技工和工人只支持那些立誓使用自己处理公务的能力来维护工人阶级的利益和需求的人参加市议会和州议会的选举。
>
> 兹决议,我们保证本会议制定的措施不同任何在总统和国会中选举进行竞争的政党的部署相混淆。
>
> 兹决议,会议一致通过,费城四个地区的会议应在如下地点和时间举行……其目标是提出市议会和州议会候选人名单,以便在应届大选中获得技工和工人的支持。
>
> 兹决议,会议仅向某些地区会议建议,在其选择代表时,要完全限定是工人。①

这次会议实际上是费城工人党的成立大会。会议结束后,根据会议的决定,8月间费城工人相继召开了四次会议来研究参加秋季选举的候选人。会议还宣告说:"费列得尔菲亚全市与全部的技工和工人们,已决心把有关他们这个阶级利益的一切问题,完全放在他们自己的直接的掌握中……"②然而,要从工人中推选市和州的议员及政府官员的候选人是存在着许多实际困难的。其中最大的困难有二:第一,当时任任何职务都有一定的财产限制,绝大多数工人都不符合这个条件;第二,工人由于失业的威胁往往不愿意担任候选人。尽管参加提名的代表大多数是工人,但是,在所提出的候选人名单中却没有工人。而得到工人提名的候选人一旦当选以后,往往违背自己的诺言,不把"维护工人阶级的利益与权利"作为自己进行活动的原则。后来,由于这个原因,阿列根尼郡

---

① Alden Whitman, *Labor Parties*, *1827-1834*, p. 24.

② [美]方纳:《美国工人运动史》第1卷,第202页。

的联合会明确地表示对有产者候选人的不信任。他们认为:"不管有些人看起来是多么爱国,但很明显,没有一个人能够全面地了解我们的利益,也没有一个人能够时时警惕地来保卫我们的利益,因为当他们在推进公共福利的时候,最有效地保卫着的还是他们自己的利益。"①

为了使工人能够在选举中有效地使用自己的选票,并尽可能推出工人做候选人。1829年初,在费城和周围地区建立起一些政治俱乐部。俱乐部的主要任务是"在工人中传播宪法的、法律的和政治的知识"②。最为活跃、最为稳定的俱乐部——费城工人共和政治协会就是在这一年3月成立的。除此以外,在宾夕法尼亚州的兰卡斯特、菲利普斯堡、卡莱尔和派克汤希普等地也都成立了政治协会。

工人党、政治俱乐部、政治协会的宣传教育工作在几个月内就收到了初步效果。1829年的选举中,有20名工人候选人当选了市和县的议员和政府职务。但是,从1836年底开始,特别是1831年春天以后,费城工人党突然停止活动。在那一年的选举中,工人候选人全部落选。

纽约工人党和斯基德莫尔 纽约工人党是继费城工人党之后成立的第二个工人党。它是在维护已经取得的十小时工作制的斗争中成立的。1829年,纽约已经实行了十小时工作制,并且得到了社会承认。不过,工厂主们和雇主们并不甘心,一直在策划取消这个制度。为了防止他们的破坏,纽约工会领袖于1829年4月23日专门举行一次会议,讨论对策,并且明确表示反对"一切旨在强迫工人每天劳动超过10小时的企图"③。五天之后,又举行了一次群众大会,参加大会的人数达到5000至6000人,据说这是"纽约曾经举行过的最大的群众大会之一"。大会做出了三项重要决定:第一,坚决维护十小时工作制,要求每一个工人都拒绝完成10小时以外的工作,并将那些不遵守决议,破坏十小时工作制的工

---

① [美]方纳:《美国工人运动史》第1卷,第204页。

② *Mechanics' Free Press*, Nov. 1, 1928.

③ John R. Commons et al., *History of Labor in the United States*, Vol. 1, p. 234.

人作为敌人看待,在报纸上公布他们的名字;第二,为了援助那些由于坚持十小时工作制而受到雇主迫害的工人,大会将募集专门基金;第三,任命五十人委员会为执行机构,负责大会闭幕以后的日常工作。

在五十人委员会中起决定作用的是托马斯·斯基德莫尔。他生于1790年,他的家乡在康涅狄格的乡间,青少年时期,曾经在普林斯顿、里士满、伊登顿和新伯恩等地教书、做工。1819年他到达纽约,成为机工工人,并且积极参加了工会活动。他是一个"农业主义者"。1928年8月18日,他的著作《人财产权》问世。贯穿全书的基本思想是平分财产。斯基德莫尔认为,社会上的一切弊端都是财产的不公平占有造成的。因此,废除一切债务,在成年公民中重新平均分配财产是当务之急,工人党应当为实现这一目的而开展工作。

斯基德莫尔的思想,对五十人委员会有巨大的影响。10月16日,在五十人委员会的倡导下,纽约工人党召开了"第一次纯粹的政治性会议"。五十人委员会向会议提出了一个冗长的政治报告。报告充分体现了斯基德莫尔的观点,把平分财产的问题提到了首要地位。报告指出:"整个……是极其错误地建立起来的。""从这个国家的第一届政府建立伊始,土地分配就应是平等的。"①报告还建议提出工人候选人名单,参加应届选举。大会采纳了这个建议。

根据斯基德莫尔的设想,年满二十一岁的成年男子和成年未婚女子都有权获得160英亩土地,但必须由他们自己耕种。土地禁止出租和转卖。那些已经拥有广阔土地的大地主,在其死去以后,将只能按规定份额遗赠土地。多余土地的所有权将由国家收回。这完全是一种天真的空想。对此,大多数纽约工人是不感兴趣的,因而对斯基德莫尔和五十人委员会的领导产生不满。不过即将开始的竞选活动,暂时冲淡了这种不满情绪。10月23日和26日,委员会接连举行了两次会议,经过充分酝酿,终于确定了十一名工人候选人。其中包括两名木工、两名机器工

---

① John R. Commons et al., *History of Labor in the United States*, Vol. 1, p. 238.

人、一名油漆工人、一名翻砂工人和一名箍桶工人。为了配合工人党的活动。10月31日,《工人拥护者》第一期出版。该报在编辑部文章中豪迈地宣布:"工人阶级已经取得阵地,他们决不放弃战斗,直到压迫他们的势力被消灭为止。"①

选举结果,工人党取得了可喜的成就。它所提出的工人候选人都获得了6000张以上的选票。木工工会主席伊比尼塞·福特被选入纽约州的众议院。《工人拥护者》曾于1829年11月7日载文评论这次选举说:"这次选举结果,超出我们最乐观的估计……在这次选举中我们所获得的成就是比我们所能合理地希望的更多的。如果工人候选人名单更早一个星期提出来的话,那它无疑的一定会获得完全胜利。"②

选举运动刚一结束,纽约工人党立即发生分裂。工人群众担心斯基德莫尔及其追随者将把空想的土地平均主义强加于工人党,而使工人党抛弃争取和维护切身利益的斗争,因而大都站到了他们的反对派那边。造成公开分裂的导火线是关于组织形式的争论。斯基德莫尔派主张以群众大会为工人党的基本活动形式,一切问题都应当由大会直接做出决定。反对派则认为这是一种空泛的组织形式,不便于活动,建议以各区域会的活动为基础,以便使党的成员有可能经常参加活动。

1829年12月29日,五十人委员会召开了一个三千人大会来讨论工人党的活动计划。大会同时听取了由斯基德莫尔起草的代表五十人委员会的计划和各警卫区工人党组织送来的决议和发言。最后,大会以压倒多数拒绝了五十人委员会的计划和斯基德莫尔的平均主义纲领,并宣告成立一个七十人组成的总执行委员会。同五十人委员会相比较,七十人总执行委员会的成分有所改变。其中有非工人委员十一人,而商人就有八人之多。斯基德莫尔就抓住这一点,硬说他受到了党内资产阶级的排挤。当然,这一说法是没有根据的,因为当时对工人党危害最大的并

---

① John R. Commons et al., *History of Labor in the United States*, Vol. 1, p. 239.

② [美]方纳:《美国工人运动史》第1卷,第211页。

不是这些商人，而是不断的分裂和不断的削弱。

斯基德莫尔是第一个走上分裂道路的领导人。他和他的追随者另外成立一个人数不多的贫民党，完全断绝了同工人党的联系，并在他的《权力平等之友》报上激烈地抨击自己的对手。1832年夏天，斯基德莫尔在纽约死于战乱。

几个星期之后，纽约工人党又经受了第二次分裂。第一次分裂后，居于工人党领导地位的是该党书记罗伯特·戴尔·欧文和乔治·亨利·伊文斯。罗伯特·戴尔·欧文是空想社会主义者欧文的儿子。1801年11月9日，他生于苏格兰的格拉斯哥。1825年11月，他随同父亲欧文到美国，参加空想社会主义试验，在新和谐村中负责管理学校和出版《新和谐报》的工作，后来曾经在赖特女士创办的纳绍巴公社停留一段时间，1829年在纽约参加工人党的领导工作。

罗伯特·戴尔·欧文受他父亲的影响，也是一名社会改革家。他是教育改革论者，主张实行全民的教育制度，通过教育来建立一个真正的民主社会。那时，工人的经济方面的要求自然就会实现。而在这种全民的教育制度中，对工人最有价值的是国家监护制度。因为，按照这种制度，工人的子女可以"受国家的监护，用国家的经费"。欧文在取得纽约工人党内的领导地位以后，力图把自己的主张变为党的行动计划。他公开宣布国家监护制是"我党伟大计划"之一，并且"要与这个伟大的方案共存亡"。①在这里，欧文又重犯了斯基德莫尔的错误，完全忽视了工人运动当前的目标。这一错误，为一批混进工人党内的野心家所利用。以诺赫·库克和亨利·G.古杨为首的反对派趁机而起，挑起全党对国家监护制的争论。

库克-古杨派对欧文的主张是否正确并不关心，他们反对国家监护制的目的是要在工人党内制造分裂，排挤欧文和伊文斯，从而完全控制党。他们打着争论的招牌，制造分裂，在纽约工人党内部形成了两个总

---

① [美]方纳:《美国工人运动史》第1卷，第217页。

执行委员会。各个地区委员会中的两派委员也展开了激烈的争执。纽约工人党在这次激烈的争论中再次分裂了。分裂以后形成的三个派别——斯基德莫尔派、欧文派、库克-古杨派——在选举运动中各自提出自己的工人候选人名单。1830年选举结果宣告了这三个派别彻底失败，在这以后纽约工人群众完全抛弃了他们，纽约工人党趋于衰落。1831年，斯基德莫尔派结束了活动，库克-古杨派同国家共和党合并。而欧文派则在一年后加入了民主党的塔马尼派。

除去费城、纽约以外，在特拉华、新英格兰一带也出现过工人党和类似的工人政治组织。工人党的活动遍及六十一个城镇，分布面相当广。不过，美国早期工人党的存在极其短暂。从1828年夏天成立第一个工人政党到1834年完全停止活动，仅仅持续了五年多时间。其原因大致有以下三个方面：第一，工人党是在早期的美国工人运动的推动下建立起来的。它的成立表明，年轻的美国工人阶级已经产生了参加独立的政治活动的强烈要求。正如美国老左派史学家方纳所说："美国劳工已经作为一支独立的力量在美国生活中出现了。这些政党的存在更表示了工人们已逐渐认识到他们自己是一个单独的阶级，这个阶级的利益和资本家们的利益是不同的。"[1]正因为这样，工人党的成立和发展都具备了一定的基础。但是，这种基础是不牢固的。因为当时同大机器生产相联系的工厂工人只占极少数。工人党的基本力量是手工工人，他们甚至还没有同恢复独立经营、开设作坊的小生产者思想决裂。而工人党内的一部分移民工人还没有取得美国的公民资格，政治地位和经济状况都极不稳固。由这些成分构成的工人党在思想上陷于混乱是不可避免的。第二，工人党并不是一个具有严密组织纪律的政党，工人党的成员可以随时参加和退出党的活动，同普通工人没有什么区别。由于这个原因，工人党完全不具备开展长期的经常活动的条件。第三，美国工人党是在选举运动中成立起来的，其主要目的是提出自己的候选人同资产阶级政党

---

① ［美］方纳：《美国工人运动史》第1卷，第223页。

竞争。但是,它所提出的要求大部分是资产阶级的民主要求。往往在资产阶级政党把这些要求接过去列入自己的政纲以后,工人党就失去了号召力而趋于瓦解。

由于上述原因,工人党就不可能成为一个具有战斗性的坚强组织,所以在几次重大行动之后就为分裂和涣散所削弱,直至消灭。

工人党存在的时间虽然不长,但其成就是不可忽视的。它本身的存在就为美国的早期工人运动树起了一个路标。它的许多民主要求曾经引起社会舆论的注意,而且后来都一一实现了。例如,公立学校的建立,负债服刑法令的废止,以及强制国民兵役制的取消都是工人党在推进民主政治运动方面所做的贡献。

火柴民主党运动和杰克逊的"民主" 自从工人党削弱和消亡以后,美国工人在选举运动中丧失了独立活动的条件。相当数量的工人受到杰克逊的影响,转而支持民主党,甚至加入民主党,成为其中的一翼。

杰克逊总统被许多美国学者誉为"民众的头领"。表面上,他的确展示一个"平民总统"的形象。他在就职的时候既没有举行盛大而豪华的仪式,又没有配置正规的卫从。他甚至允许观礼的老百姓,不分男女老幼进入白宫,享用糕点、美酒以示庆祝。

杰克逊总统在任内的确采取过一些民主措施使美国的资产阶级民主制度进一步完备,形成所谓"杰克逊式的民主"。这种民主主要包括两个方面的内容。在经济方面,采取放任主义,杰克逊政府允许各州对公路、运河和铁路建设颁发许可证,并予以资助,联邦政府不进行干预,也不分享可能获得的盈利。在政治方面,杰克逊主张让更多的人参加政治,并进行"打扫奥吉亚斯牛圈"的工作,即实行轮流担任公职制,把长期踞守政府职务的老朽官吏撤换下来,代之以新人。

杰克逊最能吸引工人群众的是他所推行的反对合众国银行、反对垄断的政策。他断然否决了1832年7月3日国会通过的重新向合众国银行颁发许可证的法案,并且宣布这个法案是对州权的违法侵犯和纵容垄断组织继续存在。他认为合众国银行是为外国股东们和"几百个我们本国的主要属于最富有阶级的公民"谋利益的,它的利润是"来自美国人民的收入"。在这年举行的美国选举中,许多工人是支持杰克逊的,对他抱有重大的希望。因为当时美国工人同其他劳动者一样把利用强大经济实力作威作福的合众国银行,以及一切地方银行和垄断组织都看成是造成社会贫困和弊端的罪魁祸首,一直把反对银行和垄断的斗争作为自己的主要社会活动。

杰克逊连任总统以后,确实对合众国银行采取了强硬措施,决定剥夺联邦在合众国银行的存款。1833年10月1日以后,政府停止向该行存放款项。但是,杰克逊并不反对所有的银行。恰恰相反,他是某些地方银行的支持者。他把国家的收入从合众国银行转到某些地方银行里去,使他们大获其利。因此,杰克逊的对手把那些银行叫作"宠儿银行"。可见,杰克逊反对银行和垄断的出发点与劳动人民是截然不同的。正如美国史学家莫里森等人所说的:"杰克逊并不是穷人的维护者,甚至也不是'普通人'的维护者。"[①]实际上,他是代表一部分资产者反对另一部分资产者。

曾经由于工人选票而当选的民主党塔马尼派的国会议员们几乎都同第七沃尔德银行有牵连。1834年塔马尼派的工人成员发现了这种关系,开始感觉到,民主党是站在地方银行的立场上来反对合众国银行的。于是,他们于1834年下半年,在民主党塔马尼派内部组成了工人总委员会。乔治·亨利·伊文斯、埃比尼泽·福特、勒里·D.斯拉蒙、约翰·康默福德、亚历山大·明、罗伯特·汤森、伊利·穆尔等早期工人运动活动家都加入了这个委员会。

委员会成立后立即向塔马尼派领导人发出警告,不允许该派的候选人支持任何垄断组织并反对颁发可能造成垄断组织地位的公司许可证。塔马尼派领导人为了赢得选票,口头上表示愿意接受这个警告,但在应

---

① [美]塞缪尔·埃利奥特·莫里森等:《美利坚共和国的成长》上卷,南开大学历史系美国史研究室译,天津人民出版社,1980年,第47页。

届选举中获胜后立即违背了自己的诺言。

1835年夏天,工人们在塔马尼派内部成立了权利平等民主派来对抗该派的领导人及其支持者。他们决心于10月29日,在该派通过候选人名单的时候否决所有维护银行派的候选人。这天晚上,权利平等派的成员挤满了塔马尼大厅准备同对方进行辩论。支持银行的塔马尼派企图把拥护银行派候选人名单强加给大会,并推举一位银行董事来担任大会主席。工人们以多数票反对这个名单,并选出一位工人主持大会。但是,塔马尼派不顾工人的坚决反对,宣布名单通过,立即退出会场,并卑鄙地关灭了煤气灯来阻止会议继续进行。工人们早有准备,随即擦燃洛卡弗卡牌火柴,点亮蜡烛,继续开会,并且胜利地提出了自己的候选人名单。这一事件在历史上叫作"火柴民主党运动",又叫作"洛卡弗卡主义"。它在民主党的许多地方组织引起了分裂,削弱了民主党在选举中的地位。火柴民主党运动的产生,表明美国工人独立政治要求的加强,但同时也反映了工人运动的不成熟性。所有反对银行的工人们宁愿"重新占有塔马尼大厅",而不去建立自己的政党。

资产阶级政府利用工人没有自己政党的保护这个弱点,从法律上进行迫害,一手制造了1839年纽约成衣工人审判案。纽约成衣雇工协会的二十五名会员以"阴谋危害商业地进行骚扰暴动及侵犯人权"的罪名被法庭判处罚金。审判官爱德华兹公然在判词中宣布工会是外国人的阴谋组织,并且把工人争取能够维持生活的工资说成是阴谋危害商业的活动。

这次判决激怒了许多地方的工人和农民。他们采取各种形式,表示强烈的抗议。1836年9月15日,在尤提卡举行了一次农民和工人的代表大会。大会决定在纽约州建立一个同"现存一党派有区别的独立的"政党,并采用权利平等党这个名称。权利平等党的建立把火柴民主党运动推向高潮。

火柴民主党运动的出现是同当时美国工人的思想水平分不开的。总的来说,杰克逊时代,美国工人只是反对银行、反对垄断,而并不反对资本主义制度。他们只要求消除银行对美国政治和经济生活所产生的恶劣影响，消除特权、垄断制度和所造成的恶果，采用稳定的通货以保障实际工资不会下降。由于这个原因，工人们往往能够接受资产阶级政党的部分激进纲领，并成为它的成员和支持者。只有在发生直接利益冲突的时候才可能脱离资产阶级政党，转而采取独立行动。

第四章 空想社会主义、冒牌社会主义
和自由土地运动

第一节 空想社会主义的传播和试验

美国是空想社会主义的第二故乡 欧洲是空想社会主义的故乡。它产生于英法等国自发的工人运动开始高涨的时期。18世纪70年代发端于英国卢德运动,在19世纪初已经成为英国工人运动所采取的一种普遍的形式。那时,英国工人还没有认识到自己的真正对手是资产阶级,而是把机器看作造成贫困的原因,因此采取了破坏机器、捣毁和焚烧厂房等初级形式来进行斗争。这种情况表明,当时"资本主义生产方式及资产阶级和无产阶级间的对立还很不发展""新的社会制度所产生的冲突还只是在开始形成"。[1]另一方面,工人运动的高涨也表明,新兴的资本主义制度不仅没有解决富有和贫穷的对立,反而加深了劳动群众的贫穷和痛苦,使无产阶级和资产阶级的对立和矛盾日趋明显。结果证明资产阶级"理性王国"的"社会制度和政治制度竟是一幅令人极度失望的讽刺画"。[2]

"不成熟的资本主义生产状况""不成熟的阶级状况"决定了空想社会主义理论的不成熟性。尽管克劳德·昂利·圣西门(1760—1825)、沙尔·傅立叶(1772—1837)和罗伯特·欧文(1771—1858)三位伟大的空想社会主义者敏锐地察觉到资本主义制度的种种弊端,并且提出了本质上

---

①②《马克思恩格斯选集》第三卷,第408页。

不同于资产阶级"理想王国"的社会改革方案,但他们的理论仅仅是一种空想,完全缺乏科学的根据。当然,这绝不是说空想社会主义者的学说毫无价值。恰恰相反,任何时候都不能否定空想社会主义的外壳里所包藏着的天才思想萌芽及其重要历史意义。恩格斯对此曾予以充分肯定,并把空想社会主义的学说作为现代社会主义的思想材料。恩格斯认为,就理论形式来说,现代社会主义"必须首先从已有的思想材料出发,虽然它的根源深藏在物质的经济的事实中"①。

欧洲是空想社会主义的发源地,而美国却是对这种最新社会改革方案进行试验的理想场所。这里既有广阔而又廉价的自由土地,又不存在封建关系的严重束缚。在热爱自由、勇于创新的美国人民中间,很容易找到试验社会改革方案的支持者。欧文主义、傅立叶主义和卡贝的伊卡利亚相继传入美国,而且风行一时,按照他们的设想建立起来的空想社会主义公社也曾经昙花一现,在美国历史上留下了自己的痕迹。可以说,美国是空想社会主义的第二故乡。

空想社会主义公社从创办到垮台整个过程所提供的经验教训丰富了科学社会主义所依据的思想资料的内容。

1847年,马克思在《道德化的批判和批判化的道德》中关于"社会主义和共产主义不起源于德国而起源于英国、法国和北美"②的论断就是指此而言的。

试验,是空想社会主义者所能采用的实现其幻想的唯一手段,但同时这也是对其学说的最无情的检验。试验的结果总是归于失败,无可辩驳地证明空想社会主义的非科学性。马克思、恩格斯在《共产党宣言》中,不止一次地指出这个问题。空想社会主义者的悲剧在于,"他们看不到无产阶级方面的任何历史主动性,看不到它所特有的任何政治运动""他们想通过和平的途径达到自己的目的,并且企图通过一些小型的、当

---

① 《马克思恩格斯选集》第三卷,第304页。
② 《马克思恩格斯选集》第一卷,第173页。

然不会成功的试验,通过示范的力量来为新的社会福音开辟道路"。①
马克思、恩格斯还指出,在阶级斗争愈发展和愈具有确定的形式下,"这
种超乎阶级斗争的幻想,这种反对阶级斗争的幻想,就愈失去任何实践
意义和任何理论根据"。而空想社会主义者的信徒却看不到这一点。"他
们还总是梦想用试验的办法来实现自己的社会空想,创办单个的法伦斯
泰尔②,建立国内移民区,创立小伊加利亚,即袖珍版的新耶路撒冷——
而为了建造这一切空中楼阁,他们就不得不求助于资产阶级的善心和
钱袋。"③

　　马克思和恩格斯在《共产党宣言》中的精辟论述高度概括地总结了
空想社会主义试验的性质和特点,并且令人信服地说明,这种情况是同
无产阶级还不够发达,无产阶级解放的物质条件还没有具备的历史背景
分不开的。

　　恩格斯在《社会主义从空想到科学的发展》中,对罗伯特·欧文在新
拉纳克的试验做了专门考察。他肯定了欧文在经营新拉纳克纺织厂期
间所取得的重大成就,但同时指出这种成就仍然不能使工人阶级摆脱受
奴役、受剥削的地位。这个现实也曾使欧文对自己的试验感到不满意和
困惑不解。欧文在他的著作《人类思想和实践中的革命,或将来由非理
性到理性的过渡》中写道:"可是,这2500人中从事劳动的那一部分人给
社会生产的实际财富,在不到半个世纪前还需要60万人才能生产出来。
我问自己:这2500人所消费的财富和以前60万人所应当消费的财富之
间的差额到哪里去了呢?"恩格斯在文章中引用了欧文的这段话,并做出
了确定的回答。他指出:"答案是明白的。这个差额落到企业所有者的
手里去了,他们除了领取5%的股息以外,还得到30万英镑(600万马

---

　　①《马克思恩格斯选集》第一卷,第282页。
　　②法伦斯泰尔,空想社会主义者傅立叶为其空想社会的生产和消费单位"法朗吉"构想出
的建筑。
　　③《马克思恩格斯选集》第一卷,第283—284页。

克①)以上的利润。新拉纳克尚且如此,英国其他一切工厂就更不用说了。"②

恩格斯特别指出,欧文式社会主义的特点就是它的实践性。在欧文看来,工业革命所造成的新的强大的生产力提供了改造社会的基础和造成了实现他的心爱理论的好机会。因此,他在自己一生中耗费了大量时间和精力致力于他的试验。欧文的信念是:新的强大的生产力作为大家的共同财产只应当为大家的共同利益服务。从这一点出发,他的试验总是通过经营某种事业来进行的。正如恩格斯所说:"欧文的共产主义就是通过这种纯粹营业的方式,作为所谓商业计算的果实产生出来的。它始终都保持着这种实践的性质。"③

综上可见,马克思、恩格斯在奠定和发展科学社会主义的时候,不仅重视空想社会主义的理论方面,而且也考察了它的试验过程和结果。空想社会主义者在美国的试验展现了从开始到失败的全过程,而且反复出现多次,确实为科学社会主义提供了最生动的、最令人信服的思想资料。

欧文的试验　在美国建立起来的第一批空想社会主义公社是欧文式的公社。欧文在管理苏格兰新拉纳克纺织厂取得了成功之后,在国内外都享有崇高的声誉。他开始把自己的注意力转向更高的目标,即建立自己理想中的公社。他向英国的社会上层努力宣传自己的主张,希望英国的国家首脑能够加以采纳和试行。然而,他很快就发现,英国这样的国家没有他的用武之地。于是,他下决心到美国去推行自己的改革方案。

1824年11月4日,欧文和他的几个门徒到达纽约,在那里受到一个社团的欢迎。欧文上岸后的第一件事情就是向他的东道主打听,在美国政府的高级官员中是否有人支持他的社会改革计划。当时的目击者麦

---

① 马克,原德国货币单位,2002年起停止流通,被欧元取代。

②③《马克思恩格斯选集》第三卷,第414页。

克唐纳在日记中曾有这样一段记载:"欧文先生问道,是否有任何显要人物支持他。社团的主席回答说,恰恰相反,他们是不赞成关于公社的思想的。"①但是,欧文并未因此失去获得美国政府帮助的希望。他曾经于1825年2月25日和3月7日两次在联邦国会发表演说,国会议员们的冷淡反应终于使欧文的希望完全破灭。欧文对杰斐逊和麦迪逊的登门访问也没有得到任何结果,倒是他在各地发表的演说引起了美国知识界的注意。例如,美国"地质学之父",费城自然科学院的创始人之一,该院院长威廉·麦克卢尔就曾经是欧文创办"新和谐村"的主要合作者。

欧文的计划在老百姓当中也找到了足够数量的支持者。19世纪20年代后半期,在美国出现了一个组建欧文式公社的热潮。第一个公社,也是最大的公社是欧文筹资建立的"新和谐村"。1825年1月3日,欧文用15万美元购买了印第安纳沃巴什河岸的一个德国移民点,面积3万英亩,并附有各种建筑。其中包括3000英亩耕地,600英亩租给佃农的耕地,19个附属农场,几处果园和18英亩繁茂的葡萄园。移民点中心有一个村镇,笔直的街道和整齐的房屋排列其中。在镇中心广场周围有许多砖砌的建筑物,是学校、公共管理机构和教堂的所在地。欧文计划招收800人来组建公社。但由于申请入社的人数很多,很快就突破了这个限额,达到1000人左右。欧文对"新和谐村"寄予很大的希望,把它作为理想社会的起点,然后让它"从公社传到公社,从国家传到国家,从洲传到洲,最后普及全球,对人们的子孙后代放出光芒,散布芳香和富足,智慧和幸福"②。

但是,欧文的"新和谐村"从成立伊始就朝着违反它的宗旨的方向发展。除欧文以外,几乎没有人关心"新和谐村"的生产和投入。到现在为

---

① Donald Drea Egbert and Stow Persons, *Socialism and American life*, Princeton: Princeton University Press, 1952, Vol. 1, p. 161.

② Morris Hillquit, *History of Socialism in the United States*, New York: Funk & Wagnalls Company, 1910, p. 60.

止,我们还找不到有关这方面的记载。从各个地方涌来的社员,鱼龙混杂、思想紊乱。抱着依靠公社的财力、物力,享受休闲生活目的而加入"新和谐村"的大有人在。他们饱食终日,无所事事,而且在公社内部制造纠纷,使和谐村并不和谐。欧文和一些真诚献身这一试验的社员,曾经试图在管理上采取必要措施来改变这种局面。在"新和谐村"存在的短短两年多时间里,先后采取了七种不同的管理体制,但都无济于事。

第一个管理体制是欧文确定的,并于1825年4月27日当众宣布。欧文认为加入公社的人应当经过一个准备阶段,因为"从不合理的社会制度过来的人不经过某些准备不会变成适应合理社会制度的人"①。因此,他设立了一个非纯粹共产主义的"新和谐村的预备社",这个社的管理机构叫作预备委员会。所有加入"新和谐村"的社员都要在预备委员会的管理下经过三年过渡时期才能成为正式社员。在这以后,欧文离开了"新和谐村"返回欧洲。

根据《新和谐报》提供的简略的消息来看,欧文离开以后在3万英亩土地上的农事活动完全没有动静,各种小规模的事务有所开展。公社仅有的工业是原来的移民点留下来的肥皂厂和胶水厂。仓库向居民提供一切必需品,"其费用都是由欧文先生支付的"。公社拥有自己的乐队,每逢星期二晚上举行舞会,星期五晚上举行音乐会。②这则简略的报道揭示了"新和谐村"只消费,不生产的致命弱点,也指出它骤起骤落的根本原因。

1826年1月12日,欧文重返"新和谐村"。在"预备社"全体社员大会上通过了第二个管理章程。"预备社"宣告解散,代之而起的是"新和谐村平等公社"。公社的管理机构是一个六人组成的执行委员会。但是,这个新的执行委员会由于欧文本人未参加,在社员中没有足够的威信,在许多情况下都无法行使自己的职权。后来,在大多数社员的强烈要求

---

① Morris Hillquit, *History of Socialism in the United States*, p. 60.

② Robert S. Fogarty, *American Utopianism*, Itasca, Ⅲ.: F. E. Peacock, 1972, p. 45.

下,欧文同意主持管理工作。

在欧文管理期间,"平等公社"有很大的起色。"街道上不再出现一群群懒洋洋的闲谈者,每一个人都在忙于从事自己所选择的工作。群众大会也从唇枪舌剑的演说家的舞台变为讨论事务的会议,在会上人们提出和采取对公社全体社员有益的建议和措施。"①

然而,好景不长,4月间在公社内部出现了第一次重大的分歧,一部分社员要求把"新和谐村"分为若干小会社,并提出拥有私人财产的问题。欧文当然不同意这种做法,于是决定成立一个二十五人的核心组织来鉴别社员,按不同情况分为"正式社员""预备社员"和"试用人员"。这样就形成了一种过渡性的管理体制。这也是"新和谐村"所采用的第三种体制。

5月,第三个公社正式成立。居民根据不同划分为三组。欧文只管理第一组的社员。第三个公社成立以后面临的一个严重问题是外来的移民数急剧增加。公社不得不刊登启事,要求停止向"新和谐村"迁移,以免造成财力物力的极度匮乏。

不幸的是,欧文所采取的新的管理体制并没有消除社员间的分歧。5月30日,由于在支配财产问题上的争执,在全体居民大会上发生了进一步的分裂。"新和谐村"分为四个独立的会社,每个会社都拥有自己的财产,独立管理自己的事务。不过在四个会社之间相互贸易是用公社内部的纸币支付的。从此以后,欧文在处理"新和谐村"事务的时候,不得不同四个会社进行激烈的谈判。这次分裂还使欧文的资金受到损失,麦克唐纳曾经这样说:"他损失了钱,毫无疑问,他曾经努力收回部分损失掉的钱,并运用他所想到的一切办法来避免进一步的亏损。"②

在这以后,"新和谐村"的管理体制又经过两次改革,但都未能挽救它趋于崩溃的命运。1827年6月18日,《新和谐报》刊登一则消息,宣布

_____

① Robert S. Fogarty, *American Utopianism*, p. 46.

② Robert S. Fogarty, *American Utopianism*, p. 47.

欧文将于下一个星期日举行向新和谐村居民和邻居告别的大会。不过,关于大会的情况却没有留下任何文字材料。据说,欧文在告别大会之后就离开了"新和谐村",而且鼓励人们在他离开之后组成小公社,继续试验。他还同愿意进行试验的人签订合同,向他们提供土地,只收取象征性的地租,每英亩每年50美分。合同的有效期为一万年,但不允许把小公社的财产转为私有。一旦发生这种情况,合同立即失效,土地收回。

除去"新和谐村"以外,在田纳西、印第安纳、俄亥俄、纽约、宾夕法尼亚、威斯康星等州还建立了一批欧文式公社,不过规模都比较小,而且平均寿命不超过两年。[①]其中具有一定影响的公社有俄亥俄的"堪达尔"和田纳西的"纳绍巴"。堪达尔公社是规模较大、寿命较长、经济状况较好的欧文公社,它位于现今马西隆境内。公社拥有2000多英亩土地,毛纺厂、锯木厂和修造马车作坊,能够生产日用品和家庭手工业产品。纳绍巴公社坐落在距离孟菲斯城大约13英里的地方。这是欧文的助手弗朗西斯·赖特创办的。这个公社注意发展生产,而且提出了用公社产品替黑人奴隶赎身,解放黑奴的思想。

总体来看,欧文的试验在19世纪20年代后半期,经历了短暂的兴盛时期以后,迅速地趋于没落。不过,它的影响并未完全消失,为日后的空想社会主义试验打下了基础。

傅立叶的试验　傅立叶没有到过美国,死于1837年。虽然他在逝世前的十年中,每天中午在家里等候百万富翁的捐赠来开办法朗吉,但始终未能如愿。然而,在19世纪40年代,他的学说却在美国流行一时,先后建立了41个傅立叶式公社。遗憾的是,他"没有活着看见他的学说

---

① 例如,"黄泉公社"(俄亥俄,1825—1826)、"汪勃罗合作社"(1825),"富兰克林公社"(纽约,1826—1828)、"弗里斯特维里公社"(纽约,1826—1827)、"堪达尔公社"(俄亥俄,1826—1828)、"维利弗治公社"(宾夕法尼亚,1826)、"兰泉公社"(印第安纳,1826—1827)、"纳绍巴"(田纳西,1827—1828)、"鹅塘公社"(宾夕法尼亚,1843)、"平等公社"(威斯康星,1843—1846)。J.F. C. Harrison, "The Owenite Socialist Movement in Britain and the United States: A Comparative Study", *Labor History*, Vol. 9, No. 3(1968), pp. 325-326.

盛行的那个短暂时期"。

傅立叶的学说是经阿伯特·布里斯班介绍到美国的。1809年,布里斯班生于纽约的巴塔维亚,是一个富有的地主的独生子。他年轻的时候曾在欧洲和亚洲的一些国家游历和求学。他在德国选修过黑格尔的哲学,1832年,又在法国结识了傅立叶,对傅立叶的学说产生了浓厚的兴趣。回国后,布里斯班开始了传播傅立叶主义的宣传工作。1840年,他撰写的《人的社会命运,或工业的联合及其改组》出版,该书系统地介绍了傅立叶的思想。布里斯班还同《纽约每日论坛报》的记者霍拉斯·格里利、查尔斯·A.德纳和《晚邮报》的帕克·戈德温等人在一起,通过报刊宣传傅立叶主义。

在报刊中影响最大的是《纽约每日论坛报》。这是一家拥有众多订户,颇有声誉的大型报纸。格里利在该报开辟了介绍和评论傅立叶主义的专栏,使用的专栏标题是"真正社会组织的组成或原则"。布里斯班曾经在这个专栏发表了一系列介绍傅立叶主义的文章。其中有一处专门论述美国现实社会同公社制度之间的对比,通过表格的形式,一目了然地突出了公社的优点。对比表如下[①]:

我们目前社会制度所产生的结果	公社制度所产生的结果
一、浪费	一、普遍节俭
二、贫困	二、普遍的富足
三、欺诈	三、实事求是
四、压迫	四、真正的自由
五、战争	五、永久的和平
六、毫无办法地与人为地造成的疾病	六、医药方面的防疫制度
七、占着支配一切地位的各种成见、各种改革的障碍	七、各方面的进步与大开各种改革之路

布里斯班还在他的文章中建议采取集股联合社的形式筹资开办法

[①]〔美〕方纳:《美国工人运动史》第1卷,第272页。

朗吉,并宣传说:"它很快就能使整个美洲的人民确信这种新的社会制度远胜于旧的社会制度,正如罗伯特·福尔顿的一只汽艇一出来,就使得整个世界信服汽艇是比任何已有的船只都好得多一样。"①

除此以外,罗切斯特的傅立叶会社曾于1843年12月散发一种小册子叫作《劳工苦难与劳工解放》,这本小册子猛烈地抨击了资本主义社会,向工人们指出,他们的出路是参加傅立叶的法朗吉公社。

布里斯班等人的宣传在许多地方产生了影响,出现了一批傅立叶主义的信徒。1844年4月4日,在纽约的克林顿大厅举行了傅立叶主义者的全国大会。热心于傅立叶主义试验的乔治·普里利当选为主席。布里斯班、格里利、戈德温和德纳当选为副主席。在大会期间,全国各地的傅立叶主义者都纷纷发来贺信和贺电。

在傅立叶主义公社中最有影响的是北美法朗吉和布鲁克农庄。北美法朗吉创始于1843年,坐落在新泽西的蒙默斯。主要创建者是阿伯特·布里斯班。开始,这个公社规模很小,只有几户人家,投资不过8000美元。第二年就发展到90人,投资为2.8万美元。1852年,投资额上升到8万美元。在这一段时间内,北美法朗吉的经营管理取得了比较好的成果,原来的临时住房被新建的三层楼房所代替,磨坊和其他工场也陆续建立起来。

北美法朗吉是一个以农业为主的公社。居民除经营农业外,还开辟了两个果园,占地约70英亩。分配标准是按照工种确定的。例如,砖窑工人每小时10美分、农业劳动者8美分、医生和侍者6.5美分。对于使用精湛的技艺、高明的管理艺术为法朗吉做出贡献的人还采取额外奖励的办法。

但是,北美法朗吉缺乏资金,由于人口的增加而逐步陷于困境,同时,也缺乏承受意外事故的能力。1854年9月,一个偶然的事件就迫使它一蹶不振,宣告垮台。北美法朗吉一个耗资1.2万美元的工厂刚刚落

---

① [美]方纳:《美国工人运动史》第1卷,第273页。

成就被焚毁。于是,围绕重建工厂还是就此结束法朗吉的问题展开了讨论。终于因为资金不足,不得不将整个公社转卖出去。财产亏损达到36%,原来每1美元的投资只能偿还64美分。

布鲁克农庄是由乔治·里普利和他的妻子索菲亚·里普利及威廉·埃勒里·钱宁于1841年共同创建的,它坐落在距离波士顿只有9英里的地方。公社的财产是用招募股份的办法凑集起来的。才能和爱好是分配工作的标准,报酬按照工作来确定。工作日最长的工作时间为10小时。十岁以下的儿童,七十岁以上的老人和由于种种原因失去劳动能力的成员都可以享受公社提供的免费医疗和各种生活品的免费供应。公社的管理机构分为四个部门:办公室、农业部、教育部、财政部。公社在教育方面取得了突出的成就。公社的学校分为四个部:1.幼儿园;2.小学;3.预备学校;4.高等学校。当时美国的一些知名学者曾经在这里教过书。

布鲁克农庄也是延续时间较长的一个傅立叶公社,直到1847年才宣告解散。分布在新泽西、纽约、宾夕法尼亚、俄亥俄、艾奥瓦、伊利诺伊、密歇根、威斯康星等州的其他傅立叶公社,存在的时间都很短,平均寿命还不到一年。到19世纪50年代上半期,傅立叶的试验进入尾声。

值得特别指出的是在傅立叶主义的宣传影响下建立起来的"夕法尼亚联合公社"。这个公社成立于1843年5月,是由阿尔巴尼和纽约的技工组成的。创建资金一部分由工人自己凑集出来,一部分以股金形式从社会上吸取,每股不少于25美元。技工们成立"夕法尼亚"的目的,在于摆脱资产者的剥削和自己所处的困境。但是,由于资金短缺,自然条件十分严酷,工人们本身缺乏从事农业的技能和经验,"夕法尼亚"在存在的短暂时期中,几乎时时刻刻都面临着崩溃的危险。1844年8月10日,布里斯班正式宣布这个公社完全失败。他说:"我们不得不在这里向大家宣告:'夕法尼亚联合公社'因确信它已无能战胜那不幸作为公社所在地特征的无情的土壤和残酷的气候,决定解散。"①"夕法尼亚"的经验再一次证明,美国工人是不可能通过空想社会主义的改革方案来取得自己的解放的。

卡贝的伊卡利亚试验　　卡贝是法国的空想社会主义者,1788年生于法国的第戎。他受过良好的教育,通晓医学和法律。卡贝在青年时期移居巴黎,在那里参加了秘密会社。在1830年七月革命中,他被选为"革命委员会"的成员。路易·菲利普曾任命他为科西嘉总督,但卡贝仍然是政府的反对派,很快就抛弃了这个职务。后来,由于进行革命活动他被流放五年。1839年,卡贝从英国返回法国,出版了《伊卡利亚游记》。这本书引起了社会上强烈的反响。到1847年,他从自己的信徒那里得知,他在法国已经拥有40万以上的追随者。

卡贝希望到美国去建设自己的理想王国,为此,专程于1847年9月去伦敦听取欧文的意见。1847年到1858年间,卡贝和他在美国的信徒先后建立了三个公社。他的信徒首先定居在得克萨斯的范宁县,但由于那里的气候严峻、疾病蔓延和经营不顺利,很快就放弃了那里的基地转移到新奥尔良,在新奥尔良同刚从法国赶来的卡贝汇合。卡贝一行69人是乘"罗马"号船于1848年3月27日抵达新奥尔良的。棍据卡贝在伦敦同彼德公司签订的协议,他们必须在1848年7月1日以前赶到指定的彼得公司在得克萨斯的土地,并进行垦殖,这样,就可以免费得到赠地100万英亩。但是,这条道路充满险阻。他们必须沿红河,经路易斯安纳的施里夫波特,穿过草原才能抵达指定地点。所以,卡贝一行人不敢在新奥尔良久留,匆忙踏上了漫长的征途。在路上,他们耗费了大约两个月,剩下的时间非常短促。到达以后,他们又发现土地是按人头授予的,而且还有附加条件。每一个移殖者在7月1日以前建好自己的房屋

---

① Heinlich Stemler, *Geschichtedes Socialismus and Communismus in North America*, Fues: Leipzig, 1887, 166 S.

后方可获得 320 英亩土地[①]，如果逾期，就要按每英亩 1 美元交费。由于时间短促，他们在 7 月 1 日以前只建好 32 所小木屋，得到了 10240 英亩赠地。[②]这同原来的设想相距很远。

更为不幸的是，新的困难不断发生。彼得公司的赠地是按间隔地段分布在广阔的地带上的。新移殖者的土地因而分散在相当于两个城市的广阔地区，来往十分不便。[③]同时，严酷的气候和黄热病的流行使垦殖者遭受更大的折磨。所有这一切终于迫使这批伊卡利亚人放弃了这块土地迁移到别的地方去。

1849 年，他们到达伊利诺伊汉柯克县的瑙武地区，并在那里租地 800 英亩建立了新的公社。第二年 2 月，公社通过了一个章程，规定设立五个管理机构：财政供应部、服装住宅部、育教卫生娱乐部、工农业部、印刷所。在五个机构之上设立公社主席，由卡贝担任。

在公社成立之初，卡贝利用自己的威望，还能够把社员团结在一起，公社的事业取得了一些进展。在公社内修建了学校校舍和新住房，面粉厂、锯木厂、威士忌酒厂相继投入生产，耕地面积扩大到 1000 英亩，财产总额达到 7.5 万美元。但此后，卡贝连年担任主席，把权力集中在自己一人手中，引起部分社员的不满。公社的执行机构同社员大会之间的矛盾日益明显。1856 年选举中，有三名反对派被选进执行机构，构成了卡贝的对立面。同年 10 月，卡贝被开除出公社。这一事件确实是对卡贝的伊卡利亚计划的莫大讽刺。卡贝怀着沮丧恼怒的心情离开瑙武到圣路易去。追随卡贝离去的信徒有 180 人。1856 年 11 月 8 日，卡贝终于染病不起，含恨去世。

卡贝去世后，这 180 人经过一年多的努力，于 1858 年 5 月，在距圣路易 6 英里的切尔特南建立了一个规模不大的伊卡利亚公社。这个公社还从法国人那里得到 1 万美元的捐款，到 1859 年公社的经济情况好转。但可惜的是，这时在公社内部又围绕管理形式问题发生了激烈的争吵。

---

①②③ Robert S.Fogarty, *American Utopianism*, p. 90.

一部分人主张个人集权,另一部分人主张实行民主管理。最后主张集权的一方取得了优势。于是,42名反对者立即退出了公社。从此以后,公社的经济和精神生活每况愈下,离开公社的人越来越多。到1864年,整个公社只剩下15个成年人和一群孩子。最后,公社不得不在一个凄凉的日子里宣告解散。

原来在瑙武的公社自从卡贝分离出去以后,决定迁移到艾奥瓦去。1852年,瑙武公社终于在艾奥瓦西南部找到了3000多英亩土地,并在那里建立了新的社址。如同其他的空想社会主义的试验一样,这个新迁来的公社也由于内部分裂而趋于衰落。分裂发生于1878年,分裂后的公社正式命名为"伊卡利亚公社"。1884年,这个公社又迁移到普鲁克索姆农庄,三年后宣告解散。至此,卡贝的试验也遭到了彻底的失败。

欧文、傅立叶和卡贝空想社会主义试验的失败,无可辩驳地说明,在资本主义条件下,建立任何形式的"社会主义社会"都是不可能的。即使在美国这样一个具备种种"理想条件"的国家,空想社会主义的改革计划也是完全行不通的。而这种试验,在阶级斗争日益明显的情况下,不仅是一种空想,而且产生了极其有害的影响。正如马克思、恩格斯所说:"批判的空想的社会主义和共产主义的意义,是同历史的发展成反比的。阶级斗争愈发展和愈具有确定的形式,这种超乎阶级斗争的幻想,这种反对阶级斗争的幻想,就会失去任何实践意义和任何理论根据。所以,虽然这些体系的创始人在许多方面是革命的,但是他们的信徒总是组成一些反动的宗派。这些信徒无视无产阶级的历史进展,还是死守着老师们的旧观点。因此,他们一贯地企图削弱阶级斗争,调和对立。"①事实上,确实有一些工人受到空想社会主义的诱惑,暂时离开了阶级斗争,卷入了空想的试验。"夕法尼亚联合公社"就是一个典型的例子。

---

① 《马克思恩格斯选集》第一卷,第283页。

第二节　自由土地运动及其影响

自由土地运动　争取无偿分配西部自由土地,是19世纪上半期美国社会生活中的中心问题。这一斗争早在殖民地时期就已存在。独立后,美国政府并没有满足广大农民和移民的要求,无偿分配自由土地,而是通过了一系列土地法令,确定了西部土地国有化和以地段为单位按照规定价格出售西部土地的原则。从这种出售土地办法中只有资产者和土地投机商得到了好处。许多土地都落入了他们手中。就连资产阶级学者也认为:"总的来说这个制度对富有购地者比对贫穷移民更为有利。"[1]

广大移民对于这些土地立法是不满意的。他们要求平均地无偿地分配土地,并为实现这个目的展开了旷日持久的自由土地运动。运动采取过占地、抗租等激烈形式,但主要是围绕着售地最低限量、每英亩的价格和支付期限三个问题进行的。随着斗争的进展,联邦国会在强大压力的推动下,不得不一再通过新的土地立法,改变出售土地的条件。例如,1800年的土地法,把售地最低限额减少到320英亩,付款期限延长。地价分四次支付。第一个1/4付现款,第二个1/4四十天内交清,第三个1/4两年内交清,第四个1/4四年内交清。1804年土地法又把售地最低限额降为160英亩,售价为每英亩2.25美元。1820年的土地法令把售地限额降到80英亩,但取消了分期付款的办法。

农民争取无偿分配国有土地的要求在国会讲坛上也得到了反映。密苏里参议员托马斯·哈特·本顿首先反对联邦出售国有土地的政策,主张把国有土地低价出售给农民。从1824年开始,他几乎每年都要向参议院提出自己的土地法案。1845年,田纳西州参议员安德鲁·约翰逊提

---

[1] N. S. B. Gras, *A History of Agriculture in Europe and America*, New York: F. S. Crofts and Company, 1925, p. 259.

出了第一个宅地法案,规定向每一户农民免费提供160英亩宅地。

　　自由土地运动对一部分工人和工人运动活动家具有极大的吸引力,因为他们当中的许多人还没有从思想上完全割断同土地的联系,总是把一小块土地看成他们保持经济独立的后盾。这样,当时的美国工人运动和社会主义运动都不可避免地打上了自由土地运动的烙印。正如一位美国学者所说的:"整个40年代,工人和知识分子社团的精力都被吸引到土地问题和合作移民点上了。这一时期,一切关于社会主义的讨论几乎都是同分配财产,特别是同土地问题密切相关的。"①乔治·亨利·伊文斯就是一位工人阶级当中参加自由土地运动的社会改革家。他领导的土地改革运动曾经对美国的早期工人运动产生过相当大的影响。

　　乔治·亨利·伊文斯和他的影响　伊文斯生于1805年2月25日。他的家乡是英国赫里福得郡的布罗雅尔德。1820年,他跟随父亲迁居美国,曾在纽约州伊萨卡当印刷工学徒。在学徒期间有机会接触和阅读了大量无神论者和托马斯·潘恩的著作,逐渐形成了社会改革的思想。1822年,他得到了在伊萨卡《人报》担任编辑的机会,此后就开始了报纸编辑的生涯,成为美国第一批工人报纸的著名编辑。1829年以后曾先后担任《纽约工人拥护者》《青年美国》和《每日警卫报》的编辑。1829年,伊文斯曾经担任纽约工人党的领导工作。在此期间,他利用自己主编的报纸为纽约工人党进行宣传。后来,伊文斯回忆说:《纽约工人拥护者》"完全是为了保护和增进他们的利益的"②。

　　1837年,伊文斯的健康状况恶化、不得不辞去报纸编辑的职务,暂时退出工人运动到新泽西的一个农庄养病。在这里,他逐渐形成了土地改革的思想。1841年,他的健康状况好转,重新回到政治舞台。这一年,他提出了一个土地改革计划,并成为土地改革运动的领导人之一。

---

① Donald Drea Egbert and Stow Persons, *Socialism and American life*, Vol. 1, p. 230.

② American Council of Learned Societies, *Dictionary of American Biography*, New York: Charles Sribner's Sons, 1959, Vol. 3, p. 201.

伊文斯的主张可以概括如下：第一，土地垄断是万恶之源。人生在世，理应获得足够的土地用来建造住房和耕种以满足自己的生活需要。他曾写道："如果一个人有权存在于这个世界上他就应该有权获得足够的土地来建造自己的房屋。如果他有权生活下去，那么他就应该有权获得足够的土地来种植可以维持他的生活的粮食。"[①]第二，丧失对土地的所有权是工人受雇主控制的根本原因。假如每一个工人都拥有一份公地，就可以避免发生"使整个工人阶级处于工厂主的控制之下的工厂工人过剩的现象"。第三，只有土地改革运动能够改变工人目前的贫困状况。一部分工人可以到西部去垦殖自己的那份土地，留下来的工人则由于部分工人外流而获得较高的工资，因此"那些留下来的人和那些迁移出去的人全都一样能得到享受舒适生活的机会"[②]；第四，土地改革可以消除"工业革命所产生的后果"，使经受严重打击的工人恢复经济上的独立，工业城市将趋于消亡，工人将迁居到小城镇去过着半工半农的生活，一个繁荣、和平、高尚的新社会就会诞生。

伊文斯认为，要实现他所提出的改革计划并不困难。重要的是，需要对工人群众做广泛的宣传，使他们了解土地改革运动的重大意义，并通过投票向国会施加压力，促使国会通过土地改革法案。他强调指出："而这一切，如果全国的工人都团结起来，那只要投一次票就能得到了。"[③]为了开展宣传工作，伊文斯利用两个主要刊物：《工人拥护者》（后改名为《青年美国》）和《纽约论坛报》。他不断在上面发表文章和建议书。例如，《纽约市全国改革协会的报告》就曾刊登在 1844 年 7 月 6 日《工人拥护者》上面。1845 年 10 月 1 日，《青年美国》还全文发表了土地改革运动的传单。

① Helene Sara Zahler, *Eastern Workingmen and National Land Policy*, *1826–1862*, New York: Columbia University Press, 1911, p. 45.

② Helene Sara Zahler, *Eastern Workingmen and National Land Policy*, *1826–1862*, p. 35.

③ ［美］方纳：《美国工人运动史》第 1 卷，第 288 页

除此以外,伊文斯还在纽约创立了全国改革协会,举行群众会议进行宣传。伊文斯和改革协会的积极活动在工人和普通劳动人民中产生了重大的影响。北部和西部地区及少数南部地区的工人都在不同程度上卷入了土地改革运动。全国都出现了伊文斯和改革协会的传单。其中一份传单这样写道:"对于这种奴隶生活,对于永远为别人做苦工的生活——对于贫穷和随着贫穷而来的一切痛苦,你是否觉得已经忍受不了了呢? 是这样,那就让你的选票给你带来一片农庄吧。"

　　在1845年选举中以"让你的选票给你带来一片农庄"为标题的通告贴满了街头巷尾的墙壁。在许多选区出现了工人组织的会社,得到工人支持的候选人都必须保证当选后全力支持土地改革方案。有些地方的工人甚至提出了自己的候选人参加竞选。

　　不过,应当指出,许多工人并非为了获得一份西部土地而参加和支持土地改革运动,他们正确地认为这是一种争取广泛民主的运动。无产阶级在一定历史条件下,参加和推动土地改革运动是无可非议的。马克思认为,在美国的历史条件下,可以把"解放土地的运动看作无产阶级运动在一定条件下的必要的初步形式"。但是,伊文斯发动和领导的土地改革运动没有持续多久。1856年2月2日,他在新泽西州的格兰维尔逝世。

第三节　克利盖和魏特林

　　"真正的社会主义"　海尔曼·克利盖是德国"真正的社会主义"的代表人物之一。"真正的社会主义"是1844年到1848年间在德国颇为流行的反动的社会主义流派。他们多半是一些舞文弄墨、搬弄哲学词句和革命口号的文化人。"真正的社会主义者"在德国拥有许多刊物,例如,《特利尔日报》《德国公民手册年鉴》《莱茵社会改革年鉴》《社会明镜》《威斯特伐里亚汽船》等。他们在这些刊物上连篇累牍地发表文章,宣传自己的观点,造成一种虚假的巨大声势。其实,他们所攻击的并不是德国的现存制度,而是德国资产阶级所进行的反封建斗争,并且指责"革命是过了时的政治手段"。这样,"真正的社会主义"就成了德意志各邦专制政府用来对付德国资产阶级的武器,成了容克地主和官僚求之不得的、吓唬来势汹汹的资产阶级的稻草人。

"真正的社会主义者"口头上说,他们不代表真实的要求而代表真理的要求,不代表无产者的利益,而代表人的本质的利益,即一般人的利益,似乎要超脱于现实和阶级之外,其实,他们"直接代表了一种反动的利益,即德国小市民的利益"。①"这个阶级胆战心惊地从资产阶级的工业统治和政治统治那里等候着自己无可幸免的灭亡,这一方面是由于资本的集中,另一方面是由于革命的无产阶级的增长。"②"真正的社会主义"的理论完全反映了德国小资产阶级的这种心理,既痛恨资产阶级,又害怕无产阶级的革命运动,而对封建统治委曲求全。恩格斯一针见血地指出:"真正的社会主义者","对于'有教养的阶层'总是怀着深厚的敬意,对于上层贵族更是毕恭毕敬。其次,他的特点是极端畏惧一切巨大的群众运动,一切强大的社会运动。当运动迫近时,他不是胆怯地躲在火炉背后,就是急忙卷起铺盖溜之大吉……但是运动刚一过去,他就从容不迫地站在舞台前面,用海格立斯的巨掌打耳光(这些耳光的声音只是现在他才感到那样的悦耳),并且认为所发生的一切都是'极其可笑的'"。③

"真正的社会主义者"所追求的目标是安逸优裕的宁静生活。"真正的社会主义"的头目之一格律恩曾引用歌德的一段话来表达他们的希望:"如果我们在世界上找到一个地方,能够安安静静地生活和占有自己的财产,能够有足以供养我们的田地,能够有安身之所,难道那里不就是我们的祖国吗?"

海尔曼·克利盖是第一个把"真正的社会主义"带到美国并使之与土

---

① 《马克思恩格斯选集》第一卷,第279页。

② 《马克思恩格斯全集》第4卷,第497页。

③ 《马克思恩格斯全集》第4卷,第266页。

地改革运动相结合的人。他的言论和行动不仅对美国工人运动,而且对国际工人运动都有一定的影响。

克利盖　海尔曼·克利盖生于1820年。1845年9月从德国到纽约侨居。他自称是德国共产主义者组织在美国的代表。1846年1月,他主编的德文报纸《人民论坛报》在纽约出版。他把这份报纸作为基地,大肆宣扬"真正的社会主义"那一套胡言乱语。他把美国说成是一个可以把"社会主义理想"变为现实的国家,而美国的自由土地就是医治一切社会弊病的万应灵丹。正如一位美国史学家所说的,"克利盖很快就陷入了美国土地主义信念的诱惑之中"。①克利盖在《人民论坛报》第13期上发表一篇文章,提出了对平分土地的具体设想。他认为,假如将长岛上的5500万英亩土地进行平均分配,那就可以在纽约消灭犯罪和贫困,而如果把"尚未落入强制般的投机分子手中的14亿英亩土地保留起来作为全人类不可让渡的公共财产",每个农民可以从中取得160英亩土地,以此为基础就可以"在大地上建立起第一批充满天国的爱的村镇"。

为了实现这一目的,克利盖组织了一个社会改良协会,并规定协会的任务是祈求社会,特别是上流社会的资助,为工人和普通劳动者购置一份土地,使他们进入幸福的社会。

克利盖的宣传给当时声势浩大的土地改革运动涂上了一层"社会主义"色彩,使它更加富于吸引力。因此,土地改革运动对工人的影响继续扩大和加深。尤其严重的是,由于克利盖以欧洲共产主义者代表的身份出现,他的宣传极大地败坏了共产主义者在美洲和欧洲的声誉。对于克利盖的活动是不能置之不理的。于是,马克思、恩格斯采取了措施,对克利盖及其在欧洲的同伙——"真正的社会主义者"进行了针锋相对的斗争。

1846年5月11日,在马克思和恩格斯的倡议下,布鲁塞尔共产主义

---

① David Herreshoff, *American Disciples of Marx : From the Age of Jackson to the Progressive Era*, Detroit: Wayne State University Press, 1967, p. 49.

通讯委员会讨论了克利盖的问题,并通过决议,发表马克思和恩格斯起草的《反克利盖的通告》。《通告》在开头的决议部分中明确指出:"《人民论坛报》主笔海尔曼·克利盖在该报上所宣传的倾向不是共产主义的。"由于克利盖自称是德国共产主义在纽约的著作界代表,他所用以宣传非共产主义倾向的"幼稚而夸大的方式,大大地损害了共产主义政党在欧洲以及在美洲的声誉"。而他在纽约以"共产主义"的名义"所鼓吹的那些伤感主义的梦呓,如果被工人接受,就会使他们的意志颓废"。《通告》巧妙地引用了克利盖如下的一段话,使他对资本主义社会的怯懦暴露无遗:"我们不想侵犯任何人的私有财产,让高利贷者保留已经拥有的财产吧。我们只想防止继续盗窃国民财产的行为,防止资本以后剥夺劳动的合法财产。"

《通告》还指出,克利盖完全回避资本主义社会中无产阶级和资产阶级互相对立、互相斗争的事实,在《答索尔塔》一文中和在别的地方都把共产主义描绘成某种充满爱而和利己主义相反的东西,并且把有世界历史意义的革命运动归结为几个字:爱和恨,共产主义和利己主义。

《通告》承认土地改革运动的历史合理性,指出"这个运动所力求达到的结果在目前会促进现代资产阶级社会工业制度的发展",而美国工人阶级在一定历史时期加入这个运动是有其必然性和必要性的。《通告》认为:"如果克利盖把解放土地的运动看作无产阶级运动在一定条件下的必要的初步形式,如果他认为这个运动由于发动它的那个阶级的生活状况必然会发展成为共产主义运动,如果他说明为什么美国共产主义的意向最初应该以似乎和共产主义相矛盾的土地运动形式出现,那么他的意见也就没什么可反对的了。"克利盖的错误不在于他宣传土地改革运动,而在于他把这一运动夸大为"全人类的事业"和"一切运动的最终的最高的目的"。

《通告》还从几个方面具体地揭露和批判了克利盖土地改革方案的荒唐性。第一,把美国尚未分配的土地留做"不可让渡的公共财产",是完全办不到的。因为按照每人平均160英亩土地进行分配以后,其必然后果将是土地集中和工业进步。"一个'农民'即使没有资本,但由于他的劳动和他的160英亩土地的天然肥沃程度较高,就会使另外一个农民变成他的雇农"。第二,克利盖改革计划所依仗的14亿英亩土地,只够分给875万户农民,如果以每户5口计算,也只能解决4375万人的土地问题,连疏散当时欧洲的赤贫者都是不够的。第三,克利盖完全忽略了美国人口增长的速度和欧洲移民的增加。这14亿英亩在四十年内会全被占完,而下一代也就没有什么可占了。《通告》强调指出,这一切主张不过是"政治经济学的幼稚见解"。

《反克利盖的通告》不仅彻底清算了克利盖的错误,而且教育了正义者同盟内部曾受"真正的社会主义"影响的盟员,成为马克思主义同工人运动相结合过程中的一个非常重要的历史文献。布鲁塞尔共产主义通讯委员会在会后把《通告》分发给德国、法国和英国的共产主义者,同时也寄给《人民论坛报》编辑部一份,要求该报在最近几期上刊登出来。克利盖在接到《通告》后,不得不于1846年6月6日至6月13日在《人民论坛报》第23期和第24期上连续发表出来。然而克利盖并未认识到自己的错误,继续写文章为自己的反动观点辩护,对马克思、恩格斯进行诽谤和攻击。克利盖还得到了魏特林的支持,互相勾结起来进行反对马克思和恩格斯的活动。魏特林是唯一拒绝在《反克利盖的通告》上签字的共产主义通讯委员会5月11日会议的参加者。他私下给克利盖写信,肆意歪曲会议的内容。于是,马克思和恩格斯又于1846年10月撰写了第二个《反对克利盖的通告》,进一步清算了克利盖的反动谬论。

克利盖对待奴隶制的态度也是错误的。1846年11月21日,他在《人民论坛报》上发表文章说:"奴隶制问题不可能单独得到解决",在当前情况下废奴运动将会"把我们的共和国推向无政府状态,加剧'自由工人'之间的可怕竞争,并使工人本身遭贬降……我们不会通过废奴运动改善我们'黑人弟兄'的处境,而只会使我们'白人弟兄'的状况极度恶化"。①他把希望寄托于美国社会的"和平演进",并公开宣称要运用全部力量来反对废奴运动。可见,克利盖在这个问题上比资产阶级废奴主义者还要落后。

1848年革命爆发后,克利盖曾回到德国,但并没有站在运动的前列。革命失败后,他再度去美国,并且成为民主党塔马尼派的一个小人物,1850年去世。②

魏特林 魏特林是正义者同盟的思想家,在欧洲早期社会主义运动中,是一位颇有影响的人物。他于1808年生于德国的马格德堡,自幼家境贫寒,十四岁那年就到裁缝店当学徒,艺成以后,开始了流浪手艺人的生活。魏特林还是一个自学成才的工人理论家。他著有《现实的人类和理想的人类》《和谐与自由的保证》等书。《和谐与自由的保证》是魏特林的代表作,同时也是那个最激进的,大部分是无产阶级分子组成的秘密同盟——正义者同盟的思想纲领。

魏特林认为,推动社会发展的因素是人类的各种欲望和满足这些欲望的能力。理想社会就是要经常保持欲望和能力的平衡,使之处于自由和谐的状态。而资本主义社会则只满足少数人的欲望,损害大多数人的欲望。因而成为万恶之源。他认为,在资本主义社会里,"人们把一切偷盗来的东西叫作财产,而把赃物的交换叫作商业"。"只要在那里有一个人死于劳苦和穷困,私有制就是犯了一次劫盗杀人罪","私有财产是一切罪恶的根源"。③从这个观点出发,魏特林的共产主义是使所有社会成员的欲望和能力互相协调,实现人人平等的平均共产主义。

魏特林同空想社会主义者一样,不懂得共产主义是人类社会发展的必然结果,而把它看成是某些聪明人头脑里凭空臆想出来的东西。魏特

---

① David Herreshoff, *American Disciples of Marx*, p. 49.

② 在《马克思恩格斯选集》和《马克思恩格斯全集》的注释中,克利盖去世的年代是1850年,在 *American Disciples of Marx: From the Age of Jackson to the Progressive Era* 一书中,是1851年。

③ [德]威廉·魏特林:《和谐与自由的保证》,孙泽明译,商务印书馆,1960年,第93—94页。

林本人就以"救世主"自居,并且唯恐别人抢走他的功绩。恩格斯嘲笑他说:魏特林自以为"口袋里装有一个能在地上建成天堂的现成药方,并且觉得每个人都在打算窃取他的这副药方"①。

魏特林不仅抨击资本主义制度,而且承认使用革命暴力的必要性。在这方面,他胜过了空想社会主义者。不过,他所谓的暴力革命乃是由流氓无产阶级组成的武装力量的密谋冒险,并非无产阶级的武装起义。但是,魏特林并未把暴力行动放在头等重要的地位,而是把自己的主要注意力放在和平渐进的道路上。他曾经到处进行各种小型试验,组织集体食堂和福利机构来逐步改善工人的生活条件。

在马克思主义诞生以前,魏特林的理论曾经对德国工人运动起过积极的推动作用。马克思对此高度评价说:"资产阶级及其哲学家和科学家哪里有一部论述资产阶级解放(政治解放)的著作能和魏特林的《和谐与自由的保证》一书媲美呢?只要把德国的政治论著中的那种俗不可耐畏首畏尾的平庸气拿来和德国工人的这种史无前例光辉灿烂的处女作比较一下,只要把无产阶级巨大的童鞋拿来和德国资产阶级的矮小的政治烂鞋比较一下,我们就能够预言德国的灰姑娘将来必然长成一个大力士。"②

然而,在马克思主义诞生以后,魏特林主义日益成为工人运动的障碍。魏特林本人也堕落为反马克思主义分子。1846年,魏特林就是以这种身份到达美国的。当时,由一个自由土地主义者团体邀请魏特林担任《人民论坛报》编辑,但他到达后发现这家报纸已经停刊,只得另谋生计。1848年,欧洲爆发了一次资产阶级民主革命。魏特林闻讯后立即返回欧洲,准备参加革命。1849年,魏特林第二次到达美国并在那里定居下来。

魏特林首先在德裔工人中宣传自己的主张,并创办《工人共和国》杂

---

① 《马克思恩格斯选集》第四卷,第194页。

② 《马克思恩格斯全集》第1卷,第483页。

志。在魏特林影响下,部分纽约工人于1850年成立了联合工会中央委员会。联合工会成员大约有2000到2500人。在其他地区也有人相信魏特林的主张。甚至一些黑人工人也曾公开支持魏特林。例如,1850年3月,纽约黑人群众大会宣布赞成魏特林关于工人交换银行的思想。1850年5月10日,《工人共和国》刊登了一封卡贝支持魏特林运动的来信。[①]初步的成就使魏特林受到鼓舞。他以为建立一个全国性组织来实现自己主张的时机已经成熟,乃于1950年9月21日通过《工人共和国》发出呼吁,要求德裔美国工人尽快举行一次全国代表大会。1850年10月大会终于在费城召开。这是德裔美国工人的第一次全国性大会。会议从10月22日开始,到10月28日结束。出席会议的有42个组织的44名代表,代表着4400人。这些组织分布在圣路易、路易斯维尔、巴尔的摩、匹兹堡、费城、纽约、布法罗、威廉斯堡、纽瓦克、辛辛那提等城市。[②]

大会不加修改地通过了魏特林的建议,并完全吸收了自由土地运动的要求,做出了包括下列各点内容的决议:1.将土地授予真正的农民,限制土地所有权;2.保护农民的宅地,禁止强行拍卖;3.对已经拍卖但未耕种的土地征课查税;4.由人民直接选择所有官员;5.把政府的职能转交给工会或交换协会的成员;6.取消获得公民权的时间限制……[③]

大会建议在各个有组织的城市成立七人中央政治委员会,并确定纽约的委员会为"交流委员会",起中央执行机构的作用。大会没有确定这个新联合组织的名称。后来才定名为"工人总同盟"。工人总同盟的成立是魏特林在美国活动的顶点。在此以后,他的影响日益削弱,终于被美国工人运动所抛弃。

魏特林之所以遭到失败,首先是由于他的理论的空想性。魏特林曾

① Morris Hillquit, *History of Socialism in the United States*, p. 147.

② Morris Hillquit, *History of Socialism in the United States*, p. 148.

③ Philip S.Foner and Brewster Chamberlin(eds.), *Friedrich A.Sorge's Labor Movement in the United States*, p. 93.

经企图在美国开办一家"交换银行"。1850年7月,他吹嘘说,纽约已经有2500人联合起来筹资4500美元,预计不久将拥有资金10500美元,而在进行试验的时候,将拥有资金2万美元。①但这并没有实现。魏特林的追随者曾经于1849年试图在艾奥瓦建立一个魏特林式的公社,也没有成功。这种画饼充饥的宣传当然会使得非常注重实际的美国工人感到失望。其次,魏特林的独断专行的作风和盛气凌人的"救世主"态度也使他逐步失去群众而陷于孤立。

早在1850年春天,在纽约工人运动活动家中已经出现了对魏特林的不满。1850年10月,魏特林就向联合工会中央委员会递交一份辞职书,辞职书的最后一句话谈到他对运动的精神领导问题。中央委员会立即发表一项声明,指出:"我们认为自己有力量领导我们弟兄的运动,我们不需要魏特林企图充当的那种精神领袖。"②一阵争吵之后,魏特林退出了政治运动,在纽约移民局中担任一名小小的职员。一直到1871年1月22日,他在经过多年隐居之后才出席第一国际纽约各支部的联合会议,1月25日,突然去世。

---

① ② Marjorie R. Clark and S. Fanny Simon, *The Labor Movement in America*, p. 93.

第五章 马克思主义在美国的传播

第一节 马克思主义的诞生和美国工人的反响

马克思主义的诞生 马克思主义是无产阶级的世界观。它的产生具有划时代的伟大意义,对世界各国的工人运动和一切革命运动都产生了巨大的和深远的影响。马克思主义的创始人、伟大的革命导师卡尔·马克思和弗里德里希·恩格斯差不多同时在19世纪40年代中期完成了从革命民主主义者转变为共产主义者的过程,奠定了科学革命理论的基础。

马克思、恩格斯在创立科学革命理论的过程中,开展了两方面的工作:第一,科学地论证自己的观点;第二,开展宣传工作,使欧洲无产阶级,首先是使德国无产阶级相信他们的观点是正确的。恩格斯曾经说过:"我们绝不想把新的科学成就写成厚厚的书,只向'学术'界吐露。正相反,我们两人已经深入到政治运动中。"①1845年,他们在比利时首都布鲁塞尔建立了一个共产主义小组。1846年1月,在这个小组的基础上成立共产主义通讯委员会。共产主义通讯委员会是宣传马克思主义的第一个中心。它同各国的社会主义小组、工人团体建立联系,沟通思想,互相交换资料和情况,在传播马克思主义方面做出了卓越的贡献。恩格斯满意地指出:"我们两人已经深入政治运动中。我们已经在知识分子中间,特别在德国西部的知识分子中间获得一些人的拥护,并且同

①《马克思恩格斯选集》第四卷,第193页。

有组织的无产阶级建立了广泛联系。"①

　　建立共产主义通讯委员会只是深入政治运动的第一步。马克思主义必须同工人运动相结合才能产生出改造整个社会的巨大的物质力量。为此,马克思、恩格斯一开始就把无产阶级政党的建设作为国际工人运动的首要任务。共产主义者同盟就是马克思、恩格斯建立无产阶级政党的最初尝试。

　　共产主义者同盟并不是凭空出现的,而是在对最初出现的、最激进的、最具有无产阶级性质的工人组织——正义者同盟进行革命改造的基础上建立起来的。共产主义者同盟的许多杰出的活动家都经过了激烈的思想斗争,从不同角度接受了马克思主义。其中一些人后来为了躲避欧洲各国政府的搜捕,远渡重洋,移居美国,成为美国无产阶级革命的先驱。

　　共产主义者同盟虽然还不是一个成熟的无产阶级政党,但它却具备了作为这个政党的最基本条件。它不但通过了马克思、恩格斯起草的科学共产主义的纲领——《共产党宣言》,而且还有一个建立在民主制基础上的新章程。列宁认为,同盟"虽然很小但却是真正无产阶级的政党"②。

　　共产主义者同盟刚刚建立,《共产党宣言》即将问世之际,在欧洲酝酿着一场规模宏大的革命。马克思主义和共产主义者同盟都经受了一场严峻的检验。

　　1848年2月下旬,欧洲一八四八年革命首先在法国爆发。几乎所有欧洲国家都在不同程度上受到这次革命的影响。这次革命虽然是一次资产阶级革命,但由于无产阶级在欧洲几个主要资本主义国家都已作为独立的力量登上了政治舞台,它在革命中起到非常重要的作用。正如恩格斯所指出的:"这次革命到处都是由工人阶级干的:构筑街垒和流血

---

① 《马克思恩格斯选集》第四卷,第193页。

② 《列宁全集》第19卷,第292页。

牺牲的都是工人阶级。"①

一八四八年革命是对各种社会主义理论和政治团体最严格的检验。各种冒牌社会主义和假革命团体无不原形毕露,纷纷垮台。只有马克思主义和共产主义者同盟在这次检验中得到发展,焕发出绚丽夺目的光彩。共产主义者同盟不愧是"一个极好的革命活动学校"。它在两个方面胜利地经受了这次革命的考验。第一,同盟盟员到处都积极地参加了革命运动,并站在唯一坚决革命的阶级即无产阶级的最前列。第二,同盟1847年各次代表大会和中央委员会的通告,以及《共产党宣言》中阐述的关于运动的观点都已被证明是唯一正确的观点,这些文件中的种种预见也已完全得到证实。同盟关于现代社会状况的见解在群众中引起了广泛的反响。

马克思、恩格斯同共产主义者同盟盟员一道参加了一八四八年革命,对革命的全过程具有深刻的、准确的了解。他们在革命的各个紧要关头都运用自己的敏锐的洞察力,向战斗在第一线的盟员和革命者发出指示和警告。革命失败后,他们立即总结了极其宝贵的经验,丰富和发展了科学社会主义。

马克思、恩格斯对一八四八年革命的总结不仅对欧洲几个国家的工人运动,而且对世界各国的工人运动都具有重大的指导意义。马克思主义之所以具有无限的生命力,就在于它自始至终都是同革命运动紧密地结合在一起的。正如列宁所说:"马克思和恩格斯参加1848—1849年的群众革命斗争的时期,是他们生平事业的突出的中心点。"②

美国虽然远离一八四八年革命的战场,它的国情同欧洲很不相同,根本不具备那样的革命条件,但是,一八四八年革命的经验和战斗精神很快成为美国先进工人的宝贵财富。

共产主义者同盟同北美工人组织建立联系的努力　共产主义者同

---

①《马克思恩格斯选集》第一卷,第248页。
②《列宁选集》第一卷,第729页。

盟是一所传播马克思主义的最好的学校。首先,它通过自己的纲领——《共产党宣言》向全世界宣布了马克思主义的存在,使这一科学革命理论能够逐步为某些具备一定条件国家的工人所掌握,成为他们的锐利思想武器。共产主义者同盟的中央委员会虽然把主要注意力集中于欧洲的同盟组织,但对北美的情况是十分关心的。早在1847年6月9日,《共产主义者同盟第一次代表大会致同盟盟员的通告信》就曾提到:"关于美国,首先必须等待中央委员会所派去的特使的详细消息,然后才能对那里的同盟的活动情况做出确切的报告。"但是,谁是特使?后来是否将美国的状况报告中央委员会?关于这方面的材料尚未发现,我们不得而知。

1850年12月10日,科隆中央委员会在致同盟伦敦区委会的信中要求该区委会把中央委员会的宣言和同盟的新章程寄往美国。据悉,大约在1851年2月寄往美国的同盟文件是二十本《共产党宣言》。①

其次,共产主义者同盟在自己形成和成长的过程中,在马克思、恩格斯的直接关怀下,培养和造就了第一批无产阶级革命家。他们都是国际工人运动的骨干力量,在一八四八年革命中胜利地接受了严峻的考验。一八四八年革命失败后,由于欧洲各国反动政府的迫害,其中许多人逃往美国,成为马克思主义在美国的传播者。在这份名单中有著名的共产主义者同盟的活动家魏德迈、佐尔格、罗萨、雅可比、克莱因、约翰·席克耳、塞巴斯蒂安·戴勒尔等人。与此同时,还有相当数量的革命者和同情革命的德国人在1848年后移居美国,成为革命思想的拥护者和传播者。马克思曾经回忆说:"在一八四八年革命失败后,大陆上工人阶级所有的党组织和党的机关报刊都被暴力的铁腕所摧毁,工人阶级最先进的子弟在绝望中逃亡到大西洋彼岸的共和国去。"②

首先到达美国的是阿道夫·克路斯。克路斯是美因茨的几何学家,

---

① 马克思在1851年10月16日给约瑟夫·魏德迈的信中提到,他曾应德国前天主教神父的请求,将二十份德文版《共产党宣言》和一份英译本寄往美国。

②《马克思恩格斯选集》第二卷,第131页。

曾担任铁路修建工程师和建筑师。1847年移居布鲁塞尔,是马克思、恩格斯、约翰·席克尔、斐迪南和威廉·沃尔弗的朋友。同年,加入共产主义者同盟。他在盟内曾使用朗格这个名字。一八四八年革命爆发后重涉德国美因茨,同卡尔·瓦劳、约翰·席克尔、保尔·施土姆普弗一起参加当地同盟支部的活动。1848年夏天,克路斯离开德国到纽约。第二年3月,他在海岸测量局找到工作,从1850年6月起在华盛顿美国海军部做雇员。

　　克路斯在到美国后的头几年积极开展共产主义的宣传活动,同马克思、恩格斯、威廉·沃尔弗不断有通信往来。从他给斐迪南·沃尔弗的信中知道,他曾经努力为流亡者安排工作。他写道:"1849年3月泰勒总统就职典礼时,我来到华盛顿,在这里我立即在美国海岸测量部门得到一个职位,直到今天我还在这里工作,并且有机会把一些德国流亡者塞进去。"①克路斯还在信中谈到了美国社会对马克思著作的反应和需求,并要求沃尔弗寄一本《共产党宣言》到美国去。他说:"请按印刷品邮件给我寄来一本你1848年春天出版的《共产党宣言》,并且写信告诉我,是否能搞到一份《新莱茵报》。在哪里? 通过什么办法? 一位在美国已经待过较长时间的年轻人向我提出了这样的要求。如果那里还有马克思的小册子,这也会令人很感兴趣。我们这里有《哲学的贫困》。"②

　　1851年底,通过马克思的介绍,克路斯在纽约同刚到美国不久的约瑟夫·魏德迈相遇。③他们两人曾共同计划建立一个联合组织来开展宣传马克思主义的工作,但未成功。克路斯在反对小资产阶级流亡小组,反对哥特弗利德·金克尔鼓吹的"德美革命功绩",反对卡尔·海因岑和奥古斯特·维利希的斗争中,站在马克思、恩格斯一边,起过积极的作用。

---

① *Der Bund der Kommunisten: Dokumente und Materialien*, Berlin: Dietz Verlag GmbH, 1982, Vol. 2, 15S.

② *Der Bund der Kommunisten: Dokumente und Materialien*, Vol. 2, 151-152S.

③ 1851年12月初,马克思曾给克路斯写信,告诉他魏德迈到达纽约的消息,并请他同魏德迈取得直接联系。

1854年以后,克路斯同马克思、恩格斯的书信往来逐渐减少,并逐步退出了运动。后来,克路斯担任美国国家建筑部门的总监和华盛顿的总建筑师。

另一位共产主义者同盟的活动家,美国支部的约翰·席克尔于1850年3月去美国,曾同魏德迈、克路斯取得联系。1853年初,他参加了声援科隆审判案被告的活动。盟员塞巴斯蒂安·戴勒尔迁居美国的时间是1856年。他在那里找到了新闻工作者和教师的职务,一直是工人运动的活动分子。1857年,当选总工人执行委员会的书记,曾同纽约共产主义俱乐部发生过联系。

建立共产主义者同盟支部的最初尝试和对科隆审判案的反应 在第一批共产主义者同盟盟员到达美国以前,美国工人同欧洲大陆的运动已经有了一定的联系。美国的工人大部分是来自欧洲的移民,或者移民的后裔。他们当中的许多人在欧洲大陆都有自己的亲属和故交,同欧洲的运动息息相关。早在19世纪30和40年代,美国工人就同情和支持英国宪章主义者争取普选权的运动,以及法国工人兄弟争取共和国的斗争。他们曾经为法国工人在1830年和1848年革命斗争中所取得的胜利而欢呼,并同英国宪章主义者取得联系。在俄勒冈土地上战云密布的时候,英国的宪章主义者也曾经伸出援助之手,呼吁美国兄弟同他们站在一起,共同反对"贵族们",并且指出贵族们发动这场战争的目的在于转移两国工人要求"社会和政治改善"的注意力。宪章主义者的请愿书也在美国广泛传播。1840年12月1日《工人拥护者》上面登载过一句美国工人的话,很能反映美国工人对待欧洲工人运动的态度。这句话是:"这个国家的生产阶级在其社会状况方面处于与外国生产阶级相同的受奴役的地位。"[①]显然,美国工人是把他们的命运同欧洲工人联系在一起的。

美国的早期国际工人组织几乎都是移民工人建立起来的,存在的时

---

① Samuel Bernstein, *The First International in America*, New York: Augustus M. Kelley, 1962, p. 8.

间很短暂。根据佐尔格在《新时代》上发表的文章《世界各国的工人运动》的记载，正义者同盟的成员曾经于1845年建立了一个不大的秘密社团，叫作"青年美国"，不久以后又更名为"社会改革协会"。这个协会在费城、纽瓦克、圣路易、辛辛那提、巴尔的摩和密尔沃基都有自己的分支。到19世纪50年代初期，一些流亡美国的共产主义者同盟盟员曾经试图组织同盟支部。克路斯曾经准备建立工人的联合组织，对于各种工人团体都非常注意。1850年3月31日，他在致斐迪南·沃尔弗的信中专门读到魏特林在美国建立工人组织的事情，希望沃尔弗表明自己对魏特林的看法，以便采取对策。他写道："现在谈谈魏特林。我顺便给你寄去到现在为止出版的他的三期杂志，这样你可以亲自拜读关于唯一能够救世的交换银行的福音。我对魏特林的这个'兄弟会'十分愤恨：他把革命分子都给我们弄绝，他只知道宣扬等级、权威和训令，现在他建立了裁缝工人读书会、裁缝工人阅览室、印刷工人联谊会，一切均按照重新粉饰过的中世纪的营业条例安排得井井有条。我也可能弄错，因此，我很想听到你对这个问题的看法……我相信，如果魏特林的交换协会组织起来，并且一段时间团结一致，亲密无间地驶过了无情的世界，那它作为19世纪的社会团体也会像中世纪的教派一样垮台，不过不是像中世纪的教派那样被外部暴力搞垮，而是因自己的内部垮台。"[1]可惜克路斯的努力未能奏效。迄今为止，我们尚未发现任何能够证明他已经建立同盟支部或者其他社会主义团体的材料。不过，有一个情况值得注意。马克思在1850年6月8日致约瑟夫·魏德迈的信中曾经提到关于已经接到美国方面订购《新莱茵报·政治经济评论》最后一期订单的事情。可见美国的社会主义者同共产主义者同盟中央的联系是未曾间断的。

共产主义者同盟中央注意到美国的情况，还在1850年1月就决定委派同盟中央委员康拉德·施拉姆去美国，一方面为创办《新莱茵报·政治经济评论》筹集经费，一方面在美国宣传同盟的理论和策略。为了筹集

---

① *Der Bund der Kommunisten: Dokumente und Materialien*, Vol. 2, 151S.

赴美的旅费,马克思写信给弗莱里格拉特和拉萨尔等人,要求他们给予支持。马克思在致弗莱里格拉特的信中特别强调了美国之行的重要意义,认为"这是涉及整个同盟的事情"①。但是,弗莱里格拉特和拉萨尔的回答是令人失望的。1850年1月26日,弗莱里格拉特在致马克思、恩格斯、施拉姆的信中谈到了筹款的困难。他写道:"你的美洲计划可能是正确的,但在资产阶级听起来像女妖一样阴森可怕。"②拉萨尔在回信中指出:"我为派人到纽约而筹款的努力已经完全失败,这里人们认为派遣特使到纽约同大洋彼岸的政党联系这类活动是不明智的,人们一读到这类遥远的事情,就目瞪口呆。"③

由于缺少路费,施拉姆未能成行。同盟中央同美国的社会主义团体和工人团体建立直接联系的计划没有实现。

此后,在美国的共产主义者同盟盟员仍在为建立共产主义者团体而继续努力。我们从1852年7月30日施拉姆致魏德迈的信中可以看到,盟员克莱因和格诺姆曾在费城进行组织工人同盟的活动。克莱因本人也曾于1853年7月31日写信给弗莱里格拉特,告诉他关于试图建立"具有共产主义倾向的组织"的情况。

不过,美国工人对共产主义者同盟的了解是在科隆审判案进行期间才逐步增强的。马克思撰写的《告美国工人书》在德国移民的报纸上发表以后,美国的社会主义者和工人运动活动家对受审者表示了衷心的支持并提供了热情的帮助。他们为受审者募集捐款,并在各地介绍事实的真相,揭露德国反动政府制造这个冤案的阴谋。1853年1月,他们在波士顿的德文报纸《新英格兰报》上发表了马克思的《揭露科隆共产党人案

---

① 《马克思恩格斯全集》第27卷,第545页。

② *Der Bund der Kommunisten: Dokumente und Materialien*, Vol. 2, 75S.

③ *Der Bund der Kommunisten: Dokumente und Materialien*, Vol. 2, 571–572S.

件》①。1853年4月底,该报出版社出版了这篇文章的单行本。除此以外,1849年流亡美国的共产主义者同盟盟员阿道夫·克路斯曾经在1852年12月9日致马克思的信中提到,魏德迈在《体育新闻》上发表了《科隆审判案和秘密结社》一文。马克思在收到这期报纸以后,在魏德迈的文章上画了许多记号。

毫无疑问,所有这些联系和活动,对于马克思主义在美国的传播都是有积极意义的。

第二节　无产阶级革命先驱约瑟夫·魏德迈和
弗里德里希·阿道夫·佐尔格的初期活动

流亡美国　魏德迈和佐尔格都是在欧洲一八四八年革命失败后流亡美国的。不过他们有着各自不同的经历。魏德迈出生在威斯特伐伦明斯特一个民政官员的家庭。青年时期他在柏林军事学院念书,1838年毕业后得到任命,在莱茵省明顿服役。到19世纪40年代初,魏德迈同马克思主编的《莱茵报》建立了联系,并成为这家报纸的通讯员,在军队服役六年后,他退役转而专门从事政治活动。他曾经受到"真正的社会主义"的影响,并成为"真正的社会主义者"的刊物《威斯特伐里亚汽船》的编辑。不过,他和那些"真正的社会主义者"庸人不同,即使在这段时期,他也表露了接近马克思主义的倾向。他曾经在这家杂志上发表了马克思、恩格斯的著作。其中包括《神圣家族》和《英国工人阶级状况》。这对他从一个"真正的社会主义者"转变为马克思主义者具有重要作用。后来,魏德迈成为一名坚定的马克思主义者和著名的共产主义者同盟活动家。一八四八年革命失败后,他在征得马克思、恩格斯的同意后逃亡

---

① 马克思于1852年10月底开始撰写这篇文章,于12月完成。寄出的手稿共有两份。12月9日,一份手稿寄给了瑞士的出版商小沙贝利茨,另一份手稿于次日寄给了美国的共产主义者同盟盟员阿道夫·克路斯。

美国。

　　马克思、恩格斯十分清楚,魏德迈的出走将使在他们在欧洲失去一个得力助手,但考虑到美国的工作就毅然同意魏德迈的计划,支持他到美国去。恩格斯曾经说:"我们在纽约正是缺少一个像他这样可靠的人。"①1851年9月29日,魏德迈同他的家属离开瑞士,乘船赴美,11月7日,到达纽约,并在那里开始了新的革命活动。

　　佐尔格1828年11月9日生于萨克森托尔高附近的贝骚。他的父亲是一位具有自由思想的神父。他的家曾经是革命者从法国、比利时前往波兰的地下交通站,经常有路经此地的波兰革命者在这里过夜。因此,佐尔格在青少年时期就受到了民主革命思想的影响。一八四八年革命爆发后,他加入了一支萨克森的革命军。但这支军队很快被政府的反动武装打垮,佐尔格随即逃往瑞士。1849年6月中旬,当巴登的革命进入高涨时,佐尔格又回到德国,在威利希指挥的起义军中作战。革命失败后,佐尔格流亡日内瓦。在那里,他经常参加威廉·李卜克内西创办的工人文化协会的活动,并同马克思主义者、"真正的社会主义者"取得联系。

　　由于佐尔格同他们频繁交往,瑞士当局发布命令把他逐出国境。此后,佐尔格在比利时稍事停留,准备去澳大利亚。他在动身前生了一场大病,病后身体虚弱,神志恍惚,竟在启程的时候上错了船。1852年6月21日,他在上岸的时候发现自己已经身在纽约。如同所有的贫苦移民一样,上岸后佐尔格首先需要解决生活问题。幸好他很快找到了音乐教师的工作,并同魏德迈见面。不过,这个时候,佐尔格还不是一位马克思主义者。

　　魏德迈和无产者同盟　魏德迈不是单纯为了谋生,而是肩负着马克思和恩格斯的重托到达美国的。马克思、恩格斯对他寄予了很大的希望。马克思在魏德迈还没有抵达纽约的时候就写信为他介绍朋友,帮助他安排生活和工作。马克思曾在1851年10月16日致魏德迈的信中写

---

　　①《马克思恩格斯通信集》,生活·读书·新知三联书店,1957年,第150页。

道："我亲自给《纽约论坛报》的一个编辑安·查理·德纳写了信,而且寄去了弗莱里格拉特为你写的介绍信。因此,你只要到他那里,提到我们就行了。"①10月31日,马克思又给魏德迈写信,向他提出到美国后开展工作的具体建议。马克思认为有几件事是可以立即着手的。第一,由于美国人大都没有机会阅读《新莱茵报》上的文章,应当"把《新莱茵报》上的文章编成一种袖珍小丛书出版";第二,可以"用同样的形式,出版恩格斯和我在《德意志-布鲁塞尔报》上发表的反对卡·海因岑的文章②,并加上说明";第三,"你可以(我们也是如此)在适当时候把我们目前所写的抨击性文章编入上面所说的小丛书里"。③根据阿道夫·克路斯1851年12月20日给魏德迈的信中所谈的情况,我们知道,1851年12月,马克思还曾写信把阿道夫·克路斯介绍给魏德迈。马克思的信中有如下一段话:"我们的一个好朋友约瑟夫·魏德迈现已到达纽约。请你马上同他联系,我还不知道他的地址。但是你如果把信寄给《国家报》或者《晚报》,他肯定会收到。他会把党内所有情况告诉你。"④

　　魏德迈到达美国后立即从三个方面开展工作。首先,他希望能够尽快创办一个刊物,以便宣传科学社会主义和解决生活问题。1851年12月,魏德迈抵达纽约后刚刚一个月就向纽约工人和激进人士呼吁要求他们支持《革命》报的创办工作。他对未来的刊物的宗旨做了如下说明:"新的期刊将试图给在旧世界空前集中而且只有在消灭一切阶级差别以后才会终结的阶级斗争勾出一幅清晰的画面。"⑤魏德迈希望为《革命》征得四百个订户。为此,他于1852年1月1日在一家德文报纸纽约周转报上登载一则广告。上面写道:"《革命》是由已经被美因河畔法兰克福警察所封闭的《新莱茵报》原编辑魏德迈编辑出版的周刊。它将于每星

---

① 《马克思恩格斯全集》第27卷,第605—606页。

② 指恩格斯的《共产主义者和卡尔·海因岑》、马克思的《道德化的批判和批判化的道德》。

③ 《马克思恩格斯全集》第27卷,第608页。

④ 《马克思恩格斯全集》第27卷,第609页。

⑤ David Herreshoff, *American Disciples of Marx*, p. 59.

期日出版,并得到原《新莱茵报》编辑卡尔·马克思,弗里德里希·恩格斯和斐迪南·弗莱里格拉特等人的赞助。"①

在魏德迈的努力下,《革命》终于于1852年1月6日出版了第一期。但由于经济原因,这份刊物在1月13日出版了第二期以后宣告停刊。在这两期上,刊载了《共产党宣言》的第一部分"资产者与无产者",马克思的《1845年—1847年的商业危机史》,弗莱里格拉特批判金克尔的诗。马克思的《路易·波拿巴的雾月十八日》本来准备由《革命》出版单行本的,在《革命》停刊后不得不暂时搁置下来。魏德迈曾将他遇到的困难情况写信告诉马克思。他写道:"从秋天以来,失业现象在这里空前严重,以致每一个新企业都遇到巨大的困难。而且,近来工人们还受到各式各样的盘剥。最初是金克尔,接着是科苏特,而大多数人都愚蠢到宁可送一块钱给敌视他们的宣传,而不愿出一分钱来捍卫自己的利益。美国的土壤对人们起着一种极大的腐蚀作用,而同时人们都开始以为,他们比旧大陆的同志们高瞻远瞩得多哩。"②不过,魏德迈并没有灰心。他尽了最大的努力使《革命》复刊,并出版马克思的《路易·波拿巴的雾月十八日》。

这封信发出后不久,一个偶然的机会使魏德迈能够出版马克思的《路易·波拿巴的雾月十八日》这本小册子。他在4月9日致马克思的信中高兴地写道:"意外的援助终于扫除了出版那本小册子的种种障碍。在我发了前一封信以后,我遇到我们的一个从法兰克福来的工人,一个裁缝,也是去年夏天才到这里的。他立刻把他的全部积蓄——40美元——通通交给了我。"③魏德迈用这些钱印了1000本小册子,并将其中的1/3运往欧洲经销。这样,马克思的这部重要著作就首先在美国出版了,比欧洲出版该书的时间早十几年。

---

① David Herreshoff, *American Disciples of Marx*, p. 59.

② [德]弗·梅林:《马克思传》,樊集译,人民出版社,1965年,第272—273页。

③ [德]弗·梅林:《马克思传》,第275页。

《革命》停刊后，马克思鼓励魏德迈创办另一份刊物《改革报》。《改革报》仍然是一个周刊，于1853年3月5日正式发行，同年10月15日改为日报，直到1854年4月26日停刊。《革命》和《改革报》存在的时间虽然都很短暂，但是这两种刊物登载了马克思、恩格斯和魏德迈本人的许多重要文章，在传播马克思主义的活动中，起到了十分重要的作用。

第二，魏德迈遵照马克思的嘱咐，尽量利用各种英文报刊和德文报刊登载马克思主义者的文章来扩大宣传面。他把恩格斯的《德国农民战争》送到《纽约体育报》转载，并在这家报纸上发表了自己撰写的文章《论无产阶级专政》。魏德迈在这篇文章中向美国人概略地介绍了无产阶级专政的思想。他强调指出："无产阶级的统治是同血腥的汪达尔主义完全不同的，相反，无产阶级是唯一能够发展资产阶级整个文化遗产的阶级。"①魏德迈的第二篇文章是批评一个侈谈选举却不谈工人状况的自由主义流亡团体的。他强调，选举权不是万应灵丹，因为"在资本主义社会，普选权是以选举人的经济不独立为基础的，这经常迫使工人为了争取自身的生存而向资本出卖他们的选票"②。在此以后，魏德迈还在《纽约体育报》上发表一系列有关讨论美国工人问题，自由贸易和保护关税的文章。魏德迈还在12月的《体育报》上发表文章。在《政治经济评述》中，着重谈到美国工人运动的组织问题，以及欧美国家政治上经济上的相互联系。

第三，建立共产主义者小组，并对社会主义运动内部流行一时的几种错误思想展开批评。1852年6月，魏德迈同他的四个志同道合的朋友共同建立了无产者同盟。纽约市十七名最先进的马克思主义的拥护者加入了这一组织。威廉·福斯特认为"它是美国第一个真正的马克思主义团体"③。这个组织虽然人数不多，但它以《共产党宣言》的原则为基

---

① David Herreshoff, *American Disciples of Marx*, p. 60.

② David Herreshoff, *American Disciples of Marx*, pp. 60–61.

③ ［美］威廉·福斯特：《美国共产党史》，梅豪士译，世界知识出版社，1957年版，第19页。

础,用马克思主义武装自己和宣传群众,不愧是一支无产阶级的先锋队。无产者同盟的领导人和成员魏德迈、克路斯、梅耶等同马克思、恩格斯保持了经常的通信联系,从那里不断得到启示。这支小小的战斗队在美国先进工人中间宣传马克思主义思想,并同那些形形色色的非无产阶级思想进行斗争,为在美国建立无产阶级政党而努力。

早在无产者同盟成立之前。同盟的主要创建人魏德迈就曾经对德国政论家卡尔·海因岑的错误观点进行了批判。海因岑是一个小资产阶级民主主义者。他的思想曾经在一部分共产主义者同盟盟员中引起共鸣。瑞士伯尔尼同盟支部是传播和印刷海因岑小册子的基地。它甚至还要求同盟中央委员会出资印刷海因岑的小册子《为专制国家官兵制定的近代战争条例三十条》。海因岑本人也在《论坛杂志》第二期上发表文章,攻击共产主义。针对这个情况,马克思、恩格斯曾撰文回击海因岑的挑衅。马克思的《道德化的批评和批评化的道德》,恩格斯的《共产主义者和卡尔·海因岑》先后公开发表。同盟中央委员会的机关刊物《共产主义杂志》试刊前对海因岑分裂民主阵营的活动,攻击共产主义的言论也进行了抨击。1850年,海因岑逃亡美国后仍然继续散布自己的错误观点,认为一切灾祸的根源是"全能的君主"的统治,所以农民的突然起义是实现社会解放的主要手段。

1852年初,魏德迈在德文报纸《纽约民主主义者》上发表了反对海因岑的文章。马克思读到这篇文章后十分赞许。他在给魏德迈的信中说:"你驳斥海因岑的文章写得很好……它写得既泼辣又细腻,这种巧妙的结合称得上是名副其实的论战。"①克路斯也写了一篇文章,题目是"卡尔·海因岑和共产主义或狂暴而疯狂地追逐自己的瘸腿架马影子的云彩"。

魏德迈对魏特林的错误观点也曾加以揭露。他在1853年4月至8月刊登在《改革报》上的文章《国民经济概论》中,根据大量材料证明了小

①《马克思恩格斯全集》第28卷,第504页。

手工业在大机器生产时期受到排挤而趋于灭亡的不可避免的历史趋势。无论是魏特林的"劳动交换银行"还是合作社都是无济于事的。工人阶级只有通过革命斗争才能彻底摆脱资产者的剥削,而魏特林关于"政客们总是出卖工人阶级"要求放弃政治斗争的说法是错误的。魏德迈认为,正因为这样,无产阶级必须进行政治斗争,应该在政治上独立自主,而且在经济和政治斗争中成为领导的力量。他强调说:"劳工阶级是一切一般或特殊的改革运动所必须视为主要依靠的基石。"①

魏德迈和克路斯等无产者同盟的成员还对维利希、金克尔的冒险主义和他们所发起的"革命借债运动"进行了批判。维利希、金克尔都是一八四八年革命的参加者。他们在革命失败后,不研究欧洲的具体条件而要在美国募集捐款,组织队伍,购置武器为德国"准备革命"。他们玩弄这种"革命儿戏"的直接后果就是诱使美国工人阶级脱离了摆在他们面前的反对本国资产者的任务。除此以外,维利希还曾在1853年10月28日和11月4日的《美文学杂志和刑法报》上发表《卡尔·马克思博士和他的〈揭露〉》一文,诽谤和攻击马克思。

1852年,魏德迈在《体育报》上发表的大量文章中,有不少是反对维利希-金克尔集团的。魏德迈反复强调了深刻的政治经济危机和革命的关系。魏德迈在《革命》上发表的马克思的《1845年—1847年的商业危机史》是对维利希-金克尔冒险主义的一次深刻批判。马克思的结论是:在经济高潮和工业暂时繁荣的条件下,不可能产生革命。革命只能是资本主义社会矛盾急剧尖锐化的结果。"新的革命,只有在新的危机之后才有可能。"②马克思的《揭露科隆共产党人案件》在美国的发表是对维利希、金克尔的一次决定性的打击。这篇著作以无可辩驳的事实证明维利希玩弄的"革命儿戏"帮助了普鲁士警察,背叛和损害了工人阶级的利益。马克思还于1853年11月撰写了《高尚意识的骑士》一文驳斥了维

①［美］方纳:《美国工人运动史》第1卷,第352页。

②《马克思恩格斯选集》第一卷,第448页。

利希的诽谤。这篇论战文章在魏德迈和克路斯的帮助下,于1854年1月在纽约出版单行本。

克路斯也对维利希-金克尔集团的错误进行了揭露。他在1852年9月10日致马克思的信中指出,金克尔把解放祖国作为唯一的任务,完全无视美国的政治斗争是错误的和有害的。他说:"金克尔可以被塑造成无论什么东西,但就是不能造就为革命者。"

无产者同盟的成员还从事大量的组织工作,为建立独立的工人阶级政党做了充分准备。他们首先在"工人总同盟"中开展活动。尽管这个组织是魏特林于1851年创建的,受魏特林的思想影响比较深,但魏德迈和克路斯等人认为,只要组织"工人总同盟"的成员认真学习马克思主义,清除各种小资产阶级的思想影响,是可以使这个组织走上正确道路的。事情果然是这样,经过他们的不懈努力,"工人总同盟"中的一些人终于成为政治上成熟的活动家和学习马克思、恩格斯著作的积极分子。1854年秋天,在总同盟代表大会上,有十个地区的代表报告说,他们读了马克思的手稿,即《共产党宣言》,并认为其中全部是对工人有用的内容,能够成为工人总同盟展开宣传的良好工具。魏德迈本人也曾经一度成为公认的总同盟的思想领袖。但不幸的是,1856年魏德迈离开密尔沃基之后,总同盟内部小资产阶级改良主义思想大肆泛滥,终于葬送了这个工人组织。

其次,无产者同盟的成员号召德籍工人建立统一的工人组织。1853年3月18日,无产者同盟发出举行工人大会的号召。1853年3月21日,大会在纽约的技工大厅举行。在这次大会上成立了美国劳工协会。美国劳工协会宣布它的目的在于"使用一切可能利用的方法进行斗争,以求通过国家法令制止资本家们争夺劳动力的竞争,以及工人彼此之间的竞争。

"采取步骤保护工人,使他们不致在雇主的手中遭受到任意减低工资、任意加长法定的工作时间等行为的损害,同时在必要时,通过共同的努力以争取工资的提高。

"此外,将采取步骤,彻底消灭一切用欺骗和非法手段来剥削工人的现象……"①

除此以外,美国劳工协会还把加强工人的团结作为眼前的紧迫任务。在它的倡议下,四十个工业部门的工会代表经过磋商,建立了纽约市总工会。

应当指出,美国劳工协会的纲领存在着严重的缺点,几乎没有涉及工人阶级的长远目标,甚至完全忽视了南部的黑人奴隶制问题。

在首都华盛顿,由于布里格斯和克路斯的努力,于1853年4月(方纳的《美国工人运动史》中为9月)成立了全国劳工协会。协会拥有自己的机关报《全国工人拥护者》。协会的这份报纸是用英文出版的,而且协会中的许多成员是当地出生的美国工人。因此,魏德迈非常重视这个组织。他曾经在《改革报》上发表文章,赞扬协会的创立,认为英语报纸的出现在美国工人运动中是一件大事情,而且是反映美国工人阶级意识成长的标志。

但可惜的是,美国劳工协会和全国劳工协会存在的时间都不长,没有发展成为强有力的,以马克思主义为指导的全国性工人组织。

佐尔格和共产主义俱乐部　1857年秋天发生的经济危机不仅严重地打击了外来移民工人,而且也打击了当地出生的美国工人。美国工人阶级同资产阶级的斗争趋于激烈,罢工运动不断高涨。为了适应形势的发展,美国的马克思主义者深感重新组织力量的必要。1857年10月25日,根据阿伯特·康普的提议,在纽约成立了共产主义俱乐部。参加俱乐部的共有三十五人。其中有著名的马克思主义者魏德迈、佐尔格、阿伯特·康普、弗里茨·雅各比、弗里德里希·卡姆、E.汉威德、P.罗查等人。卡姆当选主席,康普是副主席,雅各比担任书记。由于魏德迈已经离开了纽约,共产主义俱乐部的实际领导责任自然而然的落到了佐尔格身上。共产主义俱乐部虽然不是一个群众性组织,但它继续了无产者同盟的活

---

① [美]方纳:《美国工人运动史》第1卷,第355页。

动。它的成员不仅自己研究马克思主义理论，而且在工人中间进行广泛宣传，对于美国工人运动的发展确曾起过重要的作用。共产主义俱乐部公开宣布共产主义者"否认民族、种族、等级、地位、肤色、性别等的差别，我们的目的是，一切人类利益的协调、自由和人类的幸福，以及世界共和国的实现和统一"[1]。

共产主义俱乐部同国内和欧洲的马克思主义者建立了联系，在芝加哥、密尔沃基、辛辛那提等城市都有自己的分部。俱乐部的领导人同马克思、恩格斯保持着一定的联系，并从他们那里得到帮助和指导。例如，俱乐部主席卡姆曾于1857年12月19日给马克思写信，请求把共产主义者同盟的章程、书籍、小册子寄到美国，以便从中吸取经验。俱乐部的领导人也曾经为推销、传播马克思的著作做过一些事情。例如，康普于1859年4月为85人订购了马克思的《政治经济学批判》，后来还向马克思报告俱乐部成员学习这一著作的收获。

共产主义俱乐部成员还曾参加过一些群众活动，并在群众中宣传俱乐部的宗旨。例如1858年，佐尔格和弗里德里希·卡姆出席了纽约市各个社团联合组织的纪念1848年六月起义十周年大会，并向与会者介绍了共产主义俱乐部的情况。不过，纽约共产主义俱乐部的活动由于部分成员迁往中西部而逐渐削弱，中心转移到芝加哥。

马克思、恩格斯在《纽约每日论坛报》上发表的文章　《纽约每日论坛报》是美国的傅立叶主义者霍拉斯·格里利于1841年创办的一家比较进步的报纸。这家报纸拥有充裕的资金，20万订户，在美国舆论界颇有影响。从1851年8月马克思受聘为该报欧洲通讯员到1863年3月停止向该报供稿为止，马克思、恩格斯在这家报纸上发表了大量文章。但是，由于《纽约每日论坛报》编辑部轻率地处理马克思、恩格斯寄去的稿件，凡是不合编辑部胃口的稿件都被扔进废纸篓，而被采用的稿件又往往不署马克思的名字，或者作为社论发表，使人很难确定马克思、恩格斯为该

---

① [美]威廉·福斯特：《美国共产党史》，第22页。

报撰写的文章和已发表的文章的准确数量。在20世纪20年代《马克思恩格斯全集》俄文第一版问世的时候,经鉴定确认为马克思、恩格斯手笔的文章大约200篇。[①]随后,在50年代俄文第二版问世的时候,仅从《纽约每日论坛报》1853到1862年各期上又发现93篇文章。[②]在所有这些文章中,由恩格斯执笔的大约有120多篇。该报最早刊登的一组文章就是恩格斯执笔、马克思署名的《德国的革命与反革命》。

马克思、恩格斯在《纽约每日论坛报》上发表的政论文章是同他们这一时期的理论工作和政治活动密切联系在一起的。他们为该报撰写的文章中所引用的经济材料,后来有相当一部分被引用于《资本论》中。文章的题材是多方面的,内容十分广泛。有相当数量的文章涉及欧洲各国,特别是最发达的资本主义国家——英国的经济状况。例如,《战争问题——英国的人口和商业报告书——议会动态》《政治动态——欧洲缺粮》《西方列强和土耳其——经济危机的征兆》等文章集中论述了欧洲资本主义国家,特别是美国的工业生产、农业、国内和国际贸易、市场价格、外汇行市等方面的情况。马克思在这些经济论文中,运用实例把他在19世纪40年代的经济学著作中提出的关于资本主义发展周期性的原理具体化。

关于阐述英国工人罢工斗争和工联活动的一组文章也占有重要的地位。马克思在《英国的繁荣——罢工——土耳其问题——印度》《俄国对土耳其的政策——英国的工人运动》《伦敦交易所的恐慌——罢工》等文章中,详细地介绍了英国工人罢工的情况,揭露了工厂主和资产阶级政府的蛮横行为,阐明了罢工在无产阶级争取自身解放斗争中的作用。马克思特别强调罢工在经济上和政治上的成果,他指出:"在以阶级对抗为基础的社会制度下,谁想不仅口头上,而且实际上地阻止奴役,他就必须坚决参加战斗。为了正确估价工人的罢工和联合的意义,我们不能让

[①]《〈马克思恩格斯全集〉的编辑工作》,人民出版社,1977年,第16页。
[②]《〈马克思恩格斯全集〉的编辑工作》,第137页。

那种表面上看来它们的经济成果不大这样一种情况所迷惑,我们必须首先注意到它们精神上和政治上的成果。"①对于英国工人来说,"在罢工过程中争得的新的组织——工联,对他们将有重大的意义"②。

马克思、恩格斯发表在《纽约每日论坛报》上的文章中,还有许多篇幅是论述民主主义运动和无产阶级运动新高涨的前景,资本主义列强的殖民主义政策和被压迫民族的民族解放斗争,国际关系等问题的所有这些文章对于在美国传播科学社会主义无疑是具有重大意义的,1883年3月17日,恩格斯在马克思墓前的讲话中,把马克思通过《纽约每日论坛报》所进行的宣传鼓动工作作为他一生事业中的一个组成部分,并把该报同《莱茵报》《前进报》《德意志-布鲁塞尔报》《新莱茵报》并列。由此可见,《纽约每日论坛报》确实曾经为在美国宣传马克思主义的重要阵地。

然而,应当指出的是,当时美国工人运动的发展水平低于欧洲。工业无产阶级的队伍还比较弱小而且没有固定下来,马克思主义的传播只限于很小的范围。绝大部分工人仍然处于资产阶级思想和小资产阶级思想影响之下。

---

①《马克思恩格斯全集》第9卷,第191页。

②《马克思恩格斯全集》第9卷,第378页。

第六章　19世纪30至50年代的工人运动

第一节　19世纪30至40年代的经济状况和对工人运动的影响

西进运动和农业　19世纪30和40年代,在美国的经济生活中,西进和农业占有最重要的地位。福克讷把这个时期叫作"农业时代"。如果用统计数字来说明,情况如下表。[①]

年代	工业(建筑工业不包括在内)	农业
1839	26.0%	70.4%
1844	31.7%	68.3%
1849	36.2%	63.8%
1854	32.1%	67.9%
1859	36.2%	63.8%

关于西部土地的处理原则,1784年、1785年和1787年的三个土地法令已经做了明确的规定。19世纪初,在拓荒者的坚决要求下,美国政府又对土地出售限额、售价做了调整,并于1841年确定了拓荒者可以优先购买所垦殖土地的原则。毫无疑问所有这一切都加速了西进运动的进程。

西进运动主要是沿着两个方向发展的。一个方向是通过佐治亚西部森林进入密西西比、亚拉巴马等旧西南部地区。另一方向是沿坎伯兰

---

① 中国科学院经济研究所世界经济研究室编:《主要资本主义国家经济统计集(1848—1960)》,世界知识出版社,1962年,第14页。

大道和伊利运河进入俄亥俄河以北,密西西比河以东的西北地区。

第一批旧西南部移民几乎都是拓荒者。但是,到19世纪初,由于南部土地的肥力日益耗竭,一批种植园主也加入了旧西南部移民的行列,企图占据那里的肥沃土地,建立新的种植园。移民队伍连绵不断,形成了西进的高潮。有人曾经描写道:"那些移入密苏里和密西西比河的西南部的南方移民,从他们的运货马车、羊群和人数看来,都很引人注目,人数也是数不清的。可以看到,他们十辆马车结为一队,每队有六个黑人,驱赶着上百条的牛,后面跟的有猪、马和羊,这已经是司空见惯的了。这样的一个队伍,在七百只铃铛叮铃作响的铃声中,与面部流露出劳动后得到了休息的愉快表情的黑人们一道,结成了一队。那些慢慢向前移动的家庭又结成了另外的一队。"[1]

种植园主运用金钱和势力,收买和占有旧西南部的肥沃土地,把原来居住在那里的小农户赶进山区和荒原。一部分小农跨过密西西比河继续往西,寻找新的土地,一部分小农沿俄亥俄河北上到西北地区定居。

向旧西部的移民是同驱赶印第安人同时进行的。这在西进运动史上写下了最暗淡的一页。西北地区的第一任总督亚瑟·圣克莱尔和安东尼·韦恩将军曾率领军队剿杀那个地区的印第安人,迫使他们让出大片土地。耸立在莫米河岔口的韦恩堡就是这场血腥屠杀的见证。

旧西部移民主要是通过坎伯兰大道和伊利运河到达西比地区的。到40年代,新建的铁路加入交通体系以后,西进的移民得到了更大的方便。移民人数迅速增长。向旧西部的移民一开始就具有相当的规模。一位英国人在《美国旅行散记》中写道:"古老的美洲好像正在分裂并且向西迁移。当我们顺着俄亥俄的这条大路旅行的时候,在我们的前面和后面,很少不看到成批的家庭在迁移。"[2]

西进给西部地区带来大量的人口,使大片荒无人烟的土地变成居民

---

① [美]福克讷:《美国经济史》上卷,第230页。

② [美]福克讷:《美国经济史》上卷,第239页。

点和耕地,并且建立了一批拥有相当数量人口的城市。俄亥俄、印第安纳、伊利诺伊、密歇根、威斯康星等地区在独立战争开始时只有几千人,到1810年猛增为272324人,1860年又增加到6926884人。①中西部的大城市芝加哥,1830年时不过是一个小小的皮毛贸易站,到1860年,人口达到100万以上。30年代,中西部地区已经出现了辛辛那提、匹兹堡等拥有居民万人以上的城市。

在新开发的西部地区主要的经济部门是农业。西进运动最显著的成果就是造成了成千上万的小农和农场主,开垦出一片又一片的耕地和草场。农牧产品因而大幅度增长。在不长时间内中西部的草原地带就变成了美国的新粮仓和肉食基地。越来越多的拓荒者涌向草原地带的伊利诺伊地区,使得那里的人口从1830年的15.7万人增加到1840年的47.6万人,农业迅速发展。19世纪50年代,伊利诺伊的玉米产量一跃而居于全国的第三位。十年后,玉米产量达到115174777蒲式耳,高居全国的榜首。②该州的小麦产量同样名列前茅。旧西南部的农业也得到了飞速发展。棉花的产量大幅度提高。例如,田纳西州1801年只出产了100万磅棉花,1834年突然增长到4500万磅。路易斯安那州,1801年时基本上不生产棉花,1834年生产了6200万磅。30年代初,亚拉巴马和密西西比取代了南卡罗来纳和佐治亚的地位成为生产棉花最多的两个州。1830年以后,南部出口的棉花几乎占美国出口贸易总值的1/2。③

西进运动对工人运动的影响　　西进这个具有全局性的战略性的运动对美国的工人运动的影响无疑是巨大的和深远的。但是,绝对不能同意那种夸大西进的影响,宣传美国例外论的说法。最早的比较系统地提出这种论调的是弗里德里克·杰克逊·特纳。概括起来说,他的论点是:

---

① [美]福克讷:《美国经济史》上卷,第239页。

② Louis B.Schmidt and Earle D.Ross, *Readings in the Economic History of American Agriculture*, New York: Macmillan Company, 1925, p. 254.

③ [美]福克讷:《美国经济史》上卷,第231页。

西部自由土地的存在为东部的工人和贫民提供了谋生和发财致富的机会,形成了"社会安全阀",使美国的社会矛盾不断得到缓和,从而排除了对抗性的冲突。这就是所谓的"社会安全阀论"。特纳说:"荒原从来都向那些在东部社会地位固定不变的穷人、愤懑不平者和被压迫者敞开避难的大门,阿列根尼那边就是自由。"[①]他的学生弗雷德里克·L.帕克森进一步指出:"边疆,当他继续存在的时候,是一个社会安全阀,它可以防止社会压力或者阶级对抗增长到危险点。"[②]康芒斯学派的创始人J.R.康芒斯也认为:"看来能够最显而易见地把美国劳工史同其他劳工史区分开的一个条件就是分布辽阔的自由土地。只要穷人和工人能够逃离迫使他们从属其他阶级的环境,那他们就能够制止对他人财产权或政治权的侵犯。"[③]

特纳的"社会安全阀论"如同他的整个理论一样,具有反动性和反科学性。从根本上说是不能成立的。从30年代开始,美国的进步学者就开始起来揭露特纳学说的臆想性和非科学性。1933年,路易斯·M.海克尔在《民族周刊》上发表《区域还是阶级》一文,指出特纳的学说纯属捏造,"下一代历史学者必须驳斥特纳的捏造,因为这些捏造不仅是'虚构'的,而且是绝对有害的"[④]。耶鲁大学教授乔治·皮尔逊认为特纳的学说有三大缺点。第一,缺乏科学的论证,主要以想象、感情为依据。"边疆假说似乎是过于乐观的、过于浪漫的、过于粗糙的和过于民族化的,因而在任何世界历史研究或者比较文化研究中都是不足引以为凭的。"[⑤]第二,

① Frederick J. Turner, *The Frontier in American History*, New York: Henry Holt & Company, 1950, pp. 259-260.

② Frederic L. Paxon, *Recent History of the United States*, New York: Houghton Mifflin Company, 1921, p. 175.

③ John R. Commons et al., *History of Labor in the United States*, Vol. 1, p. 4.

④ *Nation*, July 26, 1933, p. 108.

⑤ George Wilson Pierson, "The Frontier and American Institutions: A Criticism of the Turner Theory", *The New Englan Quarterly*, Vol. 15, No. 2(June, 1942), p. 251.

特纳学说的基石——边疆这一概念的定义是不确切的,甚至是含混不清的。在特纳的著作中,边疆一会儿是"地区",一会儿是"人口",一会儿又是"拓殖"。特纳"文章的准确性和所下的定义都是极其不能令人满意的"[1]。特纳本人也承认"这是一个灵活的词汇"[2]。第三,特纳从不使用新鲜材料证明自己的学说。特纳一生"发现多于证明",在各个时期的著作中,"往往使用同样的语言,甚至几乎不曾使用新鲜的调查材料去加以检验"[3]。

特纳的反对派是在认真占有和研究大量历史材料的基础上提出反驳的。他们从三个方面批评"社会安全阀论":

一部分人经过研究大量具体材料以后认为,在美国社会的任何历史时期都不存在所谓的"社会安全阀"。哥伦比亚大学教授卡特·古德里奇和索尔·戴维森查阅了大量原始材料和报纸杂志,研究了福尔河、洛维尔和斯普林菲尔德几个城镇的档案材料,没有发现大批工人西迁的记载和迹象。他们将研究成果写成文章连续在《政治季刊》上登载,引起了美国史学界注意,文章的题目是《西进运动中的工资收入者》。两位作者指出:"看来不能相信,事实上会有多么大批的工人是作为个人或者有组织的集体逃往西部自由土地上去的。"[4]而"为数过少的工人离开工业中心,是不可能对工人的劳动条件产生任何显著影响的"[5]。

有的史学家认为,19世纪的总趋势是农业人口流入城市,而不是城

---

[1] George Wilson Pierson, "The Frontier and American Institutions: A Criticism of the Turner Theory", *The New England Quarterly*, Vol. 15, No. 2(June, 1942), p. 217.

[2] Frederick J.Turner, *The Frontier in American History*, p. 3.

[3] George Wilson Pierson, "The Frontier and American Institutions: A Criticism of the Turner Theory", *The New England Quarterly*, Vol. 15, No. 2(June, 1942), p. 249.

[4] Carter Goodrich and Sol Davison, "The Wage Earner in the Westward Movement II", *Political Science Quarterly*, Vol. 51, No. 2(Mar., 1936), p. 116.

[5] Carter Goodrich and Sol Davison, "The Wage Earner in the Westward Movement II", *Political Science Quarterly*, Vol. 51, No. 2(Mar., 1936), p. 115.

市人口流入农村,因此不存在大量东部工业人口流入西部的问题,当然也不可能形成什么"社会安全阀"了。伊利诺伊大学教授弗雷德·A.山农专门发表文章论证这个观点。他指出,从1860年到1900年的"四十年间,农业人口仅仅从1900万人增加到2800万人,而非农业成分则从大约1200万人增加到4800万人"[1]。因此"运动是从农场到农场,或者说……从农场到城市,而极少从城市到农村,从工人的板棚到宅地"[2]。

有的史学家研究了边疆向西推进期间东部的失业情况,证明自由土地不可能起"社会安全阀"的作用。山农认为,如果以1865年为例,"没有人否认,仅仅在北方就存在着上百万的失业者,同时也无人证明这个数字在明显地或者持续不断地减少"。他还认为:"无论以什么样的计算为根据,都不能否认,从1865年到该世纪末,在每一个十年间,失业都构成了主要麻烦。同样清楚的是,自由土地并没有解决失业问题。"[3]"在1837年经济恐慌期间,或者在1873年以后的经济萧条时期,实际上它都没有起作用。那时有100多万失业者徘徊街头,并且意识到自由土地对于他们来说是无法得到的。"[4]有人做过具体估算,认为在西部建立一个小农场至少需要1500美元。对于绝大多数东部地区的工人来说,这是根本不可能办到的。[5]

特纳的"社会安全阀论"显然是错误的,今天已经为大多数美国学者

---

[1] Fred A. Shannon, "A Post Mortem on the Labor-Safety-Valve Theory", *Agriculture History*, Vol. 19, No. 1(Jan., 1945), p. 33.

[2] Fred A. Shannon, "The Homestead Act and the Labor Surplus", *American Historical Review*, Vol. 4, No. 4(July, 1945), p. 638.

[3] Fred A. Shannon, "The Homestead Act and the Labor Surplus", *American Historical Review*, Vol. 41, No. 4(July, 1945), p. 650.

[4] Fred A. Shannon, "A Post Mortem on the Labor-Safety-Valve Theory", *Agriculture History*, Vol. 19, No. 1(Jan., 1945), p. 32.

[5] Clarence H. Danhof, "Farm-making Costs and the Safty Valve", *Journal of Political Economy*, Vol. 49, No. 4(June, 1941), pp. 317-319.

所摒弃。甚至连他的后继者也不得不对他的学说做出修正。例如,谢弗承认,他不能证明曾经"有大批真正工业工人从东部城市走向边疆"①。但他认为,西进确曾在人们的心理上产生了作用。"如果说工资保持上升是西进运动所产生的间接影响,那么这主要是由于运动对雇主和雇员双方的内心发生了作用。"②

那么,究竟西进运动对美国的工人运动曾否产生过影响?程度如何?这是非常复杂的问题,需要进行深入的、认真的研究。在这里很难做出一个圆满的答复。但可以肯定,它确实对工人运动产生过深远的影响。至少反映在如下几个方面:第一,西部土地的存在的确缓和了资本主义制度的各种矛盾,使这个制度有向广阔发展的余地。马克思和恩格斯都曾经论述过这个问题,恩格斯甚至使用过"安全阀"这一名词。但是,恩格斯认为,这只是美国特殊条件下的一种暂时现象,对资本主义社会的激烈矛盾只能起延缓作用,而不能使之消失。列宁对这个问题也进行过探讨,他认为:"资本主义在古老的为人久居的领土内向纵深发展,由于边区的开发而受到阻碍。资本主义所固有的,以及资本主义所产生的各种矛盾的解决,由于资本主义能容易地向广阔发展而暂时延搁起来。"③在这里,列宁虽然谈的是俄国的情况,但这个论断也同样适用于美国。第二,西部土地的存在,的确影响了美国社会阶级关系的形成和固定。马克思在《资本论》中深刻地分析过这种现象,他指出:"资本主义最美妙的地方,就在于它不仅不断地再生产出雇佣工人本身,而且总是与资本积累相适应地生产出雇佣工人的相对过剩人口……但是在殖民地,这个美丽的幻想破灭了……劳动市场却总是供给不足。劳动的供求规律遭到了破坏……今天的雇佣工人,明天就会成为独立经营的农民或手工业

---

① Joeseph Schafer, "Some Facts Bearing on the Safty-Valve Theory", *The Wisconsin Magazine of History*, Vol. 20, No. 2(Dec., 1936), p. 232.

② Joeseph Schafer, "Some Facts Bearing on the Safty-Valve Theory", *The Wisconsin Magazine of History*, Vol. 20, No. 2(Dec., 1936), p. 217.

③《列宁全集》第3卷,第545页。

者。他从劳动市场上消失,但并不是到贫民习艺所去了。雇佣工人不断地转化为独立生产者,他们不是为资本劳动,而是为自己劳动,不是使资本家老爷变富,而是使自己变富。"①但是,马克思、恩格斯从来就认为,这只是一种暂时现象。这种"防止无产者形成一个固定阶级的大安全阀"只能起延缓作用,美国实际上已经"存在着一个终身的世袭的无产阶级",而且能够利用"安全阀"的只局限于"年轻力壮的"美国本地居民。"而沉重的雇佣劳动,当一辈子无产者的境遇,多半落到移民的身上。"②第三,西部土地的存在,大批移民的西进,以及农业在社会经济生活中的重要地位都使美国的工人运动同农民运动发生了千丝万缕的联系。在各个时期工人运动的纲领中几乎都列入了农民的要求。马克思、恩格斯考虑到美国的这个特殊情况,一直把解放土地的运动看作无产阶级运动在一定条件下的必要的初步形式。

第二节　十小时工作制运动和工会运动

妇女劳工改革协会和新英格兰工人协会　缩短工时,是美国早期工人运动一项比较重要的内容。在美国很早就出现了争取十小时工作制的运动。这个运动在19世纪20和30年代得到迅速的发展,并且取得了一定的成果,在一些地区的工厂中实行了十小时工作制。但是,运动发展极不平衡。许多地区的工作时间仍然没有缩短。例如,新英格兰的工人就没有分享到运动的果实,那里的工作时间长达12到14小时,工厂里的劳动条件也极其恶劣。

对于这种状况,工人们是极为不满的。首先起来揭发种种弊端的是纺织女工。1842年,在新罕布什尔州出版了《工厂女工》双周刊。随后又于1845年和1846年在洛维尔和新罕布什尔出版了《工业之声》周刊和

---

① 《马克思恩格斯全集》第23卷,第838页。
② 《马克思恩格斯全集》第21卷,第296页。

《女工画册与工人拥护者》。这些报刊用大量篇幅报道了女工的困难处境和微薄待遇。《女工画册与工人拥护者》曾经宣布："它将大胆地说出它所要说的话,将极力主张实行十小时工作制,和对于目前工厂工人们所身受的许多待遇进行普遍的改革。"1843年1月15日《工厂女工》刊载的一个对于监工和工人的解释更清楚地反映了阶级对抗的意识。上面写道:

"监工——经理人的奴颜婢膝的走狗。他以最低级、最下流和最卑鄙的办法取悦他的主人,并替无人性的公司装满它的金库。"

"工人——一个被工厂所雇佣的人,在一般的情况下,她所实际生产的价值是她所得到的三倍。"

积极的宣传活动带来了可喜的成果。1845年初,马萨诸塞州洛维尔女工创建了第一个妇女劳工改革协会。这个协会要求工厂实行全面改革前实行十小时工作制。协会对许多女工具有强大的吸引力,不断在她们中间吸收会员,迅速地扩大了自己的队伍。协会的力量因而也不断壮大。妇女劳工改革协会曾经组织和领导各个厂的女工抵制工厂老板增加工作定额的命令,并取得了胜利。协会甚至能够对社会力量施加影响,使一个反对十小时工作制的州议员,在州议会选举中落选。

在洛维尔妇女劳工改革协会的影响下,在新罕布什尔州的曼彻斯特城、多维尔城和马萨诸塞州的福尔河也相继成立了妇女劳工改革协会。这些协会都积极投入了缩短工时运动,成为19世纪40年代争取十小时工作制运动的第一批工人组织。

差不多在同一个时候,新英格兰其他地区的工人,特别是福尔河的工人也开始了争取八小时工作制运动。1842年,十小时共和主义协会宣告成立,并掀起了向州议会请愿的运动,要求政府颁布十小时工作制法令。不过,这个组织由于本身的力量薄弱,而且缺乏明确的纲领,没有而且也不可能将运动引向胜利。在十小时工作制运动中影响最大的组织要算是新英格兰工人协会了。

新英格兰工人协会是在福尔河技工协会的积极推动下建立起来的。

1844年初,福尔河技工协会宣告成立。协会曾发出一个誓言草案,征求会员签名,要求所有在上面签名的工人每天劳动不超过十小时。1844年夏天,福尔河技工协会向全新英格兰工人发出呼吁,要求于1844年秋天,举行一次全新英格兰工人代表大会,以便采取联合行动,争取十小时工作制尽早实现。

1844年10月16日,第一次新英格兰工人代表大会在波士顿举行,新英格兰工人协会宣告成立。参加大会的有207名代表,其中大部分是工人,但也有土地改革运动方面和傅立叶公社方面的代表。大会通过了两项重要议案。第一项议案反映了空想社会主义者的观点,号召普遍建立生产合作社,以此作为结束资本主义制度的手段。第二项议案是成立新英格兰协会,推动立法机构颁布十小时工作制法令并监督其执行。但是,由于空想社会主义者在一段时间内掌握了协会的领导权,十小时工作制要求受到忽视,协会的主要精力几乎都用在关于傅立叶联合公社的空谈上。直到1845年10月29日洛维尔会议召开的时候,这个偏向才得到纠正。那时,空想社会主义者和土地改革派的代表都未出席会议。新英格兰工人协会的领导权回到了工人代表手中。协会重新成为十小时工作制运动的基地。从此以后,十小时工作制运动被一再宣布为"新英格兰工人的最大的最主要的目标。"

新英格兰工人协会曾经计划于1846年7月4日举行全面罢工,迫使工厂方面接受十小时工作制的要求,并为实现这个计划募集罢工基金。但是,西宾夕法尼亚五千工人罢工失败的消息传来以后,这个计划不得不宣告取消。协会转而以主要力量进行立法方面的活动。在协会的不断努力下,1847年,新罕布什尔州议会通过了第一个十小时工作制法令。接着宾夕法尼亚和缅因州也通过了同样的法令。但是,如果没有行之有效的监督法令实行的制度或措施,这些法令只不过是一纸空文。工厂老板们十分懂得这一点。他们并不直接反对法令而是要求州议会在法令中加上一条规定,容许老板们和工人签订超十小时工作制的特别合同。他们的这一要求很快被州议会采纳了。于是,他们就采用解雇的手段,迫使每一个工人都签订一份特别合同,使十小时工作制法令完全失去意义。凡是拒绝在合同上签字的人都被工厂解雇,并且列入黑名单通报所有其他工厂,使被解雇者在整个新英格兰地区都找不到工作。

新英格兰工人协会过于迷恋立法行动,面对工厂主的猖狂进攻软弱无力,没有采取任何有效的对策,因而失去了工人的信任和支持。终于在1848年3月宣告解散。

宾夕法尼亚、新泽西的运动和十小时工作制运动的成果 宾夕法尼亚是十小时工作制运动开展得最激烈的地方。那里的工人经常采取罢工的形式来争取十小时工作制。1848年7月初,当宾夕法尼亚公司的老板们强迫工人签订特别合同的时候,遭到了工人们的激烈抵制。工人们组织起来拦阻少数被迫签订特别合同复工的工人进入工厂,并劝导和强制已经进入工厂的工人离开机器。一批被激怒的女工甚至攻打工厂,赶走警察,组织罢工破坏者进行工作。罢工一直进行到8月28日。老板们和罢工工人都日益陷入困境。双方不得不达成暂时的妥协。一方面,老板们接受了十小时工作制的要求,另一方面,罢工工人同意降低工资16%。对于罢工工人来说,做出同意降低工资的决定当然是十分痛苦的。但是,他们宁愿蒙受经济上的损失也决不放弃十小时工作制这个重大原则。到19世纪50年代,宾夕法尼亚许多地方的工人在日常斗争中加强了团结,建立了自己的工会组织,并且"以雇主和雇工双方签订集体合同的办法"来取得十小时工作制和进行其他改革。

开展十小时工作制运动的一个意外结果,就是这项要求被列入两大党的竞选纲领中。无论是民主党还是辉格党都对争取广大工人的选票十分关注。例如,1852年在马萨诸塞的选举运动中,州长、副州长和参议员的候选人为了获得新英格兰工业同盟的支持,都在该同盟提出的十小时工作制保证书上签了名,表示在当选后,将尽最大努力促使十小时工作制法令获得通过。

开展选举运动来促使十小时工作制法令通过,是在新泽西的运动中广泛采用的形式。早在1848年初,十小时工作制运动的活动家就组织了特伦敦工人协会。这个协会不断组织群众会议,宣传十小时工作制,并号召工人群众不投反对十小时工作制的竞选人的票。协会还派出一个委员会向全州各地的工人进行宣传,并提出召开全州代表大会的动议,以便在选举运动中采取一致行动。在1850年的选举中,两大政党为了防止工人组织第三党,乃竭力把工人群众吸引到自己一边,都在政纲中列入了工人的要求。民主党在政纲中明确规定支持十小时工作制法令,并提名特伦敦工人查尔斯·斯凯顿为该党的国会议员候选人。辉格党则提出了实行免费普及教育,"调整各制造业中的劳动时间、保护童工"等要求。选举结果,民主党获得胜利。特伦敦工人代表查尔斯·斯凯顿作为民主党的候选人当选为国会议员。毫无疑问,这是特伦敦工人协会在政治上争得的一个成果。第二年州议会又通过了在新泽西州实行十小时工作制的法令。

从总的来看,40和50年代的十小时工作制运动确实取得了可喜的成果,具体情况见下表[①]:

年 份	经调查之工厂总数	每日工作时数8—11小时的工厂		每日工作时数11—13小时的工厂		每日工作时数13—14小时的工厂	
		总数	百分比	总数	百分比	总数	百分比
1840	69	36	52.2	25	36.2	8	11.6
1845	103	60	58.2	33	32.0	10	9.7
1850	173	104	60.1	63	36.4	6	3.5
1855	250	161	64.4	84	33.6	5	2.0
1860	350	235	67.1	107	30.6	8	2.3

然而,这些成果的取得是付出了高昂的代价的。资产阶级政党接过工人的口号,扩大自己的政治纲领的策略,从长远来说,对工人运动产生了极为不利的影响。其中最显而易见的后果就是推迟独立工人政党的建立,并使后来建立起来的工人政党不能在政治上充分发挥作用。而当

---

① [美]方纳:《美国工人运动史》第1卷,第335页。

时的工人运动领袖却没有觉察到这一点,只是单纯满足于十小时工作制运动本身所取得的成就。

工人运动和奴隶制度 在世界近代史上,奴隶制的长期存在是美国社会的一种特殊现象。它同古代奴隶制一样都是建立在强制劳动的基础上,其残忍程度是不分上下的。所不同的是,美国的奴隶制度是为了进行商品生产、赚取利润而存在的。它在不同时期起过不同的作用。在殖民时期,奴隶制度曾经为美国资本主义生产的发展提供过巨额资金,是资本主义原始积累的重要方式之一。工业革命开始以后,特别是19世纪40和50年代,奴隶制度由于占用大量强制劳动力,同雇佣劳动制度发生了激烈的冲突,成为发展资本主义的严重障碍。它的一切弊端暴露无遗,犹如这个新生社会机体上的毒瘤,危害着美国政治、经济生活的各个方面。美国工人运动不可避免的要同奴隶制度发生关系,并对此表明自己的政策和立场。

南部是美国奴隶制度的基地,那里的奴隶主主宰着一切。他们当中的大多数人极力维护种植园经济,反对在南部发展工业。少数同工业发生联系的奴隶主也宁愿使用奴隶劳动而不愿雇用来自北部的工人。因为他们认为,奴隶的工资低,容易管理,比使用自由工人安全有利。甚至有的资本家也把使用奴隶劳动作为扭亏为盈、谋取暴利的一种手段。例如,1847年弗吉尼亚里士满的一家大铁工厂特瑞德格铁工厂由于经营不当,行将破产的时候,新接任的经理罗伯特·安得生立即解雇大批自由工人,用奴隶劳工来代替他们,从而改变了这家工厂的处境。事后,他满意地宣扬说:"由于在奴隶州中要控制以高价雇来从事铁工厂工作的白人劳工非常困难,我决定大量雇用奴隶,试行这一策略的结果使我很满意。"而且他认为:"一切在奴隶州中的铁工厂最后都必须要尽量雇用奴隶。"[①]

---

① Kathleen Bruce, *Virginia Iron Manufacture in the Slave Era*, New York: Century Co., 1931, pp. 275–276.

这样就造成了南部工业中奴隶劳工排挤自由工人的现象,那里的工资水平因而也降到了全国的最低点。1860年,北方零工的日工资约为1美元11美分,南方则约为77美分至90美分。佐治亚州纺织工人的月工资为7美元39美分,马萨诸塞州的纺织工人的月工资则为14美元57美分,几乎比前者高出一倍。南部自由工人对造成这种结果的真正原因的认识是有一个过程的。起初,他们误以为奴隶制度的受害者——黑人奴隶劳工是自己的竞争对手,曾经试图采取一切手段阻止他们进入工厂。因此在一段时间内南部自由工人开展的运动以阻止黑人工人参加技工职业为目标。直到19世纪40年代末和50年代,自由工人才开始从反对奴隶劳工转变为反对奴隶制度。自由工人开始和奴隶劳工联合起来反对奴隶主和工厂老板。

1849年春天,肯塔基州列克星敦城的工人举行一次集会,决定散发要求解放奴隶的通告两万份。内容如下:

> 决议:奴隶制度对于本州各种人的利益都是有害的,它有害于奴隶主,同时也有害于不蓄奴隶的人。它降低劳工的地位,削弱工业,扰乱从事劳动的自由公民的职业,造成贫富悬殊现象,将劳动阶级摒弃于教育的幸福之门以外,并倾向于逼使本州内依靠个人劳动为生的人们向外逃亡。我们承认目前的法律所规定的占有奴隶的财产权,但我们认为劳动者对于他的职业和他的劳动所应得的报酬一如奴隶主对他的奴隶一样,是完全有同样权利的。而现在奴隶制既日趋于垄断劳动力并贬低其价值,因不论为公为私都必须将其彻底消灭。[1]

德裔社会主义者是在南部进行反对奴隶制宣传的激进分子。阿道夫·杜埃主办的《圣安东尼时报》成为反奴隶制的重要宣传基地。当地的

---

[1] [美]方纳:《美国工人运动史》第1卷,第401页。

德裔工人组织也创办了几种小型的反奴隶制报刊。

地下铁道活动是南部奴隶反对奴隶主的一种形式。19世纪40和50年代,有许多普通白人工人以个人的身份参加了这个活动,帮助黑人奴隶经地下铁道逃往北方和加拿大。这种地下铁道是由许多条支线构成的。据估计,俄亥俄一个州就有12条路线。地下铁道的售票员和列车员当中有不少是获得自由的奴隶工人。他们愿意为解救仍然在种植园中受奴役的同胞尽自己的一分力量。历史上的著名人物哈利特·塔布曼就是在获得自由后,极力营救自己的亲属和受难黑人奴隶的女英雄。她曾19次返回南部,先后营救约300名黑人奴隶。南部的黑人们把她叫作"他们同胞中的摩西"。

北部工人对待奴隶制的态度一开始就是十分明确的。大部分工人都反对奴隶制,并愿意为铲除这个罪恶的制度而斗争。还在30年代初,纽约州的一些工人政党已经在自己的政纲中提出了取消"这个有害国家声名的最大最浓的污点"的要求。[①]1830年,马萨诸塞州各工会也在递交州议会的《工人请愿书》中表述了这样的强烈愿望。其中有如下一段话:"让我们从我们美好的声誉中除掉奴隶制度这块脏污的瑕疵吧。让我们的同胞们不仅是在口头上被称为自由平等的人,而应让他们真正享受到天赋给他们的自由和平等权利。"[②]洛维尔和福尔河的女工们则举办一年一度的义卖,为废奴运动筹款。

北部工人从他们自身的处境中本能地感觉到在争取自由解放的斗争中,必须支持为废除奴隶制度而进行的民主运动,从而把反对奴隶制的斗争和反对雇佣奴隶制的斗争结合起来。1845年1月,一次有2.5万名纽约工人参加的群众集合通过了一个宣言,明确指出:"不管是抽象的奴隶制度,还是具体的奴隶制度;不管是绝对的奴隶制度,封建的奴隶制

---

① Hermann Schlüter, Lincoln, *Labor and Slavery*, New York: Socialist Literature Co., 1913, pp. 38–39.

② [美]方纳:《美国工人运动史》第1卷,第465页。

度,还是工资奴隶制度;不管是名义上存在的奴隶制度,还是名义上不存在的奴隶制度……不管以任何形式,任何变态出现的奴隶制度,我们都一律坚决反对,我们的这种坚定严肃的目标,是至死不能改变的。"①

北部工人还感觉到,奴隶制的存在对于工人运动的开展是一种极大的束缚。1847年,《工业之声》曾发表这样一段话:"奴隶制度问题实际上就是劳工问题。不论何时何地,只要我们一谈到劳工权利问题或是我们坚持要进行任何种类的劳动改革,奴隶制度下的各种势力立刻就会向我们摆开了阵势……"②绝大多数北部工人对四五十年代奴隶制的扩张是激烈反对的。当联邦政府做出将得克萨斯作为奴隶州并入联邦的决定的时候,新英格兰地区和大西洋中部沿岸各州的工人纷纷表示反对。在纽约、洛维尔、波士顿等地先后发表了反对归并得克萨斯的示威游行。1844年8月,《曼彻斯特工人》发表声明说:"关于得克萨斯州的归并问题,我们一直没有表示任何意见,因为我们要看一看我们的国家是否真会要做出这样卑鄙的事来。我们说卑鄙,因为这种举动是要使那些靠吸人血膏为生的人们,有机会把他们的血手更进一步伸入到奴隶制度的罪恶中去……为什么要在已够令人痛心的奴役和人吃人的罪行之上,还要加上这种卑鄙的罪恶呢?"③

北部工人也坚决反对《一八五〇年妥协案》,认为"不应制定有辱工人阶级的《奴隶逃亡法》和《妥协案》"。

在北部工人反对奴隶制的活动中,从欧洲来到美国的"四八年战士"组成了一支最活跃的力量。我们在工人群众中宣传奴隶制对于工人阶级解放事业的危害性,说明废除奴隶制度和废除雇佣奴隶制度的密切关系。俄亥俄州的"克里夫兰共产党人俱乐部"于1851年末通过决议说:"要用一切办法取消奴隶制度——这种和真正民主原则完全不相容的

---

① [美]方纳:《美国工人运动史》第1卷,第414—415页。

② [美]方纳:《美国工人运动史》第1卷,第419页。

③ [美]方纳:《美国工人运动史》第1卷,第422页。

制度。"

与此同时,资产阶级的废奴运动也蓬勃发展起来。30年代初成立的反奴隶制协会到1840年已经发展为一个拥有2000个地方分会,25种报刊和25万会员的庞大组织。但是,由于废奴运动的大多数领导人对工人运动采取不友好态度,那时的工人组织基本上没有同反奴隶制协会发生直接联系。只有部分工人以个人身份加入了废奴运动,成为协会的成员。

北部工人在反对奴隶制的斗争中没有成立专门的组织,但是他们认识到应当把奴隶制问题摆在劳工问题的议事日程上。1854年上半年,在工业大会年会上,代表们取得了一致的认识。他们坚决要求"立即取消《内布拉斯加法案》和《奴隶逃亡法》,并且立即恢复'密苏里协会'"。大会通过决议:"在将来我们决不能允许我们所选出来的州议院或国会中的任何代表可以不保证以反对南部奴隶政权的向外侵略及维护投票的公民的自由权利为自己的神圣义务。"①在以反对奴隶制度的继续扩张,支持自由土地运动为纲领的共和党成立以后,美国工人立即支持这个政党。在1856年的总统选举中,许多工人参加了共和党组织的火炬游行,并且高呼"自由土地、自由劳工"的口号。2.5万名达兹堡工人曾经发出一项通告,表示愿意把希望寄托在共和党身上。通告呼吁说:"工人同胞们,在这里,我们找到了自己的政纲,在这个旗帜下,我们已决心要为了保障人的权利进行战斗。如果你们认为我们所说的都是真话,那就请加入我们的队伍吧……我们已许身给这个为了保存各自治州使其不受奴隶制度侵犯而结成的大同盟了。宗派主义、狂热主义和取消主义的呼喊声,我们是听到的,但是我们并不因此惊怕。曾经用明确的不容误解的言辞提出过同一原则的华盛顿、杰斐逊、富兰格林、亚当姆斯、门罗、杰克逊、克雷和韦布斯特等人都站在我们一起。有这么多向导在我们的

①[美]方纳:《美国工人运动史》第1卷,第429页。

面前,我们相信,我们是没有走错路的。"①

　　共和党候选人虽然在1856年的选举中失败了,但是在工人们的大力支持下,1860年的总统候选人,该党杰出的领袖林肯终于战胜了一切强大的反对势力当选为美国总统。林肯的当选在很大程度上是应当归功于美国工人阶级的。纽约的一名共和党人承认说:"我们应当感谢工人们,他们使我们得到了胜利。"另一位党的领导人说,林肯的当选"是在工人的协助下进行的,我党应当替他们争取到农地私有条例和保护关税以作为对他们的报答"。②

　　工会运动和罢工斗争　40和50年代的工会运动和罢工斗争有两个重要的特点。第一,工会运动忽兴忽灭,起伏不定,罢工斗争连绵不断;第二,大批移民涌入,在劳动市场上出现了激烈的竞争,工会运动发生分裂,罢工斗争也遇到困难。

　　19世纪上半期,美国工会运动发展的总趋势是从小到大,从分散到集中,从地区性工会到全国性工会。中间经过不断的起伏。20和30年代的工会存在的时间都很短暂,组织机构也极不完备。虽然当时已经出现了建立全国性工会的要求,但还不具备这样的条件。40和50年代的工会虽然仍然是地方性的,而且也是忽兴忽灭,但规模和普及的程度都超过了过去的工会。到50年代初,几个重要工业城市的绝大部分行业都建立了自己的工会。例如,根据1850年6月纽约工人代表大会的情况来看,当时已建立43个工会,只有成衣业尚未建立工会。到1853年8月为止,旧金山的主要行业也都建立了自己的工会。其他城市相继出现了工会运动的热潮。方纳曾经这样估计说:"这是美国史中第一次出现的遍及全国的巨大的工会运动。"③40和50年代的工会虽然仍然是行业性的,但已逐渐趋于正规化和完善化。会费按规定标准定期征收,罢工基

---

①［美］方纳:《美国工人运动史》第1卷,第437页。

②［美］方纳:《美国工人运动史》第1卷,第449页。

③［美］方纳:《美国工人运动史》第1卷,第339页。

金的数额有大幅度的增长,而且越来越多地采取集体谈判的形式。有许多工会租用了固定的办公室和会议大厅,甚至设立了职业介绍所。

根据当时一般的情况,在罢工期间,单身罢工工人一星期可以得到5美元津贴,已婚工人每人3美元、妻子1美元50美分、十岁以下的子女每人50美分。由于有了比较可靠的后盾,这一段时间里,工会所领导的罢工运动十分频繁,而且取得了可喜的成果。据估计,1854年,技术工人的工资普遍比1850年增加25%。

在历次罢工中最有影响的是新英格兰制鞋工人大罢工。这次罢工发生在1860年初,但它的酝酿过程在50年代末已经完成。罢工的起因是工资问题。50年代的制鞋业已经开始采用机器,一些工序不再需要专门的技艺,妇女和童工大批涌入这个行业,造成工资普遍下降。1859年秋季减薪后,制鞋工人每周的工资只有3美元,甚至低于罢工救济金的标准。女工的工资更低,每周只有1美元多。新英格兰地区的制鞋工人纷纷酝酿罢工,要求增加工资。林恩是这次罢工的中心,1859年,在这里组成了一个坚强的技工协会。协会领导人进行了积极的宣传组织工作,并且同外地的工会取得了密切的联系。1860年2月初,林恩技工协会的领导人分别在林恩和拉蒂克两地召开群众集会,决定要求厂主们增加工资,并在必要时举行罢工。2月23日,罢工开始,3000名林恩制鞋工人和几百名拉蒂克工人都放下工作,上街游行。几天之内,罢工浪潮席卷了整个新英格兰地区。到2月底,罢工队伍扩展到2万人,至少在25个城市建立了技工协会。

林恩的罢工是在罢工者设立的警戒委员会的统一指导下进行的。制鞋工人团结一致,纪律良好。社会秩序井然,没有出现混乱。罢工者甚至成功地把波士顿派来的警察驱走,使罢工能够顺利进行下去。

鞋厂老板们不愿再蒙受罢工造成的损失,而且失去了赢得这次较量的信心和勇气,纷纷表示愿意满足工人增加工资的要求,但却拒绝承认罢工期间成立的工会。4月中旬,罢工宣告结束。罢工者的工资增加了,但只有少数几个新成立的工会得到承认,并同工厂主签订了协议。

签订集体协议是40和50年代工会运动采取的另一种形式。其目的在于实行同地区同行业的统一工资标准，以保障各个会员的利益。1847年，特伦敦的木工雇工协会同雇主们签订了第一个协议。接着纽约印刷工人工会于1850年提出了实行统一工资标准的要求。1850年10月26日，印刷业的雇主和铅版制造工人工会委员会达成了协议，采纳了工会提出的工资标准表。

随着运动的进展和斗争的激烈化，在40和50年代的工会运动中也出现了建立全国性工人组织的要求。1845年至1856年间，每年举行一次会议的工业大会就是一个初步尝试。工业大会本身不是一个经常性的全国性机构，但却是联系全国各个工会的纽带。可惜的是后来，由于土地改革运动领导人的插手，这个组织逐步失去了号召力而趋于消亡。到50年代，恢复这种全国性的各部门工会联合的努力一直未能收到效果，但却成功地建立了一系列全国性行业工会。1850年12月，印刷工人在纽约市举行了第一次全国代表大会，并设立了一个执行委员会作为常设机构。继印刷工人工会之后，从1853年到1860年间，先后建立了十几个全国性的行业工会。

然而，40和50年代的工人运动遇到了来自两个方面的考验。

第一是来自移民工人的考验。40和50年代是外国移民大量涌入美国的年代。移民人数在40年代是1713251人，在50年代是2598214人。在东部和中西部的一些大工业城市中，移民人口不能及时疏散到西部地区，暂时沉积下来造成移民人口所占比例急剧上升的情况。根据1860年统计材料，移民人口在纽约占47.62%，在芝加哥占49.9%，在费城占28.93%，在匹兹堡占49.99%，在圣路易占有59.66%。①移民人口中究竟有多少工人，我们无法知道，但可以肯定它已造成了一支庞大的劳动后备军，使这些工业城市在一段时间内出现了劳动力供过于求的现象。于是，资产者利用这个时机，大量雇用廉价的移民工人，并且煽动本土美国

---

① ［美］方纳：《美国工人运动史》第1卷，第345页。

工人的排外情绪。有的报刊竟然发表文章，把工人生活水平下降的责任完全推诿到移民身上，说什么美国工人是无法同外国人竞争的，因为这些移民"吃的是最粗、最贱、最恶劣的饮食——衣衫褴褛，肮脏不堪——这批人既不配与美国劳动者和美国技工为伍，也根本不是任何一个社会中的良民"，他们愿意"每天工作14小时甚至16小时，而工资却又听凭资本家们赏给"。①

这种恶意宣传，以及美国本土工人本身的职业偏见，造成了美国工人队伍长期分裂的局面。有相当部分的本土工人染上了强烈的排外情绪，要求制止外国劳工移民入境，并且组织会社来推进这一运动。1844年，美国人联合社在纽约成立，形成了反外国移民的基地。不久以后，在十六个州相继设立了分社。还有一部分工人在50年代加入了民主党内部的排外组织—— 一无所知党。

幸而大多数美国本土工人不相信老板们的宣传，逐渐认识到自己的利益同移民工人的利益是一致的。他们的观点集中反映在1849年12月15日《美国自己的园地》登载的一段话里："美国的技工们，如果你们真正关心你们全体伙伴的利益，你们就永远不要忘了你们应该作为一群技工而且要以技工身份为唯一条件团结起来……现在的这种对外国技工的仇视心理乃是雇主们所挑拨起来的，他们的目的是分散你们的注意，使你们忽视那些最后真正会对你们有实际利益的重大的斗争活动。"

一些工会开展了帮助移民的工作，向他们介绍情况，揭穿资本家的骗局，帮助他们寻找工作，并得到较好的工资。有些地方的工会甚至吸收他们入会，或者协助他们建立自己的工会。

第二是经济萧条和经济危机的考验。40和50年代美国工会运动的起伏仍很频繁。每一次起伏都是由经济萧条和经济危机引起的。例如，1854年的经济不景气，使得刚刚建立的大多数工会趋于解体，20多万工人失去了自己的组织。1857年的经济危机又摧毁了大多数工会，甚至

---

① [美] 方纳:《美国工人运动史》第1卷，第345页。

176

实力雄厚的全国性行业工会也不能幸免。在十几个全国性行业工会中，能够残存下来的只有印刷工人工会、制帽工人工会和石工工会。由此可见，这一时期涌现出来的工会承受外部打击的能力还是十分薄弱的。其根本原因在于当时工业经济发展程度不高，工人阶级不固定，力量不够强大，还不可能成为工会运动的雄厚基础。

总的来说，40和50年代的美国工人运动仍然处于较低的发展阶段，没有形成如同欧洲那样的革命高潮，也没有具备广泛地同科学社会主义相结合的客观条件。

第三编

19世纪六七十年代的工人运动

19世纪60和70年代是美国历史上的一个过渡时期,大体上相当于欧洲资本主义国家50和60年代的情况。

19世纪50和60年代在欧洲资本主义发展史上是一个不平常的时期。马克思在《资本论》中称之为技术方面产业革命的最后阶段。恩格斯则认为,从50和60年代起,在欧洲实现了一次"经济革命"。"这个经济革命自1848年起席卷了整个欧洲大陆,在法国、奥地利、匈牙利、波兰,以及最近在俄国,初次真正确立了大工业,并且把德国变成了一个真正第一流的工业国。"①

从欧洲几个主要资本主义国家铁的产量来看,每年递增率大致是60%到70%。具体数字见下表。

1830—1870年英、法、德的铁产量表②

单位:吨

国别 年代	英 国	法 国	德 国
1830	680000	290000	46000
1850	2250000	400000	215000
1870	5960000	1180000	1400000

煤产量的递增率大致也是每年60%到70%。1830年,全世界的煤产量为3000万吨,其中英国的煤产量占4/5。1870年,世界煤产量达到2.2亿吨。英国的份额下降到1/2,德、法、比三国的煤产量共占1/4。③

欧洲国家修建铁路的里程也在迅速增长。1840年为0.18万英里、1850年为1.4万英里、1870年为6.5万英里。④在欧洲逐渐形成了四通八达的铁路网,为迅速发展的工业提供了强有力的交通运输手段。

欧洲国家的经济发展不仅表现在工业产品的迅速增长上,而且也表

---

① 《马克思恩格斯全集》第22卷,第597—598页。

② Peter Burke(ed.), *The New Cambridge Modern History*, Cambridge: Cambridge University Press, 1979, Vol. 8, p. 29.

③ Peter Burke(ed.), *The New Cambridge Modern History*, Vol. 8, p. 30.

④ Peter Burke(ed.), *The New Cambridge Modern History*, Vol. 8, p. 32.

现在技术水平的日益提高上。蒸汽机的推广使用反映了机器生产取代手工生产的进程。下表是英、法、德三个资本主义国家推广使用蒸汽机的数据(以100马力为单位)。

年 代	英 国	法 国	德 国
1850	1290	370	260
1860	2450	1120	850
1870	4040	1850	2480

从50和60年代经济发展水平来看,英国已经完成了工业革命,其产品数额在世界产品总额中占绝对多数,行销世界各地,因而被誉为"世界工厂",成为首屈一指的工业国。法国、德国等欧洲资本主义国家的工业革命或者接近完成,或者正在进行。随着工业的不断发展,欧洲主要资本主义国家的工业无产阶级已经基本形成,并不断壮大自己的队伍。据统计,19世纪60年代,欧洲的产业工人达到870万人。

工业资产阶级和工业无产阶级的形成和发展是资本主义制度趋于成熟的重要标志,也是工人运动向纵深和横广发展的基础。恩格斯曾经指出:"正是这个工业革命到处都使各阶级之间的关系明朗化起来。它排除了从工场手工业时期遗留下来而在东欧甚至是从行业手工业中遗留下来的许多过渡形态,产生了真正的资产阶级和真正的大工业无产阶级,并把它们推到了社会发展的前台。"[1]50和60年代的欧洲无产阶级不仅在数量上有较大发展,而且经过了一八四八年革命和50年代政治上反动时期的考验,其组织性、觉悟性和战斗性都有显著提高。加强无产阶级国际团结的要求,随着工人阶级本身觉悟,提高和世界经济危机的爆发而日益增长。

50和60年代也是科学社会主义进一步发展和进一步同工人运动相结合的时期。科学社会主义诞生以后,曾经在创建共产主义者同盟和一八四八年革命的过程中,同欧洲国家的工人运动实现了初步的结合。但

---

①《马克思恩格斯全集》第22卷,第598页。

这种结合只局限在少数的先进工人当中。进入50和60年代以后,随着国际工人运动的发展和重新进入高潮,在工人运动内部,各种非无产阶级思想泛滥一时,使运动处于较低的水平。在法国,蒲鲁东主义的影响仍然很强烈;在德国,出现了拉萨尔主义;在英国,工联主义居于统治地位;在西班牙、瑞士、比利时等国家流行着巴枯宁无政府主义。列宁曾经指出:"当时占统治地位的,是那些基本上与我国民粹派相似的社会主义派别,它们不懂历史运动的唯物主义基础,不会指出资本主义社会中每个阶级的作用和意义,而用各种貌似社会主义的什么'人民''正义''权利'等词句来掩盖各种民主改革的资产阶级实质。"①

在这种情况下,加强科学社会主义的传播,使它进一步同工人运动相结合,在理论上和思想上战胜各种冒牌社会主义就显得非常必要和迫切了。国际工人协会(第一国际)就是适应当时的需要而创建起来的。

第一国际的创立标志着国际工人运动新阶段的开始。恩格斯指出:"当欧洲工人阶级又强大到足以重新对统治阶级政权发动进攻的时候,产生了国际工人协会。"②第一国际对欧洲和美国都曾经产生过重大的影响。不过,美国的工人运动还没有具备广泛接受第一国际的纲领、原则、策略和建立第一国际支部的条件。建立第一国际分支的活动主要是在德裔美国人中间进行的。

60和70年代,尽管美国在经济上取得了迅速的发展,它的某些产品的绝对数字甚至超过了除英国以外的欧洲资本主义国家③,但由于它幅员广阔,各地区经济发展不平衡,全国范围内的工业革命尚未完成,工业无产阶级的队伍也不固定,存在着大量的手工业者。工人运动也带有过渡时期的特点。全国劳工同盟就是这个过渡时期的产物。它是一个全

---

① 《列宁选集》第二卷,第437页。

② 《马克思恩格斯选集》第一卷,第243页。

③ 例如,1870年美国的生铁产量为169万吨,超过了法国和德国,煤的产量占世界总产量的1/5,也超过了法、德。[Peter Burke(ed.),*The New Cambridge Modern History*,Vol. 8,pp. 29–30.]

国性的组织,反映了工人加强团结的要求,但在组织形式上和具体要求上又带有浓厚的手工工人的色彩。

60和70年代的工人运动是40和50年代的继续。农民运动和工人运动相互渗透的特点在这一时期仍然存在,而且表现尤为突出,出现了工人运动和农民运动合流的情况。不过,这次合流是工人运动受农民运动影响的结果。在联合竞选纲领中,农民的要求往往居于主导地位。这种情况表明,70年代美国工人运动内部存在着严重的思想混乱,同时也表明,西部土地问题仍然在美国社会生活中占有相当重要的地位。

南北内战是60年代美国政治生活中的头等大事。这次战争是雇佣劳动制同奴隶制两种制度的决战。战争结束,奴隶制被废除,资本主义制度在美国获得了全面的胜利。美国工人阶级在这次重大的历史事件中做出了自己的贡献。

解放黑人奴隶是解放美国工人阶级的必要前提,对美国工人运动的发展产生了深远的影响。尽管种族歧视并未消除,但是黑人工人参加和组织工会的问题及黑人工人和白人工人联合作战的问题毕竟已经提上日程。

不可否认,内战也曾经给美国工人运动造成一定的困难。政府的大批征兵、财政上的困难和通货膨胀使许多工会面临解体的危险。工会运动趋于低落,一直到1862年以后才开始恢复,并逐步取得发展。

70年代末,过渡时期接近完成。大机器生产迅速发展,而且出现了生产集中的趋势,工业无产阶级的队伍,特别是铁路部门的工人大军不断壮大,并日趋固定。无产阶级和资产阶级的冲突达到空前的规模。过去的分散的以手工工人为主体的工人运动正在向以工业无产阶级为主体的近代工人运动转变。1877年大罢工就是在这个转折时期发生的。恩格斯认为:"这是美国历史上划时代的事件。"①在这以后,美国的工人运动迎来了新的蓬勃发展时期。

---

① 《马克思恩格斯全集》第19卷,第133页。

第七章　内战与工人运动

第一节　分离和维护联邦统一之争

"美利坚诸州同盟"的成立　1860年11月,林肯当选总统,共和党执政。南方奴隶主和奴隶制度的拥护者清楚地意识到,政权将从他们手中转移到敌对势力方面。虽然林肯和共和党从未准备干涉南方诸州现存的奴隶制,但却在竞选纲领中明确表示:"不再让给奴隶制度一寸新的领地。"①这即是说,向西部广阔地区扩展奴隶制的希望完全破灭。奴隶制度将严格限制在现有南部诸州的疆域内。对于奴隶制度来说,其存在的基本条件就是不断寻找和取得肥沃的土地。限制扩张就等于取消了它的生存条件。马克思对此曾经做过精辟的论述:"把奴隶制度严格地限制在其旧有地区之内,由于经济规律,势必使奴隶制度逐渐消亡,使蓄奴州通过参议院所行使的政治领导权归于消灭,最后,势必使奴隶主寡头集团在他们本州内部处于'白种贫民'的威胁之下。所以,共和党人提出应当用法律完全禁止奴隶制度的进一步扩展的原则,就等于要从根割断奴隶主的统治。"②奴隶主头子图姆斯也做过这样的估计:"再过十五年,如果蓄奴领地没有大量的增加,那么就将不得不容许奴隶逃离白人,否则白人就不得不逃离奴隶。"③

---

①《马克思恩格斯全集》第15卷,第353页。

②《马克思恩格斯全集》第15卷,第355页。

③《马克思恩格斯全集》第15卷,第354页。

还在总统选举前夕时,南部奴隶主的代理人就拼命在国会内外制造舆论,扬言如果林肯当选便立即脱离联邦。1860年12月20日,选举结果刚见分晓,南卡罗来纳州议会就迫不及待地举行全州代表大会,商讨脱离联邦的问题。大会在查尔斯顿举行,出席大会的169名代表匆忙地通过了脱离联邦的法令,宣布:"南卡罗来纳与其他各州之间现存的以'美利坚合众国'为名的联邦从此解散。"大会还通过了《告各奴隶州书》,号召它们参加"一个伟大的奴隶占有制的联盟"。

在南卡罗来纳之后,密西西比、亚拉巴马和佛罗里达相继脱离联邦。佐治亚、路易斯安那和得克萨斯三个州在脱离联邦问题上存在着分歧,经过激烈的争论,才以不大的多数票通过脱离联邦的决议。

在蓄奴诸州酝酿脱离联邦的过程中,本来留任总统布堪南有权采取措施予以制止,继续在那些州内行使联邦职权,征收赋税和保护联邦财产。然而,他没有这样做,而是偏袒南部诸州,对它们采取纵容的态度。12月3日,布堪南在致国会的年度咨文中,一方面宣布分离是违宪的,另一方面又表示联邦没有使用武力制止分离的权力。实际上,这就等于公开鼓励奴隶诸州实行分离。

1860年12月18日,肯塔基州参议员约翰·克里坦登提出一个妥协案,向南部诸州做了巨大的让步,企图以阻止分离。其主要内容有三点:1.北纬36°30'分界线延长到加利福尼亚边界,在此线以南的任何新地域均为蓄奴地域;2.国会永不干涉蓄奴各州和哥伦比亚特区的奴隶制;3.对未能寻回逃奴的奴隶主给予补偿。《克里坦登妥协案》的第一条,允许奴隶制向新领地扩张,这是林肯和共和党所绝对不能接受的。该妥协案在国会中讨论了两个月,毫无结果。

南部诸州所要求实现的是1860年南部民主党人布雷肯里奇提出的政纲,而不是《克里坦登妥协案》。根据这个提案,联邦国会将规定在所有新地域实行奴隶制。为了达到这个目的,脱离联邦的七个州于1861年2月4日在亚拉巴马州蒙哥马利城召开自己的代表大会,决定成立一个新的"国家"——"美利坚诸州同盟"("南部同盟")。2月9日,杰斐逊·

戴维斯、亚历山大·斯蒂芬斯分别被选为临时总统和副总统。

分离是南部奴隶主及其支持者一手策划的,既有损于联邦的利益也违背了南部人民群众的愿望。这种用强制劳动排挤雇佣劳动的企图是同美国经济发展的潮流相违背的。无论从哪一个角度来看,分离都是一种倒退,不符合美国人民的利益。马克思指出:"对脱离运动的历史做进一步研究,就可以看出,脱离运动、宪法(在蒙哥马利通过的)、国会(同上)等,所有这一切都是篡夺。他们无论在什么地方都没有举行过全民投票。关于这种'篡夺'——这不仅仅是脱离北部,而且是巩固和加强南部 30 万奴隶主对 500 万白人实行寡头统治的问题。"[①]

工人的态度　广大工人是坚决维护联邦统一,反对分裂的重要力量。在南部诸州进行分裂活动的时候,许多地区的工人都纷纷举行群众大会,反对分离。1860 年 12 月 27 日,肯塔基州路易斯维尔城的工人集会,坚决反对分裂。大会选出一个三十四人委员会专门进行保护联邦的宣传和联络工作。大会的决议号召:"一致团结起来,为了保持联邦这个单一的目标而奋斗""决不拥护任何具有或被大家认为具有分裂思想的人担任政府的任何职务"。大会还委托一个专门委员起草《告全国工人书》。尽管这份《告全国工人书》反映了相当严重的妥协情绪,甚至要求人们支持《克里坦登妥协案》,但它毕竟是一个维护联邦统一的文件,而且在印第安纳、伊利诺伊、田纳西、弗吉尼亚等州工业城市的工人群众中引起了强烈的反响。路易斯维尔的工人还倡议于 1861 年 2 月 22 日在费城召开全国劳工代表大会。其他南部各州的工人也是坚决反对分裂的。例如,巴尔的摩工人大会严厉地驳斥了分裂运动,并推举出准备参加费城工人大会的代表。弗吉尼亚州弗雷德里克县的工人集会声明:"这种使联邦肢解的结果,将使我们遭受到人类在上天的庇护下所从未遭受过的长期和严重的苦难。"田纳西州纳希维尔的工人会议斥责分裂联邦的活动是"怀着阴谋的疯狂的政客们企图用自己的鲜血冲灌密西西比河流

---

①《马克思恩格斯全集》第 30 卷,第 187 页。

域的叛逆行为"。

北部诸州的工人也积极行动起来,维护联邦的统一,在威尔明顿、纽瓦克、费城、辛辛那提等重要城市分别举行工人集会,反对南部各州的分裂活动。威尔明顿集会声明:"对于南卡罗来纳及其他各州的这种企图使联邦一部分脱离兄弟般的联合组织的叛逆行为,我们感到异常的愤恨。"匹兹堡工人集会表示"决不和叛徒们妥协",要求联邦"以政府的法律制裁一切叛徒"。辛辛那提的德裔工人代表团在林肯路经那里前往华盛顿就任的时候向他表示说:"如果为了达到实现这一原则的目的(维护联邦统一———引者),您需要人的话,德籍自由工人,以及其他一些工人当会随时一致响应您的号召,不惜牺牲自己的性命以保持在自由战胜奴隶制度方面我们已获得的胜利。"

1861年2月22日,根据路易斯维尔工人的提议和其他地区工人的要求,在费城举行了全国工人代表大会。参加这次大会的只有来自八个州的代表,是一次名不副实的全国大会。大会通过八项决议:一、赞成《克里坦登妥协案》;二、拥护联邦,反对一切叛徒;三、分裂运动是工人所痛恨的危害国家的行为;四、警告政客们,工人们已决心取代他们;五、反对可能引起内战的强制政策;六、要求废除旨在阻止逃亡奴隶重返南部的"人身自由"法令;七、号召在各个州组织工人协会;八、由各州工人协会派一名代表组成三十四人委员会,负责全国工人活动的组织工作。大会还决定下一届工人代表大会于1861年7月4日在路易斯维尔举行。但是,这个计划未能实现。

从大会的决议可以看出,确实曾有一部分工人不惜以向奴隶主妥协为条件来保护联邦。但是,在这种妥协的可能性消失以后,绝大部分工人都立刻站在联邦一边,随时准备拿起武器镇压南部的叛乱。

第二节　美国工人的贡献

参军热潮　1861年4月15日,战争爆发后三天,林肯发出征兵紧急文告,征召7.5万名志愿人员入伍。紧接着又于5月3日,发布了第二个征兵命令,征召人数为4.2万人(服役期三年)。北部广大人民群众纷纷响应,很快出现了一个参军热潮。工人阶级行动最快,走在参军队伍的前列。1861年5月3日《纽约每日论坛报》报道:"成千上万的工人离开了作坊、工厂和矿场。有些工厂的生产停顿了,因为工人们丢下工作参军去了。由于同样的原因,各地区矿场的工作中断了,运输不出去的煤炭越积越多。"1861年5月15日俄国的《北方蜜蜂》也报道说:"在纽约,从来没有出现过比这更具群众性的场面了。所有的工人毫无例外地公开宣称,他们准备立即去同敌人战斗。到处器乐齐鸣,欢声震地,传来阵阵的武器碰撞声。合众国的旗帜在每幢房屋的上空迎风招展,仿佛在告诉人们,联邦的力量是不可摧毁的。"

根据美国参议院在内战结束后所做的估计,内战期间参加军队的工人共50万至75万人,相当于当时北部所雇用的全体工人941766人的53%至79.6%,几乎达到北部军队人数的一半。1869年发表的《美国军人兵种及人种统计研究》估计,每1000名联邦军队士兵中有423名工人。

马萨诸塞州洛维尔工人最先组成一个中队开赴华盛顿,因而获得联邦政府颁发的奖金100美元。威斯康星参军的伐木工人被编入第二三团和第二九团,由于英勇善战博得了"松林健儿"的美名。有不少地方工会由于全体会员报名参军而不得不宣告解散,或者暂时停止活动。例如,威斯康星州第二三印刷工人工会、马萨诸塞州福尔河纺织工人工会,国际机械工人工会和铁工工会的许多地方分会都由于大多数会员参加联邦军队而自行消失。布鲁克林油漆工人工会决议说:要作为一个单位,反对奴隶主的阴谋,"维护我国的国旗"[①]。费城的一个地方工会在会议录中写道:"本会已决定和山姆大叔共同参加战争,在联邦脱离危险

---

① Richard Boyer and Herbert Morais, *Labor's Untold Story*, New York: United Electrical, Radio & Machine Workers of America, 1955, p. 18.

或我们被完全击败以前，本会暂时停止活动。"①在纽约、德裔工人组成了德卡尔伯团、以一八四八年革命老战士为主体的意大利裔工人组成了加里波的卫队、爱尔兰裔工人组成了"不死鸟联队"。

美国的马克思主义者在参军热潮中起到了带头作用。他们积极响应林肯的征兵令。几天之内，马克思主义者领导的纽约德裔体育协会就组成了一个团，密苏里德裔体育协会提供了三个团的志愿者。各地共产主义俱乐部和德意志工人同盟有一半以上的会员参加了军队。美国工人运动的先驱约瑟夫·魏德迈招募了一个团的志愿者，因而获得上校军衔。他接受林肯的任命，担任险要的圣路易地区的指挥官。奥古斯特·威利希准将，罗伯特·罗萨少校、弗里茨·雅各比中尉都是纽约共产主义俱乐部的成员。此外，还有许多马克思主义者在前线作战。②

"解放宣言"的颁布　马克思认为："在美国，整个内战的基本问题即奴隶制问题……"③即是说，只有彻底废除奴隶制度，内战才能取得全盘胜利。美国的马克思主义者深刻地了解这一点，他们努力在工人当中进行宣传，帮助他们认识战争的实质和工人阶级在战争中的任务。他们一开始就提出了明确的口号，解放奴隶，武装奴隶，没收种植园主的土地，把土地分配给无地的黑人和白人。

但是，林肯和共和党政府进行反对南部战争的目的并不是废除奴隶制而只限于保存共和国的统一和限制奴隶制的发展。因而在战争初期措施不力，屡遭挫败。他们是在险恶的战争局势的迫使下和人民群众，特别是广大工人的推动下才走上了解放黑人和武装黑人的道路的。

许多工人从一开始就把解放黑人奴隶同南北战争联系在一起，决心把这场战争进行到底。一位参军的工人在给工会弟兄们的信中写道：

---

① Terence V. Powderly, *Thirty Years of Labor, 1859—1889*, Columbus, Ohio: Excelsior Publishing House, 1889, p. 57.

②［美］威廉·福斯特：《美国共产党史》，第38—40页。

③《马克思恩格斯全集》第15卷，第442页。

"我毫不隐讳地向这里的弟兄们说,我参战的原因,完全是为了给奴隶们求得自由。"著名的工人运动活动家威廉·西尔维斯(1828—1869)说:"从战争的第一炮刚发出的那时起,我就热切地希望着这次战争非到奴隶制度结束时决不结束。"约翰·福利蒙将军于1861年8月下令释放举行密苏里暴动的黑人奴隶这一果敢行动首先得到了广大工人的支持。匹兹堡、洛维尔等工业地区的工人都对这一行动表示欢迎。各个地方的工人不断向林肯总统递交书信、电报和请愿书要求解放黑人奴隶。1862年11月,纽约工人报纸《钢铁论坛》声明说:"有一个真理是联邦中的每一个工人都必须了解的。那就是黑人奴隶制度结果将会造成白人奴隶制度……如果'资本家应该占有劳工'这一罪恶理论是合乎真理的,那他们的逻辑结论也必定是正确的,就是说,一切劳工,不论黑人或白人,都是也都应该是奴隶。"因此,必须废除奴隶制度。

广大的工人群众把战胜南部奴隶制度的希望寄托在林肯政府的身上。他们通过各种途径推动国会的激进派和林肯把战争进行到底,并在战争进程中实现黑人奴隶的解放。劳工报纸《芬区尔工会评论》做了大量的宣传工作。它不断向工人解释争取战争胜利对于工人事业的必要性和重大意义。另一份劳工报纸《钢铁论坛》不仅宣传战胜南部的重要性,而且发动工人群众支持主战派的候选人。该报曾经一再提醒工人注意:"如果他愿意成为一个自由人,愿意让他自己和他的孩子们享受自由的幸福——如果他要想对得起自己,对得起南部的工人——如果他忠心于全世界劳工的利益,他就应该积极工作,利用自己的选举权以求消灭叛乱,并不惜牺牲一切以保卫政府。"

在1861年10月的选举中,《钢铁论坛报》号召纽约工人支持人民联合候选人,即在纽约州支持联邦的民主党人与共和党人大会提出的候选人。结果使他们获得了胜利。1864年初,《钢铁论坛报》的编辑们联合一批工会活动家创立了纽约民主共和工人协会。其目的是团结共和党和民主党内的工人党员支持主战派的联合候选人。1864年3月,工人协会的领导人会见林肯,并表示工人们对联邦政府的支持。在1864年的总统选举中,前方的士兵和北方的工人都是坚决拥护林肯的。有一张工人传单这样写道:"同志们! 为拥护执政党而投票吧! 为站在我们和战场上英勇的兄弟们这方面的那个人投票吧! 并且让选票箱表明你们的爱国主义和你们不当叛徒或他们的朋友们的'白人奴隶'的决心。"①在北部广大人民群众和资产阶级主战派的支持下,林肯再度当选总统。这就为战争的最后胜利取得了保证。

马克思对林肯的再度当选总统及这一事件可能对工人运动产生的影响做了高度的评价。他代表第一国际总委员会,以全欧洲工人的名义向林肯发出了贺信。贺信指出:"如果说您在第一次当选时的适中的口号是反抗奴隶主的权势,那么您在第二次当选时的胜利的战斗口号则是:消灭奴隶制!"欧洲工人"认为,由工人阶级忠诚的儿子亚伯拉罕·林肯来领导自己国家进行解放被奴役种族和改造社会制度的史无前例的战斗,是即将到来的时代的先声"。②

在广大人民群众和工人的推动和支持下,国会中的激进派冲破重重障碍制定了一系列局部解放奴隶的法案。1862年2月25日和3月10日,众议院和参议院先后以多数票通过了禁止使用军队捕捉逃奴,并予引渡的法案。4月初,国会又通过在哥伦比亚特区禁止奴隶制的法案。不过这个法案是一个妥协的法案。它还规定由联邦政府出钱,以每名奴隶300美元的代价向奴隶主支付赔款,并将获得解放的黑人送往利比里亚和海地定居。1862年7月26日颁布的《没收法案》宣布没收叛乱分子的全部财产和奴隶,向全面废除奴隶制度又迈进了一步。1862年12月31日下午,林肯终于在《解放宣言》上签字,使内战从"根据宪法进行的战争"转变为"以革命方式进行的战争"。

英勇战斗和努力生产　在整个战争过程中,工人都是内战中北军方

①Bernard Mandel, *Labor, Free and Slave: Workingman and the Anti-slavery Movement in the United States*, New York: Associated Authors, 1955, pp. 201-202.

②《马克思恩格斯全集》第16卷,第20—21页。

面的重要力量。在《解放宣言》发表后又有大批的黑人工人参加军队。工人联队是最有觉悟、最有纪律、最有战斗力的队伍,在历次战斗中都立下了赫赫战功。例如,1861年当密苏里州州长克利伯恩·杰克逊调动叛军,准备脱离联邦的时候,圣路易的人民和圣路易德裔工人团联合向集聚在圣路易附近的叛军进行袭击,打乱了叛乱计划,赶走了州长。从1861年底到战争结束,魏德迈作为军队的指挥官与侵入密苏里北部的叛军展开了战斗,与叛军的"游击队"转战各地,确保北军的运输线畅通无阻,并且多次歼灭叛军的有生力量。

《解放宣言》颁布后参加北方军作战的军人中有相当数量的工人。他们在1863年6月哈得逊港战役和其后的维克斯堡战役及攻取瓦格纳要塞的战役中都表现了英勇顽强,不怕牺牲的精神,为取得战争的胜利做出了巨大的贡献。指挥哈得逊港战役的班克斯将军在给上级的报告中曾这样写道:"我极其满意地报告你,黑人部队没有辜负对他们的一切期待。任何别的军队都不会这样坚决而无所畏惧……这一天的历史最清楚地证明:政府在这些部队中找到了自己的真正拥护者和保卫者。"①

内战中北军方面最有战斗力的部队都是拥有大量工人团队和黑人团队的部队。例如,谢尔曼的军队就是这样。它全赖士兵的英勇精神才完成了从亚特兰大开始,深入敌后的"向海洋进军",使同盟的领土被拦腰切断。恩格斯在1864年11月24日致魏德迈的信中指出:"在我看来有一点是肯定的,现在由薛尔曼指挥的军队是你们最好的军队。"②

战争开始,北部和西部由于遭到突然的打击而陷入了严重的经济恐慌。北部资产者贷给南部的3亿美元债款几乎全部损失,商号银行都陷入了困境。据估计,1861年北部倒闭的商号约有6000家。从1862年12

---

① Benjamin Quarles, *The Negro in the Civil War*, Boston: Little Brown and Company, 1953, p. 220.

② 《马克思恩格斯全集》第31卷,第432页。

月起,北部银行被迫停止支付现金。西部的许多银行纷纷倒闭:伊利诺伊州89家、威斯康星州39家、印第安纳州27家。

在经济恐慌和以后的战争过程中,由于联邦政府连续发行绿背纸币,造成物价上涨,实际工资下降,即使在经济复苏和繁荣时期,工人的生活状况也是每况愈下,很难度日,下降趋势如下表。①

单位:美元

年份	按货币计算的物价	按黄金计算的物价	按纸币计算的货币工资	按黄金计算的货币工资
1860	100.0	100.0	100.0	100.0
1861	100.6	100.6	100.8	100.8
1862	117.8	114.9	102.9	100.4
1863	148.6	102.4	110.5	76.2
1864	190.5	122.5	125.6	80.8
1865	216.8	100.3	143.1	66.2

美国的工人们一方面要同资产者的过分剥夺做斗争,另一方面又不得不忍受牺牲,保证工业生产,特别是军需工业生产的进行,以支援前方的战争。由于这个原因,美国的工业几乎没有受到经济恐慌的打击和影响。同时,由于联邦政府军费支出的不断增长,巨额的军事订货使北部的许多工业部门进入了空前繁荣的时期。内战时期,北部的工业品不但能够满足战争和人民生活的基本需要,而且还不断出口到国际市场。例如,鲍德温工厂向巴西出口蒸汽机车。加利福尼亚的铸锻厂为墨西哥生产糖厂设备和蒸汽机。1864年向国外出口的缝纫机达到5万台,价值200万美元。②主要工业品的产量也有显著提高。例如,生铁的产量1861年为73.05万吨、1862年为78.8万吨、1863年达到94.76万吨。

在粉碎"铜头蛇"的破坏活动方面,美国工人阶级也尽了最大的努力,做出了自己的贡献。1863年7月13日,在铜头蛇的欺骗和策划下,

---

① [美]福克讷:《美国经济史》上卷,第231页。

② Victor Clark(ed.), *History of Manufactures in the United States*, Vol. 2, p. 11.

纽约市发生了反抗征兵的暴乱。暴乱者破坏工厂拆毁征兵站、行凶伤人。三天之内造成死伤400多人,损毁财产500万美元。暴乱还蔓延到特洛伊城、哈特福德、华盛顿港和宾夕法尼亚州的矿区。1863年7月18日"纽约铜头蛇"大加渲染地把这次暴乱说成是工人阶级的反战行动,说什么:"没有任何预谋的组织活动,工人阶级就以武力来抗议联邦的征兵制了,因为它将从……无数依人为生的家庭中夺去它们唯一的依靠。"针对铜头蛇的谎言,纽约工人的联合组织纽约民主共和工人协会对暴乱进行了一次详细的调查,并予以揭露。1864年9月《钢铁论坛》刊登了工人协会的正式声明,声明指出:"1863年的暴动事件,完全不是由纽约的工人发动的。它只是一群领导动乱的人们长期处心积虑的结果,他们煽起了一小部分但已足够产生巨大恶果的人们的偏见……纽约市的工人并不是暴徒。少数游离于感化院和黑牢之间的无行的狂徒并不能代表纽约市的工人。"①事实上,只有少数工人受到蒙蔽参加了暴乱。大多数工人是反对这次暴乱的,而且还有不少工会活动家冒着生命危险,在愤怒的暴乱者中间散发传单,劝告他们"拥护联邦、宪法和法律!"相当多的工人留在厂内继续生产。后来由90%的工人组成的民兵队伍协助联邦军队镇压了这次暴乱。

第三节　工会运动和争取八小时工作制的斗争

工会运动的复苏　1860年底至1862年夏天是战时美国工人运动的低落时期。由于战争初期经济恐慌的打击和参军工人的增加,许多工会都面临崩溃的危险。例如,1861年末,全国铸工工会的许多地方组织名存实亡,以致原定于1862年1月召开的全国代表大会未能举行。全国机械工与铁工工会原有的87个地方工会只剩下30个。会员人数也减少到

---

① Allen Nevins, *The Ordeal of the Union*, New York: Charles Scribner's Sons, 1947, Vol. 2, p. 491.

1898人。其他行业工会几乎都一蹶不振，处于衰落状态。工会运动经历了低潮时期。

1862年夏天，战争初期的经济恐慌宣告结束。随之而来的是战时的经济繁荣。但是，经济繁荣并没有使工人的生活得到改善。它的主要受益者是北部的资产阶级。北部资产者从联邦政府的巨额军费开支中得到了极大的好处。例如，康涅狄格州哈特福德一家军火工厂1862年的红利高达30%。①银行家和资产者还利用联邦政府发行公债的机会，使用贬值的绿背纸币，或者以金币兑换纸币，再购买公债，从中牟取暴利。他们甚至采取非法手段进行投机活动使自己获得的利息高达100%。大银行家杰伊·库克仅从替政府推销公债的佣金一项就获得了2000万美元的巨款。②不少商人和厂家用劣品冒充正品，骗取政府的钱财，使士兵的生命受到威胁。例如，商人罗伯茨以30万美元高价卖给联邦政府的两艘船由于破烂不堪，一艘在海上沉没，另一艘完全报废。大军火商哈里斯把大批不合格的卡宾枪卖给政府，往往炸掉士兵的手指。

内战造成了一批新的百万富翁，促进了企业的兼并和大企业的发展。铁路建筑和运输达到了空前的繁荣。资产阶级经济实力迅速发展的结果不仅造成了贫富悬殊，而且增强了资产者对付和控制工人的能力。他们往往同联邦政府勾结起来对工人的反抗行动采取暴力干涉手段，使工人阶级处于极其不利的地位。资产者还使用大批移民工人和新机器来补充劳动力的不足，维持较低的工资水平。移民工人由于必须用第一年的工资收入偿还移民局垫付的旅费，在工资和职业方面完全没有选择的自由。这就为工厂老板提供了最可靠的廉价劳动力。新机器的发明和采用在内战时期达到高潮。从1860年到1866年，国家每年颁发的专利证翻了一番。新机器的使用使工作效率提高几倍或几十倍，节约

① Carl Sandburg, *Abraham Lincoln: The Prairie Years and War Years*, New York: Harcourt Crace Jovanovich, 1970, p. 383.

② Richard Boyer and Herbert Morais, *Labor's Untold Story*, p. 18.

了大量劳动力,曾经引起工人的反对。例如1861年到1862年间在纽约投入使用的谷场运输机,在1小时内可以完成过去需要10小时的工作。1862年7月,有2000名港口工人举行罢工,要求恢复手工装运粮食的方法。罢工者呼吁:"我们并不要求增加工资,我们所希望得到的只是二十年来我们所一直挣得的那个工资数目。我们只要求让我们像过去一样勤劳平静地工作下去,做着对我们自己、对我们家庭,以及对于整个商业界都有利的工作。"①当然,工人们很快就明白,这种反对使用新机器的做法是无济于事的,应当把斗争的锋芒对准资产者。

在战争开始的时候,工人阶级为了支持联邦政府进行战争,对罢工采取克制态度。他们只要求保持战前的生活水平,愿意以和平方式同资产者达成协议。《芬区尔工会评论》曾经代表工人们呼吁:"我们,数百万工人们,只要一切生活必需品仍能保持和平时期的价格,愿意接受和平时期的工价。但如果我们买东西时必须付战争时期的价钱,那我们就必须得到战争时期的工价。"②然而,老板们只顾装满自己的钱袋,而对工人的起码要求总是置之不理的。正如历史学家埃默森·菲特在《内战时期北部的社会和工业状况》一书中所指出的:"老板们总是从物价上涨中攫取全部和接近全部的利益,而不愿意通过提高工资的办法把利益中的恰当份额给予雇工。"③

在这种形势下,工人们的处境随着战争的进行而每况愈下。生活费用上涨的速度远远超过了工资上涨的速度。如果以1860年为基数,那么工业品的批发价上涨的情况是:1863年增高59%,1864年增高125%。黄油在1861年的售价为每磅4美分,1864年上涨到每磅25美分。1861年冬天每吨煤售价5美元50美分。三年之后涨到每吨13美元。工人们在这种忍无可忍的情况下,不得不举行罢工来争取生存的权利。著名的

① *New York Evening Post*, July 29, 1862.

② [美]方纳:《美国工人运动史》第1卷,第434页。

③ Howard Zinn, *A People's History of the United States*, London: Longman, 1980, p. 228.

工人运动活动家西尔维斯说得好:"如果事情逼到我们的头上,我们无法逃避,如果资本家们坚决要逼得我们无路可走,要使我们陷于贫困和只能靠行乞过活的境地,要剥夺我们作为一个公民所应享受的权利,因而引起强烈斗争的话,那是应由他们负一切责任的。"①1863年上半年,开始出现了罢工的高潮。《斯普林菲尔德共和党人报》曾经报道说:"近几个月来几乎所有行业的工人都举行了他们的罢工。"《旧金山晚报》也报道说:"现在旧金山工人当中争取提高工资的罢工已经成了一种风潮。"②

随着罢工次数的增加,工会运动开始复苏。1862年下半年,幸存下来为数不多的几个工会都吸收了一批新会员。一些失去工会组织的行业重新建立了自己的工会。工会又逐步恢复了过去组织和领导罢工的作用。1863年上半年,工会运动经历了迅速恢复时期。差不多每一个星期都有新的工会建立。工人们对工会寄予了越来越大的希望。1863年11月21日,《芬区尔工会评论》表达了费城制鞋工人的心情。上面写道:"为了调整我们的工资和保护我们的一般权利,已经到了绝对必须在我们的行业中建立起组织的时期了。在粮食、燃料、衣服等的价格都如此高涨的情况下,我们应该要提高我们目前所得的工资数……但这个没有组织的力量是办不到的。"

老板们的进攻和工会组织的发展 起初许多工厂老板由于没有准备,不得不向罢工工人做出某些让步,以避免蒙受更大的经济损失。但是,他们对此是不甘心的。1863年夏天,许多企业主约定共同采取关闭工厂的手段,迫使工人签名脱离工会,并把拒绝签名的工人列入黑名单,不予雇用。但同时他们也十分清楚,在战时缺乏劳动力的情况下,仅仅采用解雇工人和关闭工厂的经济措施是不够的,于是就向联邦政府和州政府施加影响,企图利用法律的力量迫使工人放弃罢工的要求,并退出工会。1864年4月,威廉·罗斯克伐斯少将在他的圣路易的司令部发出

---

① [美]方纳:《美国工人运动史》第1卷,第495页。

② Howard Zinn, *A People's History of the United States*, p. 230.

命令,禁止工人成立组织或建立罢工纠察队。肯塔基州路易斯维尔的驻军首脑柏布里智将军也颁布了类似的命令。将军们还动用联邦军队镇压各地的罢工运动。他们派兵镇压纽约州冷泉枪械厂工人要求增加工资的罢工。圣路易的机械工人和缝衣工人的罢工也被联邦军队摧垮。在田纳西,一位将军把200名罢工机械工人押送出境。宾夕法尼亚的矿工罢工和雷丁铁路火车司机罢工也同样遭到军队的破坏。①

一些州的议会竞相颁布禁止工人罢工的法令。1863年初,明尼苏达州通过法令,对于曾参与其他活动的罢工者判处100美元罚金,或六个月监禁。同年,伊利诺伊州通过《拉萨尔黑律》禁止任何人阻止其他工人进行工作,违者罚款100美元。对罢工期间,2人或2人以上联合干涉其他工人进行工作者,判处500美元罚款或六个月监禁。明尼苏达州和宾夕法尼亚州分别通过法律,允许工厂老板驱赶工厂所有的住宅中罢工工人的家属。更有甚者,1865年2月,宾夕法尼亚州竟然通过了承认各铁路公司成立私家警队的权利。后来这种权利又推广到煤、铁公司。这样就使得这些部门的工会组织被置于州法律保护之外。

1864年春天,纽约州立法会议也提出了一项反工人法——《非法干涉雇主与雇工惩治条例》,把任何罢工都视为干涉雇主与雇工的行为,对罢工者处以巨额罚金或监禁。不过,由于纽约工人的坚决反对,这个条例被搁置起来,一直没有实施。但是,许多州政府却得以恢复图谋不轨法案。新泽西、宾夕法尼亚等州的资产者经常以"图谋不轨"的罪名控告工会,迫使被控告的工会支付数额巨大的诉讼费,以消耗它们的罢工基金。

显而易见,任何单个的地方工会仅仅依靠自己的力量去对抗资产者和政府的联合进攻是完全不可能的。他们唯一可能的回答是:组织更多的、更强有力的工会。1863年12月,已有20个行业的79个工会组织起来,到1864年12月,增加到53个行业的207个工会了。在工会不断恢复

① Howard Zinn, *A People's History of the United States*, p. 230.

和建立的过程中已经出现了各个行业工会联合行动的要求。1863年3月13日,在纽约州的罗切斯特成立了工会联合会。工会联合会是一种混合团体。它是由城市和郊区的工会、工人俱乐部、改革协会组成的,其主要任务是宣传工人的要求、参加地方选举、参加集体谈判,支持抵制运动和罢工运动,组织示威游行等。建立工会联合很快就形成一股风潮。年底,几乎在东部所有的重要工业城市都建立了工会联合会。其中最强大的是费城的工会联合会。该联合会的领导人是当时著名工会活动家詹姆士·L.赖特和约翰·塞缪尔。他们两人后来都加入了劳动骑士团,并成为其中的核心人物。

与此同时,一些地区的女工提出了组织工会的要求。1863年下半年,在纽约成立了女工自卫联合会。联合会曾举办一个职业介绍所,并为女工争取合理的工资和待遇。继纽约之后,在芝加哥、圣路易、印第安纳波利斯、波士顿和费城等地也陆续成立了女工自卫联合会。女工自卫联合会虽然还不是工会,但它已使妇女初步组织起来,为未来工会的建立打下了基础。

1864年春天,建立全国工会联合会的呼声越来越高。4月,路易斯维尔工会联合会向美国和加拿大的各个工会联合会发出一封通告信,建议于当年7月举行全国工人代表大会。9月21日,有八个城市的工会联合会响应这个提议,共派出十二人参加这次大会。大会决定成立北美国际工业大会,设立罢工基金。然而,由于当时处于战争时期,各方面的条件都不成熟,这个所谓的全国性组织一直未能举行任何会议和开展任何活动。

不过,全国性的行业工会在内战时期是有所发展的。自1860年到1865年间有十几个原有的新建的在全国性行业工会发展起来了。它们是:铸工工会(原有)、矿工协会(1861)、火车司机工会(1863)、炼铁工人工会(1862)、电报工人工会(1863)、泥瓦工工会(1864)、番茄工人工会(1864)、制帽工人工会(1864)、木工和装配工工会(1865)、砖瓦工和泥水工工会(1864)、成衣雇工工会(1865)、油漆工人工会(1865)、制革工人工会(1864)、造船木工与油灰工人工会(1865)等。

在这些全国性行业工会中,最有影响和最具有代表性的是铸工工会。铸工工会是从战争时期幸存下来的一个工会,战争开始后头两年,减员情况严重,经历了严重的衰落时期。后来在威廉·西尔维斯的努力下,铸工工会经过了彻底的改组,转变为一个名副其实的,有集中领导的、统一的全国性行业工会,为全国劳工同盟的建立奠定了基础。

八小时工作制运动 缩短工时的运动在美国由来已久,是劳动反对资本的一种重要形式。这个运动在19世纪上半期的斗争目标是实现十小时或九小时工作制。不过,在30年代的工人报刊上,已经提到了八小时工作制的问题。例如,1836年11月19日的《全国劳工》曾经宣布:"我们决不希望永远保持十小时工作制,因为,我们相信每日劳动八小时对于任何人都已经太够了。"到50年代,要求实行八小时工作制的愿望越来越强烈。许多工人组织都开始热烈地讨论这个问题。1854年5月,波士顿有组织的油灰工人甚至达到了这个目标。然而,这些活动都是局部的、分散的、并没有形成真正的运动。

八小时工作制运动的基础是在内战时期奠定的,1863年在组织工作上迈出了重要的第一步。这一年,机械工与铁工工会的代表大会通过了争取实行八小时工作制决议,并且把这个决议作为该工会的主要奋斗目标。与此同时,波士顿行业工会也支持这种立场。两个工会组织为了协调行动,各自派出了一个委员会,并为委员会拨出了800美元的预算,随后,很有影响的工人报纸《芬区尔工会评论》也加入了它们的行列。1863年10月10日,该报发表文章宣布:"今天我们把'每日劳动8小时'这个旗帜钉在我们的旗杆顶上了。"

八小时工作制运动的发起者是机械工与铁工工会的活动家艾拉·斯捷沃德(1831—1883)。斯捷沃德在青年时期就开始进行缩短工时的宣传,并因此被工厂解雇。他的一生几乎全部贡献给八小时工作制运动,是一位不知疲惫的杰出的活动家和组织者。他认为,只有实行八小时工作制才能使工人群众有时间去研究一种为求改变现状的建议。"如果工作时间不减少，劳工们就永远不可能有机会去考虑那些可以把他们从奴役、愚昧、邪恶和贫困中完全解放出来的必需的策略。"毫无疑问，这是工人阶级在解放自己的斗争中应当争取的条件。斯捷沃德还认为，"人民大众的风尚、习惯和意见"，代表着世界上最强大的力量。他希望通过八小时工作制运动培养工人阶级的新风尚和新习惯，使他们产生不断提高工资、不断提高生活水平的要求，从而向"最后要达到更平均地分配劳动果实的长途迈进"，"直到资本家和劳工完全合而为一时为止"。他由此得出结论说："通过由于缩短工时而产生的高额工资，乃是跳出工资制度的唯一出路。"①诚然，人民的风尚、习惯和要求在社会生活中是会起一定作用的。但是，希望在分配领域里仅仅通过这一因素迫使资本家自动满足工人的要求直至消灭工资制度，则是一种想象，根本不可能实现。

鉴于当时工会存在着脱离政治的倾向，斯捷沃德把主要希望寄托在选举运动上。他的口号是"让你的选票给你带来八小时工作制"，要求工人们在选举之前必须询问所有的候选人："如果你当选了，你是否愿意尽你自己的一切力量为所有工人和技工争取到八小时工作制……并且使工资仍保持十小时工作制的标准?"为了能够独立开展活动斯捷沃德于1864年在波士顿创建了第一个八小时工作制组织——工人大会（后来改名为劳工改良协会）。八小时工作制运动得到广大工人的热烈支持，发展很快。1865年到1867年间，在全国成立了几百个八小时工作制同盟会。有些州的同盟会联合起来成立州一级的八小时工作制大同盟。

然而，美国工人十分明白，在内战期间实行八小时工作制是不可能的，因为那样做将会损害联邦的力量，所以他们要求在内战结束后尽快实行这个制度。《芬区尔工会评论》号召说："在军队中服役的技工和工人们都起来为此而呼吁吧，让这一呼声响遍自得克萨斯直到马里兰这一区域中的每一个角落!"由于这个原因，内战时期的八小时工作制运动并未产生实际效果，但却为70和80年代席卷全国的运动打下了必要的组织

① ［美］方纳：《美国工人运动史》第1卷，第539页。

基础。同时应当指出的是,在美国这样一个以争取改善工人经济状况为工人运动的基调,而且缺少狂风暴雨式的阶级斗争的国家里,八小时工作制运动无疑具有特殊的意义。马克思对于争取缩短工时运动的意义曾经给予充分的估计。他在《国际工人协会成立宣言》中指出:"《十小时工作制法案》不仅是一个重大的实际的成功,而且是一个原则的胜利。资产阶级政治经济学第一次在工人阶级政治经济学面前公开投降了。"①

①《马克思恩格斯选集》第二卷,第133页。

第八章　第一国际和美国工人运动

第一节　第一国际美国各支部的成立和活动

建立国际英国支部的客观条件　第一国际的成立,开创了国际工人运动的新时期,为全世界无产阶级的革命斗争奠定了组织基础和思想基础。"第一国际的活动对所有国家的工人运动立下了伟大的功绩,留下了深远的影响。"[1]在马克思和恩格斯的正确指导下,第一国际的事业不仅在欧洲,而且在北美得到迅速的发展。

美国的工人运动虽然落后于欧洲,但到19世纪60年代已经具备了建立国际支部的某些条件。在组织上,除去众多的群众性的工会组织以外,还先后出现过许多社会主义团体。早在1845年,流亡美国的正义者同盟盟员就曾经仿照该同盟的模式在美国建立了一个规模很小的秘密会社——青年美国,后改名为社会改革协会。19世纪50年代前半期工人总同盟兴起。这是一个受到威廉·魏特林的思想影响的团体,是在1850年9月费城德裔美国工人第一次全国代表大会上成立的。后来,约瑟夫·魏德迈曾在盟内积极开展宣传科学社会主义的工作。

50年代后半期在美国成立的国际协会分支是上述各组织发展的结果和继续。国际协会(1855—1859)是由法国、波兰、德国的流亡者和英国宪章派共同在伦敦创建起来的国际无产阶级组织,是第一国际建立前一系列国际联系链条中的最重要的环节,它甚至同"青年意大利""青年

---

①《列宁全集》第13卷,第66页。

德意志""青年波兰""青年欧洲"及"青年美国"都有某种思想上的联系。它曾同1852年,由1848年法国革命的活动家费里克斯(1810—1889)等人建立的革命公社采取过共同行动。

国际协会的前身是国际委员会。国际委员会是根据1855年2月27日伦敦圣马丁堂群众集会的决议建立起来的。其目的是:"一方面联合欧洲的各种运动,另一方面增进欧美的互助",或者说"是在搞包括一切人的人民联盟,是要在世界共和国的真正民主中存在和发展"。这个委员会对每一个民族都敞开大门。委员会由英国、波兰、法国和德国的代表组成。成员有:芒日埃、孔特拉斯、伯努瓦、哈日、瓦伊尔、瓦·克利泽平斯基、厄·琼斯、R.沃克曼、乔·哈里逊等人。乔·哈里逊担任总书记。

国际委员会成立后的主要活动是同德国、法国、波兰等国家的社会主义组织联合召开纪念革命运动的群众集会,以便加强同各国工人的联系。4月8日,国际委员会召开会议并做出将国际委员会改为国际协会的建议,建议指出:"这个计划在于把由于人员少缺乏会员而软弱无力的国际委员会扩大为国际协会,协会向一切国家的人们敞开大门,以使其成为全世界尽可能多的城市的国际委员会,而不应被看作只是欧洲一个城市的国际委员会。"建议还满怀信心地表示:"民族联盟的事业会继续发展,成长壮大,普及于世。我们可以保证,它绝不会被抛弃。"

1856年8月10日,在伦敦约翰大街文学院内召开的群众集会上,国际协会宣告成立。大会在决议中宣布:"由法国的革命公社、德国的共产主义者团体、英国宪章派团体、波兰的社会主义者团体,以及那些不属于这些团体者,建立了一个联盟,他们都是国际协会的合格成员。国际的委员会是这个联盟的组织机构。"

国际协会成立后,在欧洲大陆和美国都取得了迅速的发展。美国的国际协会主要是由欧洲的政治避难者组成的,分布在纽约、波士顿、辛辛那提、芝加哥、圣路易、新奥尔良等大城市中。美国的国际协会也有一个中央理事会和几个支部。不过,美国的国际协会组织松散,缺乏严格的纪律。协会中央机构的决定对各个支部没有约束力,在思想上也存在着严重混乱。协会内部有各色各样的"主义"：无政府主义、伊卡利亚空想社会主义、雅各宾主义、社会主义……只有德国支部的状况比较好。它的主张同康普、佐尔格组建的共产主义俱乐部很相似，两个组织的关系也相当密切。共产主义俱乐部的副主席阿伯特·康普曾兼任美国国际协会的书记。该支部的纲领规定自己的目的是"联合一切赞同政治改革和社会改革，赞同世界上一切居民享有自由和平等权利的革命拥护者，宣传革命有利于无限的进步"。

国际协会的伦敦中央委员会对美国的情况十分关心。1857年6月，它寄给纽约委员会一份关于国际协会宗旨的详细说明。说明中强调了下列几点：第一，协会会员不仅是共和主义革命者，而且是社会主义者；第二，政治革命必须与一场根本的社会革命同时进行，革命必须废除现有的所有权形式；第三，只有人民手里掌握了生产资料，革命才可能是富有成效的。伦敦中央委员会对国际协会在美国所取得的进展也曾表示满意，它在1858年6月24日《国际委员会宣言》中指出："不久以来，该协会在美国得到真正惊人的巨大发展。全美国自由的人们，在纽约、波士顿、辛辛那提、芝加哥等地汇集起来试图建立一个足够强大的联盟，以便有朝一日最终在全世界赢得自由，他们利用一切热爱自由和自愿献身的人们举行的集会去抗议企图败坏那些先烈的英名的诡计。"

伦敦中央委员会对美国国际协会组织的活动表示满意是完全有根据的。因为1858年正好是该组织的顶峰时期。这一年它连续举行了两次大规模的政治行动。一次是纪念试图刺杀拿破仑三世的意大利人费利奇、奥新尼的五千人火炬游行，另一次是6月23日悼念法国六月起义殉难烈士的千人会议。会议在纽约举行，在会议上发言的有共产主义俱乐部的代表佐尔格和弗里德里希·卡姆及法国支部的代表拉图尔和蒙法尔康。发言人对死难烈士表示沉痛的悼念，同时尖锐地谴责了扼杀革命的《国民报》派和《改革报》派，提醒人们注意，不要让资产者束缚无产者的运动。

美国国际协会组织的活动在群众中产生了积极的影响，越来越多的工人关心协会的工作和响应协会的号召。但是,1857年经济危机的严重后果也给国际协会带来了致命的打击。它的大部分会员由于失业或者受到失业的威胁而不得不停止活动。到1859年底,协会实际上已经解体。然而,尽管国际协会存在的时间不长,但它的活动却都是很有意义的。威廉·福斯特曾这样估价说:"所有这些活动,使德国的马克思主义者和其他的工人阶级力量建立了联系,这就替1864年成立的国际工人协会准备了基础。"①

尤其应当着重指出的是,马克思、恩格斯的战友和学生、美国社会主义的先驱魏德迈和佐尔格所建立的无产者同盟和共产主义俱乐部的作用。这两个组织人数虽然不多,但却是当时宣传科学社会主义的重要阵地,为第一国际美国各支部的建立创造了必要的前提。

在思想上,马克思主义的传播和第一国际的影响都是建立第一国际美国各支部不可缺少的条件。

马克思主义在美国的传播始于19世纪50年代初。1848年革命失败后,一部分共产主义者同盟盟员和社会主义者为了逃避反动政府的追捕流亡到美国,随着也带去了马克思主义和激进的革命思想。他们对美国社会主义运动的发展曾经起过非常重要的作用。其中以约瑟夫·魏德迈、弗里德里希·阿道夫·佐尔格的贡献最大。他们获得了美国社会主义运动和工人运动先驱的称号。马克思曾经指出:"在1848年革命失败后,大陆上工人阶级所有的党组织和党的机关报刊都被暴力的铁腕所摧毁,工人阶级最先进的子弟在绝望中逃亡到大西洋彼岸的共和国去。"②这些工人阶级最先进的子弟没有辜负马克思的期望,终于成了革命火种的传播者。

第一国际的成立对于美国工人运动具有重要意义。尽管美国资产阶级舆论界长期没有报道这方面的消息,甚至对1866年的日内瓦会议、

---

① [美]威廉·福斯特:《美国共产党史》,第22页。
② 《马克思恩格斯选集》第二卷,第131页。

1867年的洛桑会议也保持沉默,但消息总是封锁不住的。在第一国际成立六个月后,《圣路易日报》就发表了一篇编辑部文章,友好地报道了第一国际的成立情况,并且大段地摘登了马克思的开幕词。[①]后来《纽约论坛报》《纽约晚邮报》《纽约太阳报》分别于1867年9月23日、9月19日、9月20日登载了关于洛桑会议的简短消息。1868年以后,关于第一国际的报道逐渐增加,国际在美国的影响也日益扩大。《纽约世界报》预料,关于国际的争论将"很快成为有吸引力的政治问题"[②]。

第一国际总委员会在美国发展组织的努力　第一国际总委员会的努力也是美国各支部创立的重要因素。总委员会在成立不久后就任命侨居伦敦的美国会员列昂·刘易斯为美国通讯书记,不久又任命英国记者彼得·福克斯来代替他。最后,这项工作由著名的工人运动活动家总委员会委员埃卡留斯担任。

总委员会还利用各种渠道在美国开展建立第一国际支部的工作。首先,总委员会通过迁居美国的移民会员进行组织工作。1866年3月,国际委员塞扎·奥尔增尼从欧洲动身去美国时,受总委员会委托携带一包国际工人协会宣言和规章到美国散发,并负责国际分支的筹备工作。经过一段时间后,奥尔增尼曾向总委员会汇报工作情况。他在报告中说,自从到美国后他已经发展了温德尔·菲利普斯、著名报纸编辑霍拉斯·格里利、参议员查尔斯·萨姆勒和芬尼运动领导人詹姆士·斯蒂芬斯等人为会员,并代表他们向总委员会表示愿意做国际在美国的代表、协助国际开展工作。[③]总委员会还任命两名去美国的法国人克劳德·皮利

---

① 1864年11月29日,马克思把《国际工人协会宣言》和《临时章程》寄给魏德迈,并把第一国际成立的消息告诉他。魏德迈立即把这个消息告诉了圣路易的各家报纸。《圣路易日报》是根据魏德迈提供的消息发表这篇编辑部文章的。报纸对第一国际的文件表示赞赏,并为未能全文刊登表示惋惜。

② Samuel Bernstein, *The First International in America*, p. 35.

③ Samuel Bernstein, *The First International in America*, p. 27.奥尔增尼所提到的四名会员,在文献中找不到别的证明,同时这四人也都没有公开表明他们是第一国际的成员。

提尔、保罗·克拉塞勒特作为美籍法国人的通讯书记。1868年7月,总委员会又聘请佐尔格担任美国的德国通讯书记。佐尔格的特别助手德国流亡者矿山工程师齐格弗里德·迈耶尔和鞋匠奥古斯特·福格特①也于1868年9月29日得到了总委会给予的常驻通讯员委托书。②

同时,总委员会同当时美国最大的工人组织全国劳工同盟建立联系,争取它及其所属工会、团体加入国际。1867年,总委员会就支持伦敦成衣工人罢工问题写信给威廉·西尔维斯,并得到他的积极响应。当时,同盟本身也遇到了经济困难。它在近两年内为了支援罢工和工人运动耗费了将近36.5万美元,而且还需要筹款救济2000名失业工人和帮助合作运动。③西尔维斯在回信中说明了这种情况,并表示可以采取个人自愿捐助的办法筹款帮助伦敦的罢工者。

西尔维斯还委托同盟的副主席威廉·杰塞普同总委员会保持联系。此后,在总委员会美国通讯书记和杰塞普之间不断有书信来往。国际总委员会曾在通信过程中把日内瓦代表大会的文件寄给杰塞普,希望他能够在同盟的应届代表大会上介绍日内瓦大会的情况,同时还通过他邀请同盟派代表参加国际的洛桑代表大会。④不过,关于派遣代表问题同盟没有立即做出反应。后来,杰塞普曾为此事专门致函总委员会表示深刻的歉意。杰塞普的信没有公开发表,不过,那封信的主要内容可以从我们见到的片段中了解到梗概。他写道:"作为全国劳工同盟的一名领导人,我对于提供日内瓦代表大会的有关报告和消息报道的好意未受到我方通讯书记的答谢深表歉意,因为我认为,新老国家双方的工人都应在工人

---

① 迈耶尔、福格特两人都是德国首批国际支部的组织者,于1866年和1867年相继来美。马克思、恩格斯曾对他们寄予很高的期望。

②《马克思恩格斯全集》第33卷,第753页。

③ Samuel Bernstein, *The First International in America*, p. 28.

④ 在巴尔的摩代表大会上宣读了总委员会美国通讯书记彼得·福克斯关于召开日内瓦代表大会的呼吁书,由于时间紧迫,大会不能派代表去欧洲,只是决定把这次大会的工作报告寄给伦敦总委员会。

运动中紧密联系是至关紧要的事情,因为我相信这将对双方都有好处。"①杰塞普在信中表示,将按照总委员会的要求,在即将举行的芝加哥代表大会上详尽地介绍国际日内瓦大会的情况,并宣读总委员会通讯书记的信件,向大会提出派遣代表参加国际洛桑大会的问题。杰塞普的信中还特别强调参加双方联系的重要性,并表明了自己的积极态度。他写道:"我的副主席规定任期将于同盟大会开幕时届满。我愿意以我另外的纽约州工人协会主席或者纽约工人同盟通讯书记身份继续保持我们的通信,并随时乐意交换有关工人问题的一切文件。我清楚地认识到我们两个团体经常交往的必要性,假如明年我在这个组织中继续担任正式职务的话,我将在权限允许的范围内做一切事情来维持这种交往,并愿意提供你或者总委员会希望得到的信,或者交换彼此感兴趣的书信或文件。"②

1867年8月24日至31日,全国劳工同盟在芝加哥召开第二次代表大会。沃利、杰塞普等国际派领袖都出席了大会。大会顺利地通过了派遣代表参加第一国际布鲁塞尔代表大会的决议,并委托理查德·特里维利克为同盟出席国际大会的代表。但在临近大会开幕的时候,特里维利克由于缺少旅费未能成行。一位同总委员会有往来的法国移民伊扎尔德曾于1868年8月向总委员会写信说明同盟无力资助自己的代表出席布鲁塞尔代表大会。

威廉·西尔维斯于1868年纽约大会上当选同盟主席。他是一位杰出的美国工人运动领袖。在他的领导下,同盟是靠近国际的。不幸的是,他于1869年7月27日过早病逝。这给美国工人运动和第一国际对同盟工作造成了极为严重的影响。正如同盟的另一位领导人安德鲁·卡

---

① Samuel Bernstein, *The First International in America*, p. 28.

② Samuel Bernstein, *The First International in America*, p. 29.巴尔的摩大会后,第一国际已经与美国全国劳工同盟建立了比较密切的联系。1867年四五月间,福克斯把刊登在《国际信使》上关于日内瓦大会的报道寄往美国,同盟的机关报《工人拥护者》报的编辑卡梅伦开始同《国际信使》编辑交换材料,每星期都有芝加哥的消息在《国际信使》上发表。

梅伦所说:"他是所有领袖中最具有组织和团结工人才能的人……他的去世几乎是无法弥补的。"①西尔维斯逝世后,第一国际和同盟的联系继续保持了一段时间。1869年8月,第一国际总委员会书记格奥尔格·埃卡留斯又一次发出邀请,希望同盟派代表参加国际巴尔塞大会。这一次,同盟决定派卡梅伦出席,并给他提供旅费。

卡梅伦代表同盟在巴塞尔大会上发言,并以同盟的名义邀请总委员会派人参加1870年将在辛辛那提举行的同盟代表大会。巴塞尔大会结束后,卡梅伦带回了第一国际总委员会关于加强国际和同盟共同行动的建议。建议的主要内容有两点:第一,共同成立一个移民部,与欧洲各工会、移民社会保持联系,互相交换关于工人状况和罢工的消息,为"实现世界劳工大团结和全体劳工的解放"而努力;第二,总委员会将"极力阻止美国资本家在欧洲雇用工人供反对美国工人之用"。②

第一国际的建议得到1870年辛辛那提大会的赞同。然而遗憾的是,卡梅伦在介绍第一国际情况的过程中,片面强调欧洲工人和美国工人的差别,欧洲国家同美国的差别,从而散布了第一国际的方针策略只适合欧洲情况,而"不可能用于美国,不适合美国国情"的思想。③结果大多数代表反对立即参加第一国际,但通过了一个决议案,声明"全国劳工同盟在此宣布,此后将坚决维护国际工人协会所提之各种原则,并计划于最短期内加入该协会"④。

然而,这项决议只不过是对国际派的一种安慰,根本不可能实现。从西尔维斯逝世后,同盟内部国际派的力量日益削弱,凯洛革金融改革论的影响不断加强。大部分会员走上了远离国际,同绿背纸币运动合流

---

① Jonathan P. Grossman, William Sylvis, *Pioneer of American Labor*, New York: Hippocrene Books, 1972, p. 264.

② [美]方纳:《美国工人运动史》第1卷,第612页。

③ [美]方纳:《美国工人运动史》第1卷,第613页。

④ Charlotte Todes, *William H. Sylvis and the National Union*, New York: International Publishers, 1942, p. 64.

的错误道路。佐尔格在1870年致马克思的信中写道："在一开始呈现着无限光辉前途的全国劳工同盟,因受到绿背纸币运动的毒害,已正慢慢地但肯定无疑地走向死亡了。"①佐尔格认为,辛辛那提大会是同盟急剧衰落的转折点,当时"绿背党人完全控制了会议,并且把尚然留在全国劳工同盟内部的工会主义会员全部赶出了组织"②。辛辛那提大会以后,全国劳工同盟急剧衰落。1872年,同盟的哥伦布会议通过决议将全国劳工同盟改名为工人改革党。③至此,全国劳工同盟的历史实际上已告结束。总委员会争取这个组织的努力没有获得成功。

美国支部的成立和活动　建立国际工人协会美国支部的功劳首先应归于佐尔格。1866年1867年间,佐尔格同日内瓦国际德国人支部中央委员会保持着密切的联系,经常收到《先驱》报和第一国际的文件。佐尔格曾以俱乐部主席的身份,建议把《先驱》作为共产主义俱乐部的机关刊物。1867年5月,佐尔格接到贝克尔寄来的在美国宣传国际思想和建立支部的详细计划和派代表参加洛桑代表大会的邀请书。

1867年7月2日,佐尔格和福格特在俱乐部会议上建议加入第一国际。经过讨论,俱乐部会议通过了这个建议,决定加入第一国际,但仍保留共产主义俱乐部的名称,佐尔格随即把这件事写信告诉马克思。1868年,共产主义俱乐部同德国工人总工会合并成立纽约及其近郊社会党,由佐尔格担任主席。1869年12月,在这个党的基础上建立了纽约第一支部,大约有50名会员。④

第一支部人数虽然不多,却是由当时美国工人运动内部的两个重要派别组成的。一个是以佐尔格为代表的马克思主义派,另一个则是以德国工人总工会为基地的拉萨尔派。两派的分歧集中表现在对待工会运

---

① ［美］方纳:《美国工人运动史》第1卷,第636页。

② Philip S. Foner and Brewster Chamberlin(eds.), *Friedrich A.Sorge's Labor Movement in the United States*, p. 142.

③ Joseph G. Rayback, *A History of American Labor*, p. 126.

④ Samuel Bernstein, *The First International in America*, p. 39.

动的态度问题上。拉萨尔派主张"工资铁则"说，反对在工会中开展工作，而马克思主义派则主张从实际出发，通过开展工会运动来宣传工人，组织工人，提高工人阶级的觉悟，为未来的斗争创造条件。事实上，在工人运动的严峻考验下，拉萨尔派已经日益失去群众而陷于孤立。最有说服力的例子就是德国工人总工会同共产主义俱乐部的合并。

德国工人总工会成立于1865年10月，是由拉萨尔的四个门徒弗·莫尔、尤·梅耳希奥尔、施拉格、康·卡尔组建起来的。该会会章宣称，本会创建人认为斐迪南·拉萨尔"在力求正确地了解一切社会问题方面，为工人阶级中最优秀的战士"，根据他的哲学思想，"对于选票予以有效的和智慧的使用……即能使劳动人民从资本的桎梏中被解放出来"。[①]德国工人总工会大多数会员最初虽然接受了这个主张，但是在实际生活中很快就发现它是错误的，不久就摒弃了这种看法同共产主义俱乐部合并。少数拉萨尔分子和倾向于他们的会员在受到严重挫折的情况下，暂时掩盖分歧，在第一支部内部隐藏下来，伺机而动。由于这个原因，第一支部在其初期活动中，行动比较协调而且卓有成效。第一支部积极参加工人会议、工人组织的代表大会，组织工人建立罢工基金，收集有关工资工时的统计材料，同许多工会和工人保持经常的联系。第一支部还指定成立一个特别委员会，专门在黑人工人中开展工作。1869年12月召开的全国有色工人代表大会受第一支部的影响，决定派一名代表出席第一国际的第五次代表大会。后来由于普法战争爆发，大会未能举行。除此以外，第一支部还同芝加哥、圣路易和密尔沃基的美籍德国人工会保持着经常性的联系。总委员会对第一支部曾寄予很大希望，仅1870年就给纽约的美籍德国人工会寄去国际工人协会会员证两百张。塞尔·伯恩施坦认为：这个支部是一个训练后来参加美国劳工联合会的工人领袖们的基地，这个说法是不过分的。[②]

---

① [美]方纳：《美国工人运动史》第1卷，第614—615页。

② Samuel Bernstein, *The First International in America*, p. 39.

由于第一支部的积极活动,第一国际在美国的影响迅速扩大。第二年,接连出现了几个新的支部。

　　1870年5月,两月前刚得到总委员会任命的法国通讯书记克拉塞勒特建议"共和联盟"在纽约的两个分会合并成立国际的第二支部。①这个建议得到认可。6月初大约100名纽约的美籍法人举行了成立大会。大会的公报刊登了主要发言人的讲话,但未署名。发言人强调指出,无论是技术进步、自由贸易、土地改革还是合作运动都不能使工人扩大自己的战果,只有工人的团结和工人的独立政治行动才可能使工人实现自己的目标。②这个观点的基调是同第一国际的基本原则相符合的。不过,发言人过分强调了工人选举权的作用,从而暴露出思想上的混乱和拉萨尔主义的倾向。8月,第二支部得到总委员会的正式批准被接纳为第一国际在美国的又一个地方组织。

　　普法战争爆发后,对这场战争究竟采取什么态度,是对美国国际派的一场考验。第一支部首先起来响应总委员会的号召,于1870年7月通过《工人联合》发表声明,宣布普法战争是两国政府长期反对工人政策的高峰,号召一切自由的朋友联合起来反对这场战争。8月12日,在第一支部的影响下,《工人联合》刊登了总委员会的第一个宣言。第二支部在拿破仑三世被推翻前夕发表声明,指出战争的性质业已转变,呼吁法国人把这场战争变为革命。两个支部都赞成总委员会的立场,认为德国占领阿尔萨斯-洛林是非正义的,犹如瓜分波兰一样,每一个细小的步骤都是对和平的威胁。两个支部的正确态度和积极行动对许多工会产生

---

　　① 从1867年起总委员会开始同迁居美国的法国社会主义者通信,同国际协会的前会员保持联系,通过他们影响法国移民。法国的革命者于1866年在奥尔增尼的影响下成立流亡者委员会,1868年11月又加入共和联盟。这个联盟在纽约、旧金山、纽瓦克、帕特森设有分部,这是一个以小资产阶级民主派和空想社会主义拥护者为主的共和派组织,思想比较混乱。1868年9月,它的领导人之一克劳德·佩勒蒂埃被任命为总委员会驻纽约通讯员,共和联盟同国际的联系日益密切。

　　② Samuel Bernstein, *The First International in America*, p. 42.

了重大的影响,使它们的会员纷纷站到了国际的一边。纽约的捷克工人协会组织了一个新的国际支部。芝加哥的工人组织同第一支部经常通信往来,圣路易的国际派直接同总委员会取得了联系。第一国际美国组织在反战运动中壮大了自己的队伍。

1870年11月19日晚上,纽约各支部在库柏大厅联合召开了两千人的反战群众集会。佐尔格被选为大会主席,他在自己的发言中强调了这次大会表现出来的"坚持自由制度,反对专制制度,维护人类权利,反对上帝恩赐"的决心。[1]大会通过了七点决议:

> 1.我们谴责继续进行非正义的只会助长专制主义利益的反对法兰西共和国的战争;2.我们衷心同情我们的法国和德国的兄弟姐妹,他们都同样受到纯粹是维护专制统治者利益而发动的这场非正义战争的损害;3.我们认为强占阿尔萨斯-洛林是野蛮的和暴虐的非正义行为;4和5.我们呼吁一切善良的公民促使美国政府运用其全部有利于法兰西共和国的影响,按照美国独立宣言的精神办事,并据此结束这场残酷的战争;6.我们要求美国政府向欧洲国家建议,积极施加压力以废除常备军,并成立常设的仲裁法庭;7.我们迫切邀请赞成自由、平等和永久和平的人们加入协会,这个协会将保障所有国家都能得以建立真正的自治政府,从而使他们不再忍受一小撮一贯倾向和支持专制主义的垄断者和投机者的统治。[2]

库柏大厅的集会影响深远,不仅引起了社会上各方面的注意,而且为纽约各支部的进一步团结打下了基础。1870年12月1日,根据法国通讯书记尤金·杜邦的建议,纽约的三个支部联合成立了国际工人协会。每个支部推出一名代表组成了三人中央委员会,佐尔格担任书记,B.休伯特、

---

① Samuel Bernstein, *The First International in America*, p. 47.

② Samuel Bernstein, *The First International in America*, p. 48.

V.詹达斯为委员会成员。马克思对于这种组织方法表示担心,他认为由各支部派出代表组成中央委员会,可能给敌视工人运动的人提供混进国际地方领导机构的机会。国际的地方领导机构最好是在各支部代表大会上通过选举产生。马克思在1871年1月21日致齐格弗里特·迈耶尔的信中曾经这样写道:"在纽约建立所谓的中央委员会,我看很不好。我曾竭力阻止总委员会承认它。"①不过,马克思并不是反对中央委员会本身,而是反对各支部选派一名委员的规定。②由于美国各支部中央委员会的建立已成事实,马克思和总委员会同意它暂时行使职权,但在条件成熟的时候必须召开各支部代表大会选举一个新的联合委员会来代替它。

中央委员会由于采取了正确措施,积极开展活动,取得了组织工作的迅速发展。到1871年9月,支部数字从3个增加到19个,10月又增至27个。1871年12月17日,中央委员会宣布,它已拥有将近35个支部,而且尚有一些地区的新支部正在筹建中。③此外,还有不同中央委员会发生联系的12个支部,以及少数没有建立支部地区的会员。关于国际美国会员的准确数字至今还不清楚。我们只能根据佐尔格提供的一些情况进行估算。1871年4月2日,佐尔格在给总委员会的信中提到他已将8个支部239名会员的会费转交给总委员会。当时,每个支部的平均数约37人。6月28日,佐尔格又指出:"现有11个支部或分会,每个支部约有20人至100人。"④平均每个支部约60人。如果按照后面这个比较高的平均数计算,1871年底,中央委员会所属各支部的总人数约2000多

---

① 《马克思恩格斯全集》第33卷,第176页。

② 这个建议最早是由芝加哥的法国人支部和德国人支部提出来的,得到了总委员会法国通讯书记欧仁·杜邦的支持。1870年11月1日,总委员会做出决定,不反对建立这种委员会,但在美国本地工人各支部派代表之前,暂不赋予这个委员会中央委员会的名称。佐尔格也有这种看法。可是,这个决议未寄到纽约,于是三个支部按照杜邦的建议成立了国际工人协会北美临时中央委员会。

③ Samuel Bernstein, *The First International in America*, p. 62.

④ Samuel Bernstein, *The First International in America*, p. 95.

人,再加上其他方面的会员,总人数不超过3000人。在1872年上半年顶峰时期,总人数也不超过4000人。但希尔奎特的估计数字要大一些,他认为国际美国会员的总人数是5000人。①

第二节　中央委员会的活动和国际美国组织的分裂

中央委员会的活动　1871年1月24日,中央委员会的三个支部举行了一次会议。威廉·魏特林出席了会议。这是他临终前的最后一次政治活动。会后,中央委员会连续发出了两个通告。第一个通告要求各支部搜集有关工人状况的资料,并同工人组织保持良好的关系。第二个通告是发给工人团体的,概略地阐述了第一国际的基本原则。

中央委员会通过所属支部在有组织工人当中开展工作,关心他们的利益支持他们的斗争。例如,1871年,中央委员会对宾夕法尼亚矿工罢工进行了坚决的支持。德国工人协会,甚至保守的纽约工人联盟都响应中央委员会的号召向罢工者提供经济上的援助。国际各支部也捐款60美元。由于各方面的有效支持,罢工坚持了五个月之久,这确实是一次重大的胜利。中央委员会也通过罢工显示了自己的力量。事后,中央委员会自豪地向伦敦总委员会报告说,协会"像过去一样强有力地、有影响地屹立着"②。

中央委员会在同全国劳工同盟接触的过程中,对该组织做了进一步了解并向总委员会提出了自己的看法。全国劳工同盟背离第一国际的倾向自1870年辛辛那提大会以后就已经趋于明显。出席大会代表的复杂情况就是一个信号。同盟的副主席威廉·杰塞普曾经认为那次大会是"技工、工人、部长、律师、编辑、说客和其他无固定职业者的奇异混合"③。

---

① Morris Hillquit, *History of Socialism in the United States*, p. 197.

② Samuel Bernstein, *The First International in America*, p. 57.

③ Samuel Bernstein, *The First International in America*, p. 58.

在此以后,全国劳工同盟日益脱离工会,终于丧失了自己的立脚点。佐尔格于1871年4月2日写信把这个情况告诉总委员会,他写道:"全国劳工同盟正在失去它在这个国家的全国和国际的大工会中的阵地。"①佐尔格还向总委员会报告了1871年8月7日至10日举行的圣路易大会的情况。他认为这次大会已经不成其为"工人代表大会"了。因为到会的代表不过20人,而且除去矿工工会以外,所有的大工会都在大会前退出全国劳工同盟了。

中央委员会还在爱尔兰移民工人中发展组织,吸收非熟练工人参加国际。这项工作是符合总委员会的要求的。早在1870年4月9日,马克思在致齐·迈耶尔和奥·福格特的信中指示说:"在美国,现在你们有广阔的天地,来按同样的精神进行工作,使德国工人同爱尔兰工人(当然,也同那些愿意联合的英国工人和美国工人)联合起来,这就是你们现在能够进行的最重要的工作。这必须以国际的名义去做。必须把爱尔兰问题的社会意义解释清楚。"②1871年1月,佐尔格和休伯特代表中央委员会欢迎五名来到纽约的芬尼党人。佐尔格在爱尔兰移民组织的盛大欢迎会上发言,在发言中强调指出爱尔兰人的解放事业只有通过同第一国际的联合行动,通过阶级斗争才能胜利。不久以后,纽约的爱尔兰移民工人组成了第七支部。11月,中央委员会宣布又有两个爱尔兰支部宣告成立,这就是第二十四支部和二十八支部。

在中央委员会的统一指导下,各个支部也开展了一些有意义的活动。1871年夏天,纽约各支部举行了纪念六月起义和巴黎公社殉难者的群众大会,并几次重印《法兰西内战》,每次为1000册。芝加哥的第四、第五支部出版了新德文版的《共产党宣言》。圣路易支部向中央委员会寄送了全国劳工同盟圣路易大会的报告。新奥尔良第十五支部提出了关于工人状况的材料。旧金山的德国人支部报告了加利福尼亚工人

---

① Samuel Bernstein, *The First International in America*, p. 58.

②《马克思恩格斯全集》第32卷,第658页。

运动的情况。

国际美国组织的分裂 分裂是从1871年7月第十二支部的建立开始公开化的。第十二支部的前身是新民主会，其成员大部分是资产阶级和中产阶级的知识分子。它的创建人是相当富有的维多利亚·伍德赫尔女士。伍德赫尔的妹妹田纳西·克拉夫林也是一位有产者，是第九支部的创建人。她们加入国际的目的是想利用这个组织来实现其野心勃勃的全国性改良计划，即实现女权、性爱自由和采用世界语，等等。这两个支部结合在一起，处处同马克思主义者占优势的第一支部相对立。

第十二支部首先攻击的对象是各支部中央委员会。它根本不承认这个地方领导机构，企图取代其地位而凌驾于其他支部之上。它于9月27日背着中央委员会致函总委员会的美国通讯书记埃卡留斯，要求总委员会承认它是国际在美国的最高组织。接着，第二十六支部、第二支部以及其他反对中央委员会和第一支部的各个支部都集中在十二支部的旗帜下，形成了具有相当实力的反对派。

中央委员会在得悉这封信的消息以后，曾经研究过这个问题。经过两次激烈的争论，由于委员会中的第十二支部同情者的阻挠，没有形成决议。但是，第一支部的领导人不能容忍第十二支部的主张和行动，乃直接向伦敦总委员会写信，认为"他们的一切说法都是愚蠢的"，表示"不愿意让他们的谬论作为这个协会的一种观点"。[1]佐尔格也写信给总委员会表明自己的看法。他说："这里的政客及其他某些人的用心是相当明显的——他们要使我国的国际工人协会组织被完全认为是一种进行争取妇女权利，宣传自由性爱及其他类似运动的机构，而我们则必须艰苦斗争，以使我们不为这些由别人妄加的称号所污。"[2]

总委员会研究了国际在美国的组织的情况于1871年11月5日通过了在马克思参加下由常务委员会起草的《关于国际工人协会美国各支部

---

[1] Samuel Bernstein, *The First International in America*, p. 117.

[2] [美]方纳：《美国工人运动史》第1卷，第617页。

中央委员会的决议》。决议拒绝了第十二支部的要求,确认了中央委员会所取得的成就和领导地位,指出该中央委员会"具有真正代表机构的性质",同时,"国际在美国的组织与成就,在很大程度上应归功于纽约的联合会委员会"。决议最后说:"总委员会建议继续维持纽约的美国中央委员会的职权,直到国际在美国由于扩大而必需召集美国所有支部来选举新的联合会委员会为止。"①

然而第十二支部并没有遵从总委员会的决议,仍然利用一切方式攻击中央委员会。它一方面把总委会的决议曲解为对中央委员会的批评,另一方面又通过自己的代理人在中央委员会内部搞分裂活动。由于第十二支部的破坏,中央委员会已经不能继续开展工作。鉴于这种情况,1871年11月19日中央委员会会议以19票的多数通过无限期休会的决议。②

11月19日中央委员会会议进行的情况表明第一国际美国分支组织的分裂已经不可避免。对此佐尔格曾经指出:"临时中央委员会中工人支部代表站在现实状况和经济形势的基础上来对待工人问题,并且努力组织和使工人集中起来进行争取解放的斗争。第十二支部中由伍德赫尔和克拉夫林领导的'改良'集团把时间浪费在关于妇女解放和投票权、关于世界语、关于社会自由(自由性爱的委婉说法)、关于各种金融改革等空话方面。对于工人来说已经显而易见,同改良派的有效合作是不可能的。于是他们被迫于1871年11月19日以19票对5票的多数取消了临时中央委员会。"③恩格斯在《国际在美国》一文中揭示了这次分裂的实质。他写道:"以主张利用国家政权的人、钻营家、自由恋爱的拥护者、降神术士及其他资产阶级骗子为一方,以真诚认为国际工人协会在美国

① 《马克思恩格斯全集》第17卷,第716页。

② 在这次会议上,第一支部建议把第十二支部开除出国际,并且不再承认雇佣工人少于2/3的那些支部的委托书,但这个建议遭到小资产阶级分子的反对。于是卡尔提议中央委员会无限期休会,实际上等于宣告解散。

③ Philip S. Foner and Brewster Chamberlin(eds.), *Friedrich A.Sorge's Labor Movement in the United States*, p. 261.

也是工人阶级的组织,而不是资产阶级的组织的工人为另一方,终于展开了斗争。"①

以第一支部为一方,第十二支部为另一方的分裂局面造成以后,双方都在准备建立自己的联合会委员会。1871年12月3日,原中央委员会多数派及所属支部在归总部聚会,成立了临时联合会委员会,并决定于1872年7月召开代表大会,选举正式的领导机关。12月18日,以第十二支部为代表的少数派在斯普林街开会,成立了自己的联合会委员会。这个委员会又叫作斯普林委员会和第二委员会。

这次分裂是马克思主义者和改良派的分裂,工人成分和中产者的分裂。正如塞缪尔·伯恩施坦所说的,临时联合会一方"几乎都是由工资工人和工会分子组成的",而第二委员会一方则是"店主和所谓属于中产阶级的独立人"。②

然而,总委员会认为,在当时的情况下彻底分裂是不利的,乃于1872年3月5日和12日通过了关于合众国联合会的决议,号召两个临时联合会委员会"重新团结起来",在美国全国代表大会之前"作为合众国的统一的临时联合会委员会进行活动"。决议建议美国的国际各支部于1872年7月1日举行代表大会选举正式的合众国联合会委员会,并重申:"今后仍不接受新的支部加入协会,除非他的会员至少有2/3是雇佣工人。"③最后,总委员会决定暂时开除第十二支部,并交由下届代表大会做出裁决。总委员会的决议是对以临时中央委员会为代表的国际派的巨大支持。但是,在通过这个决议的过程中,总委员会内部也出现了分歧。当时的总委员会书记黑尔斯和美国通讯书记埃卡留斯是持反对态度的,埃卡留斯在总委员会会议上发言并投票反对决议第三项第二条,不同意开除第十二支部,特别反对决议中所强调的一项原则,即"总

---

① 《马克思恩格斯全集》第18卷,第109页。

② Samuel Bernstein, *The First International in America*, p. 120.

③ 《马克思恩格斯全集》第18卷,第58页。

委员会建议今后仍不接受新的美国支部加入协会,除非它的会员至少有2/3是雇佣工人。"埃卡留斯还颠倒黑白,指责佐尔格和第一支部是分裂主义者。最后,他甚至违反组织原则,拒绝将总委员会的决议寄往美国。

然而,总委员会关于两派实行联合的号召遭到了第二委员会的反对,哪怕是暂时的联合也未能实现。5月中旬,联合的希望完全破灭,两个联合会委员会都在积极筹备各自的代表大会。在这种情况下,总委员会乃于1872年5月28日公开宣布它承认以第一支部为核心的临时联合会委员会是国际在美国的唯一领导机关。

总委员会的担心不是没有根据的。分裂局面形成后,双方人员锐减。临时联合会方面大约有950名会员。第二委员会方面大约为1400人,而且不断有支部退出这个集团。5月9日至11日在纽约阿波罗大厅召开的第二委员会的"非常特别的"代表会议成为退出第二委员会浪潮的开端。这个会议竟然以国际的名义提名维多利亚·伍德赫尔为合众国总统候选人。结果演出了一场闹剧,"使得整个美国对此报以哄然大笑"。第二支部和第六支部认为第十二支部已经把第二委员会变成政治家手中的工具,因而召回了自己的代表,宣布退出斯普林街联合会。5月20日,又有8个支部退出。只有那些政客和受蒙蔽的人才愿意继续留在第二委员会内部。正如恩格斯所说,"这样一来,第二委员会现在所代表的仅仅是那些在加入国际以前实际上就已经结成一伙的美国的可疑分子——维多利亚·伍德赫尔女士及其周围的人们"①。在社会主义者和仅有的工人成分离开以后,第二委员会反对国际的倾向立即明显地暴露出来。6月16日,第二委员会断绝了同总委员会的一切联系,声称要清除一切外来影响,建立美国自己的组织。第二委员会的领导人休伯特甚至宣布国际工人协会是舶来品。

1872年7月,双方各自召开了自己的代表大会。6日至8日,以第一支部为核心的一方在纽约召开了代表大会,出席代表23人,代表22个支

---

① 《马克思恩格斯全集》第18卷,第112页。

222

部。其中,12个德国人支部、4个法国人支部,爱尔兰人、意大利人、斯堪的那维亚人支部各1个,讲英语的支部3个。卡尔·施佩耶尔代表临时联合会委员会的大会做了报告,概述了国际在美国的历史和分裂的经过。大会选举了常设机构,并定名为北美联合会委员会,委员会任期一年,由9人组成(后来扩大为11人)。大会通过了自己的规章和制度,并制定了对待各个政党的政策。最后,大会决定由联合会出钱派遣2名代表参加第一国际海牙代表大会,同时也允许各支部自筹路费派人参加。7月9日到10日,第二委员会的13个支部的代表在费城举行代表大会,建立了美国联合会,并选出了联合委员会。原第二委员会的首脑人物艾伦·威·威斯特、西奥多·班克斯、罗伯特·休谟等人差不多都进入了联合会委员会。大会在公报中明确规定"雇主和雇员、所有职业和所有阶级"的人都可以加入"国际"。①这样,在名义上虽然存在着两个互相对立的地方联合会,实际上,后一个联合会已经完全自绝于国际,堕落为一个改良主义团体。

第三节　纽约总委员会和北美联合会

海牙代表大会　第一国际的海牙代表大会是在极其严峻的形势下召开的。当时国际承受着两方面的巨大压力。一方面,巴黎公社失败后国际上的反动势力趾高气扬,妄图扼杀各国的革命运动和第一国际。镇压巴黎公社的刽子手梯也尔猖狂地叫嚣说:"社会主义从此休矣!""巴黎遍地堆满了尸体。应当相信,这种可怕的景象将成为胆敢宣称拥护公社的起义者的教训。"②1871年6月,法国外长法夫尔向欧洲各国政府发出通知,要求它们共同"讨伐"国际。法国政府还以法律形式规定,对"国际"会员判处两个月至两年的监禁和罚款,并剥夺其公民权利。德国俾

---

① Samuel Bernstein, *The First International in America*, p. 139.

② [苏联]凯尔任策夫:《巴黎公社史》,中国人民大学编译室译,生活·读书·新知三联书店,1961年,第659—660页。

斯麦政府趁机于1872年5月27日以"图谋叛国"的罪名判处倍倍尔和李卜克内西两年监禁。其他欧洲国家也竞相效尤,采取解散组织、逮捕、驱逐出境等暴力手段疯狂迫害国际的组织和成员。罗马教皇庇护九世也撕去仁慈的面罩,亲自出马号召天主教徒同第一国际作战,先绞死它的会员,然后才为他们"祈祷"。另一方面,国际内部的敌人巴枯宁及其追随者同资产阶级相呼应,加紧了分裂国际的阴谋活动,妄图用它的秘密宗派组织社会主义民主同盟来取代国际。过去已经被击败的蒲鲁东主义者、工联主义者和拉萨尔主义者的残余分子也都聚集在无政府主义的旗帜下重新起来攻击第一国际。国际正经历着生死存亡的关键时刻。因此,海牙代表大会在国际的历史上占有非常重要的地位。

马克思非常重视这次大会。他在1872年7月21日致佐尔格的信中,强调指出海牙代表大会是关系到国际生死存亡的大事情,要求佐尔格和另一两名美国代表一起参加大会。

1872年9月2日,海牙代表大会开幕,历时6天。参加大会的有来自15个国家的67名代表,这次大会成为最具有国际性的一次代表大会。马克思、恩格斯第一次出席了国际的大会。在这次大会上马克思的拥护者约占2/3。巴枯宁分子和其他反对派共有20多人。巴枯宁做贼心虚,不敢露面,由他的亲信吉约姆带队上阵。来自美国的代表共有7人。他们是佐尔格、德雷尔、莫特曼、巴里、赫普纳、索瓦、威斯特。除佐尔格、德雷尔是北美联合会派出的正式代表以外,其余4人都是所在支部派出的。其中索瓦和威斯特的代表资格问题引起了大会资格审查委员会的异议。大会的代表资格审查委员会经选举产生,由格尔哈特、郎维亚、罗奇、马克思、麦克唐奈、德雷尔、弗兰克尔7人组成。委员会认为,第十二支部曾经被美国的联合会委员会开除,总委员会不承认它是独立的支部,因此,代表大会不能允许这个支部的代表出席大会,但同意索瓦作为第二十九支部和第四十二支部的代表来取得参加大会的资格。委员会也审查了威斯特的代表资格。马克思代表委员会提议取消威斯特的代表资格证,并列举了如下两点理由:1.威斯特是被暂时开除的第十二支部的成员,费城代表大会的参加者和亲王街委员会(即斯普林街委员会,斯普林街又名亲王街)的成员,而那次大会和委员会又都是不承认总委员会的。亲王街委员会还同汝拉联合会保持联系;2.威斯特的代表证是由女财主维多利亚·伍德赫尔签发的。她所创建的第十二支部几乎全由资产者组成。他们同第一国际背道而驰,根本不承认第一国际是一个工人组织,并且反对每个支部至少要由2/3的雇佣工人组成的原则。大会以47票赞成,9票弃权,无人反对的绝对多数通过如下提案:"以消灭阶级的原则为基础的国际工人协会不能接受任何资产阶级的支部。"①

大会还以多数票通过,确认了总委员会开除第十二支部的决定。

大会最重要的任务是粉碎巴枯宁分裂主义者破坏第一国际的阴谋。因此,大会两派争论的焦点集中在削弱还是加强总委员会的职权上。巴枯宁的党羽们又抛出了把总委员会变为"邮箱"或者"通讯统计局"的提案,以便使无政府主义者能够利用国际的名义为所欲为。马克思坚决反对这个提案,主张不仅应当保留总委员会既有的权限而且还要加以扩大,赋予总委员会开除个别支部的权力。大会的大多数代表支持马克思的观点,投票通过了总章程第二条和第六条的修正条文,把上述权力给予了总委员会。

修改后的第二条和第六条的条文如下:

"总委员会必须执行代表大会的决议,并且监督每一个国家严格遵守国际的共同章程和条例的原则。

"总委员会也有权将国际的分部、支部、联合会委员会,以及联合会暂时开除,直到应届大会为止。"②

这两个修正条文的通过是海牙代表大会的一项重要成果,给总委员会提供了反对巴枯宁主义者的有力武器。

鉴于巴黎公社失败后,欧洲各国政府对"国际"的疯狂迫害和无政府

---

① 《马克思恩格斯全集》第18卷,第170页。

② 《马克思恩格斯全集》第18卷,第166—167页。

主义者的分裂破坏活动,以及布朗基主义者妄想把总委员会变为密谋活动中心的企图,恩格斯建议把总委员会的驻在地从伦敦迁往纽约。大会以30票赞成,14票反对,12票弃权通过了这项提案。佐尔格是不赞成确定纽约为总委员会的驻在地的,在表决的时候弃权。他在大会上也没有被选入驻纽约的总委员会。不过,大会给予新的总委员会加聘3名委员的权利。后来,佐尔格被加聘为委员,并被推选为总书记。除去对总委员会的驻在地有保留意见外,在海牙代表大会上,佐尔格在各个重要问题上是站在马克思一边的。他在大会开始就提出重要问题优先讨论的建议,并得到大会的采纳,从而使总委员会的职权问题得到充分讨论。在讨论过程中,他支持扩大总委员会的职权,他强调说:"如果说总委员会不是将军,那它也应当成为培养和组织干部的大本营。"

纽约总委员会的活动和分裂　海牙代表大会是第一国际内部马克思主义者同无政府主义者及一切改良派的一次总较量,并且以马克思主义者的辉煌胜利而告终。但是,斗争并未就此停止。海牙代表大会闭幕后,无政府主义者的代表立即奔赴阿姆斯特丹,连续在集会上举行四次演说,诽谤海牙代表大会,宣传无政府主义。巴枯宁的助手吉约姆认为,这些演说产生了巨大影响,奠定了无政府主义"国际"的基础。[1]几天后,汝拉总支部的代表大会在圣依米亚召开,大会通过决议,拒绝承认海牙代表大会的各项决定和新总委员会的权威。1872年9月15到16日,在圣依米亚还举行了无政府主义的"国际"大会。出席大会的有西班牙、法国、意大利和美国的代表共15人。[2]大会通过了四项决议,反对海牙代表大会的一切决议,主张各支部的友谊协作,宣称"各地方联合会和各工人支部的自治和独立是工人解放的先决条件"[3]。

---

① Samuel Bernstein, *The First International in America*, p. 159.

② 有的材料说,出席代表为16人,出席大会的美国代表是 Gustave Lefrancais,代表美国的第3支部和第22支部。(Samuel Bernstein, *The First International in America*, p. 169.)

③ Samuel Bernstein, *The First International in America*, p. 169.

在法国,支持海牙代表大会的力量由于政府的疯狂迫害而受到削弱。在法国南部的国际工人协会组织在图卢兹举行秘密代表会议期间发生了大逮捕。37人被捕,各支部领导人受到审讯,支部遭到破坏。而一些反对派的支部却仍能保持力量继续活动。例如,卢昂支部曾对海牙代表大会的决议提出抗议,表示反对扩大总委员会的权力和"一切无产阶级专政或资产阶级专政,不论这种专政用的是什么借口或采取的是什么形式"。总委员会在法国的影响逐渐消失。

1872年12月,在布鲁塞尔举行的比利时工人代表大会,和在科尔瓦多举行的西班牙总支部代表大会都对总委员会提出了类似的抗议,使它很难在那里开展工作。总委员会在荷兰和丹麦也正在失去影响和必要的联系。

总委员会从国际的重要支柱之一的英国分支所得到的支持也迅速减少。不列颠联合会委员会中的改良派竭力诽谤总委员会和马克思。委员会中的革命派维克里、赖利、米尔纳、列斯纳、杜邦等人于1872年12月初退出这个组织建立了自己的不列颠联合会,并同纽约总委员会建立联系。然而,这个联合会的处境十分困难,随着整个国际活动的停止和机会主义在美国工人运动中的加强,不得不于1874年底停止活动。

总的来说,纽约总委员会所面临的形势是极其严峻的。在这种形势下恢复国际的活力和扩大其影响,确实是困难重重。佐尔格于1872年10月11日被加聘参加总委员会并担任总书记的时候,他所面对的总委员会也是四分五裂,涣散不振。意大利委员福尔纳契耶利由于必须做工谋生而不能出席会议,最后不得不辞去委员职务。德雷尔在海牙代表大会上摇摆于马克思主义者和布朗基主义者之间,因而受到双方的怀疑。后来,他离开纽约去南方寻找工作,自动退出了总委员会。爱尔兰委员圣克莱尔不仅不出席总委员会,而且拒绝交出他所保管的正式记录。总委员会的司库勒维埃耳曾一度卷款潜逃,虽然他后来表示悔改,并交出全部款项,但却无法寻找财源充实总委员会的财库。后来,后两人也相继退出了总委员会。另一名爱尔兰委员卡瓦纳,在圣克莱尔被清除以后,对总委员会的工作采取消极态度,而总委员会又找不出更合适的人选来代替他。爱德华·大卫和美国委员华德甚至拒绝接受总委员会委员的职务,其理由是:总委员会受马克思的影响和美国第一支部的控制。在总委员会委员中能够坚持日常工作的除去佐尔格以外,只有卡尔、波尔特、劳雷尔、施佩耶尔等寥寥数人。而波尔特、卡尔又是拉萨尔主义的信徒,从一开始就在进行派别活动,是潜在的反对派。在物质条件方面,总委员会几乎是一无所有。根据佐尔格的说法,从海牙代表大会闭幕到1873年3月2日,总委员会完全没有经费。他在1873年3月2日致各支部的信中写道:"总委员会绝对没有基金,也没有得到任何资助,它不得不中断重要的工作。"①在这以后,总委员会虽然陆续收到各地交来的会费,但数目极少而且不固定。只有北美联合会定期交纳了全部会费。不过,这个联合会人数不满一千,而且还要维持《工人报》的开支,援助逃亡美国的公社社员的家庭和国内外的罢工者,不可能在经济上对总委员会提供更大的支持。因此,总委员会极端困难的财政状况一直得不到改善。佐尔格在1873年8月11日的信中指出:"总委员会的日常收入如此惊人地微薄而不固定,乃至几乎付不出同世界各地进行频繁通信的邮资。"②

尽管如此,在佐尔格及其支持者的努力下,纽约总委员会克服了许多困难,在其存在的短暂时间里仍然努力开展了一些重要的工作。

佐尔格担任总书记以后的第一件事情就是设法使总委员会运转起来,恢复它同各国支部的联系。1872年10月20日,总委员会发布了致国际工人协会会员的第一个通告,宣布新的总委员会开始执行自己的任务。通告发表在11月23日《国际先驱报》上。佐尔格还于10月12日给马克思写信,把总委员会的工作计划告诉他。佐尔格认为在总委员会委员人数少且不熟悉各国语言的情况下,很难在总委员会内部设立各国通

---

①② Samuel Bernstein, *The First International in America*, p. 166.

讯书记的职务,整个通讯工作只能掌握在总书记手中。对于许多难于建立直接联系的国家则由总书记委任总委员会代表和全权代表处理通讯工作。根据这个设想,1872年12月22日,法国前通讯书记塞拉叶被委派为总委员会负责处理法国事务的代表。1873年1月5日,恩格斯被委派为负责意大利事务的全权代表,并得到了总委员会的全权委托书。随后,恩格斯还兼任总委员会负责西班牙、葡萄牙和英国事务的全权代表。1873年2月2日,前波兰通讯书记瓦利里·符卢勃列夫斯基被委派为负责波兰事务的全权代表。

马克思和恩格斯对新总委员会的活动非常关心。恩格斯在10月5日致佐尔格的信中写道:"每次邮班我们都等着你的消息和新委员会的活动情况。"①随后,恩格斯又根据佐尔格的委托了解意大利的情况,并将结果告诉佐尔格和总委员会。恩格斯在1872年11月2日致佐尔格的信中将意大利两个支部成立的情况通知总委员会。1872年12月22日,总委员会根据恩格斯的报告接受了这两个支部。1872年12月30日,马克思也接受总委员会的委托负责收集和保管前总委员会的全部财产。

总委员会赖以同各国支部保持经常联系,互通消息的另一个手段就是每月定期发布的综合通报。这种通报是在综合各国支部向总委员会提供的材料和书信中谈到的情况的基础上编写出来的。后来,随着支部数量的减少和联系的削弱而逐渐失去作用。总委员会还曾发出一个调查各地工人状况的问答式调查提纲,其中包括工资、工时、用饭时间、生活费用、车间的规模和状况、失业状况及其原因、工人家属的人数及工业疾病等项目,可惜,按照这个提纲收集到的材料由于缺乏经费未能付印。

纽约总委员会于11月发出的一份通告包含有非常重要的内容。它向各支部表明了总委员会对资本主义制度所持的坚定立场,坦率而又尖锐地指出,在资本主义制度下,工人组织只能采取两种截然不同的立场:

---

① 《马克思恩格斯全集》第33卷,第527页。

229

反抗或者顺从。第一国际及其拥护者果断地选择了"反抗的道路,选择了斗争的道路,庄严地宣布他们坚定不移的决心,即决定要借助于唯一可靠的手段,通过名副其实的战斗组织即国际工人协会这座坚如磐石的作战营垒,为劳动解放而继续斗争"①。总委员会希望通过这个通告使在世界各地分散活动的国际支部和小组重新统一在正确的立场上,或者唤起它们重新联合起来的愿望。当然,这种愿望在当时国际在欧洲的组织处于完全崩溃的情况下是很难实现的。

总委员会所进行的第二项重要工作就是反对无政府主义者的主张和活动。1872年11月8日,总委员会向汝拉联合会提出警告,要求它修改圣伊米亚大会的决议,否则就将它暂时开除出国际工人协会,交应届大会审议。12月1日,总委员会又向比利时工人代表大会寄出呼吁书,要求比利时工人加强国际团结,并说明海牙代表大会的重要意义。但是,由于无政府主义者拒绝接受总委员会的意见,1873年1月5日,总委员会通过决议将汝拉联合会暂时开除出国际。

总委员会的第三项重要工作是试图建立各种国际工会联合会。根据海牙代表大会关于建立各种国际工会联合会的决议,纽约总委员会在1872年11月20日第一号通告信中就强调了资本主义制度下加强工人国际联合的重要性。总委员会曾经以传单的形式公布了一个国际工会联合会的章程草案,名字叫作《国际工人协会总委员会致各工会和工人协会书》。草案发表在1873年3月8日《国际先驱报》第四十九号上。佐尔格曾经于2月12日将草案寄给恩格斯。

章程草案的开头强调指出,阶级冲突的扩大迫使单个国家的工会组成紧密的联合。由于劳动力的出口将会降低工人的生活水平,需要置于控制之下。只有统一的国际工人组织才能有效地控制劳动力的出口,因此建立国际工会联合会的问题已经提上日程。

①［苏联］伊·布拉斯拉夫斯基编:《第一国际第二国际历史资料:第一国际》,中国人民大学编译室译,生活·读书·新知三联书店,1965,第166页。

根据章程草案的设想,首先应当按工业部门建立联合,然后建立全国组织,最后组成国际工会联合会。然而在当时的条件下这个设想是脱离实际的,因而始终未能付诸实施。

1873年9月8日至13日,国际在日内瓦举行第六次代表大会。这次大会的目的是总结国际一年的工作,并为下一步的活动制订计划和赋予新的力量。本来这应当是纽约总委员会的一项中心工作。但是,由于缺乏经费,而且同欧洲各支部的联系又极其脆弱,总委员会不仅无力进行必要的筹备工作,甚至未能派出自己的代表参加大会。全仗贝克尔的努力,大会才得以勉强召开。不过,这次大会没有取得成功,是第一国际历届大会中最缺乏代表性和成果的一次大会。欧洲大多数支部都反对这次大会的召开,拒绝派代表出席,结果形成了瑞士代表独占优势的局面。在出席大会的30名代表中,瑞士代表18人,奥地利代表8人,匈牙利代表2人,德国代表1人,荷兰代表1人。

大会听取了总委员会从纽约寄来的书面报告和代表们关于各国工人运动状况的发言,着重讨论了工会斗争和政治斗争问题。大会通过了关于成立各行业的国际工会的决议,并建议工人阶级参加旨在解放本阶级的任何政治活动。

与日内瓦代表大会召开的同时,美国杰库克公司银行的倒闭揭开了1873年至1878年长期的不景气的序幕。国际的工作中心开始转移到失业工人运动上。

1873年经济危机和第一国际美国各支部的活动　1873年的经济危机势如狂风暴雨,顷刻之间席卷了整个美国。全国的信用机构纷纷垮台,或者处于瘫痪状态。到年底,商业破产事件达5000多起。

首先受到经济危机打击的是广大工人。他们的工资被大幅度削减,工时被延长,而且随时面临着失业的威胁。据1875年10月2日《全国劳工论坛报》报道,"不景气的时期来临以前,在建筑业中,八小时工作制的日工资2.5美元至3美元,已成为极为普遍的情况,但到1875年10月,则每日工作10小时,每日工资1.5美元至2.5美元却变成为最流行的标准了"①。1873年至1880年间,纺织工人的工资降低了45%。1873年至1877年间,铁路工人的工资约降低30%到40%。1873年至1876年间,家具工人的收入降低了40%到60%。②在业工人的生活水平急剧下降。

更为严重的是,经济危机使失业工人的队伍迅速扩大,生活状况极度恶化,造成许多工人流离失所,无以为生。据估计,1873年末仅纽约市就有失业工人43650人,约占劳动力总数的1/4。1877年到1878年间,全国失业工人达300万。在整个工人队伍中,经年有工作的人不到1/5,处于半失业状态的工人约占2/5。偶尔能找到工作的占1/5,长期失业的占1/5。③这种状况使一些工会的领导人感到沮丧和担忧。1874年夏,费城熟练工人工会的中央委员会在《致工人同胞》一信中写道:"工人阶级的苦难正在与日俱增中。他们很快便将陷于极度惨痛和悲伤的境地……很快全部工人的实际数目中将只有1/3的人能找到工作,而其余的2/3,流离、饥饿,将只能空等着骗人的报纸所预言的那个美好的年月……"④

失业工人的生活确实是极端困苦的。在纽约街头上出现了所谓的"转盘客"。这些人无家可归,流离失所,只得到各个警察站里寻找一个暂时安身之地,能够躺在硬板凳上过夜就算是十分幸运了。由于失业人数过多,各个警察站只允许这种"转盘客"一个月中居住一两天。许多地方的失业者被迫居住在临时搭成的草棚中,甚至在垃圾堆里寻找食物维生。《旧金山邮报》的一位记者在太平洋沿岸访问失业工人时,曾看到这种现象。

失业工人为了捍卫自己的生存权利奋起反抗,失业示威运动此起彼伏。第一国际美国各支部积极投入了运动,并且成为运动的组织核心,

---

① ② [美]方纳:《美国工人运动史》第1卷,第652页。

③ [美]方纳:《美国工人运动史》第1卷,第648页。

④ [美]方纳:《美国工人运动史》第1卷,第653页。

发挥了应有的作用。1873年10月底,国际工人协会北美联合会委员会发表了一个宣言,宣言指出:"在资本和劳动之间没有和谐,只有斗争,只能以这一方和另一方的完全屈服而告终……为了避免奴隶的命运,一切工人支部必须组织起来。"①宣言及时地为失业工人拟订了一个行动计划,内容如下:

> 住在同一个、两个或更多的街区里的工人们在一起组织一个俱乐部,一个区域中的俱乐部联合起来组成一个区域委员会,每一区域委员会更派出三个代表组成一个中心机构。
>
> 在这种方式下组织起来的工人则将向各地的政府当局提出下列的要求:1.在一般的工资标准和八小时工作制的原则下,给一切愿意而且有能力工作的人以工作;2.对于实际在困苦中的劳动者及其家人,贷给他们足够维持一星期生活的现金或食物;3.在自12月1号至1874年5月1号期间,不容许房主因得不到房租驱逐房客。②

这个计划得到了各地失业工人的拥护和响应。1873年11月美籍德裔工人最先成立了失业工人会。11月15日,纽约市的各个工会也行动起来,举行了一次有各工会代表出席的会议。会议向市政府和国会发出呼吁,要求解决就业和救济问题。1873年12月11日,工会和国际各支部又在库柏学院联合召开了失业工人大会。北美联合会书记波尔特参加了大会的筹备工作。甚至连总委员会的反对派美国联合会的领导人也参加了这次大会,出席大会的达5000人。大会的旗帜上写着"失业工人要求的是工作,不是救济""当工人开始思考的时候,垄断商人将开始战栗"等口号。《纽约时报》曾惊呼说,这些口号是"无可怀疑的共产主义的"口号。此后,在纽约连续发生示威运动。1874年1月13日示威达到

<hr>

① Samuel Bernstein, *The First International in America*, p. 221.

② [美]方纳:《美国工人运动史》第1卷,第657—678页。

了高潮，发生了警察镇压的事件。

在芝加哥，北美联合会所属各支部同当地工会联合行动，成立了工人委员会，动员失业工人组织起来开展斗争。工人委员会向政府提出了四点要求："1.给所有具有劳动力的人提供职业；2.由财政部门向生活困难者提供钱或食物；3.为了实行公平分配，一切款项和食物的分配都应当由工人委派的委员会进行；4.在财政部门缺少现金的情况下，可以借用城市贷款。"①在国际支部和工会的发动下，失业工人大会于12月21日召开，要求政府提供职业和救济。第二天，2万失业工人走上街头，举行了规模宏大的示威游行。

然而，尽管美国的国际分支在同工会共同行动的过程中取得过一些成功，但是由于内部的思想混乱和脱离本土美国工人的倾向未能克服，一直没有发展为强大的群众性的工人组织。不久以后，北美联合会开始走向衰落。

北美联合会的衰落和第一国际的解散 海牙代表大会闭幕以后，第二委员会组成的美国联合会和第二支部同纽约总委员会断绝了联系。北美联合会委员会成为第一国际在美国的唯一代表机构。它是在美国各支部发生分裂的基础上产生的，内部仍然存在许多分歧和问题。北美联合会成立之初甚至没有自己的机关刊物。在宣传自己的主张、决定和建立同各支部的经常联系方面都受到很大限制。在开头一段时间内，它的状况是令人沮丧的。海牙代表大会后不久，它所属的22个支部中有2个自动解散了。西霍布肯的第二十五支部名存实亡。第七支部、第十支部和布鲁克林第一支部的情况不明，是否存在，值得怀疑。会员人数不断减少，到1873年底，总人数下降到750人。会费收入也相应减少。为支付参加海牙代表大会2名代表的费用而借贷的200美元尚有150美元没有偿还。1872年下半年，北美联合会委员会同各支部的联系曾经大为削弱，甚至一度中断。1872年12月7日，联合会委员会书记波尔特在

---

① Samuel Bernstein, *The First International in America*, p. 288.

致总委员会的信中写道:"从波士顿、费城、芝加哥、巴尔的摩等地的支部那里,我们没有得到只字片语。"①

1873年2月,北美联合会的机关报《工人报》出版以后,情况有所好转。不过,由于这是一份德文报纸,它在本土美国工人中影响不大。在这段时间里,支部数字有增有减,大致能够保持平稳。新成立的支部是:波士顿的美国人支部,匹兹堡、芝加哥和斯塔腾岛的德国人支部,波士顿、彼得逊、纽约和新奥尔良的法国人支部。北美联合会所属各支部的会员根据联合会委员会的指示在工会中和失业工人中开展了大量工作,并且取得了一定的成就。他们在新英格兰的纺织工人中,纽约的工会中,以及帕特森的丝织工人中都有一定的影响。

然而,北美联合会内部的分裂却使这个组织不断遭到削弱。首先起来反对北美联合会的是纽约的地方委员会。根据北美联合会第一次代表大会的决议,在一个地区有2个以上的支部,50名以上的会员就可以成立地方委员会。纽约的地方委员会就是根据这个原则,由5个支部联合组成的。这个委员会通过了自己的规章,选举前自由思想者协会会员乔治·斯泰布林为通讯书记,并且对北美联合会的权威表示怀疑。为了巩固北美联合会的地位,联合会的核心——第一支部曾对第一次代表大会的决议提出一个修正案,不允许在北美联合会的驻在地纽约成立地方委员会。但是这个修正案遭到了纽约地方委员会及其同情者的强烈反对而未被通过。于是,在纽约形成了北关联合会和纽约地区委员会并存的局面。两个组织在名义上是从属关系,实际上各行其是。

纽约地方委员会不仅仅满足于脱离北美联合会的领导进行独立活动,而且企图采取各种手段打进北美联合会委员会内部,从而控制整个联合会。他们在1873年的选举中部分地达到了目的。

1873年夏天联合会委员会的选举是北美联合会走向急剧衰落的转折点。波尔特再度当选为书记,原自由思想者协会的成员纽约地方委员

---

① Samuel Bernstein, *The First International in America*, p. 186.

会的书记斯泰布林医生当选为司库。新委员会中的一些委员由于种种原因不能担任职务:1人因为家庭原因提出辞职,4人不参加会议或者退出委员会。结果新委员会的力量大为削弱,改良主义思想泛滥一时。例如,芝加哥的国际支部竟然建立了一个借贷和宅地协会,把自己的目标转向自由土地运动和金融改革,从而背离了第一国际的基本方向。有些支部的会员甚至陷入了卡贝的伊卡利亚的幻想。至少有7名工人协会的会员公开表示相信可能找到这样的天堂。波士顿第一支部按照新英格兰工人改革同盟大会通告信的蓝本,提出实行不可兑换的币制和互助银行计划,走上了与金融改革论者合流的道路。拉萨尔主义分子的活动在国际内部也日益猖獗,造成了同马克思主义者的尖锐冲突。

1873年12月至1874年,在拉萨尔分子的影响下,在西部出现了伊利诺伊工人党,东部出现了北美社会民主工党,它们重弹拉萨尔关于政治斗争的老调,宣传通过选举由工人控制政府,并依靠这种政府的帮助来发展合作事业的主张。它们反对参加工会运动宣布将不同工会发生关系。其理由是,工会"从来没有为任何行业的人争取到有永恒意义的生活上的改善"。但是,现实是各种"主义"的最后检验。伊利诺伊工人党和北美社会民主工党在选举中连连失败。事实证明没有强大的工会运动为基础,竞选是不会取得任何成果的。这两个党的群众和一些领导人逐渐认识到这一点,并开始纠正过去的错误。1875年北美社会民主工党代表大会通过决议,强调指出,工会"在当前形势下是不可缺少的,每一个党员都应当成为他的行业工会的成员,或者在还没有工会的行业中帮助建立一个工会"①。该党的机关刊物《社会主义者》号召全体党员"在一切场合,捍卫工会及其原则,以便使社会改造能够迅速完成"②。

---

① Philip S. Foner and Brewster Chamberlin(eds.), *Friedrich A. Sorge's Labor Movement in the United States*, p. 25.

② J. R. Commons(ed.), *A Documentary History of American Industrial Society*, New York: Macmillan Company, 1918-1935, Vol. 9, pp. 376-378.

随着思想混乱的增长,在北美联合会内部各支部之间出现了力量的重新组合。1874年1月底,形成了第一支部和第四支部反对第六支部和第八支部的局面,前两个支部在总委员会中拥有多数代表,后两个支部的主要阵地是北美联合会委员会。在第一支部在北美联合会中的两名成员波尔特和卡尔宣布退出该联合会委员会后,北美联合会完全为纽约地方委员会所控制。于是北美联合内部的纷争很快就演变为纽约总委员会和北美联合会委员会的冲突。

1874年2月5日,纽约总委员会决定解散北美联合会委员会,并将斯泰布林开除出国际,以便结束这种混乱局面。佐尔格认为这项措施是必要的,也是迫不得已的,他指出:"各种密谋策划使北美联合会瘫痪到这种程度,致使总委员会终于不得不进行干预,解散联合会委员会并接替其工作。"①

经过总委员会的筹备,1874年4月11日,在费城召开了北美联合会的第二次代表大会。大会经过讨论以后,以大多数票通过决定:取消纽约地方委员会;暂时停止不服从总委员会各支部的活动,直至这些支部承认错误为止;将那些违背国际规章的会员开除出去。

大会对政治行动问题进行了长时间的讨论。根据"工人阶级的解放应该由工人阶级自己去争取"的原则,大会反对同任何其他政党建立合作关系,并决议如下:"联合会的政治行动,一般局限于努力争取对工人阶级有利的立法,应当总是采取使工人党区别于和独立于一切资产阶级政党的立场。"②

大会选举了新的七人委员会来负责北美联合会的事务。一部分持不同意见者和不遵守纪律的人离开或被开除出联合会。然而,第二次代表大会以后,北美联合会内部的思想并未统一起来,分裂仍在继续。接

---

① Philip S. Foner and Brewster Chamberlin(eds.), *Friedrich A. Sorge's Labor Movement in the United States*, p. 160.

② Samuel Bernstein, *The First International in America*, p. 261.

连有9个支部退出联合会。剩下的14个支部中只有10个支部还能够按时向北美联合会提供报告。其他支部或者已经完全解体，或者停止了活动。①

北美联合会是纽约总委员会的主要支柱。它的分裂和衰落直接影响总委员会的成败，使总委员会反对错误思潮的能力受到严重削弱。拉萨尔主义的影响因而在总委员会内部也有所增长。佐尔格同以波尔特为首的倾向拉萨尔主义的委员之间出现了公开的矛盾。这种矛盾也反映到总委员会的机关报《工人报》里面去。1874年下半年，佐尔格建议报纸邀请威廉·李卜克内西为每周专栏撰稿，但遭到编辑康拉德·卡尔的坚决反对。于是，佐尔格辞去了该报委员会委员的职务，不久以后又退出了总委员会。佐尔格退出以后，总委员会实际上停止了活动。国际工人协会美国会员中马克思主义的拥护者都集中精力于建立工人政党的工作。恩格斯在给佐尔格的信中曾经这样估计说："在你退出以后，旧国际就完全终结了。"②

1876年7月15日，在费城举行了国际的最后一次代表会议。出席代表共25人，其中只有德国社会主义组织的代表1人，其余都是总委员会和美国组织的代表。会议听取了总委员会的报告，通过了解散国际的决议，并发布了宣言。宣言宣布了国际的解散，同时也指出了国际组织原则不会因此消失，而是将继续发扬光大，"代之而起的则是整个文明世界的进步工人对这种组织原则的承认和维护"③。宣言结尾特别阐述了总委员会驻在国家美国工人对待第一国际事业的态度："美国工人向你们保证，他们要神圣地捍卫并珍惜国际在美国所获得的成果，直到更为有利的条件使得各国工人在共同的斗争旗帜下重新团结一起，那时候人

---

① Samuel Bernstein, *The First International in America*, p. 262.

②《马克思恩格斯选集》第四卷，第412页。

③［苏联］伊·布拉斯拉夫斯基编：《第一国际第二国际历史资料：第一国际》，中国人民大学编译室译，第184页。

们将以更大的力量高呼：全世界无产者，联合起来！"①

第一国际在美国活动之所以没有按照马克思、恩格斯的希望获得新的活力，原因是多方面的。就美国的具体情况来说，有两点值得注意。

第一，以佐尔格为代表的领导人几乎都是德国移民。他们忽略了在美国本土工人中开展工作，因而使国际各支部脱离广大美国工人，经不起恶劣形势的袭击。马克思、恩格斯曾多次提醒佐尔格不要用僵死的教条看待美国的运动，否则就只能成为"纯粹的宗派"和"外国人"。但是，佐尔格没有接受这些劝告，并且为自己的错误辩解。他认为来自其他国家的移民工人并不是单纯的居民，而是美国的公民，并不是什么外国人。"这个国家的工会和工人协会中重要的、很大的部分"是由他们组成的，依靠他们才能使第一国际严格地按阶级路线建立起来。②

第二，第一国际在美国没有重视农民运动和黑人问题，因而使自己处于孤军作战的困境。在美国的特殊条件下，工人运动和农民运动历来就有密切的联系。如果能够正确加以引导，进而取得对农民运动的领导权，第一国际就将能在美国取得广泛的群众基础。黑人问题也是美国的一个特殊问题。内战后，黑人工人的人数日益增加，构成了美国工人阶级的一个重要组成部分。但是，第一国际总委员会和国际在美国的各级组织对这两个问题，一贯采取无视的态度，结果使第一国际在美国的各支部远离农民运动和黑人工人的斗争，因而失去了重要的力量源泉。

然而，第一国际的解散并不是国际工人运动的"死亡"，国际基本上完成了自己的使命，"奠定了工人国际组织的基础，使工人做好向资本进行革命进攻的准备"③。从某种意义上说，第一国际的解散是国际工人运动发展的必然结果，正如恩格斯所说："工人阶级运动已经大大发展，

---

① ［苏联］伊·布拉斯拉夫斯基编：《第一国际第二国际历史资料：第一国际》，第184页。

② Samuel Bernstein, *The First International in America*, p. 55.

③ 《列宁选集》第三卷，第809页。

以致这类形式上的联盟不仅不必要而且也不可能存在下去了。"①美国的情况也是这样,就在第一国际解体的过程中,建立独立的工人政党的运动已经兴起。

---

①《马克思恩格斯全集》第19卷,第143页。

第九章 全国劳工同盟

第一节 全国劳工同盟的创立

建立全国性劳工组织的倡议和西尔维斯的努力 全国劳工同盟是美国的第一个全国性的工人组织。它的建立是同19世纪50年代就已产生的加强工人联合的趋势相吻合的,是当时主观条件和客观条件发展的必然结果。

早在内战初期,建立全国性工人组织的要求已经有所反映,但没有引起工会运动领导人的足够重视。1861年11月,在国际机械工人和冶铁工人工会大会上曾经讨论过这个问题,并通过决议,设置一个专门委员会来筹备全国性工人组织的创建工作。大会还"要求其他全国性的或大(工会)组织也都派出同样类型的委员会来共同商议"[1]。最后,大会确定由该工会的主席、书记和副主席参加专门委员会,负责筹备工作。然而这项动议在当时工会运动处于低落的形势下是不可能得到响应的。只有杰出的工人运动活动家西尔维斯对于建立全国性工人组织的筹备工作给予了应有的重视,并开始从重建全国铸工工会入手。

威廉·西尔维斯,出身于贫苦的马车制造工的家庭,青少年在当地唯一的铸铁厂当学徒,学徒期满后在附近的几家铸铁厂都做过工。1855年,他加入铸工工会,开始了自己的工会活动,1859年,曾担任全国铸工

---

① J. R. Commons(ed.), *A Documentary History of American Industrial Society*, Vol. 6, p. 117.

工会会计。内战爆发后他在联邦军队中服役，并加入过民兵队伍，但时间都很短。1862年初，他离开了队伍重新投入工会运动。他的第一步计划是尽快恢复全国铸工工会的运动，并建立一个强有力的集中的中央机构。在西尔维斯的努力下，全国铸工工会代表会议于1863年1月在匹兹堡召开。有14个地方工会的20名代表出席了这次会议。会议选举西尔维斯为全国铸工工会主席，修订了会章，确定地方工会的会章不能违背全国工会会章的原则。地方组织根据当地情况制定的特殊条例也必须得到全国工会的批准。根据新会章规定，全国工会将通过征收会员会费、会员证费、执照费来建立固定的基金，并采用强制按人头收费的办法建立罢工专用基金。

1863年代表会议是全国铸工工会历史上的一个转折点。它结束了过去地方工会各自为政的混乱状态，使这个全国性行业工会走上统一行动的轨道，并成为全国劳工同盟的核心。为了使各地地方组织能够迅速恢复和发展，并且按照1863年代表会议精神组织起来，西尔维斯于1863年2月3日离开费城，开始了长期的艰苦的跋涉。他的足迹遍布美国全国和加拿大一部分地区，行程超过万里。仅在1863年一年中，西尔维斯就作了三次旅行，访问了一百多个铸造工业区。第一次旅行历时四个月，经过宾夕法尼亚的中部和西部、俄亥俄的山区和城镇、圣路易及其以西地带，然后折回伊利诺伊、底特律、北俄亥俄，北至渥太华，穿过伊利、布法罗、罗切斯特回到费城。第二次旅行历时六周，从纽约市开始，经过赫德森流域，从阿尔巴尼、特洛伊转向罗切斯特，经过伊利、克里夫兰、匹兹堡返回费城。如果说第一次访问遇到过一些挫折，有些地方的铸工由于对西尔维斯的工作缺乏了解而报以冷遇，那么第二次访问则获得了完全的成功。所到之处，他都受到工人的热情接待。西尔维斯曾经在《芬区尔工会评论》上向会员汇报说：尽管在进行斗争，但是铸工们"完全被伟大工人运动的极度重要性所触动，并决心将这个运动推向胜利的结局"。他还高兴地指出："看到我为人道和社会改革所尽的绵薄努力到处受到我的工人同胞的赞赏,对我来说,这是真正值得骄傲的事情。"①
第三次旅行实际上是第二次旅行的继续。他从纽瓦克出发,向西穿过霍
利德斯堡到匹兹堡,然后经惠林至辛辛那提,沿途在坎顿和马西隆奠定
了两个地方工会的基础。他在辛辛那提稍事停留,以这里为基地,在附
近地区开展组织工作,然后取道斯普林菲尔德、韦恩要塞、托莱多,经底
特律去加拿大。西尔维斯在加拿大遇到了困难。那里的劳动市场上存
在着来自美国的大批工人同加拿大工人的竞争,而在法国工人、德国工
人和英国工人之间又存在着民族纠纷。相当多的铸工对西尔维斯的活
动不感兴趣,持冷漠态度。只有多伦多的铸工对西尔维斯的主张表现了
高度的热情。

　　西尔维斯的艰苦旅行和辛勤工作带来了丰硕的成果。1863 年这一
年,铸工系统有 19 个新工会宣告成立,16 个陷于停顿的工会恢复活动,
12 个原有工会的基础得到巩固。西尔维斯对此感到无限的欣慰和满
足,他曾写道:"我将永远也不会忘记我在 1863 年所经历的一切,那是我
一生中最快乐的日子。"②1864 年 1 月,西尔维斯在全国铸工工会代表大
会上再度当选为主席,他在工作总结中满怀信心地说:"我们的工会在短
短的一年中已经由一个幼弱的孩子成长为一个巨人了。像一株活力充
沛的橡树,已经是蔚然大观了,它粗壮的枝干向四方伸展出去,伸展到全
美洲大陆凡有我们这一行业的每一个角落。"③

　　西尔维斯在整顿和重建全国铸工工会的同时积极响应国际机械工
人和冶铁工人大会的呼吁,曾建议全国铸工工会成立一个类似的专门委
员会。但是,由于当时重建工作正在紧张进行,这个建议没有付诸实施。
于是,西尔维斯通过同几个大工会的领导人的私人往来,促进全国性工
人组织的建立。

　　① Jonathan P. Grossman, *William Sylvis*, p. 264.

　　②［美］方纳:《美国工人运动史》第 1 卷,第 523 页。

　　③［美］方纳:《美国工人运动史》第 1 卷,第 524 页。

工厂老板的联合组织和北美国际工业大会的召开 早在60年代以前，在美国就存在着工厂老板组织起来的反对工会的各种协会,但那些协会都是地方性的、分散的,没有彼此联合起来。进入60年代以后,随着形势的发展。老板们为了反对工人的联合行动,新成立了许多反工会组织,而且在地方上联合起来采取统一行动。1863年,俄亥俄州福尔区工厂老板们组成的铸造业与机器制造业协会宣告成立,并公开声明,将"和所有各地与本协会会员经理同样业务并遭受同样不幸的工商业者"进行联络。此外,波士顿的铅管工厂老板、马萨诸塞的铁钉制造业、圣路易的服装业、布鲁克林的机械工厂老板都成立了厂主联合会。在一些地区和城市出现了更高级的各行业老板的联合组织。例如,底特律的密歇根各行业厂主协会就是一个协调各行业老板行动的联合机构。个别行业甚至成立了全国性的厂主协会,例如,美国全国制钢和冶铁协会就是这样的组织。

厂主协会的主要目的就是破坏工会运动,以便加强老板们对工人的控制和剥削。纽约工业家协会在1863年12月发出的秘密通告中露骨地指出:"我们反对任何以调整工资为目的的组织。在此以后的九十天之中,凡参加本协会的各厂,除现已雇用的技工外,对于任何其他技工,除非他持有原服务厂厂主的介绍信证明确系被正当辞退,则应一律拒绝雇用。"[①]

加入协会的老板们利用他们的联合力量向各州议会和政府施加影响,要求通过和颁布反对工会和反对罢工的法令。在内战时期,联邦政府和军队,以及州政府都曾以禁止破坏战争为借口制定了一系列反对工会和反对罢工的法令来扼杀工人运动。

当然,资产者对工人运动的进攻决不仅限于通过几条反对罢工的法令。他们无所不用其极,经常采取制定黑名单、解雇工人,签订"黄狗合

---

① [美]方纳:《美国工人运动史》第1卷,第530—531页。

同"①和关闭工厂的手段来打击罢工运动和工会。如果说某一个工厂采取这些手段,对于罢工者的威胁并不大,但是在资产者联合起来同时采取措施的情况下,罢工运动所遭受的打击往往是极其沉重的。19世纪60年代中期的几次大规模罢工就是在这种情况下遭到失败的。例如,得到铸工工会支持的辛辛那提铸工工人反对铸铁业者协会的罢工,经过九个月的激烈搏斗终于在资产者的联合行动面前遭到失败。火车司机反对南密歇根和印第安纳铁路的罢工也遭到了同样的命运。

资产者的联合行动和他们对工人运动所取得的胜利从反面教育了广大的工会运动者和普通工人,使他们越来越清楚地认识到,只有加强工人的团结,在全国范围联合起来,才能够同自己的对手进行较量并取得胜利。于是,西尔维斯和一部分工人运动活动家关于建立全国性工人组织的设想得到了越来越多的地方工会和工人群众的支持和拥护。例如,1864年年中,一位工人运动领袖这样说:"这不是某一特殊行业与资本势力之间的战争。这是代表劳动力的劳动人民与他们的代表资本势力的老板之间的战争。"②

1863年底到1864年初,肯塔基州路易斯维尔市各行业工会的代表们开始议论建立全国性工人组织的办法和步骤。1864年8月,路易斯维尔行业工会和友好同盟会主席发出通知,决定于9月21日在路易斯维尔召开北美工业大会,并邀请各行业工会负责人和会员出席大会。通知明确提出了这次大会的目的和任务,通知说:"我们认为,把我们自己组成一个国际性团体将会产生重大的结果。几乎每一个城市的资本家和老板们不是都已经组织起来了吗?每一个人不是都完全明白他们的目的乃是要消灭我们的组织吗?但当我们看到这种情况的时候,我们是不是会恐惧地畏缩呢?我们的回答是:不,这只会刺激我们,使我们做出巨大

---

① 这是工厂主用来打击工会的一种手段。厂主解雇罢工工人以后,只同那些表示不再加入工会的工人签订合同,允许他们恢复工作。这种合同就叫作"黄狗合同"。

② [美]方纳:《美国工人运动史》第1卷,第541页。

的努力,我们应当以新的力量进行工作,并为组织各行业的技工而热情劳动,如果需要,就把工人们组织到保护工会里去,并把这些工合联合为如像铸工、机械工、印刷工那样的国际性团体。"①

路易斯维尔大会于1864年9月21日如期举行。出席大会的有来自8个城市组织的代表12人。其中有著名的工人宣传鼓动家,造船木工理查德、特里维利克。这次会议规模虽然不大,但却是建立全国性工人组织的一个重要步骤。这一创举得到了其他地区工人组织的支持。例如,特洛伊行业工会就曾致函大会表示祝贺,并说明不能派代表出席的原因。

会议通过一个文件,阐明北美工业大会的基本宗旨:

> 第一,争取改善北美工人阶级的社会面貌和精神境遇。第二,运用一切不损害我们的荣誉和整体的手段纠正工人阶级在劳动中身临的困窘处境。第三,尽最大努力去影响一切生产者阶级,使他们认识到建立严密的和完备的组织的必要性,并在具备条件的地方自动组成地方工会。第四,运用我们力所能及的一切正当手段调解可能在雇主和工人之间产生的麻烦,努力制订一个可能对双方都有好处的行动计划,运用我们的影响反对一切罢工,除非那些罢工是绝对必须的……②

此外,大会还通过了建立罢工基金以便必要时给予"任何一个可能受到资本家无理攻击的工人组织"实际的经济援助,支持合作运动,要求在华盛顿设立全国劳工部,争取实现八小时工作制等项决议。

大会最后通过一个呼吁书,提出了召开正式代表大会的设想。呼吁书指出:"我们希望第一次代表大会将能在1865年5月1日召开。我们还希望到那一天将能在差不多美国和加拿大的所有城市都看到工会的

---

① J. R. Commons(ed.), *A Documentary History of American Industrial Society*, Vol. 5, p. 118.

② J. R. Commons(ed.), *A Documentary History of American Industrial Society*, Vol. 9, p. 124.

存在。"①

从大会文件和各项决议中可以看出,北美工业大会内部思想不一致,而且带有改良主义色彩,行动很难统一。同时,它的基础是城市行业工会,各地区的利益也很难协调。大会提出的联合设想是难以实现的。事实上,北美工业大会在路易斯维尔会议后就完全停止了活动,建立全国工人联合的任务没有完成。

全国劳工同盟的建立 北美工业大会闭幕后的两年间,建立全国性工人组织的条件日益成熟。在这一时期里,艾拉·斯捷沃德领导的八小时工作制运动蓬勃兴起。诚然,八小时工作制运动的参加者成分极其复杂,有小资产者、资产者,不过大部分还是工人。而且这个运动的一个突出特点就是它超出了经济斗争的范围而带有政治斗争的性质,从政治上把不同行业的工人团结在一起。这对于工人队伍的组织建设具有重要意义。第一国际日内瓦代表大会在关于限制工作时间的决议中,把它作为"使工人阶级获得解放"的一个"先决条件",并且要"把这一要求变成为全世界工人阶级共同的行动纲领"。②毫无疑问,八小时工作制运动的开展促进了全国劳工同盟的建立。

八小时工作制的要求早在1836年11月16日就已经由《全国劳工》正式提出,但真正形成广泛的群众性运动是在60年代中期。从1864年斯捷沃德在波士顿建立工人改良协会起经过两年时间,八小时工作制运动的组织发展到几百个。在许多地方行业工会中都有八小时工作制运动组织的成员。有些地方的行业工会受到很深的影响,提出把八小时工作制作为共同奋斗的目标。1865年2月,纽约州工人大会曾经提议于当年7月在纽约召开全国工人代表大会来"考虑确定最合适的手段,为工

---

① J. R. Commons(ed.), *A Documentary History of American Industrial Society*, Vol. 9, p. 120.

② [苏联]伊·布拉斯拉夫斯基编:《第一国际第二国际历史资料:第一国际》,第52页。

人取得作为法定劳动日的八小时工作制"①。这个提议后来得到了八小时工作制运动组织的响应。例如印第安纳八小时大同盟曾经呼吁各个州的代表大会选派代表参加全国工人代表大会。不过，这次召开全国工人代表大会的倡议仍然未能实现。

1866年2月，国际铸工工会主席威廉·西尔维斯、国际马车制造工工会主席威廉·哈丁和全国印刷工人工会主西尔维斯在费城会面，共同筹划成立全国性工人组织、并决定于1866年3月邀请更多的工会领导人参加筹备工作。3月26日，八位工人领袖在纽约聚会，商讨全国工人代表大会的日期和会议日程。②会议决定将于1866年8月20日在巴尔的摩召开，并向各个工会，甚至八小时工作制运动的团体，以及同情工人的非无产者组织发出邀请。原则上确定每个地方组织派1名代表，每一个工会派两名代表出席大会。会议还同意把八小时工作制作为大会讨论的主要问题之一。会议通过了由安德鲁·C.卡梅伦起草的致工人书，概述了这次会议讨论的问题和设想。可惜这份文件差不多一年以后才刊登出来同工人见面。

西尔维斯因病未能出席这次会议。会议推选哈丁为临时主席，沃利为通讯书记负责进一步的准备工作。

1866年8月20日，全国工人代表大会在巴尔的摩召开。全国劳工同盟宣告成立。出席大会的有77名代表。其中50名来自50个地方工会；17名来自13个行业工会；7名来自5个八小时同盟；3名来自全国性行业工会。③

---

① Norman J. Ware, *The Labor Movement in the United States*, *1860–1895*, New York: D. Appleton & Company, 1929, p. 5.

② 这个数字是《美国劳工运动：1860—1895》上所提供的，同方纳所使用的数字有出入。

③ Norman J. Ware, *The Labor Movement in the United States*, pp. 6-7.根据方纳的材料，出席代表共60人，其中有来自43个地方工会的代表38人，11个行业工会的代表12人，4个八小时同盟的代表6人，1个国际性机构的代表3人和1个全国性工会的代表2人。又大会致工人书中提到出席大会代表为60人。

大会几乎讨论了工人运动和历次社会改革运动所提出的一切问题，并且设立了一些专门委员会对八小时工作制、金融改革、公共土地、合作运动、罢工、债务监禁等问题进行讨论和做出决议。

八小时工作制与政治行动委员会集中讨论了政治行动问题。在讨论中出现了两种不同意见。一种意见认为，政治行动超出了工会活动的范围，不同意把这个问题写进大会决议。另一种意见认为，全国劳工同盟不仅应当开展政治行动，而且必须建立"一个由美国劳工组成的新党"。两种意见相持不下，致使该委员会不得不一再修改自己向大会提出的报告。最后，大会以35票对24票的多数通过了关于政治行动的决议，原则上承认有必要"尽快采取步骤以建立"一个工人政党，但却完全没有提到建党的具体步骤和时间。

在讨论八小时工作制的时候没有出现意见分歧。委员会在报告中向大会代表提出要求，希望他们在大会闭幕后"利用一切正当手段，公开地或私下地宣传八小时工作制"[1]。关于八小时工作制的决议也获得顺利通过。决议要求国会通过一个法案，规定每个州都将8小时作为法定的工作时间，并为实现这一要求而努力奋斗。

巴尔的摩大会关于八小时工作制的决议无疑是正确的，反映了美国工人阶级的迫切要求。1866年第一国际日内瓦代表大会充分肯定了八小时工作制运动的意义，并准备在全世界推广。日内瓦大会在限制工时的决议中指出："代表大会提议把8小时作为法定工作时间的限度。规定这种限度乃是北美合众国工人的普遍要求，而大会代表则把这一要求变为全世界工人阶级共同的行动纲领。"[2]

工会组织与罢工委员会内部，在讨论过程中没有出现意见分歧。大会根据该委员会主席卡梅伦的报告通过决议。关于工会问题的决议，号召所有工人（包括非熟练工）加入工人组织，在尚未建立工人组织的地方

---

① J. R. Commons(ed.), *A Documentary History of American Industrial Society*, Vol. 9, p. 134.

② ［苏联］伊·布拉斯拉夫斯基编：《第一国际第二国际历史资料：第一国际》，第52页。

尽快成立工会,要求所有地方工会派代表参加工人协会和工人大会,为建立本行业的全国性和国际性机构做出贡献。关于罢工问题的决议是错误的,过分强调了协议和仲裁的作用,在执行过程中往往被理解为用调解代替罢工。大会还建议每个行业工会都任命一个调解委员会来调解劳资纠纷,并且认为:"采用这种体制将会制止大多数的所谓'罢工'这种下策的发生。"①

大会也通过了关于公共土地问题的决议。决议指出,公共土地是属于人民的。即使是国家手中掌握的用于公共事务的土地也是属于人民的。"所有公共土地只能给予真正的垦殖者。"②大会责成全国劳工同盟的领导人督促各个工会把这个决定作为自己的政策。

除此以外,大会还强调合作运动的意义,指出:"合作制度是消灭目前工业制度中各种不合理现象的最可靠,最能持久的办法。"③大会提到了在工人群众中开展教育活动的重要性,建议立技工学校、开设技工讲习班和阅览室。但是,大会完全忽略了黑人劳工问题,这不能不说是一个严重缺陷。

尽管全国劳工同盟在成立之初就存在着严重的思想混乱,它的成立毕竟是美国工人运动的一个巨大进步。马克思在1866年10月9日致路·库格曼的信中这样评价说:"同时在巴尔的摩召开的美国工人代表大会,使我感到很高兴。那里的口号是组织起来做斗争。而且令人惊讶的是,在那里,我为日内瓦大会所提出的大部分要求,由于工人的正确本能也同样被提出来了。"④《工人和乌托邦》一书的作者格罗布认为美国全国劳工同盟是"美国第一个真正的全国性的工人联盟"⑤。全国劳工同盟是美国的工人运动从分散走向集中,从地区性走向全国性,从以手工

---

① J. R. Commons(ed.), *A Documentary History of American Industrial Society*, Vol. 9, p. 131.

②③ J. R. Commons(ed.), *A Documentary History of American Industrial Society*, Vol. 9, p. 139.

④《马克思恩格斯全集》第31卷,第533页。

⑤ Gerald N. Grob, *Workers and Utopia*, p. 11.

工人为主走向以工厂工人为主的一种过渡形式。它在美国工人运动史上曾经起过重要的作用。它的成立标志着美国工人运动进入了一个新的历史时期。

第二节　全国劳工同盟的纲领和它的主要活动

芝加哥代表大会和全国劳工同盟的纲领　全国劳工同盟存在的时间极其短暂，从成立到解体不过六年。在这六年中先后举行了七次代表大会：1866年巴尔的摩成立大会、1867年8月芝加哥代表大会、1868年9月纽约代表大会、1869年8月费城代表大会、1870年8月辛辛那提代表大会、1871年圣路易代表大会、1872年9月克里夫兰代表大会。

巴尔的摩代表大会虽然宣告了全国劳工同盟的建立，但是还没有来得及建立一个有效的中央机构和完备的工作制度。大会虽然设立了主席、通讯书记、司库等领导职务，但这些职务都是无报酬的。即是说，全国劳工同盟这样一个庞大组织没有一个职业领导人。它的领导人都必须自谋生路。这种情况必然会影响同盟正常活动的开展。由于西尔维斯因病缺席，大会选举沃利担任主席，C.W.吉布森担任通讯书记。全仗他们个人的努力和捐赠，全国劳工同盟才得以同各个地方工会和全国性组织保持最起码的联系。巴尔的摩代表大会甚至没有制定出一个会章，而只是任命了一个委员会负责会章的起草工作，并提供下届代表大会审议通过。西尔维斯曾对巴尔的摩大会所完成的工作做了如下估价："事实是大会开幕了，会议进行了五天，一条路线的漂亮铁轨已经铺设下来了，上面已放好了一个部件齐全的火车头，司机和各种助手都配备好了，他们都站在驾驶台上，并接到向前开的通知"，而这时所缺乏的是燃料和水，只得让这个火车头"不动地在那里等着，等待1867年8月的第三个星期一"。①

西尔维斯对芝加哥代表大会抱有很大的期望,他曾把这次大会看作是"令当地年岁最大的人都感到惊奇的工人大会"②。他相信这次大会可以把巴尔的摩代表大会的未竟工作全部完成,于是,西尔维斯决定以国际铸工工会代表的身份参加即将举行的芝加哥代表大会,并且利用自己的影响劝说一些地方工会组织多派代表出席这次大会,然而由于当时经济不景气,地方工会缺乏经费,出席大会的代表人数受到影响。

1867年8月19日,全国劳工同盟的第二次代表大会在芝加哥召开。出席代表共71人。其中来自10个八小时工作制同盟的代表10名,来自13个行业工会的代表12名,来自33个地方工会的代表27名,来自全国性的工会代表6名。

芝加哥大会的主要成就之一是通过了会章,健全了中央机构和工作制度。全国劳工同盟主席西尔维斯和通讯书记吉布森向大会提供的报告,用具体事实证明了中央领导机构不健全和缺乏固定基金的缺陷。从报告中所列举的数字来看,全国劳工同盟的财政状况是严重入不敷出的。例如,同盟付给印刷大会文件的经费只有75美元38美分。而实际支出是491美元62美分。③这个巨大的差额完全靠通讯书记吉布森用自己的钱来支付。事情虽然由于个别领导人的主动牺牲精神得以应付过去,但这绝非解决问题的根本办法。因此,同盟主席西尔维斯向大会提出了征收会费的建议。这个问题在通过会章的时候也得到了充分的考虑。

由专门委员会起草的《全国劳工同盟会章》在大会上经过讨论并做出修正后表决通过。可惜会章的全文没有找到,我们只能根据修正的条文对如下几个方面的情况略加阐述。

_____

①② James C. Sylvis, *The Life, Speeches, Labors and Essays of William H. Sylvis*, Philadelphia: Claxton, Remson & Haffelfinger, 1872, p. 7.

③ J. R. Commons(ed.), *A Documentary History of American Industrial Society*, Vol. 9, p. 172.

会章确定了全国劳工同盟的名称,规定了参加全国劳工同盟的各个组织所必须具备的条件。会章第二章第一条规定:"全国劳工同盟由现存的和以后成立的以改善劳动者的状况为目的的工人组织组成。"①这条规定基本上保证了全国劳工同盟的工人阶级性质,对于全国劳工同盟的存在和发展具有重要的意义。

会章确定了各级组织选派代表出席全国工人代表大会的办法。每一个国际性的或全国性的组织可以选派三名代表,州的组织选派两名代表,地方行业工会和其他工人组织送派一名代表。一些实力雄厚的组织可以增派代表出席大会,但此类代表只有投票权而无否决权。

会章规定,全国劳工同盟的领导机构由主席、第一副主席、第二副主席、书记、司库和各州选出的通讯代表组成。主席是完全脱产的职业领导人,年薪为一千美元。第一和第二副主席从不同的州一级组织中选举产生。各州的通讯代表由所在州的组织选派,如因故未能选派则由主席任命。

会章规定了全国劳工同盟的中央机构和各个地方组织的联系制度。通讯代表每月至少需要向同盟主席提供一个关于所在州组织情况的报告。如果无故连续两月不提供报告,那么通讯代表将被免去职务。各个地方工会和工人小组必须每月向所在州的通讯代表汇报情况。

会章还规定,全国劳工同盟中央机构所需要的经费向各下属组织按人数征收。50或不足50人的组织每年交纳会费1美元,超过50人不到100人的组织每年2美元,100人以上200人以下的组织每年3美元,200人以上500人以下的组织每年5美元,500人以上的组织每年6美元。②

会章的通过在一定程度上奠定了全国劳工同盟实现统一团结的基础,为以后的迅速发展创造了必要的前提。

---

① J. R. Commons(ed.), *A Documentary History of American Industrial Society*, Vol. 9, p. 174.

② J. R. Commons(ed.), *A Documentary History of American Industrial Society*, Vol. 9, p. 175.

芝加哥代表大会还就八小时工作制、政治斗争、合作运动、公共土地等问题展开了讨论，并通过相应的决议。最后，芝加哥大会再次选举西尔维斯担任同盟主席。

西尔维斯当选主席和全国劳工同盟的主要活动　1868年9月召开的纽约代表大会对会章又做了修改，进一步加强了同盟的中央机构。主席的年薪增加到1500美元。取消通讯代表，由各州选出一名执行委员同中央机构领导人组成执行委员会。[①]会章提高了各工会组织上交会费的金额，并规定按每人1美分征收会员会费。此外，还规定向新申请成立的工会收取执照费5美元。在这次大会上西尔维斯当选为同盟主席。

西尔维斯的当选引起了社会舆论的注意。《纽约太阳报》评论说："西尔维斯位居他们（工人领袖）之首……他的名字家喻户晓……"[②]西尔维斯担任主席后立即全力以赴地投入发展组织工作。12月，在他的主持下在华盛顿举行了全国劳工同盟执行委员会。执行委员会集中研究了全国劳工同盟的发展工作，并决定授权西尔维斯"前往全国各大重要都市和村镇进行活动，以便在群众中广泛进行关于全国劳工会各项原则的讨论，并在各地建立支会以与总会合作"[③]。1869年2月，西尔维斯同他的朋友理查德·特里维利克到南部去进行巡回组织工作。他看到了南部的贫困，认为这种贫困完全是华尔街一伙金融巨头造成的。他相信全国劳工同盟定会在南部找到广泛的支持，"因为每个人都是贫穷的，而我们的事业是贫困反对金钱贵族的战争"[④]。他们到处宣讲工会组织和全国劳工同盟的主张和作用，争取更多的人加入工会，并且常常把他们的工作情况和取得的成绩写信告诉同盟的机关报——芝加哥《工人拥护者》。

[①] J. R. Commons(ed.), *A Documentary History of American Industrial Society*, Vol. 9, p. 202.

[②] Jonathan P. Grossman, *William Sylvis*, p. 260.

[③] ［美］方纳：《美国工人运动史》第1卷，第563页。

[④] James C. Sylvis, *The Life, Speeches, Labors and Essays of William H.Sylvis*, p. 329.

在三个月旅行中,他们建立了26个全国劳工同盟的支会。①在西尔维斯的带动下,各个州组织都积极开展了组织扩展工作。例如,俄亥俄州组织的主席在报告中说,他已组织了20个地方行业工会。1869年到1870年间闻里查德·特里维利克又在密西西比河以东的广大地区进行了五个月的巡回组织工作,建立了127个地方组织。②

1869年,全国劳工同盟进入了自己的顶峰时期,成为当时美国最大的和最有影响的全国性工人组织。根据《芝加哥论坛报》的估计,1869年全国劳工同盟的会员人数达到80万,西尔维斯认为只有60万。不过,这两个数字显然都是夸大了的。据格罗布的估计大概是20万至40万。③

全国劳工同盟在西尔维斯及其前任的领导下开展了八小时工作制运动、合作运动,和第一国际保持着一定的联系、同时逐步克服了种族偏见,开始在黑人工人中进行工作。

八小时工作制运动是二三十年代缩短工时运动的继续。西尔维斯认为,这不仅是一个经济问题。而且是社会问题和精神修养问题。④在全国劳工同盟成立以前,西尔维斯已经开始同艾拉·斯捷沃德、芬区尔一起共同宣传八小时工作制,并取得了初步成果。1865年,纽约、波士顿、底特律、巴尔的摩的市政机构先后通过了八小时工作制法律。⑤

全国劳工同盟成立后,把八小时工作制运动作为自己的一项中心任务,在历次大会上进行了认真的讨论,并且号召所属各级组织和全体会员为实现这个任务而努力。巴尔的摩代表大会曾经委派一个以约翰·兴赤克利夫为首的代表团同安德鲁·约翰逊总统会谈,争取他对八小时工作制的支持。西尔维斯在格兰特当选总统以后也曾要求他在就职演说

---

① ② Joseph G. Rayback, *A History of American Labor*, p. 117.

③ Gerald N. Grob, *Workers and Utopia*, p. 12.

④ Jonathan P. Grossman, *William Sylvis*, p. 239.

⑤ J. R. Commons(ed.), *A Documentary History of American Industrial Society*, Vol. 9, p. 277.

中对八小时工作制做出解释。全国劳工同盟的一些地方组织则纷纷发起签名运动来迫使所在州的议会通过八小时工作制法令。例如,加利福尼亚州议会收到过长达 22 英尺,有 1.1 万人签名的请愿书。大约有 12 个关于八小时工作制的提案在一些州的议会中提出辩论。不过,其中只有康涅狄格、纽约、伊利诺伊、密苏里、威斯康星和加利福尼亚六个州于 1867 年通过了八小时工作制法令。1868 年 6 月 25 日,美国国会也制定了第一个关于八小时工作制的联邦法律,规定联邦政府雇用的一切雇员、工人和技工每日工作时间为 8 小时。

毫无疑问,上述法令的制定都是全国劳工同盟开展八小时工作制运动的成就。然而,这些成就是极不稳固的。因为上述法令都存在着严重的缺陷,往往被老板们随意解释而拒不执行。例如,康涅狄格等四个州的法令规定,八小时工作制法令对签有合同的工人无效。威斯康星的法令只适用于妇女和儿童。联邦的法律也遭到明目张胆的破坏。联邦各部在实行八小时工作制的时候,同时把雇员的工资削减 20%。而当华盛顿工人向政府提出抗议时,总检察官威廉·M.埃瓦茨却增加了削减额。格兰特总统就职后,他的总检察官埃本尼泽·R.霍尔也采取同样的态度,并且宣布一切政府工作承包人不受《八小时工作法》的限制。

对于破坏《八小时工作法》的行为,全国劳工同盟的领导人西尔维斯不主张采取罢工手段进行反抗。他认为在当时的情况下,罢工毕竟是一种"极端愚蠢和疯狂"的手段。他仍然希望通过法律程序来实现八小时工作制。他曾几次写信给霍尔,反对霍尔的做法,希望霍尔会逐渐改变态度,"如果没有变得更聪明些,至少不要那样专横"[1]。不过,西尔维斯的警告并没有改变霍尔的态度,真正使联邦政府感到惊恐的是各地工人的反抗运动。格兰特总统在他就职后的十个星期内不得不发布命令,规定从 1869 年 5 月 21 日开始"对于按日计酬由政府支付的工资……不得

---

① Jonathan P. Grossman, *William Sylvis*, p. 246.

因工时减少而减付"①。然而,这个命令也未得到执行。

从政府官员和资本家的破坏行为中,工人群众进一步认识到单依靠法律来实现八小时工作制是不行的,于是采取了更为有效的行动。1868年,宾夕法尼亚州斯库德基尔地区2.5万名矿工拒绝同矿主签订工作时间超过8小时的合同,举行了大规模罢工。后来纽约市10万建筑工会会员也发动了反对延长工时的罢工②并取得了重大的胜利。

八小时工作制运动虽然超出了全国劳工同盟领导人所规定的范围,发展为大规模罢工,但从总的来说,这毕竟是同盟各项工作中最有成效的一项。

全国劳工同盟把主要的注意力放在开展合作运动,这也是劳动反对资本的重要斗争手段。马克思、恩格斯都曾予以肯定。马克思在《国际工人协会建立宣告》中指出:"劳动的政治经济学对财产的政治经济学还取得了一个更大的胜利。我们说的是合作运动,特别是少数勇敢的'手'独立创办起来的合作工厂。对这些伟大的社会试验的意义不论给予多么高的估价都是不算过分的。工人们不是在口头上,而是用事实证明:大规模的生产,并且是按照现代科学要求进行的生产,在没有利用雇佣工人阶级劳动的雇主阶级参加的条件下是能够进行的。他们证明:为了有效地进行生产,劳动工具不应当被垄断起来作为统治和掠夺工人的工具;雇佣劳动,也像奴隶劳动和农奴劳动一样,只是一种暂时的和低级的形式,它注定要让位于带着兴奋愉快心情自愿进行的联合劳动。"③同时,马克思又提醒人们注意:"1848年到1864年这个时期的经验毫无疑问地证明,不管合作劳动在原则上多么优越,在实际上多么有利,只要它没有越出个别工人的偶然努力的狭隘范围,它就始终既不能阻止垄断势力按着几何级数增长,也不能解放群众,甚至不能显著地减轻他们的贫

---

① Jonathan P. Grossman, *William Sylvis*, p. 246.

② Joseph G. Rayback, *A History of American Labor*, p. 119.

③《马克思恩格斯选集》第二卷,第132—133页。

困的重担。"①

全国劳工同盟是60年代美国合作运动的主要组织者和倡导者。全国劳工同盟的领导人西尔维斯还在同盟成立以前,在1864年全国铸工工会大会上就提出了支持合作社的建议,但未被采纳。1866年,西尔维斯的建议得到通过。特洛伊的铸铁工人首先成立了铸铁生产合作社,并且取得了可喜的成绩。该生产合作社拥有50名铸工。大多数铸工除领取正规工资以外还可以得到每天2美元的附加工资。在开业18个月以后,合作社的资本达到6.5万多美元。其中有1.7万多美元是从红利中提出的生产资金。②

特洛伊铸铁生产合作社的成就推动了全国各地的合作运动。1867年,辛辛那提的11名铸工在罢工中组织起来,凑集了8000美元的资金,开办了一家铸铁工厂,他们不仅很快收回了成本,而且使这个工厂发展到50人的规模,并拥有资本6万美元。在新奥尔良、路易斯维尔、亚拉巴马、克里夫兰、萨默斯特、费城、昆西、纽约、圣约翰、新木伦瑞克等地都建立了铸铁合作社。③

除此以外,在全国劳工同盟的支持下,在匹兹堡成立了由国际工会直接控制的铸铁生产合作社。1867年,在匹兹堡工人举行罢工的时候,西尔维斯开始劝说参加罢工的150名铸工建立生产合作社,以便从前途难卜的斗争中解脱出来。同年8月10日,西尔维斯向所有的地方组织发出一封通告信,描述了他制订的改变匹兹堡铸工困境的计划。他还在《铸工杂志》社论中呼吁说:"我极望唤起你们对在匹兹堡努力创办铸铁合作社的注意……我决定采取大胆的前进步骤。"④

1867年9月21日,一个筹建匹兹堡铸铁合作社的临时机构宣告成

---

① 《马克思恩格斯选集》第二卷,第133页。

② Jonathan P. Grossman, *William Sylvis*, p. 199.

③ Jonathan P. Grossman, *William Sylvis*, pp. 199–200.

④ Jonathan P. Grossman, *William Sylvis*, pp. 201–202.

立。这个机构有一名董事长、一名司库和由十名董事组成的董事会。西尔维斯亲自担任董事。11月,董事会在匹兹堡郊外阿列根尼铁路线上选择了一个地方破土修建厂房。原计划定于新年投产,但直到1868年1月20日,州政府才颁发了许可证。2月3日,董事会召开了第一次正式股东会议。1868年5月下旬,合作社终于生产出第一批铸件。在这以后,西尔维斯建议全国劳工同盟下属的铸工工会在各个工业城市中普遍建立匹兹堡类型的合作社。铸工工会接受了这个建议,并成立了一个包括西尔维斯在内的七人经理小组。经理小组受权在各工业城市筹建合作社。

为了筹集建立合作社所需的资金,西尔维斯决定采取出售股票的办法,建议每名铸工至少认购5美元的股票。但是,推销股票并不顺利。只有少数地方的铸工踊跃认购,大多数地方的铸工没有认购,或者认购以后交不出现款。1868年,西尔维斯在多伦多大会上指出,股票认购的情况远非预期的那样好。他不得不再次发出通告信,呼吁铸工工会会员尽快认购和交付股金。除此以外,他还使用罢工基金购买合作社股票。但是,所有这些措施,未能解决建立合作社所需的大量资金。

由于缺乏资金和管理不善,许多已经建立的合作社也不能长期维持下去,1868年以后纷纷破产。合作运动趋于低落。

全国劳工同盟也在黑人工人中开展过工作,不过经历过一段曲折的道路。西尔维斯同全国劳工同盟的许多领导人一样,开始的时候对黑人持有偏见,因而对组织黑人工人的问题保持缄默。但他毕竟是一位有远大眼光的工人领袖,很快就意识到黑人问题的重要性。他很赞成第一次代表大会声明中所提到的那段话,"我们认为工人事业的利益要求所有工人不分种族或国籍都应当加入全国劳工同盟的队伍"。但同时他又对这群纸上谈兵,不开展实际工作的态度表示失望。他曾强调说,如果南部的黑人工人和白人工人团结起来,"我们将会摧毁华尔街的基础"①。

---

① James C. Sylvis, *The Life, Speeches, Labors and Essays of William H. Sylvis*, p. 337.

"如果白人工人不热诚对待黑人，那么黑人将会投出他们的反对票"，并充当罢工破坏者。①

全国劳工同盟对待黑人工人的基本看法是在1867年芝加哥大会前夕发出的《致工人书》中正式提出的。这份文件有如下一段说明："黑人人数共有400多万，他们之中用自己的双手从事劳动的人所占的比例数，较之世界上任何其他人种都要大，我们怎么可以拒绝他们自愿的合作，而使他们成为我们的敌人呢?"②文件还提醒工人们识破资本家挑拨离间的阴谋，同黑人工人紧密地团结起来。但是，在通过这份文件的时候，全国劳工同盟领导人之间的分歧再一次暴露出来。一部分人由于受到社会偏见的影响不同意接受黑人加入同盟，反对把黑人问题提上日程。全仗卡梅伦等人的坚持，《致工人书》才得以通过。卡梅伦认为，由于这个问题的困难复杂就避而不谈，那是"完全不负责任的态度"。重要的"是每一个工会都各尽自己的力量来发扬那个伟大崇高的观念，就是说，让大家明白，一切劳工的利益是一致的，不应有什么种族或国际的区分，更不应有什么犹太人或非犹太人，基督徒或非基督徒的分别，世界上只有一条分界线，那就是将人类区划成两个阶级——劳动阶级与依靠别人劳动为生的阶级——的那条分界线"③。

然而，在现实生活中，贯彻《致工人书》的正确原则是十分困难的。巨大的阻力不仅来自部分深受社会偏见影响的工人领袖，而且来自地方组织和广大会员。他们受到资本家恶意宣传的蒙蔽，把黑人看成是最危险的职业竞争者，是资本家用来破坏罢工、降低工资的工具。他们不仅禁止黑人加入工会，甚至拒绝同黑人在一个车间做工。例如，砖瓦工华盛顿地方分会于1869年发动一次罢工反对厂方雇用黑人，并把曾同黑

① James C. Sylvis, *The Life, Speeches, Labors and Essays of William H. Sylvis*, p. 337, 348.

② J. R. Commons(ed.), *A Documentary History of American Industrial Society*, Vol. 9, pp. 159–160.

③ [美]方纳:《美国工人运动史》第1卷，第591页。

人在一起工作的会员开除出会。这种严重的种族歧视和社会偏见阻碍着芝加哥和纽约大会就黑人问题做出正确的决议。1868年以后,情况才发生根本性的变化。引起这种变化的原因有两个:黑人运动的兴起和西尔维斯的影响在全国劳工同盟内部的加强。

1867年起,南部的黑人罢工就此起彼伏,连绵不断。一些地方的黑人在罢工中建立了自己的组织。查尔斯顿的码头工人自卫会就是一个例子。1869年7月19日,马里兰的黑人技工在巴尔的摩举行了全州性的代表会议,并建立了永久性的工人组织。巴尔的摩油灰工伊萨克·迈耶斯当选主席,下设由各行业代表组成的执行委员会。

马里兰的黑人劳工组织努力同全国劳工同盟取得联系,并派代表参加同盟的费城大会以便逐步同全国劳工同盟实现联合。另一方面这个组织又积极筹备召开全国性的黑人劳工代表大会,扩大黑人的独立组织。黑人工人独立活动所取得的成就证明他们是美国整个工人运动中不可缺少的部分,使全国劳工同盟的一些反对接纳黑人的领导人受到教育。同时,西尔维斯担任同盟主席后受到绝大多数会员的爱戴,他的主张和思想也得到人们的拥护和支持。1869年,西尔维斯在经过对南部运动的考察之后,已经相信"只要有适当的计划和一个热烈的运动就可以将南部的全部劳动人口,包括白人与黑人"都在同盟的纲领下团结起来。他明确表示,在下届大会上应当把黑人问题作为重大问题列入大会议程。

遗憾的是,西尔维斯在1869年费城大会开幕前死去,不过他的团结黑人的计划在大会上得到了贯彻。在出席大会的142位代表中,有9名黑人代表。其中有马里兰州黑人劳工组织的主席迈耶斯。大会通过了关于黑人劳工的决议,明确地指出:"全国劳工同盟不知道在争取劳工权利的问题上,有什么南部、北部、东部、西部的区别,也不知道有什么肤色和性别的差异,它号召我们一切有色会员弟兄们,在合法范围内,尽可能成立自己的组织并派代表从联邦的每一个州前来参加下一届的代表会议。"大会还决定指派一个特别委员会来"帮助宾夕法尼亚的有色人种组织工会。"大会倾听了黑人代表的发言，表现了对黑人问题的关注。迈耶斯在自己的发言中高兴地指出："沉静、坚强而有长远意义的一次革命，已由于你们携起黑人的手并告诉他们说，他们和你们的利益是一致的而开始了。"①

　　但是，全国劳工同盟和黑人运动的进一步联合并没有实现。一方面，由于全国劳工同盟从西尔维斯去世后逐步走向衰落，并最后走上了同金融改革论者合流的道路，另一方面，由于1869年12月5日，在华盛顿成立的有色人种全国劳工同盟受到了有产者的操纵，迅速向共和党靠拢而最后趋于瓦解。

第三节　全国劳工同盟的衰落及其原因

　　辛辛那提大会和全国劳工同盟的衰落　辛辛那提代表大会是全国劳工同盟走向衰落的转折点。在这次代表大会上，绿背党分子取得优势，工会主义者失去了从前的地位。大会取消了工会的要求，而且不再以地方行业工会和全国性工会为自己的基础，从而失去了工会组织的支持，变成一个毫无实力的咨询机构。大会还根据一部分代表的意见把全国劳工同盟分成工业的和政治的两个分支，每个分支都可以单独召开自己的大会。这个决定完全抛弃了过去的组织系统，使得已经削弱的组织进一步分散力量。

　　由于脱离工会运动，全国劳工同盟的第六次代表大会的代表人数骤减。除去累遭罢工失败打击的克里斯宾工会组织以外，没有其他任何全国性派代表参加。这次大会于1871年8月19日在圣路易召开。它的主要决议就是重申了把政治和工业组织分开的决定，并确定1872年2月在俄亥俄州哥伦布城召开政治大会，9月在田纳西纳什维尔举行全国劳工

---

① ［美］方纳：《美国工人运动史》第1卷，第55页。

同盟大会(即工业大会)。①

1872年2月,全国劳工同盟第一次政治大会为期在哥伦布城举行。大会的中心议题是提出总统候选人名单。为此大会采用了二人改革党的名称。经过讨论,大会提出美国最高法院助理法官戴维斯为总统候选人,新泽西州州长约翰·帕克为副总统候选人。但是戴维斯的提名遭到一部分人的反对,同时,戴维斯本人也因为民主党提出霍拉斯格里利作为总统候选人而拒绝接受工人改革党的提名。这时,重新提名已经为时过晚。工人改革党只得转而支持民主党人塔曼尼派的候选人查尔斯·奥康纳。结果这个候选人仅获得2万多张选票,选举运动宣告失败。这次政治上的失败使全国劳工同盟的处境更为困难。

1872年9月,全国劳工同盟的最后一次大会改在克里夫兰举行。到会代表只有七人。这次大会实际上宣告同盟的解体。同盟的大部分人都接受了凯洛格金融改革论的影响而走上了同绿背合流的道路。

意义和失败原因 全国劳工同盟存在的时间虽然不长,但对于美国工人运动的发展其有重要意义。它是美国工人阶级实现全国联合的第一次成功的尝试。它所确定的组织原则,以及征收会费、设立支付薪金的领导职务、实行一定程度的中央集议等项措施为以后的全国性工人组织的建立提供了经验。

全国劳工同盟在反对资本的斗争中虽然在方针策略上存在着改良主义的缺陷,但在组织工人、动员工人、宣传工人方面做了大量工作,取得光辉成就。其中值得特别指出的是全国劳工同盟伊利诺伊州的机关刊物《芝加哥工人拥护者》所起的重要作用。这份刊物是在1864年夏天芝加哥时代报印刷工人罢工中创立的。它的主要创办者是退出芝加哥时代报的印刷工人。罢工的领导人卡梅伦被推选为该报的总编辑。卡梅伦出身印刷工人家庭,本人也是印刷工人。他担任总编辑后,把全部精力都献给了这份报纸。1864年7月1日,《芝加哥工人拥护者》的第一期

---

① J. R. Commons(ed.), *A Documentary History of American Industrial Society*, Vol. 9, p. 271.

问世,芝加哥工会联合会立即把它作为自己的机关刊物。1866年全国劳工同盟成立后,《芝加哥工人拥护者》又成为同盟在伊利诺伊州的机关刊物。

《芝加哥工人拥护者》不仅宣传全国劳工同盟的方针政策和报道美国工人运动的发展状况,而且登载国外的情况和消息。1870年11月26日至1871年12月2日,该报陆续登载了威廉·李卜克内西的三十封信。[①]这些信件对于传播科学社会主义思想无疑是起过重要作用的。《芝加哥工人拥护者》在宣传第一国际和马克思著作方面也做过一些工作。该报曾辟有专栏"旧世界的消息:工人运动的进展",登载过第一国际纽约支部印有《资本论》摘录的传单和1871年9月8日第一国际关于普法战争的宣言。从1871年7月15日到9月2日,该报还陆续发表马克思的《法兰西内战》,并发表了捍卫第一国际的言论。

不过,应当指出,这家报纸也经常登载宣传凯洛格的全部的金融改革论的文章,正如塞缪尔·伯恩施坦所说的:它是"第一国际事业的靠不住的宣传者"[②]。

全国劳工同盟也是美国第一个同国际工人协会保持密切联系的群众性组织。它的主要领导人曾经同第一国际总委会有书信往来。它正式表示过赞成国际各项原则的立场和加入国际的愿望。

全国劳工同盟失败的根本原因在于它的领导人不能把握过渡时期的特点,顺应历史发展趋势,提出正确的奋斗目标,把已经组织起来的广大会员引上现代斗争的轨道。恰恰相反,他们为手工业工人的思想和情绪所左右,往往提出了向后看的目标,使运动在某些方面回到了工场手工业时期的水平。他们低估了工会运动在当时的作用,认为新兴的工会不能阻止机器使用范围的扩大,大量技工被机器所代替,从而使工资水

[①] Philips Foner (ed.), *Wilhelm Liebknecht: Letters to the Chicago Workingman's Advocate*, New York: Holmes and Meier, 1983, p. 1.

[②] Samuel Bernstein, *The First International in America*, p. 87.

平降低的现象将继续发展,罢工所取得的微小的改善无足轻重。西尔维斯认为,工会运动不能消除贫困和一切罪恶现象的根源。"这一切弊端的根源在于工资制度。只要我们还继续为工资而工作……只要我们还被迫接受微薄的工资",这些弊端就不可避免。[①]只有合作运动才能从根本上解决这个问题。他指出:工会"只是通向解放和胜利道路上的第一个重大步骤",最后的步骤是合作运动。"通过合作我们将成为一个雇主的国家——我们自己劳动的雇主。土地的财富将转送到财富的生产者手中。"[②]"合作是医治低工资、罢工、失业及工人所遇到的成千的其他被强加的烦恼事情的唯一的真正的灵丹妙药。让我们坚持不渝地沿着合作的道路前进吧。从现在起,十年内我们的痛苦将会结束。"[③]

西尔维斯所说的合作运动是联合小手工业者对抗大工业发展的一种手段。正如格罗布所指出的,他的"合作社会是建立在个体小生产占统治地位的基础上的"[④]。

尽管有的生产合作社成立初期曾经取得过一些成就,但是从长远来说是无法生存下去的。当然,它也不可能成为改造工资制度的根本途径。首先,合作社缺乏资金。它的资金主要来源为股东的股金和贷款。合作社工人持有的股份是微不足道的。社会上的股票持有人和债权人往往不断要求提高股票红利和债务利息,迫使合作社不得不降低工资、延长工时,采取同资本家毫无二致的经营方式。其次,合作社面临大工厂的激烈竞争,其产品不能按预定的价格出售。在它的面前只有两种可能的结局,而没有更多的选择余地。要么它大幅度减少工人所得的份额以维持本身的生存,最后蜕变为一种变相的股份公司,要么出现严重亏损而宣告破产。

---

① James C. Sylvis, *The Life, Speeches, Labors and Essays of William H.Sylvis*, p. 197,296.

② Charles A. Madison, *American Labor Leaders*, New York: Harper & Brothers, 1950, p. 32.

③ Charles A. Madison, *American Labor Leaders*, p. 33.

④ Gerald N. Grob, *Workers and Utopia*, p. 14.

全国劳工同盟所发起的合作运动正好经历了这样一个兴衰的过程。它在 1868 年以后急剧衰落,一蹶不振。同盟在工人中的声誉因而也受到了严重损害。从同盟的基本倾向来看,它主要反映了小手工业者的利益和思想,还不是一个工业无产阶级的组织,没有摆脱工场手工业时期工人运动的局限性。从根本上说,它同所代表的阶层都是没有前途的。它的基本目标同大工业的发展趋势背道而驰,其所以归于失败,是不足为奇的。

同盟失败的另一个重要原因在于它受凯洛格金融改革论的思想影响,走上了同绿背党合流的错误道路。接受金融改革论是合作运动失败的必然结果。凯洛格金融改革论的中心论点就是设立国家基金委员会,向工会和任何生产者发放低利贷款,通过这个改革,不必经过痛苦的斗争就可以逐渐消灭工资制度。佐尔格认为这纯粹是中等阶级的改良主义理论,其目的在于回避阶级斗争。八小时工作制运动的领袖艾拉·斯捷沃德也看出了金融改革论的危害性。他警告人们说:劳工运动中的金融改革家们是"正在替资产阶级做着他们自己想做而做不到的工作"。"那些理论即使完全顺利地得到实现,也只会让工人仍做他的工人,资本家仍做他的资本家,而两者之间仍存在着不可调和的冲突。"①

然而凯洛格的金融改革论对全国劳工同盟领导人是具有很大的吸引力的。他们把这项"改革"同小工商业者和合作社的资金来源联系在一起,认为这个金融计划可以决定美国工人阶级的前途。甚至连威斯这样杰出的领导人也认为:"我们的心中目标,是一种新的金融制度,这一制度将从少数人手中剥夺对于金钱的控制力量,而使人民能够得到利息低的、稳定的和充裕的货币。这一目的达到后,人民就会完全得到自由。那时就会自然出现一种世界上还没有过先例的巨大的社会革命……"②

卡梅伦在《芝加哥工人拥护者》上,整章地刊载凯洛格的《劳动及其他

① [美]方纳:《美国工人运动史》第 1 卷,第 626—627 页。

② James C. Sylvis, *The Life, Speeches, Labors and Essays of William H.Sylvis*, p. 72,82.

资本》一书。全国劳工同盟的活动家亚历山大·堪浦别尔接连发表几本小册子,综述凯洛格的理论。在全国劳工同盟内部掀起了一个宣传金融改革论的热潮。西尔维斯甚至把工会运动放到了无足轻重的地位,他认为:"在一个合理的金融制度建立起来后,工会便不再有存在的必要了。"①

在凯洛格金融改革论的影响下,全国劳工同盟逐步放弃了缩短工时、提高工资的要求,从而脱离了工会运动。它的很多成员也都转变成绿背党员或者他们的支持者和同情者。正如方纳所说的:"金融制度改革运动并没有,也不可能真正给工人带来自由。相反地,它却加速了真正代表着改善劳工生活的主要希望的全国劳工联合机构的死亡。"②

除此以外,松散的组织形式,缺乏正确的思想指导,同第一国际联合的失败及财政上的困窘也都构成了全国劳工同盟迅速、衰亡的原因。

全国劳工同盟虽然解体了。但是它在美国工人运动史上的贡献是不可磨灭的,它是美国工人运动从分散走向联合的一个路标。

---

① James C. Sylvis, *The Life*, *Speeches*, *Labors and Essays of William H.Sylvis*, title page.

② [美]方纳:《美国工人运动史》第1卷,第627页。

第十章 工人运动和农民运动的合流

第一节 历史原因

自由土地运动对工人运动的影响 在美国历史上,由于广大西部自由土地的存在、农业和西进运动在社会经济生活中占有十分重要的地位。美国的工人运动历来就受到自由土地运动的影响。两者之间有着密切的联系。在工人运动的每一个阶段都可以找到这种影响的明显表现。早在19世纪20和30年代,在早期工人政党的活动中,著名的土地改革运动活动家乔治·亨利·伊文斯就曾经起过重要的作用。在新英格兰甚至成立了农民、技工联合会。

美国工人一直是自由土地运动的支持者。在他们的纲领中经常把争取自由土地的斗争作为一项重要内容。还有不少思想家和改革者希望在土地改革运动中为工人阶级寻求解放的途径,对西部土地存在过种种的幻想,甚至参加过空想社会主义者所进行的试验。

然而,大多数工人对开垦西部农田是不抱幻想的。曾经有一位工人说:"我们不能没有一个钱的路费就到西部去,我们也没有办法积蓄下一笔钱来,维持一家人的生活就已经够我们干的了。我们现在没有钱作路费,将来还需要钱买土地、农具、种子,然后还需要更多的钱维持生活,直到我们能够出卖一部分地里的收获物的时候,我们还是一个钱也没有,再说,就算我们能有这些钱,田里的活儿我们也完全不懂得——工厂里干了一辈子,别的门道我们完全不知道,到了那里,我们又能干得出什么来?"①就一般情况来说,工人们之所以支持自由土地运动并不是为使自己能够得到一份宅地,变成西部的拓殖者,而是希望西部的土地能够吸收大批移民,从而避免工人过分集中,造成工资下降和失业。当然,也有少数先进工人和工人当中的社会主义者真正认识到争取自由土地的运动是争取更广泛的民主运动的重要组成部分,对于工人阶级的解放事业是有着密切关系的。

马克思根据美国的实际情况肯定了土地改革运动的历史作用。他认为,争取自由土地的运动对美国当时的私有制度是一个冲击,从长远来说,对无产阶级运动的发展是有利的。马克思并不反对美国的无产阶级在某一历史阶段同解放土地运动相结合。但是,他认为,解放土地运动只能是无产阶级运动在一定条件下的必要的初步形式,而且仅仅具有次要意义,决不能成为运动的终极目标。

内战后农民运动的高涨　内战后颁布的《宅地法》使分配西部国有土地的问题以有利于小农的方式得到了解决,为农业中资本主义发展的"美国式道路"开辟了广阔的前景。但是,由于在执行过程中存在着种种弊端,大量离交通线较近,土质肥沃的土地都落到了铁路公司和土地投机者的手中。大多数西进移民不得不从他们那里购置土地,进行垦殖。因此争夺土地的斗争仍然在继续进行。不过,对于大多数农民来说,这种斗争已经退居次要地位。同他们休戚相关的是战后形成的不利于农业发展的经济形势。

内战后,美国农民首先遇到的问题就是铁路公司的无情盘剥。他们往往无力支付巨额的运费而不得不让大量谷物堆存在谷仓里,或者白白烂掉。铁路公司一直利用自己是中西部和西部大量农产品的主要运输者的优势,竭力从农民身上榨取利润,长期实行高额货运费政策。例如,1869年从密西西比河以西到东海岸每蒲式耳谷物运费竟然高达52.5美分。如果把70年代和80年代两种主要农作物价格的情况做对比,就不

---

① J. R. Commons(ed.), *A Documentary History of American Industrial Society*, Vol. 7, pp. 54–55.

难看到,对于中西部和西部的农民,如此高额的运费是难于负担的。具体情况见下表。①

年份	小麦(美分/每蒲式耳)	玉米(美分/每蒲式耳)
1870—1873	106.7	41.1
1874—1877	94.4	40.9
1878—1881	100.6	43.1
1882—1885	80.2	39.8
1886—1889	74.8	35.9

从表上的数字可以看出,密西西比河以西的农民每运出1蒲式耳小麦就需要支出相当于售价1/2或2/3的运费,每运出1蒲式耳玉米就需要支付高于售价的运费。

70年代开始的长达二十年的农业危机使美国农民的境况更为恶劣。在危机期间,农产品价格低落,农民无法偿还种种借款,债台高筑。到1880年,农业中的债务总额达到3.43亿美元,而且还在不断上升。②

战后对绿背纸币的处理问题也直接涉及广大农民的切身利益。内战期间,联邦政府为了支付军费,发行了总数为4.5亿美元的绿背纸币,并规定这种纸币除不能支付关税和国债的利息以外,对一切公私债务的支付都具有法律上的效力。以后,联邦政府又发行了0.5亿美元的小额纸币作为补充。内战结束后,到1865年9月1日,约有43316万美元的绿背纸币和2634.4万美元的小额纸币尚未收回,仍然在国际市场上流通。③大量纸币的发行引起了严重的通货膨胀。面值1美元的绿背纸币

---

① Ray Allen Billington, *Westward Expansion*, New York: Macmillan Publishing Co., 1974, p. 725.

② Arthur M. Schlesinlger, Sr., *The Rise of Modern America, 1865-1951*, New York: Macmillan & Co., 1951, p. 148.

③ [美]福克讷:《美国经济史》上卷,第197页。

到1864年7月只相当于实际价值的39美分。[①]

战后,联邦政府实行收缩纸币,恢复使用硬币,准备再度采用金本位的政策,使币值逐渐回升,物价下跌。新货币政策的主要受害者是西部和中西部地区的农民,尤其是拓荒者。他们在内战中都曾向贷款公司举债购置农业机械以弥补人力的不足,在物价、币值回升的情况下,无法偿付抵押借款和购买机器,牲畜所负的债务。

所有这一切都迫使广大农民组织起来为争取生存而奋斗。从19世纪60年代一直到该世纪末,农民运动连绵不绝,出现了一个又一个的高潮。将近1/2的农民投入了运动。其规模之大、影响之广泛都是美国历史上所仅见的。

最早出现的是农民协进会运动。这个运动始于60年代末,于70年代初达到高潮。农民协进会的主要目的是反对垄断组织的控制、中介商人的盘剥、大农业资本家的排挤和兼并、开展农民之间的互助合作。1874年农民协进会在圣路易年会上的宣言明确指出:"反对贷款制度、抵押制度⋯⋯建议共同集会讨论、共同努力,共同购买和销售共同行动⋯⋯希望在生产者和消费者之间,在农民和制造商之间建立起尽可能直接和友好的关系⋯⋯我们不是资本的敌人,但是我们反对垄断资本的暴政⋯⋯我们反对过高的薪金、高利率和商业中的暴利。"[②]

农民协进会以经济活动为主,曾经通过建立各种小型工厂,向会员提供廉价的农业机器和各种工业用品。例如,艾奥瓦州农民协进会所创办的收割机厂,就按市价50%的价格向会员出售自己的产品,使会员得到了经济上的好处。农民协进会也曾开展过一些政治活动,甚至于1876年在华盛顿设立了一个院外活动集团。

农民协进会在极盛时期拥有21697个地方组织,会员人数超过150

---

① [美]Arthur Cecil Bining:《美国经济生活史》,王育伊译述,商务印书馆,1947年,第169页。

② C. C. Taylor, *The Farmer's Movement, 1620–1920*, New York: American Book Company, 1953, pp. 133–134.

万。①从1876年开始,由于经济活动的接连失败,农民协进会迅速趋于衰落。

70年代后半期,绿背纸币运动的兴起。不过运动持续的时间不长,到80年代为农民联盟运动所取代。农民联盟是由许多地方性的农民组织联合组成的,它是80年代领导农民运动的核心,成员最多达到四五百万人。农民联盟内部分为西北联盟和南方联盟两个强大的组织。这两个组织都展开了积极的经济斗争和政治斗争。1890年,农民联盟在选举中获得了重大胜利。七个州的议会和六个州的众议院都控制在联盟的地方组织手中。联邦国会的332名议员中有52人倾向于农民联盟。西北联盟的领导人希望在这个基础上建立全国性的农民政党,并且开始了筹备工作。后来的人民党就是在这个基础上建立起来的。

上述三个阶段的运动中,绿背纸币运动同当时工人运动的关系最密切,曾一度出现了两个运动的合流,建立了绿背–劳工党。

凯洛格理论的复苏及其对工人运动的影响 爱德华·凯洛格(1790—1857)是纽约珍珠街一家布匹批发商号的老板。1837年经济危机使他濒于破产。于是他开始研究美国金融制度的种种弊病。1843年下半年,他的第一篇关于通货的论文脱稿。10月28日。这篇论文的提要在《纽约论坛报》上发表。同年12月。这篇文章的全文发表在《纽约商业广告报》增刊上。后来,凯洛格又把这篇文章扩展为一本小册子铅印出版,书名叫作《通货:罪恶的效用》。1848年,凯洛格的另一部著作《劳动和其他资本》完稿,这本书的提要发表在《商业评论》等杂志上。1849年,该书正式出版。此外,凯洛格还陆续发表过一些文章和一部有代表性的著作《新货币制度》。

凯洛格从劳动价值理论和当时颇为流行的生产资本和非生产资本的基本论点出发,认为美国社会上少数人拥有大量财富,是同他们掌握的生产能力不相称的,因而也是不合理的。他指出:"一个国家的富翁并

---

① C. C. Taylor, *The Farmer's Movement*, p. 135.

不总是那些通过自己的聪明才智改进机械工艺的人，或者那些通过某种劳动对实际生产做过重大贡献的人，这些富翁的注意力总是集中于通过非劳动的其他手段来积累财富。"①而造成这种不合理现象的根本原因是美国的不合理金融制度。

在凯洛格看来，货币的价值不取决于制造它的材料，也不取决于它的数量，而取决于法律的力量，是法律赋予货币代表劳动或劳动者财富价值的力量。"唯一能使货币成为可通用的东西的力量是法律创造出的。"②美国的金融法允许银行家制造货币，发放贷款，收取高额利息是极其有害的。凯洛格认为：如果钱币的利息太高，那么极少数资本家就不可避免地要把大家的财富和产品集中在自己手中。③因此，不合理的金融法对于社会上的一切贫困现象和工人的困难处境是应当负主要责任的。他主张进行金融改革，并且认为改革的关键在于降低贷款利率。如果利率降到1%，那么富翁们就再也不可能从别人手中夺取财富了。

凯洛格的金融改革计划是：由联邦政府设立国家安全基金委员会，下设各州的分会。安全基金委员会的任务是发行以不动产为准备基金的纸币，并以1%的利率向私人发放贷款。这样就可以迫使所有私家银行的贷款利率下降到1%。中产阶级、工人和一切贫苦人民就可以得到进行正常生产所必需的资金而不受高利贷的盘剥。这才可以使财富和劳动从"借助货币的变幻莫测的力量施加于它们……的禁锢下"解脱出来。④

凯洛格在他的著作中不止一次地强调这个改革计划的重要意义。他认为，一旦计划付诸实行，它必然会引起一场和平的"社会革命"。凯洛格写道："实用的产品将会从25%增加到50%。财富将不再集中于少

---

① Edward Kellogg, *Labor and Other Capital*, New York: Published by the Author, 1949, p. 88.

② Edward Kellogg, *Labor and Other Capital*, p. 42.

③ Edward Kellogg, *Labor and Other Capital*, pp. 74-88, 151-154.

④ Edward Kellogg, *Labor and Other Capital*, p. 252.

数人手中,而是在生产者当中进行分配。各个城市建设中所招雇的大部分劳动力将用于修筑和美化国家。内部改进将达到这个国家史无前例的规模和完备程度。农业、制造业和艺术将在这个国家的各个部分蓬勃发展。那些现在不是生产者的人们,自然会成为生产者。产品将由从事劳动的人所占有,因为分配的标准大致是同人类的自然权力相符合的。"①

然而,凯洛格的金融改革论在40和50年代并未引起人们的注意,对工人运动也没有产生什么影响。内战期间和内战后,大量绿背纸币充斥美国,造成了财政金融的混乱,凯洛格的金融改革才开始为人们所重视。1861年,凯洛格的著作《新货币制度》再版。三年后,凯洛格的追随者亚历山大·坎贝尔的小册子《真正的美国财政制度》在芝加哥出版。在社会上广泛流传。那本小册子对凯洛格的金融改革论作了通俗的阐述和解释,使美国工人阶级受到更深的影响。

小册子的作者号召农民和工人联合起来推翻国家银行制度,把货币置于人民控制之下,规定利率为3%。这些主张为后来的绿背纸币运动提供了基本的论据,并得到越来越多的人的拥护。工人运动的活动家A.C.卡梅伦、威廉·西尔维斯和里查德·特里维利克都赞成凯洛格的金融改革论。1867年全国劳工同盟芝加哥代表大会把凯洛格的金融改革思想写进了宣言。宣言宣布国家银行制度是一切垄断的产生者,指出亚历山大·坎贝尔提出的新货币制度是具有重要意义的改革。如果不实行这一改革,"生产合作和……分配是不能进行的"。人民控制下的绿背纸币,3%的贷款利率就是"真正的美国的,或者人民的货币制度"。只有通过这种制度"劳动的自然权力"才能够得到保障,公平的分配才能完美无缺地得到实现。②

---

① Edward Kellogg, *Labor and Other Capital*, p. 165.

② J. R. Commons(ed.), *A Documentary History of American Industrial Society*, Vol. 9, pp. 176–180.

1868年全国劳工同盟的纽约代表大会再一次确认凯洛格的金融改革论是医治工人问题的灵丹妙药，并通过决议，"立即组建独立的工人党"来实现这个计划。[①]会后，全国劳工同盟主席西尔维斯积极进行独立工人党的组建工作。他宣传说，一旦这个货币制度得到实行，就不再需要工会组织了。因为，它的实行将会引起一切"世界上从来未见到过的那种社会革命"，"每一个部门的正当工业"都将"得到它应得的报酬，而社会上的窃贼……将被迫过正当的生活或者挨饿"。

60年代末70年代初凯洛格金融改革论的影响在工人组织中的不断扩大，为工人运动和农民运动的合流奠定了思想基础。

第二节　绿背纸币运动的兴起

全国劳工改革党和印第安纳独立党人　早在1870年，全国劳工同盟大会就已发出号召，要求各个地方组织创造条件，建立全国劳工改革党，以便通过选举来实现金融改革计划。但是，这个号召只是在少数地区引起了反响。首先起来行动的是新罕布什尔和马萨诸塞的工人改革派。他们把工人群众组织起来参加州一级的竞选活动，并取得了一定的成果。新罕布什尔的工人改革派在竞选州长的过程中获得了10.7%的选票。马萨诸塞的工人改革派同禁酒党人联合行动，获得了州长选票的14.6%。[②]

1872年2月，全国劳工改革党召开了自己的第一次大会。大会制订了竞选计划，并提名一位富有的最高法院法官伊利诺伊州的戴维·戴维斯为总统候选人。但是，由于戴维斯拒绝接受总统候选人提名，全国劳工改革党不得不于6月30日在纽约召开一次紧急会议，重新研究总统候

---

①　J. R. Commons(ed.), *A Documentary History of American Industrial Society*, Vol. 9, p. 206.

②　Arthur M. Schlesinger, Jr. (ed.), *History of U. S. Political Parties*, New York: Chelsea House Publishers, 1973, Vol. 2, p. 1554.

选人的提名。会议最后决定提名纽约的律师查尔斯·奥康纳为自己的总统候选人。不过,这次竞选没有取得什么成就。奥康纳只得到了3万张选票,而且大部分选票集中在南部和中西部地区。

在此以后,全国劳工改革党的活动逐步停顿下来工人改革家们不断聚集力量,等待时机,准备在更大的范围内开展竞选运动。

支持金融改革计划的主要力量是1873年以后陆续建立的地方农民政党。这些政党使用了五花八门的名称。有的叫作改革党、有的叫作反垄断党、有的叫作农民党,还有的叫作人民党。尽管它们的名称不一致,但都是在农业协进会的基础上建立起来的。所以它们中间的大多数党在开始的时候仍然把注意力集中于整顿铁路、反对垄断组织、开展合作互助等问题上,而不关心金融改革。例如,加利福尼亚、伊利诺伊和艾奥瓦的反垄断党对货币问题漠不关心。威斯康星的改革党、堪萨斯和内布拉斯加的独立党甚至表示赞成使用硬币。[1]只有印第安纳的独立党和密苏里的人民党是支持金融改革的。

印第安纳是绿背纸币运动的发祥地。早在1873年,一批农场主和改革者就退出了两大政党,建立自己的政治组织,自称独立党人。他们主张实行通货膨胀政策,继续使用绿背纸币,并提出自己的候选人名单参加州长的竞选。1873年底到1874年初,《印第安纳农民》《艾奥瓦宅地农民报》和伊利诺伊州农民协进会的报纸《工业世纪》陆续发表支持采用软通货的言论。

1874年8月,印第安纳党人认为时机已经成熟,正式向所有"绿背派"发出呼吁,要求于第二年11月在印第安纳波利斯举行会议,以便建立一个新型的全国性政党。他们还指定一个执行委员会负责草拟原则宣言和确定印第安纳波利斯会议的具体时间。

与此同时,在东部地区,绿背纸币运动也逐渐开展起来。1873年3月,东部地区的农民组织、改革派组织和宾夕法尼亚的工人活动家在哈

---

① Arthur M. Schlesinger, Jr.(ed.), *History of U. S. Political Parties*, Vol. 2, p. 1555.

里斯堡举行了反对垄断组织大会。这次大会是在一位富有的慈善家、工会运动参加者霍拉斯·戴的领导下进行的。大会号召农民工人的组织共同举行一次"农民和工人的全国会议"。两星期后,大会的一个小组正式提出将于1875年9月在辛辛那提召开这样的会议。

除去工人和农民以外,一些企业家为了对抗银行和商业资本的控制,也赞成通货膨胀政策,以便获得充分的资金和更多的机会来开展业务。不过,这些企业家并不赞成开展群众性的政治活动,而是倾向于运用自己的力量去影响国会和财政部的决策者。于是在国会和美国政府内部出现了通货膨胀主义者和通货收缩主义者之争。

1873年12月,第四十三届国会开会。围绕币制问题的争论,成为这次会议的中心事件。东部的银行家和商人的代表要求立即采用硬币支付制度以提高货币的价值。企业家的代表则坚持实行通货膨胀政策。争论结果,国会提出一个通货膨胀法案,建议把绿背纸币的最高流通额定为4亿美元。[①]但是这个法案于1874年4月22日被格兰特总统正式否决。最后,最高额定为3.82亿美元。[②]

在国会内支持通货膨胀政策的主要是共和党的国会议员。在1874年国会选举中,共和党遭到失败。民主党人拥有60个席位的优势,完全可以不理睬共和党议员的主张。同时,共和党内部由于选举失败而对货币政策产生了意见分歧。共和党的领袖为了挽回局势,消除内部分歧,决定委托参议院共和党决策委员会研究对策。1875年,共和党人放弃了对通货膨胀政策的支持。通过了一个恢复硬币支付的法案,并同意于1879年1月1日用硬币收回绿背纸币,1875年,国会正式通过《恢复硬币支付法令》,规定把绿背纸币的数量减少为3亿美元。

国会内部辩论的结果表明,美国政府的决策人已经确定地采取了收缩膨胀的政策。政府的这个行动引起了绿背纸币派的极大不满。他们

---

① Arthur M.Schlesinger, Jr.(ed.), *History of U. S. Political Parties*, Vol. 2, p. 1556.

② [美]福克讷:《美国经济史》上卷,第203页。

立即以惊人的激情投入了反对官方货币政策的斗争。绿背纸币运动在许多地方迅速兴起,随即发展为全国性的政治活动。

绿背党的建立　　1875年,经过充分酝酿以后,在美国各地出现了一个建立农民政党的高潮,在各个地方纷纷举行地区性的农民组织代表会议。首先举行这种会议的是中部地区的农民组织。以印第安纳独立党人为核心的执行委员会选择克里夫兰作为大会的地址。1875年3月,大会在克里夫兰举行。印第安纳独立党人和芝加哥工人改革派是大会的多数派。参加大会的还有一些已在经济危机中瓦解的工会组织的领导人。大会通过了一个以金融改革为中心的政纲,把金融问题作为"比任何其他问题更深刻地影响到人民的实际利益的"问题。大会要求政府同意以绿背纸币偿付国家公债,并发行年利率低于3.6%的、可以用法币兑换的公债券。大会还宣布了全国独立党的成立。由于这个党把绿背纸币问题摆在首要地位,被称为绿背党。不过,克里夫兰大会建立的绿背党还不是一个全国性组织。东部地区的组织没有被包括进去。

以霍拉斯·戴为首的东部改革派不完全同意西部独立党人的主张,认为他们过多地集中注意力于金融改革,而完全忽略了农业中存在的其他严重问题。戴等人准备另立门户,同西部独立党人分道扬镳,戴甚至曾因此拒绝出席克里夫兰会议。1875年9月7日,东部地区的改革派在辛辛那提举行了自己的代表会议。但是,出席会议的多数代表不顾戴的反对,主张同西部的独立党合并,并接纳了克里夫兰方面派来的代表团。会议通过了两个重要决议:第一,要求政府废除1875年通过的《恢复硬币支付的法令》;第二,建立一个执行委员会,同克里夫兰会议的执行委员会共同筹备全国性的绿背党会议。两个执行委员会的联合会经过磋商,决定于第二年在印第安纳波利斯召开绿背党的第一次全国代表大会。

1876年5月17日,印第安纳波利斯大会正式开幕,出席大会的代表大多数是农民、律师、商人和政客,也有少数工人代表出席了大会。大会通过了典型的绿背党的政纲,金融改革问题被摆在十分突出的地位。政纲在开头一段就明确指出:"我们宣布我们的原则并邀请所有独立的、爱国的人士加入我们的行列,投入这场争取金融改革和工业解放的运动。"①

政纲要求取消1875年1月14日的《恢复硬币支付法令》,由联邦政府直接发行纸币,并将利息率限定为1%。政纲号召一切爱国者在各个国会议员选区内组织起来,把能够为实现上述要求而努力的人选进国会。

印第安纳波利斯大会还讨论了参加竞选的问题,并提名纽约的慈善家,八十五岁高龄的彼得·库柏为总统候选人。在竞选活动中,绿背党努力争取农业地区的支持,而没有在工人中进行任何工作。尽管支持绿背纸币运动的工会领导人曾经在一些地区组织绿背党俱乐部和召开为绿背党候选人竞选的会议,但是影响甚微。1876年7月,刚刚成立的美国工人党通过了一个决议,号召所属各组织停止政治活动,不支持任何参加竞选的政党。其中当然也包括绿背党。这次决议对绿背党是十分不利的。但是,只有少数工人活动家不同意这个意见,仍然为绿背党奔走。例如全国矿工协会秘书约翰·詹姆士就曾经要求把绿背党和其他政党分开。他在《劳动旗帜》上为该党辩解说:"这纯粹是一个公理反抗强权,劳工反抗资本的斗争,我国每一个劳动者只要有选举权,就应该在独立党的选民单中占一定的地位。"②

大多数社会主义者也不支持绿背党。他们认为,绿背党并不代表工人的利益,即使它关于金融改革的纲领能够全部实现,工人的问题仍然不可能得到解决。《劳动旗帜》明确表示,忽视工人阶级中某一部分人的问题的政党,不应该得到任何一个工人的支持。③

在孤军作战的形势下,绿背党在1876年的选举中遭到失败。库柏一共得到82797张选票,没有在任何一个州取得多数。他在堪萨斯得票

① Arthur M.Schlesinger, Jr.(ed.), *History of U.S. Political Parties*, Vol. 2, p. 1587.

② *The Labor Standard*, Oct. 28, 1876.

③ *The Labor Standard*, Sept. 2, 1876; Sept. 30, 1876; Oct. 7, 1876; Oct. 28, 1876.

最多,但也只占该州选票的6.2%。他在大西洋沿岸中部和新英格兰各州所得的选票不超过1%,甚至在绿背党的发祥地印第安纳州也只得到了2.2%的选票。①

1877年大罢工推动了工人和农民的联合。在罢工期间,农民、小商人都对罢工者表示同情和支持,并且提供了物质上的援助。例如,罢工者在斯克兰顿设立的救济站就得到过附近农民赠予的大批粮食。《斯克兰顿共和国党人报》曾报道说:"四乡的农民已经证明他们自己真是非常慷慨,他们曾很多次把大袋马铃薯捐赠给劳工的事业。这些马铃薯都是由专门指定的委员会前往农民家中去挖掘并运到救济站来,然后再分配给所有需要的人的。"②在反对可恶的共同的敌人——铁路公司的斗争中,不少地方的农民、小商人和罢工者并肩作战。绿背党的地方组织也往往同各地的工人党联合行动。

在这种形式下,工人运动和农民运动合流的趋势已经十分明显。1877年7月23日,纽约养家人协会号召工人、改革者、农民和绿背党人共同建立一个独立的政党,并建议将下列四点要求写进这个新政党的政纲中:1.政府立即掌握、占有并经营铁路;2.制定保护工人的劳工法;3.立即用政府资金重新开办工厂为失业工人提供职业;4.废除所有全国银行的特权,由联邦政府直接发行绿背纸币。

纽约养家人协会的号召在许多地方引起了反响。1877年8月13日在罢工运动中产生的匹兹堡联合劳工党直接把绿背党的要求写进了自己的政纲。8月底,联合劳工党同宾夕法尼亚州绿背党达成协议共同设立一个委员会,专门筹备两个党的合并工作,并为两党制定一个共同的政治纲领。不久以后,两党合并就实现了,并且提出了双方都同意的竞选名单。9月,俄亥俄州的工人党和绿背党也实现了联合。9月13日,俄亥俄州哥伦布城工人党的代表会议通过一个决议,表示愿意同绿背党合

---

① Arthur M.Schlesinger, Jr.(ed.), *History of U. S. Political Parties*, Vol. 2, p. 1558.

② [美]方纳:《美国工人运动史》第1卷,第703—704页。

并,但向该党提出两个条件:第一,绿背党于6月提出的候选人名单必须撤销,由两党的联合会议重新提名;第二,绿背党人应当把工人的要求列入自己的政纲。俄亥俄州的绿背党接受了这两个条件,两党正式合并。除此以外,在没有实现两党正式合并的地区,出现了几十个由工人和劳动者协会举办的绿背党俱乐部。

由于得到工人组织的广泛支持,绿背党在1877年的选举运动中取得了可喜的成绩。例如,它在宾夕法尼亚州财政局的竞选中获得9.7%的选票,在威斯康星州长竞选中,获得14.9%的选票,在艾奥瓦州长的竞选中获得13.9%的选票,甚至在影响最小的新英格兰各州也得到了相当数量的选票。[①]

选举结果使绿背党的领导人受到鼓舞,进一步认识到同工人联合的重要性,从而给予了绿背党和工人党进一步联合的新的推动力。

第三节　绿背-劳工党

绿背-劳工党的建立　1877年选举结束后,越来越多的地方上的工人组织倾向于与绿背党合并。各个地方的绿背党也主动同工人组织进行联系,并表示愿意把工人的要求加进自己的政治纲领中去。巴尔的摩和路易斯维尔的工人党同当地的绿背党建立了密切的关系。新泽西州和马萨诸塞州的绿背党和工人党曾经在竞选中采取共同行动,支持同一个候选人。纽约州的绿背党虽然没有同劳工改革党合并,但双方已经开始进行密切配合。

1878年2月,根据绿背党俄亥俄州执行委员会主席的倡议,在托莱多召开了绿背-劳工党成立大会。出席大会的有来自印第安纳、俄亥俄、宾夕法尼亚、伊利诺伊等州的150名代表。一些工人运动的领导人也以代表的身份出席了大会。其中有劳动骑士团的总会长尤赖亚·斯蒂

---

① Arthur M. Schlesinger, Jr.(ed.), *History of U. S. Political Parties*, Vol. 2, p. 1560.

芬斯、里查罗伯特·希德·特里维利克等人。

大会的常务主席是宾夕法尼亚州绿背党的领导人弗朗西斯·休斯·特里维利克。但大会的领导权实际上掌握在富有的制造商艾礼斯·波尔顿和纽约贸易局秘书兼《商务日报》编辑华尔脱尔·格鲁姆等人手中。

大会于2月22日通过了绿背-劳工党的政纲。由于企业家在大会上起到突出的作用,这个政纲把一切弊端的根源都归结到银行家、高利贷者身上,而对工业资本家削减工人工资、强迫工人签订"黄狗合同",顽固与工会为敌的行为只字不提。政纲一开始对全国形势做了如下描写:"在全国范围内,不动产贬值,工业瘫痪,商业萧条,商业盈利和工资收入均已减少,一种难以比拟的苦难已在侵袭我们人民中的贫苦阶层和中产阶级,在整个国土上,充满了欺骗、盗窃、破产、犯罪、苦难、贫穷和饥饿。"[1]紧接着政纲就指出造成这种形势的原因在于"一切法令均以高利贷者、银行家、公债持有人的利益为出发点,并由他们来决定"[2]。

除去发行年息为3.65%的公债券这一条件以外,绿背党关于金融改革的一切要求都列入了政纲。其中,废除所有银行发行货币的权利,由联邦政府直接发行货币的要求被提到突出的地位,列入政纲的第一条。政纲也反映了工人的要求。例如,制定减少工时的法令,成立联邦与各州的工人与工业统计局,废止合同囚犯劳工、禁止外国劳工入境,联邦政府应当运用国家的一切资源和货币向工人提供全部就业的机会等。除此以外,政纲中还列入了农民的土地要求,政纲的第六条指出,联邦政府应当停止向土地投机商出售国有土地、停止将国有土地赠予铁路公司,应当按一定数量将国有土地分给真正的垦殖者,政纲也受到歧视华工思想的影响,在第十三条中特别建议联邦政府颁布禁止华工入境的法令。

托莱多大会把绿背-劳工党的正式名称定为国家党。无论从这个政党的名称、人员组成,还是从政纲的内容来看,绿背-劳工党绝对不能算是一个激进的革命党。然而,作为第三种政治力量,它的存在已经足

---

[1][2] Arthur M. Schlesinger, Jr.(ed.), *History of U. S. Political Parties*, Vol. 2, p. 1559.

以引起资产者的惊恐。《纽约论坛报》竟然把绿背-劳工党的成立看成是共产主义的威胁而横加攻击。它评论说："当然,一切有理性的人都能看出《托利多决议案》乃是以共产主义为目的的。这个即将出现的政党正决心要实现一次彻底的社会与金融革命。"①

绿背-劳工党的成立对于农民和工人都是很大的鼓舞。人们都把它看成是自己的希望,积极投入运动来支持这个党的事业。一些工人组织的领袖也主动支持这个党的宣传工作和组织工作。当时正在发展中的工人组织劳动骑士团的前两任总会长斯蒂芬斯和鲍德利都参加了绿背-劳工党的活动而成为它的合作者。许多工人协会的成员为开展绿背纸币运动贡献了自己的力量。绿背党俱乐部如雨后春笋,在各个工业地区和农业地区纷纷建立。在短短的时间内,绿背-劳工党已经发展为一支重要的政治力量了。

1878年的春季选举运动是绿背-劳工党显示力量的机会。它所支持的候选人在许多城镇的选举中都获得了胜利。例如,在纽约州的厄尔迈刺、奥本、犹提喀和鄂斯威哥等城市的市长竞选中,当选的都是绿背-劳工党的候选人。在罗切斯特、叙拉古斯的竞选中,这个党获得的选票甚至超过了民主党。特别值得注意的是在斯克兰顿市的竞选运动中,绿背-劳工党竟然战胜了民主党和共和党的联合力量。在这次选举中,劳动骑士团的活动家鲍德利作为绿背-劳工党的斯克兰顿市长候选人参加竞选,引起了当地小资产者的不安,于是两大党的地方组织采取了联合行动,力图击败鲍德利。《斯克兰顿共和党人报》制造舆论说,要"打倒这种共产主义的寡头政治",并且扬言,鲍德利的失败是"和我们等待日落一样的可以肯定的"。然而,出乎资产者的预料,鲍德利获得了胜利,当选市长。这一戏剧性的结果使资产者更加不安。《斯克兰顿共和党人报》无可奈何地惊呼:"成百上千的工人已被诱入共产主义的罗网中去了。"②

---

① [美]方纳:《美国工人运动史》第1卷,第709—710页。

② [美]方纳:《美国工人运动史》第1卷,第710—711页。

春季选举运动的胜利仅仅是开始,1878年秋季选举的结果使绿背-劳工党受到更大的鼓舞。绿背-劳工党国会议员候选人所获得的选票超过了100万张。有15人当选国会众议员。对于第三党来说,这样辉煌的成就确实是空前的,民主、共和两大政党也不敢掉以轻心。正如小施莱辛格所说的,绿背党"拉拢选票的能力迫使两大党至少对他们提出的问题予以口头上的注意"①。

1878年12月2日,绿背-劳工党中央执行委员会在华盛顿举行会议。会议回顾了两年来绿背纸币运动所取得的成就,并向两个主要政党提出了挑战。中央执行委员会还发出了一份《告人民书》,这个文件乐观地指出:"国家党在继续开展组织工作,两年当中把它所得的选票增加到126万张","在全国选票中所得票数的巨大增长,在政党史上是前所未有的",如果把像佐治亚那样没有绿背-劳工党候选者的州支持绿背纸币运动的选票算进去,"那就会使国家党现在的力量增加到150万票至200万票"。②

《告人民书》满怀信心地呼吁人民迅速起来支持绿背纸币运动,废除银行的特权,摧毁无情的金融贵族的势力,并在选举中击败他们的支持者民主党和共和党。

然而,中央执行委员会的愿望并没有实现。绿背-劳工党的根本弱点却日益暴露,致使该党陷入了内部分裂的困境而日益削弱。

绿背-劳工党的分裂和绿背纸币运动的衰落 还在1878年5月,当绿背-劳工党正处于极盛时期的时候,内部分裂便已出现。分裂首先发生在宾夕法尼亚州绿背-劳工党的五月代表大会上。在这个大会上引起分歧的有三个问题。第一是大会的主席人选。金融改革派不顾工人代表的意见,反对选举鲍德利为大会主席,把一个金融改革者戴维·克尔格推上大会主席的位置。第二是州长候选人的提名。绿背党人拒绝提

---

① Arthur M. Schlesinger, Jr.(ed.), *History of U. S. Political Parties*, Vol. 2, p. 1550.

② Arthur M. Schlesinger, Jr.(ed.), *History of U. S. Political Parties*, Vol. 2, p. 1602.

名《全国劳工论坛报》发行人托马斯·J.阿姆斯特朗为州长候选人,却把一个宾夕法尼亚铁路公司雇用的律师塞缪尔·梅逊列入候选人名单,严重地伤害了工人党员的情感和利益。第三,在这次大会通过的政纲中只包含两项工人的要求:减少劳动时间、废止囚犯劳工的合同制。

宾夕法尼亚代表大会几乎成了一次分裂的大会。工人代表和绿背党之间的矛盾达到了极其尖锐的程度。最后,在全国矿工协会负责人约翰·赛尼的调停下,大会才得以勉强进行下去,而没有导致公开的分裂。

两个月后,在纽约州的代表会议上出现了同样的情况。在那里,工人代表的要求和利益受到了忽视。纽约市派来参加会议的四个代表团由于代表资格问题引起激烈争论而被全部拒绝于会议之外。参加会议的只有布鲁克林的三个代表团、特洛伊的三个代表团、阿尔巴尼的三个代表团和布法罗的两个代表团。《民族杂志》认为,关于代表权的争论,实际上是"城乡之间的冲突,城市主要是代表新党内的劳工改革派,而乡村则主要代表新党内的绿背纸币派"。会议选出的州执行委员会中工人代表只占1/3。在会议通过的政纲中,劳工问题只得到微弱的反映。

在其他州,工人改革派同绿背党人的分歧也日益明显,越来越多的工人运动的领袖脱离了绿背纸币运动。在这种形式下,绿背-劳工党的领导人为了阻止分裂趋势的继续发展于1880年6月9日至11日在芝加哥召开全国代表会议。这一次代表会议是一次妥协会议。会议允许各个互相对立的派别参加,在出席的代表中包括社会主义工人党的代表45名,会议通过的政纲也是各方面意见的综合。政纲重复了金融改革派的一切要求,同时也列入了工人的改革方案。政纲要求实施八小时工作制、建立劳工统计局、废止合同工、禁止使用童工等。政纲还重弹排华旧调,要求联邦政府禁止华工入境。但是,社会主义者在会议上所提出的反垄断资本主义的纲领却被绿背党人轻率地拒绝了,在政纲中基本上没有反映。

这次代表会议虽然在政纲中增加了工人改革派的要求,但并没有增加他们在党内的分量。恰恰相反,它进一步巩固了代表西部农民的绿背党人的统治地位。这一点在该党总统候选人的提名问题上表现得十分清楚。

代表西部绿背党人和主张同两大政党联合行动的力量的艾奥瓦人詹姆士·韦弗被绿背-劳工党提名为总统候选人。他在得到总统候选人提名后,立即要求东部一些州的绿背党领导人在竞选运动中同民主党合作。例如,他曾同缅因州的领导人索伦·蔡斯和宾夕法尼亚州的领导人弗朗西斯·W.休斯进行联系,使该两州的绿背党人同民主党联合行动韦弗还公开同宾夕法尼亚州的工人领袖决裂,致使许多工人党员,包括一部分绿背党人离开了绿背-劳工党。这种情况在其他一些州也不断发生。绿背-劳工党开始经历一个不断解体时期。1880年竞选因而遭到挫折,韦弗只得到了30万张选票,而且这些选票集中在西南部农业地区,他在工业地区几乎失去了所有的选票。在新英格兰地区,绿背党只得到1.4%的选票。在中部各州只得到1.2%的选票。[①]

1878年的巨大成就所造成的欢乐气氛完全被1880年的挫折所破坏。小斯莱辛格曾这样评论说:"绿背党曾一度得到的城市和产业工人的支持已经结束。那种在选举上的支持曾经造成了1878年绿背党的浪潮,而失去这种支持就引起了该党1880年的衰落。以通货膨胀为基本目标,把农民和工人联合在一个政治组织里的企图遭到了失败。"[②]

1880年以后,绿背-劳工党名存实亡。它把自己的工作重点完全转向了农业地区,工人和农民的联合完全解体了。1884年5月29日,绿背-劳工党举行了最后一次代表会议。在此以后,绿背纸币运动完全瓦解。

以绿背纸币运动为基础的工人运动和农民运动的暂时合流是注定要失败的。最根本的原因在于这个基础本身不巩固。在资本主义制度下,任何金融改革都不可能从根本上满足工人和农民的要求。绿背党所主张和支持的通货膨胀政策只能暂时减轻一部分人的债务负担,而对于固定的工资收入者,特别是工人,只会给他们造成损害,使他们的生活发

---

①② Arthur M. Schlesinger, Jr.(ed.), *History of U. S. Political Parties*, Vol. 2, p. 1564.

生更大的困难。

　　与此同时,工人运动和农民运动的合流必须建立在以工人阶级为领导力量的基础上。而在绿背纸币运动中,领导权始终掌握在农业资本家手中,甚至广大中小农民的要求都没有得到充分的考虑。至于工人的基本要求,最多只是在书面上得到反映。这样的合流当然是不能持久的。

　　此外,当时美国的社会主义者还不够成熟,一直把自己禁锢在宗派主义的圈子中不能脱身,根本不可能同农民运动发生密切关系,当然更谈不上向运动提供任何指导性的意见和帮助。实际上,绿背纸币运动是在资产阶级的理论和思想的指导下开展起来的。有的绿背党人甚至公开表示,他们决不和"共产主义和工会那样的劳工团体"发生任何关系。①不过,绿背–劳工党的运动具有广泛的群众性,是工人和农民反对资产阶级政策的一次联合行动。从这个意义上说,绿背纸币运动在美国历史上是曾经起过重要作用的。

---

①［美］方纳:《美国工人运动史》第1卷,第714页。

第十一章　1877年大罢工

第一节　美国工人运动的转折

美国工农业的迅速发展和铁路的特殊经济地位　19世纪70年代在美国工人运动中,工业无产阶级反对企业主的斗争已经广泛开展起来,并且逐渐居于重要地位。1877年大罢工就是美国近代工人运动在全国范围内宣告开始的一个转折点。恩格斯在分析德国、法国、美国和俄国建立工人党的客观条件时,把这次罢工作为一个非常重要的因素。他写道:"由于铁路干线全体人员的流血的罢工,美国的工人问题被提上了日程。这是美国历史上划时代的事件,因此,美国创立工人党的事业有了大踏步地发展。在这个国家里,事态发展得很快,我们应当注视这种发展进程,才不至于对不久将会出现的某些重大成就感到突然。"[①]

这次罢工的发生绝不是偶然的,而是同当时工业革命的进程,工农业的发展水平和铁路的特殊经济地位密切联系在一起。

70年代是美国工农业迅速发展时期。农业经济发展的结果,不仅使农产品的收获量大幅度增长,而且垦殖了大量的西部土地。70年代增加的耕地面积总数达到1.5亿英亩,相当于英法两国土地面积的总和。西部地区在美国的农业发展中的地位越来越重要,新的农牧产品基地不断出现,大量的农牧产品从西部地区源源不断地运往东部的各个港口,再从那里输往欧洲和其他地区。内战后,谷物的出口量逐年增长,只在

---

①《马克思恩格斯全集》第19卷,第133页。

1873年到1878年经济危机时期曾一度减少。但从1877年起就已经超过了危机开始前的水平。例如,1878年,小麦和面粉的出口量从1873年的0.91亿蒲式耳增加到1.5亿蒲式耳。根据J.R.道奇的估计,1883年以前的五十八年间美国一共出口20.64亿蒲式耳小麦,而其中在1874年以后出口的数量占一半以上。美国在1883年以前十年中出口的小麦比在此以前半个世纪出口小麦的总数还多。

内战后,美国工业增长的速度也是空前的。到70年代,工业革命在全国范围内接近完成。1860年到1880年,煤产量从1335.8万吨增加到6485万吨、石油产量从2000桶增加到26286123桶,生铁的产量从83.4万吨增加到389.1万吨。工业布局也发生了很大的变化,工业中心向西移动,中西部的密苏里、艾奥瓦和明尼苏达等州的工业都取得了高速度发展,工业产值从1860年到1870年增加了两倍。俄亥俄、伊利诺伊和印第安纳的钢铁工业也急起直追,在全国钢铁工业中居于重要地位。

南部的工业也已经恢复,并在70年代取得了初步的发展。例如,1876年,佐治亚的哥伦布城为该地十二年前被摧毁的铁工厂和棉纺织厂的全部恢复而举行盛大的庆祝会。这一年,在佐治亚州新建立了五家棉纺织厂。其中最大的一家拥有2万枚纱锭。

随着工业的迅速发展,在70年代,生产集中和资本集中的趋势已经出现。新的大企业开始形成。其中最早的、最强大的大企业是铁路部门。恩格斯在1879年指出:"铁路首先是作为'实业之冠'出现在那些现代化工业最发达的国家英国、美国、比利时和法国,等等。我把它叫作'实业之冠',不仅是因为它终于(同远洋轮船和电报一起)成了和现代生产资料相适应的交通联络工具,而且也因为它是巨大的股份公司的基础,同时形成了从股份银行开始的其他各种股份公司的一个新的起点。"[1]

美国铁路部门之所以能够成为如此强大的经济实体,是由于广大西部地区的开发、大量东西部工农业产品和原料的流通,政府的扶持和巨

---

[1]《马克思恩格斯全集》第34卷,第347页。

额的土地赠予。从60年代后半期起,修筑横贯大陆铁路已经提上日程。从1869年到1873年的四年间,新建铁路里程超过了2.4万英里。到1877年铁路大罢工爆发的时候,美国全国的铁路网总长度达到了7.9万英里。整个铁路部门的资产为50亿美元。①经营铁路的大约有50家私人公司,每家公司的经营里程为200英里到1000英里,少数大公司在1000英里以上。宾夕法尼亚公司是最大的一家铁路公司,1873年,它已经拥有资产3900万美元,控制着6600英里铁路,雇用20万雇员和工人。当时,在美国找不到任何一个其他部门的大企业,其规模可以同宾夕法尼亚公司相比拟。

70年代,在交通运输部门中,铁路已经居于主导地位。曾经一度极为繁荣的内河航运逐渐被铁路所取代。例如,1871年,在圣路易转口经密西西比河运输的货物占34%,1877年降到10%。1872年,经伊利和纽约中央铁路运输的货物约1000万吨,大致相当于伊利运河货运量的三倍。运往东部港口城市的谷物的4/5是由铁路运输的。70年代,铁路在美国经济生活中所起的作用超过了任何一个工农业部门,美国社会的许多矛盾和问题首先在这里得到反映。所以,规模最大的全国性的大罢工首先发生在铁路部门绝不是偶然的。

铁路虽然不是制造业部门,但它具备了近代化制造业企业的一切主要特点,它所雇用的工人也同样具有产业工人的一切主要特点。从这个意义上说,铁路工人罢工已经不再是手工工人的罢工,或者是手工工人和产业工人的联合罢工,而是工业无产阶级的罢工。同时,在铁路系统的附属工厂中还有相当数量的机械制造和维修工人。他们都是工业无产阶级的组成部分。

1873年经济危机和危机初期的罢工运动 1873年9月,在美国发生了一次严重的经济危机。由于这次危机发生在大机器生产开始取得优势的时期,其规模和程度,以及持续的时间都是空前的。这次危机以

---

① Philip S. Foner, *The Great Labor Uprising of 1877*, New York: Monad Press, 1977, p. 14.

杰依柯克银行和公司倒闭为开端,很快就席卷了全国的所有经济部门,一直到1878年才宣告结束。继杰依柯克银行倒闭之后到年底,倒闭的银行超过了5000家。到1878年,发生了4.7万件倒闭事件,损失超过了10亿美元。结果导致了生产的缩减、工厂的关闭和生产水平的急剧下降。

资产阶级力图把经济危机的恶果全部转嫁给工人阶级。他们通过解雇大批工人和大幅度削减工资的手段来压缩开支,维持企业的利润。到1877年,全国有1/5的工人完全失业,2/5的工人半失业,每年只有六七个月的工作。仅仅1/5的工人是全年有工作的。工人的工资一再削减。1875年,纺织工人的工资下降45%、铁路工人的工资下降30%到40%,家具工人的工资下降40%到60%。[①]

在全国范围内,工人的生活状况日益恶化。1874年夏天,费城熟练工人工会中央委员会在《致工人同胞书》中所描述的情况具有普遍意义。书中写道:"工人阶级的苦难正在与日俱增中。他们很快便将陷于极度惨痛和悲伤的境地……很快全部工人的实际数目中将只有1/3的人能找到工作,而其余的2/3,流离、饥饿,将只能等到骗人的报纸所预言的那个美好的年月……到本年仲夏的时候,我们将会整批地走向失业。而那些尚能找到一个雇主的人,则必须接受一再降低的工资,直到他们的劳动力已变成一文不值时为止。"[②]

在1874年的头三个月中,在纽约市的街头上出现了9万名无家可归的失业工人,在有些地方甚至出现了在垃圾堆中寻找食物的悲惨情景。铁路工人也有同样的经历,即便是那些继续留在铁路上工作的"幸运者"也难以维持最低的生活。在东部四条主要铁路上的工人,每行车一次可以得到1美元99美分的报酬。在一般的情况下每人每月可以得到30美元的工资,比非熟练工的平均工资低10美元。这样微薄的工资还不能

① Joseph G. Rayback, *A History of American Labor*, p. 8.

② [美]方纳:《美国工人运动史》第1卷,第653页。

按月准时领取。一般是六至七周发放一次,有时甚至要等候三个月。巴尔的摩—俄亥俄铁路的一位工人写信向他的朋友诉说:"晚上,我们待在被煤烟熏黑的车厢里,吃的是硬面包和两天前的臭肉,当我们回到家里,看到我们的孩子在啃骨头,我们的妻子抱怨说,她们连做饭的玉米片和糖浆都买不起。"①

铁路公司也受到了经济危机的打击。但是,各个公司所受的打击程度是不同的。从总的情况看,铁路系统的股息逐年减少。

根据亨普尔的统计,1874年到1875年减少5638720美元,1875年到1876年减少6254540美元,1876年到1877年减少9483356美元。其中,规模较小的铁路公司的股息减少的幅度较大,而规模较大的几家主要铁路公司的股息变动不大,甚至略有回升。例如,在阿肯色、科罗拉多、佛罗里达、堪萨斯、密西西比、密苏里、内布拉斯加、俄勒冈、得克萨斯等州的铁路公司都付不出红利。但纽约中央铁路、宾夕法尼亚铁路、巴尔的摩和俄亥俄铁路等几家大公司每年仍然能够向它们的股东支付股息。1873年到1874年,纽约中央铁路的股息是8%,1875年回升到10%。1873年到1876年,宾夕法尼亚铁路、巴尔的摩和俄亥俄铁路的股息稳定在10%的水平上。②

这些大铁路公司的股息之所以能够保持稳定,有多方面的原因。其中的一个重要原因就是大幅度削减雇员和工人的工资。它们在这方面是不择手段的。例如,宾夕法尼亚铁路当局甚至背信弃义,单方面撕毁同火车司机兄弟会签订的工资合同,削减他们的工资,并且蛮横地解雇向铁路公司提出抗议的工人代表。纽约中央铁路哈莱姆路段的官员威胁反对削减工资的工人,他向记者宣布:"如果司机们罢工,他们的职位就会毫不费力地被人取代,人们不会察觉出什么变化。"③

---

① Philip S. Foner, *The Great Labor Uprising of* 1877, p. 18.

② Philip S. Foner, *The Great Labor Uprising of* 1877, p. 20.

③ Philip S. Foner, *The Great Labor Uprising of* 1877, p. 21.

1873年经济危机对于各个工会组织是一个严峻的考验。所有的企业和工厂的老板们都企图利用经济危机造成的困难局面彻底铲除工会。他们采用关闭工厂、解雇工人、炮制黑名单、强迫工人订立"铁的誓言"的手段来打击和破坏工会组织。在1873年经济危机爆发时的三十个全国性工会中能够渡过难关幸存下来的不过八九个了。而这八九个工会的减员情况也是极其严重的。

例如,机械工与铁工工会的会员减少了2/3,全国制桶工人工会的会员从7000人减少到1500人,全国雪茄制造业工会的会员从5800人减少到1016人,全国印刷业工会的会员从9797人下降到4266人。

1873年经济危机使美国社会的一切矛盾进一步激化。工人阶级争取生存,反对失业,反对削减工资的斗争此起彼伏,而且规模越来越大。

反对削减工资的斗争首先发生在产业工人相当集中的福尔河。福尔河是新英格兰地区的一个纺织中心。1874年秋天开始纺织工人的工资一再被削减。于是纺织工人和梳棉工人都恢复了自己的工会,准备同工厂主展开斗争。1875年夏天,纺织工人举行罢工,反对厂主们第四次削减工资10%的计划。八月,罢工席卷了所有的纺织厂。历史上称之为"大休假"。由于工厂主雇用法国、加拿大移民破坏罢工,10月,罢工终于以工人的失败宣告结束。纺织工人陆续回到自己的工厂,接受降低工资的条件,并签订"黄狗合同"。纺织工人工会和梳棉工人工会被彻底摧垮。在以后的半个多世纪里福尔河成了无工会城市。

差不多在富尔河罢工的同时,发生了无烟煤矿工人的"长期罢工"。这次罢工从1875年1月延续到6月,是当时历时最久的一次罢工。罢工是由于矿主代表费城和雷丁铁路公司总经理富兰克林·B.高恩拒绝重签劳资双方的协议而引起的。这项协议于1870年7月29日经矿工福利协会和无烟煤矿业协会签订,后来又每年续订一次。协议有两条主要内容:第一,工人的工资将随同无烟煤价的变化而增减;第二,实行不因煤价下跌而变化的最低工资数。根据第一项规定,资本家是得利者。从签订协议开始煤价不断下跌,矿工的工资减少了30%以上。所以,资本家是不反对这项规定的,但是他们企图取消最低工资数的限制,继续削减矿工的工资。

矿工们拒绝继续签协议书以后,矿山方面做出了继续削减工资20%的决定,并宣布取消最低工资的规定。在矿主们的大举进攻下,无烟煤矿工人已经没有选择的余地,被迫于1875年1月举行罢工。罢工者所面对的敌人是早有准备的,拥有强大经济实力的反工会联盟,而他们所得到的支持主要是精神上的和道义上的。尽管当时全国性的工人组织工业大会曾经通过决议,呼吁各行业工人捐款支援罢工者,国际工人协会各小组也发出了同样的呼吁,但是在危机时期,工人们所能提供的经济援助是极其有限的。罢工者不得不在非常艰苦的条件下坚持斗争。安德·劳埃曾经这样形容说:"为了取得罢工的胜利,矿工们曾做了前所未有的英勇的牺牲。在这一斗争行将结束的几个星期中,到处可以看到惨痛、贫苦的景象,以及无比的隐忍一切痛苦的精神。无数的家庭清早起来所吃的早饭是一点面包和一杯白水,更不知下一餐向哪里去找。每天都有男人、女人和小孩子们到附近的树林子里去挖草根、挑野菜,借以苟延残喘……"①

饥饿迫使矿工们接受了降低工资的条件。无烟煤矿工协会于1876年解体,福利协会的领导人被捕受审,并被逐出矿区,有的人竟被判一年监禁。

然而,矿工们的进攻并未就此停止。他们联合其他资产者,动用社会舆论工具,一手炮制了莫利·马乖雅事件。莫利·马乖雅会社是报纸和侦探强加给受害者的一个秘密恐怖组织的名称。据说,这个组织有6000个分支,专门干杀害矿主、危害社会治安的勾当。实际上这个组织并不存在。1875年下半年,24人以莫利·马乖雅分子的罪名被捕,其中大部分人是无烟煤矿工福利协会的会员。第二年春天被捕者送法庭审判,由平克尔顿私人侦探局的侦探詹姆士·麦克帕兰提供起诉证据。24人都被判刑,其中10人被判处死刑,于1877年执行。

---

① [美]方纳:《美国工人运动史》第1卷,第675页。

麦克帕兰的证据纯属捏造。被处死的人都是无辜的工人活动家。一位被判处死刑的人在行刑前愤怒地声明:"我要说的只是,加在我头上的罪名是和我完全无关的。"1877年6月,《爱尔兰世界报》发表评论说,被判刑者"主要是一些明智的领导着矿工们使其具有力量反抗残忍的降低工资的活动的领导人物"《矿工杂志》也为他们申辩说:"他们究竟干了什么事呢? 只不过是每当劳动力的价格不合他们的要求时,他们组织起来,宣告罢工就是了。"

然而,矿主们的阴谋只能暂时使工会运动受到挫折,却不能彻底摧毁工人阶级的反抗。恰恰相反,莫利·马乖雅事件倒成了1877年大风暴的预兆。

第二节　1877年铁路工人大罢工

罢工的酝酿　冰冻三尺,非一日之寒。1877年的铁路大罢工经过长期酝酿,是从不断发生的小规模罢工发展起来的。1873年经济危机爆发的时候,铁路工人还没有建立自己的强大的具有战斗力的工会。当时只有三个温和的共济性质的兄弟会、火车司炉兄弟会和乘务员兄弟会。但是,连续不断地削减工资、解雇工人、开黑名单和老板们的种种盘剥,甚至把这些温和的兄弟会也激发起来投入反对削减工资的斗争。1873年11月到1874年7月,在东田纳西、弗吉尼亚和佐治亚、费城、雷丁、宾夕法尼亚中央铁路、南新泽西等将近20条铁路线上先后发生了铁路工人罢工。这些罢工虽然规模不大,但也迫使许多铁路线上的火车停止运行,引起铁路老板们的惊慌,给人们造成了深刻的印象。社会舆论对罢工者也是表示同情的。例如,从宾夕法尼亚的波茨维尔发给《纽约时报》的一条电讯对费城雷丁铁路罢工报道说,尽管罢工者使矿工们由于交通陷于停顿而失去工作,但"矿工们似乎还是同情他们的"[1]。

---

[1] Philip S. Foner, *The Great Labor Uprising of* 1877, p. 22.

然而，1873年到1874年的历次罢工几乎毫无例外地都遭到了失败，罢工者的要求一条也没有实现。由于当时存在着大批失业工人，铁路公司的官员们不费力气就可以雇用失业工人来取代罢工者。在遇到麻烦的时候，他们还可以通过政府调动联邦军队或警察，动用武力镇压罢工。例如，圣路易警察局就曾派出一支队伍到一百多英里以外的莫伯利去镇压那里的火车司机和司炉的罢工。

铁路公司方面利用罢工者的每一次失败，加强对工人的控制，企图彻底摧毁各个铁路工人兄弟会。他们逼迫每一个复工的工人签订"黄狗合同"，退出一切工人组织。从下面22名火车司机签署的"合同"摘录可以了解这种合同的具体内容。"现在，我们承认被打败了，我们错了……我们已经退出叫作'火车司机兄弟会'的组织，如果你愿意再次雇用我们，不管工资怎样减少，我们将一如既往忠诚地为你工作。"[1]条件是极其苛刻的，复工工人不仅接受减少工资的条件，而且被剥夺了建立和参加工人组织的权力，在未来可能发生的冲突中处于孤立无援的地位。

然而，铁路公司采取的加强压制和迫害的手段没有收到预期的效果。铁路火车司机兄弟会在接连遭到失败以后进行了组织整顿。温和派领袖威尔逊被撤换。"改革派"人物彼得·M.阿瑟[2]当选主席。兄弟会开始对铁路公司的进攻采取强硬的对策。1876年和1877年初，铁路火车司机兄弟会接连在新泽西中央铁路、加拿大主干铁路罢工中取得胜利，迫使公司方面取消削减工资的命令，无条件恢复被雇的兄弟会会员的工作。不过，这些罢工都是分散的，规模比较小，不过是1877年大罢工的前哨战，真正的较量还没有开始。

罢工的开始　1877年5月中旬，宾夕法尼亚铁路公司宣布从6月1日开始再削减工资10%。其他东部铁路公司也跟着宣布从7月1日起将采取同样的措施。铁路工人立即动员起来准备进行反击。他们成立一

---

① Philip S. Foner, *The Great Labor Uprising of* 1877, p. 24.

② 阿瑟也是一个保守的领导人，不过在形势的推动下也做了一些支持罢工的事情。

个以青年制动工罗伯特·H.安蒙为首的秘密的"火车工人联合会",并准备在6月27日举行大规模罢工。不过这次大罢工计划由于火车司机突然退出而没有实现。

首先起来罢工的是巴尔的摩俄亥俄铁路的工人。罢工是于7月16日开始的,这一天早晨,在距离巴尔的摩只有2英里的坎顿转轨站上有40名货车司炉和制动工人停止了工作。这个转轨站是巴尔的摩俄亥俄铁路线上的交通枢纽。这次罢工使得这条路线上的货车停止运行。警察急忙赶来驱散罢工者,使铁路恢复正常运转,三名罢工者以"煽动暴乱"的罪名被捕,一支警察队伍分布在坎顿及其附近的铁路线上以维持列车的通行。

罢工者被驱散以后,分头在各处展开了宣传和联络工作。第二天,火车司机和其他行业的工人约1000人站到了罢工者的一边,但他们没有控制铁路和阻止火车的运行。罢工的中心转移到西弗吉尼亚的马丁斯堡。

马丁斯堡距离巴尔的摩有6小时的路程,是巴尔的摩俄亥俄铁路的一个重要转运站。16日晚上,这里的司炉工在车站附近集会。他们卸去列车的车头,并向铁路官员声明,如果不收回削减工资的决定,就不准许火车经过马丁斯堡开往其他地区。罢工于17日晨开始。马丁斯堡市长 A.P.弗特根据公司方面的请求下令逮捕罢工领导人。但是,这里的人民早就痛恨铁路公司的专横贪婪。他们听到罢工领导人被捕的消息以后,立刻涌上街头,抗议政府的暴行。附近的矿工也纷纷赶进城来声援罢工者。罢工领导人很快就被释放。罢工的浪潮席卷了西弗吉尼亚的很多地方。

巴尔的摩俄亥俄铁路局副局长小约翰·金惊惶失措,急忙向西弗吉尼亚州州长亨利·M.马修斯发出电报请求援助。他惊呼说,当地政府已无力控制这场"暴乱",要求州政府派遣军队来保护铁路局的财产和保障火车按时运行。州长立即命令福克纳上校带领马丁斯堡地区的国民军前往镇压罢工。

但是,这支国民军主要是由铁路工人组成的。他们同情罢工者,在开到马丁斯堡同罢工者发生短暂冲突以后,就拒绝执行军官的命令逮捕和驱赶占领车站的铁路工人。福克纳上校只得向州长发去电报说:"对于我来说,继续使用我的军队干任何事情都不行了。他们大多数是铁路工人,他们不会听从命令。"①于是州长又从穆尔费尔德调来了另一支国民军替换福克纳的队伍。但是,仍然无济于事。罢工迅速扩展到凯泽、皮德蒙特、格拉夫顿和惠林等地。

　　为了支持巴尔的摩俄亥俄铁路公司尽快平息罢工浪潮,州长马修斯于7月18日拍电报给总统海斯,请求调动联邦军队镇压马丁斯堡的"暴乱"。他写道:

　　"鉴于目前在马丁斯堡和巴尔的摩俄亥俄铁路沿线的其他地方发生了非法的联合和内部暴乱,动用我管辖下的任何力量都不可能执行州的法律。

　　"因此,我向阁下请求联邦的军事援助,以保持本州居民所遵循的法律,反对内部暴乱和维护法律的尊严。

　　"现在正值议会休会,不能及时开会采取任何紧急行动。应当立即派遣200到300人前来马丁斯堡,我的助手德拉普兰上校将在那里迎接并同带兵的军官商谈。"②

　　7月19日,海斯命令威廉·H.弗伦奇将军带兵去马丁斯堡。弗伦奇将军的军队到达马丁斯堡后逮捕了罢工领袖,并分派士兵到各班火车上强迫司机开车。第二天,火车恢复运行。巴尔的摩俄亥俄铁路公司的职员兴奋地向总部报告说:"罢工的骨干被打垮了。"弗伦奇将军也向华盛顿方面宣布,罢工已经平息。

　　罢工在马丁斯堡以外的巴尔的摩俄亥俄铁路沿线其他地区仍在进行。沿途都有铁路工人和矿工出来阻止火车的运行。7月20日,从马里

---

① Philip S. Foner, *The Great Labor Uprising of 1877*, p. 36.

② Philip S. Foner, *The Great Labor Uprising of 1877*, p. 39.

兰州的西点向铁路沿线各地寄出一份宣言,叫作《不是胜利,就是死亡》。它满怀激情地向铁路公司宣战,鼓励罢工者说:"同样受到这家公司损害和愚弄的1.5万名忠实的农工是我们的后盾,整个铁路沿线的商人和社团都站在我们一边,联邦各州的工人阶级都支持我们,我们相信,世界上穷人和被压迫者的上帝和我们同在。"①同天,在马里兰州坎伯兰州的愤怒的矿工们、切萨皮克和俄亥俄运河公司的工人、铁路上的罢工工人和失业者联合行动,卸开了西行货车的车皮。在西弗吉尼亚州的凯泽,货车开进岔轨,车组人员被强迫下车。

根据铁路公司的要求,马里兰州州长约翰·卡罗尔于7月20日下午命令詹姆士·R.赫伯特将军调遣国民军第十五、第十六团,从巴尔的摩出发、驱赶铁路沿线的罢工者。国民军向试图阻止他们前进的铁路工人和矿工开枪射击,打死12人,打伤18人,造成了流血惨案。

国民军的暴行激怒了巴尔的摩的人民,当天晚上,工人们纷纷走上街头聚会表示抗议。在第六团军械库周围,愤怒的群众同警察、国民军发生了武装冲突。市民中有11人被打死,约40人受伤。

西弗吉尼亚和马里兰的铁路工人罢工终于被镇压了。巴尔的摩俄亥俄铁路公司总部的所在地巴尔的摩市也变成了一个"军管",这里驻扎着将近2000名联邦军人。全部警察队伍也动员起来监视工人的行动。

宾夕法尼亚铁路大罢工 紧接着巴尔的摩俄亥俄铁路罢工之后,在宾夕法尼亚铁路发生了规模更大的罢工,把1877年大罢工推向高潮。

宾夕法尼亚铁路公司是一家实力雄厚的大企业,对待铁路工人特别刻薄。它不仅带头宣布削减工资的决定,而且要求乘务人员每次拖带的车厢数从18个增加到36个,以便进一步解雇工人。宾夕法尼亚铁路的工人采取巴尔的摩—俄亥俄铁路罢工者使用的办法,聚集在铁路两边阻止货车通行。

这次罢工的中心是匹兹堡。匹兹堡是宾夕法尼亚铁路主干线上的

---

① Philip S. Foner, *The Great Labor Uprising of 1877*, p. 45.

大站,是通往西部的枢纽。宾夕法尼亚铁路公司不仅控制着这里的铁路,而且控制着这里的商业和经济生活。这个城市的各个阶层几乎都在不同程度上受到公司的盘剥和损害。除去少数同公司有密切关系的上层以外,绝大部分人是对它不满的,从铁路工人同公司发生冲突开始就站在工人一边。

7月19日,铁路工人联合会举行会议。会议决定,在公司方面取消削减工资的命令以前决不复工,坚决要求公司取消双倍牵引车皮的制度,并保证重新雇用所有的罢工者。匹兹堡的商人代表和附近矿区的矿工代表也出席了会议,并且表示将支持罢工者。社会舆论也认为罢工者的要求是完全合理的。匹兹堡的《全国工人论坛报》的记者报道说:"这些人仅仅要求生存,不愿意让他们的妻子儿女挨饿,但如果他们被迫接受公司的条件,他们就不能避免这场厄运。"①

大会还选出了五人委员会代表罢工者同公司谈判,并领导这次罢工运动。7月20日,委员会组织了一次群众会,邀请公司的代理人第三副经理亚历山大·卡萨特和摩姆士·皮凯恩参加,听取罢工者的要求。匹兹堡的上层人士则出面调解,试图找到一个折中的办法。但是,这一切都被卡萨特蛮横地拒绝了。公司的两个代理人要求当地政府动用武装力量镇压罢工。当地县长立即同宾夕法尼亚首席法官约翰·斯科特及州政府首脑商量对策,起初,他们准备动用匹兹堡的武装力量,派遣国民军第六师的一个团镇压罢工,但驻军长官皮尔逊将军担心军队中同情罢工的士兵太多,无法执行这个任务。于是他们决定从费城调用国民军第一师。7月21日早晨,在普林顿将军的带领下,600名国民军离开费城向匹兹堡进发。他们分乘两次列车,于当天下午到达。

根据法官尤因的命令,国民军荷枪实弹,在公司负责人皮凯恩、县长菲特和当地警官的带领下,直奔奥特车站逮捕罢工领导人。奥特车站是停放被阻货车的地点,那里正聚集着罢工者和支持他们的群众,其中有

---

① Philip S. Foner, *The Great Labor Uprising of 1877*, p. 58.

许多妇女和儿童。当他们看到费城国民军来清除铁路、驱赶罢工者的时候，立即报以嘘声，嘲笑那些涌上前来的士兵。带队军官发出了用刺刀对付反抗者的命令，站在前面的罢工者被刺伤。人群中的几名小孩用石头还击。国民军立即向群众开枪。当场击毙20人，打伤29人。死者当中有1名匹兹堡的国民军、1名妇女和3个孩子。这是一场骇人听闻的屠杀，引起了美国社会舆论的关注。事后，一个庞大的陪审官调查团把军队的这一暴行叫作"目无法纪的肆意屠杀……除称之为谋杀以外，别无其他说法"①。

军队开枪镇压罢工的消息很快传遍了全城。愤怒的人群从矿坑、轧铁厂和各个工厂蜂拥而来，把军队团团围住，迫使他们退缩到停车房里去。军队企图伺机出动、重新控制局面。但是，停车房突然起火，联邦停车场和宾州车站也都接着燃起熊熊大火，停留在停车场和二十三街之间的所有车厢均被焚毁。军队不得不从停车房退出，以四路纵队沿宾州大街向宿营地行进。一群市民尾随着他们，不时从街角、窗口、林荫道旁向他们射来复仇的子弹。双方展开了一场枪战，群众中有20人被打死，许多人受伤。国民军中也有两三人被打死，数人受伤。费城国民军抵达营地后一直待在那里，不久后返归费城。公司方面企图利用宾州国民军镇压罢工运动的阴谋遭到了失败。

匹兹堡大火的纵火者究竟是谁始终是一个历史悬案。当时有一种猜测认为，这火是铁路公司放的，或者说纵火者和铁路公司有密切的关系。其目的在于从地方政府得到补偿，以便更新铁路的装备和车辆。1877年9月15日，《全国劳工论坛报》发表文章说，铁路公司的阴谋家们正"企图并似乎恰如其愿地达到了用政府的钱替他们把破旧的车辆换成新车，而使这一大公司终能免于破产的目的"②。事后，宾州铁路要求阿列根尼县给予410万美元的补偿，实际从那里得到了将近300万美元的

---

① Philip S. Foner, *The Great Labor Uprising of 1877*, p. 63.

② ［美］方纳：《美国工人运动史》第1卷，第689页。

巨款。①从这个事实来看,铁路公司同纵火有密切关系的说法是有一定根据的。

星期日下午,当大火还在燃烧的时候,匹兹堡市民举行了一次群众大会。大会任命了一个五人委员会。其任务是同州、县、市的官员,罢工者和所有工人磋商,寻求恰当的解决办法。但是,这次调解未能成功。罢工继续发展和扩大。7月23日晚上,铁路工人发表一个声明,宣布铁路公司应对这次事件负全部责任,并提出立即举行谈判的问题。这个声明先后发表在1877年7月24日和25日的《匹兹堡邮报》和7月28日的《全国工人论坛报》上,声明说:"宾夕法尼亚公司应对当时混乱、暴行、流血和纵火负完全的严重的责任……我们希望公众能够清楚地了解,在毁坏财产和发生人命事件前后,我们曾尽力争取通过会谈来解决我们同公司之间的分歧,但是宾夕法尼亚铁路公司不屑回答我们。"

这一次,铁路公司仍然对工人的要求置之不理,希望通过武力,彻底摧垮罢工运动。罢工很快扩展到达匹兹堡至费城整条铁路沿线的各个城市和车站,只要有货车停留的地方,就有罢工者和群众集中在那里阻止货车的运行。罢工者纪律严明,注意维护社会安全。凡是在没有出现军警武装干涉的地方,罢工总是井然有序地进行着,而没有出现任何暴乱、流血和毁坏财物事件。例如,在阿列根尼市和哈里斯堡的罢工,尽管罢工的时间比较长,参加人数也很多,但始终保持着良好的秩序。

宾夕法尼亚州官方决定向总统海斯发电,请求派遣联邦军队帮助州政府镇压罢工。7月22日,州长哈特伦夫特的代理人詹姆斯·N.拉塔以州长的名义从哈里斯堡向总统发出电报,电文如下:"在宾夕法尼亚州、在匹兹堡市,在这个州的宾夕法尼亚铁路和其他铁路线上发生了内部暴乱,政府当局无法制止,宾夕法尼亚议会不能及时开会来对付紧急事件。因此我只得根据宪法请求联邦政府向我提供足以制止混乱的军事

---

① Philip S. Foner, *The Great Labor Uprising of 1877*, p. 66.

力量。"①

正从怀俄明返回宾夕法尼亚的州长哈特伦夫特在一天之内又接连拍发两封私人电报催促总统下达调兵命令。斯科特和宾夕法尼亚铁路公司的决策人物劝告总统相信,罢工是一场反对联邦的战争。7月29日,总统办公厅会议决定,将于次日派遣联邦军队和宾州国民军会合,共同"打通铁路线"。7月27日,3000名联邦军,6000名国民军分乘专门列车沿宾夕法尼亚州的各条主干路线行驶,逐个驱散罢工者,恢复铁路的正常运转。7月30日,宾夕法尼亚雷丁公司正式宣布,铁路已经完全恢复正常。宾州的铁路工人罢工终于在联邦军队和州国民军队的联合镇压下结束了。

其他地区的罢工 从巴尔的摩俄亥俄开始的大罢工以很高的速度向全国各地扩展。到7月24日,东部和中西部的许多州都卷入了罢工的浪潮。西弗吉尼亚、马里兰、宾夕法尼亚、新泽西、俄亥俄、印第安纳、肯塔基、艾奥瓦等州的主要铁路线上都发生了规模不同的罢工。据《纽约世界报》估计,这一天,在全国有8万铁路工人和50万其他行业的工人卷入了罢工。②第二天,几乎所有的铁路干线都受到了罢工的影响,甚至加拿大的铁路工人也加入了罢工者的行列。1879年,伊利诺伊州长卡洛姆在他两年一度的报告中回顾说:"在芝加哥、皮奥里亚、盖尔斯伯格、迪凯特和东圣路易的火车机械厂和工厂都被暴民控制着,布拉德伍德、拉萨尔及其他一些地方的矿井也是这样。"③罢工的浪潮也不断向西推进,直达太平洋沿岸。西部的一些铁路公司为了防止罢工的漫延,不得不取消削减工资的决定。旧金山的中太平洋铁路首先采取这个办法来维持铁路线的正常通车。

在各地的罢工运动中,以纽约州伊利铁路线、芝加哥、圣路易等地运

---

① Philip S. Foner, *The Great Labor Uprising of 1877*, p. 74.

② Philip S. Foner, *The Great Labor Uprising of 1877*, p. 189.

③ Philip S. Foner, *The Great Labor Uprising of 1877*, p. 190.

动的规模最大。

　　纽约州伊利铁路线的罢工于7月20日在霍内尔斯维尔开始,随即扩展到吉尔维斯、克尔宁、特洛伊、布法罗和宾夕法尼亚州的伊利等地。这个地区罢工运动的一个特点就是罢工从始至终是在和平气氛下进行的。当地的国民军一直同罢工者站在一起,拒不执行镇压罢工者的命令。在布法罗的一连国民军甚至加入了罢工者的队伍。纽约州州长试图调遣外地国民军镇压罢工者,但也未奏效。例如,他从布鲁克林调用国民军第二十三团的士兵去疏通霍内尔斯维尔铁路段。但国民军到达以后,只向强行越过警戒线的罢工者鸣枪示警,而并没有向他们开枪射击。结果,铁路仍然不能运行,没有一辆货车从那个车站开出。

　　在这种情况下,纽约中央铁路公司经理威廉·文德尔比尔特不得不采取比较温和的手段,等待罢工者做出复工的决定。7月30日,纽约中央铁路系统的最后一个罢工城市阿尔巴尼的铁路工人宣布复工。8月1日,文德尔比尔特答应拨款10万美元分发给该铁路的罢工工人和失业工人。至于削减工资的问题,他只是保证他们将得到"公平和平等"的处理。因为这次削减工资人员包括月薪30美元以上的所有人在内,甚至公司的经理也不例外。文德尔比尔特还许诺说:"你们的工资会增加的,时间和国家的事业将能证明这一点。"[1]然而,就在他做出这种"甜蜜"许诺的时候,成百的工人被纽约中央铁路公司解雇。在报纸上登载了这样的消息:"由于参加了当地后期的骚乱,有上百的工人被纽约中央铁路所属西阿尔巴尼工厂解雇。"[2]

　　芝加哥的罢工运动是比较激烈的。社会主义工人党在这里有一定影响。在罢工前,资产者和工人都做了准备。政府当局在听到西弗吉尼亚和匹兹堡的罢工消息以后立即进行策划,并部署武装力量防止罢工的爆发。市长门罗·希思放弃周末休息,同市政会议成员、警察局和消防队的首脑举行紧急会议,商量对策。希思还秘密会见国民军军官,要求驻

---

　　①② Philip S. Foner, *The Great Labor Uprising of 1877*, p. 94.

芝加哥的两个团做好准备,并加强军械库的警戒。这样,希思还不放心,他担心地方国民军同情罢工者。于是,他又向国防部长麦克拉里求援。麦克拉里下令第二十二步兵师的六个连从达科他赶到芝加哥,并在那里驻防。

与此同时,7月23日下午,根据社会主义工人党的号召,来自芝加哥市各个角落的1.5万名"饥饿大军"在市中心工业区集会。会后举行了火炬游行。游行队伍举着用英文、德文和法文书写的标语牌。上面写着这样的口号:"劳动而生或者战斗而死!""为什么生产过剩会带来饥饿!""众志成城,分散必败!"

社会主义工人党的活动家珀森斯在大会上发言,揭露了铁路巨头斯科特、古尔德、文德尔·比尔特等人的罪行,号召工人们为争取自己的生存而斗争,他呼吁说:"让我们为我们的妻室儿女而战斗吧,因为那是关系到面包和肉的问题……让工人大军说,谁应当占有这个国家议会大厅里的席位。去投票吧,去声明联邦政府将是这个国家全部铁路线的所有者。如果人民……占有铁路和电报,我们就拔掉了杰伊·古尔德和汤姆·斯科特口中的毒牙,他们就再也不能咬死我们。我们就夺走了现在他们手中用来奴役我们的工具。"[1]大会还通过决议,要求建立联邦改革政府直接管理铁路和电报,停止无休止地削减工资。

芝加哥的罢工运动是从7月23日晚上开始的。密歇根中央铁路的40名道岔工人首先举行罢工,要求提高工资。接着铁路沿线的机械厂、货车场的工人都加入了罢工者的行列。第二天,芝加哥各个工厂的工人也都举行了罢工。《芝加哥新闻》报道说:"芝加哥的罢工工人在全城活动,每个地方都停止了工作。"罢工是在井然有序的情况下进行的,社会秩序和私人财产都没有受到任何触犯。罢工者只是要求起码的生存权利,并没有动用武力。

同罢工工人的行动形成鲜明的对照,政府当局一开始就在有产者中

---

① Philip S. Foner, *The Great Labor Uprising of 1877*, p. 143.

间进行了战斗动员,准备调动一切军事力量来镇压罢工运动。7月24日下午,市长希思下令关闭所有的沙龙,敲响警钟,通知国民军守卫所有的军械库。尽管希思已经知道,联邦第二十二步兵师的6个连已经在行军途中,而且又从第九步兵师增调了6个连,驻扎在罗得岛。但他还是动员退伍军人俱乐部等准军事组织进入警备状态,并在中上层社会中招募志愿者组成"自卫"队和特别"警察"力量。芝加哥市议会举行了特别会议,宣布城市已经处于"反对法律权威的叛乱"之中,并授权市长支配一切用来保护秩序和安全的费用。

希思和芝加哥上层社会的代表人物共同召集了一次公民大会,要求有产者组成一支5000人的武装队伍来保卫"秩序和家庭"。会后,200名退伍军人组成了几个全副武装的连队。7月25日晚上,芝加哥的武装力量同罢工工人展开了一次前哨战。战斗发生在第十七街西段的伯林顿——昆西转辙站和市场街、麦迪逊街两个地段。全副武装的警察巡逻队向聚集在两个地方的群众开枪射击,挑起了流血冲突。结果群众中有两人被打死,三人被打伤。

7月26日早晨,一场经过预先策划的大屠杀终于开始了。战场在霍尔斯特德和第十六街高架桥附近地区。一队武装警察突然向聚集在那里的罢工者进攻,企图将他们驱散。罢工者用木棍和石头还击。但在警察的刺刀和枪口逼迫下,他们逐渐后退。这时,一支5000人的罢工者队伍赶来增援,警察的增援队伍、联邦军队和国民军第二团也差不多同时赶到。双方展开了一场搏斗。

警察和军队使用马队、刺刀和来福枪冲击、砍杀和射击手无寸铁的罢工者,造成了又一个流血惨案,芝加哥变成了第二个匹兹堡。当场被杀死的有12人,受伤者有数十名。罢工工人的大队伍被冲散以后,就地形成许多小组继续抗击政府的追剿。罢工工人利用居民的掩护,从房顶上、墙角边利用各种有利地形打击军队和警察。战斗一直持续到晚上。4月28日,在军队、警察和政府组织的各种武装力量的强制下,芝加哥大罢工宣告结束,铁路恢复正常运行。在这次罢工运动中共有30到50人被杀害,将近100人受伤,400人被捕。①

圣路易的罢工是从7月23日开始的。圣路易的资产者对于西弗吉尼亚匹兹堡的罢工存有戒心,保持沉默。圣路易的大多数报纸也不报道这方面的任何消息。只有《密苏里共和党人报》发表了一则以《匹兹堡落入了公社手中》为标题的消息,对匹兹堡的罢工做了简单的报道和评论。圣路易和东南铁路公司财产管理人詹姆士·H.威尔逊在给内政部长卡尔·舒尔茨的私人信件中表述了对圣路易斯形势的担忧。他写道:"看来,罢工正在向西扩展,我们的人也可能被卷进去。"他希望联邦政府采取措施以保证公司的安全和秩序。他说:"现在我受联邦法院的委托负责管理财产,我决不允许我的雇员确定他们自己的工资数额,也决不允许他们以任何形式支使我采取什么政策。"②

7月22日下午,在东圣路易的特奥波大厅举行铁路工人大会。参加大会的有来自范代利亚、罗克福、罗克艾兰、凯罗—圣路易等铁路线的工人。在开会过程中,不断有成批的新来者涌进会场,其中许多人是火车司炉工兄弟会的会员。美国工人党对会议表示支持,并派人出席会议。由于参加会议的人数不断增加,会议改在雷勒车站举行。在与会者前往新会场的路途中,不断有工人加入行进的队伍,圣路易的工人也赶到了会场。大会在极为热烈的气氛中进行着,来自各地的工人代表都上台发言表示了反对资产者削减工资的决心。大会结束后,东圣路易的铁路工人又继续开会,九条铁路线的工人代表一致赞成于4月23日凌晨开始罢工。③会议还选举了一个执行委员会来负责罢工的领导工作。

铁路公司财产管理人威尔逊得悉准备罢工的消息后,立即在当夜向舒尔茨发出电报说:"铁路雇员今晚在东圣路易集会并且决定于午夜以

---

① *Chicago Times and Chicago Tribune*, July 27, 1877.

② Philip S. Foner, *The Great Labor Uprising of 1877*, p. 159.

③ 九条铁路线是:俄亥俄—密西西比、印第安纳波利斯、圣路易和东南铁路、范代利亚、罗克福、罗得岛、凯罗圣路易、托莱多、沃巴什和西部铁路等。

后停止所有的货车和转辙器。"①

　　罢工按预定计划开始。当地政府对罢工者没有采取强硬手段。于是,公司的财产管理人威尔逊立即向内政部长求救,要求联邦政府派遣军队到东圣路易,强迫工人复工。舒尔茨通过国防部部长,命令第二十三步兵师师长约翰·波普派兵去东圣路易。7月24日,600名联邦军队士兵在杰斐逊·C.戴维斯将军的带领下到达指定地点。但是,戴维斯将军声明,他到这里来"只保护政府和公众财产",不"平息罢工或者开动火车"。②在开头几天,罢工工人能够自由集会和行动。铁路工人组织起来进行游动宣传,从一个工厂到另一个工厂,动员所有的工人都加入罢工的行列。这种游动宣传收到了很好的效果,在很短的时间内整个圣路易城都掌握在罢工者的手中。7月26日下午,一名记者从圣路易报道说:"本日下午,大批罢工群众及在码头边工作之黑人300余名曾结队前往本市区极大一部分工厂,强迫各厂工人停止工作,并熄灭了各机器间炉火,关闭了各处厂房……该群众中之黑人部分则更开至河边码头,迫使各汽船公司和独立经营管理人出具书面保证,将汽船中各级雇用人员及码头工人之工资增加60%至100%。"③

　　执行委员会要求所有罢工者一直坚持到获得适当的工资和八小时工作制。罢工的规模越来越大,有些公司感到惊恐,甚至表示同意接受工人提出的要求,以便尽快结束罢工。但是,罢工运动仍然在继续发展。7月29日,市政当局同当地富商组织的委员会联合起来采取行动,由这个委员会出资2万美元,组织1000人的武装队伍,企图用武力驱散罢工者,强迫他们回到自己的工厂。在州长菲尔浦斯的授意下,联邦军队、国民军和警察袭击罢工工人的总部,逮捕73人。执行委员中有4人被判五年徒刑,每人罚款2000美元。8月2日,圣路易的罢工以失败告终,罢工

---

① Philip S. Foner, *The Great Labor Uprising of 1877*, p. 159.

② Philip S. Foner, *The Great Labor Uprising of 1877*, p. 170.

③ [美]方纳:《美国工人运动史》第1卷,第695页。

工人被迫接受削减工资的决定。

罢工的结束　1877年大罢工经过一场激烈的搏斗,终于在联邦政府和州政府联合武装的镇压下以失败告终。在镇压罢工运动的过程中动员军队数量之多,出动之频繁和手段之残忍在美国历史上都是空前的。不少工人被非法屠杀和遭受摧残,再一次暴露了美国民主制度的局限性和缺陷。正如威斯康星学派第三代代表人物菲利普·塔夫特所指出的:"采取大规模武装力量来控制和镇压内部动乱是这个国家的新经验。"[①]在这以后,美国联邦政府和州政府多次使用武力镇压罢工运动,造成了一次又一次骇人听闻的惨案。

美国例外论者曾经一再论证,美国不存在尖锐的阶级冲突和欧洲那样的暴风骤雨式的阶级斗争,1877年大罢工的爆发和进程完全戳破了这个谎话。佐尔格曾经把这次罢工同欧洲1848年革命相比较,他指出:"这次匹兹堡罢工造成了极大的轰动,使资产者胆战心惊,同1848年3月18日柏林的革命事件极其相似。"[②]佐尔格感到不足的是,其他地区的罢工运动没有都达到匹兹堡的水平。例如,他认为巴尔的摩的情况就不够理想,他甚至说:"匹兹堡是柏林,而巴尔的摩不是维也纳。"[③]

美国历史学家A.戴卡斯从另外一个角度来证明1877年大罢工的重要意义。他认为这是一次造成巨大的破坏和恐慌的事件,甚至把它同南北内战相提并论。在他看来,南北战争虽然造成了流血和破坏,但并不可怕,因为双方"都代表社会秩序"并"为法治而斗争"[④],而1877年大罢工"所代表的东西同共和制度的根本原则毫无共同之处"[⑤]。他认为可怕的是:"运动的自发性表明存在着普遍的不满,存在着一种推翻现存秩

---

① J. A. Dacus, *Annals of the Great Strikes in the United States（1877）*, St Louis: Scammell and Company, 1877, exordium.

②③ Philip S. Foner and Brewster Chamberlin(eds.), *Friedrich A.Sorge's Labor Movement in the United States*, p.185.

④⑤ J. A. Dacus, *Annals of the Great Strikes in the United States（1877）*, p. 15.

序、改革和推翻政治制度的倾向,而在这种政治制度下面,一切不利的因素都正在发展着。"①戴卡斯的这种担忧反映了有产者对1877年大罢工的恐惧心理和重视的程度。在事件发生将近一百年以后,他主张仍然应当认真研究大罢工发生的各种原因,而不能把这样重大的事件的起因归之于偶然的事故。他强调说:"1877年在美国历史上所仅见的有广大群众参加的自发的游行,如果没有充分的原因是不会发生的。"②

戴卡斯研究1877年大罢工的目的是为了避免这种事件的重演。也许,1877年大罢工这种形式在不同的历史条件下不会再版,但是劳资冲突是不可避免的。

1877年大罢工之所以如此引人瞩目,主要在于它是一次以现代无产阶级为主要成分的大罢工,不仅规模宏大,而且充分显示了组织性和自觉性。它是美国工人运动史上的一个重要转折点。

---

① J. A. Dacus, *Annals of the Great Strikes in the United States (1877)*, p. 16.

② J. A. Dacus, *Annals of the Great Strikes in the United States (1877)*, pp. 16–17.

第四编

生产集中和工人运动的高涨

19世纪最后三十年是美国经济发展的狂飙时期。美国工业革命在全国范围内最后完成。大机器生产迅速取代手工生产而居于主导地位。80年代,制造业获得最大的增长。十年间工厂数目增加了133.8%。[1]蒸汽动力也开始广泛应用,并且超过了水力的使用。如果说,1870年蒸汽动力和水力大致相等,那么在这以后就进入了蒸汽动力迅速增长时期。1870年,蒸汽动力为234.6万马力,1926年增加到4293.1万匹马力。[2]美国工业的产值和技术水平迅速赶上和超过了世界上最先进的工业国家——英国、法国和德国。

　　如果就美国制造业的制成品来看,1860年世界第四位,1894年居世界第一位。美国当年制成品的总额等于英国的两倍,欧洲各国的一半。[3]煤、钢、石油等重要产品的产量都名列世界首位或居于前茅。钢产量达到434.5万吨,超过英国69.5万吨。石油产量达到619.3万吨。生铁的产量为935万吨,超过英国132万吨。煤的采掘量达到14308万吨,超过了法国和德国居世界第二位。

　　美国的工业总产值也超过了英、法、德而处于遥遥领先的地位。1894年,美国的工业总产值猛增到94.98亿美元,为同年英国工业总产值的两倍、法国的三倍多。

　　值得注意的是,美国不仅在工业品的产值和产量方面赶上和超过了欧洲的先进工业国家,而且在技术水平方面也毫不逊色。美国在电力、化学、汽车等新兴工业部门一直处于领先地位,同时在钢铁、机器制造等长期落后于英国的工业部门也取得了突破,赶上了世界先进水平。70和80年代,美国的钢铁工业逐步掌握和推广贝塞麦·马丁·汤麦斯炼钢法,实现了这个部门的现代化。1892年,英国生铁贸易委员会在一份报告中指出:"1881年,在美国开始了现代化冶铁,长期令人难以置信的传

---

① [美]福克讷:《美国经济史》上卷,第39页。

② [美]福克讷:《美国经济史》上卷,第49页。

③ [美]福克讷:《美国经济史》上卷,第38页。

说已经成为现实,威廉·R.琼斯船长和朱利安·肯尼迪采用高温大量鼓风方法,在不改建工厂的情况下使埃德加·汤姆森炼铁炉的产量增加一倍多。"①

美国的机器制造业建立于19世纪50年代。1867年,它生产的机床已经在巴黎博览会上得到好评。一位英国评判员认为,美国的机床并不是简单模仿英国,而是有自己的独特设计和结构。1873年到1893年的二十年间是美国机器制造业的迅速发展时期,它在技术上完全达到了世界先进水平。

电力的应用是动力工业的第二次技术革命,其影响之深远超过了蒸汽。美国是世界上少数率先应用电力的国家之一。1876年,贝尔发明电话。1880年,爱迪生改良电灯。1882年,在纽约珍珠街建成了一座900马力的照明发电厂。同年,发明了电车,接着就是输电、配电、变压技术的发明和改进。90年代,电力开始应用于一些工业部门。1889年,在巴黎博览会上美国的电器产品数量仅次于东道主法国而居于第二位,并且获得了四项大奖和六枚金质奖章。②

在19世纪最后三十年间,美国的农业也得到了迅速发展。从1880年到1900年,美国新开垦的土地面积超过了英、法、德三国土地面积的总和。1900年,美国小麦的产量达到世界小麦产量的23%。

美国交通运输业的发展速度尤其惊人。19世纪末,美国已经建成四条横跨大陆的铁路,把大西洋和太平洋连接起来。1890年全国铁路线的长度达到167191英里。

总起来说,19世纪最后三十年,美国的资本主义发展程度已经达到和超过了其他先进的资本主义国家,差不多和这些国家同时进入了向帝国主义阶级过渡的时期。这个时期最大的特点就是垄断组织的形成和发展。列宁综合研究了各个主要资本主义国家的经济发展情况,把垄断

---

① Victor Clark(ed.), *History of Manufactures in the United States*, Vol. 2, p. 254.

② Victor Clark(ed.), *History of Manufactures in the United States*, Vol. 2, p. 377.

组织发展的历史分为如下几个时期:"(1)19世纪60年代和70年代,是自由竞争发展达到顶点的最高阶段,当时的垄断组织还只有一点不甚明显的萌芽;(2)1873年危机之后,是卡特尔广泛发展的时期,但是卡特尔当时还只是一种例外,还不稳固,还只是一种暂时的现象;(3)在19世纪末的高涨和1900—1903年的危机时,卡特尔已经成了全部生活的一种基础。"①

美国的垄断组织首先在铁路部门出现,随后在钢铁、石油等部门也相继形成。1870年,洛克菲勒创办的美孚石油公司就是最早的垄断组织之一。这家公司是按照股份公司的形式组织起来的,拥有资金100万美元。1882年,它在经过竞争、合并以后改组为托拉斯。差不多在同一时期,在其他部门也成立了托拉斯组织。例如,1877年建立了威士忌托拉斯、食糖托拉斯,1884年成立了铅矿托拉斯、棉油托拉斯。垄断组织逐渐在国民经济生活中占据支配地位,生产集中达到了空前的地步。

美国是一个后来居上的资本主义国家,也是瓜分世界的迟到者。随着实力的日益强大,它开始提出了自己的土地要求,并于1898年发动了美西战争,加入了重新分割殖民地的角逐。

所有这一切都不能不对工人运动发生深远的影响。从全世界范围来看,国际工人运动已经进入了建立各民族国家的独立工人政党的时期。马克思主义在欧洲和北美进一步广泛传播,并取得不断的胜利。

在第一国际时期,蒲鲁东主义、拉萨尔主义、工联主义和巴枯宁主义都遭到了马克思主义者给予的毁灭性打击。后来,曾经风行一时的杜林的"社会主义"也受到了恩格斯的彻底批判。一切思想障碍均已扫清,马克思主义迎来了广泛传播时期。列宁曾经估计说:"马克思主义已经无条件地战胜了工人运动中的其他一切思想体系。"②马克思、恩格斯的许多重要著作,在一些欧洲国家出版和再版。例如,在德国,《社会主义从

---

① 《列宁全集》第22卷,第194页。

② 《列宁选集》第二卷,第2页。

空想到科学的发展》仅1883年就印行三版,共1万册。《共产党宣言》再版两次,共印行1万册。1885年,马克思的《资本论》第二卷经恩格斯整理出版,进一步充实了马克思主义的理论宣传,并为无产阶级提供了新的思想武器。

70和80年代是欧洲和北美各国社会主义政党和组织普遍建立的时期。继统一的德国社会民主党建立之后,1884年在英国成立了有艾威林夫妇参加领导的社会主义者同盟。1879年,法国成立了工人党。此外,在丹麦(1878)、比利时(1879)、西班牙(1879)、意大利(1882)也陆续建立了社会主义的政党或团体。不过,这些社会主义政党和团体,在思想上和组织上都不成熟,还不是真正马克思主义的群众性政党。马克思、恩格斯和当时的无产阶级革命家都曾为各国党的革命化和群众化进行了坚持不懈的斗争。第二国际的成立就是这场斗争的一个重要成果。不幸的是,伟大的革命导师马克思和恩格斯相继逝世,使国际工人运动遭受到不可弥补的损失。恩格斯逝世后不久,出现了伯恩施坦修正主义思潮,在国际工人运动内部造成了严重的思想混乱。只有列宁和布尔什维克党及第二国际的左派顶住了逆流,把马克思主义发展到新的阶段——列宁主义阶段。

美国的工人运动有自己的特点。一方面,美国的工业革命在全国范围内最后完成的时间比较晚,工业无产阶级刚刚形成和固定下来,工场手工业时期的思想、习气和运动形式在相当程度上还继续保留着。另一方面,随着生产的集中,资产阶级和无产阶级的矛盾冲突具有了全国性的规模,而且达到了十分尖锐的程度,出现了美国工人运动空前高涨时期。在这种历史条件下产生的美国工人运动既带有近代工人运动的一切特征,又存在着手工业时期的弱点。各种思想都纷纷登台表演,形成了美国工人运动中的各种派别。

修正主义的出现曾经造成第二国际各国党的严重思想混乱。美国的情况有所不同。改良主义思想主要是通过全国性的行业工会组织——劳联表现出来的。工人运动中的改良主义在美国有长久的历史渊源,劳联的兴起和发展使得改良主义思潮侵蚀了美国的工人运动,社会主义政党的影响日益削弱。

第十二章　五一大罢工和秣市惨案

第一节　工人运动的高涨

80年代的形势　如果说1877年大罢工是美国工人运动向近代工人运动发展的转折点,那么19世纪80年代就是这个运动的第一个高潮时期。在这个时期里,工人运动的规模和组织性都有显著的扩大和加强。争取缩短工时、改善工作条件,反对削减工资、反对失业的运动此起彼伏。各种思想,各种派别都纷纷登台表演。1886年爆发的举世闻名的5月1日大罢工和芝加哥政府当局一手制造的秣市惨案把80年代的美国工人运动推向了高峰。马克思主义史学家对这一运动给予了充分的肯定。老左派史学家诺曼·C.韦尔把1886年叫作"革命的年代"[1]。连资产阶级学者也从不同角度予以极大的重视。威斯康星学派第二代史学家普尔曼把这十年叫作"大动乱"时期。[2]

这一时期美国工人运动的空前高涨绝不是偶然的。它标志着美国工人阶级已经形成,并日益成熟。恩格斯曾指出:"美国的运动正处在我们的运动在1848年以前所处的那种阶段上。"[3]19世纪40年代,英国的运动已经处于工业革命基本完成,工业资产阶级和工业无产阶级业已形成,"世界上第一次广泛的、真正群众性的、政治性的无产阶级革命运动"

---

① Norman J. Ware, *The Labor Movement in the United States*, p. 5.

② John R. Commons et al., *History of Labor in the United States*, Vol. 2, title of Chapter 9.

③《马克思恩格斯全集》第21卷,第296页。

已经掀起的阶段。这同美国80年代的情况是相符合的。

从工农业比重看，到1884年工业比重超过了农业比重，为53.4%比46.6%。[1]制造业产品超过了农业产品，在商品总产量中占44%。[2]80年代的十年中，工厂数目和工业投资同时激增。以铸铁业和机器制造业为例，两个行业的投资都增加了两倍半。[3]制造业产品的总值从1869年的33.86亿美元增加到1890年的93.72亿美元。[4]工厂产品在整个制造业产品中的比重从1870年的50%增加到1890年的80%。[5]

随着生产技术的发展和工厂数字的增长，产业工人的数字也大幅度增加。1880年，产业工人为270万人，1890年增加到425万人。[6]工业无产阶级队伍已经形成和壮大起来。工业资产阶级同工业无产阶级的矛盾日益尖锐。无产阶级贫困化的现象在80年代已经相当突出，有许多材料证明，大多数在业工人生活在贫困线以下。例如，根据当时最大的五个工业州：纽约、马萨诸塞、俄亥俄、宾夕法尼亚、伊利诺伊的统计材料，1870年，工厂工人平均年工资为405美元64美分，按五口之家计算，工人家庭中的每个成员平均每年的生活费为81美元14美分多，而这五个州向贫民提供的救济款每年为95美元，也就是说工人家庭的生活费用比贫困线少14美元。[7]虽然这是1870年的统计数字，但大体上是同80年代的情况相符的。如果说有什么不同，那就是经过1873年到1878年的长期萧条，工厂工人的工资有所降低。一般地说，80年代工人的生

---

① 中国科学院经济研究所世界经济研究室编：《主要资本主义国家经济统计集（1848—1960）》，第14页。

② Conference on Research in Income and Wealth, *Trends in the American Economy in the Nineteenth Century: Studies in Income and Wealth*, Princeton: Princeton University Press, 1960, Vol. 24, p. 13.

③④ Henry David, *The History of the Haymarket Affair*, New York: Russell & Russell, 1964, p. 4.

⑤ Joseph G. Rayback, *A History of American Labor*, p. 52.

⑥ Joseph G. Rayback, *A History of American Labor*, p. 53.

⑦ Henry David, *The History of the Haymarket Affair*, p. 13.

活状况比1870年更差。再从1890年国民收入的分配情况看,美国工人的多数家庭是生活在贫困线以下的。据统计,年收入在5000美元以上的家庭为20万家,在1200美元到5000美元之间的家庭有130万个,在1200美元以下的家庭有1100万个,而工人家庭的平均年收入为380美元。①如果以五口之家计算,每个工人家庭成员只能分摊到76美元,低于1870年的水平。

1883年,一位工人对在福尔河做工的兄弟的生活状况做了如下描写:他的兄弟全家六口人,日工资为1美元50美分。每年工作时间为九个月,依靠这点微薄的工资养家是十分困难的,"不难想见,那些孩子和他都不可能得到足够的食物和适当的衣着"②。遗憾的是,这并非个别现象,福尔河的工人几乎都生活在这种困境中。芝加哥一位工人活动家报道说,芝加哥工人"不能挣取足够的工资养活自己及其家人","他们差不多只得接受一切改革办法。即使你选择一种将要导致革命的办法,他们也会接受的"。③

失业工人的生活状况更为悲惨。1878年,长期萧条刚刚过去,1883年,新的经济危机又已开始,失业工人不断增加。以纺织业为例,情况是十分严重的。新英格兰地区的一位工厂老板说:"我每天早晨都得在工厂里拒绝那些宁愿每天只挣1美元的男人……和每天只挣50美分的妇女到工厂里工作的请求……这足以证明……有一大批渴望在当前普遍采用的低工资条件下寻找工作而又不能得到工作的人。"④从全国范围来看,失业问题也是极其严重的。根据卡罗尔·D.赖特的估计,在农业、商业、交通、矿山、制造业和机器工业等部门的失业人数总共达到100万人,这个数字显然是偏低了。劳动骑士团总会长鲍德利认为,在1885年

---

① Henry David, *The History of the Haymarket Affair*, p. 13.

②③ Henry David, *The History of the Haymarket Affair*, p.14.

④ Henry David, *The History of the Haymarket Affair*, p. 16.

的失业人数在150万到200万之间。①如果以就业时间来计算,根据马萨诸塞州的估计,大约有1/3的工人每年有1/3的时间在他们所从事的行业中处于失业状态。在伊利诺伊州,平均每个工人每年有1/4的时间找不到工作。

在工资下降、存在大批失业后备军的情况下,80年代工人运动的中心问题是缩短工时、提供更多的就业机会和提高工资。八小时工作制运动发展到空前的规模。

八小时工作制运动 缩短工时的斗争在美国已经持续多年,而且曾经取得一些成就。但是1873年和1883年两次经济危机使过去已经取得的某些成就化为泡影。十小时工作制已经成为普遍现象。1883年,新英格兰纺织工人的工作日工作时间略长于10小时,但星期六的工作时间少于10小时。有组织的雪茄烟工人每周工作时数为55小时到60小时。而未参加工人组织的雪茄烟工人每周的工作时间在66小时到90小时之间。②

1886年,根据一些工厂的专门调查材料,工人的工作时数仍然没有什么显著变化。从28个州的520家工厂的调查结果来看,有139143名工人的日工作时间比10小时多一点。"十小时工作制,或者说六十小时工作周是最普遍的工作制。"③可见,争取缩短工时的运动在美国全国各个行业的工人中有广泛的基础。

1875年,工业代表大会曾号召全国工人联合起来为实现八小时工作制而开展活动。但是,由于当时经济危机尚未结束,工人运动处于低潮,这个号召并未产生显著影响,甚至连工业大会本身也不能继续存在。

80年代初,八小时工作制运动侧重于争取联邦立法的承认,很少采

---

① Henry David, *The History of the Haymarket Affair*, p. 20.

② Henry David, *The History of the Haymarket Affair*, p. 159.

③ Henry David, *The History of the Haymarket Affair*, p. 160.

取罢工的形式同工厂主直接对抗。由工人活动家理查德·F.特里维利克、约翰·G.米尔斯、查尔斯·H.利奇曼、劳动骑士团总书记阿伯统·珀森斯和戴尔·D.卢姆组成的全国委员会专门负责这项工作。利奇曼在劳动骑士团总会1880年会议上要求划拨专门基金作为驻华盛顿代表团争取八小时工作制立法的活动费用。他还自费在院外活动达六年之久。不过,全国委员会的活动没有取得什么成果。在争取八小时工作制立法的过程中,争取八小时工作制的罢工在罢工总数中所占的比例微不足道。1883年,只占1.26%,1884年也只占2.03%。[①]

事实表明,仅仅依靠立法活动来争得八小时工作制是不可能的。粗细木工兄弟会的负责人P.J.麦克基尔在一次木工工人大会上发言说:"取得八小时工作制要靠组织。1868年,美国通过了八小时工作制的法律,那个法律仅仅执行了两次。如果你们要八小时工作制,就要自己去争取制定","我们要有一个由工人自己制定的法令,规定从某一天起每天的工作时间是8小时,而且他们自己应该来强制执行这一项法律"。[②]

1884年,美国和加拿大有组织行业工会与劳工会联合会(劳联的前身)芝加哥代表大会通过了两项具有重要意义的决议。一项是关于劳动节的决定,另一项就是关于八小时工作制的决定。参加大会的粗细木工兄弟会的代表按照该工会的指示首先提出一项关于八小时工作制的决议案,要求在1886年5月1日这一天,各地应同时确立所有工人每天的合法劳动时间为八小时。经过反复讨论,这个议案以23票对2票的多数得到通过。大会还讨论了弗兰克·福斯特提出的补充建议,并予以支持。建议的中心内容是说明争取八小时工作制应当采取的手段。建议指出:"在下届国会开会以前,所有劳工组织应举行一次投票,以决定是否能用全体罢工的方式来争取至迟在1886年5月1日实现八(或九)小时

---

① Henry David, *The History of the Haymarket Affair*, p. 161.

② [美]方纳:《美国工人运动史》第2卷,第118页。

工作制。"①最后,大会就八小时工作制问题做出如下决议:"美国与加拿大有组织行业工会与劳工会联合会做出决议,从1886年5月1日起,一天的合法劳动应该是8小时,并且向本区所有的劳工组织建议,请它们在上述日期前把它们的规章修改得符合这一决议。"②

尽管芝加哥大会是美国和加拿大有组织行业工会与劳工会联合会在濒于瓦解的时候召开的,但是,它的决议反映了广大工人群众争取实现八小时工作制的强烈要求,很快就成为一个强有力的号召。只有劳动骑士团的少数领导人逆潮流而动,不积极支持这个号召。他们不同意采取总罢工的手段来实现八小时工作制的要求。劳动骑士团总会长鲍德利主张通过社会舆论来影响政府,建议全体会员在1885年2月22日华盛顿诞辰纪念日向各报馆写信,呼吁早日实现八小时工作制。后来,鲍德利在1885年劳动骑士团总会会议上,转而公开反对骑士团会员参加八小时工作制运动。他说:"八小时工作制……是个政治问题","劳动骑士团不应该支持为在1886年5月1日确立缩短工作时间而举行总罢工的建议。对这个计划最感兴趣的人们对于运动还没有认识,而在这种情况下进行罢工,那是一定会流产的。所定的日期不适宜所提出的建立八小时工作制的计划也是不妥当的"。③

劳动骑士团的普通会员是支持芝加哥大会决议的。他们在各地同工会保持接触,热情支持八小时工作制运动。同时,不少地方分会通过决议要求总会规定5月1日"为争取八小时工作制罢工日"。后来,骑士团的许多会员由于总会拒绝参加总罢工而愤然退出了骑士团。

无政府主义的影响 巴枯宁无政府主义在美国也有一定的市场。随着国际上无政府主义思潮的泛滥,在美国的一些城市出现了社会革命俱乐部,宣传反权威思想。其中影响最大的是纽约社会革命俱乐部。这

---

① [美]方纳:《美国工人运动史》第2卷,第119页。
② [美]方纳:《美国工人运动史》第2卷,第117页。
③ [美]方纳:《美国工人运动史》第2卷,第120页。

个俱乐部曾企图建立全国性的无政府主义组织,但不久后就放弃了这个打算。总的来看,无政府主义者的力量是分散的,所进行的活动也极其有限。1882年9月中旬,约翰·莫斯特从英国到达美国后,无政府主义者的活动才趋于活跃。有人认为:"在美国主张直接革命的无政府主义运动,一般来说,是从莫斯特的到达开始的。"①

约翰·莫斯特(1846—1906)是德国的无政府主义者。他于19世纪60年代参加工人运动。1868年,莫斯特曾在瑞士停留一段时间,在那里加入了第一国际,不久后,他去了维也纳。1871年,莫斯特回到德国,1878年《反社会党人非常法》颁布以后流亡英国,并在那里创办《自由周报》。1880年,他作为无政府主义者被开除出德国社会民主党,1882年从英国移居美国,成为无政府主义者的重要活动家。

莫斯特是受美国无政府主义组织纽约社会革命俱乐部的邀请到达美国的,到达纽约那一天,纽约的无政府主义者在库柏学院为他举行了欢迎会。两天后,他就开始了全国旅行,试图把各地的社会革命党人联合起来建立全国性的协调机构。莫斯特的旅行对于推动各地社会革命俱乐部的建立和实现无政府主义者的联合起到了重大的作用。在他的努力下,1883年4月,北美社会主义者联盟情报局在芝加哥宣告成立。据报道,当时在纽约、费城、罗克斯巴勒阿列根尼城、萨伦维尔、奥马哈、堪萨斯城、圣路易、辛辛那提、克里夫兰、巴尔的摩、路易斯维尔、底特律、布法罗和其他大城市都建立了社会革命党人的组织。②

1883年8月5日,情报局一份名为《致北美社会主义者》的通告号召于10月14日在匹兹堡举行"北美社会主义者代表大会"。有二十四个城市的代表按期出席了这个无政府主义者的代表大会。大会的正式名称叫作"北美社会主义者代表大会"。匹兹堡大会有三项主要议程:第一是听取关于全国革命"党"状况的报告;第二是讨论如何加强这个国家的革

---

① Henry David, *The History of the Haymarket Affair*, p. 87.

② Henry David, *The History of the Haymarket Affair*, p. 89.

命社会主义思想;第三是讨论组织工作、宣传工作和建立"党的刊物"。

在讨论过程中出现了两种不同意见。以莫斯特为代表的一派竭力主张使用恐怖手段,彻底摧毁现存制度,完全反对进行缩短工时、提高工资、改善工作条件的眼前斗争。莫斯特的这种思想在他主编的《自由周报》中反映得最为清楚。1883年3月18日,登载的《革命原则》一文指出:"对于他(革命者)唯一的欢乐、唯一的享受、唯一的酬劳就是革命的胜利。他日夜萦注的只有一个思想、一个目的,那就是无情的破坏。当他不停地、冷静地追求这个目的时候,他必须视死如归,同时准备亲手去杀死阻止他实现这一目的的人⋯⋯"①在《自由周报》之后的各期上也不难找到宣传恐怖的文章。总之,莫斯特的主张是同巴枯宁的观点非常接近的。

以斯皮斯·珀森斯为首的西部代表在反对政治斗争和主张暴力行动方面同莫斯特是一致的,但是对待工会的态度上却是截然不同的。他们认为工会是未来社会的"萌芽组织",工会的目的是依靠强制和暴力彻底摧毁资本主义制度,绝不能仅仅满足于为实现当前要求而进行的斗争。这就是在美国流行最广的无政府工团主义,也即是美国历史上所谓的"芝加哥思想"。

在匹兹堡代表大会上,要求联合的气氛始终占据上风,两种不同意见在主要问题上都达成了妥协,没有造成组织上的分裂。大会委托莫斯特、斯皮斯、珀森斯、德鲁里、赖夫格瑞本五人共同起草宣言。宣言基本上反映了莫斯特的思想,虽然几经讨论和修改,但是基调没有大的变化。宣言强调指出:"我们现在的社会是建立在有产者剥削无产者的基础上的。"因此,只有"用一切手段,也就是用有力的、无情的、革命的和国际的行动来摧毁现存的阶级统治","让暴君们战栗吧!最后审判的日子不远了!"贯穿整个宣言的是典型的无政府主义思想。政治斗争和工会的各项日常斗争要求完全被忽视了。

匹兹堡大会建立了无政府主义者的全国性组织,定名为国际工人协

---

① Henry David, *The History of the Haymarket Affair*, p. 88.

会（又称黑色国际）。

大会为了照顾西部代表的意见，通过了由斯皮斯提出的一项关于工会作用的决议。决议指出，所有建立在激进原则上的，主张废除工资制度的工会都是未来社会的基石。它们构成了"被压迫者和被剥夺者的大军"，并将成为摧毁现存经济制度和建立社会化经济秩序的工具。这样的工会将得到国际工人协会的支持和同情。①

匹兹堡大会闭幕以后，无政府主义者的全国联合并未真正实现。国际工人协会不过是一个有名无实的机构。参加协会的各个无政府主义团体都享有充分的自主权，往往各行其是。芝加哥的情报局最多也只能起到联络通讯的作用。无政府主义者始终未能在全国范围内组织统一行动。他们集中活动的地区是纽约和芝加哥。1883年到1886年，莫斯特在纽约的无政府主义者当中一直拥有很大的影响。莫斯特在那里宣传"革命恐怖"思想。有一次他手持来福枪登上讲坛，向听众讲解来福枪的构造和使用办法。1884年，他甚至到炸药工厂做工，掌握了炸药的性能和生产过程。莫斯特曾设法把炸药寄送到欧洲，企图在德国组织恐怖行动。他还打算"在武装美国无产者"过程中采取同样的措施。

与纽约的运动不同，芝加哥的无政府主义者不是单纯搞个人恐怖活动，而是同当地的工人组织建立广泛的联系。国际工人协会在这里得到较快的发展。到1884年，至少有6个工人团体加入协会。1885年夏天，在芝加哥，协会已经拥有17个下属工人团体了。②后来，芝加哥的中央工会也被社会革命党人所控制，这个中央工会下面有22个工会，其中包括芝加哥最大的7个工会。

芝加哥社会革命党人虽然在所有场合都强调恐怖手段的作用，但从不放弃在群众中开展工作。例如，1885年10月，斯皮斯在他所提出的《芝加哥中央工会的决议案》中强调说："我们紧急地号召工人阶级把自

---

① Henry David, *The History of the Haymarket Affair*, p. 95.

② Henry David, *The History of the Haymarket Affair*, p. 110.

已武装起来,以便能够向他们的剥削者提出唯一能够发生实效的论点:暴力……"①但是这并不妨碍芝加哥的社会民主党人参加和支持西部大多数的劳工斗争。在芝加哥市,他们也曾多次发动和组织集会、示威游行。1884年的感恩节游行吸引了3000多人参加。其他的几次游行和集会也有一定的群众基础。国际工人协会在工人中的影响有所扩大。1885年珀森斯宣称,在芝加哥,国际工人协会已经拥有70个小组,2000名无政府主义者和社会主义者。②

芝加哥的社会革命党人发行了五种刊物。其中,德文报纸《工人报》的发行量在5000份到6000份之间,英文报纸《警钟》的发行量为3000份。③这五种刊物都是无政府主义的喉舌,在工人中具有相当的影响。由于无政府主义者的广泛活动和宣传,社会主义工人党的内部发生了分裂,差不多有1/2的党员退出该党,加入了国际工人协会,使该党的人数于1883年底减少到,1500人,而国际工人协会在极盛时期的人数达到了7000人。

社会主义工人党的领导人菲利普·范·帕顿对无政府主义者拉拢社会主义者和工人的活动感到不安。他于1883年4月初写信给恩格斯揭露莫斯特的欺骗活动,希望恩格斯揭露莫斯特冒充马克思朋友的欺骗行为,并澄清无政府主义和马克思主义的关系。恩格斯于1883年4月18日,从伦敦写信答复帕顿的请求,概略地说明了马克思主义同无政府主义的根本区别,并同意帕顿公发表这封信。1886年,社会主义工人党还发表了一本反对无政府主义的小册子《社会主义和无政府主义是互不相容的敌手》。然而,由于社会革命党领导人的巡回宣传和频繁活动,在社会上造成了一定的声势,在1886年秣市惨案发生以前,使社会主义工人党的活动大为逊色。资产阶级报刊趁机抓住社会革命党的激烈言论,大肆制造反社会主义舆论,准备鼓动政府当局对社会主义者下毒手。

---

① [美]方纳:《美国工人运动史》第2卷,第40页。

② Henry David, *The History of the Haymarket Affair*, p. 112.

③ Henry David, *The History of the Haymarket Affair*, p. 113.

第二节　五一大罢工

罢工的准备　美国与加拿大有组织行业工会与劳工会联合会芝加哥大会关于1886年5月1日实行八小时工作制的决议在许多工人组织中都引起了强烈的反响。该联合会的1885年大会重申了这项决议,并且请求不参加这个行动的工人组织,"全力以赴"地帮助举行罢工的工人。联合会作为运动的发起者准备采取两种可能的途径来实现缩短工时的要求。它建立了一个准备同工厂主进行协商的机构,并且拟定了协议书的草稿,而且一旦谈判失败,则立即举行罢工。准备工作在各大城市都在进行,芝加哥又一次成为活动的中心。

1885年11月,经过乔·希林、威廉·格利森和约夫格伦哈特的努力,在芝加哥成立了芝加哥全国八小时工作制协会。协会发表声明,主张缩短工时,但不减少工资,并且把缩短工时作为减少失业的有效措施。八小时工作制协会不仅得到了芝加哥中央工会和芝加哥市区和近郊的工人组织的支持,而且得到了1885年新近成立的和1886年1月以后成立的工会和工人协会的支持。到1886年4月,芝加哥的工人群众已经深深卷入了争取八小时工作制的运动。

劳动骑士团芝加哥地区分会和广大会员也卷入了八小时工作制运动,并且成为积极的支持者和组织者。骑士团的总会长鲍德利和总执行委员会对于这种情况深感不安,不断发出秘密通告信,阻止会员参加运动。

然而劳动骑士团芝加哥地区分会不顾总会的告诫,继续同工会和工人会议联合行动,于4月17日在骑兵军械库集合,举行化装游行,参加者约2万人。

芝加哥的社会革命党人开始从无政府主义的立场出发,是反对这次运动的。无政府主义者的英文报纸《警钟》报曾评论说:"如果同意资本家有权利取得我们8小时的劳动,这比妥协还要糟糕,这实际上是承认工资制度是对的。"不过,芝加哥的社会革命党人是同工人有一定联系的。当他们看到群众已经深深卷入运动的时候立即改变态度成为运动的鼓动者和领导者。珀森斯后来说明了改变态度的两点理由:"第一,因为这是一个反对权威的阶级运动,因而是有历史进步意义的,也是必要的;第二,因为我们不愿袖手旁观,以免被我们的工人弟兄们误会。"①1886年4月25日,国际工人协会控制下的芝加哥中央工会组织了一次八小时工作制游行。参加者约2.5万人,代表着25个工会。游行结束后,珀森斯、斯皮斯等社会主义革命党人发表了演说。

在芝加哥八小时工作制运动的几种不同的力量中,国际工人协会的影响最大,行动最积极,实际上居于运动的领导地位。资产者最害怕的就是这支力量。资产阶级报刊把它们攻击的矛头首先对准协会的领导人绝不是偶然的。《芝加哥邮报》宣称:"这个城市有两名逍遥法外的危险的暴徒,两名企图制造麻烦鬼鬼祟祟的懦夫,其中一个叫珀森斯,另一个叫斯皮斯。一旦事端酿成,他们将首先从危险的现场溜掉","这两个家伙在过去十年中造成混乱。他们早就应当被赶出这个城市,世界上任何一个别的城市都不会容忍他们的"。②

芝加哥市政当局也做好了反对五一大罢工的充分准备。从1889年初,警察就已经频繁出动,到处干涉工人的活动,曾不断发生工人和警察冲突事件。一位年轻记者查尔斯·爱德华·拉塞尔报道说,警察"不时冲击和驱散那些秩序良好,无可指责的集会群众……"③芝加哥的麦考米克收获机制造厂是经常发生麻烦的地方。其中最严重的事件发生在3月初。这次事件是由于厂方于2月16日关闭工厂,开除1400名工人引起的。厂方雇用了一批平克尔顿私人侦探所的人和350名到500名警察

① Alan Calmer, *Labor Agitator: The Story of Albert R.Parsons*, New York: International Publishers, 1937, p. 78.

② Henry David, *The History of the Haymarket Affair*, p. 185.

③ Henry David, *The History of the Haymarket Affair*, p. 186.

来对付被解雇的工人。3月2日,300人复工,其余工人在厂外举行群众集会,旋即被平克尔顿侦探和警察驱散。从此以后,麦考米克收获机制造厂不断发生罢工和工厂关闭事件。

在五一大罢工前夕,芝加哥的商人和厂家通过芝加哥公民协会来协调行动,准备采取一切措施来阻止罢工的爆发。1350名国民军全副武装,严阵以待,随时准备对付罢工工人和游行队伍。

在纽约、辛辛那提、巴尔的摩、华盛顿、匹兹堡、圣路易、波士顿、密尔沃基等城市,五一大罢工的准备工作也在紧张进行。成千上万的工人都积极投入了争取八小时工作制的斗争。五一大罢工前夕,在全国范围内差不多有25万产业工人卷入了这场运动,将近3万多人得到了缩短工时的成果。

五一大罢工　全国各大城市的工人对五一大罢工抱有很大的希望,都在焦急地等待着这一天的到来。芝加哥的准备工作最有成效。4月底,铁路工人、瓦斯工人、铁工厂工人、罐头厂工人,以及其他工厂的工人都已经在酝酿罢工,整个芝加哥都笼罩着紧张的气氛。4月30日,有一条电讯以"焦急的芝加哥"为标题来概括那里的情况。

当5月1日这一天到来的时候,几乎所有的重要工业城市同时发生了罢工运动。全国有11562个机构卷入了罢工。罢工人数达到35万人。在芝加哥参加罢工的工人最多,将近4万人。[①]劳动骑士团的地方分会芝加哥肉类食品罐头工会不顾总会的反对加入了罢工运动,并且得到了胜利。罐头工厂的工人在不减少工资的情况下争得了八小时工作制。

底特律的劳动骑士团地方分会同当地的劳联地方组织采取联合行动发动了有1.1万人参加的示威游行。

在纽约,举行了一次有2.5万人参加的争取八小时工作制的火炬游行。

五一大罢工显示了工人阶级的强大力量和严密组织性。罢工基本

---

① 雷伯克估计有8万人参加罢工。(Joseph G. Rayback, *A History of American Labor*, p. 166.)

上是在和平的情况下,井然有序地进行着的。许多地方的警察和密探本来已经做好准备,但始终没有找到下手的机会。1886年5月1日《纽约论坛报》报道说:"警察已经做好对付一切可能发生的骚动的准备。保持所有警察后备力量处于动员状态的命令也已发出,可见应付任何动乱的措施确已准备就绪。"①同一天《伊利诺伊州纪事报》也发表消息说:"警察局的高级官员已经停止消除近几周来对工人运动的恐怖情绪的努力。现在他们唯一的想法是……大量麻烦必将发生。昨晚已决定在星期六早晨将全部警察力量部署停当……只要任何严重暴动发生,还有几百人将立即作为特殊警察投入行动。"②

在罢工工人的强大压力下,一部分工厂主不得不全部或部分地接受罢工者提出的条件。大约有18.5万人在5月1日和过后几天就获得了八小时工作制。工作时间每天12小时或12小时以上的20多万工人将工作时时缩短为10小时或9小时。在一些地方还实行了星期六休假半天的制度。

但是,各地资产者的退让只是暂时的,在形势稍微缓和以后,他们当中的一些人又把工作时间恢复到9小时或者更长一些。在芝加哥,资产者的反攻最为猖狂。商人们的"公民协会"连日举行会议准备对付罢工工人。《芝加哥邮报》不断攻击运动的领导人珀森斯和斯皮斯,叫嚷要"盯住他们","如果发生骚乱,就拿他们开刀,惩一儆百"。侦探、国民军、警察到处监视罢工工人,并准备保护罢工破坏者。许多行业的资产者继续拒绝缩短工时。5月1日以后,罢工仍不时发生。5月3日麦考米克屠杀事件使工人同警察的冲突达到了十分激烈的程度。

这一天下午,木材搬运工人工会的6000名罢工者在麦考米克工厂附近集会,并邀请斯皮斯做报告。正好麦考米克工厂的工人为了争取八小时工作制和提高工资举行罢工。几百名武装警察企图护送资本家雇来的300名罢工破坏者进入工厂。于是木材搬运工人同麦考米克工厂

---

①② Henry David, *The History of the Haymarket Affair*, p. 188.

的工人联合举行示威,阻止罢工破坏者。警察向手无寸铁的示威群众开枪射击。据《芝加哥每日新闻》报道,至少有6人被枪杀,受伤者多人。斯皮斯是这个屠杀事件的目击者。他立即将事件经过写成稿件,投交《工人报》,准备对警察的暴行进行揭露。同时,他还起草了一份通告信。这份通告信的标题经过《工人报》编辑部修改后成为一个复仇暴动宣言。通告信的标题是:"复仇!工人们!武装起来!"结尾是:"武装起来,我们呼吁你们武装起来!"[①]

通告信有关文本和德文本共印刷了2500份,在当晚全部散发出去。斯皮斯本人读到印好的通告信以后认为"复仇"两个字用得不妥,不是他的原意,但已来不及删改。后来这个通告信由于它的激烈言辞而被政府用来作为反对工人和秣市事件受审者的依据。

不过,工人群众并没有认为这是一个武装暴动的讯号,而是作为对警察暴行的抗议。当天晚上,在芝加哥的许多地区都举行了工人集会,并准备于5月4日在秣市广场举行更大的集会来表示强烈的抗议。

资产者的报纸认为麦考米克事件是诽谤罢工运动的极好机会。它们把麦考米克工厂的罢工说成是无政府主义者一手策划的,把这次残暴的屠杀说成是"警察和无政府主义者的冲突"。警察当局则由于进攻得手而趾高气扬,警长班菲尔德在当天晚上公开宣布说:"我们已经采取了对付一切情况的紧急行动和决定性行动的措施我相信我们有足够力量镇压任何暴动。我认为不需要召请国民军,因为我不相信会出现任何严重的麻烦。可能多少会发生一点暴乱,一点流血冲突,或许会流点血,但我想,1877年的暴乱是不会重演的。"[②]班菲尔德的叫嚣是不祥的预兆。看来,芝加哥警察准备动用武力镇压罢工运动的策划已经炮制成功。

---

① Henry David, *The History of the Haymarket Affair*, p. 192.

② Henry David, *The History of the Haymarket Affair*, p. 199.

第三节　秣市惨案

秣市广场集会和大屠杀　5月4日早晨,一个用英文德文两种文字印刷的署名执行委员会的通告开始散发。通告标明当天晚上7点钟将在秣市广场召开群众大会,由出色的演讲员报道"昨天下午警察枪杀我们工人同胞的最新暴行"。当天上午,警察已开始行动,不断冲击各地区罢工工人的集会,企图阻止秣市广场集会的召开。但是,在罢工工人的坚决要求下,芝加哥市长卡特·哈里逊允许罢工工人在秣市广场召集群众大会以后,警察分队才不得不暂时停止对各地区集会的进攻。秣市广场是一个椭圆形的区域,周围有高大的厂房和军营,早已不再是一个市场了。这里可以容纳两三千人,是一个举行大规模集会的理想场所。

晚上7点30分,许多工人和工人家属陆续从各个街区赶到广场。在一个小时内聚集了大约3000人。斯皮斯宣布大会开始,并首先发言。他在发言中声明:"召集这个大会的目的是讨论争取八小时工作制运动的总形势和最近四十八小时内发生的事件。政府当局却认为这个大会的目的是为了制造一些骚乱和麻烦。但这绝非召集这次大会的愿望。"[1]从斯皮斯的发言中找不到任何煽动恐怖行动的东西。哈里逊市长也是集会的参加者。他听完斯皮斯的讲话以后认为一切都很正常。斯皮斯在他的自传中说道:"我和1886年5月4日秣市会议的关系不过是一个被邀请的讲演者……参加会议的是持有各种信仰和观点的工人,他们既不是无政府主义者,也不是无政府主义的宣传者。"[2]可见,这次会议并没有什么预谋,绝不是警察当局所说的那种制造恐怖情绪,准备暴乱的无政府主义者集会。它不过是由一般罢工工人参加的抗议警察

---

① Henry David, *The History of the Haymarket Affair*, p. 192.

② Philip S.Foner(ed.), *The Autobiographies of the Haymarket Martyrs*, New York:Humanities Press, 1969, p. 71.

暴行的群众集会。

继斯皮斯之后珀森斯登台演讲。他在发言中介绍了国际形势，揭露了资本主义制度的弊端。他提出，不劳而获的资产者从工人所创造的每1美元中拿走85美分，而工人只能得到15美分。一旦工人提出改变这种状况的要求，警察、政府军队、平克尔顿侦探的枪口就会对准他们。接着珀森斯对芝加哥工人当时面临的形势做了分析，提醒他们防备警察方面的武装镇压，他说："你们是否知道政府的军警已经荷枪实弹，格林枪已经上膛就要把你打倒？难道这就是德国、俄国或西班牙吗？无论你在什么时候提出要求……增加工资，国民军、县里的司法官和平克尔顿侦探就会应召出动，而你就将当街遭受枪击、殴打或被杀害。我在这里并非为了煽动任何人，而只是把事情的真相讲出来，哪怕为此在明天晨曦降临之前丢掉自己的性命也在所不惜。"①

珀森斯结束演讲的时候已经将近夜里10点钟了，群众纷纷离开广场，只有为数不多的人在继续听取第三个演讲者塞缪尔·费尔登的发言。哈里逊市长在10点过不久也离开了会场，他认为："什么事情也没有发生，也看不出会发生什么需要进行干预的事情。"②于是，他到德斯普林街警察所告诉约翰·班菲尔德上尉说，集会上一切平静，并建议他解散集中在警察所的武装力量。然而，班菲尔德并没有听从市长的劝告，反而带领180名武装警察在费尔登的讲话即将结束的时候突然出现在广场上。

当时，正好一阵狂风卷过广场，天空乌云密布，暴风雨就要来临。沃德上尉按照班菲尔德的命令厉声向集会群众宣布说："我以伊利诺伊州人民的名义命令这个集会立即和平地解散。"等到他重念这道命令的时候，费尔登从讲台上回答说："我们的集会是和平的。"但是，出乎人们的预料，突然一枚炸弹在警察队伍中爆炸。当场炸死一名警察，五名警察受重伤，不久后死去，受轻伤的警察多达五十余名。警察立即向群众开

---

① Henry David, *The History of the Haymarket Affair*, p. 210.

② Philip S. Foner（ed.）, *The Autobiographies of the Haymarket Martyrs*, p. 71.

枪,被枪杀的人数不详,伤者超过200人。由于警察的蛮横干预,终于造成了骇人听闻的秣市惨案。

资产者利用秣市惨案,开动宣传机器,竭力把争取八小时工作制的斗争同无政府主义者的恐怖行为联系起来,把那些敢于提出改善工人生活条件的人和工人运动的领袖都说成是"扔炸弹者"而横加攻击。警察对罢工工人进行搜查,逮捕和拘禁了好几百人。他们还对"嫌疑犯"进行拷打,逼迫他们供认自己是"掷炸弹者"的同谋犯。凡是那些为芝加哥资产者所痛恨的有组织才能的工人活动家都被挑选出来作为被告,受到警察的控诉。最初,被控告有罪的共31人。后来,其中一些人愿意为州政府作证而逃脱了起诉,一部分人得到了保释,免于受审,还有人流亡国外使得政府无法追究。最后受审的一共有8人,他们是阿伯特·R.珀森斯、奥古斯特·斯皮斯、阿道夫·费希尔、乔治·恩格尔、迈克尔·施瓦尔、塞缪尔·费尔登、奥斯卡·尼布、路易斯·林。

具有讽刺意味的是:炸弹爆炸的时候,只有费尔登一人在场,其余7人都远离事件发生的场所,可是他们仍然被加以莫须有的谋杀犯罪名而受到控告。

芝加哥秣市惨案固然使整个美国,甚至全世界感到震惊,但更令人惊讶的是美国政府对这个事件所采取的极端措施。对无辜受害的八名被告所进行的审讯引起了人们的极大关注。

审讯 5月21日,审讯在库克县刑事法庭正式开始。审讯法官是约瑟夫·加里。首席检察官由州检察官S.格林尼尔担任。12人组成的陪审团是由法庭委派的特别监察官选定的,成员都是大工厂的监工和工头,没有一个普通工人。[1]首席辩护律师是一家公司的法律顾问威廉·

---

① 12 个陪审员是 H. Cole, S. G. Randall, T. E. Denker, C. B. Todd, F. S. Osborne, A. Hamelton, J. H. Brayton, C. A. Ludwik, A. H. Reed, J. B. G. Rejner, G. W. Adams, H. T. Sanfofd。其中 Adams 是一个商务代理人,曾经宣布:"如果我当陪审员,我将把所有该死的家伙绞死。" (Henry David, *The History of the Haymarket Affair*, p. 247.)其余的陪审员都是按照报纸上反对社会主义者的调子对待被告的。

布莱克。会审人员的这种安排无疑是一个阴谋,它实际上已经决定了被告的悲惨命运。后来有人证实说,监察官所选择的陪审员都是反对被告的人。他指出,监察官曾对他说:"我在处理这个案件,而且知道将要怎样办。这些人是一定要被绞死的。我要提名的那些人必然会遭到被告的坚决的抗议,但这是浪费他们的时间,抗议是徒然的。"①

在开庭的头几天旁听席上只有律师、政府官吏、新闻记者、警察和"几位衣着豪华的妇女",完全见不到工人和老百姓的影子。第一天开庭的时候,在被告席上只有七个人。珀森斯已于5月4日晚上离开芝加哥,到他的朋友威廉·霍姆斯家中做客。待到大搜捕的消息传到以后,他暂时隐居在威斯康星。但是,珀森斯并不是由于恐惧而躲藏起来的,他深信自己无罪,并决定向法庭自首。5月21日下午2点30分他同辩护律师布莱克突然出现在法庭上,并对加里法官说:"法官阁下,我是来同我的同伴一起出庭受审的。"②后来,珀森斯的朋友霍姆斯到监狱里探望他的时候,曾问他为什么要这样做,是否考虑过将会出现的后果。珀森斯回答说:"是的,我认真考虑过了。我绝不期望在有生之年再度成为自由人。他们将会杀死我,但当我知道我的同志们到处都同我一样为了与他们毫不相干的事情而遭受苦难的时候,我不能容许自己逍遥事外……"③

陪审人员的选定工作是在审讯开始以后进行的,从6月21日到7月15日,花费了二十多天。在最后一名陪审员选定以后,首席检察官格林尼尔向陪审团介绍案情。格林尼尔竟然把这个案件说成是无政府主义者企图通过屠杀来建立"统治"的暴行,希望这是美国历史上唯一的最后的一个审讯无政府主义者的案件。他甚至说这比内战时期的萨姆特要塞开火的罪行更为可怕,更为严重。

案情在首席检察官的导演下变得越来越离奇。似乎芝加哥的无政

---

① ② [美]方纳:《美国工人运动史》第2卷,第131页。

③ Caro Lloyd, *Henry Demarest Lloyd, 1847-1903, A Biography*, New York: G. P. Putman's Sons, 1912, Vol. 1, p. 85.

府主义者已经完成了毁灭芝加哥和推翻美国政府的策划。他声称,在5月4日前夕,"无政府主义者摧毁这个城市(芝加哥)的一切工作已经准备妥当……每一件能够用来破坏法律和秩序的事情都完成了"。3日晚上由乔治·恩格尔草拟的阴谋计划已经由无政府主义者的小组通过,"如果这一计划能够实行,那就意味着这个城市的彻底毁灭"[1]。首席检察官的介绍是根据警察一手炮制的材料做出来的,完全是一面之词。但对于那些敌视被告的陪审员来说,这就足以作为他们支持法官判决的依据了。

审讯是在警察精心策划下进行的。他们为了把被告送上绞刑台和沉重地打击芝加哥的工人运动,特别赦免了两个被捕的无政府主义者戈特弗里德·沃勒和伯纳德·施拉德,让他们出席法庭作为揭发这个"阴谋"的证人。他们企图证明,秣市广场的炸弹事件是这个"阴谋"计划的一部分。沃勒和施拉德以"阴谋"参加者的身份,硬说恩格尔是这个计划的草拟者,但是却拿不出任何证据说明秣市炸弹事件是执行这个阴谋计划的结果。沃勒不得不在证词中说:当时"没有谈到关于(秣市广场)的任何事情"也"完全没有预料到警察会到秣市广场来"。[2]

所谓的"阴谋计划"实际上是不存在的。法庭在审讯"阴谋计划"制订人恩格尔的时候,警察的捏造就完全站不住脚了。恩格尔根本没有参加秣市集会,当时在家里同几位朋友和妻子谈天。炸弹事件是沃勒登门告诉他的。恩格尔曾向沃勒表示不赞成这种愚蠢的做法,他认为社会革命只能从人民中产生,一旦社会革命兴起,警察也会抛弃武器,加入起义者的队伍,不应当杀害他们。

如果说真有什么"阴谋计划",那就是警察一手炮制的陷害被告的阴谋计划。后来,警察局局长埃伯曾对芝加哥《每日新闻报》记者说:"在我们解散无政府主义团体后,沙克要立即派人去组织新的团体。"完全有理

---

[1] Henry David, *The History of the Haymarket Affair*, p. 255.

[2] Henry David, *The History of the Haymarket Affair*, p. 261.

由判定,沃勒就是沙克上尉采用种种手段拉拢利用的无政府主义者。沃勒曾经承认,他不仅得到警方的宽恕,而且拿到了谈话的报酬。他说:"沙克上尉付给我6美元50美分作为……报酬。当我坐在警察所内度过我的时间的时候,我都因此得到酬劳:一次我坐了一整天,得到了2美元;在此以前他曾两次付钱给我,每次5美元。前两个星期我已工作……是沙克上尉帮助我找到工作的。"①

法庭还审讯了投掷炸弹的嫌疑人鲁道夫·施纳贝尔特,企图证明他是按照被告的指示行动的。但是,究竟是谁投掷的炸弹?始终是一个谜。法庭也没有做出判决。不过,有种种迹象表明,无政府主义者施纳贝尔特很可能是炸弹投掷者,而且是按照警察的命令做的。他是大搜捕时期被捕人员中唯一"立即被释放的",而且能够逍遥法外不受芝加哥警方的干涉。芝加哥《侦探日报》在1900年8月6日发表文章回顾说,种种证据都"证明鲁道夫·施纳贝尔特就是那个投掷炸弹的恶棍","后来还常常听到关于他在外国的消息,但是他从未遭到逮捕"。②

其实,是谁投掷对于法庭、资产者都不重要。他们关心的是利用这次事件来反对罢工,反对八小时工作制。后来加里法官承认说:"究竟是施纳贝尔特还是其他人投掷了炸弹,这倒不是一个重要的问题。"芝加哥一家大服装公司的股东更直截了当地指出:"不,我不认为这些人犯了任何罪行,但是必须把他们绞死……我并不害怕无政府主义,啊,不,那只是少而又少的几个有怪癖的慈善家的乌托邦想法,这些人还是相当可爱的,可是我的确认为劳工运动必须加以摧毁! 如果把这些人绞死了,劳动骑士团会员就决不敢再制造骚乱了。"③

8月20日,审讯结束,被告被宣判犯有谋杀罪。只有奥斯卡·尼布被判十五年徒刑,其他人都被判绞刑。判刑后,被告在法庭上发言,义正辞

① Henry David, *The History of the Haymarket Affair*, p. 263.

② [美]方纳:《美国工人运动史》第2卷,第135页。

③ [美]方纳:《美国工人运动史》第2卷,第135—136页。

严地揭露了政府的阴谋,捍卫了工人的权利。珀森斯在发言中指出:
"法官阁下,在对这个法庭演说时,我是以一个阶级的代表来对另一个阶
级的代表讲话的","如果你们以为,用绞死我们的办法,就能够摧毁劳工
运动……那么就绞死我们吧! 你们可以在这里踩熄一个火花,但是,正
是在那里,在你们后面和前面,到处都会燃烧起火焰。这是来自地底的
烈火,你们是不能把它扑灭的"。①

被告向伊利诺伊州高级法庭和联邦最高法院提出申诉,但先后于
1887年9月14日和11月2日被驳回。在被告申诉的过程中,在美国国
内和国际上掀起了一场强大的援救运动。

援救运动和秣市惨案的结局　各地的工人组织和有影响的工人活
动家纷纷集会,通过决议谴责不公正的判决,并要求伊利诺伊州政府不
要无端杀害被告。1887年9月14日,纽约进步工人党举行集会,通过决
议认为"这个判决是法律上的谋杀",要求"全国有组织工人举行群众集
会抗议这个臭名昭著的行动"。②接着,纽约德裔工人工会联合会也举
行了集会,并通过了类似的决议。1886年新改组为美国劳工联合会的
第一届年会也通过了声援被告的决议,要求政府改变不公正的判决。后
来,劳联主席龚帕斯(1850—1924)在1887年10月13日给詹姆斯·史密
斯的信中发表了自己的看法,他写道:"为了劳工的事业和通过和平方法
来改善劳工状况并使劳工最后获得解放,我反对这一极刑。它将是我们
国家中的一个污点。"

1887年9月16日,纽约中央工会发出一个由14位著名工人领袖签
署的呼吁书。呼吁书谴责了法庭的判决,建议各地工人组织于10月20
日前后组织大规模群众集会和游行。这一天,在芝加哥举行了5000人
的工人集会,与会群众对法庭的判决表示极大的愤慨,要求释放全体被
告。在纽约的库柏大厅也举行了群众集会,有三四千人冒雨赶到会场。

---

① Philip S. Foner（ed.）, *The Autobiographies of the Haymarket Martyrs*, pp. 8-9.

② Philip S. Foner（ed.）, *The Autobiographies of the Haymarket Martyrs*, p. 410.

P.J.麦克基尔、詹姆士·E.奎因、塞缪尔·龚帕斯、德里昂都在会上讲了话。在霍布肯等地也举行了群众的抗议集会。

然而，令人遗憾的是，当时最大的工人组织劳动骑士团的总会长鲍德利拒绝参加辩护运动，而且禁止下属的地区分会和地方分会对运动采取支持态度。鲍德利甚至认为这些被告是"可憎恶的累赘"。鲍德利的错误做法引起了劳动骑士团一些地区分会的不满。它们冒着开除会籍和撤销组织的危险，积极投入声援被告的运动。首先起来声援被告的是劳动骑士团纽约的第四九地区分会。它不仅自己组织集会，开展援救活动，而且同纽约中央工会联合行动，向全国工人组织发出呼吁。芝加哥的第二四和第五七地区分会也投入了救援运动，并对鲍德利的错误立场进行了批评。在1887年明尼阿波利斯年会上，大约30名第二四地区分会和五七地区分会的代表退出大会，举行单独会议，要求修改会章，允许在游行时候打出红旗。但由于他们只有29票，提案未被通过。会后，这些"反对派"在芝加哥举行会议，参加者增加到35人。会议选出一个临时五人委员会，由查尔斯·塞布担任书记。会议做出决定，要求彻底改组劳动骑士团。

法庭的不公正判决也激起了美国社会知名人士和自由主义者的义愤。著名作家亨利·德马雷斯特·劳埃德，著名小说家和编辑威廉·迪安·豪厄尔斯，罗伯特·英格索尔都发表讲话谴责法庭的审判，认为这是历史上有损美国民族声誉的"最大的冤狱"。纽约社会改革派的报纸《社会科学》和自由思想者的报纸《真理的探索者》都载文抨击法庭的判决，认为警察才是"罪责难逃的祸首"。

援救运动还扩展到国外，成为一个国际性的行动。英国工人在艾威林夫妇的倡导下，举行了几十次集会"对谋杀劳工领袖的行为提出抗议"。法国、荷兰、俄国、意大利和西班牙等国的工人也纷纷集会，谴责美国法庭的决议，并捐款帮助美国国内的援救运动。法国的巴黎议会、塞纳郡议会和众议院的一批议员先后拍电报给伊利诺伊州长表示抗议，认为这个判决是"对共和的不可磨灭的耻辱"。

在援救运动的强大压力下,伊利诺伊州州长不得不在1877年11月11日行刑的时候,将费尔登和施瓦尔两人的死刑改为无期徒刑。路易斯·林在行刑前死于监狱中,珀森斯等四人被当场绞死。这个冤案一直到1893年6月28日才得到昭雪。新任州长、年轻的自由主义者约翰·彼得·阿尔特盖得勇敢地冲破了资产者的偏见颁布了著名的赦免令,指出:"不能证明被告犯有罪行",他们是无辜的,他们被绞死的人都是作弊的陪审员和偏袒不公的法官的牺牲者。

美国工人阶级的五月流血斗争虽然遭到了失败,但却光荣地载入了史册而受到国内外人民的赞颂和纪念。秣市广场殉难者的尸体由上万的芝加哥人民护送到墓地。1889年第二国际成立大会,为了纪念美国工人阶级的英勇斗争,专门通过决议,规定5月1日这一天为国际劳动节。从1890年起,每逢5月1日全世界的劳动者都要举行游行来纪念这个伟大的节日。

第十三章　劳动骑士团

第一节　劳动骑士团的诞生和初期活动

秘密小组　19世纪最后三十年,美国工人运动中的第二大派别劳动骑士团是从一个弱小的秘密小组发展起来的。劳动骑士团的发源地是费城。起初,它是服装裁剪业中九名技工建立的秘密小组,影响极小,是在特殊情况下建立起来的带有自卫性质的工人组织。费城服装裁剪工人早在19世纪60年代初就成立了工人协会,并且为了捍卫自己的利益同资本家展开过多次斗争。但是,大多数斗争以工会的失败而告终。协会领导人和活动分子都受到了严厉的报复,或者被罚款,或者被解雇。一部分协会领导人为了灵活地对付资本家的强硬手段,决定解散协会,建立秘密小组,进行地下活动。

秘密小组的发起者是两名服装裁剪工人协会的老会员尤赖亚·S.斯蒂芬斯和亨利·L.森尼克松。斯蒂芬斯在一次同森尼克松的秘密会晤中提到建立秘密小组的问题。他表示愿意做出努力"建立一个与众不同的组织。如该协会终于解散了,我将尽力把一批正派的人团结在一起,并创立一个不同于我们以往所有机构的组织"①。

1869年12月9日,服装裁剪工人协会宣布解散。斯蒂芬斯等九名老会员立即在美国织袜公司的会议室里举行会议,商讨新组织的建立问

---

① Terence V. Powderly, *Thirty Years of Labor*, 1859–1889, p. 73.

题。①会议是秘密进行的,与会者都宣誓严守秘密。会议确定了互相联络的暗号,并委托由斯蒂芬斯等七人组成的专门委员会拟定一个秘密管理计划。两天后又有五名新会员参加这个组织。②会议选举詹姆士·赖特为临时主席、罗伯特·麦克柯利为临时书记。秘密小组的第二次会议是在12月23日举行的。詹姆士·赖特被选为正式主席。但是,秘密小组的正式名称还没有确定下来,一直到12月28日第三次会议上才正式定名为"神圣劳动骑士团"(简称劳动骑士团或骑士团)。

根据斯蒂芬斯等人的设想,劳动骑士团的组织机构是完全按照秘密原则建立起来的。劳动骑士团的领导人都加上了离奇的头衔,总负责人叫作"总会长",其他负责人叫作"大哲人"或"荣誉主持人""荣誉领班""草野骑士""档案秘书""财务秘书"等。骑士团对外绝对保守秘密,连名字也不公开,必须署名的信件用五个星号代替,有一段时间人们叫它五星会。入团申请人必须是工资收入者,而且要履行非常复杂又带有密谋性质的程序。申请者必须宣誓承认骑士团的宗旨,服从一切规章法令,维护骑士团的利益和严守秘密。然后,他才能了解骑士团的组织情况、握手的特殊方式和联络暗号。1870年1月6日会议,按照新的职务重新选举了领导人。尤赖亚·斯蒂芬斯当选为总会长,赖特当选为大哲人,威廉·科克当选为荣誉领班。会议还决定入会费为每人1美元。

劳动骑士团的基本目的是:反对资本家联合组织蹂躏贫苦大众,维护正义,保障劳工取得应得的物质利益。他们拥护"协调劳资利益……以及减轻过度劳动痛苦的一切法令"。他们不主张全面罢工,但又声明当罢工成为"教训一个压迫人的所必需的正当行为时,我们就将保护并帮助我们的每一个可能因此遭到损失的会员,同时在条件许可的情况下

---

① 这9人是:James L. Wright、Uriah S. Stephens、William H. Philips、Robert McCauLy、William Cook、James M. Hilsea、Joseph S. Kennedy、Robert W. Keen、David Westcott。

② 他们是:G. W. Cook、H. L. Sinexon、W. C. Yost、Samuel Wright、G. W. Hornberg。

向参加正当劳动的各个部门伸出援助的手"①。劳动骑士团的领导人鲍德利认为:"劳动骑士团的目的在于使每个人成为他自己的雇主。"②有的学者认为,劳动骑士团的目的是向后看而不是向前看,"他们重点反对工业体制的发展,企图恢复过去时代的……更富于人情味的社会"③。格罗布直截了当地指出,骑士团的基本目的是:"废除雇佣制度,并恢复过去的简单的工匠和帮工的关系。"④

劳动骑士团最初的成员几乎都是技工,不可避免地带来了手工工人在大机器生产面前的恐慌情绪。它在以后的发展中也总是混杂着这种同历史潮流背道而驰的保守思想。在骑士团内部始终存在着混乱的原则和混乱的思想。恩格斯在致佐尔格的信中指出:"'劳动骑士'……这一团体的混乱的原则和可笑的组织看来是同他们自己的混乱情况相适应的。"⑤

向跨行业组织发展 劳动骑士团扩展组织的最大障碍就是它的密谋式的组织原则和狭隘的行业性。起初,只有能够证明自己做过学徒的裁衣工人才能加入骑士团。其他行业的工人只能作为"会友",参加一般性活动,不缴纳入会费,也不参加同行业有关的事务的讨论。实际上,劳动骑士团只不过是费城服装裁剪工的一个秘密的行业组织。到1870年,它的成员有69人,同当时的任何工会相比较,都是十分幼小的。例如,1869年一大工会全国雪茄烟制造业工会的会员就有5800人,比骑士团的人数多几十倍。⑥

劳动骑士团的领导人开始察觉到这个问题的严重性,于1870年6月6日任命一个五人委员会认真加以研究。⑦但是,收效甚微。经过一场

---

① Terebce V. Powderly, *The Path I Trod*, New York:Columbia University Press, 1940, pp. 49-53.

②③④ Gerald N. Grob, *Workers and Utopia*, p. 38.

⑤《马克思恩格斯全集》第36卷,第566页。

⑥[美]方纳:《美国工人运动史》第1卷,第649页。

⑦ 这五个成员是:M. Hilsea、Loseph S. Kennedy、H. L. Sinexon、Robert McCauley、Robert W. Keen.

激烈辩论,委员会只是稍微放松了保守秘密的限制,决定"允许会员向那些自愿申请者说明骑士团的存在"[1]。在这以后,8月11日,麦克柯利又一次提出放宽限制的建议,并得到骑士团会议的批准。从此骑士团的任何一个成员都可以向申请者表明自己的身份,但"不能暴露这个组织其他成员的名字"[2]。这个决定虽然距离完全取消秘密原则还很远,但毕竟给予了成员一定的行动自由,对于劳动骑士团的发展是起过作用的。

关于在其他行业中建立骑士团组织的决议也在1870年7月28日会议上得到通过。

这两项决定使劳动骑士团逐步冲破了单一行业的限制,发展成为一个跨行业的组织。1872年7月,在特拉华成立了由造船木工组成的地方分会。这就是劳动骑士团的第二个地方分会。1869年成立的费城骑士团会议就叫作第一地方分会。这种按行业的分散的地方分会构成了劳动骑士团的基层组织。1873年是劳动骑士团的地方分会在各地各个行业取得较快发展的时期。在费城一个地方,就有地毯织造、制铁、锯木、砖瓦等十几个行业的工人组织起来,建立了地方分会。不过,有些组织只是昙花一现,真正存在下来的地方分会不到10个。

1873年下半年,建立地区联合的条件渐趋成熟。于是,第一地方分会委派了一个五人委员会促成联合的实现,并建议其他各地方分会也委派同样的委员会以便共同协商。这个建议得到热烈的响应。各委员会经过协商,确定于1873年12月25日在费城召开一次联合会议,每个地方会议派3名代表参加,劳动骑士团的第一地区分会宣告成立。这是一种按城市和地区建立起来的各行业的联合会,是地方分会的上级组织,也是当时劳动骑士团的领导机构。

费城第一地区分会的成立对其他地区的工人产生了影响。紧接着就开始了在费城以外地区和城市建立地方组织的浪潮。1874年,在纽约市建立了金箔工人地方分会(第二八地方分会)、在新泽西州的特伦敦建立

---

[1][2] Terence V. Powderly, *Thirty Years of Labor*, *1859–1889*, p. 77.

了石匠地方分会。差不多在同一个时候,在新泽西的坎登和特拉华的威尔明登建立了第三一和第三〇地方分会。3月,在波士顿建立了第五五金箔工人地方分会。1874年,劳动骑士团不仅在东部获得发展,而且开始向中西部地区延伸。这一地区的开拓者是约翰·M.戴维斯。他是匹兹堡《全国工人论坛报》的创办人,对劳动骑士团产生了浓厚的兴趣。他特地到费城参加了当地的第五三地方分会(雪茄烟工人协会)。回到匹兹堡后,他创立了冶铁工人组成的第八一地方分会,然后以此为中心,继续向西部推进,使匹兹堡成为劳动骑士团在中西部地区的活动中心。

随着各地区地方分会数字的不断增加,开始出现了新的地区分会。1874年10月14日,在坎顿成立了第二地区分会。1875年8月,匹兹堡的各个地方分会也联合起来成立了第三地区分会。1875年到1877年间,在雷丁、宾夕法尼亚其他城市、新泽西、南卡罗来纳、康涅狄格、俄亥俄等地相继建立了15个以上的地区分会。①

建立全国统一机构的努力和雷丁大会　随着地区会议的相继建立,出现了成立统一的中央机构的迫切要求。但是,当时客观上已经形成了东西两个中心对峙的局面。东部的中心是资格最老的、呼声最高的费城第一地区分会。西部的中心是发展迅速的,有相当实力的匹兹堡第三地区分会。两个中心都力图使劳动骑士团的各个地方组织统一在自己的周围,因此在统一的道路上出现了曲折。

1876年7月3日,根据第一地区分会的倡议,劳动骑士团的第一次代表会议在费城举行。出席会议的有来自3个地区分会、28个地方分会、2个混合地方分会和2个地方组织的35名代表。从地区上看,绝大部分代表来自费城和雷丁两个城市,其余代表也多半是东部地区的代表,第三地区分会拒绝派代表出席大会。在出席会议的代表中只有一名来自匹兹堡的一个地方分会的代表。

由于第三地区分会和其他许多重要的地区分会和地方分会没有派代

---

① Morris Hillquit, *History of Socialism in the United States*, p. 265.

表出席,费城代表会议缺乏广泛的基础,根本不可能建立起一个真正的统一的中央机构。这次会议虽然通过了一个全国性组织的会章,并决定建立劳动骑士团的全国组织,其对外名称为美国全国工人同盟会,但基本权利仍然掌握在各地区会议手中。同盟会的权力机构是代表大会,大会代表由各个地区分会和地方分会选派:每个地区分会2名,每个地方分会1名。在大会休会期间,由代表会议选出的五人执行委员会负责处理日常工作。代表会议还决定,将于1877年7月在匹兹堡举行下一届会议。

第三地区分会对费城代表会议完全采取无视的态度,独自加紧准备自己的代表会议。1877年5月14日,匹兹堡的劳动骑士团组织举行了同费城代表会议相对抗的匹兹堡代表会议。这次会议完全没有外地代表参加,实际上是一个地区性质的会议。这次会议在它的通告中郑重宣布必须将劳动骑士团的名称和目标完全分开。匹兹堡代表会议对于在此地召开美国全国工人同盟代表会议的决定完全置之不理,致使会议无法举行。

无论是费城会议还是匹兹堡会议都未能将劳动骑士团的各个地方组织统一起来,而且双方的对立还削弱了联合的力量。幸亏1877年的铁路大罢工的推动,东西两个中心才携起手来,准备召开雷丁大会。1877年2月,第一地区分会发出了由该会书记特纳签署的通知。通知声明将于1878年1月1日在雷丁召开代表会议,"以便成立中央协会……设立中央斗争基金、统计局,并向组织工作提供经费和成立一个会务登记机构,以便提供每个分会会议的次数、地点和其他情况……"[1]

按照规定,每个地区分会可以选派3名代表参加代表会议。但是在17个地区分会中,只有13个分会派出了自己的代表,而且有7个分会只派了1名至2名代表,出席代表共33人。雷丁代表会议的主要任务有三条:第一,建立全国机构;第二,建立罢工基金;第三,修正秘密原则。

雷丁代表会议的第一次大会集中讨论并通过了会章。会章是以

---

① Terence V. Powderly, *Thirty Years of Labor*, *1859—1889*, p. 126.

1873年到1875年工业兄弟会的会章为蓝本拟定的。根据会章规定,劳动骑士团是一个统一的高度集中的组织。北美工人分会总会是骑士团的中央权力机构,可以制定法规约束各个地区分会和地方分会。总会每年召开一次,总会的年会吸收地区分会和独立地方分会的代表参加,共同选举总会的成员并讨论决定骑士团的重大问题,包括废除、修改和制定规定和章程,解决内部争端等。总会还拥有颁发执照、会员证、转移证和征收会费的权力。会议还选举斯蒂芬斯为第一任总会长,查尔斯·H.利奇曼为总书记。总会长的年薪为200美元,总书记的年薪为800美元。总司库为50美元。①建立全国机构的问题在雷丁会议上得到了解决。

会议指定了专门委员会讨论和制订罢工基金方案。委员会提出的方案规定,每个地方分会可以每月向会员征收5美分会费作为罢工基金,由地方分会保管,但未经总会长批准不得动用。而这种批准是有条件的,那就是:罢工首先需要经过调解,调解无效才能报总会长,总会长如果同意并发布命令,也只能动用不超过10%的罢工基金支持所属地方分会的罢工。在讨论这个方案的时候,出现了两种针锋相对的意见:一部分人主张把基金用于支持合作运动,另一部分人则坚持必须用于支持罢工。会议最后决定将基金存储两年,然后由总会确定其用途。1880年,总会会议决定将10%的基金用于教育事业,60%的基金用于资助合作社,30%的基金用于支持罢工。所以总的来说,骑士团的领导人是宁愿调解而不愿支持罢工的。劳动骑士团会章的"序言"中就明确规定:"无论何时何地,只要雇主和雇员愿意在平等的基础上会谈,就用调解代替罢工。"②

会议还规定了总会的经费来源:第一,各个地区分会应按每人每季1.5美分的标准收取会费,并预先向总会一次交清;第二,总会向地区分会和地方分会发放执照,每份收费5美元;第三,每张转移证和会员证收10美分。

---

①② Terence V. Powderly, *Thirty Years of Labor, 1859–1889*, p. 130.

会议在讨论秘密原则的时候发生了争执。以斯蒂芬斯为代表的一派坚决主张继续保持秘密原则,大会以22票对5票的多数通过了这个主张。在雷丁会议以后,劳动骑士团仍然处于秘密状态。

尽管雷丁会议存在许多缺陷,但它毕竟宣告了统一的劳动骑士团的形成,为该团的迅速发展创造了必要的前提。

第二节　从秘密走向公开

秘密原则的废除　随着工人运动的发展,劳动骑士团的秘密原则越来越不适应形势的需要,不断有人提出从秘密状态转入公开活动的意见。1875年下半年,纽约第二八地方分会要求费城第一地区分会作为"骑士团的领导机构",采取分步的方式公开宣布骑士团的名字,并停止使用五星代号。当时这个意见未能引起骑士团领导人的重视。1878年5月16日,根据鲍德利的要求在费城举行了一次总会的非常会议来讨论是否取消秘密原则的问题,15名代表出席了这次会议。大部分代表主张废除秘密原则,公开骑士团的名字。表决结果是9票对6票,没有超过2/3,这个主张没有得到通过。然而,从这次非常会议表决的情况来看,斯蒂芬斯所一贯坚持的秘密原则已经严重地动摇了,斯蒂芬斯本人也感到无法控制局势,准备退出骑士团的领导核心。1879年9月,他拒绝出席在芝加哥举行的第三次总会会议,并向会议提出辞职书。会议接受了斯蒂芬斯的辞职要求,选举鲍德利来接替他的总会长职务。

随着斯蒂芬斯的下台,秘密原则也遭到越来越多人的反对。1881年底特律会议决定取消秘密原则,会议正式授权总会长和总书记以通告形式向美国工人宣布劳动骑士团的存在和它的宗旨。秘密状态的结束对于劳动骑士团的进一步发展具有重要的意义,使它很快就成为美国工人运动的一个大派别。

劳动骑士团之所以能够得到美国广大工人的拥护同当时的形势是有密切关系的。一方面,资产阶级和工人阶级的矛盾越来越尖锐,斗争规模越来越大,美国工人要求建立全国性联合的呼声也越来越高;另一方面,全国劳工同盟已经解体,行业工会又由于本身的狭隘性,容易被各个击破,在同资产阶级的长期较量中,尤其是在经济危机的打击下,显得十分软弱,不堪一击。1873年经济危机爆发后,大多数行业工会,包括全国性的大行业工会都急剧衰落,甚至完全解体。到1877年,三十个全国性工会只剩下七八个了。幸存的工会中有的减员2/3,有的名存实亡。①一些工会活动家试图组织新的全国性劳工联合机构,或者恢复全国劳工同盟,来加强工人的力量。但是由于他们只着眼于熟练工人,并且仍然以已有的行业工会为基础,在当时行业工会正处于分崩瓦解的情况下,自然是不会成功的。例如,1872年7月15日宣告成立的工业大会两年后就自动瓦解了。直到劳动骑士团成长起来以前,竟没有一个全国性的劳工联合机构来领导美国的工人运动。美国工人在1873年至1878年的长期不景气时期,根本得不到,或者说很少得到工人组织的保护。他们的生活十分困苦,失业现象异常严重,非熟练工的境遇尤其悲惨。据《劳动旗帜报》估计,1877年至1878年间,失业工人人数达到三百万,全国工人中长期失业的至少有1/5,半失业的有2/5,有正常工作的人不到1/5。②《纽约世界报》使用资产者的腔调,洋洋得意地告诫说:"美国劳工从今后必须下定决心不要再希望过上比欧洲劳工更好的生活。……也只有这样,工人才能更接近于上帝为他们在社会生活中所安排的地位。"③

在这种形势下,劳动骑士团的公开出现,无疑给美国工人带来了希望。同时,劳动骑士团本身具备两个明显的优点,使它远远胜过了当时的行业工会。第一,它主张实现不分行业,不分熟练工和非熟练工的工人队伍大团结。一位美国史学家认为:"面对旧工联的行业独特性和资

---

① [美]方纳:《美国工人运动史》第1卷,第649页。

② [美]方纳:《美国工人运动史》第1卷,第648页。

③ [美]方纳:《美国工人运动史》第1卷,第656页。

本的不断集中,当时"不分行业,不分熟练工和非熟练工的团结,"是工人运动的明显需要。这种'团结'的思想典型地反映在骑士团的一句格言中,'一人受害,大家关心!'它吸引着成千从未参加组织的工人加入骑士团的队伍"。①第二,它抛弃了种族的偏见,吸收了大量黑人工人参加组织。工人记者约翰·斯文顿报道说:"南部存在着成百的有色人地方分会。"②

从1881年开始,劳动骑士团的会员人数急剧增加。如果说,从1869年成立到1879年10月的十年间,劳动骑士团的人数只达到9287人,那么到1881年就增加到19222人,1882年为42517人,1886年竟达到729677人。③使骑士团成为当时美国国内人数最多的工人组织。

劳动骑士团和罢工运动 劳动骑士团的领导人物本来是不支持罢工的,但是形势的发展和它的普通会员,甚至地方分会不断卷入罢工运动,促使骑士团的领导人不得不同各地的工人运动保持密切的联系。由于这个原因,劳动骑士团在它的极盛时期,在普通工人中享有颇高的声誉。

资产者对待工人的态度是随着经济实力的增长而日益强硬的。80年代初,他们以为工会运动已经被摧垮,要求工人无条件服从,对于任何形式的调解都拒不接受。例如,1883年2月8日,西弗吉尼亚州的一位自称"非工会矿山报告员"的人向劳动骑士团的书记罗伯特·雷顿写了一封警告信,他威胁说:"我多次发觉你们为了叫作劳动骑士团的那个协会的利益而寄给我的雇佣工人伦敦·卡特先生报纸和书信。卡特先生签订过书面合同,只要他受我雇佣,他就不能同任何工人组织发生联系,特别是:不能同劳动骑士团那样的组织发生联系。我雇用了250名工人,

---

① Sidney H. Kessler, "The Organization of Negroes in the Knights of Labor", *The Journal of Negro History*, XXXVII (July, 1952), pp. 248–276.

② Gerald N. Grob, *Workers and Utopia*, p. 63.

③ Norman J. Ware, *The Labor Movement in the United States*, p. 66.

但不雇用任何一个有组织的工人。在我的雇员中,无论何人,只要同任何一个工人组织发生联系就将立即被解雇。"①

从1881年底开始,执行委员会就收到了许多从基层发来的申请准许罢工,并要求给予罢工者以有效支持的书信。对于其中的一些书信,执行委员会做出了肯定的回答。例如,1881年12月执行委员会曾经为支援俄亥俄州克里夫兰、宾夕法尼亚州洛克黑文制斧工人要求提高工资的罢工发起募捐。结果募集了1113.94美元作为支援罢工的基金。②又例如,1882年1月26日,执行委员会批准了纽约州罗切斯特第一七〇九马车工人地方分会的罢工申请,并向会员征收15美分的罢工基金费。除此以外,执行委员会还批准和支持了马里兰第二五地区分会的矿工罢工,俄亥俄东利物浦和宾夕法尼亚纽卡斯尔的陶瓷工人罢工……

1883年,全国性电报报务人员大罢工的失败迫使劳动骑士团的领导层进一步检讨对待罢工的政策。这次罢工是由电报报务员全国协会领导的。该会成立于1882年,作为第四五地区分会于1883年7月19日加入了劳动骑士团。1883年7月19日,第四五地区分会会长约翰·坎贝尔根据报务人员关于提高工资改善工作条件的要求,号召全国和加拿大所有商用系统报务人员举行罢工。在罢工过程中,执行委员会曾两次拨款支援,共3640.65美元,但未采取有效的措施。③在杰伊·高尔德的西方联合电报公司的控制下,罢工于8月17日以失败告终。所有罢工参加者被迫签署所谓的"铁的誓词",表示在受雇期间,保证不参加任何公开的或秘密的工人组织。

这次罢工的失败是劳动骑士团遭到的一次严重挫折,引起了骑士团广大会员的愤怒。不管愿意或不愿意,骑士团的领导人都得改变自己对罢工的态度。有些领导人的思想确实有所转变,放弃了反对一切罢工的

---

① Norman J. Ware, *The Labor Movement in the United States*, p. 125.

② Norman J. Ware, *The Labor Movement in the United States*, p. 126.

③ Norman J. Ware, *The Labor Movement in the United States*, p. 129.

错误立场。例如,新任总书记罗伯特·雷顿说:"如果罢工是正确的和不可避免的,那就予以支持,反之,则不予理睬。"①即使顽固坚持反对罢工立场的总会长鲍德利也不得不表示:"虽然我们不支持罢工,但我们也应该建立应变基金,以维护可能受骗的被压迫会员的权利……"②1883年,劳动骑士团重建罢工基金,并定名为援助罢工基金。在这以后,许多罢工运动同劳动骑士团都有直接和间接的关系。

1883年经济危机给罢工运动带来了巨大困难。1883年到1884年的许多次反对降低工资的罢工都遭到失败。例如福尔河的纺织工人罢工、特洛伊铸工罢工、费城织毯工罢工、宾夕法尼亚和印第安纳的矿工罢工都没有坚持到胜利。虽然劳动骑士团参与了所有的罢工运动,而且它的地方组织还直接领导了费城织毯工人罢工,但工人们并没有因为罢工的失败而责备它,反而更加信赖它了。与此同时,劳动骑士团地方组织领导的费城制鞋工人罢工、玻璃工人罢工和联合太平洋公司的店员罢工都取得了全面的胜利。这些成就进一步提高了劳动骑士团的声誉。许多工人都要求自己所在的工会加入劳动骑士团。骑士团顿时成为资本家望而生畏的工人组织。许多制造商宁愿在工会加入劳动骑士团之前接受工人提出的条件,也不愿意事态扩大。

劳动骑士团在领导罢工运动中所获得的最大的、有决定性意义的成就是1885年西南铁路系统大罢工的胜利。这次罢工同时发生在杰伊·高尔德所控制的密苏里太平洋铁路、密苏里—堪萨斯和得克萨斯铁路,以及沃巴什铁路上。这三条铁路都削减了停车场工人的工资。罢工于1885年2月27日从沃巴什铁路线开始,几天之内就遍及了其余两条铁路线。罢工开始,劳动骑士团的第三二一八地方分会立即拨款3万美元,并派遣约瑟夫·布堪南参加罢工的领导。罢工使约1万英里长的铁路完全瘫痪,公司方面一筹莫展。四天以后,公司接受了罢工者的条件:

<hr>

① Norman J. Ware, *The Labor Movement in the United States*, p. 130.

② Norman J. Ware, *The Labor Movement in the United States*, p. 131.

取消削减工资的命令,不解雇参加罢工的工人。3月16日,罢工正式宣布结束。

西南铁路系统罢工的胜利表明劳动骑士团已经具有了战胜强大对手的能力。成千上万的铁路工人纷纷要求加入骑士团。会员人数成10万地增长,如果骑士团领导人不进行控制,可能超过100万人。

然而,劳动骑士团的领导人并没有从罢工运动的辉煌成就中吸取经验,彻底改变自己反对和一味避免罢工的错误态度,而是在形势有所变化的情况下,立即脱离罢工运动,终于使骑士团失掉群众,走上迅速衰败的道路。

劳动骑士团同有色工人和女工　有色工人和女工是美国工人队伍中的两个重要组成部分。但是,长期以来由于资产者实行挑拨离间,分裂工人运动的政策,在白人工人中存在着敌视和歧视有色工人和女工的偏见。他们错误地认为这两部分工人是产生"工贼"和降低工资的根源,因而一直把他们排斥在工人组织之外。过去,第一个全国性的工人组织全国劳工同盟未能解决这个问题,劳动骑士团在公开活动以后不可避免地要同它发生接触,并确定自己的对策。关于这个问题,劳动骑士团曾在会章中规定,该团的任务是:"不分种族、性别、熟练程度和肤色把所有行业的劳动者团结在一起。"[1]这一任务在对待黑人工人、女工方面部分地实现了。

黑人是有色工人中的绝大多数。斯蒂芬斯和鲍德利原则上都不反对黑人加入劳动骑士团。但是,在骑士团秘密活动时期,各个地方组织却很少同黑人工人发生接触。1880年,骑士团的机关报《联合工人报》第一次报道了黑人的独立地方分会和黑人白人混合的地方分会的存在。[2]

由于不同地区存在着不同程度歧视黑人的情绪,劳动骑士团接受黑

---

[1] Norman J. Ware, *The Labor Movement in the United States*, p. 382.

[2] Gerald N. Grob, *Workers and Utopia*, p. 382. 方纳认为,第一个黑人地方分会是于1881年在艾奥瓦建立起来的。

人会员的形式有两种。在种族歧视严重的地区,加入骑士团的黑人组成单独的地方分会,其他地区就成立混合的地方分会。但是,成立单独的黑人地方分会是一种不彻底的办法,一部分黑人工人是不同意这种做法的,有人在一次集会上说:"劳动骑士团是容许我们同白种人站在平等地位的唯一组织,这是一件大事,如果我们在这里都不能工作下去的话,我们在任何地方都不能工作下去了。"①如果仅仅把成立单独的黑人地方分会作为一种过渡办法,逐渐打破肤色界限,对于骑士团的发展是有好处的。但可惜的是,鲍德利把它作为妥协手段向种族偏见让步。1833年他在处理一些组织私自通过"拒绝任何有色人入会为会员"的细则一事时,一方面宣布这种细则同会章相抵触,是不合法的,另一方面又向这些分会建议说:"目前可采取的最好办法是在你们城市中组织一个有色人分会,并且把所有有色人入会申请人都转给该会。这样一来,你们的细则就有约束力了。"②实际上,这个建议等于承认了那些地方分会种族歧视细则的约束力。

由于劳动骑士团会章中反对种族歧视的原则不能得到坚决贯彻,一些种族偏见严重的地方分会,特别是南方的地方分会,反对接纳黑人加入骑士团的事件不断发生。以鲍德利为首的领导层有时也出面干预,但收效不大。特别是在一些地方分会采取强硬态度的时候,鲍德利等人立即退却,并劝告当地的黑人地方组织领导人持"耐心"等待的态度。例如,1877年7月8日,鲍德利曾写信给南部工人的一位领导人J.M.班农劝告他说:"在一天之内,肤色界限是不可能打破的,排斥有色人的偏见也是不可能克服的。我认为,现在最好让有色人自己组织起来。"③

尽管在对待黑人问题上存在着相当大的局限性和种种问题,劳动骑士团毕竟迈出了联合黑人工人的重要一步。骑士团的迅速发展也是同

① [美]方纳:《美国工人运动史》第2卷,第79页。

② [美]方纳:《美国工人运动史》第2卷,第78页。

③ Gerald N. Grob, *Workers and Utopia*, p. 54.

黑人工人的大批加入有关系的。

黑人大批加入劳动骑士团始于 1885 年。这一年,执行委员会开始向南部各州派出黑人组织员,在这些地区建立了大批黑人工人地方分会。黑人对劳动骑士团表现了极大的热情,加入地方分会的人数空前增长。从北卡罗来纳州的雷利给鲍德利寄去的报告中谈到了这个情况。报告说,黑人像潮水般涌入骑士团的组织。他们的收入很低,但却自觉地按期交纳会费。他们常常不辞辛苦步行到几英里,甚至更远的地方去出席会议。根据约翰·斯温顿的报道,1885 年"在南方已有成百的黑人地方分会"[①]。仅在弗吉尼亚里士满一地就有 12 个黑人地方分会,1 个地区分会,共约有会员 3125 人。[②]劳动骑士团的一位领导人乔治·E.麦克尼尔高兴地说:"肤色界限被打破了,黑人和白人在共同的事业中找到了共同的工作。"[③]

关于劳动骑士团黑人工人的最高数字,由于缺乏可靠的文字材料,迄今无法确定。根据该团总书记约翰·W.海斯的估计,在劳动骑士团的极盛时期约 6 万人,占总人数的 8.5%。从这个数字来看,劳动骑士团对待黑人工人的政策是取得了相当成就的。这也是使它在短时间内迅速发展到极盛的一个重要因素。

然而,劳动骑士团在对待华工问题上却是极端错误的,使自己蒙上了不可洗刷的污点。在西海岸地区的工人运动中,排斥华工的事件从 50 年代就已开始发生,之后愈演愈烈。1870 年全国劳工同盟加利福尼亚代表团竟然在该团的大会上提出反对中国移民的动议。整个 70 年代,加利福尼亚工人运动始终带有浓厚的排斥华工的色彩。1880 年,骑士团的领导层开始研究对待华工的政策。鲍德利规定,不能接受亚洲人为会员,而且认为,亚洲人不宜在美国居住。他甚至在 1883 年 2 月 7 日给 J.W.亚当姆斯的信中夸耀说,劳动骑士团在国会通过 1882 年《排华法案》时起过重要的促进作用。

---

①②③ Gerald N. Grob, *Workers and Utopia*, p. 53.

更为严重的是:在这种情绪的影响下,在怀俄明州石泉地方发生了劳动骑士团的白人矿工袭击当地中国人居住区的可耻事件。25名中国人被杀死,15人被打伤,许多住宅被烧毁,私人财物被抢劫一空。虽然鲍德利在口头上责备了肇事者,但在行动上却采取了宽容的态度。然而,这一丑闻却激起了广大会员的愤怒。他们要求劳动骑士团领导人正确对待华工问题。有的地区分会还着手组织中国工人的工作。有一些激进的领导人在执行委员会上为中国人辩护,认为解决雇主雇用中国工人降低工资的唯一办法就是把中国工人组织起来。然而,鲍德利没有接受这些正确的意见,仍然坚持排斥华工的立场,只允许费城和纽约的地方分会接纳了少数华工,装点门面。

在接纳女工问题上,障碍稍微少一点。1879年,菲利普·范·帕顿在骑士团总会会议上第一次提出接纳女工的动议,并得到多数人的赞成。但是,鲍德利坚持,对于修改这类重大问题的规定,必须按照会章以2/3以上的多数票通过才能生效。表决结果是12比7,建议未能通过。1880年,总会会议同意女工自己组成地方分会。1882年,总会又正式规定,十六岁以上的女工可以加入骑士团。妇女会员的人数在骑士团内迅速增加。1881年,在费城成立了由女工组成的第一六八四地方分会。到1889年5月,女工地方分会达到27个。1886年女工人数占会员总人数的1/8。[①]

随着女工人数的增长,一些妇女活动家也开始在劳动骑士团的各级组织中发挥作用。1883年,玛丽·斯特林成为参加总会会议的第一个妇女代表。三年后,出席总会会议的妇女代表达到16人,在地方分会和地区分会中也有妇女参加领导工作。

---

① Gerald N. Grob, *Workers and Utopia*, p. 56.

第三节 1886年的罢工运动和劳动骑士团的失误

克里夫兰非常大会 劳动骑士团的发展是同它支持罢工运动分不开的,而它的衰败也是同脱离和反对罢工运动相联系的。从1877年铁路大罢工以来,工人运动越来越频繁,规模越来越大。劳动骑士团已经深深卷入了罢工,并因此得到了广大工人群众的拥护。但是,在罢工运动日益高涨的情况下,劳动骑士团的领导人却感到极大的忧虑。1883年建立起来的援助罢工基金远远满足不了全国性罢工的需要,一些地区分会很快就耗尽了自己掌握的基金,另一些地区分会根本没有如数从会员手中征集到基金,执行委员会处于非常弱势的地位。针对这种情况,执行委员会于1885年建议废除援助罢工基金,代之以由执行委员会直接控制的救援基金,由总会向每个会员征收10美分的基金费。

1886年5月25日,劳动骑士团在克里夫兰召开了一次特别会议专门讨论罢工和抵制问题。当时,骑士团的财政状况是良好的,单是购买新总部的会址就花费了5万美元,鲍德利的年薪也增加到5000美元。所以,经济原因不是骑士团中央机构不支持罢工的理由。这次会议讨论罢工和抵制的真正目的是制止地方组织和会员过多地卷入罢工运动。会议决定增设六人委员会协助执行委员会处理罢工问题。

名义上两个委员会的任务都是处理罢工问题,实际上是采取一切可能的手段阻止罢工。根据克里夫兰会议的规定,地方分会或者地区分会必须经该协会2/3的多数票通过才可以开始罢工,而且必须经执行委员会同意才能得到经济援助。而在罢工进程中,只要接到执行委员会的建议,参加罢工的地方组织就应当重新投票,一经多数票通过,立即停止罢工。克里夫兰会议的决定实际上使罢工不可能进行,从而助长了资产者的气焰。劳动骑士团的领导人自己也承认说:“我们的骑士团刚刚开始加强控制罢工和抵制,工人的雇主们就立刻开始了破坏罢工和抵制。从雇主们觉察到我们组织的成员只有破坏骑士团的规定才能罢工时起,发生了200多起禁止工人入厂的事件。"①

克里夫兰会议不过是把劳动骑士团领导人的行动和意图用会议决定的形式肯定下来,使之对地方组织和会员具有更大的约束力。在这以前,以鲍德利为代表的领导层已经成为罢工运动的阻止者和破坏者。例如,第二次西南铁路系统罢工就是被鲍德利出卖的。

这次罢工发生于1886年2月,是由劳动骑士团第一○一地区分会领导的。罢工者提出了两项要求:西南铁路系统必须承认劳动骑士团;非熟练工人日工资不得少于1美元50美分。罢工首先在得克萨斯太平洋铁路公司所辖的路段爆发,随后席卷了整个西南铁路系统。杰伊·高尔德方面早已做好了破坏罢工的准备。他们用优惠的待遇拉拢司机、司炉和列车管理人员,尽量使他们置身于罢工之外,然后对罢工者采取极其强硬的态度,拒绝任何和平解决的办法。罢工者在第一○一地区分会执行委员会负责人社会主义者马丁·艾朗斯的领导下进行了顽强的斗争,决心取得这次罢工的胜利。

然而,就在这个关键时刻,鲍德利出卖了这次罢工。他作为劳动骑士团的总会长不仅没有支持罢工,而且背着罢工者,先后请求密苏里太平洋铁路公司副董事长 H.M.霍克斯和高尔德本人采用仲裁的办法来解决罢工。鲍德利在仅仅得到高尔德的口头同意后立即向罢工者发布了停止罢工的命令,从而打乱了罢工者的部署。高尔德方面乘势进攻,竟然动用了警察、法警、民团,于4月5日武装袭击东圣路易的罢工者,杀死7名工人。罢工者由于得不到执行委员会的支持,陷于孤军作战的困境。在武装镇压、贫困和饥饿的压迫下大部分罢工者无条件复工。5月4日,总执行委员会正式宣布罢工结束。罢工以西南铁路工人的完全失败而告终。劳动骑士团的会员几乎全部被解雇,罢工中的积极分子被列入黑名单而失去获得工作的机会。

鲍德利出卖罢工的行为使骑士团在工人中的威望受到损失。越来

---

① Norman J. Ware, *The Labor Movement in the United States*, p. 152.

越多的会员对领导层的政策持怀疑态度。

对待五一大罢工、秣市惨案的态度和对芝加哥肉类罐头工人罢工的出卖 1886年5月1日的罢工运动,是美国工人超越立法范围采取罢工形式,在全国范围内争取八小时工作制的第一次尝试。这次罢工是经过充分酝酿的。许多工会组织和工人都为这次罢工做了大量工作,并成为积极的组织者和参加者。劳动骑士团的地方组织和广大群众也热心地投入了运动的准备工作。然而,鲍德利和他领导下的执行委员会是不支持这个运动的,曾力图阻止所属的地方组织和会员卷入。他在发现阻止无效的时候,于3月13日签发了一封秘密通告,要求各个地方组织在参与这一运动的过程中不要使用总会的名义。鲍德利写道:"劳动骑士团的任何分支不得使人认为它们是按照总会的命令于5月1日为争取八小时工作制而罢工的。"[1]

秘密通告对于各地方组织和会员起到了约束和瓦解作用。结果只有几千名会员参加了纽约、费城、芝加哥、波士顿等城市的五一大罢工筹备会议。作为一个整体来说,劳动骑士团是始终置身于五一大罢工之外的。

继五一大罢工之后在芝加哥发生的秣市惨案吸引了更多的工人的注意。事件发生之后,美国国内外的社会舆论都支援被诬陷的受审者。但是劳动骑士团的领导人鲍德利却竭力反对参加正在热烈开展的辩护运动。他宣布准备撤销参加辩护的地区分会,对于从各地纷纷向里士满年会寄来的声援受审者的建议,一概不予理睬,甚至认为受审者是"可憎恶的累赘"。劳动骑士团领导层所采取的错误立场,再一次使广大会员感到失望。

对芝加哥肉类罐头工人罢工的出卖是鲍德利等人反对罢工政策的继续。当时,在2万多名肉类罐头工人中大约有1.5万名骑士团会员。五一大罢工以后,这个行业已经实行了八小时工作制。但是,工厂主于

---

[1] Terence V. Powderly, *Thirty Years of Labor, 1859–1889*, p. 496.

当年夏天又要求工人恢复九小时工作制,仍然领取八小时工作制的工资。厂主们在要求遭到拒绝后,于10月11日下达了实行十小时工作制的命令。芝加哥2.5万名屠宰场工人和屠宰加工工人举行罢工来维护已经争得的权利。正在里士满开会的执行委员会委员托马斯·巴里被派往芝加哥处理这一次罢工事件。

罢工者使屠宰场的生产完全陷于停顿,老板们惶恐不安。罢工在很短时间内就可能获得胜利。但是,劳动骑士团的总执行委员会指示巴里尽力避免卷入运动。巴里到达芝加哥后立即利用这个有利时机同屠宰场老板们进行谈判,商讨复工的条件。有2家屠宰加工厂老板被迫做出让步,准备逐步接受恢复八小时工作制的条件。他们希望罢工工人暂时在实行十小时工作制条件下复工,然后,他们将退出屠宰业协会,并恢复八小时工作制。10月18日,这两家工厂的工人停止罢工,并成立一个五人委员会来监督厂方履行上述条件。

鲍德利对于巴里没有按照他的指示,采取强硬手段制止骑士团会员继续罢工是不满意的,于是他又迫不及待地派遣卡尔顿去芝加哥督促巴里尽快结束罢工。但在卡尔顿抵达芝加哥之前,他已经发出了放弃八小时工作制要求、全面复工的命令,并且指示巴里说:"如果人们拒绝了,就收回他们的执照。我们需要的是服从和纪律。"[1]

鲍德利的命令使屠宰场的老板们受到极大的鼓舞。于是,他们立即停止正在同工人进行的谈判,要求工人无条件接受十小时工作制,立即复工。24家肉类罐头厂老板联合通过了谴责劳动骑士团地方分会的决议,公开宣布:"我们将不雇用任何一个参加这种劳工组织的人。凡受雇的人必须退出这种劳工组织,并且把脱离组织的声明交给雇主。"[2]

在这种极其不利的形势下,屠宰工人的罢工终于以全盘失败而告终。鲍德利的背叛出卖行为激起了工人群众的无比义愤。他们要求公

---

[1] Norman J. Ware, *The Labor Movement in the United States*, p. 153.

[2][美]方纳:《美国工人运动史》第2卷,第103页。

开遣责鲍德利,认为他的行动"是故意给罐头公司老板们帮忙"。劳动骑士团领导人的错误政策使广大会员和工人群众极为失望。越来越多的人离开了这个组织。从1887年开始,劳动骑士团大幅度减员。劳动骑士团的一位领导人于1891年回顾说:"许多申请加入骑士团的人都期望在他们罢工时得到帮助。当他们发现劳动骑士团除遇到非常情况以外,总是反对罢工的,就失望地离开了组织。"①

第四节　劳动骑士团的衰落

退出劳动骑士团的浪潮　退出骑士团的浪潮是从1887年开始的。据统计,从1886年7月1日到1887年7月1日的一年间,骑士团的会员人数从729677人下降到548239人。退出骑士团的人数达到181438人。劳动骑士团对广大工人群众已经丧失了吸引力。

一部分地方组织和会员是被雇主强迫退出骑士团的。在罢工失败的地方,工厂主往往迫使所雇用的工人签订"铁的誓言",保证在受雇期间不参加任何工人组织。劳动骑士团的地方组织和会员总是首当其冲。他们或者被列入黑名单,完全失去就业的机会,或者被迫以放弃劳动骑士团的会籍为条件恢复工作。例如,由伊利诺伊州煤矿工人组成的第三三地区分会的全体会员都被迫退出了骑士团。

一部分会员是因为不满意骑士团的错误政策而退出的。全国各地的地区分会和地方分会中反对总会领导的人比比皆是。有的地区分会甚至撤销了代表他们参加总会的执行委员的委任状。有的地方分会正式宣布退出劳动骑士团,例如,劳动骑士团的第三三五四地方分会由于执行委员会未能援助他们反对厂主停工解雇工人的斗争,退出了骑士团,并在新泽西州新不伦瑞克劳动骑士团大厅里张贴该地方分会的讣

① Philip S. Foner and Brewster Chamberlin(eds.), *Friedrich A. Sorge's Labor Movement in the United States*, p. 251.

告,上面写道:"(1887年)4月29日(星期五)晚,骑士团第三三五四地方分会被总执行委员会扼杀了。丧礼定于4月30日(星期六)晚在拉维举行。请勿送花。"有的报纸认为,这"似乎是大批退会行动和其他分会解体的开端"。

更多的会员是同工会运动合流而抛弃了劳动骑士团的。在劳动骑士团迅速发展的时候,工会运动经历了低潮时期。那时的工会比较虚弱,不能坚决捍卫工人的利益,因而失去群众。1886年美国劳工联合会的建立,以及它在早期采取的支持罢工的政策在工人中产生了影响。同时劳动骑士团所采取的反工会措施,迫使自己组织内部的许多工会组织纷纷退出,并向劳联靠拢。1886年,在里士满会议上通过的关于强迫国际雪茄烟制造工工会中的骑士团会员脱离该工会的决定起到了破坏性的作用。1887年,仅在巴尔的摩一个地方就有30个地方分会退出了骑士团。曾经相当强大的芝加哥第二四地区分会,由于坚决执行里士满会议的决定,会员人数从1886年的2.5万人减少到1887年的0.35万人。

从明尼阿波利斯会议到费城会议　1887年总会年会是在明尼阿波利斯召开的。这次年会本来应当研究劳动骑士团趋于衰落的原因,并及时采取措施挽回损失。但是,这时鲍德利已经大权在握,一意孤行,完全不考虑任何批评意见。总会的成员大部分是由他委派的,他通过资格审查委员会控制各次大会的代表人选,通过总执行委员会来控制各地方组织的行动。总执行委员会有权撤销任何一个地方分会领导人的职务和取消会员的会籍,废止任何一种规章,经过全体投票表决后可以终止任何全国的和局部的罢工。明尼阿波斯会议实际上是在鲍德利的控制下进行的。

明尼阿波利斯会议把骑士团的挫折都推到无政府主义者身上,并且把一切激进分子和主张在骑士团内部进行改革的人都叫作无政府主义者。鲍德利专门发表演说,借口反对芝加哥无政府主义者,拒绝声援秣市惨案的受审者,并且指责那些对受审者表示同情的地方组织。鲍德利的专横态度和对待秣市惨案殉难者的冷漠进一步激起地方组织的不满,几十个地方和地区分会向他提出抗议,谴责他的一意孤行。

1888年秋天在印第安纳波利斯召集的总会年会是一次排斥异己,加强鲍德利的独裁地位的大会。在这次大会上,鲍德利迫使总书记李其曼辞职,把对鲍德利的政策持批评态度的托马斯·巴里和A.A.卡尔顿两位总执行委员会委员开除出劳动骑士团。这样,劳动骑士团的中央管理机构就成了鲍德利及其追随者的政治俱乐部。他们利用手中的权力对任何持反对意见者进行打击排斥,使得地方组织和会员同中央管理机构的距离越来越大。许多全国性行业协会纷纷退出劳动骑士团加入美国劳工联合会。例如,由制鞋工人组成的第二一六地区分会于1889年2月退出了骑士团,改组为国际制鞋工人工会,并加入了劳联。接着退出骑士团的还有第一九八全国机械工人、翻砂工人行业地区分会,第二一七炼铁工人行业地区分会等强大的工会组织。劳动骑士团的会员总数逐年下降,1888年下降到259518人,1889年下降到220607人。[1]

1889年以前,劳动骑士团的会员总数是根据总会文件的记载推算出来的,比较可靠。1889年以后,记载不全,数字不够准确。据估算,1890年为10万人,1892年底为7.5万人,1893年到1894年降到5.5万人。[2]从上面的数字可以看到,鲍德利及其追随者已经把劳动骑士团引上了绝路。骑士团内部的西部农业会员和社会主义工人党人联合发起反鲍德利的运动,希望骑士团的活力能够得到恢复。1893年11月,在费城会议上,鲍德利落选,终于被反对派赶出了骑士团的领导机构。艾奥瓦州的詹姆斯·索弗林被选为新任总会长。

然而,劳动骑士团已经病入膏肓,无法挽救,而且新领导人执行的政策同鲍德利没有多大差别,不可能使形势发生任何重大的变化。索弗林在任职期间又同社会党人发生了争执,使骑士团的力量进一步削弱。

---

① Norman J. Ware, *The Labor Movement in the United States*, p. 66.

② Richard Oestreicher, "A Note on Knights of Labor Membership Statistics", *Labor History*, Vol. 25, No. 1(1984), p. 103.

1895年,以德里昂为首的社会党人由于索弗林拒绝任用他们的代表担任机关报总编辑而退出了骑士团。同年12月,索弗林代表总会宣布开除所有社会党人。到1897年,劳动骑士团已经没落为一个只有2.1万人的小团体。①尽管它的少数地方组织还存在了一段时间,但是它在政治生活中已经不可能起重要作用了。1949年10月,劳动骑士团的最后一个地方分会,第三○三○地方分会同劳联所属的一个工会合并,宣告了劳动骑士团的终结。

劳动骑士团的历史地位和失败的主要原因 作为美国历史上一个人数众多的工人组织,劳动骑士团显示过巨大的力量。佐尔格曾引用《劳动骑士团1891年年鉴》的话说:"劳动骑士团也许是世界上最强大的工人组织"②,"这个庞大的工人组织的名声已经越出了这个国家的疆界"③。在它即将转入公开活动以前,资产阶级舆论界已经预感到它的力量而大声惊呼。1878年8月17日《纽约论坛报》刊登了一则耸人听闻的消息,把劳动骑士团说成是一个"拥有80万人的秘密联盟"和"危险的地下政治组织"。

劳动骑士团最可贵之处就是它的群众性。它的成立和发展是美国出生的广大工人逐步组织起来,并开始大规模投入运动的标志。它的出现使当时深受宗派主义情绪影响的美国工人运动面貌焕然一新。恩格斯曾经高兴地指出:"在美国,除纽约之外,真正的运动正在越过德国人向前发展。'劳动骑士'是真正的美国人组织,它同群众本身一样混乱。然而运动恰恰将从这种混乱中发展起来,而不是从德国人各支部中发展起来,因为它们二十年来不会根据这个理论创造出美国所需要的东

---

① Richard Oestreicher, "A Note on Knights of Labor Membership Statistics", *Labor History*, Vol. 25, No. 1(1984), p. 104.

② Philip S. Foner and Brewster Chamberlin(eds.), *Friedrich A. Sorge's Labor Movement in the United States*, p. 261.

③ Philip S. Foner and Brewster Chamberlin(eds.), *Friedrich A. Sorge's Labor Movement in the United States*, p. 247.

西。"①同时,恩格斯对这次运动的不成熟性和混乱状况也做了充分估计,并且认为这是同当时美国工人运动的水平相适应的。所以恩格斯说:"看来,这一派对运动的现阶段来说是最典型的,同时无疑也是最有力的。这是一个以无数的'集会'形式扩展到全国广大地区的巨大团体,它代表着工人阶级内部各种色彩的、个人的和地方的意见。他们共有着一个与这种情况相适应的不明确的纲领,把它们结合在一起的与其说是实际上无法遵行的章程,不如说是这种本能的感觉:他们为达到共同目的而团结起来这一事实本身就使他们成为国内的一支伟大力量。"②正是从这一点出发,恩格斯对劳动骑士团寄予了很大的希望,把它看成是"必然的起点"和"运动的雏形"。

恩格斯还殷切地希望,美国的社会主义者能够冲破德国移民工人的小圈子,加入骑士团这个"可塑性材料构成的实体",从这里"锻造出美国工人运动的未来,从而锻造出整个美国社会的未来"。③他号召社会主义者,"必须在他们中间进行工作,在这批还完全可塑的群众中培养一个核心,这一核心了解运动和运动的目的,因而在目前的'骑士团'必然发生分裂的时候能把该团的领导权(至少是一部分领导权)抓到自己手中"④。然而,美国的社会主义者并没有真正认识到这一工作的重大意义,而且他们中间的许多人本身就存在着许多错误观点,即使加入了劳动骑士团也不可能产生积极的影响。例如,1881年,社会主义工人党的书记帕顿和一些党员都曾经成为骑士团的会员。他们不仅在一些地区分会和地方分会中有一定影响,而且后来还控制了纽约的第四九地区分会,但他们当中有不少人是拉萨尔主义分子,反而助长了骑士团领导人反对罢工的错误。最后,在德里昂主义影响下,所有的社会主义工人党

①《马克思恩格斯全集》第36卷,第564页。

②《马克思恩格斯选集》第四卷,第260页。

③《马克思恩格斯选集》第四卷,第261页。

④《马克思恩格斯全集》第36卷,第566页。

员都脱离了骑士团。骑士团内部的思想混乱始终不能统一在正确的思想原则之下,这就是它归于失败的根本原因。

劳动骑士团的混乱表现在如下三个方面:

第一,鱼龙混杂,成分不纯。按照劳动骑士团最初规定,只有工资收入者才能成为会员。但在转入公开活动后,入会规定有所放宽。根据新的规定,每个地方分会中必须有2/3的会员是工人,除去律师、医生、银行家、酿酒商四种人以外,其他社会阶层的人都可以加入骑士团。这就为资产者,甚至神职人员敞开了大门。鲍德利还觉得所吸收的非无产者太少,又对劳动者一词做了非常广泛的解释。他说:"应当认为,有志于为大众谋福利而进行生产的一切人的利益是一致的",把无产阶级从劳动者分离出来是"狭隘的偏见"。①1882年,他又公开声明,地方分会可以根据自己的意愿吸收资本家。②从此以后,大量非无产阶级成分、资产者和神职人员混进骑士团的队伍。形成了鱼龙混杂的局面。据1882年的部分估计,在140个地方分会中有53个基本上不是由工人组成的。③有的资本家甚至控制了地方分会。例如,波士顿地方组织提供的报告中指出,工人会员"被迫不敢在会上诉说他们所受的痛苦,因为他们的老板是分会的负责人,一旦他们诉说苦衷,他们就要被解雇。他们还说,由于同样的原因,他们不能要求增加工资和疾病津贴"④。

第二,思想上的混乱。劳动骑士团的思想混乱集中反映在1878年雷丁大会通过的纲领里面。这个纲领有1个前言28章、351条,以及43条规定,46页附录,加在一起印成一本150多页的小册子。内容极其庞杂,包含有社会主义思想、资产阶级的民主要求、改良主义观点、拉萨尔主义、亨利·乔治的主张,等等。骑士团的会员很难弄懂这个复杂而混乱

---

① Terence V. Powderly, *Thirty Years of Labor*, *1859–1889*, pp. 258–259.

② Terence V. Powderly, *Thirty Years of Labor*, *1859–1889*, p. 382.

③ Norman J. Ware, *The Labor Movement in the United States*, p. 158.

④ [美]方纳:《美国工人运动史》第2卷,第195页。

的纲领。鲍德利承认,单是纲领"前言"中的内容,劳动群众"在短期内……是无法全部理解的"[1]。

纲领"前言"中提到要创立一个制度来保障工人享受自己创造的财富和现代社会拥有的一切物质文明。无疑这是社会主义思想的反映。但同时,纲领"前言"中又强调骑士团的重要目标之一是"建立生产和消费合作组织"[2]。鲍德利还在《我的经历》一书中解释说:"一旦组织成立,之后我们应当做什么呢? 我的回答是:通过创建合作制的办法,使得你的组织具有实际效用。"显然,这反映了拉萨尔主义的影响。纲领"前言"还列入了土地改革运动的要求:"把公共土地——人民的遗产——留给真正的垦殖者,不再向铁路和投机商提供1英亩土地。"[3]纲领第ⅩⅣ条反映了凯洛格的金融改革论的思想,该条规定:"建立国家货币制度,在这个制度下把必要的周转金直接发给人民而不经过银行的干预。一切国家发行的货币都是偿还公债和私债的法币,政府将不保障和承认任何私人银行或银行企业的建立。"[4]

第三,组织机构上的混乱。劳动骑士团成立之初,各个地方分会(基层组织)都是严格按行业划分的。随后,出现了由不同行业工人组成的混合协会。混合协会主要是按地域划分的地区分会中层组织。1878年,雷丁大会通过决议允许全国性的行业协会作为地区分会一级组织加入骑士团。但不久以后,总会又以行业协会同"骑士团的基本精神与原则相违背"为理由改变了这个决定。1882年,总会才又做出鼓励接纳全国性行业协会的决定。在这以后,有一些全国性的工会也加入了劳动骑士团作为地区分会一级组织。

全国性行业工会加入骑士团造成了两方面的后果:一方面是骑士团

---

[1] Terence V. Powderly, *Thirty Years of Labor, 1859–1889*, p. 297.

[2][3] Terence V. Powderly, *Thirty Years of Labor, 1859–1889*, p. 129.

[4] Philip S. Foner and Brewster Chamberlin(eds.), *Friedrich A. Sorge's Labor Movement in the United States*, pp. 253–254.

的迅速扩大,另一方面是组织结构的不统一。混合协会和行业协会两种形式的矛盾曾经在骑士团内部引起许多麻烦。在骑士团公开推行反工会、反罢工政策以后,全国性行业协会同骑士团总会的矛盾十分尖锐,纷纷退出这个组织。

劳动骑士团的领导机构虽然是通过选举产生的,但是权力太大,很容易成为独裁者手中的工具。鲍德利上台以后,更是集大权于一身,在中央领导机构中安插亲信,造成上下不和,引起了大多数地区分会和地方分会的不满。这也加速了劳动骑士团的崩溃。

按照恩格斯的意见,骑士团的"习惯于玩弄腐败的美国党派伎俩"的"极不可靠的领导人"也是"在那个组织内部引起危机"的原因。

劳动骑士团的第一个领导人斯蒂芬斯是一个受空想社会主义影响的"改革者",而不是一个社会主义者。他甚至反对佐尔格和其他美国的马克思主义者,不愿意"以个人或以团体的名义与他们发生任何关系"。1821年8月3日,斯蒂芬斯出生于一个教友派教徒的家庭。他的故乡是新泽西州的梅角。他的家庭准备把他培养成一名牧师,但是1837年的经济危机使他的家庭陷于贫困。斯蒂芬斯不得不退学,当一名裁缝学徒。1845年,他离开家乡到费城,在那里当了八年技工。在费城期间,他开始同工人运动接触。随后曾取道中美洲去加利福尼亚。1858年再度到费城,并逐渐成为一个工人运动活动家。

斯蒂芬斯看到了各行业工人利益的一致性,坚信劳动骑士团的目的是"使财富的生产者从工资奴隶制的剥削和奴役下得到彻底的解放"。但是,他没有摆脱小生产者的传统观念,他所谓的"解放"是向后看的,是恢复小生产者的地位。所以他把实行合作制度,用合作制度代替资本主义制度看成是实现"解放"的唯一途径。他所采用的密谋组织形式也是手工工人曾经采用过的一种落后的组织形式。

斯蒂芬斯在组织上完成了劳动骑士团的统一,但他却不可能使劳动骑士团得到进一步发展。历史的进程把他推下了总会长的位置。1882年2月13日,他因心脏病发作逝世。

尽管斯蒂芬斯有严重的缺点,但他还不是恩格斯所说的"习惯于玩弄腐败的美国党派伎俩"的领导人。骑士团的第二任总会长鲍德利才是这种人。他统治骑士团的时间最长,造成的危害最大,对骑士团的衰败负有直接的责任。

鲍德利是一个贫穷的爱尔兰移民的后裔。1849年1月22日,他出生于宾夕法尼亚的卡尔邦达尔。十三岁那年到铁路上做小工。四年后,他当机械工学徒,学徒期满在一家机器厂做工。1871年11月,鲍德利加入了国际机械和冶铁工人工会,不久被选为当地的工会主席。1874年,他宣誓加入劳动骑士团。1877年,他被选为斯克兰顿地区分会的领导人。鲍德利主张结束秘密状态,并得到一部分会员的拥护。在1878年第一次全国会议上,鲍德利崭露头角,成为斯蒂芬斯的主要对手。1879年,他当选为劳动骑士团的总会长。

鲍德利为了取得群众的信任,曾经加入社会主义工人党,但在羽翼丰满以后就公开否认自己是该党的党员。他不是一个革命者,而是一个主张倒退的,受空想社会主义影响的保守派。他从小生产者的角度来反对雇佣制度,他写道:"我认为,雇佣制度把整个世界的一切东西都破坏了。它没有使工人快乐……感到有保障,没有给予工人以同其尊严、努力、所冒的危险,以及其需要相称的报酬……从根本上说,它造成了雇主和雇工的互相猜疑……而最后,它在罢工、关闭工厂、抵制和制造黑名单过程中造成了数十亿美元的损失……我认为,总有一天合作制度将取代雇佣制度成为不可动摇的制度。"①他所追求的并不是确立工业无产阶级的统治地位,而是"每个人都成为他自己的雇主"。

鲍德利所采取的手段也是十分可耻的。他为了扩大自己的力量不惜向教皇俯首膜拜。1884年9月,罗马天主教皇曾发出训令禁止他的教徒加入劳动骑士团。鲍德利则利用一切场合证明骑士团不是一个革命团体,希望教皇能够撤销他的训令。经过天主教会神职人员的严格考

① Charles A. Madison, *American Labor Leaders*, pp. 50–51.

察，1887年3月，罗马宗教法庭宣布不反对骑士团。一年半以后，教皇也给予了宽容。

鲍德利对于资产者委曲求全、卑躬屈膝的态度也给工人运动带来极大的损失。劳动骑士团为此付出了高昂的代价，它从一个令资产者望而生畏的庞大工人组织变为一个小小的保守的、远离罢工运动的团体。鲍德利在失去总会长职务后不久退出骑士团、加入了共和党，后来曾在移民局担任高级官员，1924年6月24日去世。

在鲍德利等人的领导下，骑士团内部手工业者的思想和要求占据了重要地位。骑士团最终被无情的历史潮流所抛弃，迅速地从政治舞台上消失了。

第十四章　社会主义工人党

第一节　社会主义工人党的成立

各社会主义团体和工人组织的联合要求　1874年,佐尔格退出纽约总委员会以后,第一国际和北美联合会的活动逐渐趋于停顿。第一国际的马克思主义者开始把工作重点转移到建立独立的工人政党方面。与此同时,当时许多分散的工人组织也迫切感到联合一致的必要性。从第一国际分离出去的两个拉萨尔派组织伊利诺伊工人党和北美社会民主工党也逐渐吸取失败的教训,成为实现联合的积极力量。

伊利诺伊工人党是于1873年12月下旬,芝加哥失业工人大会后不久成立的。这个党拥有成员593人[1],宣传和坚持拉萨尔主义的基本立场,主张由国家资助合作社,反对参加工会运动。1874年2月14日,伊利诺伊工人党的机关报《前驱》周刊创立。拉萨尔分子卡尔·克林格担任该刊编辑。《前驱》的创刊号上登载了伊利诺伊工人党的纲领[2],这个纲领提出了许多一般性的改革要求,而没有突出社会主义的目标。例如,纲领上提到的废除垄断、由城市或州控制交通,由州管理储蓄银行和保险公司等都不能算是社会主义的奋斗目标。纽约总委员会甚至认为这

---

[1] Philip S. Foner and Brewster Chamberlin(eds.), *Friedrich A. Sorge's Labor Movement in the United States*, p. 349.

[2] 这个纲领同时还登载在1874年2月7日的《工人报》和1月13日的《斯普林菲尔德共和党人》上。

个组织"同一切资产阶级政党"没有多少区别。纽约总委会对伊利诺伊工人反对工会运动的立场持严厉的批评态度,总委员会认为,经济形势的发展"正在推动工会走上正确的道路,从经济斗争走向反对有产阶级的政治斗争,每一个清醒地观察工人运动的人都了解这一点"。但是,伊利诺伊工人党的《前驱》报却坚持拉萨尔主义的立场,对这一趋势视而不见,不仅对工会运动保持沉默,而且有意贬低其作用。这种低估工会作用的观点不是产生于不相信工人,就是产生于对前途的极端失望情绪。

事实证明,总委员会的批评是有道理的。伊利诺伊工人党由于脱离工会运动,在1874年芝加哥的选举中遭到惨败。该党的领导人开始认识到对各个工人组织实行联合的重要性。1875年底伊利诺伊工人党对纲领做了重大修改,修改后的纲领曾刊登在1875年11月6日《前驱》报上,总委员会认为这个纲领是"没有采用国际名称的国际纲领"。

北美社会民主工党是于1874年5月由一些不大的工人协会组成的,其中包括4个国际工人协会的支部(3个德国工人支部,1个法国工人支部)。该党拥有1500名成员和1个德文机关刊物《社会民主党人》。[①]这个刊物的总发行量为1500份,发行地区包括纽约、费城、纽黑文和新泽西的一些城市,在东部工人中有一定影响。

1874年7月4日,北美社会民主工党在纽约召开了第一次代表会议。同伊利诺伊工人党一样,这个组织强调拉萨尔主义的观点,要求工人阶级集中力量进行政治斗争。不过,由于北美社会民主工党内部有相当数量的国际派,重视工会运动和经济要求的呼声不断出现。这对于该党的发展方向、政策和策略都有一定的影响。例如,在第一次代表会议上,除了提出人民国家、国家资助合作运动等拉萨尔主义的口号外,还强调该党的目的是把工人阶级从资本主义制度下解放出来,并且要求党员

---

① 《社会主义民主党人》创刊于1874年11月,1876年8月停刊,它的地位被《工人之声》所取代。

"对所有其他国家争取本身自由的工人表示衷心的同情"①。

在国际派的不断努力下,北美社会民主工党逐渐抛弃了拉萨尔主义的立场,日益靠近纽约总委员会,对工会运动和工人联合表现出越来越大的兴趣。1875年7月,第二次代表会议正式提出了同其他社会主义组织和工人团体实行联合的建议,并通过了开展工会工作的决议。决议指出:"在目前的情况下,将工人组织进工会的工作是刻不容缓的,每一个党员都必须成为他那一行业的工会会员,或协助在没有工会的行业中成立工会。"②

伊利诺伊工人党和北美社会民主工党的转变为各个社会主义组织的联合创造了有利条件。从1875年起,加强社会主义运动内部团结的呼声日益强烈。在许多报纸上都出现了呼吁团结的文章。1875年9月25日,发表在《全国论坛报》上的一篇文告指出:"在美国各地现已存在着无数的工人组织,他们一致宣称,目前的这种政治和社会制度是罪恶的,因而必须要从根本上予以改变,目前这种可耻的依靠资本家来维持生活的情况,是造成危害社会的智力和道德上的堕落,以及经济上的衰颓的最大根源。而每一个政治运动必须服从于一个首要的社会目的,那就是,求得工人阶级经济上的解放。概括地说,这是极大一部分工人所共有的信念,同时也是上面所提到的各种劳工组织所共同主张的原则。但此外也还有一些较细微的问题,我们的意见是不一致的。清除这些意见上的分歧,将所有的劳工团体团结成为一个巨大的,不为任何力量所屈的组织,在过去曾经有过的一个时期成为我们全体的热烈愿望,而现在这种愿望即将变为事实了。"③

从新工人兄弟会到费城会议　　1875年底,要求实行联合的呼声开始变为行动。1875年12月28日至29日,在宾夕法尼亚的蒂龙举行了一次全国性的工人"新兄弟会"大会。出席这次大会的代表共计132人。

---

①　Samuel Bernstein, *The First International in America*, p. 246.

②③　[美]方纳:《美国工人运动史》第1卷,第664页。

除去2名代表外,其他所有的代表都来自宾夕法尼亚。在参加这次大会筹备工作的主要团体中,2/3是秘密会社。社会民主工党的代表P.J.麦克基尔曾经说,大部分代表是小农场主和伐木工头。他们"对废除工资制度的思想感到惊讶"。第一国际北美联合会也得到出席会议的邀请,但只发去一封电报,未派代表参加。总的来说,大会代表成分复杂、思想混乱。大会通过的许多决议草案都出自金融改革派和反垄断派之手。麦克基尔参加起草的决议几乎都没有保存下来,其详细内容不得而知。关于这次大会的实况,有一个简短的报道刊登在1876年1月8日《全国工人论坛报》上。

蒂龙大会的意义不在于通过什么样的纲领,而在于它已向联合的道路上迈出了第一步。在大会闭幕以前,与会代表通过决议,授权大会主席从每州挑选1名代表组成三十七人委员会,负责筹备第二次全国代表会议。

1876年4月17日,第二次全国代表会议在匹兹堡召开。出席会议的代表共136名,代表着约45万工人。他们当中有劳动骑士团的代表、工会主义者的代表、绿背党人的代表和社会主义者的代表。各社会主义组织的代表共24名。本来他们在政治斗争和经济斗争的关系问题上是存在分歧的,但在匹兹堡会议前夕,通过会谈,互相都有所让步,准备在策略上采取一致行动。

由于与会各派别代表的观点不同,大会上的争论十分激烈。这给全国范围内实现工人联合的前景蒙上了一层阴影。

绿背党人所控制的决议案起草委员会提出了关于金融改革的四项要求,遭到了社会主义者的坚决反对。劳动骑士团代表也企图把自己的主张强加于大会。他们主张联合于"一人之下,个人为大家,大家为个人,并以秘密原则为基础"①。社会主义者和工会主义者都不同意这种主张。在讨论独立政治行动问题的时候,19名绿背党代表和社会主义

---

① Samuel Bernstein, *The First International in America*, p. 269.

者共同提出建议,要求建立一个"扫除腐败恶习的工人党,以便把工人阶级从精神和工作的束缚中解放出来",这个建议立即遭到反对。经过争论,大会通过了另外一个议案,该议案认为,独立的政治行动是"极其危险的,也是有损于工人利益的",各个工会和工人团体的首要任务是把人教育好,而不是开展独立的政治行动。

会议在一些次要问题上通过了各派力量都赞成的决议。例如,取消《债务罪犯法》、取消高利贷、实行八小时工作制、修改《宅地法》、限定铁路运费、要求政府向合作社提供贷款等。会议在闭幕前授权主席任命一个常设委员会以便根据形势的需要再度召开代表会议。

第二次代表会议表明,由于各派组织的观点不同,在当时的条件下,建立一个广泛的工人联合组织是不可能的。因此几个社会主义团体集中力量筹建统一的社会主义政党。早在1875年,北美社会民主工党已经提出同伊利诺伊工人党联合的建议。当年7月,该党又通过争取实现社会主义者广泛联合的决议。伊利诺伊工人党则表示愿意同第一国际北美联合会言归于好。1875年4月,伊利诺伊工人党正式要求同北美联合会合并,联合会委员会也做好了接纳该党的准备。1875年下半年,三个组织的代表开始进行合并谈判。在匹兹堡大会期间,与会的社会主义者又单独举行了自己的会议。这个会议实际上是一次社会主义者的代表大会。会议指定一个专门委员会制定协议,并于4月19日在会议上予以通过。协议的名称是《联合宣言》。

《联合宣言》本身虽然不是一个党的纲领,但它却带有纲领的性质,是会议提供给各个社会主义组织进行讨论的文件。《联合宣言》建议未来的统一的工人政党的名字应当叫作"美国社会主义工人党",而且应当是"集中的,全国性的组织"。《联合宣言》规定,党应当"积极参加国家的政治活动,既参加一般性活动,也参加争取立法的活动"。《联合宣言》也提到对待经济斗争的态度,要求党"在全国的和国际的基础上组织工会,以改进我们的经济状况和传播我们的思想和原则。"最后《联合宣言》规定,每500名社会主义者可以选派1名代表出席未来的联合大会。围绕《联合宣言》的讨论进行了三个月，各地的社会主义者虽然提出了许多修正意见，但对实现联合的原则是持赞成态度的。这些意见主要反映了各社会主义组织对联合的看法和要求。例如，第一国际霍布肯第一支部主张建立更广泛的联合，要求将党的名称改为"北美工人联合"，其理由是："社会主义"一词不可能被其他非社会主义组织所接受，而且将会使讲英语的美国工人产生疑惧，远离这个组织。第一国际密尔沃基第三支部则提出争取妇女在政治上、社会上的平等权利的要求。

1846年7月19日，在费城召开了社会主义组织的联合大会。会议开了四天。有7个团体派遣代表参加大会。但是，其中费城德国自由协会代表、辛辛那提斯拉夫工人协会代表和密尔沃基工人联合会代表的代表资格没有得到大会的确认。他们只能以观察员的身份出席大会。只有4个团体的代表取得了大会代表资格。佐尔格和奥托·魏德迈是北美联合会的代表，代表着635名会员。伊利诺伊工人党有593名党员，只派出1名代表。北美社会民主工党拥有1500名党员，派出了3名代表。辛辛那提社会政治工人协会只有250名会员，派出了1名代表。

大会讨论了成立工人政党的问题，对党的名称进行了长时间的辩论。最后以4票对2票的多数通过了"美国工人党"这个名称。大会通过的纲领是拉萨尔派和国际派观点的妥协，北美联合会的观点几乎都写进了纲领的"序言"，而纲领中眼前的最低要求部分则采用了北美社会民主工党的主张。

不过，在讨论工会运动和政治行动的关系问题时，双方曾经展开了激烈的争论。北美社会民主工党代表麦克基尔从拉萨尔主义的立场出发，要求授权执行委员会批准地方性的选举活动。麦克基尔的草案中有这样一句话："未经执行委员会同意，任何支部均不得参加政治运动。"[1]这就等于说确认了执行委员会的批准权，显然是同纲领的基本精神相违背的。纲领对政治运动所采取的立场是："一般地说，党的政治行动只限

---

[1] Samuel Bernstein, *The First International in America*, p. 284.

于争取有利于工人阶级本身的立法。在党尚未强大到可以产生显著影响以前,它将不参加政治运动。"

以佐尔格为代表的国际派提出了自己的决议草案。草案强调指出:"由于开展政治运动的条件还不成熟,应当集中力量进行组织工人的工作",衷心劝导这个党的各个支部,以及所有工人,在当前拒绝参加一切政治运动,并且抛弃选票箱。

"这样,工人们就能够使自己免于陷入极度失望,他们的时间和努力就可以更好地用于组织工人,而这些工人的组织常常是被激烈的政治运动所摧毁和损害的。让我们等待时机!时机定会到来。"①

大会以4票对3票的微弱多数通过了佐尔格的提案。从表面上看,这是国际派的一次胜利。然而,这项决议对于拉萨尔派所控制的执行委员会并没有约束力。执行委员会一直任意违背党纲的基本原则,到处支持地方选举运动。

费城大会建立起来的美国工人党(后改名为社会主义工人党)是一个集中的、统一的政党。党的权力机构是代表大会。在大会闭幕期间由监察委员会及其助理机构——执行委员会负责日常工作。监察委员会设在纽黑文,执行委员会设在芝加哥。《社会主义者》和《社会民主党人》被确定为党的机关报,并分别改名为《劳动旗帜》和《工人论坛》。大会还规定,未经执行委员会批准,任何地方组织均不得创办地方报纸。

费城大会后不久,美国工人党的章程和原则得到了工人组织的确认。同年8月,菲利普·范·帕顿当选为书记。1876年10月,美国工人党已经拥有55个支部,并且开始作为一个政治组织进行活动。

---

① Philip S. Foner and Brewster Chamberlin(eds.), *Friedrich A. Sorge's Labor Movement in the United States*, p. 163.

第二节 1877年大罢工和美国工人党

美国工人党的内部分歧 组织上的联合不可能消除思想上的分歧。美国工人党的成立只不过使国际派同拉萨尔派的斗争从外部转到了内部。佐尔格曾经回顾说:"五花八门的成分不会出现真正的联合,即是说,这是没有建立在统一的原则和策略基础上的联合,因此分歧很快就再度出现了。"① 分歧主要集中在对待政治运动和工人运动的态度和策略上。

1873年经济危机给工会组织带来了毁灭性的打击,幸存的工会屈指可数。1876年,工人群众要求恢复工会组织的呼声高涨。美国工人党中的国际派对这个形势做了充分的研究和估计。1876年10月,以 D. P. 麦克唐奈为首的社会主义者在纽约美国人支部会议上草拟并通过了支持工会运动的决议。原文如下:

> 鉴于工会是为了保护工人阶级,反对雇主的掠夺而建立起来的。
>
> 兹决议,我们承认工会是一个巨大的杠杆,通过它,工人阶级将会得到经济上的解放,我们认为支持和促进他们的工会是美国工人党全体党员的义务。
>
> 兹再决议,确认建立在全国,以及国际基础上的工会组织是非常适合需要的。②

国际派严格遵照费城大会的决议,希望通过发展工会运动创造条件,以便进一步掀起工人阶级的政治斗争。然而,拉萨尔派竭力阻止美国工人党同工会运动发生联系。他们利用自己在执行委员会中的优势,

---

① Philip S. Foner and Brewster Chamberlin(eds.), *Friedrich A. Sorge's Labor Movement in the United States*, p. 113.

② Philip S. Foner, *The Great Labor Uprising of 1877*, p. 112.

做出决定,允许纽黑文支部参加选举运动。1876年下半年,纽黑文支部提出了自己的候选人名单。继纽黑文支部之后,密尔沃基、辛辛那提和芝加哥的支部也把自己的主要注意力放在选举运动上。设在纽黑文的监察委员会同芝加哥执行委员会也发生了冲突,作为党的最高领导机构,监察委员会决定解散执行委员会。但执行委员会利用手中的实权,通过投票,宣布解散监察委员会。

美国工人党在策略问题上的分歧使该党的活动受到严重影响。在它成立后的一年当中,美国工人党的各个支部几乎都同激烈的罢工斗争不发生任何联系,只有辛辛那提支部于1876年夏天通过了一个支持俄亥俄—密西西比铁路工人罢工,谴责铁路公司的决议。但是,这个支部也由于拉萨尔派的阻挠而没有把主要力量投入斗争,它所通过的决议只是一纸空文,没有起到实际作用。在1877年铁路大罢工的酝酿和爆发过程中,美国工人党始终处于被动状态,只有它的成员东圣路易的机械工人亨利·伊斯特曼同铁路工人保持着密切的联系。

1877年大罢工的突然爆发和这次罢工的浩大声势迫使美国工人党执行委员会不得不表明自己的态度。7月22日,执行委员会举行会议,并决定号召所有工人都来支持罢工者。执行委员会向火车司机兄弟会主席P.M.阿瑟发去一封电报,表示美国工人党对该会的支持。当天下午,执行委员会向各个支部和各工人组织发出两个通告,要求支持罢工者,实行八小时工作制和铁路、电报线的国有化。两个通告内容如下:

> 致美国工人党各支部:同志们,目前在各地铁路干线工人所进行的争取生存的殊死斗争中,我们希望每一个成员都将为我们遭受苦难的兄弟提供一切可能的精神的和物质的援助,并且支持他们认为必需的一切合理措施。[1]

---

① Philip S. Foner, *The Great Labor Uprising of 1877*, p. 115.

致各工人组织和全体工人：

同志们！我们相信,如果行将提出的各项措施能够得到采用,就可以很快解决各地铁路干线所面临的困难,兹提请你们注意下列问题：

1.如同现在所有欧洲先进国家所做的那样,摧毁现代最大的和最强有力的垄断,联邦政府应当采取适当步骤,使自己能够占有和动用国内的所有铁路线和电报线。

2.由联邦政府批准在各州确立八小时工作制,这样可以吸收所有失业工人参加工作。失业工人数字常常是因为强行使用节省劳动的机器而增大起来的。这对所有幸而获得工作的人们构成了经常性的威胁,而且工资将不可避免地降到相当于那些最缺乏知识、最缺少教育的工人的水平上,因为他们的劳动是可以替代的。[①]

然而可惜的是,执行委员会除发布通告以外,并未采取实际行动来支持罢工运动。它在通告中所提出的号召和要求也没有为美国工人党的所有地方组织所接受。各地支部根据自己对运动的了解各行其是,投入运动的程度是迥然不同的。甚至有相当数量的支部完全置身于罢工运动之外。

纽约市、路易斯维尔和辛辛那提各支部的行动　纽约支部是首先起来对大罢工表示支持的美国工人党的地方组织之一。7月23日,纽约支部通过1874年反失业游行的参加者贾斯特斯·施瓦布向园林管理人申请将托普金斯广场作为群众集会的地点。尽管管理人反对这次集会,而且警告施瓦布说："不准你在这里制造像你在1874年曾在这里制造的那种麻烦。"但是声援大罢工的群众集会仍然按计划于7月25日晚上顺利举行。那天晚上,几名社会主义者在几百个火把光焰的照耀下相继向参加集会的群众发表演说。

对于这次集会,纽约市政当局采取了紧急措施,竭力防止纽约成为

---

① Philip S. Foner, *The Great Labor Uprising of 1877*, pp. 115–116.

第二个匹兹堡。纽约国民军第一师和第二师都接到了动员令,准备随时出动,警察局取消了一切休假,安装了从指挥部直接通往托普金斯广场的电话线,联邦国库纽约分库的警卫人员增加到75人。25日下午,200名武装警察开赴广场,设置警戒,600名武装警察守卫在附近地区作为后盾,1000多名水兵和陆战队也做好了战斗准备。

集会是在极其紧张的情况下进行的,随时都可能发生一场血腥的屠杀。《纽约太阳报》的社论撰稿人约翰·斯温顿宣布开会,并且赞扬宾夕法尼亚第十六团士兵拒绝向雷丁罢工者开枪的正义行动。美国工人党纽约支部书记利安德·汤普逊向集会者宣读了美国工人党关于大罢工的决议,向全国各地的罢工铁路工人表示"衷心同情"并且号召整个工人阶级迅速团结在工人党的周围,为实现自身的解放而斗争。接着在集会上宣读了致海斯总统的信,这封信尖锐地揭露说,在美国,300万"国家的基干力量"在漂泊流浪,他们中间被雇用的"大部分人"则挣扎在"饥饿边缘上",而政府能够向他们提供的不过是"绞绳和士兵的子弹"。信中还呼吁士兵停止对罢工者的袭击和侵害,并且指出这次大罢工的根本原因在于政府站在大公司一方,无视工人的利益。只有对全国的交通通信系统、银行实行国家控制和管理,才能够消除工人和公司方面的对立。

托普金斯广场集会在顺利通过决议和致总统的信以后和平地结束了。但是,一些听众在回家途中遭到了警察的攻击。

美国工人党纽约支部为了表示对大罢工的支持,乃于第二天晚上在库柏大厅举行另一次声援集会。《工人旗帜》的编辑J.P.麦克唐奈在集会上发言,概述了1873年经济危机爆发以来,美国工人的困难处境,对这次大罢工的重要性作了充分的估计。他指出,无论这次大罢工持续多久和结果如何,它已经证明全国各城镇、乡村工人的利益是一致的。工人们已经认识到,"他们不可能过体面的生活","必须采取坚定立场反对他们的压迫者"。他进一步指出,这次大罢工之所以扩展迅速,并不是由于美国工人党采取了什么措施,而是由于"匹兹堡工人和西弗吉尼亚工人感到受到了同样的压迫,芝加哥和圣路易的工人也是这样"。最后,他特别强调组织的重要作用。他说,只有联合和战斗性是不够的,"我们必须组织起来。不组织起来我们就是乌合之众;组织成一个牢不可破的团体,我们就是一支引人注目的力量"①。

阿道夫·斯切塞代表工人党和雪茄烟工会发言,支持麦克唐奈关于组织起来的号召,他说:"把你自己组织起来,把你的工会组织起来,使它从一个州的中央委员会变成各个工会的全国联合会,这样我们就能够成功地对抗专制的资本家了。"②

集会群众还一致通过了内容与上述两个发言相同的决议。决议在结尾部分强调指出:"组织工会,促进各行业工会全国联合会的建立,以便有效地对抗和战胜联合资本,是全体工人的紧迫任务。"③

然而可惜的是,两次集会之后,美国工人党纽约支部支援大罢工的活动就宣告停止了。

路易斯维尔的美国工人党地方组织在大罢工开始的时候保持沉默,完全置身于运动之外。7月24日晚上,当地铁路工人举行大规模游行,并被警察开枪驱散以后,该党在路易斯维尔的英语支部和德语支部才开始采取行动,成立一个联合委员会来关注事态的发展。然而,由于拉萨尔派的势力在这两个支部中占优势,委员会除为罢工者募捐以外,不但没有对罢工运动进行任何有效的支持,而且公开表示不支持罢工者进行经济斗争,企图把这次大罢工引上争取选票的错误道路。两个支部对于7月25日和26日的激烈冲突视而不见,不采取任何行动。7月27日,美国工人党的路易斯维尔英语支部在取得市长雅各布的准许后在凤凰厅公园举行群众集会。支部的发言人在会上的演讲中强调反对席卷全国的暴力行动,呼吁人们把注意力转向选票箱,说什么"在选票箱中可以找到医治一切弊端的良方"。

美国工人党路易斯维尔支部的行动是同罢工者的要求背道而驰的。它自然而然地遭到广大工人群众的唾弃,而陷入"沙漠中的布道者"的孤

---

① ② ③ Philip S. Foner, *The Great Labor Uprising of 1877*, p. 123.

立处境。

　　辛辛那提的情况有所不同。7月22日下午,当地铁路工人发动罢工的前夕,几千名群众已经被匹兹堡惨案所激,从四面八方涌向市场地区,在那里举行集会。美国工人党辛辛那提地方支部的成员查尔斯·汤普森和彼得·H.克拉克等人先后在集会上发言。汤普森在演说中指出,如果罢工扩展到辛辛那提,那么这里的全体工人都将作为罢工者的后盾。克拉克是一位黑人党员,他的演说引起了社会舆论的特别注意。他揭露了铁路公司的罪恶行为,谴责了政府军队屠杀工人的血腥暴行,并分析了经济危机的原因和对工人阶级的影响,他公开宣布说:"我在这场斗争中同情罢工者",并且"相信,在这场斗争中是同我的9/10的同胞团结一致的"。

　　7月23日早晨,罢工席卷了辛辛那提。上千名罢工者占据了停车场,禁止客车和货车通行。美国工人党的党员也加入了罢工者的行列,分布在停车场和铁路线上。罢工开始,辛辛那提市长R.H.穆尔希望用和平手段平息这次罢工的浪潮,他曾经向罢工者呼吁说,不要把"这个美好的城市"变成"小匹兹堡"。但是,形势的急剧发展使他的希望破灭了,于是他在公司方面的请求和支持下,决定于7月25日使用武力驱赶罢工者,这一天,他下令出动135名警察,把聚集在停车场、阻止火车运行的罢工者赶走,并逮捕了罢工运动的领导人,许多在场的美国工人党党员也遭到逮捕。辛辛那提的各条铁路线在政府和公司武装力量的守护下恢复通车,罢工运动遭到了失败。

　　芝加哥各支部的行动　芝加哥是这次罢工运动的一个中心。大罢工前夕,这座城市就有大批失业工人,任何一点动静都可能导致罢工运动的爆发。《时代报》曾焦虑不安地说:"在这个城市里有1.5万名失业者,其中许多人濒于绝境,这一事实本身就是一个信号。"一个地方铁路部门的经理说:"据估计,在芝加哥有3万失业者,这里存在着倾向暴乱的激烈情绪和对罢工者的同情,人们在电车上和街道上都在议论这场争取生存的暴乱。"①

美国工人党芝加哥支部非常活跃,以珀森斯为代表的领导人出席了当地的各种群众集会,并且进行支持罢工运动的鼓动宣传。珀森斯本人也参加过匹兹堡、韦恩要塞和芝加哥铁路工人集会,在集会上发表演说,号召举行罢工,支持西部地区的罢工工人。7月21日下午,由美国工人党芝加哥支部发起,同时举行了两个群众集会。演讲者要求实现国家控制铁路和电报线,实行八小时工作制。

另一方面,芝加哥市政当局连日进行紧急策划,企图阻止罢工运动的爆发。市长门罗·希思和市政会议委员放弃周末休假同警察局长官、消防队队长商谈应急措施,并暗中同国民军指挥官会晤,要求他们指定两个团随时听候调遣,同时对所有军械库加强警卫。联邦陆军部长还根据芝加哥市长的请求,从达科他调来六个连的联邦军。

芝加哥的广大工人和市政当局都在组织自己的力量。双方剑拔弩张,紧张的气氛笼罩着整个芝加哥。星期一上午,芝加哥的报纸宣布,已经有450名警察、两个州国民军团队的2000名士兵做好了准备,印第安战士也从达科他出发,向芝加哥进军。同时,美国工人党芝加哥支部在工人中散发了当天召集另一次群众大会的传单,传单呼吁说:"当你们的雇主夺走你们的一切权利和你们的劳动果实的时候,难道你们还不实行联合吗?""为了我们的妻子儿女和我们自己,不要再等待了,赶快组织起来吧!"②

当天晚上,1.5万名"饥饿大军"响应美国工人党的号召,在芝加哥工业区中心——市场街举行集会。从各地涌来的工人都手持火把,组成了一列列的火炬游行队伍,十分壮观。游行队伍出现了许多英文、德文、法文标语牌,上面写着:"或者劳动而生,或者战斗而死!""团结而存,分散而亡!"等口号。

---

① Philip S. Foner, *The Great Labor Uprising of 1877*, p. 140.

② Philip S. Foner, *The Great Labor Uprising of 1877*, p. 142.

许多发言人在大会上愤怒地控诉了资产者的无情盘剥,陈述了工人们的困苦,号召大家联合起来为争取生存而斗争。珀森斯在他的演说中强调指出:"如果资本家用武力反对我们的权利,那么我们就用上帝赋予我们的一切手段来对待他们。"①珀森斯的发言使会场情绪达到了高潮。不过,这次集会没有受到警察的攻击,和平地结束了。

集会解散后几小时,密歇根中央铁路的40名扳道工人首先举行罢工,反对削减工资。第二天,巴尔的摩俄亥俄铁路线、伊利诺伊中央铁路线的工人也相继宣布罢工。接着其他行业的工人也加入了罢工者的队伍。芝加哥铁路工人发起的罢工运动很快发展为各行业的总罢工。

美国工人党芝加哥支部和支部的领导人积极投入罢工运动,同罢工工人建立了密切的联系。托马斯·摩根被选为伊利诺伊中央铁路工人的发言人和谈判代表。乔治·西林也在炼钢工人中开展工作。星期二晚上,50多名工会代表同美国工人党芝加哥支部的领导在奥罗拉大厅举行会议。他们共同商定将争取八小时工作制和增加20%的工资作为罢工的共同要求提出,并成立常设执行委员会负责处理同罢工有关的问题。

第二天珀森斯被捕,在市政厅受到警察当局和商会代表的查问。他们指责珀森斯是这次罢工的煽动者,要求他出面平息这次风潮,或者尽快离开芝加哥,否则就不能保证他的生命安全。查询完毕后,一位警长在释放珀森斯时威胁说:"珀森斯,你有生命危险。我劝你立刻离开这个城市。当心!你所说的和所做的每一件事情我都知道。我派人跟踪你和保护你。你知道你随时都可能在街上被人暗杀吗?"②

当天下午,市长希思动员了各路武装力量准备镇压罢工。晚上,一批武装警察用武力驱散了美国工人党组织的群众集会。面对市政当局的暴力进攻,美国工人党的书记帕顿出面,竭力把运动引上和平发展的

① Philip S. Foner, *The Great Labor Uprising of 1877*, p. 144.

② Philip S. Foner, *The Great Labor Uprising of 1877*, p. 148.

轨道。7月25日下午,美国工人党发表了一个声明,声明强调了保持和平秩序的必要性,声明指出:

"我们正当的争取增加工资努力的胜利完全有赖于我们优良的品行和坚定而和平的行动。我们特此声明,我们将杜绝在我们集会上的任何暴力行为。人道和人民主权的基本原则是不需要用暴力维持的。为了我们最宝贵的事业,让每一个正直的工人帮助我们维护秩序吧。"①

然而,芝加哥市政当局并未理睬美国工人党的和平声明,于当天晚上挑起了武装冲突,冲突一直延续到28日。芝加哥的罢工运动终于被警察和军队淹没在血泊之中。有18人被杀死,伤者不计其数。尽管美国工人党尽量避免卷入暴力冲突,但是资产阶级报纸仍然把它说成是暴动的组织者,把芝加哥的流血冲突叫作"红色战争"。

1877年大罢工对于美国工人党的建设有着直接的关系和重要意义。尽管党的领袖对此缺乏认识因而没有采取有效的措施,但毕竟有一些地方组织和党员个人积极投身运动而受到了锻炼。

第三节　纽瓦克非常代表大会和社会主义工人党的公开分裂

纽瓦克非常代表大会和第一次分裂　1877年大罢工的失败为美国工人党内的拉萨尔派提供了借口,他们反对党开展经济斗争和罢工运动,并且要求所有地方组织在各个地方开展选举运动。他们以1877年选举中已经取得的成就为依据,要求党立即召开非常大会修改党的纲领,企图把党的工作完全置于政治斗争的圈子内。佐尔格、奥托·魏德迈、麦克唐奈和斯派尔斯等国际派认为,修改党纲和成立大会的决定是违背团结原则的,因而反对召开这次代表大会。但是1877年12月26日,在拉萨尔派占优势的情况下,纽瓦克代表大会终于召开了。大会改变了党的名称,定名为社会主义工人党。大会对党的纲领和《联合宣言》

---

① Philip S. Foner, *The Great Labor Uprising of 1877*, p. 149.

所规定的原则进行了全面审查,拉萨尔派利用自己的优势对一些原则性问题做了修改,使这次大会完全成为拉萨尔派的大会,而国际派则被排挤到后面。一切不符合拉萨尔主义的东西都被删掉或修改,党的主要目标被归结为"组织群众性的政治行动",尽管大会在决议中也曾提到"将与工会维持友善关系",但却把它摆在无足轻重的位置。

佐尔格和奥托·魏德迈等国际派不能容忍拉萨尔派对党的控制,宣布退出美国工人党。他们开始同斯捷沃德的八小时工作制运动密切合作,准备建立一个群众性的工人组织。这个组织的眼前要求是"缩短工时,提高工资",其最终目的则是"消灭雇佣制度"。1878年初,社会主义者和八小时工作制运动的领导人共同在纽约举行工人代表会议,建立了国际工人联合会,会议选举了由八个州的代表组成的临时中央委员会,佐尔格、魏德迈、斯捷沃德都当选为临时中央委员会的委员。临时中央委员会制定了原则宣言,这个文件同时反映了国际派和八小时工作制运动者两方面的要求,文件指出:"雇佣劳动制度是强迫雇佣工人按照工厂老板规定的条件出卖自己劳动的专制制度。由于世界上的财富是按照雇佣劳动制度进行分配的,只要工资没有成为劳动者的报酬,而仍然是他们必不可少的东西,那就只有通过提高工资和改善工作条件的办法来改善这种分配。因此,压低利润、建立合作社或者建立没有工厂主的劳动制度都是从雇佣劳动的奴隶转变为自由劳动的自然的和符合逻辑的步骤。当然,向自由劳动迈出的第一步——缩短工作时间,必将改变人们的风俗习惯。它将增长人们的劳动兴趣,减少游荡习气,提高工资。"文件还要求联合会的成员在为了实现上述任务而努力的时候不要忘记联合会的最终目的是"彻底摧毁雇佣劳动制度"[1]。

大会通过的国际工人联合会纲领大体上也包括原则宣言所提出的三个方面的主要内容:1.在雇佣劳动制度下,工人的工资和劳动条件都是由工厂老板规定的;2.在实行经济强制的条件下政治上的自由是不可

---

① *The Labor Standard*, Oct. 11, 1878.

能实现的;3.缩短工作时间是实现劳动解放的第一步。

按照《国际工人联合会会章》的规定,凡是不违反工人利益、依靠工资维持生活的劳动者,不分种族、信仰、国别都可以加入联合会。同时,为了改变熟练工人垄断多数工会组织的局面,会章规定应当优先吸收非熟练工人。

国际工人联合会在成立后的最初一段时间里,积极开展活动,取得了显著成果。它的成员参加和支持了彼得森等城市的纺织工人罢工运动,在工人群众中的影响逐步扩大,会员人数不断增加。据麦克尼尔估计,到1878年,国际工人联合会的会员已经达到7000至8000人。然而,由于八小时工作制运动的领导人和成员并没有真正接受社会主义原则,联合只能是暂时的。随着时间的推移,这种思想上的不一致必然要导致组织上的削弱。1880年,联合会的会员突然减少到1400至1500人,第二年就只剩下霍布肯分会还在继续活动了、国际工人联合会名存实亡。到1887年,霍布肯分会也最后宣告解散。

佐尔格在这次建立新的群众性工人组织的努力失败以后,逐渐离开了美国的工人运动和社会主义运动,专心从事理论工作。佐尔格对《资本论》第一卷英文版的问世做过贡献,恩格斯在英文本的"序言"中提到过他的名字。佐尔格还尽力在美国传播马克思和恩格斯的著作,希望通过这个途径来提高美国工人阶级的觉悟。佐尔格曾经这样估计说,《共产党宣言》"在美国给我们的年轻人带来了至少相当于四十年前带给欧洲的好处"。佐尔格本人也根据恩格斯的建议,于1891年至1895年间撰写了一系列关于美国工人运动的文章,陆续在德国社会民主党的机关报《新时代》上面发表。后来,这些文章编辑成书,叫作"美国工人运动"。这是美国马克思主义者所编写的第一部系统的美国工人运动史。作者不仅是19世纪后半期美国工人运动重大事件的目击者,而且是参加者和组织者,对事件的评论和分析都有独到之处。作者的许多结论直到今天都具有重要的参考价值。

第一次分裂以后,社会主义工人党的领导机构完全落入了拉萨尔派的手中。1877年到1880年间,整个党完全卷入了选举运动。党的指导原则已经变成拉萨尔主义的信条——"科学是兵工厂、理性是武器、选举则是弹药"。在1878年选举中,由于工人党的许多地方组织同工会保持着密切的联系,选举结果是鼓舞人心的。在芝加哥,有2名社会主义工人党的候选人当选为市参议员,4人当选为州议员。但是,随着时间的推移,拉萨尔派控制下的社会主义工人党同工会的关系日益疏远,以致在1879年的选举中惨遭败北,所得的选票不到上一年的半数。例如,芝加哥的选票从过去的12000张减少到4800张。在这个事实面前,拉萨尔派的领袖菲利普·范·帕顿也不得不承认:"在今天唯一可靠的基础是工会组织,偶发性的政治方面的努力常常也能获得暂时的胜利,但唯一衡量我们的政治力量的东西,是要看工会组织对于这种政治运动给予何种程度的支持。"[①]

　　1880年,随着选举运动的失败,社会主义工人党进一步削弱。党员群众的不满情绪日益增长,一部分领袖和群众离开了党,在对待总统候选人问题上,党内出现了意见分歧。一种意见主张同绿背党联合,另一种意见坚持独立行动。党内的一些激进分子对拉萨尔派领导人极端失望,转而倒向无政府主义。

　　同无政府主义者的斗争和党的第二次分裂　1879年12月26日,在匹兹堡附近的阿列根尼举行的第二次代表大会是在一片衰颓气氛中进行的。出席大会的只有20个支部的24名代表。社会主义工人党的书记范·帕顿在大会报告中语调十分低沉。刚刚经历过一次分裂的工人党又面临着无政府主义者的挑战。当时,无政府主义在党内已经开始滋长,而且发展迅速。还在阿列根尼大会前夕,在芝加哥和辛辛那提的支部中已经出现了叫作"教育和自卫联合会"的无政府主义组织。社会主义工人党执行委员会对此深感忧虑,力图取消这种组织,或者至少同它脱离一切联系。范·帕顿在他的报告中强调指出:"由于这些组织的成员都打

---

① [美]方纳:《美国工人运动史》第1卷,第726页。

着我们共同的红旗,而且承认社会主义原则,那就可能在社会上形成一种看法,似乎社会主义者将使用武力夺取他们通过选举所不能得到的东西。"

然而,形势的发展对无政府主义者是有利的。一方面社会主义工人党内部的不满情绪还在继续增长,另一方面,德国政府于1878年10月颁布《反社会主义的非常法》以后,相当多的德国无政府主义者涌入美国,扩大了美国无政府主义者的队伍。社会主义工人党的领导人为了消除无政府主义的影响,恢复和扩大自己的组织,曾试图同劳动骑士团建立密切联系,采取共同行动。但是,由于两个组织的斗争目标、政策、策略都不相同,建立这种关系的努力没有取得成功。

1880年,无政府主义的势力继续增长。这一年的12月,纽约社会主义工人党的一些支部成立了社会主义革命党俱乐部。随后在费城、密尔沃基、波士顿等地也都建立了这样的组织。1881年10月,在芝加哥举行了社会主义革命党代表大会,该党正式宣告成立。大会所通过的政纲带有浓厚的无政府主义色彩,但同时也反映了党员群众对拉萨尔派迷信选举运动的不满情绪。政纲要求按"共产主义"原则组织工会,把选举制度看成是"资产阶级用来愚弄工人的一种诡计",能够用来对付资本主义制度的有效手段是"工人的武装组织,这些工人将随时拿着枪准备抵抗任何侵犯他们权利的行为……"

社会主义革命党的成立使社会主义工人党丧失了相当数量的党员。社会主义工人党的领导人感到十分颓丧,1881年12月,该党在纽约举行了第三次代表大会,只有17个支部派出代表参加大会,代表的总数不超过20人。事实上大会不具备代表性,因而没有通过任何重要决议。工人党的书记对此情景也不禁感叹说,社会主义工人党的大多数党员是"置身于运动之外"的。

1883年10月,无政府主义者在匹兹堡举行总集会,又有一部分党员离开社会主义工人党,加入无政府主义的队伍,使该党党员人数降到1500人。针对这种情况,社会主义工人党在巴尔的摩召开了第四次代表大会,准备同无政府主义者展开严肃的论战。出席大会的有16名代表,大会对无政府主义者进行了严厉的批评,指责了用"炸弹"代替"宣传"的做法。而大会所采取的组织措施却使已经软弱无力的领导机构进一步削弱。例如,大会通过的限制执行委员会的权力、扩大支部的自由、取消全国通讯书记职务的决议都在不同程度上损害了中央领导机构的权力和及时做出反应的能力。

巴尔的摩代表大会闭幕后,社会主义工人党和社会主义革命党展开了激烈的宣传战。在1884年至1885年间,社会主义工人党执行委员会散发了将近16万份揭露无政府主义的传单和小册子。

在反对无政府主义的斗争中,社会主义工人党得到了发展。1884年3月,该党的地方支部达到30个,两年后翻了一番。1885年10月5日至8日,社会主义工人党在辛辛那提召开了自己的第五次代表大会。出席这次代表大会的有代表4000名党员的33名代表。从代表大会的规模和党员人数来看,社会主义工人党已经从第二次分裂所造成的危机中逐步得到恢复。大会回顾了在同无政府主义的论战中所取得的成绩,肯定了宣传工作的重要性,并且决定在未来的工作中仍将继续加强社会主义学说的宣传。这次大会通过的纲领曾特别指出:"美国社会主义工人党目前主要还是一个宣传性质的党。"[①]

辛辛那提代表大会闭幕后,社会主义工人党执行委员会向各地派出宣传员,讲解科学社会主义的主要著作,并且搜集有关工人生活和运动的材料,及时向党的刊物投寄,以便沟通党的宣传机构和一般党员的思想。与此同时,根据第五次代表大会的决议,社会主义工人党执行委员会为了扩大宣传效果,特别邀请国际上著名的工人活动家威廉·李卜克内西和艾威林夫妇访问美国。1886年9月16日,这三位社会主义者到

---

① *Platform and Constitution of the Socialist Labor Party of the United States Adopted at the 5th National Convention in Cincinnati, Ohio, October 5-8, 1885*, New York: National Executive Committee of the Socialist Labor Party, 1886, p. 5.

达美国。他们按照社会主义工人党的安排在美国的许多重要工业城市进行演讲,使科学社会主义思想同更多讲英语的美国工人见面,为1886年秋季工人运动的高涨创造了思想条件。

毫无疑问,社会主义工人党在宣传社会主义思想和反对无政府主义方面是有贡献的。然而,由于拉萨尔主义和宗派主义的严重影响,它始终不能成为一个同运动密切联系并能发挥领导作用的群众性的工人政党。在它的纲领中,要求工人普遍参加选举,依靠政府赞助开展合作社运动的拉萨尔主义观点占有主要地位。①纲领指出,把政府和立法机关从根本上改变为无产阶级的机构是完全可能的,可以"通过相应的立法把现存的经济条件"转变为"合作体制的社会,从而避免有产者和无产者的冲突。为了实现这些目标,我们将采用各种适当的手段获取政权"。②纲领几乎没有或者很少提到八小时工作制和种族歧视问题,也没有明确规定社会主义者对待工会运动,以及对待当时最大的工人组织劳动骑士团的态度。

恩格斯曾经多次对社会主义工人党的宗派主义错误进行严厉的批评,希望它能够冲出德国人的圈子,把欧洲多年来阶级斗争所取得的经验,以及对工人阶级解放的一般理解灌输到美国工人运动中去。恩格斯认为,由于美国社会主义工人党不在讲英语的美国工人中积极开展工作,"这个党只有一个虚名,因为到目前为止,实际上它在美国的任何一个地方都没有作为一个政党出现。而且,它对美国来说在一定的程度上是外来的,因为直到最近,它的成员几乎全是德国移民,他们用的是母国

---

① *Platform and Constitution of the Socialist Labor Party of the United States Adopted at the 5th National Convention in Cincinnati*, New York: National Executive Committee of the Socialist Labor Party, 1886, pp. 1-3.

② *Platform and Constitution of the Socialist Labor Party of the United States Adopted at the 5th National Convention in Cincinnati*, New York: National Executive Committee of the Socialist Labor Party, 1886, p. 2.

语言,并且大多数人都不大懂得美国通用的语言"①。"这个党负有在运动中起极重要作用的使命。但是要做到这一点,它必须完全脱掉外国服装,它必须成为彻底美国化的党,它不能期待美国人向自己靠拢。"②1886年2月21日《约翰·斯文登报》也载文指出:"本城或全美国的德籍美国人要是全都学会说、读和写美国的语言和文字的话,他们在社会、道义或政治上的影响会比现在大十倍。由于他们没有这样做,所以大批的德籍美国人同他们周围社会的一般生活隔离开了。如果他们掌握了美国的语言,他们该会向全美国注入多少新思想呀!"

社会主义工人党和80年代的社会主义运动　艾威林夫妇在访问美国期间高兴地发现,美国工人是倾向于社会主义的,在美国有着"大批不自觉的工人阶级的社会主义者"。他们几乎没有接触过社会主义理论,刚一听到这方面讲解和阐述的时候,立刻强烈反应说:"呀! 如果这就是社会主义的话,我们都是社会主义者。"艾威林夫妇认为,假如美国的社会主义者能够在工人中正确地开展工作,美国的社会主义运动一定会有美好的前景。可惜的是,美国社会主义工人党没有做出进一步努力,冲出狭窄的宗派主义圈子,去影响更多的工人群众。大多数讲英语的工人由于得不到正确的引导而受到空想社会主义的影响。19世纪80年代大约出版了40本空想社会主义小说。爱德华·贝拉米的《回顾》是其中最有影响的一本。这本小说销售量很大,有一段时间每天出售1000册。几年间销售量达到100万册。

然而,贝拉米不是一个社会主义者,他自己曾竭力表明这一点,他的《回顾》一书所阐述的基本观点是工业国有化。这个观点被许多美国人作为社会主义思想加以接受,在很短时间内形成一个全国性的社会主义运动。运动的中心是波士顿,1888年,首先在这里成立了工业国有化俱乐部,它和其他地区陆续建立起来的工业国有化组织依靠相互通信和派

---

① 《马克思恩格斯选集》第四卷,第261页。
② 《马克思恩格斯选集》第四卷,第262页。

人演讲建立了松散的联合。工业国有化运动的目的是通过生产和分配国有化,消除资本主义社会的一切弊端,使之成为平等的理想的社会。所采取的手段是"理性的和平手段",即在公众做好准备的情况下,将各工业部门有步骤地逐个收归国有。第一步就是:使电话、电报、运输公司、铁路和煤矿国有化;建立地方自治机构,并赋予它进行地方选举的权力;改革文官制度和实现教育机会平等。上述初步措施反映了工人、农民和其他劳动者的要求,对他们具有很大的吸引力。因为在19世纪80年代,铁路运输部门在美国社会生活中起着举足轻重的作用,这个部门的资产者不断利用他们手中的强大经济实力对工人、农民和其他劳动者进行残酷的剥削和压迫,因而成为人们痛恨的对象。70和80年代的许多次大罢工都是铁路公司一手造成的。工业国有化运动者认为:一旦这些措施实行,"建成一个真正民主和人民的社会便会有绝大的可能;全世界的人将破天荒地看到一个合理的、有秩序的完善的共和国——一个在社会、经济和政治方面理想的共和国"。

工业国有化运动反映了人们要求改变现实社会的热情。但是,这场运动的目的和手段都是空想的、无法实现的,同科学社会主义运动相距甚远。大多数工业国有化运动者很快就认识到这个无情的现实,于是纷纷离开运动,寻求新的出路。于是这场突然兴起的社会主义运动犹如昙花一现,转瞬即逝。工业国有化运动的夭折给美国社会主义工人党提供了一个扩展组织的极好机会。但可惜这个机会又被放过了。

社会主义工人党和亨利·乔治运动　1886年,在五一大罢工和秣市惨案之后,出现了全国范围的政治斗争空前高涨的形势。这一年秋天,在许多地方都建立了工人政党。1886年11月3日《哈泼斯周刊》载文说,这是美国"政治中的新生力量"的出现。

8月5日,纽约中央工会在克拉伦敦大厅召开了各行业工会和各工人组织的代表大会。有165个工会和工人组织的402名代表出席了大会。社会主义工人党党员鲁德维格·贾勃林诺斯基也出席了大会。他提出的关于开展独立政治行动的建议在大会上得到通过。大会还指定了一个由17人组成的委员会,研究建立常设组织的问题。参加这个委员会的有劳动骑士团、美国劳工联合会、社会主义工人党的领导人。8月19日,第二次中央工会政治会议根据委员会的建议,成立了一个新的工人政党,叫作"纽约及近郊独立工人党"。

新成立的工人党于9月23日在克拉伦敦大厅召开了纽约市长候选人提名大会。出席这次大会的有代表6万工人的409名代表。亨利·乔治被提名为党的候选人。亨利·乔治并不是一个社会主义者,而是一个享有国际声誉的作家。他于1879年出版的《进步与贫困》一书在工人和劳动者中间产生过重大的影响。他的政治观点是"单一税"论,即把土地私有制看成是各种社会弊端的根源,主张向土地课税,而完全忽视了工业和金融资本对劳工的剥削。恩格斯曾经毫不含糊地指出社会主义者和亨利·乔治的根本区别,他说:"以马克思为代表的现代社会主义者要求共同占有土地和为共同的利益而共同耕种,对其他一切社会生产资料——矿山、铁路、工厂,等等也是一样;亨利·乔治却只限于像现在这样把土地出租给单个的人,仅仅把土地的分配调整一下,并把地租用于公众的需要。社会主义者所要求的,是实行整个社会生产体系的全面的变革;亨利·乔治所要求的,是把现在的社会生产方式原封不动地保留下来。"①

社会主义者,包括社会主义工人党,对亨利·乔治的支持是有保留的。从发动工人的立场出发,他们支持乔治,但并不同意他的"单一税"论。正如《纽约日耳曼语犹太语人民报》所说的,社会主义者之所以支持乔治,"并不是由于赞同他的'单一税'理论,而是暂时避开这种理论"。社会主义工人党的德文机关报《社会主义者》曾经这样写道:"亨利·乔治不是社会主义者,他的纲领也不是社会主义的,但是亨利·乔治支持社会主义要求,如果他的纲领能够实现,那就有利于工人,对资本主义是一个

---

① 《马克思恩格斯选集》第四卷,第260页。

沉重的打击。"①克拉伦敦大会的代表们正是基于这个出发点来考虑问题的,他们通过了一个明确表达工人运动目标的纲领。纲领公开宣布运动的目标在于"废除使铁路和电报这类有益的发明成为压迫人民和扩张豪门权势的工具的这种制度"。纲领也把实行"单一税"作为一条规定、要求只对土地征税,"使那些现在占有空地的人不得不在空地上修建房屋,或者把土地让给那些愿意进行建筑的人"。纲领最后指出:"在即将来到的最重要的市长选举中,只有采取独立的政治行动,才有希望揭露并摧毁大批职业政客为了损害被他们掠夺的人民而采取的敲诈和投机行为。因此,我们号召一切期望有一个正直政府的公民同我们一起,努力争取实现这种愿望,我们可以在这一次表现出人民的意志,甚至可以战胜结伙掠夺者们的金钱和组织。"

由于各个工会和工人组织的全力支持,亨利·乔治运动的声势迅速壮大,使整个纽约都为之震惊。10月30日《社会主义者》的编辑欢呼说:"我们现在正生活在纽约市的革命时期。"

选举结果是令人鼓舞的。亨利·乔治获得68110票,占全部选票的31%。有人认为:"这次选举运动是美国有组织的劳工力量进行过的最强大的一次示威。"②

尽管亨利·乔治未能当选纽约市长,但纽约工人党所赢得的大量选票确实是惊人的。这个成就显示了工人运动的巨大潜力,对其他地区的独立政治运动产生了强大的影响。继纽约之后,几十个州和重要城市的工人联合组织都推出了自己的候选人。芝加哥的竞选运动尤其引人注目,在芝加哥统一工人党③的候选人名单中,当选州参议员的1人,州众

---

① Nathan Fine, *Labor and Farmer Parties in the United States, 1828-1928*, New York: Rand School of Social Science, 1928, pp. 44-45.

② *Irish World*, Nov. 6, 1886.

③ 1886年8月21日,在芝加哥工人代表会议上成立了独立政治行动联合会。有47个工会和劳工组织,41个劳动骑士团分会和1个叫作人民党的俱乐部组织的代表参加这次会议。在该会9月23的会议上定名为统一工人党。

议员的 7 人。

然而,亨利·乔治只不过是工人独立政治运动的同路人。他同工人组织的联合是暂时的,1886 年选举结束后,他趁在库柏大厅举行庆祝大会之机,成立了一个由他指定的三人委员会,力图把运动纳入争取单一土地税的轨道。他们在全国各地建立"土地和劳动俱乐部"及有教会参与的"反贫穷协会",同时鼓动统一工人党吸收大量中产阶级分子,并挑拨它同社会主义者的关系。1887 年 8 月,在亨利·乔治和党内中产阶级分子的策划下,统一工人党的锡拉丘兹代表大会做出了驱逐社会主义者的决定,被驱赶的社会主义者和他们的支持者于 9 月 4 日在韦布斯特大厅集会成立了进步劳工党。工人的独立政治运动发生了分裂。

社会主义工人党对亨利·乔治的观点是持批评态度的。早在 1886 年 11 月 6 日,《社会主义者》发表了一篇文章,叫作《亨利·乔治和卡尔·马克思的区别》,指明了亨利·乔治的非社会主义观点。1887 年 4 月 24 日,该党年轻党员雨果·沃格特在纽约支部会议上建议成立鼓动委员会,宣传社会主义原则。同年 5 月 21 日,社会主义工人党的各支部举行了一次特别会议,专门讨论对待统一工人党的态度问题。会议决定应当向该党灌输社会主义的阶级斗争思想。社会主义工人党的党员还利用他们在统一工人党第十区分会中的优势,通过了一个坚持阶级斗争的决议,并要求其他区分会讨论认可。同时,社会主义工人党的代表曾准备在锡拉丘兹大会上展开斗争,阻止排斥社会主义者的活动。纽约第十区分会中的社会主义工人党员代表在奥古斯特·迈耶的率领下准备出席大会。但遭到了亨利·乔治一伙的激烈反对。他们利用自己的优势以不允许其他组织成员参加统一工人党的会议为借口否决了迈耶等人的代表资格。

亨利·乔治等人驱赶社会主义者的错误行为还遭到了其他方面的反对。劳动骑士团的代表弗兰克·J.法雷尔在大会上同亨利·乔治的助手路易斯·F.波斯特竞选主席职位。谢韦席在大会上发言反对驱赶社会主义者。曾经热烈支持过亨利·乔治的《爱尔兰世界报》也起来批评亨利·乔治的主张和他的党。

锡拉丘兹代表大会闭幕以后,随着社会主义者被驱赶,亨利·乔治运动失去了活力。1888年2月,亨利·乔治及其信徒宣布退出统一工人党。尽管这个党的几个领导人竭力挣扎,企图挽回败局,而且于1888年5月召开了辛辛那提代表大会提出总统候选人,但运动已经失去了号召力,不可避免地走向衰败。

第四节　德里昂主义的兴衰及其影响

罗森堡集团的垮台和丹尼尔·德里昂在党内活动的开始　社会主义党的领导机构从建立开始就掌握在拉萨尔派手中。继范·帕顿之后,布希-罗森堡集团取得了领导职位,他们所执行的错误政策使党继续蒙受损失,在党员中引起了强烈的不满。围绕施维希契·约纳斯等人创办的德文报纸《人民新闻》形成了党内的反对派。他们就三个方面向党的领导提出了反对意见:"第一……它的妥协政策;第二,它的较强烈的单纯工会主义的倾向;第三,德国人的内容和形式。"1889年在第七次代表大会上,维希契-约纳斯派当选,罗森堡集团下台。这个集团不甘心于自己的失败,带领他们的追随者退出社会主义工人党,自称社会主义联盟,到1897年并入德布斯领导的社会民主党。

罗森堡集团的下台是社会主义工人党向正确道路迈进的第一步。但是,1890年丹尼尔·德里昂加入党的队伍以后又带来了新的问题。德里昂主义迅速在党内兴起,它打着马克思主义的旗帜,用漂亮的革命词句,把相当数量的党员引上了另外一条错误的道路,甚至使一些富有经验的工人运动领导人也迷失了方向而成为德里昂主义的支持者。

德里昂(1852—1914)自称为马克思主义者,而且认为自己的学说是正统的马克思主义。但是,他从来不是一个真正的马克思主义者。德里昂在推广马克思、恩格斯的著作方面,在宣传历史唯物主义和阶级斗争学说方面、在批判右派社会民主主义者和劳联的领导人方面确实做过重要贡献。但是,正如福斯特所说的,"他的整个观点是'左'的宗派主义和工团主义的混合物"①。

德里昂不了解从资本主义向共产主义过渡时期建立无产阶级专政国家的必要性,完全接受了无政府工团主义的理论,把产业工会作为未来社会的基础,他说:"产业工会就是正在发育中的社会主义共和国,一旦完成了目标,产业工会就成了能起作用的社会主义共和国。"②在德里昂的心目中,产业工会比社会主义工人党重要得多。在运动的各个阶段,起决定作用的是产业工会而不是党,党的任务就是通过选举,取得多数,让产业工会"掌握"工业,"把资本家关在门外"。

在策略问题上,德里昂采取了极左的立场。德里昂认为除去"把资本家关在门外",迫使"资产阶级无条件投降",党就再没有别的要求了。因此,他反对一切争取当前要求的斗争,把这些要求说成是"摆在工人脚底下的香蕉皮",对于农民运动、中间阶层反对托拉斯的斗争则采取袖手旁观或冷嘲热讽的态度。尤其严重的是,他忽视了黑人问题,拒绝在黑人工人中做工作,而把他们摒斥于党外。这样,社会主义工人党在德里昂思想影响之下很快就成为一个孤立的、宗派主义的、教条主义的团体。

德里昂还是一个独裁者。他在党内取得领导地位以后,一意孤行,随意开除那些持不同意见的党员和党的领导人。由于这个原因,社会主义工人党内部不断出现争执和分裂。

德里昂是对劳联领导人的劳资协调政策和工会职员的腐败行为进行最猛烈攻击的人。他斥责龚帕斯之流的工会官僚是"资产阶级在工人中的狗腿子"。他的批判无疑是正确的和必要的,但是他采取的策略却是错误的,提出了所谓"从外部改造劳联"的计划。即是说,要召回劳联内部的社会主义者,另外组成社会主义的工会,从外部向劳联施加影响。同时,他完全否定了社会主义者从内部改造劳联的必要性。1890年的

---

① [美]威廉·福斯特:《美国共产党史》,第78页。

② Daniel De Leon, *Industrial Unionism: Selected Editorials*, New York: Socialist Labor Party, 1920, p. 48.

桑尼尔事件为德里昂的计划扫清了道路。

在由社会主义者领导的独立的纽约总工会中,社会主义工人党有一个分部。当这个工会申请加入劳联的时候,龚帕斯不发给证书,拒绝承认社会主义工人党员卢齐安·桑尼尔的代表资格,其理由是劳联不能接受任何政党成员为团体会员。围绕这个问题,劳联内部展开了激烈的争论。1890年,劳联底特律大会以1691票对535票的多数通过了龚帕斯的决定。恩格斯和佐尔格认为,从手续上讲龚帕斯的做法是对的。当时,社会主义工人党完全没有必要同劳联决裂。德里昂却利用这个机会鼓动劳联内部的社会主义者退出这个组织。德里昂的政策对于保守的工会领导人是非常有利的。他们排除了激进的强有力的反对者,而社会主义者却失去了一个非常重要的活动基地和改造劳联的机会。

德里昂还利用劳动骑士团内部群众对鲍德利的不满,力图控制这个组织。1893年,他曾经作为劳动骑士团纽约地区分会的代表出席全国代表大会,并同反对派领袖索弗林联合行动,击败了鲍德利。但是,索弗林当选劳动骑士团总会长后背弃了自己的诺言,没有任命桑尼尔为《新闻报》的编辑,并于1895年取消了德里昂的大会代表资格。此后,德里昂停止了在劳动骑士团内部的活动,走进了更为狭隘的活动圈子。

社会主义行业与劳工联盟 1895年11月27日,德里昂在社会主义工人党的机关刊物《人民报》上发表了他关于被排斥出劳动骑士团的声明,他要求他在该组织中的追随者重新组织起来。跟随德里昂退出劳动骑士团的有整个第四九地区分会,这个协会按照德里昂的要求,呼吁所有激进的工人组织联合起来,共同建立一个以阶级斗争为纲领的全国性工人组织。这个协会还指定一个委员会同纽约总工会、布鲁克林工会、犹太工会联合会、纽瓦克总工会的执行机构进行磋商。

1895年12月13日,在这几个组织联合召开的库柏大厅群众大会上,社会主义行业与劳工联盟宣告成立。大会通过一项决议,号召全国工人加入社会主义职工联盟,决议说:"我们,出席群众大会的纽约社会主义者劝告我们全美国的工人同胞务必参加社会主义行业与劳工联盟。"①

社会主义行业与劳工联盟是德里昂的双重工会主义的产物。即在现有工会以外重新组织一个"社会主义"工会与之相对抗。其结果必然使许多劳联所属工会中的社会主义者离开原来的组织,从而削弱了自己的力量,使龚帕斯领导集团的地位得到了进一步巩固。社会主义工人党内部的工会主义者是不同意这种做法的。同时,德里昂在建立社会主义行业与劳工联盟的时候,并没有同党的其他领导人商量。因此,德里昂不得不向抱怀疑态度的党的全国执行委员会保证,联盟只是一个未参加组织工人的组织,不会同劳联对抗。这样,联盟的建立才在1896年纽约代表大会上以71票对6票的多数得到批准。

然而,德里昂的保证是不算数的。事实上,联盟从一开始就在旧工会的对立面。还在1865年12月22日联盟建立后不久,德里昂控制下的《人民报》就兴高采烈地发表文章说:"如果说过去我们对待这些资本主义的前哨——工人骗子——过于宽大,那么以后我们将无情地打击他们。"②联盟的执行委员会到处支持劳联的会员退出旧工会组织。1897年,执行委员会在提到新英格兰地区的活动情况时指出:"关于同美国劳工联合会的废物们分离的声明是勇敢的。"③

德里昂的双重工会主义造成的严重问题不仅在于使大批左派力量退出劳联因而丧失了改造劳联的可能性,还在于社会主义行业与劳工联盟很快就成为德里昂主义影响下的一个宗派组织,在美国工人运动中失去了自己的阵地。这个组织在刚建立的时候大约拥有100个地方工会,在极盛时期会员人数达到1.5万。④但由于这个组织不重视工人的经济要求,只领导过一些小规模的罢工,逐渐丧失了对工人的吸引力。到

---

① Nathan Fine, *Labor and Farmer Parties in the United States*, p. 160.

②④ Nathan Fine, *Labor and Farmer Parties in the United States*, p. 161.

③ Nathan Fine, *Labor and Farmer Parties in the United States*, pp. 161-162.

1905年,当社会主义行业与劳工联盟同其他左翼工会合并,成立"世界产业工人联合会"的时候,只剩下1500名会员了。

社会主义行业与劳工联盟的成立也给社会主义工人党种下了分裂的种子。由于德里昂对反对派采取压制和开除的政策,这种对立很快就转变为对德里昂专断统治的反抗了。1898年12月,德文报纸《人民报》开始公开批评德里昂的政策。1899年7月10日,纽约分部做出撤换旧任领导人的决议,选举亨利·斯洛博丁取代亨利·库恩全国书记的职务。①德里昂反对纽约分部的决议,并且谩骂反对派是"袋鼠"。于是演出了社会主义工人党新旧领导机构争夺会址、报纸、基金的闹剧。争夺很快发展为斗殴,最后由法院判决,德里昂派获得了使用社会主义工人党名称的权利。

以中派社会主义者希尔奎特为首的反对派于1900年1月1日在罗切斯特举行自己的党代表大会,决定同德布斯的社会民主党合并。

德里昂派所控制的社会主义工人党在分裂以后完全蜕变为一个宗派组织,丧失了一个工人政党应有的作用。实际上,社会主义工人党的历史到此宣告结束。

---

① 根据1996年代表大会的决议,纽约分部拥有选举全国执行委员会和全国书记的权利。

第十五章　美国劳工联合会的成立和蜕变

第一节　美国与加拿大有组织行业工会与劳工会联合会

纯粹工会主义和国际雪茄工人工会　纯粹工会主义是在社会主义运动和全国性罢工运动遭到军队的残暴屠杀以后出现的一种脱离政治斗争的思潮。这种思潮是19世纪上半期改良主义思想的继续。什么是纯粹工会主义？基特曼曾经下过一个定义，他认为："纯粹的和简单的工会主义可以认为是一种变异的工会主义，其活动局限于通过集体谈判和政治行动来谋求满足其成员的眼前需要。"①具体说就是"提高工资、缩短工时、改善劳动条件"。

关于纯粹工会主义的思想起源可以追溯到18世纪末19世纪初。菲利普·塔夫特认为，1792年制鞋业工会内部就已经有这种思想了。②不过，这种思想仅仅体现为一些具体的要求而没有系统化。第一次把这种思想抽象化、理论化作为一种主义提出来的是劳联的领导人之一斯切塞。阿道夫·斯切塞原来是第一国际美国支部的成员，他对社会主义逐渐丧失信心，由一个支持者变为反对者。1874年1月13日，他由于坚持反社会主义观点而被开除出第一国际，此后不久，他就提出了纯粹工会

---

① H. M. Gitelman, "Adolph Strasser and the Origins of Pure and Simple Unionism", *Labor History*, Vol. 6, No. 1 (1965), p. 72.

② Philip Taft, "On the Origins of Business Unionism", *Industrial and Labor Relations Review*, Vol. 17, No. 1 (Oct., 1963), p. 37.

主义的理论而与政治斗争分道扬镳。1883年,他公开宣布同社会主义者决裂,他郑重声明:"我们没有终极目标,我们从事日常活动,我们仅仅为眼前的目标奋斗……我们都是讲求实际的人。"[1]

斯切塞的理论很快为塞缪尔·龚帕斯、斐迪南·劳雷尔、孔瑞德·卡尔等工会运动领袖所接受,并且进一步具体化,成为即将成立的美国劳工联合会的思想基础。龚帕斯曾在他的自传中这样写道:"从这一小群人中,产生了最后形成目前的劳工运动的宗旨和原动力。我们并没有创造美国的工会,那是力量和具体条件的产物。但我们确曾创造和确定了领导工会运动走向建设性的策略与使之达到胜利的技巧和基本的原则。"[2]

斯切塞、劳雷尔和龚帕斯等人企图根据纯粹工会主义的原则重建整个的工人运动。他们的第一步计划就是改造国际雪茄工人工会。他们总结了1877年秋雪茄工人总罢工失败的经验,决定以英国工会为榜样,把国际雪茄工人工会改组为一个组织严密并有稳定财产基础的组织。1879年8月,在这个组织的大会上进行了改革工作。经过改造的国际雪茄工人工会成为第一个纯粹工会主义式的典型工会,为后来的劳联提供了榜样。这个工会排斥了一切遥远的目标和理想,既不谈社会主义也不相信金融改革论、合作社运动,以及形形色色的乌托邦主义。"最实际的方法"和"最迫切的要求"就是一切。正如该工会的会员所说的:"实际需要已迫使劳工运动必须采取最实际的办法。他们只是为了较高的工资和较短的工时进行斗争……任何金融计划或关于税制的方案也不能缩短劳工的工作时间。"[3]

然而,龚帕斯等人的计划遭到了国际雪茄工人工会内部的社会主义者的反对,造成了分裂。

---

[1] Philip Taft, "On the Origins of Business Unionism", *Industrial and Labor Relations Review*, Vol. 17, No. 1 (Oct., 1963), p. 28.

[2] Samuel Gompers, *Seventy Years of Life and Labor: An Autobiography*, New York: E. P. Dutton & Company, 1925, p. 87.

[3] [美]方纳:《美国工人运动史》第1卷,第757页。

美国与加拿大有组织行业工会与劳工会联合会　随着纯粹工会主义的传播,1881年11月15日,来自全国各地的一些工会和工人组织的代表在匹兹堡举行了一次全国工人代表会议。出席大会的代表人数达到107名,代表着将近50万工人。大会决定建立一个全国性的工会联合组织,定名为"美国与加拿大有组织行业工会与劳工会联合会"。这个联合会不仅吸收熟练工人而且也向非熟练工人敞开大门。

美国与加拿大有组织行业工会与劳工会联合会是美国劳工联合会的前身,它的组织形式和许多基本原则后来都被劳联所采用。不过,由于联合会中有相当数量的社会主义者和其他方面的人员,这次大会所通过的纲领也反映了非纯粹工会主义的要求。例如,总纲中有一段话带有浓厚的阶级色彩,原文如下:"当此文明世界中各国的压迫者正在各国内进行斗争的时候,劳资斗争必将一年比一年激烈,必将对各民族中的千百万劳动人民,如果他们不为了互卫和互利的目的及时联合起来的话,产生极为惨痛的结果……正如俗语所说'团结就是力量',建立一个包含北美各行业和各种劳工组织的联合会,以形成一种以我们所居住的广大的土地为基础的团结,乃是我们唯一的希望。"显然,这是同纯粹工会主义的宗旨格格不入的。

匹兹堡会议还通过了促进各工会联合、禁止使用童工、废除合同囚犯劳工、成立全国劳工统计局等决议。会议对联合会代表大会代表的比例做出了具体规定。会议从促进各个工会联合的原则出发决定给予全国性工会代表最大的比例。不满4000人的全国性工会或国际工会可选派代表1人,4000人以上8000人以下的可选派2人,8000人以上的可选派3人。地方行业工会或联合会则只能按单位派1名代表。

匹兹堡会议选出了联合会的第一任秘书弗兰克·福斯特,此外,还选出一个立法问题委员会负责开展争取保障劳工立法的运动和联合会内日常工作,塞缪尔·龚帕斯被选入这个委员会并担任主席。

但是,由于劳动骑士团的存在及其不断取得的发展,许多重要的全国性工会宁愿参加劳动骑士团而不愿加入联合会。有的已经加入联合会的全国性工会甚至退出了这个组织。例如,拥有五六万名会员的全国钢铁工人混合协会于1883年宣布退出联合会。即使那些留在联合会内部的全国性工会组织也很少给予联合会以任何实际的支持。实际上联合会只不过是一个人数不多的松散的工人组织,在当时工人运动中所起的作用是极其微弱的。①由于缺乏经费,立法委员会的工作遇到了极大的困难,该会委员抱怨说:"我们原来有意在我们的任期内广泛地发行一些短文和小册子,目的在于教育工人们拥护工会运动和联合会的宗旨。但是直到最近我们还是缺乏经费,因此不得不把这项工作移交给我们的继任者。"②联合会的领导人也认为,联合会的工作不值一提,希望在于未来。弗兰克·福斯特在1884年芝加哥大会上说:"当我以书记的身份提出过去一年的工作报告时,我体会到报告的主要意义是指出目前形势所孕育的未来的可能性,而不是记载已经取得的成绩。缺乏经费严重地妨碍了联合会的工作,再加上它是一个缺乏紧密团结的组织,我们能做出成绩的可能就很少了。"③

联合会在其短暂的存在时间里所做出的重大贡献就是在1884年芝加哥大会上通过的关于确立全国劳动节日的建议。建议要求全国工人把9月的第一个星期一作为自己的假日,希望在这一天所有工人不分性别、职业和国籍,一律停止工作,共同庆祝这个节日。

联合会的建议很快得到了全国工人的响应。1885年9月7日,美国工人第一次庆祝了自己的节日。后来,美国国会于1894年6月28日正式通过把劳动节作为国家法定假日的议案,并由总统克里夫兰签字生效。

联合会所做出的另一个重大贡献是通过了争取八小时工作制的决议,决议内容如下:"美国与加拿大有组织行业工会与劳工会联合会做出

① 当时留在联合会内部的有国际雪茄工人工会、木工联合兄弟会和国际印刷工人工会等少数几个组织,年收入不过400美元到725美元。(Lewis L. Lorwin, *The American Federation of Labor*, Clifton, N. J. : Augustus M. Kelley Publishing, 1972, p. 17.)

② [美]方纳:《美国工人运动史》第2卷,第113页。

③ [美]方纳:《美国工人运动史》第2卷,第11—12页。

决议,从1886年5月1日起,一天的合法劳动时间应该是8小时,并且向本区所有的劳工组织建议,请它们在上述日期把它们的规章修改得符合这一决议。"①这个决议在许多工人中间产生了巨大的影响。联合会的领导人号召各个工会组织群众集会,宣传八小时工作制,必要时举行罢工争取八小时工作制的实现。从1886年5月1日,按照预定的时间,在美国全国范围内爆发了声势浩大的罢工运动。五一罢工运动不仅作为一个重要事件载入了美国工人运动史册,而且后来经第二国际确定为国际劳动节而受到各国工人的纪念。

联合会虽然是五一大罢工的发起者,但并不是运动的领导者和主力军。五一大罢工结束后,它继续衰落。12月上旬,联合会举行哥伦布城大会的时候只有代表7个全国性工会和5个城市中央工会的20名代表出席。大会通过决议,同正在这个城市召开成立大会的新组织美国劳工联合会合并。

第二节　美国劳工联合会的建立

哥伦布城代表大会　从1885年开始,劳动骑士团领导层同工会主义者之间的分歧已经公开化。1886年上半年,总会长鲍德利和其他领导人竭力阻止劳动骑士团的地方组织和会员参加联合会所发起的五一大罢工。1886年10月,劳动骑士团里士满会议又通过了一项反对工会的决议,要求"凡是劳动骑士团会员兼国际会会员的制雪茄工人、包装工人或在雪茄业中受雇的工人,均须退出有关的工会,否则就须脱离劳动骑士团"。劳动骑士团领导人的这种错误政策造成了严重的后果,许多工会领导人开始考虑建立新工会联合的问题。

早在1886年5月18日,由斯切塞、福斯特、麦克基尔等5个工会领导人发起的工会代表会议在费城召开。出席会议的有22人,代表着19个

---

① [美]方纳:《美国工人运动史》第2卷,第24—25页。

组织的大约14万工人。其中有7个工会是属于美国与加拿大有组织行业工会和劳工会联合会的。会议宣称它的主要目的是保护熟练工人的利益,维持他们高于"普通工人"的工资水平,同时也愿意为协调"一切工人的利益"而努力。尽管工会主义者同劳动骑士团的领导人有分歧,但是会议仍然表明了同劳动骑士团继续进行合作的愿望,并且指定一个五人委员会草拟同劳动骑士团进行谈判的条件。然而,骑士团里士满大会的反工会决议,迫使工会主义者不得不放弃这个谈判计划。1886年11月10日,五人委员会发出举行新的工会代表大会的号召。

1886年12月8日,代表大会在俄亥俄州哥伦布城举行。有代表25个工人组织的42名代表出席了大会。大会的目的是建立一个"美国所有全国性和国际性工会联盟的联合会"。美国与加拿大有组织行业工会与劳工会联合会曾派出12名代表参加这次大会,并决定同这个新组织合并,不仅立即将所有财产移交给新组织,而且要求所属各工会同它建立联系。新组织的名称定为美国劳工联合会。哥伦布城代表大会就是劳联的第一次代表大会。但是,由于劳联同美国与加拿大有组织行业工会和劳工会联合会在组织上和思想上都有密切的联系,后来劳联于1889年正式决定,承认联合会是它的早期阶段,从而把劳联的历史推前到1881年。

大会选举了劳联的五人执行委员会,由1名主席、2名副主席、书记、司库组成。主席是劳联的专职领导人,年薪为1000美元。龚帕斯当选主席,P.J.麦克基尔当选书记。

劳联的经费来源是会员的会费和执行委员会向各工会发放执照时收取的费用。会费标准为每人每月1.5美分,或者每年6美分。

大会还通过了劳联的章程。章程采用了美国与加拿大有组织行业工会与劳工会联合会的战斗性序言,突出了阶级斗争的观点。章程规定劳联的宗旨是:"鼓励和成立地方行业工会与劳工会,以及使这些工会之间的关系更加紧密的联合会;在严格承认各行业工会的自主权的基础上,成立全国性和国际性工会;联合所有全国性和国际性工会,以便互相帮助……并且争取通过符合劳动人民利益的全国性立法",以及"支援美国的工人报纸"。①

在大会进行期间,劳动骑士团总会会长鲍德利企图重新恢复对这部分工会的影响,曾派遣一个以约翰·豪斯为首的代表团到哥伦布城同劳联会谈,以消除两个组织的分歧。大会接受了这个要求,并派出由菲茨帕特里克等人组成的代表团参加会谈。两个代表团于12月9日和10日举行了两次谈判。第一次谈判的中心内容是劳动骑士团能否接受费城会议五人委员会提出的"协定"草案所规定的条件。这个"协定"草案经1886年5月25日克里夫兰特别会议批准,主要内容是处理全国和国际工会会员和劳动骑士团之间的关系。豪斯对这个问题没有明确的答复,只是表示:"将考虑你们委员会的任何建议,我们对工会没有什么不满。"但豪斯对菲茨帕特里克提出的停止接受经工会清除的"工贼"、坏分子的要求做了如下保证:"本委员会向你保证,今后他们将运用自己的最大影响去阻止这种麻烦事件的产生,并建议执行委员会采取防止这种事件产生的有关措施。"

12月10日的谈判只进行了1.5小时。谈判的中心问题是确定"不诚实会员"的标准。在谈判过程中,工会的代表发现,豪斯所率领的代表团根本没有建议权。于是,他们退出谈判,向大会报告说:"除非劳动骑士团委员团受权解决问题,并且今后对我们做出适当的保证,否则就达不成任何协议。"大会在谈判破裂后做出决定,同劳动骑士团分道扬镳,并且呼吁"把所有的工会都集中在美国劳工联合会的统一领导之下"。

劳动骑士团的代表把这次谈判的情况向1887年总会会议做了汇报,把谈判破裂的责任完全推到工会方面,他们说:"那个委员会(工会方面的)的某些成员的行动和言谈充满了虚伪,该委员会设置了一道不可打破的障碍。我们认为,所谓的不满,如果确有其事的话,也只是在他们

---

① 章程所规定的宗旨同11月10日的呼吁书所提出的六条目标是一致的。(Norman J. Ware, *The Labor Movement in the United States*, pp. 294–295.)

组织的某些人中存在着,而却被他们用来达到自私的目的……"

从此,两个工人组织在大部分时间内处于敌对状态。1889年,劳动骑士团和劳联曾再次试图联合,但由于各自的主张不同终究归于失败。

龚帕斯和麦克基尔 龚帕斯是劳联的第一任主席,麦克基尔是劳联的第一任书记。他们是劳联的两位创始人和最早的领导人。

塞缪尔·龚帕斯是来自英国的移民。1850年,他生于英国伦敦东区一个雪茄工人的家庭,自幼过着贫穷的生活。他的家庭无力送他进正规学校念书。龚帕斯在六岁那年有机会进入犹太社团创办的免费学校,接受了四年初等教育。这四年学习使他掌握了初步的文化知识和书写、阅读能力,对于他后来从事工人运动是非常重要的。离开学校以后,龚帕斯曾被送到鞋店当学徒,但不久又转到雪茄制造行业。

1863年夏天,龚帕斯的家庭从伦敦迁到纽约。当时美国正在进行内战。内战中所出现的热爱自由平等和反对种族歧视的政治激情,以及经济上、生活上的困难和问题都在年轻的龚帕斯的心中留下了深刻的印记。在纽约,龚帕斯和他的父亲都是雪茄烟工人。龚帕斯每天工余之后都在从事社会活动。他加入了一些工人社团,经常去库柏大厅听课,学习各方面的知识。1864年,他加入了雪茄工人地方工会。

1869年,纽约的雪茄烟制造业开始使用机器进行大批量生产。这无疑给龚帕斯的生活带来了巨大的变化,使他从一个手工工人逐渐转变为工厂工人。从1873年到1878年,龚帕斯在一家唯一有工会组织的雪茄烟制造厂做工,他在这里受到了两位社会主义者的影响。他经常参加原北欧各国国际秘书斐迪南·劳雷尔在工厂里组织的讨论会。他曾在国际雪茄工人工会主席、过去的社会主义运动活动家阿道夫·斯切塞的领导下进行工作。龚帕斯虽然不是第一国际的会员,但他多次要求参加第一国际美国支部的会议,并对第一国际的原则表示赞同。他经常出席第十沃尔德旅馆的小组会议,把小组的十个成员叫作"十个哲人",并且认为正是这些人为后来的工会运动制订了蓝图。他在自己的回忆录中曾这样写道:"我越来越对国际感兴趣,因为在我看来,它的原则是可信的和实际的,但是我从未加入国际,原因是受劳雷尔的影响,他坚持不让我加入任何同激进主义有关联的运动。"①

龚帕斯还学习过马克思的著作。他在自己的传记《七十年的生涯与劳工》中,提到他曾经用功学习德文,以便直接阅读马克思的著作,"更好地为(劳工)运动服务"。后来,龚帕斯在已经采取反对社会主义者的政策以后还继续标榜自己是社会主义者。他曾对出席劳联1898年堪萨斯代表大会的社会民主党观察员伯杰说:"我读过卡尔·马克思的书,我和你同样是社会主义者,我要投社会民主党的票,并将劝告工会会员也这样做。"②

龚帕斯同国外的许多社会主义者和工人政党领袖都有通信联系。汤姆·曼、约翰·伯恩斯、爱琳娜·马克思·艾威林、威廉·李卜克内西等人都给他写过信。但是,龚帕斯从来不是一个真正的社会主义者。他深受斯切塞的影响,是纯粹工会主义的奠基人之一。他反对把社会主义的要求作为劳联的目标,也反对社会主义者参加劳联。19世纪90年代以后,他逐渐堕落为工会官僚和社会主义的敌人。

龚帕斯在1877年同斯切塞改组国际雪茄工人工会的过程中崭露头角,曾担任该工会第一四四分会主席。后来他又参加了美国与加拿大有组织行业工会与劳工会联合会的筹建和领导工作。1886年,他开始担任劳联的主席,中间曾于1894年一度落选,以后又连续担任这个职务,一直到1924年去世为止。劳联的成长和蜕变都同他有直接的关系。

麦克基尔于1852年在纽约市诞生,青少年时期,曾当过木工装配工学徒。1872年,他成为木工装配工工会会员。此后,他曾积极投身绿背纸币运动、社会主义运动和工会运动。1876年,他加入了社会主义工人党,是纽约英语区支部的组织者。1881年,他组织了木工和装配工兄弟会,并担任该兄弟会的书记达二十年之久。由于确立劳动节的建议是他

---

① Samuel Gompers, *Seventy Years of Life and Labor: An Autobiography*, p. 87.

②［美］方纳:《美国工人运动史》第2卷,第511页。

提出来的,所以人们称他为"劳动节之父"。

麦克基尔是一位出色的组织者,而且对国内外的工会运动都非常了解。他在劳联成立后的困难时期努力工作,成为龚帕斯的最得力的合作者。菲利普·塔夫特认为:"龚帕斯和麦克基尔比其他人更有资格被认为是工人运动的缔造者。"[1]

争取生存的努力 劳联从成立开始就不是一个统一的、集中的组织,而是一个享有充分自主权的全国工会和国际工会的自愿联合。从理论上说,劳联的执行委员会只能向所属的工会提出建议、呼吁,而不能发布强制性的命令和要求。在劳联成立初期,各所属工会的自主权确实得到了尊重,但在龚帕斯巩固了自己的领导地位以后,经常发生侵犯这种自主权的事件。

所属各工会的自主权,在劳联的执行委员会刚刚开始工作,还没有赢得充分信任和支持的情况下确实造成了巨大困难。其中,经济上的困难最为严重。由于各个工会迟迟不交会费,劳联的执行机构几乎被迫关门,停止运转。哥伦布城代表大会闭幕后,劳联的财库里只有160美元52美分。在国际雪茄工人工会第一四四分会的帮助下,租赁了纽约西十街的一间房屋作为办公室,每月租金16美元。[2]办公室的设备极为简陋,只有厨房用桌一张、儿童课桌一张和空藤条箱几个。即使把开支缩减到最低限度,这一点钱也是无法长久维持的。不仅龚帕斯的年薪无法按期支付,有时甚至连办公用纸和墨水都无钱购买。

19世纪80年代最后几年的会费收入一直是令人失望的,到90年代才开始好转。据估计,1887年会费收入为2100.34美元,1888年也只增加一倍。[3]对于这种情况,龚帕斯感到十分沮丧。他没有别的选择,或

---

[1] Philip Taft, *The A. F. of L. in the Time of Gompers*, New York: Harper, 1957, p. 39.塔夫特是康芒斯-威斯康星学派第三代代表人物,对于劳联的作用估计过高。这里所说的"工人运动",实际上就是劳联本身的发展。

[2] Philip Taft, *The A. F. of L. in the Time of Gompers*, p. 39.

[3] Gerald N. Grob, *Workers and Utopia*, p. 143.

者挨饿,或者放弃劳联的工作。1887年4月22日,龚帕斯在致艾德蒙斯顿的信中写道:"如果美国的工会不需要联合会,那就不要它好了……我有一大家人靠我养活,我不能付出我的全部时间而不索取报酬。"①

公开宣布不交会费的是国际印刷工人工会。1888年11月13日,龚帕斯写信给弗兰克·K.福斯特说:"国际印刷工人工会将近三年没有交给劳联一分钱。"②其他一些工会虽然没有公开宣布,但也不交或者少交、迟交会费。甚至连龚帕斯所在的国际雪茄工人工会也不能按期交纳会费。1888年3月10日,龚帕斯告诉斯切塞说:"你完全可以想象出来,如果像确信工会联合会有必要的国际雪茄工人工会这样的组织都不交会员会费,那么其他对运动漠不关心的工会在履行自己的义务方面就更不在乎了。"③

缺少经费给执行委员会的工作造成了很大的困难。但是,为了使劳联能够生存下去并不断取得发展,龚帕斯和其他劳联的早期领导人不得不付出加倍的努力埋头工作。他们不仅得不到适当的报酬,有时还要拿出钱来支付一部分费用。为了节省开支,龚帕斯采取到外地巡回演讲的办法,开展宣传组织工作。旅费由各个地方工会分担。不过,有的地方工会组织不健全,或者由于某种原因不能支付费用的时候,龚帕斯就只好自己出钱。1888年5月23日,他在致福斯特的信中写道:"我在仲冬季节旅行将近1万英里,极其成功地做了将近50个报告,到我回家的时候自己花了90美元。"④

这种巡回演讲是一种行之有效的方法。它使劳联的领导人同许多地方的工会领袖和群众直接见面,互相交换看法。一方面,劳联的领导人把执行委员会的意图、方针、政策告诉地方工会和会员,另一方面也从

① Harold C. Livesay, *Samuel Gompers and Organized Labor in America*, Boston: Little, Brown and Company, 1978, p. 124.

② Gerald N. Grob, *Workers and Utopia*, p. 142.

③ Gerald N. Grob, *Workers and Utopia*, p. 143.

④ Philip Taft, *The A. F. of L. in the Time of Gompers*, p. 45.

他们那里得到鼓舞。例如,龚帕斯在向四十多个城市的地方工会进行演讲以后,得出结论说:"通过这次旅行我发现工会处于正常的和积极的状态,并且充满了争取我们共同事业的成功的热情。"①

劳联领导人在早期活动中进行的另一项工作是劝说和帮助分散的地方工会联合成为全国性工会或者国际工会,然后吸收为劳联的集体会员。例如,龚帕斯曾发现理发业地方工会很多,分布很广,但没有联合为全国性组织。于是,他劝说这些地方工会,尽快把各所在城市的理发工人组织起来,然后"申请执照加入美国劳工联合会",并答应"将尽早召开理发业工会会议,成立该行业的全国工会"。②

劳联领导人也注意在尚未组织起来的工人中间开展工作。不过,由于经济原因,当时他们不可能派出专职的组织人员,而只能依靠一批志愿者来开展这项工作。龚帕斯曾向执行委员会建议,授权一批自告奋勇的会员代表劳联进行组织工作,要求他们"按照劳联的原则和劳联所坚持的路线办事"。执行委员会批准了这项建议,头一年就委派了80名志愿的组织员。

除此以外,龚帕斯还采取委托所属工会领导人就出差之便进行组织工作,或者代为物色组织员的人选的办法。例如,当龚帕斯听说铸工工会领导人将去南方旅行的时候,请求他带几份文件,在可能的情况下"组织几个劳联的地方工会"。差不多在同一个时候,龚帕斯请麦克基尔在旅途中代为挑选组织员。

经过龚帕斯等人的不懈努力,劳联这个年轻的组织总算是生存下来了,并且逐步得到巩固。1888年12月,劳联在圣路易召开大会。出席这次大会的有51名代表,代表着34个组织,50多万会员。其中有19个全国工会和国际工会。劳联所属的工会和会员虽然没有显著的增加,但已趋于稳定。许多困难虽然仍旧存在,但已有所缓和和减轻。这次大会是

---

① Philip Taft, *The A. F. of L. in the Time of Gompers*, p. 45.

② Philip Taft, *The A. F. of L. in the Time of Gompers*, pp. 45–46.

劳联走向巩固和发展的起点。从财政状况来看,劳联的收入比上一年增加一倍多,达到4513美元50美分。大会报告曾经高兴地指出:"劳联的一些组织交纳会费趋于正常化。这种正常化本身足以表明我们工人同胞团结一致的决心。"[①]

八小时工作制运动 圣路易大会通过的一个最重要的决议就是开展八小时工作制运动,决议要求所有有组织的工人集中力量争取于1890年5月1日实行八小时工作制,并且规定1889年和1890年的华盛顿诞辰(2月22日)、1889年7月4日和1889年9月2日劳动节为举行群众大会的日子,最后于1890年5月1日举行大规模的总罢工,迫使政府和老板接受八小时工作制。

开展八小时工作制运动使劳联的声誉得到提高,在组织上得到进一步巩固。这是一个具有战略性意义的决定。在圣路易大会所规定的日子里,劳联下属的许多工会都采取了行动。单是1886年2月22日那一天就有240个城市举行了群众集会,并且在会上通过了支持圣路易大会的决定,与会者保证"不顾一切次要的考虑,个人和集体都要以全力来协助美国人民争取八小时工作制这一伟大的运动,并且不顾一切反对力量来争取胜利"。

劳联的执行委员会还采取派遣组织者、演讲员、散发传单、小册子和向著名人物寄私人信件的办法开展宣传活动。单是1889年11月那次活动就发出了5万本小册子,50多万张传单和1000多封私人信件。

美国的八小时工作制运动在国际上也引起了巨大的反响。1889年7月14日在巴黎召开的第二国际成立大会专门讨论了这个问题。为了纪念1886年5月1日美国的总罢工,并声援美国工人预定于1890年5月1日举行总罢工的计划,大会通过了关于"五一国际劳动节"的决议,决定"在一个作为永久规定的日子里,组织大规模的国际性游行,以便在一切国家和一切城市,劳动者都在同一天里要求执政当局从法律上把工作

---

① Philip Taft, *The A. F. of L. in the Time of Gompers*, pp. 56–57.

日工作时间限制在 8 小时以内,并实现巴黎国际工人代表大会的其他一切决议","各国劳动者则按本国条件所允许的方式组织这种游行示威"。①在这以后,5 月 1 日这一天就成为全世界劳动人民的节日而受到热烈的庆祝。

八小时工作制运动的初步成果已经在劳联 1889 年大会上充分显露出来。参加这次大会的有 74 名代表,代表 53 个独立的组织,其中全国工会的数目从 19 个增加到 27 个。财政状况也得到改善,年收入会费达 6838 美元 40 美分。菲利普·塔夫特认为,1889 年,劳联"的组织是巩固地建立起来了"②。

1890 年是劳联八小时工作制运动进一步取得胜利的一年。从此以后劳联逐步成为美国工人运动中最有影响力的组织。龚帕斯没有按照圣路易大会和第二国际的决定动员所有工会组织于 1890 年 5 月 1 日举行罢工。他分析了各个工会的情况,认为各个工会对 5 月 1 日大罢工的态度和准备有很大的区别,如果要求所有工会同时参加这次总罢工,那将是极大的错误。因此他决定选择一两个有条件的工会进行罢工,其他工会则予以支持和声援。龚帕斯指出:"我们并不一定要得出结论说,因为我们宣传八小时工作制,所以所有工会都一定要在 1890 年 5 月 1 日为这件事而举行罢工……我知道许多工人组织将无法实现这一要求。但是,假如我们有少数地方得到成功,那么,获得胜利的工会就可以在这以后帮助落在后面的工会达到目的。"③按照龚帕斯的意见,劳联执行委员会于 1890 年 3 月确定粗细木工联合兄弟会举行五一大罢工,并号召其他工会予以支持,执行委员会还为粗细木工联合兄弟会筹集了一笔罢工基金。

---

① [苏联]伊·布拉斯拉夫斯基编:《第一国际第二国际历史资料:第二国际》,中国人民大学编译室译,生活·读书·新知三联书店,1965,第 9—10 页。

② Philip Taft, *The A. F. of L. in the Time of Gompers*, p. 57.

③《马克思恩格斯选集》第一卷,第 244—245 页。

5月1日，粗细木工联合兄弟会举行罢工，其他工会几乎都参加了规模宏大的游行。美国的运动和欧洲国家的五一游行汇成了滚滚洪流，使整个世界都为之震惊。恩格斯对这次联合行动给予了很高的评价。他在写《共产党宣言》德文版"序言"的时候高兴地指出：

> 欧美无产阶级正在检阅自己的战斗力量，它们第一次在一个旗帜下动员成为一个军队，以求达到一个最近的目的，即早已由国际1866年日内瓦代表大会宣布，后来又由1889年巴黎工人代表大会再度宣布的在法律上确立八小时标准工作制。今天的情景定会使全世界的资本家和地主知道：全世界的无产者现在已经真正联合起来了。
>
> 如果马克思今天还能同我站在一起亲眼看见这样的情景，那该多好啊！

粗细木工联合兄弟会的罢工取得了辉煌的成就。它为自己分布在137个城市中的地方组织争取了八小时工作制，受益的工人达46.97万人。另外，还大约有3万工人的工作时间从10小时缩减到9小时。这一年加入该兄弟会的新会员达2.2万多人。龚帕斯认为这次行动给劳联带来了新的生命力，他在1890年5月9日致法国社会党人奥古斯特·考弗的信中指出："八小时工作制运动的狂澜，其结果不仅仅是美国粗细木工业工人取得了巨大利益，而且还给几年来心灰意冷和对雇主阶级的进攻采取防守态度的劳动人民以勇气和希望。美国的每个行业的劳工工会都大大地增加了会员人数。"①

事情确实是这样，1890年是劳联开始取得重大进展的一年。参加这届年会的代表达到103人，代表着83个组织，其中有27个国际性工会，会费收入也达到了将近2.4万美元。②

---

① [美]方纳：《美国工人运动史》第2卷，第225页。

② Philip Taft, *The A. F. of L. in the Time of Gompers*, p. 58.

第三节　美国劳工联合会的蜕变

劳联早期的政策和活动　劳联曾经是一个激进的有战斗性的工人组织,它的纲领包含有阶级斗争和最后推翻资本主义雇佣劳动制度的思想,它的队伍中也有一定数量的社会主义者。劳联在19世纪80年代和90年代初所采取的支持罢工运动,加强工人团结和积极开展八小时工作制运动的政策无疑是有积极意义的。

在团结和组织黑人方面,劳联的领导机构曾经做过努力,并且取得了一定的效果。1890年劳联大会宣布:"不赞成那些订有由于种族和肤色关系而排除人们取得工会会籍的条例的工会。"龚帕斯在致一位朋友的信中也提道:

> 如果不允许有色人成立组织,如果他没有得到保护自己利益的机会,如果不给他提供能够改善条件的机会,那么不可避免的结果将是他在经济上的不断下降……
>
> 如果我们白人工资工人伙计们不允许有色工人同他们一起工作,那他们就必然倾向另一方(雇主一方),雇主虽然也打击他们,但至少承认他们的工作权利。如果我们不同有色人交朋友,他们自然就可以证明他们成为我们的敌人是有理由的……工人组织不分肤色,我希望在南部工人中将出现这样的口号。[①]

劳联的执行委员会为了团结黑人工人、贯彻大会的原则,多次同所属工会中的排斥黑人的倾向做斗争。例如,1890年大会期间,在讨论是否接受全国机械工人协会加入劳联的时候,大会以该协会会章仅承认白人有资格加入协会违背大会原则为理由予以拒绝,并责成执行委员会要

---

① [美]方纳:《美国工人运动史》第2卷,第226页。

求该协会取消这个规定。后来,由于全国机械工人协会坚持歧视黑人的规定,劳联的执行委员会乃于1891年出面另外组织了一个国际机械工人工会。这个工会"根据的原则是,承认在本行业中工作的全体人员一律平等,而不问他们的信仰、种族和肤色"。这个原则是和劳联大会的精神一致的,新成立的国际机械工人工会立即得到劳联的执照而成为它下属的一个工会。1893年,劳联执行委员对锅炉制造工人和造船工人兄弟会也采取了类似的办法。

劳联的领导机构还曾派遣组织员到南部宣传和组织黑人加入工会。在这些不知疲劳的组织员中有黑人工人活动家。例如,圣路易城第五四六四轮船司炉工会书记黑人乔治·诺敦于1891年7月9日被龚帕斯任命为一名总组织者,在他的努力下,中西部南方地区的许多沿河城市和铁路上建立了码头工人、司机和司炉工会。

1892年3月底,在黑人工人中的组织工作产生了初步的效果。1892年3月30日爆发的圣路易轮船司炉工、码头工人、码头搬运工人的联合罢工揭示了黑人工人和白人工人团结战斗的重要性。罢工是由于轮船船主们拒绝按照工会规定的标准向轮船司炉工支付工资引起的。开始举行罢工是黑人工人。1892年4月9日《克里夫兰新闻报》报道说:"参加罢工的人都是原籍非洲的美国人,而且是美国劳工联合会的会员,他们完全组织起来了,他们完全组织起来了,相信他们能迫使公司接受他们的要求。"

罢工开始以后,劳联的执行委员会就向密西西比河上下游所有的工会发出号召,要求包括白人工人在内的全体会员积极支持这次罢工。4月4日,几千黑人工人和白人工人在圣路易举行罢工游行,由于他们的团结一致,资产者被迫于4月6日答应了罢工工人提出的标准工资要求。

如果说圣路易罢工是劳联黑人政策的初步成果,那么新奥尔良总罢工则雄辩地说明了劳联初期团结黑人政策的重大意义。新奥尔良总罢工发生在1892年11月,拥有黑人会员的马车工人工会、过磅工人工会和打包工人工会构成的"三角联盟"是这次罢工的核心。劳联的总组织者约翰·卡拉汗和助理组织者黑人劳工领袖詹姆斯·波特都是罢工领导机构——五人委员会的成员。罢工者要求实行十小时工作制,发给加班工资和承认工会优先推荐工人的权利。11月8日,49个工会的2.5万名黑人工人和白人工人捐弃种族偏见共同举行总罢工。罢工进行了四天。在这四天当中,新奥尔良交通断绝、商业停顿,煤气和电力供应都被切断,整个城市陷于瘫痪。工厂和商会的老板们经不起这样沉重的打击,乃被迫同罢工者谈判,并签订复工协议。协议除未提到优先雇用工会会员一条以外,几乎满足了罢工者提出的所有要求。罢工取得了辉煌的胜利。然而,这次罢工的意义绝不仅仅在于为罢工者赢得了好处,更重要的是开创了加强了工人团结的新局面。正如美国历史学家罗杰·苏格所说,这是"美国历史上第一次熟练和非熟练工人,黑人和白人工人一起使一个大城市的生活陷于瘫痪的总罢工"①。

应当指出,劳联团结黑人工人的政策是不彻底的。其出发点是可能给劳联带来什么好处,而不是彻底消灭种族歧视。1891年7月18日,龚帕斯在写给劳联组织者路易斯·T.克林格的信中指出,团结黑人工人"不是一个社会平等问题,甚至也不是任何其他性质的平等问题。这是一项绝对必需的工作……如果我们不同有色人交朋友,那么他们将会理所当然地成为我们的仇人,他们也将在所有场合被利用来挫败我们改善经济、社会与政治状况的一切努力"②。基于这种考虑,劳联的领导人一贯从劳联本身的得失出发来决定吸收黑人工人的方法和途径。由于黑人大多数为非熟练工,社会上存在着严重歧视黑人的偏见,劳联初期总是把黑人工人组织在单独的黑人地方工会中。后来,劳联的领导机构为了迁就内部的种族歧视者,把这种组织形式延续下来,形成了劳联内部组织上的种族隔离。

---

① Philip S. Foner, *Organized Labor and the Black Workers*, p. 66.

② Roger W. S nugg, "The New Orleans General Strike of 1892", *Louisiana Histotical Quarerly*, Vol. 21（April, 1938）, p. 54.

在组织女工方面,早期的劳联大会也做过一些工作。1888年,龚帕斯曾在劳联大会报告中建议:"用一切办法协助和鼓励在妇女和少女中间组织工会。"组织工会可以采取两种形势:1.组织起来加入劳联原有的工会并附属于劳联;2.组织单独的妇女工会。劳联所属的一些工会是向女工敞开大门的,例如雪茄工会、印刷工会都有妇女会员,联合服装工人工会的女会员在1892年6月已占工会会员总数的3/4。[1]但是,由于女工多半是非熟练工人,而且经常受到男工的歧视,她们在大多数情况下宁愿组织单独的女工工会。19世纪80年代末90年代初,在印第安纳、伊利诺伊、芝加哥、托莱多等地都建立了妇女工会,并得到了劳联颁发的执照。龚帕斯还曾委派女组织员到纽约、芝加哥等地帮助当地的女工建立组织和开展工作。不过,总的来说劳联组织女工的成就是有限的。1862年11月,龚帕斯曾坦率承认:"我们还没有赢得使劳动妇女在世界劳动人民中占有适当地位所必要的胜利。"[2]

早期的劳联曾经为欧洲移民做过一些工作。例如,劳联根据他们的要求任命一批说意大利语、波希米亚语、西班牙语、瑞典语、法语、德语的组织者,并允许他们加入劳联的工会或者自己组织工会。但是,即使在这个时候,移民工人在职业上也是受到歧视的。正如恩格斯所说的,美国工人虽然"以工联的方式组织起来。不过它仍占有一种贵族式的地位,而把普通的、工资很低的工作尽可能地留给从外国来的移民去做,这些人却只有一小部分能加入贵族式的工联"。后来,当东南欧移民大量涌入美国的时候,劳联立即转而对他们采取排斥的态度。

对待中国工人和亚洲移民的野蛮态度是劳联最大的污点之一。龚帕斯认为中国工人是美国工人最危险的竞争者,不仅应当把他们排斥在工会之外,而且应当逐出美国。他谩骂中国人是"黄祸",要通过法律,或

---

[1] Gerald N. Grob, *Workers and Utopia*, p. 135.

[2] Philip S. Foner, *Women and The American Labor Movement: From Colonial Times to the Eve of World War* I, New York: Free Press, 1980, pp. 225-226.

者"用武力把他们赶出去"。龚帕斯领导了影响美国国会通过1882年《排华法案》的运动,并且后来还竭力要求延长有效期。

劳联的蜕变 在劳联的初期活动中,以龚帕斯为首的领导集团已经暴露出反对工人独立政治行动、反对社会主义的种种迹象。这就为劳联在形势发生变化的情况下迅速蜕变种下了种子。1883年,在龚帕斯还同社会主义者保持密切联系的时候就曾宣称说:"不论我们对将来的社会形态持何种看法,不管作为阶级运动的工人运动目的为何,他们都必须隐蔽起来,而且我们必须使我们的信念,我们的观点和我们的行动服从于工会运动带给工人的一般利益。"[1]这段话浸透了纯粹工会主义的色彩,完全没有社会主义的味道。尽管,龚帕斯一直到1890年还标榜自己推崇社会主义,同社会主义者的分歧只不过是"方法"上的分歧,但他的行动却处处表明他是从根本上同社会主义对立的。例如,1890年,他同社会主义工人党的代表桑尼尔进行长时间辩论的时候宣称:"没有一种社会主义者可能怀有的崇高希望我不把它作为自己的理想,没有一种他们正在为之奋斗的鼓舞人心和崇高的目的我的心不为之跳动。但是,我们的方法却是不同的。"[2]但在行动上,龚帕斯却坚持排斥社会主义者的立场。事实表明,以龚帕斯为代表的劳联领导人同社会主义者的分歧绝不仅仅是"方法"上的分歧,"'方法'的分歧恰恰是宗旨与目的的根本分歧的结果"。[3]

19世纪90年代初,劳联同社会主义工人党的分歧由于德里昂的宗派主义政策而加深。德里昂及其追随者认为劳联对工人阶级已经失去了全部意义,只不过是"一具僵化的尸体",因此号召社会主义者退出这个组织。1893年8月13日,《人民》周刊登载了德里昂的声明,声明说:"事情已经完全弄明白了,他们当中有一些是无知的,另外一些是腐化

---

① Gerald N.Grob, *Workers and Utopia*, p. 175.

② Samuel Gompers, *Seventy Years of Life and Labor: An Autobiography*, p. 386.

③ Bernard Mandel, *Samnel Gompers: A Biography, Yellow Spring: Antioch Press*, 1963, p. 249.

的,他们全都不配领导劳工运动,要教育团结他们是不可能的。社会革命一定要踏着他们每一个人的身体前进……"

追随德里昂离开劳联的,主要是纽约的社会主义者。其他地区的社会主义者仍然留在劳联内部,努力从内部影响劳联的政策。但是,由于德里昂等人的退出,社会主义者的力量受到严重削弱,从而使龚帕斯等人可以肆无忌惮地公开反对社会主义者。劳联也随之蜕变为一个反社会主义的保守的组织。劳联领导人对待芝加哥政治纲领的态度就是这种蜕变的标志之一。

早在1892年,社会主义者摩根曾向劳联大会提出要求对生产资料和分配手段实行政府所有的提案,但未通过。摩根乃于1893年劳联芝加哥大会上又提出一个十一点的政治纲领,内容包括:(一)义务教育;(二)直接立法;(三)法定八小时工作制;(四)对工场、矿井及家庭进行卫生检查;(五)雇主对工人的健康、身体损害及死亡负有责任;(六)在一切公共工程中废除合同制;(七)废除血汗制度;(八)电车、煤气及发电厂归市政所有。对光、热和电力进行公共分配;(九)对电报、电话、铁路和矿井实行国有化;(十)所有生产资料与分配手段归全民集体所有;(十一)对全部立法实行复决。①这个纲领包含着社会主义的要求,尤以纲领的第十条最为明显。《纽约先驱报》敏感地察觉这一点,惊恐地呼唤:"读了这个纲领就可以看出,纲领第十条包含了社会主义信条的全部要点,而整个纲领贯穿着温和的集体主义和社会主义。"不言而喻,这个纲领同龚帕斯等人主张的纯粹工会主义是格格不入的。但是令人奇怪的是,这个纲领竟然在劳联的芝加哥大会上以2244票对67票的压倒性多数得到通过。

芝加哥大会闭幕后,劳联所属的各个工会对"政治纲领"进行了热烈的讨论。绝大多数工会都赞成这个纲领,只有面包工人工会完全加以拒

---

① Howard H. Quint, *The Forging of American Socialism: Origins of the Modern Movement*, Indianapolis: Bobbs-Merrill, 1964, p. 66;[美]方纳:《美国工人运动史》第2卷,第371页。

绝,印刷工人工会和织布工人工会删去了纲领的第十条。政治纲领所获得的巨大成功对于劳联领导人来说是一次出乎意料的严重打击。他们十分清楚,如果这个纲领被劳联采纳,社会主义就会取代纯粹工会主义成为运动的指导思想。因此,他们无论如何也要反对这个纲领。但是,龚帕斯是个顺风转舵的老练的工会官僚。他在大多数人拥护"政治纲领"的时候决不公开反对这个纲领,甚至告诉记者说:"我个人差不多赞成纲领中的每一点,在芝加哥的绝大多数代表也都是这样,我相信各地组织都将采用这个纲领。"1894年1月3日,龚帕斯在给 W. 麦克阿瑟的信中说出了这样做的真正用心。他写道:"我们一定要保持我们已经得到的东西,直到事情转化到稳定的时候为止。在革命的时候宣传保守主义是没有用处的——把事情撇开要比试图阻挡急流来得更好。"与其"阻挡"急流,不如把它引导到没有意义的路上去。①事实上,龚帕斯一直没有停止抵制"政治纲领"的活动,并且准备在1894年的丹佛大会上与之决一胜负。在大会开幕的前一个月,龚帕斯写信告诉弗兰克·福斯特说:"那些仅仅利用工会的教堂来崇拜别的上帝的人们正在聚集他们的势力,我们的工会运动必将在丹佛经受其最严峻的考验。这不是一个人或者一官半职的问题,这是一个涉及我们这个组织的基础和根本原则的问题。如果这次我们成功地抵制了这个纲领,我对前途就没有什么担心的了。"②

1894年12月初,丹佛大会前夕,龚帕斯、麦克基尔等劳联领导人在芝加哥会晤,加紧策划"击败"政治纲领的措施。他们决定首先说服出席大会的代表投票反对纲领第十条,并且在会前散布"纲领第十条将会遭到否决"的舆论。其次,他们将直接抨击纲领第十条,并予以修改,使其含意变得模糊不清,以便引起代表们的异议而加以否决。最后,龚帕斯利用主席职权,压制反对派意见,操纵会议把纲领的各个部分分开讨论,

---

① [美]方纳:《美国工人运动史》第2卷,第372页。

② Gerald N. Grob, *Workers and Utopia*, p. 178.

逐条表决。

丹佛大会开幕后,龚帕斯等人确实说服了一部分代表违背他们所在工会的委托,转到反对政治纲领的立场上,同意龚帕斯的意见把大多数人赞同的纲领分开逐条投票。纲领的序言部分在表决中被否决。在讨论纲领第十条的时候,从各个方面提出了形形色色的修正案,把原来的条文弄得面目全非。例如,斯切塞的修正案是:"全部生产资料和分配手段归人民集体所有,但不予没收而予以补偿。"还有其他人提出的反土地垄断、"单一税"等修正案。经过一天多的讨论,大会以1217票对913票的多数采纳了国际印刷工人工会代表麦克格雷斯的修正案。原文如下:"取消土地所有权的垄断制,代之以占有和使用的权利。"

修正后的第十条已经完全丧失了社会主义的色彩,至多不过是一项自由土地运动的要求。龚帕斯等人抵制政治纲领的阴谋初步实现了。但是他们并未就此罢手,而是力图彻底废除政治纲领。因此,龚帕斯在纲领条文逐个通过之后,有意不将修正后的政治纲领交付表决,以便以后在适当时机加以全盘否定。1895年,劳联大会在社会主义者占少数的情况下,迫不及待地做出决议,宣称:"没有从整体上采纳政治纲领等于这项纲领已被否决,因此我们宣布:美国劳工联合会没有政治纲领。"

龚帕斯的专横态度和倒行逆施不仅激发了社会主义者的义愤,而且也引起了许多非社会主义者代表的强烈不满。他们联合起来对龚帕斯进行反击。在选举劳联领导人的时候,龚帕斯由于失去大量选票而落选。矿工工会的约翰·麦克布莱德当选主席,取代了龚帕斯。

从政治纲领的通过、修订到最后被完全否定的过程来看,劳联的多数工会和会员赞成和支持这个纲领,反对纲领的只是少数领导者,而且他们采取了不正当手段才达到了自己的目的。人心向背,由此可见。这一事实充分说明,劳联内部存在着社会主义开展活动的广阔场所。不幸的是,劳联内部的大多数社会主义者未能冷静分析这个情况,而为自己的愤怒情绪所支配,纷纷辞去领导职务,或者退出劳联。结果使劳联内部的进步力量受到严重削弱,以龚帕斯为代表的保守力量卷土重来。

1895 年 3 月 5 日,劳联新英格兰地区总组织者查理·劳朋向麦克莱德提出的辞职信具有一定的典型性,他在信中写道:"请允许我告诉你,由于下列原因,从今天起我不能再继续担任组织者的职位。我是一个社会主义劳工党人,并且有多年历史了。我原以为劳联采取独立政治行动的时间即将来到,但是我失望了。看到工会从强大的对手资产阶级那儿受到的损害和失败,政治纲领第十条的挫败,让我十分失望。我完全相信,只有一条道路能解放世界上千百万的劳苦人民,这就是一切生产资料和分配手段归人民集体所有,以及通过合作联盟的道路。由于劳联还要继续它的工会路线,这就是我要辞去我作为组织者的职位的原因。"①这封信表达了劳联内部大多数社会主义者的愤怒心情和所采取的激烈态度。于是,继德里昂之后出现了社会主义者第二次退出劳联的浪潮,为劳联的全面蜕变提供了方便的条件。

劳联蜕变的第二个重要标志是从承认阶级斗争走向阶级合作。早期的劳联在纲领中和原则上是承认阶级斗争的。不过,它的主要领导人龚帕斯已经发表过阶级合作的言论。1883 年,龚帕斯曾表示:"我相信,在现代社会中,只要竞争制度存在着……如果雇主愿意支付工资……他就有权得到一份劳动。"②劳联的另一位领袖米切尔也认为,尽管"工会维护工人的利益,但它们并不敌视任何人。它们对雇主并无敌意,它们也不损害一般公众利益……劳联与资本之间的相互敌视是毫无必要的"③。

从 19 世纪 90 年代开始,劳联的领袖已经对劳资双方的激烈斗争采取消极和回避的态度。1894 年,劳联对普尔曼罢工所采取的不支持政策就是一个例子。1894 年 7 月,当普尔曼罢工处于紧急关头的时候,许多工会(其中包括劳联的工会)联名邀请龚帕斯到芝加哥参加罢工领导

① [美]方纳:《美国工人运动史》第 2 卷,第 379 页。

② Harold C. Livesay, *Samuel Gompers and Organized Labor in America*, pp. 125–126.

③ Carl N. Degler, *Out of Our Past: the Forces That Shaped Modern America*, New York: Harper & Row, 1976, p. 267.

人会议,共商对策,殷切地希望得到劳联的帮助。但是龚帕斯有负重望,临行前,他已同麦克基尔商定将在会上采取拖延政策和反对进一步发动罢工的基本立场。后来,麦克基尔在一次演说中宣称,是他和龚帕斯"反对和击败了总罢工的计划"。其实,当时罢工的形势和与会大多数工会领袖的低落情绪已经不允许进一步发动总罢工来拯救罢工者了。龚帕斯只是稍微使了一点力量推波助澜就达到了自己的目的。对于龚帕斯所持的消极态度,人们是不满意的。不少人责怪他和劳联的其他领导人。1894年7月30日,W.W.麦克阿瑟写信告诉龚帕斯说,有人责骂他们蓄意出卖罢工者"而去投靠资本家,因此……应该把龚帕斯和麦克阿瑟两人开除出所有的工会"。

劳联领袖对待1897年煤矿工人大罢工所取得胜利的冷淡态度进一步暴露了龚帕斯等人的阶级合作立场。这次罢工是联合矿工工会所领导的一次规模巨大的罢工。参加罢工的有宾夕法尼亚、弗吉尼亚、西弗吉尼亚、俄亥俄、印第安纳和伊利诺伊州的20多万煤矿工人。罢工从1897年7月4日开始,持续十二个星期,使美国大约70%的烟煤停产。罢工取得了辉煌胜利,煤矿老板被迫接受了罢工者的要求。煤矿工人的工资比1893年提高了33%,并且实现了八小时工作制。然而,龚帕斯对这次罢工并未表示赞同。

劳联领袖的冷漠态度绝不是一时疏忽造成的,如果把他们对待资产者组成的芝加哥公民联合会和全国公民联合会的态度联系起来看,问题就不难理解了。原来在当时的情况下,他们是热衷于同资产阶级合作,而尽量避免发生冲突的。

芝加哥公民联合会成立于普尔曼罢工之后,是资产者用来对付罢工工人的组织。它的第一次会议就把利用调解和仲裁来预防工人的激烈行动作为讨论的主要问题。1898年,当芝加哥公民联合会的领袖准备把这个组织扩大为全国性联合会时,得到了龚帕斯的积极支持。龚帕斯还同联合服装工人工会总书记怀特一起参加了1899年9月芝加哥公民联合会举行的州际托拉斯会议,并且表示有组织的工人无需害怕托拉斯的兴起。因为只有资本家的高额利润得到保证，才可能付出高工资。

1900年，全国公民联合会成立。龚帕斯、麦克基尔等30多名劳联领导人加入了这个组织。龚帕斯当选副主席，约翰·米切尔曾担任联合会工会部的部长。从此，劳联的领导人同垄断资产阶级公开携手合作，把劳联和美国的工人运动引上了歧途。

劳联蜕变的另一个标志是背离"不分肤色、不分信仰、不分熟练工非熟练工"，平等对待所有工人的原则，走上了排斥非熟练工，推行种族歧视政策的道路 1895年3月，劳联接受了歧视黑人的国际机械工人协会的入会申请，只要求它从章程中删去限制有色人种的条文而不问它是否采取其他形式限制黑人入会。随后劳联又按照这个先例接受了机车司炉兄弟会、锅炉制造工人和造船工人兄弟会，从而使劳联内部种族歧视倾向迅速加强。到1899年和1900年，劳联甚至接受了在章程中公开规定只允许白人入会的报务员兄弟会和铁道养路工人兄弟会。在这以后，劳联所属的工会中竟有工会公开修改章程以便禁止黑人入会。有许多工会虽然章程中并没有禁止黑人入会的规定，但实际上排斥黑人。根据亚特兰大大学1902年的调查，在劳联的43个全国性工会中，有16个工会根本没有黑人会员，其余的27个工会只有极少数的黑人会员。即使单独由黑人组织的工会也往往由于种族歧视情绪的严重干扰而不能取得劳联的执照。例如，1900年3月，劳联的7个黑人工会由于未被允许参加新奥尔良的正式中央劳工组织，自行组成了新奥尔良中央行业与劳工理事会。但这个理事会在申请劳联的执照时遭到拒绝。龚帕斯还威胁说："螳臂当车是无济于事的，我们不可能在一天之内消除偏见。"[1]

1900年，劳联对它的章程做了修改，歧视黑人的组织原则正式确立下来。修改后的章程第十二条第六节规定：可以把执照发给"完全由有色工人组成的中央工会、地方工会或加盟工会"。龚帕斯还曾经为这一原则辩解说："没有必要宣布黑人和白人之间存在的社会障碍是能够或

---

① Philip S. Foner, *Organized Labor and the Black Workers*, p. 72.

应该消除的。"

　　劳联的蜕变不是偶然的,同美国政治经济发展和工人运动状况都有密切的联系。19世纪80和90年代是美国从自由资本主义向垄断资本主义过渡的时期。美国的工业生产逐步赶上和超过英国而居于世界首位,涌现出一批经济实力雄原的企业,垄断资产阶级逐步形成。他们可以用自己高额利润中的很少一部分满足熟练工人的某些经济要求,从而分裂工人的队伍,削弱工人运动的势头。1892年,出现了由制造商和经济学家组成的美国分享利润促进协会。①他们希望通过分享利润"改变工人的全部思想、感情及其经济行为",在工人与资本家中间造成"一种目的与行动的一致"②。虽然这种理论在19世纪90年代收效不大,但对以后美国工人运动的影响是极其深远的,对劳联的蜕变也起过重要作用。

　　从主观的状况看,劳联的蜕变是不可避免的。劳联在成立之初为了发展会员,争取生存,曾经向非熟练工人开门。但非熟练工人人数始终是微不足道的。随着技术的发展和移民人数的增加,非熟练工的队伍日益壮大。劳联为了维护熟练工的利益,逐步对非熟练工采取排斥的态度,而同资本家实行公开的合作,成为资产者用来破坏工人运动的一张牌。1902年,全国公民联合会主席马库斯·A.汉纳在《工业调解和仲裁》一文中曾经大谈"美国人从来反对社会主义"的论调,并且声称"从塞缪尔·龚帕斯一年半以前在库柏学校讲话中受到巨大鼓舞"。③一位采矿业企业家明确表示:"我认为雇主最好支持这种工人组织(指劳联这样的

---

　　① 分享利润的理论是塞德利·泰勒于1884年在他的《分享利润》一书中提出来的。他认为,实行工人资本家分享利润的办法可以刺激工人发挥其主动性,从而使企业的利润大幅度增长。分享利润协会就是根据这个理论建立起来的。

　　② Edward Kirkland, *Industry Comes of Age: Business, Labor, and Public Policy, 1860-1897*, New York: Holt, Rinehart & Winston, 1962, p. 348.

　　③ Leon Litwack, *The American Labor Movement*, Englewood Cliff, N. J.: Prentice Hall, 1962, p. 68.

行业工会),以防止那些激进的工人组织的发展。"①

　　劳联的蜕变也是劳联领导人推行纯粹工会主义,反对社会主义的必然结果。纯粹工会主义的实质就是在接受雇佣劳动制度的前提下,争取改善工人的生活和劳动条件,不触及资本主义制度的基本原则。当资产者对所有工人,包括对劳联的工会工人,一律采取强硬手段进行盘剥的时候,劳联可以同非劳联的工人采取共同行动来对付资产者。但是,当资产者向一部分工人提供一定优惠待遇,能够满足纯粹工会主义的某些要求的时候,劳联就立即转变为特殊利益集团而排斥其他工人,靠牺牲非熟练工的利益来满足自己的狭隘利益。

---

① Meivyn Dubofsky, *Industrialism and the American Worker, 1865–1920*, New York: Crowell, 1975, p. 81.

第十六章　19世纪90年代的工人运动

第一节　霍姆斯特德罢工

罢工的开始　19世纪90年代是美国工人运动史上劳资冲突最激烈的时期之一。罢工运动以巨大的规模在全国范围内展开,波及许多工业和交通运输部门。其中最著名的有宾夕法尼亚州霍姆斯特德钢铁工人罢工、田纳西州煤矿工人罢工、爱达荷州库尔德阿伦煤矿工人罢工和普尔曼铁路工人罢工等。

霍姆斯特德罢工是由于卡内基公司向其霍姆斯特德工厂的工人举行全面进攻所引起的。钢铁巨头安德鲁·卡内基控制工人的办法是让他们与世隔绝,不受运动的影响,他曾写信告诉龚帕斯说:"我的原则是永远不允许罢工,永远不考虑雇用新人。"①他的这个办法在80年代颇为奏效。卡内基公司同全国性的美国钢铁工人混合工会保持了比较和平的关系,工厂内也没有发生过严重的劳资冲突和罢工运动。然而,从1889年开始,这种沉寂的局面逐步被打破。那一年,在霍姆斯特德工厂内,一批熟练工人建立了6个钢铁工人混合工会的分会,拥有会员约800人,占该厂全体工人的32%。这种情况引起了工厂老板的不安,准备寻找时机铲除新成立的工会。就在这一年,卡内基任命以反对工会著称的亨利·C.弗里克为公司经理,弗里克是一个镇压罢工运动的老手。他曾经使用煤铁矿业警察、州国民军和平克尔顿侦探武装镇压生产炼焦煤的地区的

---

① Philip Taft, *The A. F. of L. in the Time of Gompers*, p.135.

工会活动。在就任公司经理以后,他很快就把霍姆斯特德钢铁厂变成一座武装堡垒,准备随时动用武力打击一切罢工运动。1892年4月4日,在卡内基公司和钢铁工人混合工会签订的劳资合同期满前的两个多月,卡内基打算利用签订新合同的机会清除工会会员。他写信给弗里克说:"鉴于我们所雇用的工人绝大多数是未参加工会组织的,公司方面决定,少数必须让位于多数。因此,在这个合同期满以后,所有工厂绝不容许工会组织存在。"[1]

弗里克遵照卡内基的指令,提前召见钢铁厂工会分会的委员们,向他们提出一个签订新合同的方案。方案规定的条件十分苛刻,其中有两个条件是钢铁工人绝对不能接受的:第一,普遍降低工资22%;第二,把新合同届满期限从1894年6月30日提前到1894年1月1日。弗里克还要求钢铁工人在6月24日以前接受新方案,同时同平克尔顿密探局进行谈判,准备使用密探局提供的警卫保护罢工破坏者进入工厂。

工会方面除了拒绝公司的方案以外,没有选择的余地。不过,他们并没有发动罢工,而是努力在合同期满以前寻找一个能够接受的方案。6月29日晚上至30日凌晨,工厂突然停工,厂方蛮横地解雇了所有的工人。霍姆斯特德的3800百名工人立即宣布罢工来回应厂方的挑衅。钢铁工人混合工会的8个地方分会举行紧急会议,选出一个以休·奥康奈为首的50人组成的罢工指导委员会来处理一切事宜。霍姆斯特德钢铁工人罢工就这样开始了。

孟农加希拉河的战斗 霍姆斯特德罢工消除了当地熟练工和非熟练工的隔阂。他们团结一致,共同对付老板。在五十人委员会的统一指挥下,罢工者组织了纠察队,布设了严密的陆上和水上警戒线,防止任何罢工破坏者进入工厂。

罢工者所采取的有效措施打乱了公司的部署,使它在罢工开始后的

---

[1] George Harvey, *Henry Clay Frick: The Man*, New York: Charles Scribner's Sons, 1928, pp. 164–165.

头一个星期不能采取公开的行动。它不得不在圣路易、波士顿、费城等地招募大批的罢工破坏者,并同时和平克尔顿密探局炮制派遣300名武装警卫秘密进入工厂的计划。

7月5日,来自纽约、芝加哥、费城等地的300名平克尔顿警卫队员在匹兹堡附近的戴维斯岛水坝聚合,并从那里分乘两艘驳船溯流而上,秘密进入工厂。由于霍姆斯特德工厂的厂址紧靠孟农加希拉河,厂内建有自己专用的船泊码头,满载武装人员的驳船完全可以在不被罢工者察觉的情况下,直接停靠工厂码头。这个条件对于平克尔顿警卫是极其有利的。因此,公司和密探局方面都要求对这次行动严守秘密。然而,尽管这次行动是极其隐蔽的,霍姆斯特德的罢工者仍然提前得到准确的消息,整个霍姆斯特德都沸腾起来了。7月6日凌晨,罢工者和他们的家属及同情者纷纷涌上街头,聚集在沿河一带,严阵等待平克尔顿警卫,阻止他们登陆进入工厂。同时,指导委员会还派出大汽艇艾德纳号和罢工工人的水上防卫小艇从水路拦截从下游驶来的船舶。

当汽轮拖带的满载平克尔顿警卫的驳船躲过了水上封锁,驶过市区的时候,立刻被岸上的人群发现。他们紧紧追着驳船,堵死船上人员登岸的一切通道。罢工者发现驳船准备直接停靠工厂船码头后,立即拆毁工厂的栅栏,冲进工厂,阻止警卫人员上岸。罢工者和他们的家属站满了河岸上的每寸土地,使警卫队无法通过这条警戒线进入工厂。但是,警卫队的队长坚持要接管工厂,并且用武力威胁。在双方争执的过程中,发生了枪击。究竟是谁开的第一枪?直至今日还找不到确切的证据。但是,事端是由公司和平克尔顿密探局挑起这一点是确定无疑的。这场枪战从7月6日早晨4点持续到下午5点。7名工人和3名警卫队员被打死,伤者不计其数。①

被平克尔顿警卫队员的暴行所激怒的人群把警卫队的驳船团团围住,使他们完全断绝了弃船逃跑和进入工厂的希望。警卫队被迫同指导

---

① Philip Taft, *The A. F. of L. in the Time of Gompers*, p. 136.

委员会谈判投降条件。他们在得到生命安全的保证后，放下武器，沿着指定的通道到溜冰场集中。孟农加希拉河的战斗宣告结束。

工人和资产阶级对于这次战斗的反映是截然不同的。全国许多地方的工会和工人组织举行群众集会，抗议卡内基和密探局的暴行，并且要求国会立即取消这支"资产阶级的强暴武力"。它们还在工人中和社会上募集捐款，救济死难者的家属。资产者的报纸则辱骂罢工工人，同情平克尔顿密探。公司方面甚至公开威胁说："从今而后霍姆斯特德工厂将再没有工会组织，而且卡内基公司将再也不承认钢铁工人混合协会及其他的劳工组织。"①

孟农加希拉河的战斗结束以后，罢工者重新控制了城市，并且得到了卡内基公司所属其他工厂工会的支持。他们满怀信心地监视着公司方面的行动，决心把罢工进行到底。但是，宾夕法尼亚州长突然于7月10日下令调遣8000名国民军开赴霍姆斯特德帮助公司"维持秩序"，使罢工者部署的警戒线完全失去作用。于是，一批从其他地区招募的罢工破坏者在军队的保护下进入了工厂。罢工遭受到一次沉重的打击。

法庭的迫害　国民军进驻霍姆斯特德未能迫使罢工者放弃斗争。于是公司方面在7月18日对罢工者提出法律诉讼，控告7名罢工领袖犯有杀死1名平克尔顿密探的罪行。罢工主要领导人奥康奈被投入监狱，其余的人每人交1万美元保证金得到释放。虽然罢工工人也控告了公司和密探局的人员，但那些人轻而易举地交出了保释金，并没有受到拘禁。在诉讼过程中，一件偶然的刺杀案给公司方面提供了借口，使罢工者受到毫无根据的牵连。7月23日，一名来自纽约的无政府主义者亚历山大·伯克曼闯入弗里克的办公室将他刺伤。虽然，指导委员会立即声明同此案无关，并且谴责了这种"非法行动"，但是资产阶级的报纸和警察都力图把这个刺杀事件同罢工者联系起来。一个参加调查的稽查长竟然宣称："现在我已经查明，有一个反对弗里克的有组织的阴谋，而伯

---

① ［美］方纳：《美国工人运动史》第2卷，第266页。

克曼只不过是一些阴谋家的工具……这里的无政府主义者比一般人想象的要多得多,而且他们正准备进行一些巨大的阴谋活动。"[1]

公司方面利用这个有利时机于8月30日向法庭提出第二次起诉,控告罢工指导委员会正在策划阴谋暴动。总共提出了167件起诉书,使许多罢工中的活动分子受到诉讼的牵连。接着公司方面又提出第三次起诉,控告罢工指导委员会在国民军到达前"篡夺霍姆斯特德的民政权"。

法律诉讼是卡内基公司瓦解罢工队伍的一种恶毒手段。尽管公司方面提出的种种指控都由于毫无根据而遭到驳斥,所有的工人被告也没有被法庭判罪,但是法律上的烦琐程序和巨额的保释金、诉讼费却使罢工者的精力、财力耗费殆尽。罢工因而陷入了困境,罢工指导委员会不得不请求劳联执行委员会给予切实帮助和坚决支持。

霍姆斯特德罢工者在开始的时候主要是依靠自己的力量同资产者做斗争。外部的援助是微不足道的。龚帕斯和劳联执委会所采取的唯一措施就是设立一个委员会派遣会员到纽约及其附近地区说服被招募的罢工破坏者放弃去霍姆斯特德的计划。直到1892年8月19日,劳联执行委员会才向所属各工会发出号召,要求向霍姆斯特德罢工者提供经济援助。后来又决定建立辩护基金,专门用来援助被控告的罢工活动分子。1892年12月13日这天被指定为"霍姆斯特德日",号召每一个工人都捐出自己当天劳动所得的一部分钱来支援受法庭审查的罢工者。据估计,劳联为这次罢工募集了7000多美元,并聘请3名律师出庭辩护。[2]然而援助来得太晚了,而且杯水车薪、无济于事。1600名罢工工人每周的救济费就需要1万美元。罢工的失败已成定局。

早在11月中旬,机械工人就退出了罢工者的行列,要求公司方面重新雇用他们,出现了第一次要求复工的浪潮。公司方面只同意一部分人

---

① J.Bernard Hogg, "The Home stead Strike of 1892", Ph.D. Dissertation, University of Chicago, 1943, p. 120.

② Philip Taft, *The A. F. of L. in the Time of Gompers*, p. 136.

复工,另一部分人则失去了工作被关在厂外。得到工作的人也不得不接受厂方的苛刻条件。不久以后,钢铁工人混合协会霍姆斯特德地方分会在一次每周例会上通过决议,决定复工并同意工厂招收非工会会员。在复工过程中,要求复工的工人受到厂方的严格审查。凡是列入黑名单的罢工者一律被解雇,被重新录用的工人每天必须工作12小时,而且只能拿到原工资的一半。

霍姆斯特德罢工的失败使地方工会受到了致命的打击。卡内基公司的解雇所有工会会员的计划实现了。此后的相当一段时间内,在属于公司的工厂中不再存在工会。1895年和1900年虽然出现过两次组织工会的尝试,但都被公司破坏了。

钢铁工人混合协会也由于这次罢工的失败而受到削弱。它的会员人数从1895年起降到1万人以下,已不再是一个有影响力的工会了。

第二节　田纳西煤矿工人和爱达荷铜矿工人罢工

勃莱斯维尔的冲突　1891年4月,田纳西煤矿公司勃莱斯维尔矿区,公司和劳动骑士团签订的合同满期。公司利用这个机会提出取消工会的无理要求,并迫使每一个工人签订"铁的誓言"断绝同工会的关系。公司把一切不签署"铁的誓言"的工人赶出工厂,并准备用囚犯劳工来填补他们的位置。勃莱斯维尔的矿工用罢工来回应公司老板的挑衅,使矿区停工达三个月之久。于是田纳西煤矿公司从田纳西煤铁和铁道公司租用一批囚犯劳工来破坏矿工的罢工。7月4日,第一批囚犯40人进入矿区,第二批囚犯150名预计于7月15日到达。

使用囚犯劳工不仅对罢工者是一个严重的威胁,而且也激怒了当地的居民。14日,他们和矿工一起结队游行,要求遣返囚犯劳工。当天晚上,一队武装群众把拘留营的卫队和囚犯一齐送往诺克斯维尔。

但是,田纳西州州长布堪南拒不接受勃莱斯维尔人民的要求,立即调动三连州国民军帮助煤矿公司运进囚犯劳工。这一行动使得矿区的劳资冲突激化,不仅当地的矿工自觉地严密地组织起来,其他地区的工会组织也纷纷起来支持矿工的斗争。恰塔努加行业工会联合会代表H. H. 许华兹曾这样描写说:"我已看到足有7500百人签名的支援矿工的书面保证书,他们保证在第一声枪响后,在10小时内赶到现场……这里没有感情上的分歧。整个地区在'囚犯必须离开'这一重大要求上,团结得像一个人一样。星期一当矿工们走过的时候,我数了数,共有840支来福枪,跟在他们后面的还有携带连发手枪的人群。各队的队长是'大军'的老战士。白人和黑人在并肩前进。"①

在矿工和各地工会的压力下,田纳西州立法会议不得不举行特别会议专门讨论是否取消囚犯劳工的问题。州长布堪南坚持继续实行出租囚犯劳工制度,只允许做某些修改。他的理由是:州政府无力建造一个能容纳1500名罪犯的新监牢,如果不继续实行契约囚犯劳工制度,州财政就将亏损10万美元。最后,会议以多数票通过继续实行这个罪恶的制度,并决定用法律手段惩罚任何企图阻止囚犯劳工进入工厂的人。对违反这一决定者判以五年到七年的徒刑。

州立法会议的决定表明,采取任何合法手段都不可能废除契约囚犯劳工制。矿工们不得不采取激烈的手段来反对政府的决定。于是,公开领导罢工的矿工委员会宣布解散,一支秘密的武装力量迅速组织起来。1871年10月31日,1500名武装矿工在蒙面领导人带领之下包围了矿区的囚犯营、迫使看守将所有囚犯劳工放走,并放大火焚毁营房。这个行动是在极其秘密的情况下进行的。尽管州长悬高赏捉拿这一行动的领导人和参与者,但却毫无结果。

矿工们的这一坚决行动迫使矿区的大多数公司放弃运进囚犯的计划,同意矿工挑选自己的过磅员,重新同工会打交道。勃莱斯维尔的冲突最终以矿工的胜利宣告结束。

---

① Walter Willson, "Historical Coal Creek Rebellion Brought an End to Convict Miners in Tennessee", *United Mine Workers Journal*, Nov. 1, 1938, p. 11.

柯尔克里克的战斗 勃莱斯维尔的冲突仅仅是煤矿工人同垄断契约囚犯劳工的田纳西煤铁和铁道公司及其支持者州政府之间的前哨战。田纳西煤铁和铁道公司是绝对不会甘心放弃契约劳工制的。从1871年起田纳西州的矿井中就已开始使用囚犯。1889年,田纳西煤铁和铁道公司从州政府那里得到了包租囚犯劳工的特权。这家公司除在自己的矿厂中使用大批囚犯劳工外,还把剩余的囚犯劳工转租给其他企业。这笔买卖给田纳西煤铁和铁道公司带来了极大的好处。在勃莱斯维尔拒绝使用囚犯劳工以后,这家公司就在力所能及的范围内增加囚犯劳工的比重。1862年7月,它在自己的特拉西矿区大幅度削减自由矿工的工作时间,用囚犯劳工的劳动来代替,使自由矿工处于半失业状态。甚至在订货单大量增加的情况下,它也不考虑恢复自由矿工的正常工作时间,而是采用增加囚犯劳工的办法来榨取更多的利润。公司也不答应给与自由矿工与囚犯劳工同等的条件。这种蛮横专断的态度迫使特拉西矿区的自由矿工奋起捍卫自己的利益,向囚犯居住的拘留营发起冲击。

1892年8月13日早晨,150名武装矿工向特拉西城北附近的奥立佛泉拘留营进发,解除了看守的武装,把囚犯遣送到纳希尔,然后放火烧毁营房。但是,由于州政府的干预,被遣送的囚犯劳工又被护送回来,在原来的废墟上筑起了新的拘留营。一支常设的守备队驻扎在柯尔克里克。

面对这种情况,自由矿工没有别的选择。他们决定动员更多的力量同州政府支持下的公司进行一场决定性的较量。8月16日,一支3000名矿工的队伍集中在柯尔克里克,随即向拘留营进发。他们以绝对优势迫使柯尔克里克的守备队投降,再度烧毁了拘留营,并把大批囚犯用火车运往诺克斯维尔。奉州长命令开赴柯尔克里克援助守备队的大批军队,由于铁路工人拒绝开车而受到阻留。一直到8月19日,参加镇压矿工运动的各路军队才到达柯尔克里克。在力量悬殊的战斗中,矿工队伍被驱散,接着开始了大规模的追捕和迫害,几百名矿工被投入监狱,一些领导人被打死,许多矿工被判刑,送进感化院,柯尔克里克战斗以矿工的失败而宣告结束。但是,反对使用契约囚犯劳工的运动并未停止。而且支持这场运动的社会舆论也越来越强烈。在这种形势下,在1896年合同期满以后,田纳西州政府不得不停止签订继续包租契约囚犯劳工的合同。

库尔德阿伦地区的战斗　爱达荷库尔德阿伦地区是美国西部的一个著名的有色金属矿区。这里矿工所受的待遇同东部煤矿工人一样也是难以忍受的。著名的工人运动领袖威廉·海伍德曾揭露说:"人的生命在这个庞大的矿场中是不值钱的副产品。"①

原来这里的矿工是没有组织起来的工人。但是,由于对抗矿区老板的需要,他们逐渐成立了一些地方工会。1890年,库尔德阿伦地区的地方工会联合成为统一矿工工会。在统一矿工工会的支持和援助下,各个矿山的工人都在同老板们的斗争中取得了胜利。各个矿山的老板被迫同意工会提出的工资等级。不过,库尔德阿伦地区矿工所取得的胜利是暂时的。矿主们不甘心受工会支配,乃于1891年联合起来成立矿主保护协会,共同商量消除工会影响的对策。他们经过精心策划,于1892年1月关闭了所有的矿山,颁布了新的工资标准,把矿工的工资平均削减了1/4。他们还公开宣布:"协会决定再也不雇用矿工工会的任何会员。"于是,由矿主协会单方面挑起的一场矿工和矿主之间的激烈斗争开始了。这场斗争持续了半年多,最后发展为武装冲突。

矿主协会企图通过法院迫使工会接受苛刻的条件,同时雇用罢工破坏者逐步复工。5月4日,法院做出了有利于矿主的判决,矿工被禁止"干涉"矿场的工作,而且不允许阻止罢工破坏者进入矿场。接着,罢工破坏者在武装卫队的护送下进入了矿场。统一矿工工会只能对罢工破坏者采取和平说服的办法劝阻他们。然而,这种和平说服没有收到预期的效果。在霍姆斯特德武装冲突的消息传来以后,库尔德尔伦区的矿工群情激愤,决定采用武力阻止罢工破坏者,彻底粉碎矿主的阴谋。7月11日,发生了矿工和矿主之间的武装冲突。这一天,矿工们用烈性炸药

---

① William D. Haywood, *The Autobiography of William D. Haywood*, New York: International Publishers, 1929, p. 83.

炸毁了弗里斯哥矿,使罢工破坏者不能进入矿区。在这以后矿场主方面的平克尔顿密探、法警同工人武装进行了几天枪战,有3名工人被打死,双方相持不下。

7月13日,1500百名国民军和美国陆军士兵应州长的邀请开进库尔德阿伦地区,矿工的武装力量被驱散,许多罢工破坏者在军队的保护下进入矿场。几百名矿工被投入监狱,等待审讯。8月2日,审讯开始,有十几名矿工被判处六个月到两年的有期徒刑,其余人被释放。

但是,武装镇压和法庭审讯都没有使矿工们屈服,他们一直坚持罢工。被运进矿区的罢工破坏者缺乏起码的技术知识,根本不可能独立承担生产任务。依靠这批人恢复矿区的生产是完全没有希望的。因此矿主们不得不向矿工认输,取消了削减工资的决定并且承认工会。当时有一位记者这样评论说:"尽管有着联邦和州的部队,有着腐败的官吏,有着矿主保护协会的庞大财富,以及满车的非工会人员,公司仍不能使矿井复工。矿主们经过几个月的不断努力,想训练出新人员,但是他们在失望之余,只好断了这个念头,把新人员解雇了。他们再度被迫雇用所有申请来工作的库尔德阿伦地区的老人员……工会得胜了。"①

这次胜利是来之不易的,矿工们为此付出了高昂的代价。同时,这次胜利也显示了矿工们的坚定决心和团结一致所产生的巨大力量,以及工会组织的重要作用。在西部地区矿工当中由此产生了建立一个联合工会的强烈愿望。1893年5月15日到19日,43名矿工代表在比尤特集会,商讨建立西部矿工工会联合会。经过讨论,大会决定正式成立这个工会,定名为西部矿工联合会,其目的是:"把西部各矿工工会结成为一个中心团体;进行有益于社会的光荣事业,增进人们对其同伴的责任感;提高矿工的地位和维护他们的权利。"

---

① [美]方纳:《美国工人运动史》第2卷,第297页。

第三节　普尔曼罢工

普尔曼"模范城镇"　普尔曼火车车厢厂建立于1867年,是一个内战后迅速发展起来的企业。刚建立的时候,它的投资总数为100万美元;到1885年,它的投资增加到1590万美元,财产总额超过2800万美元;1893年,投资总额达到3600万美元,财产总额超过6200万美元。[1] 普尔曼工厂也逐步发展为拥有几家工厂和铁路的大公司。1889年,它已经超过了所有的竞争对手而成为首屈一指的火车车辆工厂,到1894年,美国有3/4的铁路线都使用它生产的各种车辆。[2] 它的车辆还远销英国和欧洲其他国家。普尔曼公司在极盛时期拥有雇员和工人共1.45万人,在普尔曼工厂的工人约占总数的1/3。[3]

普尔曼公司的创始人是乔治·M.普尔曼。他是一个独断专行,喜欢搞家长式统治的企业家。他选定普尔曼工厂作为公司的主要生产基地,并集中财力和人力开发和建设工厂周围地区,使之成为"模范城镇"。1880年,他用微不足道的代价购置了工厂周围的4000多英亩土地,并动工修建"模范城镇"。大约用了五六年时期,这个"模范城镇"就基本上建立起来了。不过住房的建筑还延续了几年。1885年,这里已经建好了1400套住房。教堂、图书馆、旅店和种种生活设施也投入了使用。[4] 据估计,这一整套建筑共耗资800万美元。[5]

普尔曼"模范城镇"的建成不仅是乔治·普尔曼的骄傲,而且也轰动了美国社会。它使乔治·普尔曼在社会上拥有了一个开明的人道主义者的假象。似乎在他的努力下,普尔曼的工人享受到了其他工人所无法企

---

① Almont Lindsey, *The Pullman Strike*, Chicago: University of Chicago Press, 1964, p. 24.

② Almont Lindsey, *The Pullman Strike*, p. 23.

③ Almont Lindsey, *The Pullman Strike*, p. 25.

④ Almont Lindsey, *The Pullman Strike*, p. 46.

⑤ Almont Lindsey, *The Pullman Strike*, p. 48.

求的物质文明。普尔曼顿时成了人们注意的目标。成千上万的观光者不断从全世界各个角落涌来。特别是在1893年芝加哥的哥伦比亚展览会期间，来访者络绎不绝，其中外籍人士至少有1万人。①

乔治·普尔曼为了扩大影响，提高自己的声誉，对接待工作做了周到安排。公司不惜花费，经常派专门客车把来访者从芝加哥带到普尔曼。公司的高级职员亲自到车站迎接客人，而且陪同参观、讲解。由于周到的接待和片面的介绍，来访者所获得的印象往往是深刻的和美好的。有不少人认为，这个试验"开创了工业界的新纪元"。普尔曼"模范城镇"的试验顿时成了其他工业社团的样板。许多企业家都在认真研究这一经验，但是敢于冒险效法者却寥寥无几。

但是，"模范城镇"是名不副实的。工人们的工作时间长达10到11小时，一直到1903年以后才实行九小时工作制。尽管普尔曼拥有图书馆等文化设施，但普通工人几乎没有空闲时间去使用他们。同时，整个城镇极端缺乏民主生活，完全处于乔治·普尔曼的控制之下，形成了家长式的统治。城镇的一切官员都是由普尔曼公司任命的，只有学校的董事会由选举产生，但仍然受雇于公司。

工人宣传员和激进演说家一概被公司拒于普尔曼城的门外。公司拒绝把"模范城镇"的剧院和市场大厅租给他们。在居民中出现的一切不利于公司的言论和行动也要受到追查和监视，例如，当时的著名经济学家里查德·伊利在研究和调查普尔曼试验的时候发现居民们不愿意讲真话，因为"这些人相信，他们受到'公司侦探'的监视"，并且告知，对于外界准备刊登的消息报道，不要吐露真情。②

普尔曼工人的工资收入也不比其他地区工人高。在经济危机和萧条年代，削减工资的情况同样不断发生。普尔曼工人也曾经因为经济问题举行过罢工。例如，1882年，由于公司方面减少工人的交通费发生了

---

① Almont Lindsey, *The Pullman Strike*, p. 57.

② Almont Lindsey, *The Pullman Strike*, p. 64.

千人罢工事件。当时普尔曼模范城的住房只能容纳321户,共2084人。①大部分工人居住在芝加哥,他们的交通费是由公司全部负担的。削减交通费直接影响到这部分人的收入,因而引起罢工。1884年3月,150名货车工人抗议公司削减工资拒绝工作。1886年,在全国五一大罢工期间,普尔曼的工人也举行了历时十天的罢工,提出了缩短工时和恢复原来工资水平的要求。

罢工的起因 在19世纪80和90年代工人运动高涨时期,普尔曼公司同其他所有企业一样都不断经受着资产阶级和无产阶级尖锐矛盾的冲击。乔治·普尔曼所进行的试验无非是企图通过更为巧妙的形式,牢固地把工人控制起来,建立一种完全没有反抗的"宁静"的工业秩序。然而,这一试验只是暂时地、表面上地取得了一些"成就",或者说用一些假象把内在的冲突和矛盾掩盖起来。掩盖得越久、越深,爆发力就越大、越不可收拾。震动全国的普尔曼罢工就是在这种形势下发生的。普尔曼罢工的爆发标志着建立新工业体系试验的失败和"模范城镇"的破产。

工人对普尔曼公司的不满由来已久。他们讨厌公司所实行的缺乏民主自由的家长式统治。有人认为这个"模范城镇"很像"中世纪的领主制"。②1888年9月21日《芝加哥论坛报》评论说:"从表面上看,是存在着多样化和自由的。在内部却是单一化和严格控制。模范城镇的'优越的'和'科学的'利益都不能抵消对工人自由的限制和剥夺拥有财产的机会"所带来的损失。③根据公司的规定,普尔曼"模范城镇"的房屋不能出售给工人,普尔曼工人只能向公司租用,房租由公司规定,一般比周围地区的房租高出20%至25%。④有时甚至高出50%以上,例如,当时同样条件的住房,在普尔曼的月租金为17美元,而在周围地区只需要10美

---

① Stanley Buder, *Pullman: An Experiment in Industrial Order and Community Planning, 1880–1893*, New York: Oxford University Press, 1979, p. 89.

② Almont Lindsey, *The Pullman Strike*, p. 90.

③ Almont Lindsey, *The Pullman Strike*, p. 91.

④ Almont Lindsey, *The Pullman Strike*, p. 92.

444

元。①工人们不满意公司的沉重盘剥,曾试图在周围地区购置或租赁住房。但由于普尔曼周围有一个开阔的草原地带,交通极不方便。在"模范城镇"以外居住的雇员和工人只约占17%。

普尔曼公司经常采取把罢工工人列入黑名单的做法在群众中也引起了强烈的不满。例如,1893年12月,普尔曼公司在蒸汽机修理工罢工的时候,炮制了一个41人的黑名单,把罢工活动分子开除出工厂。这份黑名单被分发给所有的工头,上面有普尔曼工厂厂长的签名。黑名单前面有一段话:"由于我们最近同制造和修理两个部门的蒸汽机修理工发生了麻烦,我把下列被解雇人员的名字通知你们,并持此命令不得在这些部门中雇用他们当中的任何人。"②有证据表明,普尔曼公司还曾把这份黑名单分寄给其他铁路公司,致使被开除的罢工活动分子长期找不到工作。

1893年经济危机的爆发成为普尔曼罢工的导火线。这次经济危机使普尔曼工人的处境急剧恶化,各种不满因素都被触发和激化,普尔曼工人终于走上了同强大的普尔曼公司进行直接较量的前台。正如《普尔曼罢工》一书的作者所说的:"在模范城中多年来潜在的不满因素在很大程度上是没有暴露出来的,但是1893年恐慌所导致的无法糊口的工资,使得所有的不满都融合为一种强烈反对公司的情绪,雇员们对公司开始不信任、恐惧和仇视。"③

1893年经济危机给美国的工业、商业和金融业都带来了沉重的打击。这一年,宣告破产的银行有642家,商店有1.6万多家,几千个工厂倒闭关门,半停产的工厂为数更多。普尔曼公司也蒙受了巨大损失。普尔曼公司在7月31日终结的1893会计年度中经历了自己的繁荣期,这一年的利润总数达到650万美元。④但此后,它受到了经济危机的袭

---

① Almont Lindsey, *The Pullman Strike*, p. 92.

② Almont Lindsey, *The Pullman Strike*, p. 95.

③ Almont Lindsey, *The Pullman Strike*, p. 90.

④ Almont Lindsey, *The Pullman Strike*, p. 96.

击,利润直线下降。新的订货合同几乎完全断绝,旧的订货合同也不断取消。客车、冷冻车厢、行李车的售价下降了25%。

普尔曼公司企图把所蒙受的损失转嫁给广大工人。公司方面要求削减工人工资的25%。[1]但是,公司的职员和工头的工资却分文不减。1894年会计年度,公司分配的红利仍然是8%,总数为288.8万美元,同繁荣时期的红利分配数字相等。[2]普尔曼公司向工人收取的房租、图书馆使用费和各种生活设施费用也都没有减少,而且在发放工资的时候直接扣除。大多数工人每工作两个星期只能得到1美元至6美元。[3]靠这点收入养家是完全不可能的。甚至有的工人在扣掉各项扣款以后,每周只能拿到一张2美分的支票。[4]工人除了举行罢工争取生存以外,已经没有什么选择的余地了。

罢工的开始 普尔曼罢工开始的时候是一个地方性的罢工。但是,由于这里的工人已经于1894年3月至4月间建立了美国铁路工会的地方分会,罢工很快就扩展到其他地区的铁路部门,酿成一次全国铁路工人的大罢工。

普尔曼公司的工人在该公司的企业内建立了19个地方工会,会员共4000人,约占工人总数的35%。[5]各个工会的负责人为了捍卫工人的利益,在工人当中进行了一系列组织宣传工作,并发动他们选出一个由46人组成的请愿委员会,同公司举行谈判。5月7日,请愿委员会普尔曼公司的第二副经理托马斯·韦克斯是一个英国移民,在普尔曼公司工作了二十年,拥有对付工人的丰富经验。近两年来,他受公司委托兼管工人事务。请愿委员会的代表提出了三项要求:第一,调查和纠正公司管理人员和工头滥用权力的事件;第二,把工资恢复到1893年5月的水平;

---

① Almont Lindsey, *The Pullman Strike*, p. 98.

② Almont Lindsey, *The Pullman Strike*, p. 100.

③ Almont Lindsey, *The Pullman Strike*, p. 94.

④ [美]方纳:《美国工人运动史》第2卷,第334页。

⑤ Almont Lindsey, *The Pullman Strike*, p. 155.

第三,大幅度降低房租。韦克斯没有对请愿委员会的要求做出回答,只是告诉它两天后向公司提交一份书面请愿书,然后进一步商谈。5月9日,43名委员同美国铁路工会副主席乔治·霍华德一道带着请愿书在公司总部办公室同韦克斯举行会谈。韦克斯同意对管理人员滥用职权问题进行调查,但婉转地拒绝了提高工资和降低房租的要求。他向委员们列举了公司在经济危机中的巨大亏损数字,说明在这种困难的形势下,恢复工资到原来水平是完全不可能的。他向委员们解释,房租不能减少的原因是公司的投资太大,成本一直无法收回。会谈进行两小时后,乔治·普尔曼亲自出面加入会谈。他宣读了一份事先准备好的书面声明,其要点同韦克斯的讲话并无二致。

普尔曼和韦克斯的行动表明,公司方面根本不考虑请愿委员会提出的经济要求。会谈无法继续进行。乔治·霍华德没有参加谈判,但要求公司方面不要对请愿委员会的委员采取歧视态度或进行查究。公司方面对此做了保证。但是公司的保证是不可靠的,接着就发生了解雇谈判代表的事件。

5月10日清晨,3名在冶铁部门做工的委员到工厂上班的时候,其中有两人被告知已经没有他们的工作,让他们下星期一再来看看,另外一人工作到8点钟,也被解雇了。事情发生以后,立即引起各方面的关注。芝加哥的报纸很快就刊载了这则消息,愤怒的情绪顿时感染了普尔曼的每一个工人。当天晚上,请愿委员会的全体成员在普尔曼镇举行会议,彻夜讨论对付公司的办法。

会议十分热烈,对于是否举行罢工的问题进行了热烈的讨论。大多数委员认为,解雇只不过是公司向工会进攻的开始。假如不采取有力的措施,将会鼓励公司进一步迫害工会和工人。会议对罢工决议案进行三次表决。第一次投票时有三张反对票,第三次投票才一致通过。不过,请愿委员会的主席希恩科特认为事关重大,需要将会议的决议送请地方工会讨论,因此罢工的日期未最后确定。然而,一个偶然的消息却促使工会领袖做出了立即进行罢工的决定。

5月11日早上,工厂开工后不久,据说一位西方公司的报务员向工会透露关于普尔曼公司通知工厂经理于当天下午关闭工厂的电文。工会领袖得知这个情况后立即决定通知所有工人停止工作,离开工厂。罢工就这样开始了。

美国铁路工会和普尔曼罢工 罢工开始以后,各个地方工会选出自己的代表组成总罢工委员会。300名罢工工人组成一道环绕工厂的警戒线,以保护工厂的机器设备和禁止罢工破坏者进入工厂。

罢工的第一个月,公司方面和罢工工人为了争取社会舆论的支持,都没有采取激烈的行动。公司方面尽量缩小这次罢工的影响,并把责任推到工会方面,对罢工采取置之不理和故意拖延的政策。乔治·普尔曼于罢工开始后的第十一天离开芝加哥到东部度假。韦克斯虽然留下负责公司的日常工作,但不做任何重要决定,装扮出一副对罢工毫不在乎的样子。

罢工工人则尽量争取外援,影响社会舆论,以便向公司方面施加压力,力争早日实现自己的要求。他们在总罢工委员会的领导下,严格维持社会秩序,甚至杜绝了酗酒和扰乱治安的现象。1894年5月14日《芝加哥电讯报》曾经评论说:"普尔曼被称为'模范城镇'。现在它又有一次模范罢工。3000人放下了他们的工具……按照这种方式行事,以赢得社会同情和赞扬。"

在罢工开始的时候,芝加哥的大部分报纸对罢工的前景持悲观看法,认为在当时的经济条件下,罢工是不明智的,必然归于失败。例如,1894年5月12日《芝加哥记事报》公开声称:"不管他们的斗争有何可取之处……毫无疑问,这些人……犯下了致命的错误。"不过,不久以后,几乎所有的芝加哥报纸都转而同情和支持罢工者。

1894年5月17日,罢工者成立了救济委员会。该委员会从芝加哥的各个方面得到物质上的帮助,甚至从市长的总货仓里得到了价值1500美元的面粉、土豆、肉类等食品和1000美元的现金。《芝加哥每日新闻报》还向救济委员会提供一个库房作为该委员会的办事处。①然而，这些援助毕竟是有限的，只能略微减轻罢工者的困难，而不能改变他们的处境。罢工工人把自己的主要希望寄托于美国铁路工会的援助。

美国铁路工会成立于1893年6月20日。总部设在芝加哥。它的主要创建人尤·V.德布斯当选为主席。这个工会向熟练工和非熟练工都敞开大门。凡是同铁路系统有关系的工人，不分性别、不分工种都可以参加这个工会。美国铁路工会成立以后，受到广大铁路工人的欢迎，迅速壮大，经过一年时间就发展成一个拥有425个分会，15万会员的庞大工会了。

美国铁路工会的主席尤金·维克多·德布斯（1855—1926）是一位著名的工人运动领袖和美国出生的社会主义者。他于1855年11月5日出生在印第安纳州特雷霍特一个普通工人的家庭里。他曾经上过平民学校和一家商业学校的短训班。②不过，他的知识主要是从勤奋的自学中得到的。他在十四岁那年在铁路上找到工作，先后当过洗车工、油车工和火车司炉。1875年，德布斯加入火车司炉工会，并被选为维哥分会主席。后来又被选为火车司炉工会的书记和司库。1892年，他辞去在火车司炉工会中的领导职务，全力投入美国铁路工会的筹建工作。不过，这时候德布斯还不是一个社会主义者，只是刚刚取得了领导罢工运动的初步经验。在他的带领下，为期十八天的大北铁路工人罢工终于取得了胜利。

在普尔曼罢工开始以后，德布斯没有立即表态。美国铁路工会也没有予以审议批准。作为美国铁路工会的主席，德布斯不能置普尔曼地方分会于不顾。于是他亲自对这次罢工进行调查。他在这个"模范城镇"中停留几天，夜以继日地同罢工工人谈话，最后认为，这次罢工是完全正

---

① Almont Lindsey, *The Pullman Strike*, p. 171.

② 国内有些文章和著作的作者认为德布斯因家贫没有进过学校，是与事实有出入的。(Almont Lindsey, *The Pullman Strike*, p. 107.)

当的和必要的,于是普尔曼罢工问题正式提到1894年6月12日在芝加哥举行的美国铁路工会第一次大会上进行讨论。大会听取了普尔曼罢工工人代表的汇报,建议在全国范围内对普尔曼公司生产的车辆进行抵制。同时大会采纳了德布斯的意见,在实行抵制以前再指派一个委员负责同公司商谈,寻找和平解决的办法,如果达不成协议,就从6月26日开始全面的抵制运动。

由于公司方面拒绝谈判,6月26日中午,抵制运动宣告开始。各地的铁路工人积极响应工会的号召,纷纷投入运动。几天之内,整个中部和西部的铁路线的12.5万名工人都行动起来,拒绝使用普尔曼公司的车辆。许多卧车被卸下来推到备用轨道上。凡是拖挂普尔曼公司车辆的列车都被迫停在车站上,不能行驶。在铁路公司进行干预的地方,抵制运动立即发展成罢工。这样,普尔曼罢工已经越出了它的地理界域,转变为一场全国范围内的铁路工人反对铁路公司的大搏斗。正如1894年6月27日《纽约时报》所说的,这“实际上将是最大的和最强有力的铁路工人组织同整个铁路资本之间的一场战斗”①。

美国铁路工会的对手铁路总经理联合会企图利用这个机会一举消灭美国铁路工会。铁路总经理联合会成立于1886年,是由经过芝加哥的24条铁路线的管理机构组成的。②1893年以前,总经理联合会只是一个为了各铁路公司共同利益而协调政策的“咨询性机构”,没有起到太大作用。但是,这一次它却成了协调各铁路公司的行动,专门对付罢工运动的一个强有力的机构,给罢工运动造成了严重的困难和巨大的威胁。

在美国铁路工会宣布抵制的前一天,铁路总经理联合会主席埃弗富特·圣约翰在总部鲁克里大楼召集一次紧急会议。各铁路公司的代表都出席了这次会议。普尔曼公司的副经理韦克斯也应邀列席。会议的中心议题是采取最严厉的措施来对付即将爆发的抵制运动。从6月25日

---

① Almont Lindsey, *The Pullman Strike*, p. 136.

② Almont Lindsey, *The Pullman Strike*, p. 179.

到7月15日,铁路总经理联合会每天开会,研究运动发展情况,及时采取对策。6月27日,总经理联合会宣布,它将继续履行同普尔曼公司签订的现行合同。同时,总经理联合会决定任命约翰·M.伊根为专门处理这次罢工问题的经理。第二天,伊根就任,并立即成立了一个强有力的办公室,配有电话、电报设施和相当数量的工作人员。6月29日,总经理联合会宣布,凡因执行美国铁路工会命令放弃工作而被解雇的工人将永远不会为联合会代表的各铁路公司所雇用,而取代罢工工人的人将受到特别保护,他们的职务也将永远保持。为了保证罢工破坏者的来源,总经理联合会决定在匹兹堡、费城、巴尔的摩、克里夫兰、纽约、布法罗等地设立招工办公室,并答应由协会支付新工人从当地到芝加哥的旅费。据估计,联合会招收到的罢工破坏者大约有2500名。①

铁路总经理联合会的强硬态度和措施表明,它将同美国铁路工会决一死战。正如阿尔蒙特·林富所说的:"总经理们所做的全部努力只有一个目的——彻底消灭美国铁路工会。联合会根本不准备通过谈判和平解决争端,也不愿为和平解决争端而做出丝毫让步。"②

然而,铁路总经理联合会低估了铁路工人的决心和美国铁路工会的力量。尽管有大批罢工破坏者不断到来,但罢工工人仍然迫使联合会的大部分铁路陷于瘫痪。罢工几乎蔓延到全国各地。几百个铁路工会的地方分会和15万工人加入了这次罢工。面对这种局势,伊根不得不宣布,总经理联合会对这次罢工已经无能为力,只有请求政府进行干预。他公开声明:"接手处理这件事情是政府的责任。"

联邦政府没有使铁路资本家失望,立即以最快的速度动用了法庭和军队来支援总经理联合会。7月2日,芝加哥联邦区法院颁布了一项禁令,告诫尤金·德布斯等美国铁路工会的领导人,及"所有其他的人,不得以任何方式和方法去干涉、妨碍、阻止或停止"经过芝加哥的所有铁路线

---

① Almont Lindsey, *The Pullman Strike*, p. 180.

② Almont Lindsey, *The Pullman Strike*, p. 139.

的一切业务,"也不得使用威胁、恫吓、说服、强力或暴力来强迫和引诱或试图强迫成引诱任何铁路雇用工人"拒绝履行雇员的职务。

这项禁令蛮横无理地剥夺了铁路工人的罢工权利和进行合法宣传的自由,它的颁布本身就是美国民主法制的耻辱。正如《芝加哥时报》所承认的,这是"对自由的威胁,是资本家准备随时使用的武器"①。这项禁令对于美国铁路工会和罢工者是极其不利的。如果遵从这项法令就等于承认罢工的失败和工会的解体。于是美国铁路工会执行委员会决定不予理睬。

但是,联邦政府并不仅仅满足于颁布禁令,接着又采取了极其严厉的措施。7月3日下午,克里夫兰总统命令驻扎在附近的谢里登要塞的联邦军队开赴芝加哥强制执行禁令。这次联邦军队并不是应州政府或市政府的请求而进入芝加哥的,曾经遭到州长和市长的反对和抗议。军队进入芝加哥后曾开枪射击罢工者,25名工人被杀死,60名工人受重伤。然而,血腥暴行并没有摧毁罢工者的斗志,罢工仍在进行着。正如美联社所报道的:"尽管开来了联邦军队并动员了州的五团民兵,尽管有戒严令、子弹和刺刀的威胁,美国铁路工会所发动的大规模的罢工仍然紧紧控制着芝加哥周围3/4的铁路,而且昨夜的交通比铁路交通中断以来任何时候更完全地陷于瘫痪状态。"②

军队无力瓦解罢工,但法庭却起到了这个作用。各地法庭都可以用蔑视法庭的罪名随意拘捕和审讯罢工领袖。7月10日,芝加哥的联邦大陪审团控告工会负责人,德布斯等人被捕,工会总部被袭击和搜查。尽管德布斯和其他工会领导人在缴纳保释金后被释放出狱,但总部和其他地区工会的联系已被切断或削弱,造成了罢工队伍内部的混乱。

7月12日,在德布斯的倡议下,24个工会的高级负责人在芝加哥的

---

① *New York World*, July 2, 1894.

② Samuel Yellen, *American Labor Struggles*, *1877—1934*, New York: Pathfinder Press, 1936, p. 122.

布里格斯旅馆开会,商讨下一步的对策。龚帕斯作为劳联的领导人应邀出席并主持了这次会议。个别工会领导人主张举行一次总罢工来迫使普尔曼公司接受罢工者的条件。但是,更多的领导人不赞成这个方案。德布斯也提出自己的建议,主张在准许全体美国铁路工会会员恢复工作的条件下结束抵制运动。然而,考虑到总经理联合会是不准备进行任何会谈的,会议也否决了德布斯的建议。会议只通过了一个一般性的政策宣言,号召工人组织起来在选举中取得胜利,以便"从那些贪得无厌的财政寡头的手中夺取政权,并且把它置于平民的手中"。

7月17日,德布斯等工会领导人再次因蔑视7月2日禁令被投入监狱,罢工运动实际上已经停止。7月18日,普尔曼公司的门口张贴了复工的通告,8月2日,美国铁路工会正式宣布取消罢工,被捕的工会领袖被判处三个月到半年的徒刑。普尔曼罢工虽然失败了,但它清楚地告诉人们,垄断公司已经更紧密地同政府勾结起来对付罢工运动,要战胜这个强大的对手,工人们只有加强团结和进行更多的组织工作。

第四节 1897—1898年煤矿工人大罢工

美国煤矿工人联合会 19世纪70年代,全国矿工联合会在经济危机时期宣告解体。此后,在一段时间里只有一些矿工地方工会还继续存在和进行活动。由于他们分散活动,互不联系,在对付重大事件的时候显得软弱无力。虽然在俄亥俄州的一些煤矿地区曾经建立过劳动骑士团的混合地方分会,但由于包括的行业过多,往往不能解决矿工的迫切问题。曾经担任过劳联书记的一位矿工工会运动领袖克里斯·埃文斯说:"混合地方分会总是有缺陷的。在这种工会里面,医生、杂货商和商人都被动员起来对付那些只对矿工有直接利益的问题。"[1]

70年代末80年代初,随着工人运动的高涨,在大多数工会领袖和矿

---

[1] Philip Taft, *Organized Labor in American History*, New York: Harper & Row, 1964, p. 310.

工中出现了在州一级建立矿工工会的要求。1882年,俄亥俄矿工混合协会宣告成立。约翰·麦克布赖德当选协会主席。第二年举行了一次州际矿工工会代表会议,决定成立美国矿工混合协会。但是只有俄亥俄州和宾夕法尼亚州的矿工工会派出了人数较多的代表团,马里兰州和伊利诺伊州的矿工工会根本没有派人参加。各个地方工会的领导在通过一段时间的书信磋商以后,于1885年9月9日,在印第安纳波利斯举行全国矿工代表会议。出席会议的有7个州的30名代表。全国矿工和矿区工人联合会宣告成立。克里斯·伊文斯当选联合会主席。

两个主要矿工组织的建立奠定了全国的统一的煤矿工人工会的基础。1888年12月5日,两个组织在俄亥俄的哥伦布城举行了联合代表会议,全国矿工和矿区工人进步联合会宣告成立。这时除劳动骑士团第一三五分会即全国煤矿和矿区工人地区分会仍在单独活动外,其他煤矿地方工会几乎都加入了新成立的统一的煤矿工人组织。在全国矿工和矿区工人进步联合会主席约翰·麦克布赖德和其他领导人的努力下,1890年,该联合会同劳动骑士团第一三五地区分会举行了双方的联合代表会议,成立了全国性的统一的美国矿工联合会。约翰·B.雷当选主席,罗伯特·沃瑟恩当选司库。此外,会议选出了联合会的最高执行机构全国执行委员会,会员会费规定为20美分。但是,劳动骑士团总会长鲍德利和约翰·W.海斯不赞成这次合并,劳动骑士团的一些地方分会也反对联合。几年以后,美国矿工联合会才稳定下来。并取得了重大的发展。到1897年,美国矿工联合会已经成为美国的最大的工会之一,而且在以后的三十年中起到了非常重要的作用。

1897—1898年罢工　1893年经济危机使煤价暴跌,按吨支付的矿工工资也随着下跌。1897年,情况好转,煤的需求量逐步恢复。价格回升,但是矿场老板拒绝增加按吨支付的矿工工资。四个北方主要煤矿区甚至宣布将进一步减少工资。1897年美国矿工联合会年会决定,应当提出增加工资的要求,必要时将对煤矿主采取适当的行动。至于提出要求和采取具体行动的时间则授权全国执行委员会选定。

1897年7月4日,执行委员会向全体有烟煤矿工人发出号召,要求他们停止工作,离开工厂。大约有10万工人响应号召举行罢工。北部的许多矿区顿时陷于瘫痪。罢工爆发后,其他行业的工人也纷纷起来支持煤矿工人的罢工。在匹兹堡举行了一次全国性的工会领导人会议,决定为罢工者提供经济援助,并在查尔斯顿设立支援罢工者的总部。由铁路职工混合协会的成员威廉·D.马洪担任主席。

但是,西弗吉尼亚矿区的情况却完全不同。那里的法庭站在煤矿主一边,进行了粗暴的干预。虽然经过德布斯等人的努力,但罢工运动始终没有开展起来。1897年7月27日,工会领导人在惠林举行会议,抗议法庭方面的偏袒行为,但没有任何结果。

罢工者同矿主的谈判从8月就已开始。经过几次接触,原则上达成协议。然后由一个特别委员会来制订复工的具体条件。1898年1月,宾夕法尼亚、俄亥俄、印第安纳和伊利诺伊四个州的罢工工人同煤矿主达成了具体协议,规定以煤价为基础,尽可能实行统一的工资标准,并向矿工提供同样的劳动条件。但是,并不是所有矿主都愿意接受这个条件,例如,伊利诺伊州帕纳、弗登地区的一些大矿业公司,就不同意这个协议,准备同罢工者对抗下去。他们在自己的矿区周围建起了栅栏,并从南部雇用黑人作为罢工破坏者。1898年9月4日,在帕纳发生了罢工工人和罢工破坏者之间的枪战。在弗登,罢工者和罢工破坏者,以及警卫人员之间的冲突更为激烈。在10月12日的冲突中,7名矿工和5名警卫人员被打死。由于罢工者的激烈反抗,弗登的煤矿主不得不放弃雇用黑人罢工破坏者的做法,于1898年同罢工者达成了协议。帕纳的罢工一直持续到1899年10月,罢工者获得了完全的胜利。在以后的二十年当中,帕纳和弗登的煤矿主不得不放弃雇用非工会会员的企图。

1897年至1898年的煤矿工人罢工以罢工者的辉煌胜利而宣告结束。领导这次罢工运动的美国矿工联合会因而在矿工中获得了很高的声誉,在以后的煤矿工人运动中发挥了极其重要的作用。

总的来看,90年代的美国工人运动是具有自己的特点的。第一,罢工相当频繁,而且规模越来越大。这说明劳资双方的矛盾日益激化。第二,除少数例外,大部分罢工运动都遭到了失败。这里有罢工者的主观原因,但更重要的原因是政府的干预。联邦政府和州政府经常在关键时刻,派遣武装力量和使用法庭,镇压和瓦解罢工队伍,往往使罢工者由于失去自己的领袖和领导机关而陷于混乱。在某种意义上说,法庭造成的危害甚至比军队还要大。第三,社会主义运动同罢工斗争进一步分离。美国的社会主义者本来就没有同广大的美国工人群众相结合。不过,在70和80年代,社会主义者曾经参加过重大的罢工运动,并且起过重要作用。而在90年代,社会主义者参加罢工运动的已经寥寥无几,其影响微不足道。所有的罢工运动都是在工会的领导下进行的,纯粹工会主义的影响越来越大。

这样,美国工人运动逐渐形成了两种倾向。一种是以劳联为代表的改良主义倾向。这种倾向由于罢工运动的失败和激进派一再受到打击而日益加强,成为美国工人运动中的主要倾向。另一种倾向是反对改良主义的倾向。社会主义者和激进派经过几次改组和调整自己的力量,重新建立了自己的政党和工会,准备同劳联相抗衡。

第十七章　美国工人反对帝国主义政策的斗争

第一节　美西战争和美国工人

美国政府的扩张政策和美国工人的立场　在向帝国主义阶段过渡时期,美国已经做好了加入帝国主义国家瓜分世界角逐的准备。1895年3月,参议员亨利·卡伯特·洛奇在向国会发表的一篇演说中说:"为了我们的商业利益和我国的充分发展,我们应该修建尼加拉瓜运河。为了保卫这条运河,为了取得在太平洋上的商业优势,我们应该控制夏威夷群岛和保持我们在萨摩亚的影响。英国已经在西印度群岛星罗棋布地设立了据点,构成了对我们大西洋沿岸的经常威胁。我们应该在这些岛屿中至少建立一个强大的海军基地。当尼加拉瓜运河建成,古巴岛仍是人口稀疏而土地无限肥沃,成为我们不可缺少的地方。"[①]1897年4月19日西奥多·罗斯福担任美国海军部副部长以后,竭力加快扩军备战的步伐,要求拨出大笔经费建造6艘战列舰和6艘大型巡洋舰。他在1897年9月20日致约·戴·朗和1897年9月21日致亨利·卡博特·洛奇的两封信中已经提出了对西班牙作战方案的初步设想。他主张"先发制人",并且预计说:"如果我们宣战后48小时内使沃克率领我们的主力舰队到达古巴海岸(如果恰好在宣战前我们把全部舰队集中于基韦斯特港,那就能很容易做到这一点);如果我们将4艘巨型、快速、配备重型武器的巡洋舰,比如说,在埃文斯的率领下,作为一支飞行舰队骚扰西班牙海岸,直

---

① 杨生茂、冯承柏、李元良编:《美西战争资料选辑》,上海人民出版社,1981年,第34—40页。

到我们的一些战列舰能够离开古巴驶向那里为止；如果在此同时，我们尽可能快地派出一支远征军插入古巴，我怀疑这场战争的激烈阶段是否会持续6周。"①1898年初，美国国会公开为侵略扩张制造舆论，声称美国"必须取得外国市场"、参议院外交委员会在1898年3月16日的报告中说："虽然世界上已经没有未被占领的土地，但仍然大有可为，美国人民的创造力不能再限制于合众国国境之内了。无论农业还是制造业方面，生产都远远超出了消费，所以必须取得国外市场，否则就会发生经济停滞的情况。"②

对于美国政府的战争政策，美国工人是持反对态度的。甚至连龚帕斯都曾公开发表反对战争的演说。他在一次反对利用委内瑞拉边界纠纷向英国开战的工人集会上说："工人阶级从来不要战争。他们永远主张和平……谁将被迫负起战争的重担呢？只有劳动人民！他们将要付出苛捐杂税，他们将要血流成河。英国和美国的劳动人民的利益是一致的。他们正在与共同的敌人作战，他们正为着从两国相同的条件下解放他们自己而战斗……从远古时代起，劳工斗争的目标就是为了争取和平和争取人类之间的善意。"③

美国工人也坚决反对美国总统威廉·麦金莱吞并夏威夷群岛的计划。《美国劳联主义者》《劳动骑士报》和许多独立工会的报纸都纷纷发表评论，指出这个计划是"百万富翁的诡计"，并且要求"制止正在渗入我国日常生活的新的黩武精神"。1897年，在劳联的大会上专门讨论了美国政府的扩张政策和黩武主义。大多数代表认清了美国政府利用美国工人对古巴独立运动的同情煽动战争情绪的企图。他们投票肯定了1896年大会所通过的对古巴人民表示同情的决议，同时否定了极力支持古巴，把对古巴的同情转变为支持对西班牙作战的决议。大会坚决反对领

---

① 杨生茂、冯承柏、李元良编：《美国战争资料选辑》第161页。
② ［美］方纳：《美国工人运动史》第2卷，第523—524页。
③ ［美］方纳：《美国工人运动史》第2卷，第525—526页。

土扩张,反对吞并夏威夷群岛,要求参议院拒绝批准合并夏威夷的条约。

在美国工人的坚决反对下,美国政府不得不暂时放弃吞并夏威夷的计划。美国的社会主义者和广大工人十分明白,美国政府决不会就此住手,反对政府侵略扩张政策的斗争远未结束。他们对政府的行动随时保持高度的警惕。就在麦金莱总统致国会要求对西班牙宣战的咨文提出两天后,社会主义工人党的报纸《人民报》立即于1898年4月27日发表社论揭露了美国政府发动帝国主义战争的罪恶目的,重申了反对吞并夏威夷、反对吞并古巴的严正立场。社论指出:"对局势稍加考察,就可以证实古巴的自由……并非我国政府的真正目的。""古巴的自由只不过是个借口,真正的目的是战争,而战争仅仅是达到一个目的的手段,这个目的我们共和党内形形色色处于统治地位的资本家在思想上很清楚,并且答应在'爱国主义'的喧嚣之下,趟着没膝深的美国和古巴工人阶级的血水来实现这一目的。"①

美西战争的爆发和美国工人的反战活动　1897年12月,随着古巴起义军力量的壮大,美国驻哈瓦那总领事菲茨休·李认为有机可乘,要求华盛顿方面派军舰到古巴向西班牙施加压力。12月15日,美国战舰缅因号驶至基韦斯特港停泊待命,其公开使命是进行友好访问,"保护美国侨民"。1886年1月25日,缅因号未经西班牙当局同意强行驶入哈瓦那港。2月15日晚上9时40分至10时之间,缅因号突然爆炸起火沉没,约260名官兵丧命。当时没有任何人能够对爆炸的起因做出确定的判断。《纽约太阳报》曾这样报道说:"据缅因号爆炸的目击者说,在爆炸发生时,人们看见一大团东西直上云霄,在那突然发生的令人目眩的闪光中,似乎无人能够辨认出,这团东西是什么或它到底是从船外还是船内升起的。"②美国的海军调查法庭在调查报告中也十分审慎地避免把西班牙

---

① Philip S. Foner, *The Spanish-Cuban-American War and the Birth of American Imperialism*, *1895–1902*, New York: Monthly Review Press, 1972, Vol. 1, pp. 283–284.

② 杨生茂、冯承柏、李元良编:《美西战争资料选辑》,第131页。

牵涉在内。但是,调查报告确定"该舰系由于一枚水雷爆炸而被毁,水雷爆炸引起该舰前部两处或多处弹药舱的局部爆炸"。这个结论成了美国政府发动美西战争的借口。

在缅因号爆炸事件发生以后,西班牙摄政王玛丽亚·克里斯蒂娜已经意识到战争危机业已出现,要求欧洲列强给予援助。罗马教皇和英、德、意、法、奥、俄六国政府都曾出面调停。1898年4月6日,由六国驻华盛顿公使向麦金莱总统提出联合照会。照会声明,六国代表"被正式授权以各国政府的名义,就美国与西班牙现存的分歧向总统和美国人民的人道的和有节制的感情发出紧急呼吁。他们恳切地希望进一步举行谈判,将在保证维持和平的同时,达成一项协议,此协议可以提供在古巴恢复秩序所需要的一切保证"①。

在罗马教皇和六国政府进行调停的过程中,西班牙政府做出了巨大让步,几乎接受了美国政府提出的一切条件,同意立即停止同古巴起义军的战争,仅仅要求将缅因号事件提交国际仲裁。美国政府完全失去了发动对西战争的借口。甚至连美国驻西班牙公使伍德福德也认为,不应当再逼迫西班牙政府了。他在1898年4月10日致麦金莱总统的电报中说:"我希望现在不要做任何使西班牙难堪的事情,因为我相信现政府正在做出让步,而且它确实乐于做出让步,尽其所能地和尽快地这样做。"②但是,麦金莱的备战活动并未因为西班牙的让步而减缓速度。3月9日,美国国会通过紧急法案,拨款5000万美元作为军费;4月19日,国会两院通过决议,授权总统对古巴实行武装干涉;4月20日,决议经总统签署生效;两天后,麦金莱宣布对古巴所有港口实行封锁;4月23日,美国政府又颁布了征召志愿军12.5万人的公告;4月29日,麦金莱总统正式向西班牙宣战。一场重新分割殖民地的帝国主义战争就此爆发。

大多数美国工人对美国政府利用缅因号事件发动战争的行动是坚

---

① 杨生茂、冯承柏、李元良编:《美西战争资料选辑》,第149页。

② 杨生茂、冯承柏、李元良编:《美西战争资料选辑》,第152页。

决反对的。康涅狄格州的《手艺人杂志》曾经载文揭露说:"请看,缅因号惨案是如何被利用的……一个庞大的……狡猾的阴谋正在酝酿着,表面上是要使美国跻身于海陆军列强的前列。真正的原因是,资本家想掌握一切"。①社会主义工人党和社会民主党的机关刊物都接连发表文章揭露美国政府发动战争的罪恶目的。社会主义者阿尔杰农·李专门著文驳斥了麦金莱在咨文中所鼓吹的"为了美国人的利益"而战的谬论,他指出:"'保护美国人的利益',并非指保护从事耕耘、播种、收割、摘棉花、开采煤铁矿、磨麦、织布、建筑房舍等的美国人的利益。它指的是保护农场主、工厂主等以他人的汗水为生的无所事事的资产阶级的利益。""我们再说一遍,承认古巴独立,不需要战争。直到战争成为不可避免,才承认古巴是为了使希尔·洛克菲勒、哈夫迈耶、卡内基、皮尔庞特、摩根之流可以坐享其成。"②

也有一部分工人受战争宣传的蒙蔽,误认为这场战争是帮助古巴人民争取自由,摆脱西班牙统治的战争,因而支持美国政府的战争政策。而许多工会领袖虽然知道这是一场帝国主义战争,但在政府和资产者的压力下很快就放弃了反战立场,转而支持这场战争。劳联的一位领导人麦克基尔于1898年4月28日写信告诉龚帕斯,认为劳工运动的领袖们应当尽快改变反战态度以免受到政府的冷待,国会中的劳工代言人"必须是这样的人:他们应忠诚地和毫无保留地支持政府对西班牙作战"③。

由于美国工人的认识不统一,部分工会领袖反战立场的转变,反战斗争没有形成一个强大的运动,对于美国政府的政策没有产生显著的影响。战争基本上是按照美国政府的策划进行的。

---

① *The Craftsman*, April, 1898, p. 82.

② Philip S. Foner, *The Spanish-Cuban-American War and the Birth of American Imperialism*, *1895-1902*, Vol. 1, p. 285.

③ [美]方纳:《美国工人运动史》第2卷,第537页。

第二节　反对帝国主义侵略政策的斗争

反对缔结帝国主义条约　1898年7月,美国海军在马尼拉海战中取得胜利后,美国国内吞并夏威夷群岛的呼声甚嚣尘上,国会通过了归并夏威夷的决议案。8月12日,美国占领夏威夷群岛。这样,美国帝国主义就撕去了面纱,暴露了自己的真面目。越来越多的美国工人认识到美西战争的帝国主义性质,掀起了反对战争的第一个高潮,坚决反对归并夏威夷群岛。许多工人报刊连续发表文章谴责吞并夏威夷的条约。芝加哥《劳工世界报》认为这场战争"由穷人来支付战费,而富人一如往昔,得到了好处。现在他们要求我们攫取海外领土,以便他们能占到更多的便宜"。《劳动骑士报》责问政府:"这一个步骤就是使我们长期受到威胁的帝国主义的开端吗?"①

马尼拉海战以后不久,西班牙军队的失败已成定局。西班牙政府请求法国出面调停。7月30日,美国正式提出停战条件,要求西班牙全部接受。主要内容有三点:第一,"西班牙放弃对古巴的主权和所有权的一切要求";第二,"西班牙将波多黎各岛,西印度群岛中现属西班牙的其他各岛,以及拉达罗内斯群岛中美国所选中的岛屿割让给美国";第三,"在确定菲律宾的管理、处置和政府的和平条约签订以前,合众国将占领和拥有马尼拉的城市、海湾和港口。"②在美国的逼迫下,西班牙政府不得不授权康邦大使于8月12日签署由美国草拟的《美西缔和基本条件议定书》。

在和谈过程中,美国代表团咄咄逼人,采取要挟、威胁和欺骗的手段,软硬兼施,强迫西班牙接受了全部要求,于12月10日同美国签订了《巴黎和约》。根据和约规定,西班牙放弃古巴,将菲律宾群岛、波多黎各、关岛割让给美国。

---

① [美]方纳:《美国工人运动史》第2卷,第540页。
② 杨生茂、冯承柏、李元良编:《美西战争资料选辑》,第232—233页。

美西战争使美国走上了帝国主义大国的道路。这个事实引起了美国社会舆论的注意。围绕"帝国主义"问题展开了激烈的争论。1898年10月在《论坛报》上发表了题为《帝国主义的危险》的文章,作者是著名的新闻工作者和历史学家威廉·麦克唐纳(1863—1938)。他从美国采取帝国主义政策可能给自己带来的损害这个角度来批评帝国主义。他指出:"我们并不缺少疆土,没有什么人口压力,资源未受限制,也不缺乏全世界的尊敬……帝国版图和帝国势力同那些与之俱来的肮脏成分割裂开来,就成了民族的迷人目标,但如果它们要以牺牲迄今一直使得我们伟大的任何东西为代价,那就确实太不合算了。"①

美国工人在关于"帝国主义"的讨论中所持的角度完全不同。他们认为帝国主义政策就是驱使工人们去作战,而由资产者获得利益。例如,制雪茄工人工会指出,帝国主义的开支"将由人民负担,而少数的受惠人托拉斯和垄断组织——将得到所有的好处"。麦克尼尔认为,美国政府占领菲律宾完全是为了适应垄断组织的需要,他说:"目前对菲律宾人所进行的战争如果为人民所赞许并继续下去,将一定会加强托拉斯而降低公众的热情,并且对于普选和一切自由的制度都是不利的。'今天你必须选择是为上帝还是为财神爷服务',也就是说你是为工会还是为托拉斯,为《独立宣言》的原则还是为一个帝国政府服务。"②

社会民主党的领导人,著名的工人运动领袖尤金·德布斯坚决反对美西战争和占领菲律宾的帝国主义政策,他公开宣布:"有成千上万的人并未卷入战争的狂热。他们认识到战争是全国性的屠杀,穷苦人民是受害者,不管战争的结局如何,其结果对被压迫阶级来说都是一样的。""我们反对战争,但是如果我们必须投入厮杀,那只有在战争将横扫资本

---

① William Appleman Williams(ed), *The Shaping of American Diplomacy*, Chicago: Rand McNally, 1972, p. 387.

② [美]方纳:《美国工人运动史》第2卷,第544页。

主义、横扫这个所有国家被压迫者和被蹂躏者的共同敌人的时候。"①德布斯在印第安纳波利斯的一次公开演说中还曾毫不留情地揭露美国垄断资本的罪恶目的,他一针见血地指出:"我们在东方正在制造一个在这个国家里用半价劳动力生产的产品的市场,这个市场是用军队的暴力,以牺牲人民的性命为代价来制造的,那些人民的唯一罪过就是他们对自由和自治的热爱。"②

在美西战争结束以后,社会主义者和广大工人群众反对帝国主义政策的情绪达到十分强烈的程度。就连劳联这样的保守组织也在1898年12月召开的年会上明确地表示了反对帝国主义的立场。龚帕斯在大会上反驳那些指责美国工人不关心政府政策的言论时指出,既然工人为这场战争提供了士兵,"那么除了劳工的代表们以外,谁更有权利来考虑因我们和西班牙的战争所产生的非常严重的问题呢?"大会经过讨论,通过了一份由七名代表签署的反对帝国主义的宣言,宣言指出:"我们抗议将我们的政府制度强加于一个不愿接受它的民族身上;抗议维持一支在我们这样的共和国中不容许存在的庞大常备军;我们抗议伴随欧洲及亚洲的纠纷而来的各种危险……我们强烈地抗议与可怜的人民进行了不公平的竞争,他们将会在设有发言权和选举权的情况下变成我们的公民。因此,我们要求工人们充分认识到他们所面临的危险,并且毫不含糊地号召他们的代表,把他们从帝国主义的危险中解救出来。"大会还通过了反对美西《巴黎和约》的决议,决议内容是:"由于美西战争的结果,我国政府正热衷于一个新的并且影响深远的政策——通常被称为'帝国主义'或'扩张'政策,这个政策如果由美国参议院批准,将给我国的工人阶级加上沉重的负担,将强加给我们一支庞大的常备军和一支派头十足的海军,并将严重地威胁我们共和国的继续存在,因此,"兹决议,本大会对于任何造成我国政府的这类改变表示抗议,并指示我们的负责人员们用

---

①② Ray Ginger, *The Bending Cross: A Biography of Eugene Victor Debs*, New Brunswick, N. J.: Rutgers University Press, 1949, p. 203.

一切正当的手段来摧毁这个政策"①。

劳联关于反对帝国主义、反对巴黎和约的决议得到了美国社会各阶层的响应,出现了反对帝国主义政策的又一次高潮。继劳联之后,纽约中央工会于1899年1月22日在纽约音乐学院召开群众集会,许多工人和工会组织的代表在大会上发表了反对帝国主义条约的言论,表示"绝对反对将菲律宾群岛归并为美国领土中永久的一部分"。许多工会向国会递交了反对批准美西《巴黎和约》的请愿书。国会在开会审议条约期间(1898年12月到1899年3月),陆续收到了31份请愿书。

在美国工人和其他阶层极力反对和约的强大压力下,《巴黎和约》仅以1票的多数获得通过。同时,麦金莱总统不得不在口头上公开表示,占有菲律宾是为了使它最终获得独立。

国会批准《巴黎和约》以后,反帝国主义运动的声势更加壮大。美国反帝同盟和工会组织联合行动,产生了广泛的影响。

美国反帝同盟　美国的第一个反帝同盟组织是波士顿的反帝同盟。它是1898年6月15日在美西战争进程中建立起来的。随后在芝加哥、纽约、华盛顿、费城等大城市也相继建立了同盟的组织。其目的是反对帝国主义战争、反对对外扩张和殖民制度。在波士顿反帝同盟成立大会上,讨论了设置常设通讯联络机构问题,并且选出了一个通讯委员会。此外,还指定了一个特别小组委员会,"准备并印发致本国工人的呼吁书",以便加强同工会的联系。

反帝同盟的秘书埃尔文·温斯洛曾主动写信同龚帕斯联系,并对劳联大会所通过的反对帝国主义政策的决议表示祝贺。他写道:"我要为联合会所采取的令人钦佩的和轰动一时的决议向你祝贺。我们愿意遵照你们提出的建议行事,以促进工会间的工作。"②开始,劳联的领导人对反帝同盟的工作是积极支持的。麦克尼尔曾经参加同盟的成立大会,

---

① *New York World*, Dec. 19, 1898.

② [美]方纳:《美国工人运动史》第2卷,第546页。

积极支持反帝通讯委员会的工作,协助起军和散发同盟致工会的传单。龚帕斯于1898年11月当选为反帝同盟的副主席,并且利用自己的影响支持同盟的工作。他曾经向反帝同盟提供了主要工会负责人的姓名和住址,并代表同盟发表反对帝国主义的演说。1896年7月13日,龚帕斯在给温斯洛的信中写道:"十周以来,我一直在西部遥远地区的乡间,我曾在50个以上的集会上发表过演说,我从没有放弃机会尽我所能将这个问题明白地提出来。

"我想你一定高兴知道,每一次对帝国主义的抨击都受到普遍的欢迎。"

和约批准以后,反帝同盟继续开展反对帝国主义的活动。同盟不断采取举行公共集会和散发传单的办法,号召"爱好自由的人"支持反对帝国主义的斗争,促使美国政府停止在菲律宾进行敌对行动,并"将承认菲律宾的独立及其在国际上的平等地位,并逐步撤离所有陆军和海军部队"。

反帝同盟的行动得到了美国社会各阶层的广泛支持和响应。同盟的影响迅速扩大。1899年10月,反帝同盟的各个地方组织在芝加哥举行联合大会,建立了美国反帝国主义同盟。马萨诸塞州盟员乔治·鲍特韦尔(1818—1905)被推选为美国反帝同盟的全国主席。同盟的总部设在芝加哥。在这次大会上通过了同盟的纲领,纲领一开始就提出了反对帝国主义政策、反对军国主义、维护自由和正义的总目标。纲领写道:"我们认为所谓的帝国主义政策同自由是针锋相对的,而且会导致军国主义……我们感到遗憾的是,在华盛顿和林肯的国度里竟然需要重申:所有的人,不分种族和肤色,都享有生存、自由和追求幸福的权利……我们坚持对任何人民的征服都是'犯罪性侵犯',是对我国政府的著名原则的公开背叛。"①纲领接着斥责了美国政府侵占菲律宾的政策,指出:"我们真诚地谴责现任全国政府在菲律宾的政策。它企图在该岛熄灭1776年精神。""帝国主义设想,假美国人之手摧毁菲律宾的自治,这里

---

① 杨生茂、冯承柏、李元良编:《美西战争资料选辑》,第322页。

的一切反对活动就会停止。这是极大的错误。我们对于美国手上沾染菲律宾人鲜血一事所感的懊悔如同我们对在菲律宾进行'犯罪性侵略战争'一事所产生的憎恶一样强烈,因而我们更痛恨在国内对美国制度的背叛。真正的火线不在马尼拉郊外,敌人就在我们国内。1861年敌人的企图是分裂国家,1899年敌人的企图是要摧毁立国的基本原则和崇高的理想。"①

纲领最后引用了林肯的两段话来重申反帝同盟珍惜自己的自由和珍重其他民族自由的基本原则。纲领声明:"我们同亚伯拉罕·林肯一样地认为,'任何人都没有资格在未征得本人的同意的情况下管理别人,白人自己管理自己,那是自治;白人自己管理自己,同时又管理别人,那就不是自治而是专制了'。'我们信赖的是上帝在我们心中种下的对自由的热爱。我们进行防御的精神是珍惜自由,把它当作所有国家的一切人的遗产。那些拒绝给别人自由的人,他们自己就不能享有自由,在正直的上帝的主宰下,也不能长久保持它。"②

芝加哥大会闭幕后,各地的反帝同盟纷纷举行公众集会,散发小册子和各种宣传品,在美国社会上造成了很大的影响。反帝同盟进入了极盛时期,发展成为一个拥有50万成员的庞大组织。美国的许多著名作家,其中包括马克·吐温、亨利·詹姆斯、伊格尔·李·马斯特斯等人都对反帝同盟的事业表示支持。

但是,反帝同盟本身是一个松散的联盟,成分十分复杂,有工人、商人、工厂主、知识分子,美国社会的各个阶层在反帝同盟内部都有自己的代表。把他们联系在一起的只有共同的反帝要求。而对这种要求,各个阶层都有自己的理解,其含义相差甚远。反帝同盟的上层主要是由工商界人士构成的。芝加哥制造商安德鲁·卡内基、理查德·克兰、纽约银行家乔治·福斯特·皮伯特等人都是反帝同盟的领导人。他们主要从宗教、宪法和人道主义角度反对帝国主义政策,而没有把反帝斗争同工人问题

---

① ② 杨生茂、冯承柏、李元良编:《美西战争资料选辑》,第323页。

联系起来。他们也不反对美国垄断资本对殖民地和半殖民地国家所进行的经济侵略。更有甚者,他们当中的一些人在反对帝国主义的斗争中暴露了"白人负担"的种族主义思想,认为占领的像菲律宾这样的落后国家将成为美国的累赘。

这种对反帝要求的理解同工人群众的看法是截然不同的。美国工人认为,帝国主义殖民者也就是工人阶级的压迫者。反对帝国主义不仅仅是反对侵占领土,而且应当反对统治者。历史的进程证明美国工人的看法是完全有根据的。1899年2月7日,美国军队开枪杀死三千名菲律宾士兵。三个月后,美国国内的联邦军队就武装镇压了爱达荷州库阿德阿伦地区的矿工罢工。

随着斗争的深入,反帝同盟的领导层逐渐脱离了工人群众,转而投入筹建反对帝国主义第三党的工作。1900年1月6日,来自各方面的上层人物十余人在纽约举行会议,达成了关于建立第三党的协议,并得到了卡内基捐款1万美元的许诺。第三党的筹建人完全把希望寄托在资产者的捐赠和支持上。但是,像卡内基这样曾经血腥镇压霍姆斯特德钢铁工人大罢工的老板是靠不住的,他本人就同帝国主义政策有千丝万缕的联系。在钢铁企业家的一个委员会的影响下,他很快就收回了诺言,并且完全断绝了同第三党运动的关系。筹备第三党的工作遭到失败,反帝同盟也受到了沉重打击。1900年8月16日,反帝同盟的印第安纳州大会不得不放弃推举自己的总统候选人,转而支持民主党反帝派的代表人物威廉·詹宁斯·布赖恩。然而,布赖恩并不是一个真正反对帝国主义的旗手。他在竞选运动中很少提到这个问题,却一味宣传自由铸造银币和税率问题,对于工人和普通选民没有什么号召力,结果在竞选中遭到失败。麦金莱再度当选总统。反帝同盟从此急剧衰落。1913年,反帝同盟的主席穆尔菲尔德·斯托里写信告诉同盟秘书温斯洛说:"事实是,如果我们看看事实,实际上反帝同盟只剩下你和我两个人了。"

反帝同盟虽然瓦解了,但是反对帝国主义的运动并未停止。第一次世界大战爆发前后,反对帝国主义战争的运动又蓬勃开展起来。许多社会党人、工会运动领袖和工人群众都积极投入了这场激烈的斗争。以龚帕斯为代表的劳联领导人经不起资产者和政府的胁迫和诱惑,很快就退出了运动。从1901年开始,劳联停止对占领夏威夷、波多黎各和菲律宾进行谴责。[①]

　　由于帝国主义的产生是一个国际现象,第二国际在1900年巴黎代表大会上根据卢森堡的报告通过了反对军国主义和帝国主义扩张的决议,号召全世界无产阶级采取各种手段同军国主义和侵略战争做斗争。这个决议是正确的。但是,美国的社会党人没有接受决议的观点,坚持认为:"从工人阶级的观点来看,(帝国主义)扩张是……不值得谈论的事。"[②]他们一直置身于反帝国主义运动之外。这种态度既不利于运动,也不利于社会党本身的发展。

---

　　① Delber Lee Mcke,"The American Federation of Labor and American Foreign Policy 1886–1912", Ph.D. Dissertation, Stanford University, 1952, p. 134.

　　② Delber Lee Mcke,"The American Federation of Labor and American Foreign Policy 1886–1912", Ph.D. Dissertation, Stanford University, 1952, p. 305.

第五编

从世界产业工人联合会
到第一次世界大战

20世纪初美国进入帝国主义阶段,成为一个托拉斯帝国主义国家。垄断资产阶级的经济实力和政治实力都有很大的增长。统治者用来对付工人运动的手段越来越凶狠狡猾,一方面用小恩小惠笼络熟练工人和收买工人贵族,另一方面又加紧对非熟练工的掠夺,乃至动用法庭和军队来强迫他们接受苛刻的条件。

新的历史条件为改良主义思潮的泛滥提供了沃土。当时最大的工人组织——美国劳工联合会已经蜕变为一个改良主义工会,并不断侵蚀着美国工人运动的健康机体。

劳联所推行的阶级调和政策引起了社会主义者、非熟练工人和激进派的强烈不满,他们联合一致奋起同劳联相对抗,建立了一个激进的工人组织——世界产业工人联合会。这个组织曾经冲击过美国资本主义社会,引起美国政府和资产者的恐惧。但由于世界产业工人联合会本身存在着严重的思想混乱和无政府工团主义的影响,终于同社会主义者分道扬镳,背离了正确的轨道,趋于衰落。

美国的社会主义运动也经历了一个缓慢发展的曲折道路。20世纪初,美国的第一代无产阶级革命家几乎全部退出了历史舞台。第二国际的改良主义思想日益加强,在美国社会主义工人党分裂的废墟上建立起来的美国社会党一方面仍然受宗派主义的束缚,不能广泛地同工人运动相结合,另一方面又存在着严重的改良主义思想,不能在反对资本的斗争中站在运动的前列。党把自己的主要精力都消耗在内部的左翼和右翼的激烈斗争中,曾经几次面临崩溃的危险。

第一次世界大战爆发以后,美国政府以非常时期为借口,经常用"叛国"罪名残酷镇压左翼工人运动。美国工人运动中的右翼受社会沙文主义的影响,站在政府方面,支持参加战争、争夺世界霸权的政策。同第二国际其他党一样,美国社会党也经受了一次严峻的考验。从整体来说,工人运动处于一个低潮时期。

第十八章　世界产业工人联合会的兴起

第一节　世界产业工人联合会的建立

西部矿工联合会（WFM）　世界产业工人联合会的基本力量是当时最激进的工人组织——西部矿工联合会。西部矿工联合会是在西部山区各州采矿业飞速发展,资产者和无产者迅速成长,阶级矛盾十分尖锐的情况下形成的。

随着银、铜等有色金属的发现,纽约、芝加哥、英格兰和苏格兰的资本家纷纷向这个地区投资,在那里成立各种矿业公司。科罗拉多、蒙大拿、爱达荷、内华达等州都成为美国的重要矿业基地。进入19世纪90年代以后,又形成一个新的开发西部矿产的高潮。仅在1893年到1897年的四年间就成立了3057家新矿业公司,每一家的资金都超过了100万美元。股票市场也非常活跃,1899年,仅科罗拉多斯普林证券交易所一家就成交了价值3400万美元的股票。①

由于许多矿区都是新建立起来的,那里几乎没有工会组织,或者只有分散的、力量不大的地方工会。这对于矿山老板是非常有利的,他们力图保持这种局面,反对矿工建立任何强大的工会。西部的矿山老板几乎都拥有自己的武装,而且经常雇用平克尔顿的侦探来镇压工人的一切抗议行动。在这种严峻的条件下,西部矿工和矿区的井上工人为了保护

---

① Melvyn Dubofsky, *We Shall Be All: A History of the IWW*, Chicago: University of Illinois Press, 1968, p. 22.

自己的利益不得不拿起枪支。因此,西部矿区的劳资冲突经常发展为武装流血战斗。面对这样的现实,矿工们痛切感到,只有建立一个强有力的统一的工会才能够遏制老板们的暴行。

　　1893年5月15日,在比尤特举行了西部矿工代表会议,出席这次会议的有来自爱达荷、内华达、犹他、科罗拉多、蒙大拿和南达科他州的矿工代表。会议进行了五天,宣告了西部矿工联合会的成立,并且通过了会章,选举了联合会的领导人。会章中规定,该联合会的宗旨是:"把西部一切矿工工会联合到一个中央机构中;奉行崇高的品德,以使社会生辉,使人们不忘他们对自己同胞应尽的职责;提高矿工的地位和维护他们的权力。"[1]仅仅从这一段话来看,西部矿工联合会似乎是一个温和的组织,不会给矿山老板们带来什么麻烦。威斯康星学派的著名史学家普尔曼和塔夫特就是这样认为的,他们指出:"同这个时期典型的美国工会一样,这个组织是以职业意识为准绳的,既去掉了劳动骑士团那种通过合作社自己雇用自己的梦想,也去掉了社会主义的幻想。它向全世界宣布,它愿意同雇主维持友好的关系,自愿为罢工提供仲裁和调解。这样,这个工会就作为纯粹的职业保护机构而问世了。"[2]但是,这个估计是错误的。西部矿工联合会从成立开始就显示了它的战斗性。1893年到1904年间,西部矿工和矿山老板之间的流血冲突不断发生。1893年在克达伦、1894年在克里波克里克、1896—1897年在利德维尔、1899年在盐湖城、克达伦都发生过规模不同的战斗。在长期的战斗过程中,西部矿工联合会内部,激进主义迅速滋长,促使该联合会倾向于社会主义。1902年西部矿工联合会代表会议正式决定:"毫不含糊地接受社会主义原则。"[3]这个决定在1903年和1904年的会议上一再得到确认。1904年

---

① *Butte Bystander*, May 20, 1893, p. 2.

② Selig Perlman and Philip Taft, *History of Labor in the United States, 1898–1932*, New York: Macmillan, 1935, p. 173.

③ Paul F. Brissenden, *IWW: A Story of American Syndicatism*, New York: Columbia University Press, 1919, p. 42.

会议上还曾经发表一项声明,声明指出:"我们把社会党推荐给人类的劳苦群众,作为他们能够……从现存工资奴隶制度下完全解放出来的唯一源泉。"①

西部矿工联合会成立后立即加入劳联,但它同劳联的劳资协调政策格格不入,乃于1897年退出这个组织,准备在西部地区筹建一个包括各个行业的联合工会。在西部矿工联合会的积极努力下,1898年在盐湖城建立了西部工人联合会,它的基本的集体成员就是西部矿工联合会。西部矿工联合会的一系列行动表明,它不愧是矿工利益的坚决维护者,在矿工中赢得了极好的声誉。1899年,它终于迎来了自己的极盛时期,地方分会和成员的数字都有大幅度的增长。根据1901年11月《矿工报》的报道,在前六个月中,所有的地方分会都增加了会员,有20个新的地方分会宣告成立。又据1903年执行委员会的报告,西部矿工联合会的会员共约增加了1/3。②在这次执行委员会会议上还提出了准备在中西部各州扩展组织的计划。

然而,西部的矿山老板们是绝对不能容忍一个强大矿工工会的存在和发展的。他们立即行动起来准备扼杀这个正在崛起的组织,从而使斗争更加尖锐,更加激烈。1902年,科罗拉多矿主们建立了一个全州性的协会,不惜用金钱、宣传和平克尔顿密探来反对当地的矿工工会。他们甚至宣布要解雇所有的工会会员。1903年2月14日的科罗拉多工人罢工就是在这种形势下激发起来的。罢工逐步蔓延到附近地区,克里普克里克和特来米德矿区先后卷入了这场战斗。

1903年9月4日,科罗拉多州长皮博底根据克里普克里克矿主和商人的请求,决定派兵帮助矿主。军队由谢尔曼·贝尔将军带领,到达克里普克里克后立即逮捕罢工者,在当地制造混乱。甚至连当时的《陆军和海军杂志》都认为,把军队开进罢工地区是制造事端而不是维

---

① Paul F. Brissenden, *IWW*, p. 42.

② Melvyn Dubofsky, *We Shall Be All*, p. 38.

持秩序。^①

在特拉来德,州长皮博底命令驻军长官逮捕一切无业者(即罢工工人),迫使他们接受矿主条件复工,或者离开这个地区。1903年12月4日,州长又利用温底卡特矿山的爆炸杀人事件,加罪于西部矿工联合会,宣布对整个特拉来德实行军事管制,并在所有矿区逮捕无业者。

州政府动用军队的目的十分明显,其矛头是对准西部矿工联合会的。参加镇压罢工运动的贝尔将军公开宣称:"我是来整治这个该死的无政府主义联合会的。"^②在矿主协会和政府的联合进攻中,西部矿工联合会领导和支持的罢工运动于1904年3月以失败而告终。罢工者不得不接受矿主的条件回到工厂和矿山。

西部矿工联合会的领导人通过十年来的激烈斗争,痛感加强工人团结的重要性和迫切性。他们对劳联已不抱什么希望,而把注意力集中到建立一个激进的全国性的工会联合会上面。

美国工人联合会和其他工人组织　美国工人联合会就是原来的西部工人联合会。这个组织成立于1898年,其目标是联合西部所有行业的工人,共同捍卫自己的利益。它曾经在厨师、招待员、马车夫、伐木工人中间进行工作,帮助他们建立自己的地方工会。但是,1901年以前,它的主要活动范围还是各个矿区。1902年,西部工人联合会总部从比尤特迁往芝加哥,同时改称为美国工人联合会。

美国工人联合会基本上是一个产业工会,同后来的世界产业工人联合会相近似。正如它的一个成员所说的,该联合会所实行的原则是:"所有在一个公司下面任何一个工业部门工作的雇员应当服从于……一个有权威性的领导者;所有在一个雇主下面任何一个工业部门工作的雇员也只能通过同一个组织来同雇主对话。"^③

---

① Melvyn Dubofsky, *We Shall Be All*, p. 51.

② Melvyn Dubofsky, *We Shall Be All*, p. 50.

③ Paul F. Brissenden, *IWW*, p. 43.

美国工人联合会也是一个社会主义者领导的工会,它的领导人差不多都是美国社会党的党员。它在纲领"序言"中曾经明确表示:"我们相信进行不可分割的、独立的工人阶级政治行动的时间已经到来,因此声明支持国际社会主义并采用美国社会党的纲领,作为美国工人联合会的政治宣言和纲领。"①不过,美国工人联合会在接受集体会员的时候,并不要求每个组织都承认社会主义的纲领,而只要求它不与劳联同流合污,并且具有建立革命的工人运动的要求。所谓的"革命运动"是完全按无政府工团主义的蓝图设计出来的。美国工人联合会的领导机关曾经做了一个说明:"无产阶级的经济组织是社会主义运动的心脏和灵魂,而政党只不过是它在选票箱方面的公开表现。产业工会主义的目标是,把工人阶级按照相近的生产部门组织起来,以便使工人阶级即使丧失了选举权,仍然拥有一个经过文明训练的经济组织去为自己的利益接收和集体管理工业设备与财富资源。"②

美国工人联合会在组织上没有取得重大的发展。它的基本力量一直是西部矿工联合会。有人认为:"美国工人联合会实际上只不过是西部矿工联合会的别名。"

除去美国工人联合会以外,组成世界产业工人联合会的还有东部的两个组织:社会主义工人党和它领导下的工会——社会主义行业与劳工联盟。经过不断分裂,20世纪初的社会主义工人党只不过是德里昂领导下的一个不大的派别。这个党一贯坚持"从外面破坏"劳联的激烈主张,反对任何妥协和政治谈判。早在19世纪90年代,它就提倡双重工会制,并且建立了社会主义行业与劳工联盟同劳联相对抗。在行业与劳工联盟趋于衰落后,社会主义工人党成为国际产业工人联合会的积极支持者。后来它的主要领导人和许多党员都曾经是世界产业工人联合会的会员。

① Paul F. Brissenden, *IWW*, p. 45.

② Paul F. Brissenden, *IWW*, p. 46.

社会主义行业与劳工联盟成立于1895年。它的主要创建者是德里昂。联盟的组织结构同劳动骑士团很相似，特劳特曼把它叫作"劳动骑士团的缩小版"，因为"它拥有以同样的知识分子为首的同样的地区联合会，同样的地方行业组织和同样的混合组织，以及同样掌握在总部手中的中央独裁机构"。[1]

社会主义行业与劳工联盟的目的是："跨过当前仍占统治地位的有组织工人的躯体……跨过'纯粹的简单的老工会主义'的原则和传统，把所有的熟练的和非熟练的工资工人组织到地方的和地区的联合会里去；推进工人阶级的政治运动并促使它沿着社会主义工人党在这个大陆上所代表的国际社会主义路线发展。"[2]但是，在德里昂的领导下，联盟每况愈下，其目的始终未能实现。到1898年，它的会员人数下降到3258人，分散在22个行业组织中，力量极其微弱。[3]它不仅无力同劳联较量，而且在所领导的罗得岛的唯一的一次重要罢工中遭到失败。到世界产业工人联合会成立前夕，联盟已经是一个毫无实力的工会组织了。它的加入虽然不能给新组织带来强大的力量，但是它的原则和主张却仍然有相当大的影响。

世界产业工人联合会的建立　1904年6月，在丹佛召开的西部矿工联合会第十二次年会做出决议，责成它的执行委员会制订一个计划，"把整个工人阶级联合到一个统一的组织中去"。会后，西部矿工联合会的领导人海伍德和莫耶同美国工人联合会的代表丹尼尔·麦克唐纳、铁路联合会的代表乔治·埃斯蒂斯私下会晤，探讨建立新工人组织的途径。

1904年11月，六位著名的工人活动家在芝加哥美国工人联合会总部进一步讨论如何改革工人运动的问题。他们是：《酿酒工人报》的编辑威廉·E.特劳特曼、铁路联合会的代表乔治·埃斯特斯和W.L.霍尔、英国

---

① Paul F. Brissenden, *IWW*, p. 49.

② Paul F. Brissenden, *IWW*, p. 50.

③ Paul F. Brissenden, *IWW*, p. 52.

火车司机混合协会美国分会代表伊萨克·考恩、美国工人联合会总司库克拉伦斯·史密斯、《工人之声报》编辑托马斯·J.哈格蒂。尤金·德布斯和联合金属工人国际工会总书记查尔斯·O.谢尔曼虽然没有参加会议，但对改革工人运动，建立新的全国性的革命工人组织非常关心，并且进行了许多有益的工作。

参加会议的六位工人活动家经过讨论一致同意应当建立一个"能够适应现代工业形势的工人组织"。同时，他们于1904年11月29日向30位激进的工人领袖发出通告信，邀请他们于1905年1月2日在芝加哥举行秘密会议，"讨论在正确的革命原则上联合美国工人的途径和办法"。

22位接到邀请的人准备按期参加会议，12人因故不能出席，但对会议的原则表示赞同。只有社会党的两名成员维克托·柏格和马克思·海斯不接受邀请，也不表示支持。柏格对会议的邀请置之不理，海斯在1904年11月30日致W.L.霍尔的信中说明了他不准备出席会议的原因。他写道："这件事在我看来，好像我们将要再次经受另一个社会主义行业与劳工会联合会的经验，我们已加入现存工会的人要自动放开手足。如果我的推测是正确的，这就意味着另一次以社会主义者为一方，其他所有派别的人为另一方的旷日持久的战斗。请允许我坦率地说，在任何情况下我都不允许自己卷入任何分离运动或者工人各个派别之间的自相残杀的战争……假如发生任何战斗的话，我愿意运用我的力量和我可能拥有的一切手段去轰击共同的敌人——资本主义。"[1]海斯的态度是社会党中派和右翼领袖所持的态度。他们不管形势是否发生变化，一贯主张在劳联内部进行工作，不同意采取组织分裂手段，另组工会。他们不惜任何代价要保持工会运动的统一，把成立世界产业工人联合会看成是"分离运动"和"工人各个派别之间的自相残杀"。1904年社会党代表大会曾正式通过决议，不支持新创建的工会，并且声明："无论是政治上的还是其他方面的意见分歧都不能证明在产业运动中分裂工人力

---

[1] Paul F. Brissenden, *IWW*, p. 46.; Melvyn Dubofsky, *We Shall Be All*, p. 77.

量是正确的。"①

尽管遭到社会党人的反对,秘密会议仍然按期于1905年1月2日在芝加哥胡泊街122号举行。参加会议的有来自9个工人组织的23名代表。其中有西部矿工联合会主席莫耶、书记海伍德,《矿工报》编辑奥尼尔,《国际社会主义评论》编辑西蒙斯,社会主义工人党和社会主义行业和劳工联合会的组织员弗兰克·博恩,《工人之声报》编辑T.J.哈格蒂,金属制金工人联合会代表C.O.谢尔曼和"玛丽·琼斯大妈"等著名工人活动家。

经过三天的热烈讨论,会议通过一个宣言,包括十一条改革工人运动的基本原则。其中最重要的有六条:第一,建立一个包括所有工业部门的统一产业工会;第二,这个产业工会"必须建立在阶级斗争的基础上";第三,它必须作为工人阶级的经济组织建立起来而不同任何政党发生组织联系";第四,"一切权力都将掌握在集体成员手中";第五,一切证件在工会内部均可通用;第六,允许产业工会内部的行业工会享有地方自主权。宣言最后向全体工人发出号召,呼吁同意宣言的基本原则的工人于1905年6月在芝加哥集会,以便按照这次会议所规定的路线建立一个工人阶级的经济组织。

所有一月会议的与会者都在宣言上签了名,宣言作为这次会议的正式文件散发给美国的各个工会和欧洲的产业工会。宣言中包括一些非常激进的思想,甚至有社会主义思想。难怪当时许多报刊都把一月会议说成是社会主义者的集会。但是,社会党人却不承认这次会议同他们有任何关系。M.S.海斯为了不承担这次会议的一切责任,迫不及待地代表美国社会党发表声明说:"第一,没有哪一个上诉号召的签署者正式表示同社会党保持一致;第二,没有一个签署者近年来曾作为社会主义的宣传者在美国劳工联合会会议讲台上露过面,发过言或者为人们所知道;

① Marc Karson, *American Labor Unions and Politics*, *1900-1918*, Carbondale: Southerna Illinois University Press, 1958, p. 118.

第三,是否有哪个美国劳工联合会的代表对芝加哥会议召开的事情曾经略有所闻,是值得怀疑的。"①

宣言遭到了社会党领袖的抵制但却为激进的工人所接受。1905年6月27日,按照宣言预定的时间,在芝加哥布兰德会堂举行了世界产业工人联合会的成立大会。参加大会的有来自西部矿工联合会、美国工人联合会、其他工会、社会主义工人党、社会党的代表和劳联地方组织的个别人。他们代表43个工会和6万名工人。②不过,这个数字并不确切,人们采用它只是为了做简便的估算。实际上,出席大会的203名代表可以分为三种情况:一,受权代表所在组织的人有70名,代表23个工会和工人团体,51430名会员;二,未受权代表所在组织的代表72名,来自20个工人组织;三,以个人身份出席大会的有61人。如果把第一种和第三种代表所代表的人数加起来,总数只有51491名。③

大会首先由海伍德发言,他用激烈的语调表述了新组织的目标并抨击了劳联的政策,他说:"我们在这里集会是为了把这个国家的工人联合起来形成工人阶级的运动,这个运动将把从资本主义奴役下解放工人阶级作为自己的目标……这个组织的目的是使工人阶级越过资本家老板,掌握经济权力、生产资料、控制生产机器和分配。自称代表这个国家工人运动的美国劳工联合会不是代表工人阶级的运动。它不代表工人阶级……这个组织将在阶级斗争基础上形成和建立,它主张不妥协、不投降,并且只有一个目的,那就是使这个国家的工人占有他们劳动产品的全部价值。"④

海伍德的发言博得了代表们经久不息的掌声。接着德布斯、德里昂都在会上发言,斥责劳联的阶级调和政策和歧视非熟练工、童工、女工的

① Paul F.Brissenden, *IWW*, p. 64.

② Marc Karson, *American Labor Unions and Politics*, p. 118.

③ Paul F.Brissenden, *IWW*, p. 73.

④ Melvyn Dubofsky, *We Shall Be All*, p. 81.

行为。德布斯指出，劳联"已经趋于明显的反动，只不过是资产阶级的附属品"，所以虽然"美国劳工联合会有众多会员，但资产阶级却不怕它……"①

反对劳联的战斗气氛使不同派别、不同思想的人物捐弃前嫌，团结在一起。多年来分道扬镳的德里昂和德布斯也在会上握手言欢，使大会的热烈情绪达到了高峰。一位与会者高兴地说："我看到好像来自东部的德里昂、西部的海伍德……中部的德布斯……这样一些明智的伟人在这里"会聚一堂，相信"这次大会的结果一定会对全世界工人产生良好的、鼓舞人心的影响"。②海伍德对世界产业工人联合会的未来也是充满信心的，他把这次大会比喻为"工人阶级的大陆会议"。

大会还讨论和通过了纲领。纲领强调了阶级斗争的思想，纲领"序言"中写进了这样一段话："工人阶级和雇主阶级毫无共同之处。只要成百万工人还在忍受饥饿和穷困，构成雇主阶级的少数人还在享有生活中一切美好的东西，就不可能实现和平。"③纲领"序言"中也反映了无政府工团主义的某些思想，强调工人阶级在"政治上和工业上的平等"只有通过工人的经济组织来实现，而不同任何政党发生关系。

在世界产联的纲领中还规定用"直接行动"来实现自己的目标——推翻资本主义制度。所谓的"直接行动"有两种解释。一种解释是："直接行动，就是从老板手中取得更多东西的任何努力。"另一种解释是："'直接行动'就是通过你们的工人联合会直接对付老板。一切形式的罢工，都是人们所熟悉的'直接行动'的例子。"

大会最后选出了以社会党人谢尔曼为主席的领导机构。

世界产联的成立给美国工人运动注入了新的活力。它的激进的纲

---

① ［美］方纳：《美国工人运动史》第4卷，第33页。

② Melvyn Dubofsky, *We Shall Be All*, p. 83.

③ William D. Haywood, *Bill Haywood's Book: The Autobiography of William D.* Haywood, New York: International Publishers, 1958, p. 185.

领和行动同劳联形成鲜明的对照在纯粹工会主义思潮大肆泛滥的形势下无疑是一支异军突起。当时世界产联内部虽然已经存在着无政府主义的思想影响,但还不是一个无政府工团主义组织。用他们的话来说,世界产联信奉的是"产业工会主义"或者叫作"革命的工团主义"。

在龚帕斯和劳联的其他领导人看来,世界产联的成立是对劳联的严重挑战,因此对它抱极端敌视的态度,并进行种种破坏。龚帕斯曾经用重金收买格兰特·汉密尔顿充当间谍,专门刺探世界产联的情报。他十分注意社会主义者的活动,并一再提醒劳联的其他领导人不要忽视这个问题。龚帕斯在致朋友的信中写道:"我觉得,我们将会面对芝加哥会议的一个结果,就是社会主义者将会更彻底地致力于从内部控制劳联。"[1]格兰特·汉密尔顿曾经把他在世界产联大会期间所获得的印象告诉龚伯斯。他认为世界产联不会构成对劳联的严重威胁,因为在这个新组织内部存在着各种力量的划分。在社会主义工人党人和社会党人之间,在美国工人联合会和社会主义行业与劳工联合会之间是存在着分歧的。但是,汉密尔顿的报告并没有使龚帕斯感到放心。他曾经忧心忡忡地写信告诉一位英国记者说:"请想想吧!请想想,社会主义工人党的代表德里昂和在两次竞选中作为社会党总统候选人的德布斯握手言好,宣布他们是亲密的朋友,并且集中他们的力量来破坏工会运动……用社会主义立场对待美国工会的历史就是工业上的过失的记录,美国工会将同它斗争到底。"[2]

第二节　内部分歧和初步成就

初期的组织建设和领导人　世界产业工人联合会成立后的第一件大事就是开展组织建设工作。它在成立大会期间虽然号称拥有6万名会员,但是这些会员和他们的组织从一个独立活动的工会或工人团体转

---

[1]［美］方纳:《美国工人运动史》第4卷,第172页。

[2] Melvyn Dubofsky, *We Shall Be All*, p. 94.

变为世界产联的一个分支是需要一个过程的。改组最快的是美国工人联合会。8月1日,它结束了自己的会务,连同它的1100名会员和817美元59美分经费结存正式转到世界产联的旗帜下,接踵而来的是谢尔曼的金属制造工人联合会、拥有1200人的社会主义职工联盟等组织。但是谢尔曼的联合会并不是像他所宣布的那样有3000名会员而是只有800人。到9月,世界产联的会员也只有4247人,直至第二年4月1日才增加到13266人。[①]西部矿工联合会名义上是世界产联的基本队伍,但实际上在相当长时间内一直保持着自己的独立地位。它在自己的1906年代表会议以后才真正成为世界产联的一个组成部分,使世界产联的会员人数接近6万人。

如果说在组织建设方面没有遇到太大麻烦,那么在领导人的选择上却出现了失误。无论是主席谢尔曼还是司库特劳特曼都不是称职的领导人。他们在自己的任期内不但无所作为,而且给世界产联造成了一些损失和麻烦。

谢尔曼是美国社会党人的右翼领导人。他同劳联领袖龚帕斯之间关系密切。1904年12月27日,他在刚刚参加世界产联筹备会后立即写信通知龚帕斯说他的金属制造工人联合会仍然是劳联的分支。他曾经幻想在劳联内部取得显赫的地位,这个幻想破灭以后就力图在新的工人组织中得到它。他当选世界产业工人联合会第一任主席,同时也是唯一的一位主席(之后这个职务被废除了)以后,就利用一切机会抬高自己的地位和谋求经济上的好处。

他在世界产联内部宣传面包黄油工会主义,认为革命和合作社团体是未来的、遥远的事情,当前对广大工人来说,迫切需要的是面包和黄油。这种论调和纯粹工会主义如出一辙,理所当然地受到广大会员的反对。

[①] Fred Thompson, *The IWW: Its First Fifts Years (1905-1955)*, Chicago: Industrial Workers of the World, 1955, p. 23.

特劳特曼的观点接近于德里昂主义者。他善于宣传鼓动,但却不是一个有才能的组织者。在他担任司库的一年中,对于集体会员和个人会员的情况缺乏准确的记载,甚至无法在1906年大会上提出年度财政报告。1906年,谢尔曼下台后,他被选为新的领导人——总组织员。在他任职的时期内,世界产联在组织上没有取得重大的发展。后来,特劳特曼离开世界产联,成为德里昂的助手。

在世界产联的各个组织中,威廉·海伍德是最孚众望的领袖人选。但是,由于他同西部矿工联合会的主席莫耶被政府方面牵扯进刺杀前州长斯托伦伯格案件中,因而不可能参与世界产联的领导工作。从1806年2月被投入爱达荷监狱,到第二年夏天进行审讯的时间里,海伍德和莫耶完全失去了从事任何工作的可能性,不仅给世界产联同时也给西部矿工联合会带来了巨大损失。但另一方面,他们两人的被捕也从反面激发了世界产联的斗志。在广大会员的要求和支持下,世界产联开展了一次广泛的营救海伍德和莫耶的宣传运动,募集了10982美元51美分捐款作为他们两人的辩护基金。

劳联的破坏也给世界产联的初期活动造成了一定的困难,因而影响了发展速度。在一些地方,劳联的地方组织公开破坏世界产联领导的罢工运动,使罢工遭到失败,世界产联的声誉因而受到损害。例如,世界产联的杨斯敦白铁工和石板工人工会在举行罢工的时候,遭到了工厂老板和劳联的联合进攻。当地的劳联组织竟然接受老板的要求,允许会员作为罢工破坏者进入正在罢工的工厂,取代世界产联会员的职务。除此以外,在杨克斯和圣佩德罗等地也出现了劳联会员趁罢工之机,排挤世界产联会员的事件。

内部分歧 1906年,世界产联的一位活动家马克思·海斯曾在自己的报告中说,在世界产联内部存在着两种力量的分歧和矛盾。一种力量是产业主义者和社会主义者。另一种力量是德里昂派和无政府主义者。以谢尔曼为代表的第一种力量对于第二种力量十分担心,恐怕他们将把自己的主张变成整个世界产联的行动计划。他曾援引一位会员的话说:

"假如下月举行代表会议……我断言,德里昂——无政府主义者共同强加给我们的学究式的胡言乱语将变成每个人都能明白和想象到的明确的战斗纲领。"①这个估计是不无根据的。1906年7月,一位会员向《产业工人》建议在世界产联的领导机构中取消主席这一职务。接着,一个以芝加哥为基地的团体要求修改会章和组织结构。8月14日,属于交通运输工会、金属和机器制造业工会、印刷工人工会、雪茄工人工会的16个地方组织的代表在芝加哥集会,探讨了世界产联的组织结构和工作,一致同意废除主席职务。这无疑是对世界产联的领导机构及谢尔曼本人的一次严重挑战,同时也预示着即将召开的第二次大会将是一次争论激烈的大会。

1906年9月17日,第二次代表大会在芝加哥召开。海伍德和莫耶在押,哈格蒂、德布斯、西蒙斯均因故未出席大会。在大会上形成了德里昂和谢尔曼两派激烈争执的局面。大会开始,以德里昂为首的反对派就提出了两个问题:1.指责谢尔曼故意使用小会议厅,从而把反对派排斥在会场之外,要求将会议改在布兰德大厅举行;2.反对由谢尔曼一手指定的资格审查委员,要求重新组织这个委员会。最后,大会经过讨论接受了反对派的批评和建议。接着就围绕是否废除主席职务问题展开激烈争论。谢尔曼采取拖延战术,企图使会期延长,从经济上打垮反对派,使他们由于无力继续支付食宿费而不得不自动退出争论。但是,德里昂在会议进行到第十天的时候,提出一个建议,要求大会给予与会代表每天1美元50美分的补助费。这个建议以多数票通过,于是谢尔曼的拖延战术无法奏效。后来谢尔曼曾回忆说:"我们相信,我们可以通过阻挠战术使他们挨饿被迫退出会议。但在第十天快结束的时候,德里昂提出的一个决议案得到通过,他们在会议期间,每天可以得到1美元50美分作为工资和生活费用。这个数目比他们当中的任何人所挣的工资还要高,他们准备和他一起待到圣诞节。"②

---

① Melvyn Dubofsky, *We Shall Be All*, pp. 108–109.

② Fred Thompson, *The IWW*, p. 23.

10月2日,大会进行选举。主席职务被取消,谢尔曼落选。特劳特曼当选世界产联的总组织员,取代了谢尔曼的领导地位。谢尔曼对选举结果极为不满,认为"革命派"上台将导致世界产联的毁灭。他在告别发言中咒骂说,世界产联"作为一个组织它已经为自己准备好追悼会了"[①]。

　　谢尔曼不遵从第二次代表大会的决议,拒绝向新选出的领导机构交出会址和基金。大会闭幕后,他立即在芝加哥西墨迪逊大148号世界产联总部召开原来的执行委员会,决定占据办公室,并且雇用平克尔顿密探来保护他们的财产。10月4日早晨,当圣约翰·赫斯利伍德和W.I.费歇尔代表新执行委员会进入总部的时候,发现所有的办公室都被谢尔曼派人占用,而且有私人密探在外面保护。于是,他们向法庭提出诉讼,法庭最后判决世界产联第二次代表大会的决议有效,并命令谢尔曼将世界产联的所有财产全部交给新执行委员会。

　　但是,法庭的判决只是解决了谁应当管理世界产联财产的问题,不仅不能缓和两派的争执,而且使这种争执更加激化。在世界产联的基本力量西部矿工联合会内部也出现了"革命派"和谢尔曼派的激烈争论,以麦克马伦为首的一派倾向于纯粹工会主义,以圣约翰·赫斯利伍德为首的一派支持新的执行委员会。从1906年10月到1907年5月,双方在《矿工报》上发展文章,互相攻击。在西部矿工联合会的领导层中,反世界产联的情绪逐渐增长。1906年11月,西部矿工联合会在反对派的控制下,竟然拒绝在1906年年会公报上签字,表示对这次大会和新领导机构的强烈不满。于是,特劳特曼代表世界产联于1907年1月15日宣布暂时停止西部矿工联合会的会籍。

　　许多激进的工人活动家对于世界产联内部愈演愈烈的纷争表示不安。他们尤其担心西部矿工联合会1907年的年会将会导致更激烈的争执,并给世界产联带来巨大困难。1907年3月,海伍德在致圣约翰的信中表明了他的忧虑。他写道:"我最害怕的事情就是在下届大会上将会

[①] Melvyn Dubofsky, *We Shall Be All*, p. 112.

重演毫无用处和毫无意义的争论……必须予以防止。"①事情果然不出
所料,在西部矿工联合会1907年年会上,两派围绕世界产联问题的争论
持续了一个月之久。争论的中心问题是应不应当在一月会议的原则上
重建世界产联。"革命派"和"温和派"之间始终未能就此问题达成协议。
后来,由于温和派取得了优势,西部矿工联合会自动退出了世界产联,世
界产联遭到了严重削弱。一些工人活动家对于这个组织是否能够重整
旗鼓表示怀疑,海伍德认为:"关于重建世界产联,在条件成熟以前是做
不出什么事情的。"奥尼尔甚至宣布世界产联已经死亡,他说:"世界产联
已不过是一种回忆。它死了,我们把它的腐臭忘记得越快越好。"②

初期活动和成就　当世界产联的领导人和对立的派别在争夺职务
和席位的时候,广大的会员和许多地方组织却在顽强奋斗,取得了一个
又一个成绩,使美国工人运动的面貌焕然一新。世界产联在各地的组织
和会员热情支持和参加罢工运动,特别是非熟练工人的罢工运动。根据
特劳特曼的报告,从1906年到1907年,世界产联一共领导了24次罢工,
遭到失败的只有2次,其余的罢工或者取得了胜利,或者达成了妥协。③
甚至在远离基地的东部,世界产联的成员也积极投入了罢工运动。他们
在康涅狄格州的布里奇波特,在缅因州的斯科伍赫干和纽约州的斯克内
克塔迪都曾发动和领导过非熟练工人的罢工,并且迫使公司方面做出重
大让步。世界产联进行罢工的目的不仅在于取得经济上的好处,而且还
在于"提高工人阶级的觉悟水平和主动性"。因此,它摒弃了过去离开工
厂,在家中坐等消息的消极办法,组织工人主动出击,在工厂周围设置警
戒线,举行示威游行,并在斯克内克塔特的罢工中,在美国历史上第一次
使用了不离开工厂的静坐罢工手段。

　　世界产联彻底消除了种族歧视,在团结少数民族工人方面取得了突

---

① Melvyn Dubofsky, *We Shall Be All*, p. 118.

② *Chicago Daily Socialist*，March 9, 1908.

③ [美]方纳:《美国工人运动史》第4卷,第83页。

489

出的成绩。海伍德在1905年6月芝加哥大会上明确指出,世界产联对一切工人"一视同仁,不管他是黑人还是白人……也不管他是美国人还是外国人"[①]。在世界产联"致有色男女工人"的传单上这样写道:"如果你是雇佣工人,就欢迎你光临世界产联会堂,而不管你是什么肤色。由此你可以看到,世界产联不是白人的联合会,也不是红种人或是黄种人的联合会,而是工人的联合会。"[②]世界产联是第一个吸收华裔美国人的工会,它的会员又叫作"瓦布里",就是因为华工发音不准,常常把该组织的缩写念成瓦布里。世界产联在西部的森林营地、农场、矿山铁路,以及怀俄明的煤矿都组织过有中国人和日本人参加的工会。当加利福尼亚、雷丁地方的美国公民联合会领导人要求世界产联支持他们排挤华工出城的时候,它的回答是:"我们不主张由于肤色的原因把任何人的工作排挤掉。"[③]

由于世界产联坚持种族平等的政策,几乎在它组织的历次罢工中都有少数民族工人参加,而且表现突出。例如,1907年布里奇波特罢工中的美籍匈牙利工人虽然语言不通,但却表现了对世界产联的信赖和良好的纪律。一位被派往那里进行破坏活动的劳联分子大为吃惊,他在给龚帕斯的信中说:"匈牙利人对于双重工会(指世界产联)的忠诚令人感动。他们坐在罢工会议上倾听他们完全听不懂的演讲者的讲话,而且在结束的时候比别的任何人都更响亮地鼓着掌。"[④]

世界产联的活动家在流动工人中做了大量工作,并且取得了初步的成就。流动工人主要集中在西部,他们是季节工,通常在林场和农场做工,冬天流入附近城市。劳联认为他们是无法组织起来的工人,根本不去开展工作,而世界产联的组织者们却克服一切困难到他们当中去进行宣传鼓动,没有路费就搭乘货车,没有会场,就在街头巷尾,站在随身携

---

① [美]方纳:《美国工人运动史》第4卷,第37页。

② [美]方纳:《美国工人运动史》第4卷,第126页。

③ [美]方纳:《美国工人运动史》第4卷,第123页。

④ Melvyn Dubofsky, *We Shall Be All*, p. 126.

带的空肥皂箱上"登台"演讲,揭露资本家和职业介绍所对流动工人的欺骗行为。世界产联在流动工人中的影响逐渐扩大。

然而,世界产联在初期活动中也曾遭受过沉痛的失败,戈德费尔德事件使世界产联的幻梦遭到破灭。戈德费尔德是内华达的一个矿山城镇,那里的工人绝大部分是世界产联的会员,在一段时间内,矿山老板们都不得不听从世界产联的支配。这个城市曾是无政府工团主义的样板。因此,人们把这个地方叫作"世界产联的乌托邦"。戈德费尔德世界产联的基础是它的第七十七地方分会和西部矿工联合会的第二百二十地方分会。1906年9月,世界产联和西部矿工联合会的领导人分道扬镳以后,世界产联戈德费尔德地方组织还暂时能够保持一致,直到1907年春天才开始分裂。矿山老板和劳联都利用这个时机,力图一举摧垮世界产联。1907年3月,戈德费尔德的企业家和矿场主协会宣告成立。同时,龚帕斯派出专门的组织员到戈德费尔德同资产者合作,并怂恿西部矿工联合会中的保守分子破坏世界产联的组织。

1907年3月15日,企业家和矿场主协会发动了第一次进攻,关闭了所有的工厂和矿区,停工三天,解雇了所有的世界产联会员。但是,协会低估了世界产联的力量,不得不于4月22日同它重新达成协议,恢复该组织成员的工作。11月,矿主们又发动了第二次进攻,宣布停止用现金支付工资,引起了大规模罢工。12月2日,他们通过州长向总统请求派兵维持秩序。12月6日,联邦军队进入戈德费尔德。在军队的控制下,罢工者纷纷脱离世界产联,或者离开戈德费尔德,另谋生路。1908年4月3日,罢工者在投票决定结束罢工的时候,与会投票者只有115人。[1]正如一个矿主在1911年所说的那样:"西部矿工联合会和世界产业工人联合会现在已从戈德费尔德营垒中消失"。戈德费尔德的失败是无政府工团主义理论的破产,也预示着更悲剧的结局正在等待着世界产联。

---

[1] Melvyn Dubofsky, *We Shall Be All*, p. 124.

第三节　第四次代表大会和为争取演讲自由而斗争

第四次代表大会　在西部矿工联合会退出世界产联之后,产联内部又在酝酿着新的分裂。这次分裂发生在"革命派"内部,德里昂派和无政府工团主义之间。双方的争执首先从理论问题开始。德里昂派认为,工资的增长必然引起物价上升,工人阶级仅仅依靠工会进行争取提高工资的斗争,不可能改善自己的处境。工人阶级的目标只有通过革命行动废除工资制度才能达到。无政府工团主义者则认为工资的增长不会引起物价上升,"假如工资的增长会引起物价上升,那么雇主们就会欢迎增加工资而不会加以反对,同时他们通过削减工资受到的损失要比得到的好处大"。无政府主义者反对德里昂派的"理论错误",而且反对他们贬低工会作用的观点,认为按照德里昂派的说法,"工会是无足轻重的,或者说只有次要的意义"。争论双方都在《人民周报》和《产业工会通报》上发表文章,互相攻击。

争论更为激烈的是"政治行动"问题。德里昂曾经在《人民周报》上宣传"政治行动"原则,批评世界产联内部反对"政治行动"的人们。1908年3月13日《人民周报》发表了一篇标题为《政治行动》的文章,对主张"直接行动"的无政府工团主义者进行了批评,从而引起了"直接行动派"领袖圣约翰等人的强烈不满。在他们控制下的执行委员会指责德里昂利用"人民周报"反对产联,企图夺取它的领导权,并把它变为社会主义工人党的附属品。

德里昂本人和他的信徒是否企图夺取领导权?这是另一个问题。不过,执行委员会的态度却表明双方的分歧是原则性的,不可调和的。世界产联的无政府工团主义领导人绝对不允许把"政治行动"带到内部来。这一次,他们下决心向德里昂派开刀。

1908年9月21日,世界产联的第四次代表大会在芝加哥举行。无政府工团主义者控制着整个大会,圣约翰被推选为大会主席。大会的资格审查委员会首先对德里昂的代表资格提出异议,不同意他作为事务员地方工会代表出席会议。大会主席圣约翰公开声明,他不同意德里昂参加大会的原因在于以德里昂为首的"反对派"企图把世界产联从一个革命组织变成实现德里昂个人野心的纯粹的政治工具。他也不相信,革命运动"在工人群众相信反对派(德里昂)所宣传的思想的时候,能够取得成就"。因此,他不能允许德里昂"作为代表取得这次大会的席位"①。大会最后以40票对21票的多数否决了德里昂的代表资格。于是,德里昂和他的追随者退出大会,在底特律另外设立一个世界产联总部。于是从1908年到1915年存在着两个世界产联。德里昂的底特律世界产联被称为黄色世界产联,芝加哥的世界产联被称为红色世界产联。1915年,底特律世界产联改称国际工人产业联合会,1925年宣告解放。

德里昂及其追随者退出大会之后,圣约翰等人立即建议修改会章,企图将其中涉及政治行动的内容完全删去,使之成为一个纯粹的无政府工团主义的文件。但是,这个计划遭到相当多人的反对。经过长时间争论以后,以35票对32票的微弱多数对会章序言做了如下改动和增补:

1.序言的第二段修改为:"这两个阶级之间的斗争必须进行到全世界工人组成阶级,拥有土地和生产机器并消灭工资制度。"②

2.在序言的结尾增加了两段话:

我们必须取消保守的口号"一天公平的劳动换取一天公平的工资",把革命的口号"废除工资制度"写在我们的旗帜上。

铲除资本主义是工人阶级的历史使命。生产大军必须组织起来,不仅为了同资产者进行日常的斗争,而且还将在资本主义被推翻以后继续进行生产。我们根据产业工会的形式组织起来,这就是

---

① [美]方纳:《美国工人运动史》第4卷,第109页。

② [美]方纳:《美国工人运动史》第4卷,第111页。

在旧社会的外壳里建立新社会的结构。①

　　大会选举圣约翰为总干事,特劳特曼为司库。从此以后,无政府工团主义者对世界产联的控制日益加强。1913年特劳特曼退出芝加哥产联,加入了德里昂主义者的行列。

　　争取演讲自由的斗争　争取演讲自由的斗争是于1909年在米苏拉开始的。随地举行街头演讲是世界产联独创的一种宣传方法,在组织西部流动工人过程中曾经起过非常重要的作用。这种方法灵活简便。演讲者只需要随身带一个空肥皂箱,随时都可以"登台"演讲。他们既可以分散作战,又可以集中活动。什么地方有工人群众,他们就在什么地方出现。

　　开始,这种宣传方法只有少数人采用,随后随着形势的变化发展为一个广泛的运动。1909年夏天,文森特·圣约翰考虑到米苏拉是季节工人聚集的地方,特别派遣世界产联的著名活动家E.G.弗林和她的丈夫杰克·琼斯到米苏拉开展组织工作。他们到达米苏拉后,在一家剧院的地下室里建立了世界产联的办公室。为了节省费用,他们决定不举行任何正式的会议,就在街头巷尾开展宣传。出乎他们的预料,这种街头会议收到了意想不到的效果,并且引起了当地政府的惊恐。米苏拉市政会议匆促通过一个法令宣布街头会议为非法活动,并且把进行宣传的世界产联会员逮捕入狱。于是,世界产联的领导机构向全国发出呼吁,请求支持演讲自由的人们到米苏拉去同专制者做斗争。成千上万的世界产联会员不断涌进米苏拉,一个接着一个地登台演讲。米苏拉的监狱很快就挤满了街头演讲者。各地的社会舆论都支持他们。

　　这场奇特的战斗使得米苏拉政府的财政负担突然加重,并且面临强大的舆论压力。最后,它不得不向世界产联投降,撤销禁止街头会议的禁令,释放被监禁的演讲者。

---

① Fred Thompson, *The IWW*, p. 23.

争取演讲自由运动迅速扩展到斯波坎和弗雷斯诺,世界产联的影响也随之扩大,他们曾自豪地把这场运动叫作"争取把街道作为自由演讲场所和实现组织权利的斗争"①。1911年到1914年间,在阿伯丁、圣迭戈和堪萨斯城发生的运动更为激烈。

阿伯丁的市政会议同当地的资产者、退伍军人勾结起来对付世界产联。1911年夏天,市政会议下令禁止街头集会。11月22日,5名在街头演讲的世界产联会员被捕入狱,当天晚上,一群退伍军人和资产者进入监狱肆意殴打五名被押者。第二天,由这些人组成的500人的特殊警察营队正式建立。他们手执大棒,到处驱赶集会群众,制造了多起流血事件。为了对付日益增多的囚犯,政府于12月采取了新的措施。先由特殊警察拷打被监禁的世界产联会员,然后把他们押送出境。他们原以为这样就可以破坏世界产联的自由演讲运动。但是,这种侵犯人权的野蛮行为不仅没有把世界产联吓倒,反而激起了社会的公愤。阿伯丁政府和资产者最后不得不承认自己的失败。

1912年,圣迭戈的运动持续了半年多。这一年春天,圣迭戈政府把几百名在街头演讲的世界产联会员关进监狱,并且虐待和鞭打他们。一位目击者揭露说:"城市畜类收容所的狗所得到的待遇也比这些人好。"一位六十五岁高龄的世界产联老战士迈克尔·霍伊由于在监狱中长期受到非刑拷打,终于被夺去了生命。圣地迭戈的复员军人还从监狱中把世界产联会员押送到荒沙野地,然后毒打他们,不准许他们返回圣迭戈。这一伙暴徒甚至威胁、绑架那些敢于报道真实情况的记者。

9月初,联邦总统塔夫特出面干涉自由讲演运动,建议"政府使用它的全部力量来粉碎这个组织(世界产联)采取的方法",并且认为,大约有1万名世界产联会员"在策划推翻美国政府的阴谋"。但是,司法部详细调查以后,没有找到任何证据证明总统的怀疑。因此,联邦政府找不到动用军队的法律根据。在这以后,圣迭戈的形势逐步趋于缓和。不过,

---

① [美]方纳:《美国工人运动史》第4卷,第172页。

一直到1914年才真正恢复了街头演讲自由。

　　堪萨斯城的运动发生在1914年。当地政府把世界产联会员投进土牢，让他们睡在硬地上，每天只供给少量面包和水。为了抗议这种非人的待遇，监狱中的世界产联会员进行绝食斗争，经过艰苦奋斗，才迫使当地政府取消了禁令。

　　上述各个地方的运动都以世界产联的胜利而告终。它在自己的艰难历程中所取得的成就是引人注目的。一位美国学者认为："世界产联成员完成了龚帕斯和劳联认为不能做到的事情：他们把非熟练工——女工、黑人、移民、成打的少数民族团体——团结到共同的事业中。他们是在没有劳联的帮助，而且还常常在它的竭力反对下完成的。""龚帕斯错误地估计了产业联盟主义的能耐。它能够不顾禁令、民团和企业主手中掌握的整个武器库而做到"这一切。①但是，第一次世界大战爆发以后，情况发生了急剧变化，世界产联在政府和资产阶级武装的残酷镇压和打击下，终于走上了衰亡的道路。

---

① Harold C. Livesay, *Samuel Gompers and Organized Labor in America*, pp. 160-161.

第十九章　社会党的成立和初期活动

第一节　社会党的成立

第二国际的影响　第一国际解散前后,美国的老一代的马克思主义者经常通过书信联系和其他途径从马克思、恩格斯那里不断得到建议和指导。1889年第二国际建立后,不少美国的第一代马克思主义者已经退出运动,美国工人运动活动家同欧洲马克思主义者的联系几乎完全断绝,传到美国来的主要是改良主义思潮。1895年恩格斯逝世,国际共产主义运动又丧失了一位伟大的领袖和导师。机会主义者的气焰日益嚣张。1896年,伯恩施坦在《社会主义问题》的总标题下,发表了系统的反马克思主义的言论,1897年到1898年间又接着在《新时代》杂志上不断发表机会主义观点。1899年,他又在"马克思主义的权威"考茨基和阿德勒的纵容下写出了《社会主义的前提和社会民主党的任务》这一"叛卖变节作品",系统地对马克思主义进行"修正"。

伯恩施坦修正主义的出现并不是某一个国家工人党内的局部事件,而是一种国际现象。它很快在许多国家的工人党内引起了强烈的反响和共鸣,法国的内阁主义,英国的费边社和独立工党、俄国的批评派、瑞典的布兰亭派"都成了一家弟兄,他们彼此称赞、彼此学习,大家一起攻击'教条式的'马克思主义"[1]。美国社会主义运动内部本来就存在着严重的改良主义倾向。伯恩施坦修正主义的冲击使得这种倾向得到迅速

---

[1]《列宁选集》第一卷,第224页。

发展。早在1899年,美国就出版了伯恩施坦的著作《进化的社会主义》。后来,社会党的一位领袖柏格在他主办的密尔沃基报纸上和社会党的一些重要会议上公开宣传和支持伯恩施坦修正主义。社会党内几十名代表中等阶层的领导人也都是伯恩施坦的追随着。社会党的另一位领袖希尔奎特虽然以中派的面目出现,但归根结底还是站在伯恩施坦修正主义一边的。

在这种形势下建立的美国社会党不可避免地受到机会主义观点的严重侵蚀,同时也不可避免地让大批具有严重改良主义思想的人,甚至机会主义领袖人物混进自己的队伍。

印第安纳波利斯大会 1900年1月,希尔奎特派在罗切斯特召开代表会议的时候就提出同德布斯所领导的社会主义民主党合并。德布斯是美国工人运动的著名活动家和出色的社会主义者。不过,他接受社会主义思想是比较晚的。1894年普尔曼罢工以前,他不是一个社会主义者。普尔曼罢工是他一生中的转折点,这次运动推动他向社会主义迈出了第一步。他曾经回忆说:"我是在冲突的轰鸣声中接受社会主义洗礼的……阶级斗争展现在每一柄刺刀的闪耀中和每一支来福枪的火光中。"①普尔曼罢工结束后,德布斯被投入伍德斯克监狱。在监狱中,他阅读了大量书籍,同托米·摩根、基尔·哈迪、维克托·柏格等人讨论和学习社会主义。经过不断的学习和实践,德布斯逐渐在自己心中树立起牢固的社会主义信念。1897年1月1日,他在《铁路时代》上发表个人宣言,明确表示自己站在社会主义一边。他写道:"问题在于社会主义同资本主义是互相对立的。我赞成社会主义,因为我是主张仁爱的。我们受够了金钱统治的折磨。金钱不能为文明创造适当的基础。改造社会的时候来到了,我们正处在全面变革的前夕。"②

1897年6月15日,美国铁路联合会在芝加哥举行代表会议。出席

---

① Ray Ginger, *The Bending Cross*, p. 192.

② Ray Ginger, *The Bending Cross*, p. 193.

会议的只有20多名代表,而且多半是领导机构的成员。会议回顾了几年来铁路工人联合会急剧衰落的情况,决定解散联合会,成立美国社会民主党。在这次会议上,德布斯已经是一个坚决的社会主义者了。他在发言中指出:"对于我的同胞中的劳苦大众来说,除去遵循社会主义者、合作团体的宣传者所指出的道路外,没有别的希望。"[①]新的政党对合作运动存在幻想,不过它也主张财产公有、缩短工时和保障失业者得到工作。这个新的政党宣布它是"一个具有阶级觉悟的,革命的社会团体"[②]。在这次代表会议上,德布斯当选主席,詹姆士·霍根当选副主席。凯利尔被选为司库,威廉·伯恩斯、R.M.古德温被选为组织员。由他们组成党的执行委员。1898年10月,社会民主党在芝加哥华盛顿街老歌剧院内设立了自己的总部。德布斯的社会民主党发展比较快,随时都有被德里昂开除出社会主义工人党的团体组成员加入这个党。到1900年,它已拥有将近5000名党员了。希尔奎特派从社会主义工人党分离出来后也提出了同社会民主党合并的要求。不过,当时德布斯、柏格和其他社会民主党的领导人并未立即同意,因为他们担心希尔奎特派会把工会主义和德里昂主义的影响带到党内来。参加社会民主党一月代表会议的代表态度比较积极。他们在讨论了希尔奎特派的建议以后在会议上做出两项决议:1.推选德布斯为总统候选人和希尔奎特派的副总统候选人乔布·哈里曼联合参加竞选;2.指定一个委员会同希尔奎特派商讨合并问题。

代表会议结束后,双方的委员会进行过多次磋商,但毫无结果。一直到下半年,联合竞选取得辉煌胜利以后,合并的呼声才又高涨起来。1901年7月29日至31日,双方在印第安纳波利斯召开联合代表大会。出席大会的共有125名代表,其中希尔奎特派70名、德布斯派47名、其他小团体的代表8名。大会选举利昂·格林本姆为全国书记,通过了党

---

① Ray Ginger, *The Bending Cross*, p. 195.

② Ray Ginger, *The Bending Cross*, p. 199.

的纲领。联合后的政党定名为美国社会党,并决定在圣路易设立党的全国总部。当时,这个新党拥有1万名党员。

然而,组织上的合并不等于思想上的统一。这届大会所通过的纲领就是两派观点的一种混合和妥协。

纲领在开头部分强调了党的社会主义原则和目标,指出:"社会党在应届全国大会上重申它对国际社会主义原则坚守不渝,并声明其目的在于把工人阶级及其同情者组成为政党,以期取得政府权力,并用以达到将现有私人占有生产和分配手段的制度转变为全民所有制的目的。"[①]

但是,在关于资本主义制度的阐述中,纲领只做了一般分析,对帝国主义时期阶级斗争的特点完全没有提到。显然这是受了德布斯的影响。正如威廉·福斯特所说的,无论是德布斯还是德里昂都认为帝国主义"仅仅是一个经济问题",或者是单纯的"扩张主义"。社会主义工人党和社会党"这两个社会主义的政党,在它们当时的政纲中,都完全误解、低估并且忽视了帝国主义的整个问题"[②]。社会党的纲领只提到了帝国主义时期的某些现象,而没有把这些现象同帝国主义的特点联系起来。例如,纲领指出:"资本家阶级的经济利益支配着我们的整个社会制度——为了利润,工人阶级的性命被置于不顾,国与国的战争被挑动起来,肆意的屠杀得到了怂恿,同时为了使资本家可以扩展其国外的商业统治和加强其国内的统治权力,甚至毁灭整个民族也得到认可。"[③]

大会在讨论当前要求是否列入党纲的时候,发生了激烈的争执。一部分受德里昂影响的代表(或称"不可能派")认为党纲只限于宣传社会主义,阐述党的终极目的,绝对不应当反映任何当前的具体要求。大部分代表不同意这个意见。经过辩论后,大会以5358票对1325票的多数同意将当前具体要求列入党纲。纲领除规定将"一切交通通信工具、一

---

① 《美国社会党纲领》,《世界史研究动态》,1984年第7期,第23页。
②③ [美]威廉·福斯特:《美国共产党史》,第97页。

切其他公共服务事业,以及垄断组织、托拉斯、工业团体所控制的一切工业"收归公有以外,还要求"逐步缩减工时,增加工资","对工人实行州和联邦保险","男女享有平等的公民权利和政治权利","对18岁以下的全体儿童进行教育"。

党纲承认"工会运动和独立政治行动都是解放工人阶级的主要因素"。但是,它没有指出正在兴起的激进的产业工会主义和劳联所推行的行业工会主义之间的区别,这反映了希尔奎特派醉心于同劳联合作的倾向。

纲领完全没有提到农民问题和黑人问题。但是,大会却通过了邀请黑人入党的决定。这是社会党从成立到第一次世界大战爆发所通过的唯一的关于黑人问题的决议。

印第安纳波利斯大会的主要成就是建立了统一的社会主义政党,通过了基本上反映社会主义原则的党纲。尽管这个党还保留了德里昂主义和改良主义的许多特点,但它毕竟冲破了德里昂主义的束缚,使社会主义运动同广大群众建立了联系。

第二节　从印第安纳波利斯大会到芝加哥大会

希尔奎特和德布斯的分歧　希尔奎特和德布斯的分歧在印第安纳波利斯大会闭幕后日益明朗化。双方的分歧集中表现在对待工会运动问题上。希尔奎特和他的支持者主张同劳联结合,要求社会主义者加入劳联,从劳联"内部破坏它",反对在劳联以外再建立新的工会组织。德布斯则不同意与劳联合作,主张双重工会制,要求建立一个不同于劳联的新的激进的工会组织。

本来,要求社会主义者在劳联内部开展工作,努力改造这个组织,提高工人趋向社会主义的阶级觉悟,在一定历史条件下是完全正确的。但是,希尔奎特实际上放弃了斗争,采取了"中立"政策,听任龚帕斯的摆布。在龚帕斯已经公开反对社会主义、劳联已经蜕变为改良主义组织的情况下,仍然要求社会主义者同劳联合作,那就是完全错误的了。事实证明,社会主义者在劳联内部开展活动已不可能。社会党的活动分子曾经在劳联内部争取进行独立的政治运动,甚至提出社会党的候选人竞选劳联主席,以便改变龚帕斯的领导机构。但这些活动都由于劳联领袖的疯狂反对而宣告失败了。

1902年,社会党人在劳联的新奥尔良大会上提出议案,要求劳联"指导工人去组织他们自己的经济和政治力量,来为自己的劳动取得全部的代价和推翻工资制度"。这个议案是符合劳联广大会员的要求的,但在龚帕斯等人的操纵下,以4171票对4899票的微弱差数被否决了。1903年,社会党人在年会上再度提出这个议案,又遭到否决。龚帕斯还在大会上公开发表了反对社会主义者的讲话。他说:"从经济上看来你们是不通的,从社会上看来你们是错误的,从工业上看来你们是办不到的。"①在这以后,社会党人在劳联内部接连遭到失败。在1904年选举劳联主席的过程中,社会党的代表只得到1236票,而龚帕斯则以12449票的绝对多数当选主席。

德布斯对劳联完全不寄予任何希望,同社会主义运动中的左派一起积极开展建立双重工会的活动。德布斯曾经嘲笑地说:"当美国劳工联合会放弃了它的陈旧的纯粹的简单的政策的时候,当它宣布反对资本主义制度,并且支持工会具有阶级觉悟活动的时候,当它撤除那些以普通会员的政治上无知、工业上的奴隶制为代价而为自己取得肥缺的领导人的时候,当它不再依靠那个阿谀逢迎的衙门委员会的时候",他就会支持劳联,并同它合作。②

在劳联已经蜕化的历史条件下,双重工会运动是具有积极意义的。福斯特认为,以世界产业工人联合会为代表的"左翼的双重工会运动"是"工人对龚帕斯式工会的愚昧和背叛行为的英勇答复"。不过,双重工会

---

① [美]威廉·福斯特:《美国共产党史》,第100页。

② Ray Ginger, *The Bending Cross*, p. 220.

也是有错误的。其基本错误是，从劳联所属各个工会撤出最先进的分子，社会主义者等于把这些工会让给腐败的龚帕斯的机构，从而削弱了社会主义者对工会运动的影响。

　　建立双重工会制度的尝试始于德里昂，但未取得引人注目的成就。在西部地区对劳联采取独立行动的工会是西部矿工联盟。这个具有战斗力的工会从建立以来一直被劳联拒于门外。1898年，它为了把落基山脉地区的工人广泛组织起来，建立了西部工人联合会。1902年，西部工人联合会改组为美国工人联合会。德布斯、海伍德等社会主义左翼领袖都积极参加了这个组织的筹建工作，并力图把它建设成一个全国性的双重工会同劳联相对抗。在改组过程中，德布斯曾经在丹佛大会上同劳联的金属矿工工会领导人弗兰克·莫里逊进行了一场辩论，并把他彻底驳倒，从而使这次改组得以顺利进行。莫里逊首先在会上发言，强调联合一致对工会运动的重要意义，并且认为矿工们建立双重工会的行动有损于工人的事业。他要求解散西部工人联合会，取消在劳联以外建立任何新的工社组织的念头。德布斯在发言中驳斥了莫里逊的观点，指出龚帕斯等人的劳资合作论正在瓦解工人运动的基础。他质问说，假如资产者能够从他们的善良愿望出发自动增加工人的工资，那么工会还有什么存在的必要呢？德布斯建议把西部工人联合会改组为美国工人联合会，宣布赞成社会主义，并在全国范围内开展产业工会的组织工作。德布斯的建议受到与会代表的热烈欢迎并获得顺利通过。会后，德布斯到整个西北地区旅行，以便争取更多的工人支持美国工人联合会和社会党的事业。

　　美国工人联合会成立后不到三个月，在社会党内引起了广泛的、激烈的争论。1902年9月，希尔奎特派利用他们控制的圣路易地方委员会提出一个半年度报告，在报告中以反对地方组织的独立活动为名，不指名地批评了西部党员擅自为美国工人联合会开展组织工作，认为他们的行为不能代表党的立场，而只能反映他们自己热衷于建立同劳联相对立的工人组织的企图。①

这个报告公开发表后,德布斯立即在左翼社会党人的机关报《国际社会主义评论》上进行反击。他列举了劳联领导集团不支持1896年利德维尔罢工和多次企图摧毁西部矿工联合会的事实证明同劳联合作是不正确的。他最后责问说,西部矿工曾经公开声明相信社会主义,社会主义者有什么理由去攻击他们,向他们的保守的对手讨好呢?

笔头上的争论很快就发展为执行委员会内部针锋相对的斗争。柏格同希尔奎特站在一起指责德布斯和海伍德给党带来了不可估量的损失。德布斯则责骂柏格是不够格的社会主义者,双方相持不下。1903年1月,执行委员会决定免去利昂·格林本姆全国书记的职务,任命一个年轻煤矿工人威廉·梅利来代替他。党的总部也从圣路易迁往芝加哥。

芝加哥大会 尽管党内存在着希尔奎特派和德布斯派的严重分歧和斗争,社会党在成立后的三年中仍然取得了迅速的发展。它在35个州里拥有1200个支部。缴纳党费的党员人数达到20763人,相当于1901年的两倍。②这些成就的取得是同社会党普通党员的积极努力分不开的,他们在各地参加和支持工会运动和罢工斗争,在工人群众中为社会党赢得了信誉,越来越多的团体和个人加入了社会党的队伍。

然而,组织上的迅速发展也给社会党带来了组织上的严重问题,社会党的队伍里混进了一批中产阶级知识分子和改良主义分子。他们不反对资本主义,甚至反对制定反资本主义的纲领,只是在反对垄断势力方面才同党站在一起。这些人在社会党内部形成了右翼势力的组织基础,由于这个原因,社会党的领导权长期掌握在右翼领导人手中。

社会党的另一个弱点是它的涣散的组织形式。中央机构很少开展全党的统一行动或发布全国性指示。各州组织自行其是,没有什么统一

---

① 按照美国社会党党章规定,党的总部所在地的地方委员会在执行委员会休会期间代表执行委员会处理日常工作。因此,这个报告是一个全党性的文件,对于各个地方支部都有约束力。

② David A. Shannon, *The Socialist Party of America*, New York: Macmillan, 1955, p. 5.

的党纪。各种思想、各种主张都可以在党的刊物上任意宣传而不受到中央机构的干预。但是,在对待各地正在兴起的建立工人政党的运动方面,却一反常态,做出了统一规定,禁止同它们发生关系。1903年1月12日,全国执行委员会宣布:"同这样的(工人)政党建立任何直接或间接的联盟,就会危害社会党的政治上的清白和党的生命。"这个声明后来发表在1903年2月份《国际社会主义评论》上。

社会党对待黑人问题采取了错误的政策。它的领导人,尤其是右翼领导人,只看到了阶级差别,认为"世界上唯一的界线就是生产者同所有者之间的界线,也就是资本家同劳工之间的界线"。他们完全无视种族歧视和种族迫害,忽略了民族运动的重要意义。德布斯曾经说过:"我们不能给黑人什么特别的东西,我们不能对所有的种族发出不同的号召。社会党是不分肤色的整个工人阶级的政党,也是全世界整个工人阶级的政党。"[1]这种错误的民族政策给社会党带来了严重的损失,使它不能在黑人工人中得到发展。

社会党的第二次代表大会就是在既有成绩,又存在严重问题的情况下召开的。大会于1904年5月1日在芝加哥布兰德大厅举行。出席大会的有来自36个州的183名代表。[2]其中有7名妇女,2/3的代表是在美国出生的。出席这次大会的代表成分比较复杂。有20名编辑、16名印刷厂老板、15名律师和78名工会会员。代表的平均年龄为三十九岁。总的来说这是一次本土的年轻工人代表的大聚会。德布斯认为这次大会有自己的特色,具有一定的吸引力。他曾经满意地对出席大会的工人代表说:"托马斯·杰斐逊是不愿意参加当代民主党大会的。在那里他同亚伯拉罕·林肯在当代共和党大会上一样是无所作为的。假如他

---

① Ray Ginger, *The Bending Cross*, p. 260.

② 代表人数和所代表的州数,在《弯曲的十字》和《美国共产党史》中有出入。(Ray Ginger, *The Bending Cross*, p. 230;[美]威廉·福斯特:《美国共产党史》,第103页。)

们在今天还活着,他们将会成为这次大会的代表。"①

德布斯是作为印第安纳地方组织的代表出席会议的。他在会上坚持阶级斗争的观点,得到了大多数工人代表的拥护。大会根据德布斯的意见重申,工人及其雇主之间的斗争将持续下去,直到在美国建成社会主义社会为止。同时大会还要求每一名入党申请者都必须接受阶级斗争观点。最后,大会提名德布斯为社会党的总统候选人。在这次竞选中,德布斯获得409230张选票,约相当于1900年的三倍半。第二次党代表大会闭幕后不久,社会党进入了全盛时期。

第三节　社会党的全盛时期

社会党人和世界产业工人联合会　20世纪初,随着美国进入帝国主义阶段,雇主同工人之间的斗争空前激烈。雇主们发动了所谓"开放工厂"的攻势,企图清除工会会员,粉碎工人组织。1901年,6.2万名钢铁工人的罢工运动被美国钢铁公司击败了。工会在这个托拉斯所属的各个工厂中被消灭了。同年,全国五金业5.8万名技工的罢工也遭到失败,许多工厂中的工会被摧毁。只有在西部矿工联合会领导下的西部矿工所进行的半内战式的激烈斗争不断取得胜利。西部矿工联合会的积极行动同劳联的保守政策形成了鲜明的对比,从而使更多的激进分子走上了双重工会运动的道路。社会党的著名活动家德布斯、海伍德、特劳特曼都积极参加了世界产业工人联合会的工作。但是,控制在希尔奎特派手中的党的领导机构是不赞成建立世界产联的。社会党人只能以个人身份参加活动。社会党的左翼积极投入各项运动,并且同世界产联一起参加营救莫耶、海伍德和派蒂本的斗争。②经过他们的努力,1906年3月

---

① Ray Ginger, *The Bending Cross*, p. 220.

② 莫耶、海伍德是于1906年2月被捕的。他们被诬陷为刺杀艾奥瓦州州长弗兰克·斯图伦堡的嫌疑人。

10日有几十万签名的充满战斗气氛的请愿书公开发表,标题是《起来,奴隶们!》在请愿书的扉页上有德布斯的一段话:

> 将近二十年前,资本主义暴君把一些起来维护工人的无辜者置于死地。
>
> 他们现在准备重演这个悲剧。让他们动手吧!秣市惨案以后经历了二十年的革命教育、宣传和组织,假如确有制造这种悲剧的企图那就将发生革命,而我将尽我所有的力量促使革命爆发。危机已经来到,我们必须正视它……
>
> 如果他们图谋杀害莫耶、海伍德和他们的兄弟,那么至少有百万革命大军将手持枪械来对付他们。[1]

为了营救海伍德等人,德布斯在全国各地进行旅行演说,使越来越多的人认识到这场营救运动的重要性。西海岸的左翼社会党人赫尔曼·蒂托斯博士把他主办的西雅图《社会主义者》迁到案件审判地爱达荷的波伊西,集中揭露和评论这次大审判案。

然而,党的领导机构对于社会党人卷入世界产业工人联合会的事务是不满意的。1906年下半年,世界产联的领导人和活动分子社会党人特劳特曼和A.S.爱德华被社会党库克县中央委员会开除出党。理由是,他们的行动"违背了社会党的……政治行动原则"。1906年10月20日,社会党的中派和右翼领袖退出了世界产联。不过相当数量的社会党人和社会党的地方组织仍然留在世界产联内部,作为它的骨干力量。大多数非世界产联会员的社会党人也对世界产联的自由讲演运动和罢工斗争给予各方面的支持。

1910年5月15日至21日,在社会党芝加哥代表大会上,围绕世界产联问题又进行了一次争论。左翼在大会上占少数,他们在议案委员会上

---

[1] Ray Ginger, *The Bending Cross*, p. 247.

提出同产业工会合作的议案,但在大会上以54票对29票被否决。最后,大会通过了多数派提出的对劳联和世界产联保持中立的议案。内容如下:"党无权也无意介入任何在工会内部可能存在的关于工业斗争中组织形式或行动方法问题的争论,而是让工人组织自己解决这些问题,并促进产业领域中的事业朝着空前紧密团结和更为有效行动的方向发展。"①

社会党的另外一位著名的活动家威廉·海伍德也是世界产联的重要领导人。他在同世界产联的无政府工团主义领袖发生分歧后,在行动上仍然支持世界产联。海伍德等人的审判案终于以被告的胜诉而告终,海伍德于1907年获得释放。1910年,他作为美国社会党代表参加第二国际的哥本哈根大会,四周后立即应世界产联和《国际社会主义评论》的邀请在国内作巡回演讲,宣传激进的工会主义。

海伍德的活动引起了希尔奎特等人的不安。他们于1911年11月竭力反对海伍德被提名为执行委员会委员候选人。11月20日,希尔奎特在致《纽约呼声报》的信中攻击海伍德。他摘引海伍德在《产业社会主义》上发表的大段反资本主义言论来证明,这种言论是"极妙的无政府主义观点"。一旦海伍德的观点被采用,不论它叫作"直接行动""恐怖主义",还是叫作"无政府主义",其结果都将是"运动的解体和崩溃"。最后,希尔奎特强调说,海伍德的立场"应当在我们党的报刊上尽快地、认真地予以抵制。"

尽管希尔奎特等人发起了猛烈的攻击,但海伍德还是以多数票当选社会党执行委员会委员,所得的票数甚至超过希尔奎特2000票。对于希尔奎特的攻击,德布斯采取针锋相对的态度。他立即给《纽约呼声报》去信驳斥希尔奎特的指责和攻击。海伍德还正式向希尔奎特提出公开辩论。1912年1月12日,社会党的两位领导人在库柏大厅举行了一次党内的辩论会。辩论的问题是社会党应当支持世界产联还是应当支持

---

① [美]方纳:《美国工人运动史》第4卷,第392页。

劳联。在辩论过程中,希尔奎特不遗余力地吹捧劳联,甚至说:"在五年内,不会更久,美国劳联和它的会员将成为社会主义的。"①海伍德发表了长篇讲话,对劳联进行了系统的揭露,认为劳联不是一个"工人组织",同"社会党的原则毫无相同之处","党不应当承认它"。只有"那个提出阶级斗争的组织才是社会党在任何时候都应当承认和支持的"。1912年2月,《国际社会主义评论》全文发表了海伍德的讲话。不过,海伍德的讲话中包含有无政府主义的思想。对于这些,德布斯是不同意的。他也在《国际社会主义评论》上发表文章,表示他赞成阶级斗争但反对"直接行动"。

海伍德和希尔奎特的公开辩论只不过是社会党内左翼和右翼矛盾激化的一种表现。双方的激烈斗争在这次公开辩论结束以后,在社会党的1912年印第安纳波利斯代表大会上全面展开。

第四节　印第安纳波利斯代表大会和党的分裂

1912年印第安纳波利斯大会　1912年5月12日,印第安纳波利斯代表大会正式开幕。社会党的右翼事前进行了精心策划,准备在这次大会上一举击败左翼力量。为此,他们邀请德国社会民主党人,著名的机会主义者卡尔·列金在大会上讲演。同时,希尔奎特利用自己的大会主席的地位,指挥右翼在怠工和产业工会主义两个问题上集中向左翼发动进攻。

代表大会开幕前一个月,海伍德曾经向全国执行委员会提出支援世界产联争取演讲自由运动的问题。维克多·柏格故意拖延,建议由加利福尼亚州委员会派人调查。调查进行了三个星期,结论是"言论自由斗争"是合法的斗争,而"言论自由战士"却是"一些形同罪犯的坠落分子"。调查者建议,由即将召开的代表大会向加利福尼亚党组织拨款250美

---

① [美]方纳:《美国工人运动史》第4卷,第397页。

元,支持圣迭戈的运动。

印第安纳波利斯大会讨论了这个问题。左翼代表要求向在圣地亚哥进行斗争的团体发出电报表示支持,同时抗议州长约翰逊和总统塔夫特。由右翼控制的执行委员会向大会提出调查报告,建议向圣迭戈所有参加斗争的组织发支持电报,但唯独不支持世界产联。经过激烈辩论,大多数代表赞成向以世界产联为主体的圣迭戈"言论自由联盟"下属的三个团体同时拍发电报。大会还电告州长约翰逊,要求他恢复圣迭戈人的言论自由权利。最后,大会决定拨款250美元给加利福尼亚党组织作为支援圣迭戈言论自由运动的费用。

这次人会上唯一没有经过争论一致通过的决议是关于工会问题的决议。这个决议在词句上满足了左翼的某些要求。例如,它在开头就指出了政治组织和经济组织"在争取工人阶级解放的斗争中"同样重要,必须同"全国公民联合会奉行的道德败坏政策"决裂。但是,决议只是口头上承认,实际上却回避了产业工会主义问题,而且重申了在工会问题上的中立政策。但是,左翼领袖,包括海伍德在内,过分乐观地估计了这个决议的意义。他们满足于决议一般地承认产业工会主义,而不问决议是否具有实质性内容,并提出具体实现的方法。例如,海伍德在通过这次决议时曾向代表们说:"我觉得,我可以到工人阶级、800万妇女儿童、400万黑人、被剥夺工作的白人、被工业萧条剥夺工作的白人和没有选举权的人们当中去了,我可以把社会主义思想带给他们。我可以说服他们,而且是从社会主义立场来说服他们,组织是他们手中拥有的唯一力量、即他们的工业力量。这就是你们在通过这个议案的时候能够给予我的,或者将要给予我的东西。在我的心目中,这是美国社会党所曾经采取过的最大的步骤……我觉得,我可以同这届大会的每个代表握手了,并且说我们是一个统一的工人阶级。"①

在怠工问题上,右翼领袖希尔奎特、柏格、乔布·哈里曼等人向左翼

---

① 〔美〕方纳:《美国工人运动史》第4卷,第405页。

发起了猛烈的进攻。他们把保持党的战斗性和怠工混为一谈,企图抓住左翼曾经强调怠工的重要性这一点,彻底否定它的正确的革命行动。柏格在大会上含沙射影地说:"同志们,我们党的麻烦在于我们的委员会中有一些人……他们利用我们的政治组织——我们的社会党……作为他们所谓的直接行动、世界产联主义、怠工和工团主义的掩护。这是新名称下的无政府主义……"①柏格和希尔奎特等人对党章第二条第六款提出一个修正案,企图以此约束左翼的行动。修正案内容如下:"任何党员如果反对政治活动,或主张犯罪、怠工,或以其他暴力方式作为帮助工人阶级解放事业的武器,即应开除出党。"他们甚至在修正案中明确规定政治行动的内容就是"按照社会党纲领路线参加选举"②。这个修正案一旦通过,社会党就会成为一个选举机器,从而完全丧失工人阶级政党的作用。不幸的是经过激烈争论以后这个修正案以191票对90票的多数得到通过。③右翼势力获得了一次重要的胜利。

希尔奎特和柏格等人还企图取消德布斯的总统候选人提名,但未达到目的。大会仍然以多数票提名德布斯为1912年社会党的总统候选人。

大会的严重后果 印第安纳波利斯大会闭幕后,社会党的右翼领导人立即将党章第二条第六款的修正案交给全体党员讨论批准。他们企图利用大部分党员对争论的实质不了解,对修正案不感兴趣的机会,把这个修正案强加给全党。当时参加表决的只有11%的党员,最后以13215票的多数通过了这个修正案。修正案是右翼社会党人用来反对左翼的武器。柏格对投票结果得意忘形,叫嚣要立即对无政府主义和工团主义者采取行动,"越快越好",1912年12月,右翼分子的刊物《纽约呼声报》利用社会党纽约市第七地方支部举行集会的机会,诬告海伍德在会上做了主张暴力行动的发言。这家报纸对海伍德的发言断章取义,把

---

①② [美]方纳:《美国工人运动史》第4卷,第406页。

③ 威廉·福斯特所著《美国共产党史》中的数字是190票对91票,略有出入。

毫无联系的句子凑在一起,使之具有耸人听闻的效果。例如,其中有这样一句话:"如果我们只是为了打退资产阶级,那就不会有什么过分的革命行动……"这就把海伍德描述成一个不折不扣的无政府主义者了。

右翼领导人以《纽约呼声报》的报道为依据要求社会党免除海伍德的全国执行委员会委员的职务。1912年12月28日社会党执行委员会从芝加哥总部向全体党员发出一项通知,指责海伍德"从来不为使用工人选票进行宣传,而是向他们宣传采取直接行动、怠工,因而违背了党章第二条第六款",据此要求全体党员对是否撤销海伍德的执行委员进行表决,并且要求各个地方组织在1913年2月12日以前完成这项工作。

社会党的37名著名领导人和活动家对执行委员会的倒行逆施是十分气愤的。他们提出一份联合签名的抗议书,斥责撤销海伍德执行委员的做法是"不明智的和没有根据的"。抗议书指出:"我们知道,海伍德同志是相信政治行动的。他曾经帮助我党解决工人阶级在工业领域内所面临的困难问题方面做出过重大贡献。我们还认为,应当撇开不可避免的意见分歧,避免重演德里昂的追究个人罪责的策略,抛弃迫害异端和停止分裂,发挥我们队伍内每一个成员的特殊才能。我们信赖统一的工人阶级。"[1]此外,还有许多社会党人都表示了反对意见。但是,社会党的执行委员会一概置之不理,坚持要求全体党员进行投票表决。参加投票的人大约占党员总人数的25%。最后,终于以2.2万票对1.1万票的多数通过了撤销海伍德的执行委员职务的决定。事后,一批以沃尔特·李普曼和莫耶为代表的社会党人曾经强烈要求社会党的领导机构撤销"撤销海伍德职务的决定",重新将海伍德选进执行委员会;取消党章第二条第六款;停止反对世界产联的活动。但这些要求都遭到社会党领导人的拒绝。

海伍德被撤销党内的职务以后立即脱离了社会党。党内许多激进

---

① *New York Call*, Jan. 4, 1913.

分子也不愿意继续留在党内,纷纷跟随海伍德离去,使社会党在短时间内失去了几千名党员。实际上这是一次分裂。这次分裂完全是右翼领袖一手造成的。分裂的后果十分严重,党员人数从1912年5月的最高点15万人,迅速下降,在以后的四个月就减了4万人,而且减少的趋势无法扭转,到1915年,党员人数只有79374人了。

第二十章　第一次世界大战和美国工人运动

第一节　第一次世界大战的爆发和第二国际的破产

大战的爆发　第一次世界大战是人类历史上的一次空前浩劫。从1914年6月28日刺杀奥匈帝国皇储弗朗茨·斐迪南大公算起到1918年11月11日德军投降,历时四年多。参战国达到30多个,卷入战争的人口约13亿,相当于当时世界人口的75%。大战造成了人类生命和经济的巨大损失,对世界历史进程产生了难以估量的影响。被交战国政府驱赶上战场充当炮灰的人员共7500万人,死伤3000余万人,各交战国的经济损失共约7200亿美元。战争消耗和毁坏了大量物质财富,不计其数的城市住房、桥梁道路毁于战火,物价飞涨、生活资料匮乏、赋税激增,使世界各国劳动人民生活于水深火热之中。

这次大战的爆发不是偶然的,是资本主义世界各种矛盾发展的必然产物。19世纪末20世纪初,主要资本主义国家进入帝国主义阶段,争夺世界地盘、资源和市场的争斗愈演愈烈。老牌帝国主义国家大英帝国发展速度放慢,被后进的帝国主义国家所超过,但却拥有比德、法、俄、意和美国所占殖民地的总和还要多的国外土地。正如维克托·佩洛所指出的:"1899至1913年间,美国和德国的钢产量增加了两倍,英国只增加了50%钢,铁的产量却下降了。这个世界上的老牌工业先进国家已远远落在它的对手后面。"①因此,按照实力重新瓜分世界地盘的问题已经提上

---

① [英]维克托·佩洛:《美国帝国主义》,世界知识出版社,1955年,第38页。

了国际政治舞台的日程。所有的帝国主义国家都抱着侵略扩张的野心参加这次大角逐,它们都是战争的祸首。

德国是新兴的帝国主义国家,以咄咄逼人的姿态登上国际舞台,力图从英国和法国手中夺取殖民地,从俄国手中夺取乌克兰、波兰和波罗的海沿岸地区。英国竭力遏制它的主要对手德国,以保住广大的殖民地,同时伺机占领美索不达米亚和巴勒斯坦。法国要求从德国手中收回阿尔萨斯-洛林,并企图占领萨尔和夺取北非摩洛哥。沙皇俄国渴望瓜分土耳其并占领达达尼尔海峡。美国的统治者则企图趁欧洲列强互相削弱之机树立自己的世界霸权。帝国主义列强根据自己的不同利益终于结成了基本上以英、法、俄为一方,德国、奥匈帝国、土耳其为另一方的两大敌对的军事集团。局部战争和国际危机不断发生,最后酿成了1914年第一次世界大战。

第二国际的破产 第一次世界大战是对第二国际各个党的一次总检验,是区分真假马克思主义的试金石。对于这样一个关系到人类命运的全球性的重大事件,任何一个社会主义者都必须表明自己的态度。早在1907年8月第二国际斯图加特大会上,军国主义和国际冲突问题就作为大会的中心议题提出来讨论。第二国际内部的各派人物都阐明了自己的看法。法国代表爱尔威的草案带有半无政府主义色彩,不区分战争的性质,一概加以反对,并且主张用总罢工来反对一切战争。饶勒斯和瓦杨的草案主张保卫资产阶级祖国,加入了帝国主义分子,狂热的战争鼓吹者的大合唱。倍倍尔的草案正确地指出战争同资本主义制度的关系,但却错误地用"防御"和"进攻"的概念来确定战争的性质,而且没有提出反军国主义的具体任务。

在这些草案中,倍倍尔的草案是最有修改基础的。尽管他的草案也存在着严重缺点,但毕竟包含着较多的正确部分,而且倍倍尔本人又是深孚众望的领袖。因此,列宁一方面批评了倍倍尔草案中的调和主义,指出这个草案"使别人有可能戴着机会主义眼镜来阅读倍倍尔的正统原理"①,另一方面,决定以倍倍尔的草案为基础提出修正案。这个修正案由列宁和卢森堡两人共同签署,修正案指出军国主义是阶级压迫的主要工具,应当予以反对,同时提醒人们注意,反对军国主义的斗争方法和手段应当随着阶级斗争的加剧,政治形势的变化而改变,而且必须"尽力利用战争引起的经济危机和政治危机来唤起受压迫最深的社会阶层,来加速资本主义统治的崩溃"②。

随着战争危机的加剧,斯图加特大会之后,1910年8月第二国际哥本哈根代表大会再度讨论了军国主义和反战斗争问题,这次讨论更深刻地暴露了社会民主党人对战争问题的混乱思想。奥地利的卡尔·伦纳和英国的凯尔·哈第公开站在军国主义政府一边,为奥地利吞并波斯尼亚、黑塞哥维那,英国政府拨款扩军备战进行辩护。哈第狡辩说:"投票赞成预算并不是原则问题,而只是实际的策略问题。"③他们的立场在大会上得到了许多机会主义者的支持。列宁和大会的左翼代表共同努力,揭露和批判了上述谬论,使大会通过了基本正确的决议。决议重申了斯图加特大会的主要精神,强调指出:"只要资本主义制度存在一天,战争就不会彻底消除。""各国有组织的社会主义无产阶级是世界和平的唯一可靠的保障。"④决议的缺点是没有提出切实可行的反战措施。决议所列举的由国际仲裁法庭解决国际冲突,召开国际会议来实现普遍裁军,限制各国海军竞赛等措施都不过是一些毫无实效的空谈。

哥本哈根大会以后,国际形势急转直下,两大军事集团的冲突日益激烈,接连发生了几起局部战争和国际危机。1911年爆发了的黎波里战争,1912年和1913年又连续进行了两次巴尔干战争,世界大战一触即发。在这种形势下,第二国际执行局决定于1912年11月在瑞士的巴塞

---

① 《列宁全集》第13卷,第94页。

② [苏联]伊·布拉斯拉夫斯基编:《第一国际第二国际历史资料:第二国际》,中国人民大学编译室译,生活·读书·新知三联书店,1964年,第138—139页。

③ [苏联]伊·布拉斯拉夫斯基编:《第一国际第二国际历史资料:第二国际》,第162页。

④ [苏联]伊·布拉斯拉夫斯基编:《第一国际第二国际历史资料:第二国际》,第168页。

尔举行非常代表大会,以制订对待战争问题的统一行动路线。出席大会的有来自22个国家的555名代表。他们用了两天时间集中讨论了反对军国主义和战争危险的问题,一致通过了著名的《巴塞尔反战宣言》。

《巴塞尔反战宣言》是社会主义者反对帝国主义战争的一份光辉文献。列宁曾高度评价说:"这个决议总结了各国的许多反战的宣传鼓动文献,最确切而全面地、最庄严而正式地阐述了社会党人对战争的观点和策略。""恰好为对付这次战争制订了在国际范围内各国工人对本国政府进行革命斗争的策略,制订了无产阶级革命的策略。"①

宣言正确地指出了所面临的战争性质和根源,提出了社会主义者和无产阶级的任务与斗争方法。宣言号召各国无产者和社会党人举行示威游行和群众运动,在议会内外利用"一切手段"进行斗争,反对战争维护世界和平。宣言警告各国的统治阶级,"如果它们胆敢把战争恶魔放出来,它们本身也不是没有危险的"。过去,"普法战争引起了巴黎公社的革命爆发,日俄战争唤起了俄国人民的革命运动",帝国主义战争也将"会激起一切国家无产阶级的愤怒和不满"。②

然而,宣言所规定的路线和原则没有得到大多数国家社会民主党领导人的承认和遵守。战争刚一爆发,他们立即违背宣言的原则,变成口头上的社会主义者,实际上的沙文主义者和社会帝国主义者。他们公开站在资产阶级政府的立场上,摇着"保卫祖国""国内和平"的黑旗,诱骗无产阶级同本国资产阶级实行阶级合作,并为了他们的利益同其他国家的无产阶级互相残杀。德国社会民主党的议会党团于8月4日在议会中投票支持军事预算。这个第二国际中最有影响的党"首先要负玷污社会主义的责任"。法国社会党的议员也于同天投票赞成政府的军事预算。该党的领袖茹尔·盖得和马塞尔·桑巴甚至参加了资产阶级的"国防政府",分别担任国防部阁员和公共工程部部长。他们把法国统治阶级为争夺地盘

① 《列宁选集》第二卷,第615、676页。

② [苏联]伊·布拉斯拉夫斯基编:《第一国际第二国际历史资料:第二国际》,第182页。

而进行的战争说成是反对德国军国主义的防御战争,并且厚颜无耻地把自己参加"国防政府"的叛卖行动说成是捍卫民族利益的行动,他们辩护说:"如果只是通常的那种参加资产阶级政府,那么,我们同我们的朋友们无论如何也不会同意。""但是,现在问题关系到民族的未来和法国的生存,因而党再没有什么可以考虑的了。"①参加资产阶级政府的还有英国工党主席韩德逊,第二国际执行局主席比利时工党领袖王德威尔得,英国社会党右派和费边派,俄国的普列汉诺夫,意大利的比索拉蒂,瑞典的布兰亭,荷兰的特鲁尔斯特拉,丹麦的斯陶宁格都成为战争的狂热鼓吹者。

以考茨基为代表的第二国际"中派"领袖虽然没有公开支持战争,甚至在表决军事预算时投弃权票,但他们极力反对人民群众的革命斗争,主张在不触动帝国主义的前提下实现持久和平。他们诱骗工人群众放弃反战斗争,走上同资产阶级"国防政府"进行合作的轨道。他们比公开的社会沙文主者更危险,正如列宁所指出的:"会使自己立刻失去工人群众的公开的机会主义,倒不像这种中庸论那么可怕和有害,因为后者用马克思主义的词句来替机会主义的实践辩护,用一连串的诡辩来证明革命行动的不合时宜,等等。"②

无政府主义者虽然曾经激烈反对一切政府和一切战争,但在战争爆发后也急剧地倒向本国政府一边。如俄国的克鲁泡特金、法国的爱尔威和茹尔都转而成为帝国主义战争的支持者。

只有人数不多的左派,如德国的卡尔·李卜克内西、罗莎·卢森堡、克拉拉·蔡特金等人,团结在列宁的周围为反对这次帝国主义战争进行了英勇卓绝的斗争。列宁在著名的《战争和俄国社会民主党》一文中,揭露了这次大战的帝国主义性质和第二国际修正主义领袖的背叛行为,提出了"变现时的帝国主义战争为国内战争"的战斗口号。

第二国际大多数党投靠本国资产阶级政府,转向社会沙文主义,

---

① [苏联]伊·布拉斯拉夫斯基编:《第一国际第二国际历史资料:第二国际》,第206—207页。
② 《列宁选集》第二卷,第663页。

是整个国际宣告破产的标志。正如列宁所说："第二国际(1889—1914)大多数领袖背叛社会主义的行为,意味着这个国际在思想上政治上的破产。"[1]

第二节 第一次世界大战和美国政府

中立时期 美国远离欧洲战场,本身没有受到战争的直接威胁。它有足够的时间制订最有利的对待交战国的政策,以使自己立于不败之地,并从大战中捞取最大好处。同时,大战使交战双方对各种物资和财政贷款的需求日益迫切,为美国的工业、金融业和对外贸易提供了极好的发展机会。

无论在政治上还是在经济上,美国所处的地位都是十分有利的。威尔逊政府充分意识到这一点,在战争爆发后立即宣布中立,并且通过国务卿布赖恩发表讲话,宣布不同意向交战国提供私人贷款。表面上说,这种贷款是违背中立精神的,实际上是为了保护国内经济和国库黄金储备。

美国政府凭借中立国的招牌,主张实行非禁运物资自由贸易,要求各交战国尊重美国的商业权利。但是,由于英国实行海上封锁政策,牢牢地控制着制海权,美国同德奥的贸易受到限制,日益减少,同协约国的贸易则直线上升。据统计,从1914年到1916年,美国与德奥的直接贸易额从169289775美元下降到1159653美元。美国与协约国的贸易额从824850237美元上升到3214480547美元。[2]扣除减少的数字以后,两年之间,贸易额增加了20多亿美元。

对外贸易的迅速发展,特别是大批的国外军事订货,促进了美国经济的飞速发展,使美国的企业很快度过了战争前夕开始的经济危机,并

---

① 《列宁全集》第21卷,第2页。

② [美]阿瑟·林克、[美]威廉·卡顿:《一九〇〇年以来的美国史》上册,刘绪贻等译,中国社会科学出版社,1983年,第198页。

且攫取了巨额利润,垄断资本迅速扩大。据估计,在大战结束前,美国已有两万个新起的大富翁。[①]

随着美国同协约国的贸易不断扩大和战争的巨大消耗,美国的最大雇主英、法等国已经没有资金来支付军事订货的巨款。假如美国政府不改变禁止向交战国贷款的政策,那么美国同协约国的军火生意就很难继续下去。1915年3月31日,布赖恩宣布国务院将不反对摩根财团向法国政府提供商业贷款。从此以后,美国不仅成为协约国的作战物资的供应者,而且成为大量贷款的提供者。

与此同时,美国政府还制造舆论,准备扩军备战,选择时机加入战胜国的行列,分沾利益。从1915年春开始宣传战备的文章和书籍如潮水一般不断涌现。1915年7月21日,威尔逊总统要求陆、海军部长提出"适应国家安全的计划"。按照总统的要求,海军部和陆军军事学院分别提出了扩充海陆军的计划:海军方面准备大力扩建舰队,预定于1925年达到英国海军的水平;在陆军方面,大幅度增加正规军的数目,并建立一支40万人的志愿后备军。1915年11月4日,威尔逊总统在讲演中把上述方案作为政府计划提出。

然而,总统宣布的战备计划引起了进步派的激烈反对,在国会中形成了一个强有力的反备战集团,致使扩军计划无法实现。陆军部长林德利·M.加里森因此被迫辞职。在这以后,众议院于1916年3月23日通过了一项陆军改组法案,正规军从10万人增加到14万人,各州的国民警卫队也有所扩大。1916年3月24日非武装海峡班船"苏塞克斯"号未经警告被德国潜艇击沉以后,美国和德国的关系趋于紧张。4月中旬,威尔逊总统向德国发出最后通牒,要求它停止无限制潜艇战。1916年6月3日,威尔逊签署陆军改组法,将正规军军官和士兵人数分别增加到11327人和288338人,扩充国民警卫队,并将其纳入整个国防体系。与此同时,海军也得到了相应的扩充。

---

① [美]威廉·福斯特:《美国共产党史》,第135页。

美国参战　1917年，战争接近尾声，交战国双方都遭到了严重削弱，已经精疲力竭，美国坐收渔利的时机业已成熟。这时，美国也完成了战争准备。俄国二月革命后，出现了俄国单独同德国媾和的可能性。美国担心协约国会因此陷于困境，致使它向协约国提供的巨额军事贷款受到损失。据估计，几年来，美国向协约国提供的各项物资价值约105亿美元、贷款约100亿美元。美国这时参加协约国方面作战，不仅可以轻而易举地取得胜利，保全自己的巨额投资，而且可以在分赃会议中取得强有力的地位。

与此同时，美国和同盟国的贸易日益减少，在整个对外贸易中所占的份额微不足道。美国和同盟国之间不存在利害相关的密切联系。随着战事的进展，美国和同盟国的关系日益恶化。同盟国由于得不到美国的物资而采取对美国同协约国的大宗贸易进行破坏的办法使美国和德、奥的关系几度趋于紧张状态。1915年2月4日，德国海军部宣布，对英国实行潜艇封锁，所有船只，包括中立国船只在内，将不经警告就会受到德国潜艇的攻击，直至被击沉。1915年3月28日，美国邮轮"法拉巴"号被击沉，一名美国人丧命。5月7日，英国邮轮"卢西塔尼亚"号在爱尔兰海面遭到德国潜艇攻击，1200多非战斗人员死亡，其中128人是美国公民。这两起事件使美国政府和美国社会感到震惊，威尔逊总统在短时间内接连向德国政府发出三份照会表示强烈抗议。8月，"阿拉伯人"号邮船被击沉事件使美国同德国的关系几乎破裂。在德国做出不击沉不抵抗客船的保证以后，形势才有所缓和。与此同时，美国国内强大的反战力量和社会舆论也迫使威尔逊政府寻求和平途径来解决两个军事集团的争端。威尔逊总统曾经于1915年到1916年间派遣豪斯上校去欧洲进行调解，但毫无成效。

1917年1月31日，德国政府为加强对英国的封锁，宣布将从2月1日起，击沉所有在英国、法国、意大利和地中海东部周围广阔海域的敌对国和中立国船只。美国政府立即就此机会以保护美国的商业利益为名于2月3日中断同德国的外交关系。1917年4月6日，美国对德宣战，12月7日又对奥宣战。

大战期间工人的生活状况和政府的劳工政策 第一次世界大战爆发前后,美国正经历一个经济萧条时期,失业现象极为严重。华尔街的一位记者 B.C.福布斯报道说:"非常不幸,今冬美国将充斥失业,至少已经有 25 万人被铁路、工业和商业公司解雇,而紧缩仅仅是开始。"①在街头等待施舍的人数成倍增加。1914 年 1 月 12 日《纽约呼声报》曾经登载一条消息,上面说道:"等候施舍的队伍空前增加,当救济机构厨房鸣钟宣布面包圈和咖啡告罄的时候几百人离队散去。大部分'穷汉'并非老人,而是比较年轻的人。至少有 80% 的人在三十五岁以下。"②据统计,纽约的失业人数从 1913 年 1 月的 7.5% 上升到 1914 年 1 月的 31%。同一时期,在马萨诸塞,有组织工人的失业人数从 11.3% 增加到 16.6%。③

大战使美国迅速摆脱了经济危机。从 1915 年起迎来了为期五年的工农业大发展,就业人数大幅度增加。同时,由于战争期间从欧洲迁居美国的移民人数减少,劳动力的补充受到影响。1912—1914 年三年中的移民人数为 662100 人,1915—1918 年减少到 257887 人。从大战前夕开始解雇工人的情况已经彻底改变,失业现象趋于缓和。而在美国参战以后,美国军队和军工部门需要大量劳动力,使劳动力的供应相当紧张,至少有 100 万名妇女在战时参加工业部门的生产。

由于就业人数增加,工人的总收入相应增加。工资也不断提高。但是,由于物价上涨的速度更快,工人的实际工资却一直在下降。具体情况见下表。④

单位:美元

年份	每小时工资	生活费用	实际工资
1913	100	100.0	100.0
1916	111	118.3	93.8
1917	128	142.4	89.9
1918	162	174.4	92.9
1919	184	188.3	97.7

①②③［美］方纳:《美国工人运动史》第 4 卷,第 435—436 页。

④［美］方纳:《美国工人运动史》第 1 卷,第 306 页。

工人们为了争取改善生活状况,在1915年到1916年间举行了4924次罢工。其中比较著名的有明尼苏达的1.5万名铁矿工人罢工、巴云的8000名石油工人罢工、扬斯顿的6000名钢铁工人罢工和4个铁路兄弟会的全国八小时工作制运动。广大美国工人群众不仅坚决反对资产者的盘剥,而且也是维护和平反对帝国主义战争的重要力量。在美国参战的第一年就发生了4233起罢工事件,超过了美国历史上的任何一年。

威尔逊政府对人民群众中的反战情绪十分惧怕,通过了一系列法案来压制和迫害反战派。1917年6月15日通过的《间谍活动法》就是其中的第一个法案。这项法案规定,对编造假报告帮助敌人,煽动武装部队叛乱,企图妨碍征兵和征兵工作的人均可判处长达二十年的监禁和高达1万美元的罚金。这项法案还授权邮政部长扣压和禁止邮递他认为涉及鼓动叛乱或用暴力抵制美国法律的一切信件。《间谍活动法》通过后不久,美国政府就把同间谍活动毫不相干的社会党人的报纸《美国社会党人》《群众》《密尔沃基报》列入禁止邮寄的清单。著名工人运动活动家尤金·德布斯由于1918年6月16日在俄亥俄州坎顿举行的社会党代表大会上的反战演说而被判处十年徒刑。而规模最大的迫害工人运动的事件是利用《间谍活动法》镇压世界产业工人联合会的暴行。1917年9月5日,联邦特务们奉命在整个西部查抄世界产业工人联合会的会址,并逮捕各地领导人,对其中的100人进行审讯和判刑,其理由是,世界产业工人联合会曾经领导过反对铜器公司,特别是蒙大拿和亚利桑那的阿纳康达公司的活动,使铜的产量大幅度下降,因而触犯了《间谍活动法》。

1917年10月6日通过的《通敌法》,使美国总统和邮政部长拥有更为广泛的检查国际交流活动和检查美国外文报刊的权力。1918年4月20日通过的《破坏活动法》和1918年5月16日总统签署的《煽动叛乱法》进一步把矛头对准反战派。据统计,因为进行实际破坏活动而犯罪的只有10人,因威胁总统犯罪的有65人,而由于进行反战活动和反对政府等活动被起诉的竟有2168人,其中1055人被判罪。更为严重的是政府纵容一些有组织的集团对劳工激进派、德裔美国人,以及任何被怀疑不忠的人采用私刑拷问、鞭打、残杀等手段，致使不计其数的人受到摧残、死于非命，对世界产业工人联合会会员的残酷迫害就是一个最典型的例子。有的美国学者认为，这是"美国人民为参加第一次世界大战所付出的最可怕代价"[①]。

第三节　工人政党、工会团体的态度

美国劳工联合会支持战争的政策　劳联是当时美国最大的工人组织，同时也是最忠顺于政府的工人组织。战争初期，当美国政府持中立态度的时候，劳联的领袖龚帕斯也宣称自己是非战主义者。1914年劳联的第三十四届年会主张维护世界和平，反对军国主义并且提醒人们注意大量常备军存在的危险性。1916年8月，美国政府加紧备战，成立了由六名内阁成员组成的国防委员会。同年10月30日龚帕斯被政府委派为国防委员会咨询委员会成员和工人委员会主席。经劳联的执行委员会批准，龚帕斯接受了政府的任命。

龚帕斯接受任命以后，立即采取行动支持政府的各项战争政策。1917年3月12日，龚帕斯在华盛顿召开一个工会上层人物的大会。出席大会的除劳联的全体执行委员以外，还有来自属于和不属于劳联的工会的代表148人。大会通过了一个一般性的声明，叫作"美国工人对待和平与战争的立场"，声明宣称："如果我们的国家被卷入欧洲战争的旋涡，我们要……贡献出我们的力量……并号召我们的工人伙伴们……全心全意地并本着爱国精神拿出同样的力量来。"[②]这段话表达了以龚帕斯为代表的工会上层对政府的忠顺，使威尔逊总统感到放心，并对龚帕斯加倍赏识。一直到1919年凡尔赛和会上，龚帕斯始终同总统的步调保持一致，成为威尔逊的亲密合作者。声明也提到了劳资关系问题，一

---

① ［美］阿瑟·林克、［美］威廉·卡顿：《一九〇〇年以来的美国史》上册，第241页。

② ［美］威廉·福斯特：《美国共产党史》，第138页。

般地表示支持工人为争取合理待遇而进行斗争。但是,声明的基调却是主张调整好劳资关系,集中力量对待外敌。声明指出:

> 战争任何时候也不能消除建立和维护工业权力斗争的必要性。工资挣取者在战时应当如前面所说的那样,用一只眼睛盯着国内的剥削者,用另一只眼睛盯着威胁着国家政府的敌人。这种剥削使得交战国家不能有效地动员其全部力量防御外敌。
>
> 我们坚信,把国家内部整顿好,在国内建立人和人之间的公正关系,是一个国家在进行准备中的基本步骤。[1]

在文字上,声明要求建立劳资间的公正关系,而在实践上,则是单方面要求工人适应资产者的需要。以龚帕斯为首的劳联领导集团在战争时期一直压制工人的罢工运动,并禁止组织新的工会。他们还召集了工人、雇主和群众的代表大会。大会通过了一项声明,提到"无论是雇主还是雇员都不能企图利用国家的困难改变现行的标准"[2]。这无疑是要求工人放弃任何争取改善生活和工作条件的斗争,声明引起了工人群众的反对,质问龚帕斯的信件纷纷从各地寄来。龚帕斯不得不表示说,无论是他"还是劳联的其他任何代表,都没有向公众声明或者向任何人以任何形式允诺,'在战争时期将不会发生任何形式的罢工'"。龚帕斯还表示说,他所签署的协定并不意味着不能改变工资标准,因为事实上许多工人已经得到增加工资来保持实际工资的原有水平,同时这种协定只适用于大企业,小型企业的工人不受约束。

在这次大会上还成立了常设机构:一个由11人组成的执行委员会和8个全国委员会。这8个委员会是:工资和工时委员会、调解和调停委员会、妇女和工业委员会、福利工作委员会、情报和统计委员会、出版委

---

① Philip Taft, *Organized Labor in American History*, p. 310.

② Philip Taft, *Organized Labor in American History*, p. 311.

员会、社会机构宣传和协调委员会,这些委员会实际上成了国防委员会的附设机构,协助政府推行战争政策。

除此以外,龚帕斯还同美国国防部合作,协助它建立一系列特别工人委员会,在它的各个战时工业部门组织工人进行生产。在战争刚刚爆发的时候,美国国防部部长牛顿·D.贝克就任命费利克斯·弗兰克福特教授担任处理工人问题的特别助理。在这位教授担任调解委员会主席以后,又先后任命沃特·李普曼和斯坦利·金继任。1917年6月19日,贝克同龚帕斯达成非正式协议,这个协议成为“国防部在后来制订的计划中的整个工人政策的基础”。

根据这个协定,首先成立了营房协调委员会。由军方代表 E.H.加尔林将军、工人代表铅管工人工会主席约翰·R.阿尔平、公众代表沃特·李普曼组成委员会的领导成员。其任务是协调建筑工人为国防部建设军营。在这里,工会只是片面地为政府效劳,而得不到政府方面的任何保证。1917年6月20日路易斯·B.韦尔甚至代表国防部通知劳联说,必须明白,国防部不准备接受封闭工厂制,可以随意雇用非工会会员。对于这样的合作条件,一些工会领导人是不愿意接受的,例如木工工会主席威廉·哈钦森就曾经尖锐地批评过龚帕斯。1917年7月27日,国防部部长和龚帕斯又进行会谈,准备在国防部所进行的其他工程中采用协调工人的措施,保证这些工程不会中断。

1917年8月20日,造船工人委员会宣告成立,其任务同营房协调委员会相同。国防部仍然不承认封闭工厂制度。参加这个委员会的有劳联所属的建筑工会、金属工会和木工工会。但是木工工会主席哈钦森不满意国防部拒绝承认封闭工厂制度,没有在协议上签字,也没有派出代表参加委员会。

此外,在美国政府其他部门领导下,或者由私家公司出面成立了其他产业部门的战时工人委员会,例如,1917年4月11日成立的铁路战时委员会就是这样的机构。在这些委员会中劳联系统的工会都起到了重要的作用,成为美国政府的得力助手。

为了进一步控制工人,美国政府根据咨询委员会的建议成立了全国战时工人局,其主要任务就是调解劳资纠纷。全国战时工人局建议各个工会和非工会会员在战争时期不要举行罢工和抵制,一切重大纠纷都应提交全国战时工人局裁决,工人局有权任命一个专门委员会来处理纠纷,如果纠纷双方达不成协议,那么委员会就通过内部一致投票选派一名仲裁人来裁决,在没有一致同意的候选人的情况下,由总统提出10名候选人,再由委员会确定其中的1人作仲裁人。

全国战时工人局于1918年4月8日成立并开始活动。委员会有6名工人代表,大部分是劳联系统的工会领导人,他们是木工工会的哈钦森、海员工会的维克托·奥兰德、煤矿工人工会的弗兰克·J.海斯、联合服装工人工会的T.A.里克特和国际机器工人协会的威廉·H.约翰斯顿。全国战时工人局的真正领导人是著名的律师弗兰克·P.沃尔什和前总统威廉·H.塔夫特。工人局在进行活动的16个月中,共审理了1251项案件,涉及71.15万名工人。由于工人局本身不是一个权力机构,缺乏法定的权限,它的裁决在遭到拒绝的时候,往往由总统运用自己的权力强制执行。例如,当康涅狄格州布里奇波特军需工厂工人准备发动罢工抵制全国战时工人局的裁决时,总统威尔逊立即向该城的机械工人工会发出一封威胁信,告诉他们,要么工作,要么去打仗,没有第三条路。

劳联和铁路兄弟会的领袖完全同全国战时工人局、国防委员会站在一起,放弃了罢工和在实行开放工厂制度的基本工业中组织工人的权利。不仅如此,他们还建立了民间组织来支持政府的战争政策。1917年6月,纽约市中央联合工会首先成立了美国劳动和民主联合会,该联合会的主要任务就是动员工人支持政府。1917年9月,在明尼苏达州明尼阿波利斯举行一次全国性的支持政府战争政策的会议。在这次会议上决定成立全国性的组织,采用美国劳动和民主联合会的名称。

明尼阿波利斯会议声明:"它坚定支持现在受到独裁和军国主义摧残的民主。作为工人工会主义者、社会改革者和社会主义者,我们宣誓在当前的世界冲突中忠心支持美国政府,并向它提供切实服务。"①

社会党的态度 大战爆发后,社会党的主要领导人和有影响的活动家,包括中派领袖希尔奎特在内都是反对战争的。1914年8月,社会党执行委员会发表了第一个反战声明,宣布该党反对"这场战争和以任何借口发动的一切其他战争",因为战争是"残酷的、野蛮的,一种不适当的解决国家间真正的或者人为的分歧的办法,也是对国际社会主义运动所致力的兄弟情谊和人道的破坏"。声明要求威尔逊总统采取一切有效办法来结束战争,并且指出,战争是欧洲"统治阶级"发动的,美国社会党将支持"欧洲社会党采取它们认为必要的措施来促进和平事业和发扬人们当中的善良愿望"②。

社会党的著名活动家德布斯自始至终是反对战争的。他曾经发表过以《绝不当兵》为标题的文章。德布斯有一句名言,"我们既不是亲德派也不是亲协约国分子,我们是社会主义者"。希尔奎特也表示,美国的社会主义者不应当站在交战国的任何一方,因为"这不是争取民主、文明或进步的战争,这不是为实现某种观点和理想的战争。这是一场为了争夺利益和权力的无情的屠杀,我们更不要忘记,这是为了交战国统治阶级的利益和权力"③。

美国社会党曾经企图通过美国总统威尔逊的调解活动,劝导交战国停止战争,恢复和平,消除第二国际各国党的分歧。1914年9月,美国社会党书记沃尔特·兰费尔塞克向欧洲十个国家的社会党和社会民主党发出电报,吁请它们说服各自的政府接受美国的调解。几天之后,美国社会党执行委员会向欧洲国家的党建议在华盛顿举行国际会议,共同探讨结束战争的途径。然而,这个建议受到交战国社会党的冷遇,只有中立

---

① Philip Taft, *Organized Labor in American History*, pp. 319–320.

② William English Walling(ed.), *The Socialist and the Ware*, New York: Henry Holt * Co., 1915, pp. 212–213.

③ David A. Shannon, *The Socialist Party of America*, p. 5.

国的社会主义者同意这个建议,但要求会议改在欧洲举行。经过磋商,会议定于1915年1月15日在哥本哈根举行。美国社会党本来准备派代表参加这次会议,但希尔奎特在会前接到第二国际国际局首脑坎米尔·休伊斯曼斯的劝告,对调解失去了信心,于是撤销了派代表参加会议的决定。

1915年,美国社会党由于拒绝向国际局交纳几项费用,开始同第二国际疏远。当时国际局要求美国社会党补交应摊付的1914年8月维也纳国际会议筹备费,1914年的会费和交纳1915年的会费。美国社会党执委会经过讨论表决,决定交纳应分摊的会议筹备费136美元,但不同意交纳1914年和1915年的会费。在这以后,美国社会党的活动集中在国内,集中在防止美国政府宣布参战上。一直到1917年5月,当第二国际在斯德哥尔摩举行大会的时候,美国社会党才得到同欧洲各国党共同讨论结束战争的途径问题的机会。但是,由于美国政府故意拖延签发护照的日期,社会党的代表未能出席大会。

在美国保守中立时期,美国社会党内部也有少数主战派。他们大多数是知识分子党员。他们当中有两种论点。第一种论点的代表人物是威廉·英格利希·华林,他认为英、法同德国的战争是资本主义同军国主义和半封建主义的战争,只有高度发展的资本主义才能够为社会主义铺平道路,因此摧毁德国的半封建主义是对社会主义有利的,社会主义者应当支持英、法反对德国。第二种论点的代表A.M.西蒙斯,他认为德国首先侵略比利时,是侵略者,协约国的事业是正义的,因此英、法社会主义者支持战争的行动是正确的,而德国社会民主党人支持德国进行侵略就是背叛社会主义。

此外,以海伍德为代表的少数社会党人主张采取最激烈的手段来反对战争。早在1910年,海伍德作为美国社会党的代表在第二国际哥本哈根大会上投票赞成用总罢工反对战争。到1914年,他仍然认为总罢工是"和平的唯一保障"。

1917年4月6日,美国参战。战争与和平问题顿时成了美国社会舆论的焦点。社会党立即在圣路易召开了紧急代表大会,出席大会的代表近200人,其中工人和农民代表约占1/2,中等阶级的代表占相当大的数量。

为了充分倾听和吸收大会代表的意见,代表大会决定成立一个战争和军国主义问题委员会,委员会由15人组成,来自圣路易的代表凯特·里查德·奥黑尔当选委员会主席。[①]根据委员会的全面调查,大部分与会代表是反对战争的,只有少数代表主张支持美国政府参加协约国一方作战,"粉碎普鲁士军国主义"。不过,在反战主张中又有几种不同的看法,一部分人主张反对一切战争,一部分人主张只反对帝国主义战争。来自西南地区的代表担心墨西哥同德奥结盟从西南部攻打美国,因此只反对欧洲战争,却赞成美国反对墨西哥的战争,丹尼尔·霍根主张:"如果那些该死的墨西哥人跨越边界,我们将举枪射击。"[②]经过充分调查和酝酿以后,委员会向大会提出了三份报告。

第一份报告是反映多数人意见的报告,综合了希尔奎特和鲁登堡两人的意见。除他们两人以外,还有9名委员会的成员签署了这份报告。报告宣布,"毫不动摇地反对"战争,并呼吁"所有国家的工人拒绝在他们的战争中支持他们的政府"[③],因为"互相竞争的各国资本主义集团是同工人无关的"。"即使以捍卫美国人权利或者美国的'荣誉'为借口的战争,也不能证明这是正确的。"[④]"工人只有在这样一种斗争中才应该拿起武器去参加战斗,那就是为了将自己从经济剥削和政治压迫下解放出来的全世界工人阶级的伟大斗争。我们要特别提醒工人们反对所谓保卫祖国的战争的陷阱和骗局。"[⑤]

---

① 其他14名成员是:Morris Hillguit、Argernon Lee、Louis B. Boudin(以上来自纽约市),Dan Hogan(阿肯色)、C. E. Ruthenberg、Frank Midney(俄亥俄)、Victor Berger(密尔沃基)、Kate Sadler(华盛顿州)、Patrick Quinlan(新泽西)、Job Harriman(加利福尼亚)、John Sparg(佛蒙特)、Man-yard Shipley(马里兰)、George Spiess(康涅狄格)、Walter P. Dillon(新墨西哥)。

② David A. Shannon, *The Socialist Party of America*, p. 95.

③④ David A. Shannon, *The Socialist Party of America*, p. 65.

⑤ [美]威廉·福斯特:《美国共产党史》,第140页。

报告还提出了七项反战措施:(1)"通过游行、群众请愿,以及一切我们力所能及的措施持续不断地、积极地、公开地反对战争";(2)反对战争募捐,反对出售战争股票和向生活必需品课税,"我们要求,战争费用由应对战争负责的资产阶级支付";(3)"坚决反对"一切损害自由的措施;(4)"开展反对军事训练和公共学校的军事教程的持久宣传";(5)在工人中推广社会主义教育计划,力争缩短战争并在战后建立持久和平;(6)"广泛开展教育宣传,启发群众了解资本主义和战争的真正关系,并发动和组织他们采取行动,不仅反对当前的战争祸害,而且预防未来的战争并消除战争根源";(7)要求禁止粮食出口,使那些同生产、交通运输和分配食物与生活必需品有关的工业部门实现社会化和民主化,以便保证"美国人民大众不受饥荒的侵扰"。

　　第二份报告代表委员会少数人的意见。报告是由路易斯·B.鲍丁起草的。另外还有凯特·萨德勒和沃尔特·狄龙两人在报告上签署了自己的名字。报告的主要论点同第一份报告基本相同。不过报告中有一个论点却是第一份报告所没有的。报告认为,不能以保卫民主和弱小民族为理由证明美国应当参战,因为德国出兵比利时就开始了侵略活动,当时美国政府并未参战而是严守中立。这份报告最大的缺陷是,报告起草人满足于一般地反对战争,却没有提出任何措施。所以,有人认为这是一种中间立场。

　　第三份报告只反映了个别委员的意见。起草人是约翰·斯帕戈,签署这份报告的只有他自己一人。他是一个美国移民,主张支持英、法,反对德国。他在报告中指出:"现在战争已经是既成事实……我们认为,承受任何必要的牺牲使我们的国家和它的同盟者尽快取得胜利是我们社会主义者的责任。"

　　大会对三个报告都进行了讨论,最后以140票的多数通过了第一个报告。赞成第二个报告的有40票,赞成第三个报告的只有5人。为了进一步征求意见,大会决定将第一个和第三个两个不同主张的报告交全党讨论表决。至于第二个报告由于内容同第一个报告大致相同决定不交付讨论。经过全体党员投票，第一个报告以2/3的多数得到面过，正式定名为圣路易声明，成为党对战争问题的正式文件。

圣路易声明是左派和中派妥协的产物。声明中大多数富有战斗性的条款是由社会党左派卢登堡提出的。希尔奎特的提案只具有一般的反战性质。由于这是一个妥协的产物，不可避免地存在着某些严重缺陷。正如福斯特所指出的："提案主要的弱点是没有更明确地区别正义的和非正义的战争，没有谴责国外的社会沙文主义者，没有为反战斗争提出明确的纲领。"[①]

从原则上说，《圣路易声明》是社会党关于战争的纲领，对全体党员都有约束力。然而，在实践上，党内各派的态度是完全不同的。党内以德布斯、卢登堡为代表的左派都勇敢地站在反战斗争的最前列，坚决地执行纲领所规定的政策。以希尔奎特为首的中派，虽然口头上支持反战纲领，但却不采取任何实际行动。拥护战争的右派分子西蒙斯、本逊、华林等人则退出社会党，加入了拥护战争的团体。一些社会党的工会领袖虽然留在党内，但却追随龚帕斯的战争政策。不仅如此，他们还对社会党的反战纲领和社会党的左派领导进行了恶毒的攻击。

约翰·斯帕戈公开指责《圣路易声明》，说它是"实质上非中立的、非美国的，是亲德国的"[②]。这位并不知名的社会党人顿时以他激烈的反党言论博得了《纽约时报》的垂青。他的名字竟然出现在该报的重要版面上。A.M.西蒙斯加入了拥护战争组织威斯康星效忠军团的文化局，并担任该局局长。他利用自己的地位，肆意攻击自己过去的社会党同志，他污蔑曾经在《密尔沃基领袖报》共事的维克多·柏格，说《密尔沃基领袖报》是柏格用德国代理人的赠款开办的，说该报大量登载有利于德国的新闻报道。西蒙斯还指责这份报纸"不仅背叛了社会主义也背叛了

---

① [美]威廉·福斯特：《美国共产党史》，第141页。

② David A. Shannon, *The Socialist Party of America*, p. 99.

它的工作人员和自己的事业,而现在已成为民主的对立面"①。总之,他们颠倒是非,把一切反战派都叫作"亲德派"。

尽管有中派和右派的干扰和反对,总的来说,党内反战情绪是高涨的。在全党投票表决《圣路易声明》过程中,党还曾做出规定,开除在政府中供职同时赞成战争拨款的所有社会党党员。由于采取了这一正确的立场,党在工人中的威信得到恢复。党员人数从1915年的79374人增加到1919年初的104822人。

世界产业工人联合会和战争　世界产业工人联合会从战争伊始就采取反对第一次世界大战的立场。战争爆发一周后,世界产联的机关报《团结报》宣布这是一场帝国主义战争,它是交战国双方为争夺市场而发动的。②两个月后,世界产联代表大会通过决议,宣布"我们,产业大军的成员们,除非为了产业自由的实现,决不参加其他任何目的的战争"③。不过,世界产联对于能否阻止战争的问题是持悲观态度的。1914年10月31日,《团结报》在《战争号外》上做了一个估计,认为美国卷入冲突的日子不会太远了。正是"帝国主义引人注目地把欧洲卷入了战争,也正是帝国主义现在正在把美国工人推向战场"④。基于这种看法,世界产联的多数领导人对战争问题都没有给予足够的注意。他们虽然反对战争,但却没有采取积极措施来结束战争、阻止美国政府参战,而是把主要注意力集中在进行经济斗争和扩展自己的组织上。世界产联的一位活动家伊托尔在发表在《托莱多时代报》上的以"如何结束战争"为题的演说辞中表示:"演讲者只能对欧洲战争做非正式的评论"。他声明:"这个国家所面临的远比这事重要的问题是失业者的问题。"

在美国政府准备参加大战的迹象日益明显的时候,世界产业工人联

---

① David A. Shannon, *The Socialist Party of America*, p. 100.

② *Solidarity*, Aug. 8, 1914; Sept. 5, 1914.

③ *Solidarity*, Oct. 3, 1914.

④ *Solidarity*, Oct. 31, 1914.

合会曾经在口头上一再声明自己的反战立场,但仍然没有采取实际行动。1916年11月20日至12月1日,世界产联在芝加哥第十次年会上曾就战争和军国主义问题做出决议,要求会员"在和平时期进行反军国主义宣传",在战争时期举行"所有工业部门的总罢工"。在这以后总执行委员会又发出了一个措辞强硬的声明,宣布"世界产业工人联合会和它的成员反对一切战争"。

一些普通会员对于世界产联按兵不动的做法感到困惑,曾经写信询问海伍德。1917年2月6日海伍德回信说:"我们并没有停止进行一般的反战活动。同时我们的成员应当认识到他们正置身于激烈的战争中,即阶级战争中,如果他们认识到这一点,那么当号召同政府作战时,他们将会明白自己的地位。"①由此可见,世界产业工人联合会的领导层甚至在美国政府即将卷入战争的时刻也只是把反战作为一般活动来对待。一些地方和部门组织虽曾提出过激进的动议,但都被束之高阁。例如,1917年3月5日,布里则尔在斯波坎召开的世界产联所属木材工人大会上提出的用总罢工反对征兵的议案就没有得到采纳。

1917年4月4日美国宣布参战以后,以弗兰克·利拖尔、里查德·布里则尔为代表的激进的反战派加强了反战活动,并且希望全国执行委员会采取措施。5月26日,布里则尔写信给海伍德,建议全国执行委员会采取更为明确的反战立场和反对征兵的措施。他甚至写了一封致威尔逊总统的公开信,强调指出:"我们希望您认识到您正在以自由的名义销毁美国人所取得的自由的每一个痕迹。"②

在激进反战派的推动下,世界产联的全国执行委员会于7月中旬举行了一次会议。这次会议没有留下任何记录、文件和材料。我们只能从美国司法部的报告中了解到,这次会议的中心争论问题是反战和反征兵法。但会议仍然没有采取任何具体的激进措施。后来,海伍德宣布,反

---

① [美]方纳:《美国工人运动史》第4卷,第556页。

② Melvyn Dubofsky, *We Shall Be All*, p.356.

对征兵只能当作个人问题处理,由被征者自己出面反对。另一位世界产联的活动家罗万曾经对这个问题做如下说明:"如果我们没有经济力量,发起运动是没有什么用处的。"世界产联必须等待,直到"我们有足够力量使我们能够在生产领域中崭露头角,因为那是工人能够拥有力量的唯一部门"[①]。

世界产业工人联合会虽然在反战运动中无所作为,但在组织工人和举行罢工方面却做了大量工作,使美国政府颇为震惊。罢工不仅使资本家的利润受到影响,而且使各种产品的产量均有所减少,直接威胁到美国政府对国内外的军需品供应。从这个意义上说,世界产联在反战运动中所起的作用是不可低估的。

世界产联在西部和西北地区开展了广泛的组织工作,把大量流动工人(主要是农业工人和林业工人)组织起来,形成强大的工会。先后成立了农业工人组织和木材工人工会。在那些地区,世界产联拥有很大的影响。在爱达荷州和华盛顿州的世界产联工人都得到了较高的工资和八小时工作制。西部和西北部地区的官员和雇主对世界产联望而生畏,不得不做出姿态来讨好他们。例如,1917年6月中旬,华盛顿州州长欧内斯特·利斯特专门委派了一个包括该州劳联主席在内的特别委员会来调查地方工人的状况。1917年9月底,华盛顿州国防委员会忧心忡忡地报道说,伐木场的开工率只达到生产能力的50%,加工厂的开工率则为60%到65%。[②]

世界产联也在蒙大拿和亚利桑那的铜矿工人中开展组织活动,支持他们反对矿主的斗争。从1914年起,蒙大拿比尤特区的铜矿主采取严厉的反工会政策,实行开放工厂制,不雇用工会会员。一直到1917年美国参战,那里的矿山大门对工会是关闭着的。那里的工会组织,劳联的国际矿山工厂和冶炼工人联合会束手无策,完全失去了工人的信任。矿工

---

① Melvyn Dubofsky, *We Shall Be All*, p. 357.

② Melvyn Dubofsky, *We Shall Be All*, p. 365.

们转而求助于世界产联。1917年6月,北比尤特矿山公司的一个矿区发生大火烧死164名工人的惨案以后,比尤特矿工推选世界产联的组织者托姆·坎贝尔和乔·香农为首组织起来进行抗议活动,并要求改善工作条件。不久,建立了一个倾向世界产联的新的工会——金属矿工工会。6月11日,在新工会的带领下,1万多工人停止工作,要求改善工作条件和待遇并承认工会。6月20日,金属矿工工会领导人要求全国工人书记对比尤特的工人问题进行调查,并进行仲裁。但是,由于矿主的蛮横无理,这场纠纷一直持续到9月才在联邦政府的干预下宣告结束。当威尔逊总统委派的调解委员会到达亚利桑那州的时候,发现这个州的一些铜矿部分地或全部地关闭了三个多月,少生产1亿多磅铜。①

木材和铜的减产完全是雇主们一味追求利润,拒绝改善恶劣的工作条件,提高工资和反对工会会员所造成的。然而,威尔逊政府却同雇主们联合起来向敢于代表工人利益的世界产联进攻,诬蔑它违背美国的利益为德国人服务,企图通过这一手段迫使工人为资产者卖命。1917年8月17日,亚利桑那的联邦参议员亨利·艾休尔斯特在参议院讲台上攻击世界产联说:"我经常被人询问,什么是'世界产联'",其实他们就是德皇"威廉的士兵"。尤有甚者,有人造谣说,德国的黄金向新的金潮一样,流入了海伍德的口袋。在西部地区的许多报纸上出现了要求讨伐世界产联的叫嚣,把它比作口含毒液的"铜头蛇""叛国者"……

在联邦政府公开镇压世界产联以前,各地的工厂、矿山老板同地方保守势力勾结起来,采取一切合法的和非法的手段来打击世界产联,企图置之于死地。早在1917年4月3日,堪萨斯城的国民自卫军和退役海军就袭击了世界产联在该城的总部。5月30日,底特律的世界产联总部也遭到了同样的袭击,41名世界产联会员遭到警察逮捕。从此,在全国各地开始了迫害世界产联会员的恐怖时期。到处都在发生袭击世界产联地方总部的事件,而不受法律制裁。这对于一个号称有健全法制的国

---

① Melvyn Dubofsky, *We Shall Be All*, p. 374.

家来说,岂非咄咄怪事!

为了保卫会员的人身安全和工会的财产不遭受突然袭击,世界产联曾派两名执行委员和自己的律师去华盛顿请求总统和司法部给予保护。但他们却没有想到,联邦总统和司法部已经准备把"叛国者"的罪名加在他们头上,正在策划镇压他们的办法,对于各地发生的暴行采取默许态度。例如,在亚利桑那比斯比地区,县长惠勒于7月11日至12日,非法组织2000名武装,拘捕大约2000名世界产联会员,并把他们用装牲畜的火车押送到新墨西哥赫尔曼纳斯沙漠。事后,在相当长的时期内惠勒逍遥法外,没有受到任何人的追查。为了营救这批被押送者,海伍德和执行委员会向总统提出要求,但却没有结果。比斯比的世界产联会员仍然被置于宪法保护之外。后来,在社会舆论的强大压力下,美国司法部门虽然不得不审理比斯比案件,但却没有对被告做出任何裁决。

当海伍德正在进行营救工作,并宣布要发动总罢工促使联邦政府过问比斯比事件的时候,西部许多州长和公司老板也纷纷写信、打电报给总统,要求镇压世界产联。贝尔代表西部各州州长在国防委员会7月18日会议上发言,劝告联邦政府尽快采取果断措施。1917年9月5日,美国司法部的特务和警备队在全国范围内对世界产联在各地的总部进行大搜捕,世界产联的全体执行委员均被投入监狱,甚至连正在开会的建筑工人产业工会代表大会的164名代表也全体被捕。他们到处都被加以妨碍战争的罪名,被判处长期徒刑。在芝加哥受审判刑的有150人,在圣克拉门拖有146人、斯波坎有28人、奥马哈有27人……一直到1923年12月,监狱中最后一批"世界产联"的战时罪犯才由于社会舆论的强大压力而获得释放。

国际工会教育同盟和芝加哥积极分子集团　国际工会教育同盟是由前工团主义同盟的12名会员于1915年1月17日在圣路易建立的。这是一个无政府工团主义的团体,把组织产业工会作为唯一的和基本的任务,企图通过工会用经济力量推翻资产阶级。这个组织也是反对战争和反对美国参战的,主张用总罢工来对付战争。同盟选举威廉·福斯特为书记,总部设在芝加哥。同盟还拥有芝加哥的《劳工新闻》、奥马哈的《工会会员》和圣迭戈的《国际报》。

但是,由于双重工会主义的严重影响,同盟未能打入旧的行业工会开展工作,因而没有建立深厚的群众基础。到1917年春天同盟宣告解散。在芝加哥的盟员人数虽然不多,但都是积极的活动家,其中不少人是当地工会组织的领导人和芝加哥总工会的代表。他们形成了芝加哥积极分子集团,对芝加哥总工会产生了重要的影响,使该会成为美国最进步的中心工会。

芝加哥积极分子集团继续执行国际工会教育同盟的政策,开展组织产业工会的工作。他们认为,由于反动的社会民主党人和工团主义者背叛了革命,工会的作用更为突出,他们的迫切任务就是把没有组织的工人组织到工会里来。在战争期间和战争结束后的一两年内,芝加哥积极分子集团在组织工会的活动中取得了辉煌的成就。

在铁路部门,芝加哥积极分子集团把左派所领导的劳联和铁路兄弟会的地方工会联合起来,建立铁路劳工理事会,然后通过这个理事会把2.5万名没有组织的铁路工人吸收到铁路行业工会中去。后来,他们还在1919年发动了一次20万机车车辆修配工人的非正式的全国性罢工。

在屠宰业方面,他们也开展了卓有成效的工作,把这个长期没有工会的庞大企业组织起来了,在十几个行业工会联合会的基础上建立了全国委员会。委员会的主席是约翰·费兹帕特里克,威廉·福斯特当选为全国组织书记。全国屠宰业中心芝加哥的屠宰工人工会发展到5.5万人,由芝加哥总工会组织人杰克·约翰斯顿担任理事会书记。在屠宰业工会全国委员会的领导下,曾经在1917年下半年举行一次全国性罢工,并于1918年3月30日取得了胜利。经过联邦法官裁决,不仅允许大幅度增加工资,而且实行八小时工作制。在屠宰业工作的黑人也破天荒地组织起来了,人数达到2万人。

芝加哥积极分子集团的另一项重大成就是在钢铁工人中开展组织工作。1918年4月,芝加哥总工会根据左翼成员的提议选派威廉·福斯特为代表,出席1918年6月在圣保罗举行的劳联代表大会,并提出组织钢铁工人的提案。这个提案在大会上获得通过。由拥有300万会员的23个工会的代表组成全国组织委员会,龚帕斯、福斯特分别担任主席和组织书记。左翼成员在组织委员会内积极活动,准备在战争期间发动全国性罢工,为钢铁工人争取较好的待遇。龚帕斯在激烈的运动中首先退缩,辞去主席职务,由约翰·费兹帕特里克来代替他。可惜的是,由于种种原因,罢工未能在战争时期举行,一直拖延到1919年9月下旬,在完全不同的历史条件下举行的全国性罢工不可避免地遭到了失败。

芝加哥积极分子集团的活动继续到1923年,在左翼和中派的联合破裂后,迅速失去影响而宣告结束。芝加哥总工会也转变为龚帕斯手下的一个保守组织。

第四节　十月革命和第一次世界大战的结束

伟大的俄国十月革命　第一次世界大战的一个最重要的结果是十月革命的胜利和苏维埃俄国的成立。第一次世界大战使交战双方都受到削弱,给欧洲国家带来了严重的破坏。战争期间,大批劳动力被征召入伍,在后方进行生产的工人,农民也在保证军需的借口下受到更为沉重的压榨。战争消耗了大量物资和粮食,造成物价飞涨,生活困难。一方面欧洲交战国的劳动人民无法生活下去,另一方面资本家却大发横财,财产急剧增加。例如德国克虏伯公司的利润从1913年的3390万马克增加到1914年的8640万马克。阶级矛盾日益尖锐,反战运动和罢工运动此起彼伏,普遍出现了革命形势。1916年5月1日,在柏林波茨坦广场举行了万人反战示威游行。德国工人的罢工运动也从1915年的137次增加到1916年的240次,参加人数从12221人增加到124639人。在法国,1916年的罢工人数比1915年增加三倍。

俄国的情况尤其严重,从1915年起就出现了革命形势。腐败落后的沙皇俄国在经济上和政治上都经受了严重危机。两年多的战争使沙皇俄国损失大量兵力,40%的男子应征入伍,大片土地无人耕种,部分工厂被迫停产,造成日用品和农产品的极度匮乏。军火生产也远远不能满足战争的需要,不得不依赖英国、法国和美国。物价飞涨、捐税猛增。人民生活十分困苦。在战争中,俄军不断败退,丢失了波兰、波罗的海沿岸地区和白俄罗斯部分土地,使许多人离乡背井,流落内地成为急待赈救的灾民。

广大俄国人民对沙皇统治强烈不满,迫切要求改变这种状况。工人、士兵和农民都纷纷起来开展反对沙皇政府的运动。1915年到1916年,罢工从1000次增加到1500次,参加罢工的人数从50多万增加到100多万。从1914年底开始,在俄德奥战线上出现了士兵联合,大批不愿为沙皇政府卖命的士兵纷纷逃离前线。1915年10月还发生了主力舰甘古特号水兵起义。许多地区的农民也行动起来,夺取地主的粮食、牲畜和农具。1916年,在中亚地区和哈萨克斯坦爆发了几万人的农民起义。十月革命的客观条件随着形势的发展而日益成熟。

与此同时,俄国布尔什维克党在列宁的领导下进行大量的宣传工作,日益发展为一个成熟的无产阶级政党和领导革命的司令部。广大的工农兵群众的觉悟也不断提高,逐渐形成一支坚不可摧的反对沙皇政府和反动资产者的巨大力量。革命的主观条件日益具备。然而,即使在这种形势下,是否应当直接夺取政权的问题在国内外都存在着争论。为了解决这个问题,列宁在理论战线上展开了一场坚决的、意义重大的斗争。

列宁所解决的第一个重大理论问题,是根据新的历史条件得出了社会主义可能首先在少数或者甚至在单独一个资本主义国家内取得胜利的结论。这个结论是他在《论欧洲联邦口号》和《无产阶级革命的军事纲领》中提出并加以强调的。

列宁所解决的另一个重大理论问题是战争同革命的关系问题。列宁认为,党应当领导工农兵利用资产阶级交给他们打仗的武器去推翻本国资产阶级政府,实现社会主义革命(在俄国首先实现民主革命)。他勇敢地提出了"变帝国主义战争为国内战争""使本国政府在帝国主义战争中失败"等口号。

此外,列宁还提出了俄国革命分两步走和革命转变的思想,并且确定了武装起义的方针。

列宁所得出的重要结论展示了社会主义革命的光明前景,激发了无产阶级利用帝国主义战争进行社会主义革命的创造性和积极性。利用帝国主义大战,推翻资产阶级政府,取得社会主义革命的胜利,这就是列宁在战争问题上所做出的最精彩的结论,也是对那些反对十月社会主义革命的机会主义者的有力回答。从这个意义上说,十月革命是第一次世界大战造成的,正如列宁所说的:"帝国主义战争开辟了社会革命的纪元。"[①]

伟大的十月社会主义革命的胜利,开辟了人类历史的新纪元,对全世界无产阶级是极大的鼓舞,对美国的工人运动也产生了深远的影响。

美国的反应 如在世界各个角落一样,伟大的十月革命在美国也引起了强烈的反响。许多城市的工人群众都举行了集会,欢庆俄国十月革命的胜利。西雅图的码头工人曾举行罢工反对运送军火武装干涉苏维埃俄国。但是以龚帕斯为首的劳联官僚完全站在垄断资产阶级一边诽谤和攻击十月革命。1919年的劳联代表大会公开表示不支持俄国的苏维埃政府。美国社会党的各个派别对待十月革命持不同的态度。左翼对十月革命的胜利欢欣鼓舞,表示全力支持,德布斯高兴地说:"我从头到脚都是一个布尔什维克,而且我以此自豪。"约翰·里德是十月革命的目击者,曾热情洋溢地报道了革命的进程,写出了《震撼世界的十天》这部名著。为了进一步了解俄国革命的经验,在美国左翼社会党人的努力下,列宁的一些重要著作在1918年至1919年间,陆续在美国出版。其中包括《给美国工人的信》《旁观者的意见》《国家与革命》《帝国主义是资本主义的最高阶段》等。

在十月革命的鼓舞下,美国社会党左翼迅速从狭隘的宗派主义中解

[①]《列宁全集》第21卷,第326页。

脱出来,努力扩大自己的队伍,并为捍卫革命原则而斗争。他们在纽约、俄亥俄、密歇根、伊利诺伊、马萨诸塞各地都拥有自己的据点,而且锻造出查尔斯·埃、鲁登堡和约翰·里德这样的新领袖。他们除去已拥有的德文和其他非英语语种的报纸外,还创办了几家新的英文报纸来宣传自己的观点。其中比较有影响的是,1917年在纽约创办的《阶级斗争》,1918年在波士顿创办的《革命时代》和芝加哥的《无产者》,1919年在纽约和芝加哥两地创办的《共产党人》。

社会党左翼由于对待战争和对待十月革命采取了正确的立场,在党内的威信不断提高,得到了多数党员的支持。他们要求在党内实行普遍的民主,通过自由辩论来贯彻自己的主张和揭露中派的真正面目,使社会党能够沿着正确的道路发展。

社会党的右翼是顽固反对十月革命的。但是,他们在党内是少数,处境困难。他们当中许多能量很大的活动家都由于公开支持战争而退出了社会党。他们往往利用在党内占据的领导地位同中派勾结在一起压制民主,打击右翼,在党内形成了希尔奎特——柏格集团。这个集团强制推行他们的机会主义政策,不惜以同左翼和基层党员对立为代价来换取温和的社会主义。

正如1919年5月24日《革命时代》所指出的,"温和派的口号是:分裂党来争取温和的社会主义!左派的口号是:把党争取过来来实现革命的社会主义——支持共产国际"。

中派的政治纲领是同十月革命的精神格格不入的。他们从内心里反对这次革命。然而在广大党员群众的压力下,他们虚伪地把自己的观点掩盖起来,表面上赞成十月革命,甚至在1919年代表大会上表示"支持俄国工人保持他们的苏维埃政府",抗议列强和美国武装干涉苏维埃俄国,但实际上却推行不支持政策,后来希尔奎特公开谩骂苏维埃政府是"迄今社会主义运动中最大的灾难和祸害"。

希尔奎特等人反十月革命的立场继续发展为对支持十月革命的左翼社会党人的大清洗——"粉红色恐怖"。他们肆意开除个别党员和地方组织而不经过任何询问调查。1919年5月24日至3日全国执行委员会宣布开除拥有6000名党员的密歇根州组织和俄罗斯、立陶宛、波兰、拉脱维亚、匈牙利、乌克兰等联盟。接着,左派拥有优势的马萨诸塞和俄亥俄组织,以及纽约、芝加哥等地的一大批支部陆续被开除出党。被开除的党员人数总共达到5.5万人以上。实际上,这是中派和右派一手造成的美国社会党的大分裂。

分裂以后,左翼社会党人第一次在全国范围内举行单独活动,于1919年6月21日在纽约曼哈顿大厦召开左派全国会议,讨论建立统一机构的问题。这次会议为美国共产党的建立打下了基础。

第一次世界大战的结束 十月革命胜利后,苏维埃政权把结束帝国主义战争,实现和平的问题提到十分重要的地位。苏维埃政权于1917年10月26日(11月8日)颁布了《和平法令》,要求各交战国立即进行公正的、民主的和平谈判。但是,协约国的决策人根本不愿意实现公正的、民主的和平,粗暴地拒绝了苏维埃共和国的和平建议,坚持把战争进行下去,以便从战争中捞到最大的好处。年轻的苏维埃共和国立即果断地单独同德国进行和平谈判。

为了退出战争,争取时间,使新生的红色政权能够生存下去并得到巩固,列宁和布尔什维克党以极大的勇气和忍耐接受了德国提出的苛刻条件,于1918年3月3日签订了《布列斯特-利托夫斯克和约》。苏维埃俄国终于首先退出了这场帝国主义战争。《布列斯特-利托夫斯特和约》使它赢得了短暂的但极其宝贵的时间来整顿和巩固自己,从而有可能动员和组织革命力量镇压反革命暴乱和打退帝国主义的疯狂进攻。

1918年,交战国双方虽然都已严重削弱,但却没有放弃侵略的野心,企图竭尽全力进行最后的较量。双方共投入了300多个师的兵力,展开了空前残酷的大厮杀。由于人力、物力的对比有利于协约国,德国在大规模的消耗战中迅速转为劣势,而最后陷入绝境。

军事上的失败是德国投降的一个原因。但是威廉二世并不甘心自己的失败,在极其不利的形势下仍然准备负隅顽抗,甚至组成了新的内阁。假如没有十月革命造成的欧洲范围内的危机,战争可能还要继续一段时间。促使德国投降的另一个原因就是德国国内的革命运动。11月4日,基尔海军起义,夺取了当地的政权,建立了苏维埃政府。接着在德国的许多地区都发生了起义。几天之内,除东北部地区以外,其他地方的政权都转到了苏维埃手中。11月9日,柏林的工人和士兵举行了总罢工和武装起义,轰轰烈烈的十一月革命席卷了整个德国。革命粉碎了威廉二世进行垂死挣扎的幻想。他被迫宣布退位和太子仓皇出奔荷兰。11月11日,德军正式投降,在康边森林签订了停战协定。第一次世界大战宣告结束。

第一次世界大战以后,世界的政治面貌发生了根本性的变化。伟大的十月社会主义革命突破了资本主义体系的薄弱环节,在世界上建立了第一个社会主义国家。这对世界各国的社会主义运动和工人运动无疑是一个极大的推动,同时也给予了机会主义、社会沙文主义、社会和平主义以严重的打击。

战争削弱了英、法等帝国主义国家,但却给美帝国主义带来了极大的好处。正如福斯特所说的,"美国是这个资本主义战争中的真正胜利者"[1]。它从战前的负债国一跃而为债权国,拥有200亿美元的债权。美金战胜了英镑和马克,纽约华尔街的大财阀们登上了世界资本主义金融统治的宝座。美国的工业也得到迅速发展,雄踞世界之首。

不过,帝国主义国家之间的矛盾,新兴的帝国主义国家与老牌帝国主义国家之间的矛盾日益发展并趋于尖锐化。帝国主义国家发展不平衡的规律继续在起作用。所有这一切播下了第二次世界大战的种子。

这种错综复杂的情况对美国的工人运动产生了深远的影响。一方面,美国社会主义运动中的左派迅速成长,成为美国共产党的核心。另

---

① [美]威廉·福斯特:《美国共产党史》,第141页。

一方面,右翼和中派进一步投入垄断资产阶级的怀抱,成为美国工人运动中的改良派。

结　语　第二次世界大战后工人运动概述

　　1945年9月2日,日本无条件投降,二战结束。战时由于劳联、产联保证不罢工,由于工资冻结和通货膨胀,工人的生活水平未能随生产的增长而提高。战争结束后,工人解脱了不罢工保证的桎梏,起来斗争。1945年和1946年罢工斗争此起彼伏,1947年和1948年罢工虽有所减少,但1949年和1950年又出现了大罢工浪潮。在美国侵朝战争期间,工人也开展了罢工斗争。战后虽然罢工浪潮不断,但限于经济斗争,并未表现出政治上的新的觉醒。在政治上,工人仍支持资产阶级政党。在二战中增强了经济和政治实力的大公司在战后有的对工会采取强硬立场,但也有许多采取了新的手法,利用工会来约束和控制工人。产联在战后继续其二战时的不罢工政策,以图得到政府的保护。所以,战后许多工会在与资方的集体议价中,将不罢工保证写入了合同。比如,联合汽车工人工会领导人沃尔特·鲁瑟在同通用汽车公司协商的合同中包括有连续五年不罢工的保证。

　　战后,美国政府趋于反动。美苏关系恶化,开始了"冷战"。在丘吉尔于1946年3月5日在美国密苏里州的富尔顿发表反苏演说后,美共领导人威廉·福斯特在纽约城美共组织的集会上抨击美国的外交政策,指责"美国和大不列颠的帝国主义者正试图驱使各族人民投入另一场世界大战"。"严酷的事实是,目前控制我们外交政策的美国大垄断者的目标是在世界各地建立美国帝国主义的统治,而英帝国主义则是一个小伙计。"①美国政府在国内加强了对劳资关系的干预,限制工会活动,迫害美国共产党。1947年国会通过了《塔夫脱-哈特莱法》(《劳资关系法》),从反劳工的角度修正罗斯福新政时期通过的《全国劳工关系法》(《瓦格纳法》),取消美国工人数十年斗争取得的许多成果,力图消弭群众性的罢工斗争,使工会处于饮弱无力的状态。该法规定:"如雇主、雇员和劳工团体能做到依照法律承认相互关系中彼此的合法权利,特别是依照法律承认任何一方在同对方的关系中,均无权采取危害公共卫生、安全或利益的行动或手段,就能够避免或大量减少妨碍商业的正常流通、商品用品和商品充分生产的产业纠纷。"为此,政府加强对工会活动的限制。第一,强调自由,雇佣工人不受工会的干预,比如关于该法的目的和政策的宣告中,规定"保障个体雇员在他们与劳工组织的关系中的权利。"在关于雇主不公正的劳工行为的条款中,规定"在雇佣或保有职业上,或在雇佣条件和工作条件上,采取不同对待的办法,来鼓励或打击雇员参加劳工团体",是不公正的劳工行为。这实际上意味着工会不得要求雇主只雇佣工会会员。这是对工会历来主张的"封闭工厂"制的打击。第二,声称雇员有不参加工会的自由。在雇员的组织和集体议价等权利的条款中,规定"雇员有自行组织的权利,有组织、参加、协助劳工团体经由他们自己选择的代表进行集体议价,以及为集体议价或为争取互助或其他保护采取其他统一行动的权利。他们也有拒绝进行这种活动的一部分或全部的权利",这后一句陈述实际上是企图扼制工会的发展。第三,限制罢工。关于判定和政策的宣告的条款中规定:"某些劳工团体、它们的职员和会员所采取的某些行为,具有阻碍贸易或使商业负担加重的意图或必然的结果,因为它们通过罢工和其他形式的产业纠纷,或通过损害公众在商业自由流通中的利益的协同行动,阻止了在这种商业中的商品的自由流通,消除这种行为是确保本法所保证的权利的必要条件。"第

---

① Philip Bart(ed.), *Highlights of a fighting History: 60 Years of the Communist Party*, USA, New York: International Publishers, pp. 237-238.

四,给工会活动设置重重障碍。该法规定了政府进行干预的一整套办法:一是规定工会职员签署宣誓书,"声明他不是共产党员,也不同这个党有关系,而且声明他不信仰,并且也不是任何信仰或宣传用武力或任何违反宪法的方法来推翻美国政府的组织的成员或支持者";二是规定工会和雇主任何一方"都不应废止或修改这一合同",除非希望废止或修改的一方"在合同期满十天以前,向对方提出了废止或修改的书面建议","不采取罢工或关厂停工的手段","任何一个在本款规定的六十天期间内从事罢工的雇员,撤销他作为参加这一具体劳资争端的雇主的雇员身份";三是授权政府,要求法院发布禁令,禁止"威胁着要爆发的或已经爆发的罢工或关厂停工;"四是禁止抵制和同情罢工,规定"禁止政府雇佣人员罢工,要求解佣罢工的雇佣人员,剥夺他所保有的公职身份,并取消他在三年内重新被雇佣资格"①,这一法律限制了工会的行动自由和工人组织起来进行罢工的权利。

　　1950年国会通过了《麦卡伦法》(《国内安全法》),指定共产主义组织进行登记,以保护所谓美国不受非美的和颠覆活动的侵犯。1954年国会又通过《共产党管制法》,宣布共产党不受法律保护,禁止共产主义组织成员享有某些代表的资格等。1959年国会通过《兰德莱姆-格里芬法》(《劳资双方检举揭露法》),规定工会职员应定期向劳工部长汇报工会一切财务方针和活动,规定工会会员如不满工会领导人、工会选举程序和会费交纳情况,可向法院起诉,法院授权进行调查,确认工会领导人违法,则撤销其职务。这一法律使法庭干预劳工组织的活动合法化,也使雇主可利用工会会员这一权利搞掉他不喜欢的工会领导人。这一法律发展了《塔夫脱-哈特莱法》,进一步限制了工会在劳工的司法争执中进行斗争的权利。另外,有二十个州通过所谓工作权利法律,禁止将工人参加工会作为雇佣条件。美国政府制定这些反劳工法是为了扼制美

---

① Henry Commager(ed.), *Documents of American History*, Englewood Cliffs, N. J. : Prentice-Hall, 1973, Vol. 2, pp. 716–719.

国工人运动,也是为了在对外扩张时保证有一个稳固的后方。

　　战后,产联的上层领导人和产联的主要工会在政治上继续右倾,和劳联一样支持政府,产联于1950年11月举行的第十二届年会和劳联的第六十九届年会都支持政府的外交政策。劳联和产联的职员在1950年底都按《塔夫脱–哈特莱法》,签署了宣誓书,声明他们不是共产党员。产联还开始在产联工会中清洗美共党员和进步分子。默里早于1949年5月在他任主席的联合钢铁工人工会的大会上宣称:"这个工会将不能容忍外来者(个人、组织或团体),不论是共产主义的、社会主义的或任何其他团体,渗透、控制或干涉我们的事务。"①同年,产联的第八届年会的决议宣称:"产联是一个美国组织机构,竭力在美国的政治民主制的范围内实现明确规定的社会和经济目标。""我们,产联的第八届章程大会的代表,不满和否定共产党或其他政党及其追随者干预产联的事务。这次大会宣告,我们将不容许这种干预。"②1949年5月,产联执委会决议,禁止美共党员在工会任职和担任产联执委会委员。1949年11月产联第十一届年会的决议声称:"我们不再能容忍在产联的家庭中有共产党冒充工会。"③默里说:"在产联内部没有共产主义存在的余地。"④而《塔夫脱–哈特莱法》中关于工会职员宣誓不是共产党员的规定成为产联清洗美共党员的武器。产联在其第十一届年会上即开始开除美共控制的工会。产联的清洗政策削弱了美国有组织的产业工会活动。据统计,经过清洗,产联丧失了约50万至100万会员。⑤产联上层领导人的反共清洗政策为后来产联与劳联的合并铺平了道路。

---

　　① Joseph R. Strarobin, *American Communism in Crisis*, *1947–1957*, Los Angeles: University of California Press, 1975, p. 147.

　　② *Proceedings of the Eighth Constitutional Convention of the CIO*, Oct. 2–7, 1969, pp. 113–114.

　　③④ *Proceedings of the Eleventh Constitutional Convention of the CIO*, p. 302,327.

　　⑤ F.S.Obrien, "The'Communist-Dominated'Unions in the United States Since 1950", *Labor History*, Vol. 9, No. 2, 1968, pp. 204–206.

1952年劳联主席格林和产联主席默里去世,乔治·米尼和沃尔特·鲁瑟分别继任劳联和产联主席。他们都宣称同1953年上台的共和党政府合作。由于产联奉行反共政策和开除产联中的进步工会,同劳联在国内政策,特别在外交政策上的立场没有区别,产联和劳联自1953年开始谈判合并问题。由于米尼和鲁瑟都是新的领导人。没有过去产联和劳联领导人之间的宿怨,当时军备竞赛造成就业增多,工资相对增加,工人运动不活跃;由于大多数地方工会的职员是工资高的技术工人,趋于保守;由于战时和战后工人阶级组成上的更新,新加入工会的青年工人和女工缺乏20世纪30年代产联兴起时期的工会斗争的经验,这种种因素推动了产联和劳联领导人之间的谈判,达成协议,于1955年12月5日正式宣布合并成为一个统一组织,名为美国劳工联合会和产业组织联合会,简称劳联-产联。新的章程规定:"加入劳联-产联的行业工会和产业工会具有平等地位;对由共产党人、法西斯分子或其他极权主义团体控制的工会采取纪律处分。"这样,反共成为劳联-产联的基本政策。劳联和产联合并的积极意义在于结束了二十年来两大工会的分裂和对立状态,在美国形成了统一的劳联-产联。1955年拥有1560万会员,1957年增至1610万会员。1957年12月,由于开除了一些工会,劳联-产联会员数降至1390万人,而1957年全国工会会员数为1768.96万人,嗣后逐年下降,1962年降为1592.8万人。[①]

　　劳联和产联合并以后,美国工人运动基本上进入美国资产阶级政府可以控制的范围。

　　[①] Leo Troy, "Trade Union Menbership, 1897-1962", *The Review of Economics and Statistics*, Vol. 47, No. 1, Feb., 1965, p. 93, 101.

大 事 年 表

1607年	英国伦敦公司建立詹姆士城。
1619年	第一艘贩奴船到达弗吉尼亚；弗吉尼亚殖民地议会成立。
1620年11月11日	英国清教徒移民乘"五月花号"船到达普利茅斯，并在船上签订了《五月花号公约》。
1630年	马萨诸塞殖民地建立殖民地政府颁布法令限制建筑行业熟练工日工资最高额为2先令。
1648年	马萨诸塞殖民地政府批准在波士顿成立鞋匠行会和铜匠行会。
1675—1677年	菲利普王之战。
1676年	培根起义。
1684年	纽约马车夫要求增加运费，拒绝清扫垃圾。
1741年	波士顿油烟工人建立联合组织，拒绝使用商号流通券；纽约面包工人罢工。
1765年	"自由之子"在波士顿、费城等地建立。
1770年1月	金山之战。
1770年3月5日	波士顿惨案。
1773年	纽约技工委员会成立。
1773年	波士顿倾茶事件。
1775—1783年	北美独立战争。
1776年	技工在费城城市委员会中取得优势。

1785年	英国工人塞缪尔·施莱特把新纺纱机的制造和使用技术带到美国。
1786年	谢司起义；费城印刷工人罢工。
1790年	第一个近代化纺织厂在罗得岛波特基特设立。
1791年	纽约实用工业建社设会社成立；费城工人罢工；费城木匠工会；巴尔的摩印刷工会成立。
1792年	费城鞋匠工会成立（第一次建立长期工会的尝试）。
1794年	费城制鞋工会第二次建立。
1795年	巴尔的摩成衣匠罢工；巴尔的摩成衣匠工会成立。
1803年	纽约造船业工会成立。
1804年	奥利弗·伊文斯制成美国的蒸汽机。
1807年	富尔敦发明汽船。
1815年	洛维尔建立完备的近代化纺织厂。
1819年	第一次经济危机。
1825年1月	欧文在印第安纳建立"新和谐村"。
1827年6月	费城木工举行罢工争取十小时工作制；"新和谐公社"宣告解散。
1827年秋	费城技工工会联合会成立。
1828年	新泽西帕特逊城工厂工人罢工；新罕布什尔多维尔城纺织女工罢工；费城工人党成立。
1829年	经济危机；纽约工人党成立。
1830年	美国开始修建铁路。
1831年	新英格兰农民、技工及其他工人联合会成立。
1833年	纽约、华盛顿、费城、巴尔的摩城市总工会成立。
1834年8月	全国总工会成立。
1835年	火柴民主党运动开始。

1837年	经济危机。
1841年	乔治·伊文斯提出土地改革计划。
1842年	十小时共和主义协会成立。
1843年	北美法朗吉公社和布鲁克农庄成立。
1844年	福尔河技工协会成立;新英格兰工人协会成立。
1845年	洛维尔妇女劳工改革协会成立;"青年美国"建立。
1845—1846年	工业大会连续召开两次年会。
1846年1月	布鲁塞尔共产主义通讯委员会成立。
1846年	布鲁塞尔共产主义通讯委员会通过《反克利盖的通告》。
1847年	共产主义者同盟举行第一次和第二次代表大会;新罕布什尔州通过最早的十小时工作制法令。
1848年2月	《共产党宣言》公开出版。
1848年7月	宾夕法尼亚工人罢工。
1848年	卡贝建立伊卡利亚公社。
1848—1849年	欧洲一八四八年革命。
1850年12月	科隆中央委员会要求伦敦区委员会把中央委员会的宣言和同盟的新章程寄往美国。
1851年2月	第一批《共产党宣言》寄往美国。
1851年11月	约瑟夫·魏德迈到达美国。
1851年8月—1863年3月	马克思、恩格斯为《纽约每日论坛报》撰写文章。
1852年	《革命》第1期出版,刊载了《共产党宣言》的第一部分;《路易·波拿巴的雾月十八日》在美出版;佐尔格到达美国;无产者同盟成立。
1853年	马克思的《揭露科隆共产党人案件》在波士顿德文报纸《新英格兰》上发表,并由该报出版单行本;美国劳工协会、全国劳工协会相继成立。

1857年	经济危机爆发;共产主义俱乐部在纽约成立。
1859年	林肯当选总统;肯塔基州路易斯维尔城工人集合反对分裂。
1859年	全国铸工工会联合会成立。
1861年4月15日	林肯发布第一个征兵令。
1861年	全国工人代表大会在费城举行;维护联邦统一矿工协会成立。
1861—1865年	美国南北战争。
1862年12月31日	林肯签署《解放宣言》。
1862年	在"铜头蛇"策划下纽约市发生反征兵暴乱;明尼苏达州通过法令对干犯其他人行为的罢工者判处罚款和徒刑;伊利诺伊州通过《拉萨尔黑律》禁止任何人阻止其他人进行工作;工会运动复苏;罗切斯特工会联合会成立;纽约女工自卫联合会成立;火车司机工会和电报工人工会相继成立;机械工与铁工工会代表大会通过八小时工作制的决议。
1864年	国际工人协会成立;北美工业大会在路易斯维尔举行;泥瓦工工会、雪茄工人工会、制帽工人工会、制革工人工会成立;威廉·罗克兰斯少将在圣路易司令部发布禁止工人建立组织和成立纠察队的命令;美国政府连续动用军队镇压冷泉、圣路易、田纳西、宾夕法尼亚、雷丁等地的罢工运动;纽约州通过《非法干涉雇主与雇工惩治条例》。
1865年	宾夕法尼亚通过法令允许各铁路公司建立私人警队;成衣雇工工会、油漆工人工会造船木工 与油烟工人工会成立。
1865年	全国工人代表大会在巴尔的摩召开;全国劳工同盟成立。

1867年	共产主义俱乐部加入第一国际;全国劳工同盟召开芝加哥代表大会。
1868年	第一国际总委员会聘请佐尔格担任美国的德国通讯书记;共产主义俱乐部同德国工人总工会合并 成立纽约及其近郊社会党;全国劳工同盟在纽约 举行代表大会;西尔维斯当选全国劳工同盟主席。
1869年	西尔维斯逝世;全国劳工同盟代表卡梅伦应第一国际总委员会邀请出席巴塞尔代表大会;第一国际美国第一支部成立;全国劳工同盟在费城举行代表大会;劳动骑士团成立。
1870年	第一国际美国第二支部成立;普法战争爆发;第一支部和第二支部联合举行反对普法战争的 群众集会;国际工人协会北美中央委员会成 立;全国劳工同盟辛辛那提代表大会通过,准备 加入第一国际的决议。
1871年	法国发生巴黎公社起义;北美中央委员会举行纪念六月起义和巴黎公社殉难者的群众集合;重 印《法兰西内战》和新德文版的《共产党宣言》;第十二支部成立;北美中央委员会通过决议无限期休会;临时联合委员会斯普林委员会(第二委员会)成立;全国劳工同盟在圣路易召开代表大会。
1872年	总委员会通过关于合众国联合会的决议;第十二支部被暂时开除;北美联合会委员会和美国联合会委员会分别成立;第一国际在海牙召开代表大会;总委员会驻在地从伦敦迁到纽约;纽约总委员会发布第一个通告信;全国劳工同盟在克里夫兰召开代表大会;全国劳工改革党成立。
1873年	汝拉联合会被开除出第一国际;第一国际在日内瓦召开第六届代表大会;经济危机爆发;北美联合会委员会发表支持失业工人的宣言;国际纽约各支部在库柏学院召开失业工人大会;芝加哥两万失业工人举行游行;北美联合会发生分裂;伊利诺伊工人党成立;劳动骑士团第一地区分会成立。

1874年	北美社会民主工党成立;纽约总委员会宣告解散北美联合委员会;北美联合会召开第二次代表大会;佐尔格退出《工人报》和总委员会。
1875年	克里夫兰代表大会;绿背党成立。
1876年	费城代表大会;第一国际宣告解散;美国工人党(社会主义工人党)成立;绿背党在印第安纳波利斯举行代表大会。
1877年	铁路工人大罢工;社会主义工人党召开纽瓦克非常代表大会。
1878年	全国绿背–劳工党在托莱多召开成立大会;劳动骑士团召开雷丁代表会议;社会主义者和八小时工作制运动领导人在纽约举行工人代表会议建立国际工人联合会。
1879年	社会主义工人党在阿列根尼召开代表大会。
1880—1881年	纽约、费城、密尔沃基等地的社会主义工人党组织内部出现社会主义革命党俱乐部。
1881年	劳动骑士团底特律会议决定取消秘密原则;社会主义革命党在芝加哥举行成立大会;美国与加拿大有组织行业工会与劳工联合会成立。
1882年	美国政府通过排华法案。
1883年	马克思逝世;无政府主义者在匹兹堡举行集会;社会主义工人党在巴尔的摩举行第四次代表大会。
1884年	美国与加拿大有组织行业工会与劳工会联合会在芝加哥通过建立全国劳动节和八小时工作制的决议。
1885年	社会主义工人党在辛辛那提召开第五次代表大会。
1886年	五一大罢工;芝加哥秣市惨案;劳动骑士团克里夫兰特别会议;芝加哥肉类罐头工人罢工;哥伦布城代表大会美国劳工联合会成立龚帕斯担任劳联主席亨利·乔治运动开始。

1887年	明尼阿波利斯会议;骑士团趋于衰落;统一工人党举行锡拉丘兹代表大会;进步劳工党成立。
1888年	劳动骑士团举行印第安纳波利斯会议;劳联召开圣路易大会;亨利·乔治及其信徒退出统一工人党。
1889年	第二国际建立。
1891—1892年	田纳西煤矿工人罢工。
1892年	爱达荷铜矿工人罢工;圣路易轮船司炉工、码头工人、码头搬运工人联合罢工;新奥尔良总罢工;霍姆斯特德罢工。
1895年	恩格斯逝世;德里昂和社会主义者退出劳动骑士团;社会主义职工联盟成立。
1897—1898年	煤矿工人大罢工;西部工人联合会成立。
1899—1900年	社会主义工人党分裂并趋于消亡;美国社会党成立全国公民联合会成立,龚帕斯当选联合会副主席。
1901年	美国社会党在印第安纳波利斯召开代表大会。
1904年	美国社会党在芝加哥召开代表大会。
1905年	世界产业工人联合会成立,谢尔曼当选主席。
1906年	世界产联在芝加哥召开第二次代表大会;特劳特曼当选总组织员。
1907年	世界产联的第一次分裂;西部矿工联合会被开除出产联。
1907—1908年	联邦军队进入戈德费尔镇压世界产联领导的罢工运动。
1908年	世界产联在芝加哥举行第四次代表大会;世界产联发生进一步分裂;德里昂退出大会,在底特律组织另一个世界产联(1915年改称国际工人产业联合会,1925年解散);世界产联在米苏拉进行争取演讲自由的斗争。

1910年	海伍德代表美国社会党参加第二国际哥本哈根大会。
1912年	第二国际召开巴塞尔非常代表大会;世界产联在圣迭戈开展争取演讲自由的运动;美国社会党召开印第安纳波利斯代表大会。
1911年	世界产联在阿伯丁等地开展争取演讲自由的斗争。
1913年	美国社会党撤销海伍德执行委员的职务,海伍德退出美国社会党。
1914年	第一次世界大战爆发,美国社会党发表反战声明世界产联代表大会宣布反对战争。
1915年	国际工会教育同盟成立。
1916年	美国政府成立六人国防委员会;龚帕斯被任命为国防委员会咨询委员会成员;世界产联芝加哥年会发表反战声明。
1917年	美国参战;威尔逊政府通过《间谍活动法》《通敌法》《煽动叛乱法》对反战派进行镇压;龚帕斯在华盛顿召开工会上层人物大会支持政府的战争政策;美国社会党召开圣路易紧急代表大会;美国政府血腥镇压世界产联;伟大的十月社会主义革命在俄国爆发并取得胜利。
1918年11月	第一次世界大战结束;美国左翼社会主义者支持十月革命;列宁的著作《给美国人的信》《国家与革命》《帝国主义是资本主义的最高阶段》在美国出版。

附　录

《美国工人运动史》评介[*]

　　美国工人阶级是美国社会两大主要阶级之一，和资产阶级互相依存又互相对抗，曾经为美国的创建做出了重要贡献。美国工人阶级有着光荣的革命传统：全世界工人阶级的盛大节日——五一国际劳动节起源于美国，马克思主义在美国传播较早，其大都市纽约还曾作为第一国际总委员会的所在地达四年之久，等等。显然，美国工人运动史应该是历史研究的重要课题之一。但长期以来，我国缺乏一部中国学者撰写的专著。最近张友伦、陆镜生合著的《美国工人运动史》问世，填补了这项空白，值得庆贺。

　　作者运用历史唯物主义基本原理，结合美国资本主义发展的历史进程，以丰富的历史事实，阐明美国工人运动的过程和特点，并从国际工人运动史的宏观角度，加以比较，吸收了美国工人运动史学著述中的优秀成果，批驳了美国例外论的观点。尤为难能可贵的是，面对当前美国工人运动一蹶不振、美国的社会主义和共产主义思潮极为低落的情况，作者满怀信心地说："尽管美国工人运动遇到了严重的困难，但并没有因此而消失。只要美国的社会制度不改变，美国的工人运动定将在新的历史条件下找到新的适合的形式，并且继续发展下去。"作者这种乐观主义态

---

* 本文为黄绍湘在张友伦、陆镜生合著《美国工人运动史》1993年出版后所作，原刊于《历史研究》1994年第6期。

559

度,对读者很有启迪。

综观全书,具有以下特点:

第一,本书以美国资本主义工业化为线索,概述自殖民地时期起至第二次世界大战结束时止三百余年的美国工人运动史。作者根据美国经济发展水平和社会阶级关系的相互作用,划分美国工人运动史的主要阶段,自成体系、层次分明、一目了然,不失为一项博大的系统工程。此外,在结束语中简略地叙述了第二次世界大战后工人运动概况。作者张友伦另一本专著《当代美国社会运动和美国工人阶级》(天津人民出版社,1993),正好和本书相衔接,充实了本书结束语的内容。

第二,本书"引言"是研究美国工人运动史学流派的一篇优秀导论。作者剖析了美国工人运动史学主要流派的嬗变轨迹和思想实质,客观地评介了康芒斯-威斯康星学派、老左派史学家菲利普·方纳学派,新工人运动史学派的成就与缺陷。作者指出,康芒斯-威斯康星学派奠定了美国工人运动史的基础,对美国工人运动史学的形成和发展做出了重大贡献,但它宣扬美国工人阶级只有"职业意识",没有阶级意识的论点,实质是适应资产阶级需要而形成的,同当时颇为流行的美国例外论如出一辙。方纳学派是美国国内首先力图用马克思主义阐述美国工人运动史的学派,它的出现和成就,使美国工人运动史面目一新,功不可没。其缺陷是对美国工人运动的特殊问题,以及新形势下出现的许多问题还没有提出全面的解释。20世纪60年代新工人运动史脱颖而出,其代表性著述的论点是向康芒斯-威斯康星学派进行挑战,彻底摒弃了该学派的错误观点,重视研究普通工人的文化生活和活动,并采用了现代史学研究方法和手段。其缺陷是使用"工人文化""工人控制"来代替康芒斯-威斯康星学派的"职业意识",同样是排除对阶级斗争和革命思想的研究。该学派把研究普通工人、非工会成员的文化、生活和活动提到不适当的高度,而把工会组织、有组织的工人,以及工人政治团体、政党排除在研究领域以外,或摆在无足轻重的地位,显然是不正确的。

第三,作者坚持辩证法两点论,对美国主要的工人组织、政党、历史人物能根据当时的具体历史条件,实事求是地做出评价。

在工人组织方面:美国第一个全国性工人组织——全国劳工同盟反映了19世纪60和70年代美国经济发展过渡时期的特点。作者评价说:"它的成立标志着美国工人运动进入了一个新的历史时期。"然而,"它反映了小手工业者的利益和思想,还不是一个工业无产阶级的组织,没有摆脱工场手工业时期工人运动的局限性",在接受凯洛格金融改革论思想影响之后,走上了同绿背党合流的错误道路,以致迅速衰亡。对于19世纪30年代出现的劳动骑士团和美国劳工联合会这两个重要工人组织,作者既分析了它们产生的历史背景,又恰当地评价了它们在美国工人运动史上所产生的积极作用,以及所带来的不良影响。世界产业工人联合会是在美国进入帝国主义阶段这一特定的历史时期成立的,于1905年由社会主义者、非熟练工人和激进派所建立。作者高度评价了世界产联成立的意义,认为它的成立"给美国工人运动注入了新的活力。它的激进的纲领和行动同劳联形成鲜明的对照。在纯粹工会主义思潮大肆泛滥的形势下无疑是一支异军突起"。同时又指出其缺点,即存在着无政府工团主义思想和领导不称职,以及内部分裂。结果,在第一次世界大战爆发后,因为反对美国参战、组织工人罢工而被政府镇压,以后逐渐衰落。

在工人政党方面:对于社会主义工人党(1877年由美国工人党更名,主要由美籍德裔工人和社会主义者组成),作者在探究该党在1900年分裂后,蜕变为一个宗派组织的原因时,很有见地,其评论完全符合恩格斯的思想。对于1901年由社会民主党和脱离社会主义工人党的成员合并组成的社会党,作者的写法别具一格。作者从其创建人、著名工会活动家尤金·德布斯着手写起,追述了他的动人事迹。继而明确指出了社会党通过的基本上反映社会主义原则的党纲,冲破了德里昂宗派主义的束缚,使社会主义运动同广大群众建立联系,并且分析了社会党内部从一开始就围绕着如何对待世界产联和劳联这一原则性问题产生分歧和斗争,最后导致内部分裂的主客观因素。

在历史人物评价方面:作者结合当时的具体历史条件,以辩证唯物主义两点论进行考察中和分析,对历史人物做出了公允的评价。现举本书对佐尔格和龚帕斯的评价为例。作者详细介绍了佐尔格努力传播科学社会主义理论,组织第一国际美国支部的革命实践,充分肯定了其贡献;同时又对以他为代表的领导人只在德国移民中活动,忽略在美国本地工人中进行工作提出了批评。马克思、恩格斯曾多次提醒佐尔格不要用僵死的教条看待美国的工人运动,否则就只能成为"纯粹的宗派"和"外国人"。但是佐尔格没有接受这些劝告,并为自己的错误辩解。作者提供的这一鲜为人知的资料使我们对佐尔格有了全面的认识。龚帕斯从1886年至1924年去世时止,长期担任劳联主席(除一届外),作者结合劳联的成长和活动对他进行评价,认为龚帕斯在1894年之前,曾经为美国工人运动的发展做出了很大贡献:他学习马克思著作,赞同第一国际原则,领导劳联争取八小时工作制获得成功,支持圣路易海运工人联合罢工和新奥尔良总罢工等。龚帕斯蜕变为纯粹工会主义者是在1894年末劳联丹佛代表大会上,否决了工人进步的政治纲领开始的。"所谓纯粹工会主义的实质就是在接受雇佣劳动制度的前提下,争取改善工人的生活和劳动条件,不触及资本主义制度的根本原则……当资产者向一部分工人提供一定优惠待遇,能够满足纯粹工会主义的某些要求的时候,劳联立即转变为特殊利益集团而排斥其他工人,靠牺牲非熟练工的利益来满足自己的狭隘利益"。龚帕斯成为工人贵族,反映了垄断资产阶级分化工人阶级的策略收到了效果。作者对龚帕斯一生,从正反两方面进行论述,体现了其评价历史人物的求实精神。

第四,作者以历史唯物主义为指导,坚持人民群众是历史创造者的观点,着重介绍他们的生活状况、品质、聪明智慧和英勇斗争的事迹,突出工人群众在罢工斗争中的作用。美国建国后生产力突飞猛进,在二百余年间一跃而为世界头号工业强国,这首先应归功于从事物质生产的美国广大劳动人民,但是他们却处于被剥削的地位。作者以求实的态度,根据大量生动、具体的数字和事实来说明美国工人生活状况的恶化,使读者感到真实可信,因而发人深思,令人动容。作者对工人阶级的品质描绘得淋漓尽致,如秣市惨案大搜捕期间,工人领袖之一珀森斯本来不在现场并已隐居起来,闻讯后却毅然前往自首,勇于承担责任,充分表现了革命者的大无畏精神。

作者还以饱满的热情,描述了美国工人阶级的聪明智慧。如介绍世界产联独创的携带肥皂箱随时随地在街头演讲的方法;由世界产联发明的在20世纪30年代成为一种普遍使用的有效罢工方式——静坐罢工等。对美国工人阶级争取生存的反抗斗争,作者以酣畅的笔墨描述了自1877年铁路工人大罢工到19世纪90年代一连串疾风骤雨式的罢工斗争,揭露资产阶级和联邦政府镇压罢工的暴行。尤以1877年铁路大罢工、芝加哥流血惨案和1892年宾州霍姆斯特德罢工中孟农加希拉河的战斗写得有声有色,给人留下深刻印象。据此,作者痛斥了美国例外论者的谎言。"历史活动是群众的事业。"①作者突出一般工人群众的作用,把他们放在中心位置上,强调即使工人组织的领导层的错误政策占支配地位时,工人群众也仍然为切身利益而艰苦战斗的勇气。对罗斯福新政的劳工立法,作者不是据此讴歌罗斯福个人的丰功伟绩,而是突出当时美国工人阶级的斗争迫使统治阶级让步,甚至保守的劳联主席格林也承认这一点。

第五,对科学社会主义在美国的传播论述精当,有所突破。欧洲一八四八年革命失败后,许多"四八战士"先后侨居美国,播下了科学社会主义的种子。欧洲科学社会主义的传播者,谁最先抵达美国?过去有关美国共产主义运动的历史(包括福斯特著的《美国共产党史》在内)都着重介绍约瑟夫·魏德迈和弗里德里希·佐尔格做出的贡献。作者在本书中根据可靠史料,提出首先到达美国的是"四八战士"、德意志美因茨共产主义同盟成员、几何学家阿道夫·克路斯,他于1848年夏即来美国,而魏德迈和佐尔格则是在1851年9月和1852年9月来美的。作者还依据

①《马克思恩格斯全集》第2卷,第104页。

大量新史料,深刻地阐述了19世纪70年代国际派(即美国的马克思主义者——笔者)为建立社会主义政党与拉萨尔派做斗争的历史,并提出了具有突破性的见解。作者认为,1873年12月到1874年成立的伊利诺伊工人党和北美社会民主工党,并不是由拉萨尔分子控制的铁板一块,而是受拉萨尔分子的影响,但其内部有相当数量的国际派的两个政党。国际派反对拉萨尔分子热衷于选举运动,提出必须重视工会运动,从事反映工人群众利益的经济斗争。在国际派的不断努力下,北美社会民主党逐渐抛弃了拉萨尔主义的立场,日益靠近第一国际总委员会,对工会运动和工人运动表现出越来越大的兴趣。伊利诺伊工人党也发生同样情况。这两个政党的转变为美国各个社会主义组织的联合创造了有利条件。几经周折,在第一国际解散后数日,1876年7月19日,佐尔格和奥托·魏德迈的北美联合会终于和伊利诺伊工人党、北美社会民主工党联合,组成了美国工人党,美国的社会主义运动掀开了新的一页。作者对这一段历史写得饱满充实,跌宕有致,是成功的。

第六,作者运用矛盾的普遍性与特殊性相互联系的哲理,阐明美国社会的特殊性及其对阶级斗争、工人运动的影响。同时,揭示美国工人运动和其他资本主义国家的工人运动在本质上同样是在资本主义一般规律运行中出现和存在的,是"随着现代无产阶级的出现和形成而产生和发展起来的"。

美国具有特殊的客观历史条件:新大陆幅员广袤,自然资源丰富,经济发展迅速,资产阶级民主思想较浓,因而缓和了资本主义制度的各种矛盾,同时也影响了美国社会阶级关系的形成和演变。因此,代表成熟的工业无产阶级的工人组织形成较迟,并长期带有手工业工人的习气,致使美国工人运动落后于欧洲。美国资产阶级学者往往抓住美国这一特点大做文章,例如美国著名史学家弗里德里克·杰克逊·特纳,夸大这些条件的作用,以"社会安全阀"为遁词,认为劳资间的对抗性冲突已被排除,宣扬美国例外论。作者引用了众多美国史学家对特纳"社会安全阀"的批判,有力地驳斥了美国例外论,指出,美国实行资产阶级民主制,允许工人开展活动是有条件的。19世纪20年代美国工人在许多大城市曾组织了工人党,到19世纪40和50年代又推进了十小时工作制运动并取得了可喜的成果,然而"这些成果的取得是付出了高昂的代价的。资产阶级政党接过工人的口号,扩大了自己的政治纲领的策略,从长远来说,对工人运动产生了极为不利的影响。其中最显而易见的后果就是推迟了工人政党的建立,并使后来建立起来的工人政党不能在政治上发挥作用"。这样的分析是深刻的。作者还以大量的篇幅,揭露了美国资产阶级在19世纪经济发展期间,为了攫取利润,采用各种卑鄙手段压迫工人,如签订黄狗合同、制定黑名单、利用法庭颁布禁令、宣判罢工和参加工会为"阴谋罪"或"图谋不轨罪",甚至通过政府以暴力进行血腥镇压,造成一次又一次的骇人听闻的惨案,与欧洲国家资产阶级的残暴相比较,在性质上并无二致。作者愤慨地指出,这"再一次暴露了美国民主制度的局限性和缺陷"。对法院1894年颁布的禁令,作者认为,这项禁令蛮横地剥夺了铁路工人的罢工权利和进行合法宣传的自由,"它的颁布本身就是美国民主法制的耻辱"。由此可见,美国的资产者和无产者的基本矛盾是普遍存在的。在这一方面,美国并不例外。

第七,作者对有关美国工运问题的理论考察,是从本质上进行分析,做出论断的。美国曾经是空想社会主义者的试验场所,"这些试验不仅在美国产生了一定影响,而且为科学社会主义的创造和发展提供了不可缺少的丰富的思想材料"它的经验,受到了马克思和恩格斯的高度重视。又如对凯洛格金融改革论,作者在扼要地介绍了它产生的历史背景和当时工农群众因生活困顿而加以盲目信仰等事实之后,也给予了公允的评价:一方面指出它注意到美国资产阶级通过非劳动的手段来积累财富,造成社会上极大的分配不公;另一方面也指出以它为思想基础的19世纪60和70年代工人运动和农民运动的合流注定要以失败而告终的根本原因。再如作者对"德里昂主义",即社会主义工人党的错误的建党路线的分析和评价,对罗斯福政府时期制定的《全国劳工关系法》的论述,不仅恰如其分,而且具有一定的理论高度。

第八，史料丰富翔实，也是本书的一个特点。作者使用了重要文件汇编、文献资料、统计资料、工人政党组织重要会议决议等原始资料；工人运动重大历史事件纪实；主要工人运动活动家的传记和自传；工人运动史主要流派的代表作；已译成中文出版的有关美国工人运动史的专著，以及我国学者的专著；此外还有难以见到的著作，如美国未正式出版的博士论文等。

作为一部开拓性著作，本书某些不足之处在所难免：一是结束语内容单薄，下限既断在1955年劳联与产联的合并，又出现1959年兰德莱姆-格里芬案，似不协调；二是本书对黑人工人运动史的叙述，过于简略；三是作者对美共在工人运动中的"左"倾错误，有适当表述，而对美共右的错误，如1927—1929年洛夫斯通右倾机会主义路线，未能述及；四是第四编某些布局欠妥，如劳动骑士团成立于1869年，劳联是五一大罢工运动的发起者，而本书却将它们置于1886年五一大罢工和秣市惨案之后，与历史顺序不合；五是"双重工会"指在特定的历史条件下美国工人运动中出现的两大工会对立的格局，情况比较复杂，对在不同情况下出现的双重工会应做具体分析，我个人认为作者在本书中对双重工会持两点论的看法比较合适，本书结束语中说："劳联和产联合并的积极意义在于结束了二十年来两大工会的分裂和对立状态"，这一论述忽略了劳联、产联是在劳联的保守原则上合并的，对美国工人运动的开展起着消极作用，值得商榷；六是本书将新工人运动史学者斯蒂芬·塞恩斯特朗的著作搞错，他写的是《贫困和进步》(1964)，而不是《进步与贫困》，《进步与贫困》是亨利·乔治写的鼓吹土地单一税论的著作，1880年首次出版；七是一名两译：斯蒂芬·塞恩斯确蒙与斯蒂芬·塞恩斯特朗是同一位学者；八是排印错误较多，希望再版时予以校正，并希望再版时增加索引，以便于读者查阅。

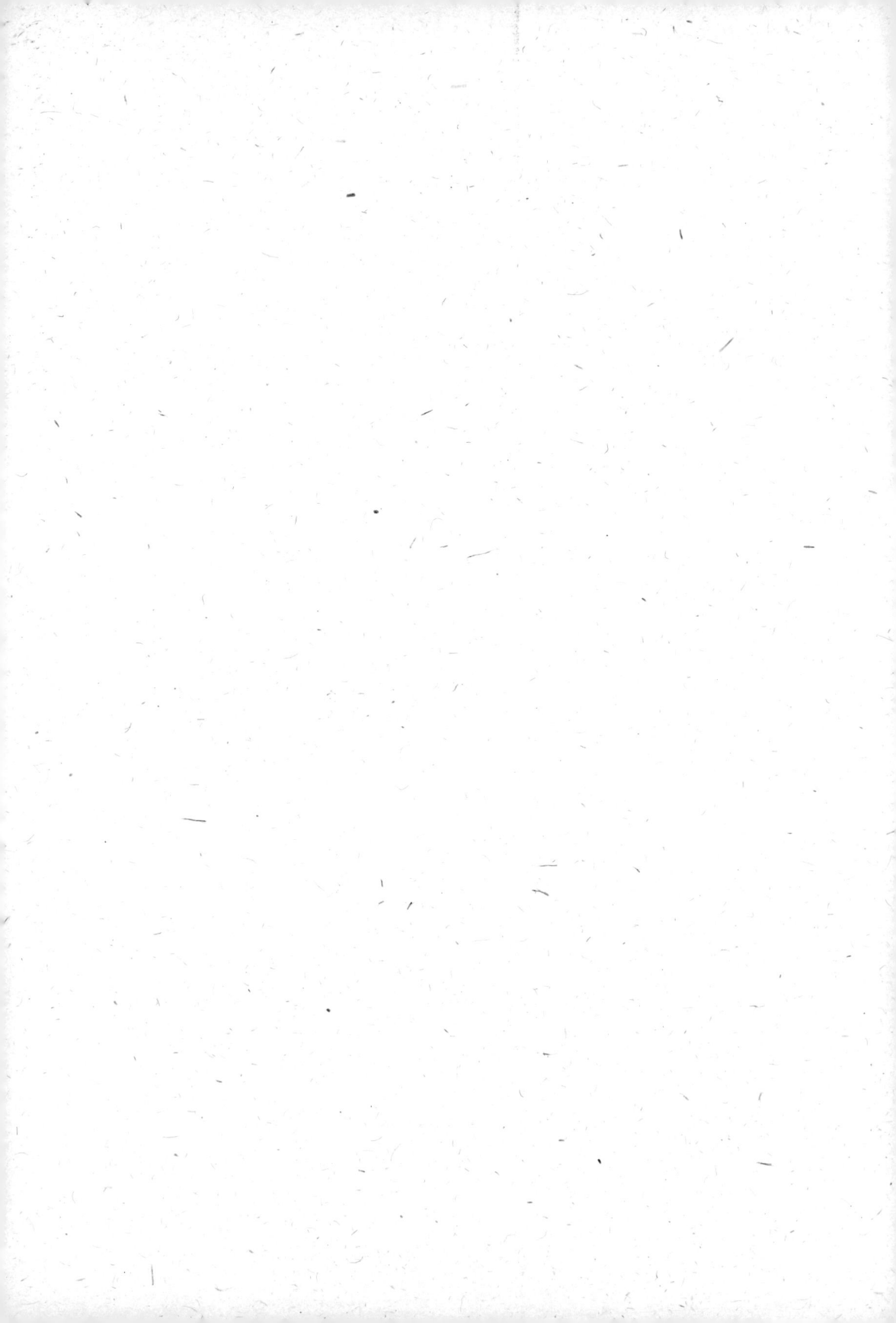